LECTURES DE L'ACADIE

Mourad Ali-Khodja et Annette Boudreau

LECTURES DE L'ACADIE
Une anthologie de textes en sciences humaines et sociales

1960-1994

suivi de

Réflexions sur les savoirs en milieu minoritaire

F I D E S

Cet ouvrage a bénéficié d'une subvention du ministère du Patrimoine canadien dans le cadre des programmes d'appui aux langues officielles (PALO).

Catalogage avant publication de Bibliothèque et Archives nationales du Québec et Bibliothèque et Archives Canada

Vedette principale au titre :

Lectures de l'Acadie : une anthologie de textes en sciences humaines et sociales, 1960-1994

ISBN 978-2-7621-2912-0

1. Sciences sociales - Provinces maritimes. 2. Sciences humaines - Provinces maritimes. I. Boudreau, Annette. II. Ali-Khodja, Mourad.

H53.C3L42 2009   300.9715   C2008-941808-5

Dépôt légal : 1er trimestre 2009
Bibliothèque et Archives nationales du Québec
© Éditions Fides, 2009

Les Éditions Fides reconnaissent l'aide financière du Gouvernement du Canada par l'entremise du Programme d'aide au développement de l'industrie de l'édition (PADIÉ) pour leurs activités d'édition. Les Éditions Fides remercient de leur soutien financier le Conseil des Arts du Canada et la Société de développement des entreprises culturelles du Québec (SODEC). Les Éditions Fides bénéficient du Programme de crédit d'impôt pour l'édition de livres du Gouvernement du Québec, géré par la SODEC.

IMPRIMÉ AU CANADA EN JANVIER 2009

Remerciements

Les auteurs tiennent à remercier Mme Stéphanie Côté et Mme Monique LeBlanc, respectivement directrice et gestionnaire de la Librairie acadienne de l'Université de Moncton, M. Daniel Bourgeois, ex-directeur de l'Institut canadien de recherche en politiques et en administration publiques, et M. Rodrigue Landry, directeur de l'Institut canadien de recherche sur les minorités linguistiques, pour la précieuse aide financière qu'ils ont apportée à ce projet. Nous tenons également à remercier Mme Georgette Landry, Mme Richard et Mme Dianne Landry, respectivement bibliothécaires à la bibliothèque Champlain de l'Université de Moncton, et secrétaire du Département d'études françaises de l'Université de Moncton.

Nous tenons également à remercier les assistants de recherche, tous étudiants en études françaises à l'Université de Moncton, qui ont contribué à la réalisation de l'Anthologie. Julie Bérubé, pour son travail impeccable dans la révision des textes de l'Anthologie. Hubert Noël et Isabelle Violette, pour leur travail méticuleux et rigoureux dans l'établissement des outils bibliographiques.

Avant-propos

Il faut souligner d'emblée qu'autant par son esprit que par son contenu, cette anthologie de textes en sciences humaines et sociales relatifs à l'Acadie du Nouveau-Brunswick déroge de l'idée que l'on se fait généralement de ce genre d'ouvrage. En effet, que l'on connaisse l'histoire mouvementée qui a marqué leur écriture ou encore que l'on soit conscient du fait que le statut dont se réclament ces textes demeure à ce jour fragile et incertain, il est évident que leur donner une place dans une anthologie n'est en rien une garantie de reconnaissance et de pérennité. Si rendre raison des savoirs des « petites nations » et de leurs œuvres n'est pas chose aisée, il y a lieu de prendre un peu de champ avec le contenu proprement dit de cette anthologie afin de s'interroger sur la nature même de tout projet d'inventaire d'œuvres savantes en milieu minoritaire.

On se souviendra de la réflexion qu'avait proposée François Ricard[1] sur cette question, et aux suites qu'en avait donné François Paré dans *Les littératures de l'exiguïté*[2]. Sans revenir en détail sur ces analyses, on peut en résumer les arguments en affirmant que la vocation de tout projet d'inventaire – particulièrement dans les « petites nations », pour paraphraser Ricard – serait soit de « refléter » ou de « créer » un patrimoine littéraire, et pour ce qui nous concerne, scientifique et intellectuel, selon que ce dernier soit ou non arrimé à une Tradition et qu'il soit ou non assuré d'une légitimité séculaire. Et Ricard de souligner que « l'inventaire-création », qui est propre aux patrimoines littéraires incertains, serait en définitive de « l'ordre de la propagande » puisqu'il lui reviendrait « d'affirmer et de promouvoir ce statut problématique ». Quant à Paré, et dans le prolongement de sa réflexion sur « les cultures de l'exiguïté », il n'hésite pas à souligner que les « *petites* littératures », pâtissant justement de leur *petitesse*, trouvent dans toute anthologie

---

1. François Ricard, « L'inventaire : reflet et création », *Liberté*, n° 134, janvier-avril 1981, p. 32-37.
2. François Paré, *Les littératures de l'exiguïté*, Ottawa, Éditions Le Nordir, 1992.

le moyen idoine pour conjurer et contrecarrer le déficit de légitimité qui les frappe ; mais qu'au bout du compte, elles courent ainsi le risque de n'atteindre jamais qu'à « des simulacres de système », et qu'en cela, elles lèvent le voile sur « leurs failles criantes, [et leur] artificialité ». Si, de prime abord, de telles idées sont pertinentes appliquées aux sciences humaines et sociales, elles exigent cependant quelques nuances. En effet, lorsqu'on sait les conditions difficiles dans lesquelles les sciences humaines et sociales ont émergé en Acadie, faire place à des textes qui demeurent à bien des égards délégitimés, inconnus et oubliés de la mémoire collective, et qui dans certains cas ont pu même faire l'objet de censure, voilà qui fait en sorte que cette anthologie ne peut en aucun cas relever de « l'ordre de la propagande » ou chercher, bien naïvement, l'illusion de former système. Comment en effet *propagandiser* des textes lorsque leur existence même dans la communauté a posé problème, pour dire le moins[3] ? Comment chercher à les constituer, même « artificiellement », en système, lorsqu'on sait que la mémoire collective en a oublié ou feint d'en oublier jusqu'à l'existence ? Autant dire que cette anthologie a quelque chose de profondément hétérodoxe dans la mesure où elle veut moins consolider un corpus que l'exhumer et l'extirper de l'oubli. En d'autres termes, on peut dire de ce projet anthologique qu'il consiste en un *travail de réhabilitation* de la mémoire savante d'une communauté et en un *travail de réappropriation* d'un patrimoine scientifique et intellectuel avec ce qu'il a provoqué de contestations et ouvert de voies à la connaissance de l'Acadie du Nouveau-Brunswick[4].

Cette anthologie se justifie d'autant que les textes qu'elle regroupe témoignent des ruptures de tous ordres que l'Acadie va connaître au début des années 1960. Une Acadie qui, jusque-là, avait été imaginée (et analysée) comme l'espace lointain et isolé d'une communauté de langue française homogène et solidement enracinée dans la foi catholique, une Acadie rurale résolument attachée à des valeurs traditionnelles et cultivant la mémoire de la Déportation telle que l'avait immortalisée Longfellow dans le poème *Évangéline*. Or c'est cette vie communautaire dont les certitudes culturelles semblaient indissociables d'un temps qu'on aurait dit immobile et figé dans le souvenir d'un passé douloureux que les premiers travaux scientifiques vont bouleverser en lui opposant d'*autres interprétations* de l'Acadie. Ils ques-

---

3. Nous tâchons de traiter de cette question dans l'essai qui clôt l'anthologie.

4. Les auteurs ont dû choisir entre l'Acadie du Nouveau-Brunswick, celle de la diaspora, celle des Maritimes et celle de la culture cajun. Si un tel choix se justifie, entre autres, par les connaissances qu'ils ont de la communauté acadienne du Nouveau-Brunswick, faire autrement eût été tout à fait prétentieux et irréaliste.

tionnent et réinventent son imaginaire, déconstruisent et reconstruisent son histoire, sa littérature, sa langue, ses mœurs, ses croyances et analysent son (sous)développement; la projetant ainsi dans une modernité qui ne manquera de prendre de court les élites traditionnelles dont les résistances s'avéreront aussi vives que vaines. C'est donc à l'émergence de ces nouveaux savoirs et au choc des transformations qu'ils ont induites que cette anthologie est consacrée. Les périodes qu'elle couvre s'étendent de 1960 à 1979 et de 1979 à 1994. Deux raisons principales justifient ce découpage historique. La première tient au fait que le travail de *réhabilitation de la mémoire savante* et de *réappropriation d'un patrimoine scientifique* que nous évoquions exigeait de ne pas s'enfermer dans les mailles du présent, et qu'à ce titre, cela nécessitait à la fois une réelle prise de distance avec les savoirs actuels tout en préservant cette anthologie de la tentation d'un inventaire comptable des travaux sur l'Acadie. De plus, remonter en amont des savoirs actuels, c'était lire, relire ou (re)découvrir des textes – surtout ceux de la première période, vecteurs par excellence de toutes les ruptures – qui ont aujourd'hui valeur anthologique et dont les sensibilités sont définitivement très éloignées de celles qui animent les recherches actuelles. Par ailleurs, on doit souligner le fait qu'en regard des profondes transformations sociétales que l'Acadie a connues depuis 1994 – particulièrement du point de vue de l'institutionnalisation des savoirs et de la redéfinition importante qui s'est opérée dans les disciplines –, les périodes privilégiées offrent une unité scientifique et intellectuelle des plus homogènes. À cet égard, s'il avait fallu que cette anthologie inclut les travaux les plus récents, elle aurait été d'un tout autre type et nous aurait quelque peu détournés de ce travail de réhabilitation de la mémoire savante et de réappropriation d'un patrimoine scientifique que nous nous sommes fixé[5].

Quant au choix des textes proprement dits, et indépendamment des périodes, il nous a paru important de choisir ceux dont le propos était plus analytique que descriptif. Par ailleurs, le choix que nous avons fait de ne pas regrouper les textes par discipline tient à plusieurs raisons. Il va sans dire que les conditions d'institutionnalisation des sciences humaines et sociales en Acadie ont été particulièrement difficiles entraînant une certaine précarité quant à leur staut et il nous a donc paru important de souligner la nécessaire complémentarité des modes de connaissance dans les contextes exigus – complémentarité qui permet de les appréhender autrement que par les

---

5. Nous tâchons d'apporter quelques réponses à toutes ces questions dans le court essai qui clôt l'Anthologie.

découpages disciplinaires habituels. C'est ce qui explique que nous ayons regroupé les contributions en fonction de la périodisation que nous avons privilégiée. Des textes qui, par ailleurs, permettaient non seulement de rendre compte des divers champs de connaissance et des thématiques investis, mais dont le contenu et la portée recouvraient de nouveaux questionnements, de nouveaux traitements. Si nos choix pour la première période n'ont généralement pas été difficiles du fait que ces textes sont aujourd'hui des « classiques » – certes parfois oubliés ou méconnus mais des classiques tout de même –, les choix ont été cependant infiniment plus délicats pour les textes de la seconde période. En effet, outre la multiplication des travaux, nous avons surtout privilégié ceux qui inauguraient l'exploration de nouveaux objets et pris soin d'accorder une place particulière à des travaux dont leurs auteurs allaient plus tard, et chacun à sa manière, approfondir le champ qu'ils avaient exploré.

Quant à la nature des textes choisis pour chacune des périodes[6], on peut dire de ceux de la première qu'ils reflètent des contributions pionnières dans la connaissance moderne de l'Acadie. Ils sont à ranger dans ce que Michel Roy a appelé « les grandes études » d'exploration scientifique qui furent toutes amorcées au cours des années 1960. Dans leurs différences, et au-delà des connaissances qu'ils livrent de leurs objets en fonction de leurs champs disciplinaires respectifs, une même sensibilité scientifique et un même projet les traversent et en soutiennent le propos : si tous s'inscrivent dans des problématiques à très larges spectres et loin de tout regard parcellaire, ils défient et prennent à rebours systématiquement les représentations traditionnelles de l'Acadie afin de la soumettre à l'épreuve de nouveaux langages et de la dire et de la décrire *autrement*. Plus significatif encore, la problématique de la « culture de l'exiguïté » y est avec éclat anticipée et implicitement présente dans les analyses – les textes de Camille-Antoine Richard ou celui d'Alain Masson en sont les meilleurs exemples. Par ailleurs, on trouvera également dans ces textes, et comme en creux, les échos à la confrontation des savoirs modernes avec les savoirs traditionnels et dont l'état que dresse l'anthropologue Marc-Adélard Tremblay des recherches sur l'Acadie anticipe très bien l'ampleur de ce qu'elle sera. De plus, on verra comment dans ces textes affleure en permanence une conscience de la mondialité de l'espace acadien ; une mondialité que les auteurs thématisent très bien et indépendamment de

---

6. Nous n'avons pas cru utile de commenter en détail le contenu des textes choisis. Chacun d'eux est précédé d'un résumé qui en résume le propos et en souligne l'originalité et la pertinence.

leur origine[7]. Quant à la diffusion de ces textes, ils demeurent en général peu connus, sinon inconnus des jeunes générations et, à ce titre, ils gagnent à être lus. Enfin, deux des textes de la première période étaient jusqu'à ce jour inédits. Le premier est une communication scientifique de Jean-Paul Hautecœur donnée en 1978, soit trois ans après la publication de son maître ouvrage, *L'Acadie du discours*, et le second est une conférence donnée par Roger Savoie – l'un comme l'autre ayant été des figures importantes en Acadie, tant sur le plan de la pensée que de l'action.

Que peut-on dire des textes choisis pour la deuxième période qui va de 1979 à 1994 ? Qu'en contrepoint des transformations sociétales qui la marquèrent, les dynamiques de connaissance revêtirent une tout autre tonalité. Si le trait le plus marquant de cette période fut la relative dépolitisation des sciences humaines et sociales et leur repli sur un espace universitaire institutionnellement fragile, les recherches se multiplient néanmoins. Si certains travaux s'inscrivent encore dans la veine des grandes explorations de la période précédente – ceux de Joseph Yvon Thériault en sont le meilleur exemple –, les autres s'engagent dans des problématiques sectorielles traitant d'objets de recherche qui n'avaient pas été jusque-là étudiés. C'est donc ce qui fait l'originalité des textes de cette deuxième période, quoiqu'il faille aussi souligner la permanence chez certains d'entre eux de thématiques comme, par exemple, celle de la langue. En effet, les idéologies politiques, la construction identitaire, le mouvement des femmes, l'Acadie et les relations internationales, les médias, les classes sociales, la littérature, le développement régional sont autant de domaines nouveaux auxquels de jeunes universitaires acadiens se consacrent – phénomène qui confirme le processus d'*indigénisation* des savoirs amorcé à la période précédente avec les travaux de Camille-Antoine Richard. Nous avons également fait une place à d'autres types de textes. Comme celui de N. S. Griffiths qui renouvelle l'interprétation de la place d'*Évangéline* dans le *Récit national* acadien, ou celui de Patrick D. Clarke qui propose une nouvelle réflexion entre historiographie et nationalisme en Acadie. Enfin, les deux textes plus politiques que scientifiques de Marc L. Johnson et de Monique Gauvin rappellent la permanence

---

7. Cette question pourrait sembler anodine mais elle est d'une importance cruciale quoique nous l'ayons ici délibérément écartée. De quelque façon qu'on la traite, cette question est omniprésente dans l'imaginaire social historique acadien et exige beaucoup pour son élucidation. L'Acadie a en effet été en permanence un espace d'interculturalité faite de rapports de force politiques et culturels et impliquant domination et résistance, mais aussi d'échanges et d'expériences fécondes de/dans l'altérité. La collaboration des auteurs de cette anthologie en est une preuve.

de thèmes et de questions qui courent sur toute l'histoire de l'Acadie, ceux de la dépossession, de l'identité politique et de la langue.

Au-delà de l'intérêt que pourraient y trouver les universitaires ou les personnes qui vouent un intérêt à l'histoire sociale et intellectuelle de l'Acadie, nous souhaitons que la lecture ou la relecture de ces textes soit véritablement une découverte sur une histoire et des savoirs dont on tenait à rappeler ici toute la richesse et toute la portée. Peu importe nos appartenances, on pourra également élargir un tant soit peu des connaissances qui permettent de mieux comprendre les *petites cultures*, tant dans leurs dimensions les plus contraignantes que dans le potentiel de recherche original qu'elles recouvrent. Enfin, espérons que cette anthologie permette aux jeunes générations de ne pas oublier la mémoire savante et le patrimoine scientifique de leur communauté, de manière à ce qu'elles se réapproprient ces savoirs et qu'elles en assument les questionnements afin d'en repousser les limites vers d'*autres possibles*.

**Première période
1960-1978**

Prise de conscience collective acadienne et comportement de la majorité anglophone au Nouveau-Brunswick (1860-1891)

Raymond Mailhot

S'arrêtant à cette période charnière de l'histoire de l'Acadie moderne que furent les décennies 1860-1881, dans ce texte, Mailhot analyse l'émergence de ce qu'il nomme « la prise de conscience collective acadienne ». Prenant pour point de départ l'hypothèque créée par la conquête coloniale et les « contraintes » qu'elle a impliquées pour la population acadienne, l'auteur examine de près les conditions qui ont présidé à la construction et à l'institutionnalisation du pouvoir des élites acadiennes dans les champs politique, éducationnel, religieux, économique, linguistique et culturel. Examinant également les conditions par lesquelles ces élites furent un temps « acolytes indigènes » de la domination anglaise, l'auteur montre comment, à la faveur de leur professionnalisation, elles s'émancipent peu à peu des tutelles de cette dernière en s'appuyant massivement sur les deux institutions sans lesquelles le « nationalisme acadien moderne » eût été impossible : l'école et la religion catholique. De ces institutions solidement intriquées, l'auteur examine leurs stratégies et leurs positionnements et souligne combien le réel « essor institutionnel interne » dont bénéficient les nouvelles élites acadiennes n'affecte que peu les pouvoirs de la domination anglaise. Enfin, en s'arrêtant aux rapports de la population acadienne à l'habitat et au facteur démographique, il en montre également les avancées, les limites, mais également le poids des ambiguïtés que fait peser sur leur existence le pouvoir de la majorité anglaise. En effet, si les données démographiques indiquent un net accroissement de la population acadienne et si l'espace qu'elle occupe semble, a priori, lui garantir une relative homogénéité, voire une protection, le développement des centres urbains – lieux privilégiés de la domination anglaise – dessine alors le nouvel enjeu des luttes à venir où s'opposent « assimilation » et « survivance ».

Peu à peu, des Acadiens se décident à assumer la fonction politique de leur ethnie dans la société du dominant. Au point de départ, ils le font au péril de leur vie et en s'opposant directement aux conquérants. Rapidement, les Acadiens peu ou pas informés allaient être bernés par des tactiques que leur inexpérience ne prévoyait pas : corruption, saccage du scrutin, etc. La résistance de leurs délégués allait être matée par la force en 1875. Les représentants acadiens optèrent alors pour une voie de collaboration qui se concrétisa en 1878 avec l'entrée de Pierre-Amand Landry au cabinet provincial. L'institution politique n'était pas changée pour autant. Dorénavant, avec beaucoup plus de ménagements que dans le domaine économique, les stratèges anglophones agiront par l'intermédiaire d'acolytes indigènes. Ces derniers feront miroiter tel ou tel bout de route ou encore un magnifique pont, pendant que leurs électeurs ne bénéficient pas des politiques progressistes que le gouvernement applique dans les autres régions de la province.

Landry, par sa valeur personnelle et son intégrité, esquivera durant quelques années la contrainte coloniale. Toutefois, on lui confia un gouvernement qui ne reposait pas sur une majorité certaine. Le *Telegraph* et le *Transcript* firent appel au sang anglo-saxon, s'insurgèrent contre le *French Power*. Le gouvernement succomba, pour la première fois depuis la Confédération, parce qu'il était régi en définitive par un Acadien influent[1].

Les politiciens acadiens ne clarifièrent pas par la suite le caractère équivoque de leur rôle dans la politique provinciale. Comment en effet représenter les intérêts d'un groupe qui se définit comme différent, dans les rouages établis pour l'autre groupe[2]? À cause de l'ambiguïté des composantes politiques et ethniques et de l'absence de fonctionnaires francophones, la tâche des définisseurs acadiens s'en trouvait fortement compliquée. L'inexistence de partis politiques permanents, la multireprésentation des comtés, le comportement des politiciens irlandais et de la hiérarchie catholique confinaient à l'impuissance l'éveil premier de la population. La division de la députation acadienne elle-même, assujettie aux régionalismes et en partie « achetée » par des anglophones, définit tout effort de mobilisation « nationale ». De plus, défavorisés par cette structure, les Acadiens jugèrent bon d'élire au moins un anglophone dans Kent et, plus tard, dans Gloucester, par « équité » pour la minorité anglophone locale.

L'éveil politique des années 1860 qui s'avérait être le fondement d'une prise de conscience globale, opérait dans le même sens que l'implantation de commerçants acadiens dans le domaine économique. Il aboutit à la mise sous tutelle de la représentation acadienne. Les politiciens ne seront que des intermédiaires aussi souvent utiles au dominant qu'au dominé. Les compromissions des politiciens acadiens, sinon leur démission, allaient de pair avec une opinion populaire peu éclairée et qui n'a peut-être jamais cru

---

1. Certes, les historiens peuvent s'exercer à découvrir d'autres raisons, mais c'est l'opinion presque universelle des contemporains.

2. On décèle une clarification dans le vote acadien quasi unanime en faveur du Parti libéral après 1920. Mais il y a presque toujours eu des exceptions régionales importantes.

profondément au jeu de ses représentants, de plus en plus choisis au sein d'une couche « instruite » ou riche de la société.

L'entrée de leaders dans l'arène politique se coordonne avec la montée de classes libérales, provenant d'un collège classique dans une région à prédominance anglophone. Jusqu'en 1872, Acadiens et anglophones avaient leur propre système d'éducation. L'enseignement végétait partout en général, faute d'une impulsion étatique, mais, chez les Acadiens, surtout à cause de la pauvreté et de l'exploitation. L'analphabétisme régnait, et l'instruction ne servait qu'à signer son nom et à comptabiliser quelques ventes ou emplettes.

La charte scolaire de 1871, avec un ou deux articles pernicieux à l'endroit des catholiques, allait élargir le fossé entre la minorité et la majorité. Par analogie, cette législation eut le même effet que l'instauration de voies ferrées au niveau économique. Mais le « Bill des écoles[3] » entraîna des conséquences pires sur le cheminement historique de la minorité, dont on cassa les reins par une répression hors de proportion contre ceux qui symbolisaient la résistance acadienne. On entendait démontrer que la majorité était anglophone et qu'elle pouvait à un moment crucial réaffirmer ses droits de Conquête.

La minorité se battit alors moins pour des principes démocratiques et linguistiques que pour la suprématie ecclésiastique en éducation. Une partie de la population acadienne soutint une hiérarchie qui entretenait elle-même à d'autres niveaux les privilèges des dominants. Les évêques se désistèrent rapidement après avoir obtenu quelques concessions, sans évaluer les répercussions de leur prise de position initiale. La problématique culturelle acadienne demeurait inchangée. On avait « rescapé » la foi mais non la langue. Compte tenu de la culture, le retard éducationnel francophone était dorénavant institutionnalisé.

Les descriptions contemporaines du régime scolaire se résument à un bilan de la pauvreté, des déficiences physiques et humaines, tant avant 1870 qu'après 1880. Personne n'est satisfait et tous les réajustements gouvernementaux n'apportent que des transformations partielles et temporaires, car l'enseignement dispensé n'est pas conforme à la réalité acadienne. La nomination d'inspecteurs francophones ne règle rien, car ils dépendent de normes étrangères aux besoins. Ils augmentent le nombre d'écoles, mais ne parviennent pas à améliorer le corps professoral ni le matériel éducatif. Quand Valentin-A. Landry tente sérieusement de promouvoir l'enseignement français, on le relève de sa charge. Le département français de l'École normale disparaît aussi vite que son instigateur, Pierre-Armand Landry.

---

3. NDE : La loi scolaire de 1871 (*New Brunswick Common Schools Act*).

D'autre part, les élites ont consacré presque exclusivement leurs énergies à la création et au maintien d'institutions classiques indépendantes et catholiques. Le Collège Saint-Louis, situé dans le comté de Kent qui, « à cette époque, était de sentiment le plus français » (Poirier, 1971 : 107), périclite, en maintenant une parité linguistique. Le Collège de Memramcook subsista grâce à une complicité avec les Irlandais. Dans un milieu majoritairement anglophone, il ne desservait adéquatement qu'une fraction de l'entité acadienne. Il n'en façonne pas moins des cadres qui orienteront la collectivité durant un siècle.

En 1880-1881, cette élite s'émerveille du renouveau effectué depuis quinze ans grâce à la formation de prêtres, d'avocats, de médecins et de politiciens acadiens. Elle en infère une renaissance et l'attribue au Collège Saint-Joseph qui prend figure de foyer culturel. On ne saurait déterminer pour autant la culture qui s'y transmet. Le français et l'anglais y sont enseignés, mais on vante surtout les avantages de l'anglais. La maîtrise de cette langue signifie l'accession à un statut, à un rôle social et à la possibilité de l'exercer à titre d'intermédiaire. Mais cette culture utilitaire n'a aucune chance de rayonnement dans les autres strates de la population.

Un fossé se creuse entre deux ou trois sous-cultures, deux ou trois couches de la population. Institutionnellement, la minorité acadienne privilégiée ne peut faire partager « sa » culture, qu'elle soit classique, anglaise ou française. Dans la population acadienne, la régression du taux d'analphabétisme, très lente, résorbe en grande partie l'impact du dualisme éducationnel des écoles publiques. L'analphabétisme est alors une sorte de protection, d'immunisation. Jusqu'au début du XXe siècle, les Acadiens se transmettent une culture orale, mais vivante[4]. Elle cohabite avec les faiblesses du régime scolaire et l'impuissance des élites à propager une culture.

La langue, principale composante culturelle, en subit des contrecoups. La langue « acadienne », celle qui exprime l'être, les émotions, véhicule premier de l'histoire et de la vie courante, n'est ni écrite, ni encouragée, ni condamnée explicitement[5]. Elle n'est valorisée qu'en termes vagues, en

---

4. Les notes de voyage de Rameau, les généalogies de Placide Gaudet, les mémoires de Célina Bourque en témoignent. Une bonne partie des soirées se passait à raconter des récits de l'ancienne Acadie, de la Déportation et à chanter « les vieilles chansons du pays ». Lire à ce propos les cahiers 31, 32, 34, 35 et 37 de la Société historique acadienne (SHA). Quelque chose change après la Première Guerre mondiale. Pascal Poirier note, en 1928, qu'on ne chante plus guère « les vieilles chansons de France » (Poirier, 1928 : 328).

5. Antonine Maillet dit vrai de sa Sagouine : « Elle ne parle ni joual, ni chiac, ni français international. Elle parle la langue populaire de ses pères descendus à cru du XVIe siècle » (Maillet, 1971 : 9).

référence au passé et à la religion ; elle n'apporte aucun prestige social. La langue française utilisée par les élites n'est pas celle de la population. Et encore, si la langue maternelle ou française permettait au moins une emprise sur la vie officielle et publique. Tous les services gouvernementaux, la magistrature, les villes, ne la comprennent pas et ne l'emploient pas[6]. Le bilinguisme peut sauver les leaders de l'emmurement ; mais l'impasse persiste. « Les deux univers symbolisés, portés par les deux langues, sont en conflit : ce sont ceux du colonisateur et du colonisé » (Memmi, 1968 : 144).

L'assimilation est une solution hors de portée. À Moncton, Bathurst, Campbellton, les Acadiens ont conservé leur identité, en dépit de leur anglicisation. Ils n'ont pu pénétrer la vie anglophone. Ils sont repérés par l'élément dominant qui refuse de les adopter, sauf quelques exceptions, malgré l'usage de la langue anglaise. Même s'il ne prononce pas correctement un mot français, le citoyen d'origine française, pour la majorité dominante, demeure un « *damn frog Frenchman* », reconnaissable au nom, lieu de naissance ou de résidence, religion, etc.

Après 1875, la religion, plus que la politique et l'école, a tenu lieu d'encadrement à la collectivité, la présence de l'Église, plutôt superficielle en 1860, s'intensifie quantitativement et qualitativement. La formation progressive d'un clergé indigène a constitué la meilleure forme d'adaptation de l'Église au milieu. Son implication dans toutes les sphères de la vie collective et son dévouement local lui ont acquis peu à peu l'admiration.

Cette admiration augmenta lors de la résistance du clergé au « Bill des écoles ». L'occasion était belle, mais équivoque. En s'opposant au projet de loi « athée », on conseillait de ne pas payer la « taxe obligatoire » à laquelle la population était antipathique. De plus, l'association langue-religion n'était qu'une mascarade qui freina les Acadiens dans la recherche d'un statut linguistique officiel. L'Église irlandaise gagna certains points, mais les Acadiens y perdirent virtuellement un statut linguistique officiel.

On ne peut toutefois établir une liaison nécessaire entre l'Église et l'écrasement de l'ethnie acadienne, pas plus que l'absoudre de toute connivence. Il est vrai qu'« elle a joué en quelque sorte le rôle d'un État pré-capitaliste prélevant l'impôt pour ses services » (Even, 1970 : 206), et qu'elle s'est imposée contre des politiciens acadiens. Mais devant la faiblesse de ces derniers, elle était la seule institution pouvant se prévaloir d'un rôle organisateur dans un milieu rural, longtemps sans communication avec l'exté-

---

6. En pratique, au niveau scolaire, les jeunes Acadiens sont condamnés à partager la culture anglophone en un français qu'ils n'utilisent pas – quand les manuels sont bien traduits.

rieur. Une bonne part de l'épargne qu'elle amassait était redistribuée aux gens en services éducatifs, constructions de moulins, etc.

Ses ambiguïtés tiennent davantage au colonialisme qu'aux prêtres et évêques qui auraient compromis des potentialités politiques, économiques ou éducatives. Toutefois, son ascendant la conduit à doubler les structures d'exploitation coloniale. Cet ascendant ne dérive ni du catholicisme, ni d'un désir de domination intrinsèque. Il s'alimente dans la condition acadienne. Par la suite, la religion modèlera une physionomie acadienne. Inversement, la religion repose sur un vouloir-vivre national.

La réduction de la vie laïque a ouvert une voie libre à l'Église. Sa liturgie, ses fastes, ses réunions signifient pour les Acadiens un repli, un instrument de protection et un moyen d'expression. Elle patronne des mouvements et des fêtes où les laïcs peuvent acquérir un sens de participation. Au niveau religieux proprement dit, toutefois, son rituel est uniforme et ne peut rendre compte de l'histoire du peuple acadien, manifester son identité.

Nationalisme, idéologie et leadership

Cette affirmation d'une identité est apparue chez les populations avant que ne débute une définition officielle de l'entité acadienne. Dès 1860, des Acadiens n'acceptent pas d'être sous la gouverne de curés anglophones. L'entreprise de colonisation agricole a toujours été conduite pour et par des Acadiens. Dans Westmorland, Madawaska et Kent, les paroisses acadiennes votent généralement, après 1869, pour des candidats acadiens ou francophiles. En 1875, la population résiste activement à une loi scolaire qui oublie des caractéristiques fondamentales de l'ethnie acadienne. À partir de 1880 seulement, les élites définissent le *peuple acadien*, après que son affirmation première eut rencontré plusieurs obstacles et essuyé quelques échecs.

L'orientation sociale conservatrice du nationalisme acadien s'explique à la fois par ses fondements idéologiques et ses conditionnements historiques. Les premiers définisseurs étant d'origine québécoise ou formés par eux, les idéologies québécoise et acadienne s'apparentent. Des différences importantes surgissent à propos de l'antiétatisme et du messianisme qui s'amalgament à des données dissemblables. L'idéologie du retour à la terre doit résoudre des contradictions plus accentuées qu'au Québec. Le nationalisme, pour distinct qu'il se soit affiché, n'en a pas moins adopté l'essentiel des formulations québécoises quant à la langue et à la foi.

Transplantée au Nouveau-Brunswick, l'idéologie québécoise acquiert une autre signification. L'émergence et la verbalisation de raisons de vivre chez un groupe disparu officiellement depuis cent ans, renforcées par des formes concrètes d'action, remettent en cause l'ancien équilibre des forces entre vaincus et conquérants. Une idéologie conservatrice, refusant l'âge industriel, sert à identifier positivement un peuple. D'autre part, le contenu idéologique est fallacieusement véhiculé contre les villes, car pas plus que l'industrialisation, le milieu urbain n'est à la disposition des Acadiens. En définitive, on voulait se donner des raisons de vivre terriennes pour éviter l'émigration. L'erreur a été plutôt de nier le substrat côtier, maritime de la collectivité, que les sources empruntées omettaient.

Au gré des circonstances, cette idéologie a évolué en deux sens, apparemment contradictoires, l'un de progression et l'autre d'appropriation. Avant les années 1865-1867, seuls des éléments idéologiques isolés et inconsistants affleurent. En général, ils sont introduits par des missionnaires et un écrivain, François-Edme Rameau de Saint-Père. Avec l'inauguration d'un collège (1864), la Confédération, la fondation d'un journal (1867) et l'arrivée de quelques prêtres acadiens, on assimile les idées agriculturistes, l'ultramontanisme, etc. Au même moment, on se confronte à un État qui n'admet pas l'expansionnisme acadien et la suprématie de l'Église. La maturation idéologique s'opère alors rapidement, en raison de l'opposition rencontrée et des choix immédiats qu'il fallut faire dans des bornes institutionnelles et temporelles contraignantes.

La progression de la définition importée va de pair avec son appropriation. Après une phase de recherche et d'application des modèles étrangers, on les « acadiennise ». Cette démarche triomphe en 1881, en clarifiant le concept de peuple acadien et en le dotant d'emblèmes, de symboles propres.

Dans une période d'accélération historique, on assiste habituellement à une prolifération et à une diversification des élites. Deux élites se constituent entre 1867 et 1880 : une élite politique, de même qu'une élite issue des collèges classiques (clergé et professionnels). Les deux députés qui votent en faveur du « Bill des écoles » doivent réviser leurs positions sous la pression cléricale de plus en plus envahissante. Après cet épisode n'interviennent que des divergences secondaires[7]. Il n'y a guère place pour une diversification idéologique chez une minorité assaillie de toutes parts, avec des représentants qui n'accèdent pas aux leviers de commande ecclésiaux ou civiques.

Ce leadership sans pouvoir réel entraîne l'idéologie officielle dans des voies superficielles et irréalistes la ravalant au niveau du mythe. On verbalise beaucoup sur la conversation de la langue et de la religion, de leur union

---

7. Par exemple le débat Landry-Richard à propos de l'École normale en 1880. La distinction entre les deux groupes de leaders ne vaut pas en tout temps et en tout lieu.

mutuelle et sur l'épanouissement des peuples agriculteurs. Or rien dans les faits ne permet de le confirmer. On se rattache alors à un passé idéalisé, en accordant des vertus extraordinaires aux aïeux de l'ancienne Acadie et à leurs survivants d'après la Déportation, dans le but de polariser les énergies et l'action dans un tout autre contexte temporel et spatial. Les termes *Acadie* et *Renaissance*, mis en vogue après 1880, sont eux-mêmes significatifs[8].

C'est dans la persistance du malheur historique que s'édifient les mythes. «Comment arriver à supporter un destin insupportable, sinon en le transposant, en le corrigeant, en l'interprétant par la fiction?» Le messianisme traduit bel et bien, d'abord, l'espoir d'une libération effective d'un peuple opprimé (Memmi, 1966). En lui-même, toutefois, l'espoir de libération est lié à la condition d'oppression.

Étapes de la prise de conscience acadienne

Cet espoir était inscrit à l'origine même de l'éveil acadien. En 1863, des laïcs désirent s'affranchir des prêtres irlandais pour des motifs linguistiques et nationaux. Quelques Acadiens veulent acquérir un petit commerce local. On établit des communications avec l'extérieur, notamment avec Rameau de Saint-Père[9]. Des élites extérieures travaillent à implanter une maison d'éducation supérieure, pendant que des citoyens sacrifient leurs économies à l'instruction de leurs fils pour qu'ils deviennent prêtres, avocats, médecins[10]. La collectivité entière ne consent plus, sans trop savoir pourquoi, à ce que l'on transforme les institutions politiques du pays sans tenir compte d'elle. Depuis cent ans oubliée et ballottée au gré des circonstances, la «nation» acadienne se réactive. Contre la manipulation coloniale, se lève une volonté d'organisation intérieure entre 1860 et 1866.

Les événements entourant la Confédération, la dénonciation de la minorité par la majorité et la publication du *Moniteur Acadien* précipitent une prise

---

8. La collectivité est dépossédée du nom qui sert à identifier sa société et son territoire depuis un siècle. En plus, on évite en général lors des conventions acadiennes de mettre en évidence les différences entre anglophones et Acadiens. Quand on le fait, c'est pour démontrer qu'avec le statut égal pour tous inscrit dans la Constitution ou encore par l'instruction, on peut facilement niveler les écarts entre les deux groupes de la population. Belle occasion pour les leaders de démontrer qu'eux-mêmes occupent des fonctions égales aux anglophones.

9. À cause d'événements fortuits, des individus isolés ont pu entrer en contact direct avec le Bas-Canada. Isidore Bourque se trouvait à Montréal en 1837-1838. À son retour, il disait de Papineau: «Celui-là, c'était un brave! C'est grâce à lui si les Canadiens ont eu leurs droits qu'ils réclamaient» (Bourque, 1972: 294).

10. Voir par exemple Bourque (1972: 301).

de conscience dans une couche plus informée de la population qui entend témoigner de ses préoccupations économiques (Intercolonial, colonisation agricole), politiques (députés francophones) et culturelles (opposition au « Bill des écoles »). L'impuissance de cette prise de conscience, qui culmine avec la répression de Caraquet, oblige à une révision de l'élan premier.

Les jeunes leaders en sont traumatisés ; ils doivent se réaligner sur des objectifs plus partiels, mais plus conformes au statut des leurs. Ils renoncent à des prérogatives culturelles pour contourner la hargne anglophone et échapper à la stérilité d'une opposition trop faible. Ils apprennent que l'utilisation de la démocratie à des fins nationales leur est interdite, sous peine de provoquer les représailles de la majorité.

À partir de 1880-1881, ils s'appliquent à la recherche, à la promotion et à la sauvegarde d'intérêts situés en deçà de ceux de la majorité et n'exigeant des frais que de leur part (colonisation, éducation classique, journalisme). Pierre-Amand Landry tente en vain d'adjoindre la minorité à l'administration provinciale. Les Acadiens peuvent avoir une association nationale, convoquer des conventions, élire des députés, soutenir un collège classique, un journal, acheter chez leurs marchands.

Ces possibilités ont émerveillé ces mêmes leaders et les observateurs étrangers qui ont conclu triomphalement à une renaissance. Hypnotisés par un passé statique, à la remorque d'une religion sans emprise sur le monde industriel, les leaders ont été amenés à scléroser la prise de conscience populaire. En l'extériorisant de façon conservatrice, ils ont pu assumer en toute quiétude un rôle d'intermédiaires qui n'entraînait aucun changement capital à l'oppression de la masse. Les déterminismes historiques ne leur offraient guère d'autres issues.

Réaction anglophone à la prise de conscience acadienne

Car l'oppression, malgré une montée institutionnelle et politique, n'en continue pas moins à tenailler pêcheurs, colons-bûcherons et agriculteurs. À chaque étape franchie par la minorité, la majorité réplique par une escalade logistique. Alors que la mainmise coloniale était pratiquée individuellement jusqu'aux années 1860, elle s'affiche publiquement en 1865-1867 dans des journaux qui ne tolèrent pas qu'un groupement s'exprime différemment au Nouveau-Brunswick. On étiquette sommairement les Acadiens : « français », pauvres, illettrés, ivrognes et insoumis à la British Rule.

Le racisme est un moyen efficace de maintenir ou de restaurer des privilèges menacés. D'une part, il bloque l'assimilation du groupe exploité, contribuant ainsi au maintien de l'exploitation ; d'autre part, il gêne les éléments les plus libéraux de la société dominante qui osent concourir au mieux-être des opprimés. Durant la période étudiée, c'est lui que la majorité interpose le plus fréquemment entre elle-même et la minorité. Le racisme est aussi un réflexe de défense chez cette majorité pauvre et désavantagée par la conjoncture économique, au moment de la Confédération.

Les Acadiens s'affirment politiquement en élisant leurs députés. Les anglophones minoritaires ne s'y résignent pas. Les élections dans Kent, Gloucester et Victoria sont accompagnées de rixes, de tentatives d'intimidation, de corruption et de vols de scrutin. En pleine crise économique canadienne qui s'ajoute aux bouleversements créés par la Confédération, les Acadiens revendiquent leur propre système d'enseignement. Ils s'opposent à la Loi des écoles de 1871. Les minorités protestantes locales sont débordées ; pour leurs compatriotes du reste de la province, c'est un scandale. Des ignorants, naguère conquis et obéissants, se moquent de la légitimité des lois, contestent le droit qu'a la majorité d'institutionnaliser sa domination. On crie vengeance. Les Acadiens cristallisent alors le mal social, les difficultés d'implantation du système scolaire et économique. Appuyé par l'opinion publique dominante, par ses confrères des deux Chambres et par les tribunaux, le président du Conseil législatif peut allègrement châtier des commettants ayant assumé une liberté. Les mécanismes d'oppression ordinaires s'étant avérés insuffisants, l'État s'est chargé d'administrer lui-même une leçon pour ramener à leur place les conquis.

C'en était trop pour la minorité. L'État sapa sa prise de conscience à la racine. Le front commun acadien de 1874 s'effrita. Les jeunes leaders inexpérimentés, la population encore peu avertie capitulèrent. La réorientation nationale s'ajustera aux volontés d'un dominant qui ne souffrait ni assimilation, ni négociation.

Quand, après 1880, Pierre-Amand Landry essaie timidement, mais fermement, de se hisser avec les siens dans l'administration, il est pris à partie tant et si bien qu'il est forcé de démissionner après la défection de députés élus par les francophones. Ces députés ont été sensibles à une opération de dénigrement, baptisée French Power. On assiste alors au rétablissement entier des prérogatives anciennes avec des intermédiaires dorénavant indigènes, imposés directement ou indirectement par la majorité.

Vérification de la thèse et sens de l'éveil acadien

Ainsi se trouve vérifiée notre thèse d'une prise de conscience collective acadienne, marquée par un essor institutionnel interne qui n'entame qu'accidentellement le rapport dominant-dominé. L'élite acadienne, prise au dépourvu par la réaction de l'Autre, a eu l'unique opportunité d'orienter, par un ensemble de structures internes propres, le cheminement de l'ethnie en marge de la majorité, et ce, à ses dépens (colonisation, éducation supérieure, société nationale). La minorité déjà dénuée défraie la note pour des institutions que la majorité soutient étatiquement parmi les siens. La prise de conscience débouche ainsi sur un sentiment d'impuissance plus enraciné.

Une sorte de destin inscrit dans la dialectique historique des Acadiens veut qu'à chaque progrès intérieur réalisé corresponde une aliénation supplémentaire, parce que le système global et surtout économique reste inaltéré. L'accession de plusieurs des leurs à la députation, à la propriété de magasins, et au clergé dans une moindre mesure, ne réussit qu'à masquer l'exploitation anglophone par des visages plus familiers. Les élites, maintenant complices involontaires, accompliront un rôle déterminé dès l'origine de leur formation. Mais on ne se substitue pas impunément aux exploiteurs si l'on ne change pas leur système.

Quelques francophones et plusieurs anglophones ont souhaité l'assimilation pour clore l'opprobre des Acadiens. Leur démarche était illusoire. La province n'avait ni les moyens financiers, ni les cadres administratifs, ni les canaux de promotion, ni les forces démographiques nécessaires pour assurer la disparition qu'ont connue plusieurs flots acadiens dans les autres provinces ou aux États-Unis. On ne saurait débattre dans cette optique l'héroïcité de la survivance. Elle tient à d'autres raisons.

La dynamique historique acadienne

Sans nier que les éléments économiques, politiques, culturels ou religieux aient contribué grandement, durant la période étudiée, à revitaliser le groupe acadien du Nouveau-Brunswick, d'autres causes ont joué un rôle moins apparent, mais peut-être plus déterminant. Deux facteurs interdépendants, soit l'habitat et le fait démographique, sous-tendent l'éveil des Acadiens et la perdurabilité de leur caractère ethnique. Les francophones du Nouveau-Brunswick habitent un territoire où ils se retrouvent entre eux, parlant uniquement leur langue, partageant la même misère et communiant aux mêmes espoirs. Terre ingrate, héritée après l'expulsion de l'Acadie, mais terre nationale où ils assimilent de nombreux étrangers. On tente de l'agrandir systématiquement, mais elle ne répond guère aux attentes. Les Acadiens possèdent aussi la mer, ses richesses, sa liberté relative. Plus que le sol, elle les a retenus et façonnés ; ils ont peine à la quitter pour émigrer à l'intérieur des terres ou à l'étranger.

Au nord-ouest du Nouveau-Brunswick et à l'est, sur le littoral du golfe Saint-Laurent, les descendants du Grand Dérangement affermissent leur supériorité numérique dans trois comtés et l'augmentent de façon significative dans deux autres. Dans Gloucester, Victoria et Kent, ils haussent respectivement leur majorité de 14,1 % et 12 %. Alors qu'en 1871 ils constituent 16 % de l'ensemble de la population du Nouveau-Brunswick, en 1901 ils atteignent 24 %. En nombre absolu, ils ont presque doublé leurs effectifs, passant de 44 907 à 79 979. Pendant ce temps, l'élément anglophone ne s'accroît que de 3,7 %.

Westmorland, qui comptait 12 % de francophones de plus que Restigouche en 1871, tire de l'arrière de 12 % par rapport à ce même comté en 1901. Cela illustre les ambiguïtés et les limites de la condition acadienne, face au développement économique. C'est de là que sont issus les premiers leaders et institutions. Paradoxalement, le centre du renouveau institutionnel de l'Acadie est situé dans une aire excentrique où les francophones végètent, démographiquement parlant, et s'adaptent rapidement aux vues anglophones. Ces incidences handicaperont jusqu'à nos jours les jeunes générations des autres comtés, plus au nord. Mis tôt en contact avec les « Anglais » et les communications extérieures, les francophones de Westmorland ont senti davantage le besoin de s'organiser, en même temps qu'ils disposaient d'occasions d'émigration et d'anglicisation plus immédiate qu'ailleurs.

Si, à cause de l'émigration croissante, les Acadiens ne songent pas à renverser les proportions du rapport démographique avec les anglophones de la province, ils prennent graduellement conscience de devenir une majorité chez les catholiques. En 1871, les Irlandais rassemblent 53 % des catholiques de la province et les Acadiens, 47 %. En 1901, ceux-ci ont atteint 64 %[11]. On saisit facilement l'inquiétude de la hiérarchie irlandaise peu encline à confier des postes de commande au clergé acadien. Cette réaction élucide, d'une part, les accointances du clergé et de la hiérarchie irlandaise avec des politiciens protestants. D'un autre côté, il est facile de comprendre

---

11. Poirier n'échappe pas totalement à la pensée d'une victoire démographique complète. En 1884, il estime que les Acadiens des Maritimes seront au nombre de 2 500 000 en l'an 2000 (Poirier, 1884 : 384).

l'orientation du leadership laïque acadien qui entend par tous les moyens favoriser l'expansion d'une Église nationale, seule institution où des Acadiens ont la possibilité de se valoriser un jour dans la province.

La revanche des berceaux ne leurre plus personne aujourd'hui[12]. La majorité a découvert d'autres moyens pour garantir son avenir. À l'argument d'autorité, au racisme, elle substitue peu à peu la voie de l'assimilation, surtout dans les centres urbains[13]. La majorité est aussi confrontée à un autre défi non moins dangereux tant sur le plan politique qu'économique. Des groupes relativement forts se considèrent faibles et recherchent l'union[14], ainsi que le développement de leurs zones les plus avantagées[15]. Ces nouvelles priorités des dominants astreignent la minorité à revoir et repenser sa stratégie de conservation sous un autre jour, parce qu'elles l'attaquent là où était sa protection.

Lionel Groulx a bien circonscrit la condition acadienne et canadienne-française en général : « Autour de nous les groupes étrangers n'ont qu'à se laisser grandir dans la richesse et la prospérité qu'ils cueillent à portée de la main. Notre histoire à nous, coupée de catastrophes, n'est qu'un perpétuel recommencement » (Groulx, 1917 : 13-14). On reparle encore de renaissance chez les Acadiens du Nouveau-Brunswick en 1960[16]. « Renaissances et Réformes traduisent, dans le temps, jusque dans la fidélité de leur nom, l'instance de retours : pour réparer quelles usures ou pour quelles récréations ? » (Dupront, 1961 : 5)

« La réflexion d'une nation sur elle-même, en tout cas, est signe de malheur, de danger, d'oppression, de menace pesant sur le groupe » (Vilar, 1962 : 35). Chaque fois que la misère collective s'aggrave, l'attente d'une renaissance s'avive, mais celle-ci se dérobe tant et aussi longtemps que la condition fondamentale de la nation ne change pas. Ainsi s'expliquent l'ef-

---

12. À remarquer que le taux de natalité diminue graduellement entre 1861 et 1891. Dans Gloucester, les 0-20 ans formaient 60 % de la population en 1861 et 54 % en 1891.

13. Que ce soit à Moncton, Bathurst ou Campbellton. La radio et la télévision y sont presque exclusivement anglophones, de même que les écoles techniques. Plusieurs francophones anglicisés y occupent maintenant des postes importants. La majorité numérique ne signifie pas nécessairement une prédominance.

14. L'Union des Provinces maritimes se concrétise peu à peu sans consultation auprès des Acadiens.

15. Au Nouveau-Brunswick, Moncton et Saint John. Un sous-emploi plus accentué domine dans les zones francophones. Pendant un certain temps, on ne s'est pas caché de vouloir attirer à Saint John la main-d'œuvre francophone, avec un certain succès.

16. À ce sujet, voir Mailhot (1969 : 84-85). En 1946, un auteur croyait que les Acadiens commençaient tout juste à se former des leaders ; voir l'intervention de l'abbé Maheux dans Bonenfant et Falardeau (1946 : 73).

facement, la stagnation économique et culturelle des Acadiens au début du xxᵉ siècle, malgré une vitalité relative à la fin du xIxᵉ siècle[17]. À vrai dire, toutes choses restant égales, la constatation vaut aussi pour l'ensemble du Nouveau-Brunswick. Inversement, on ne peut ignorer que la prise de conscience collective acadienne s'est souvent manifestée en marge des grands courants économiques et même institutionnels anglophones. Elle obéissait à une dynamique propre.

Mais la notion acadienne comme ses leaders n'osent ou ne peuvent poursuivre jusqu'au bout les implications logiques de leur identité, d'où une impasse historique. Aliénés, ils s'en remettent au statu quo et préfèrent une position inconfortable à l'inconnu. D'autres ethnies moins dépourvues ne savent encore comment déterminer leurs choix[18]. La ténuité et la persistance de l'existence acadienne posent aussi le problème du Canada comme « nation unitaire », incapable d'absorber ses ressortissants francophones ou de les gratifier d'un statut égal, auquel s'oppose une majorité qui n'a jamais renoncé aux privilèges du conquérant[19].

Scandaleuse pour quelques-uns, anachronique pour d'autres, la « survivance » acadienne, telle qu'elle a été conçue au xIxᵉ siècle et entretenue au xxᵉ siècle, exige d'être réexaminée. Cette réévaluation est partiellement engagée. Pour les uns, trop longue et trop épuisante a été la condition acadienne pour que l'on cède ou raye le passé devant un raisonnement d'indépendance ou d'assimilation. Pour les autres, ceux qui détiennent le pouvoir auprès des Acadiens, la tentation de perpétuer un constat historique d'échec est grande. Tous ont l'espoir en définitive que la mort les trompera.

---

17. Remarquons que la fin du xIxᵉ siècle a aussi marqué l'affirmation du nationalisme de plusieurs groupes d'Europe centrale.

18. Cet aspect ressort du film de Pierre Perrault et Michel Brault (1971), *L'Acadie l'Acadie ?!?*, quand des jeunes Acadiens s'expriment au sujet du Québec.

19. Les réactions verbales du groupe loyaliste du Nouveau-Brunswick sont vives. La mise en application du bilinguisme fédéral ne progresse que si elle ne nuit pas aux chances d'avancement des anglophones. Le maire Jones de Moncton illustre peut-être, en 1972, de façon tapageuse ce que la majorité silencieuse anglophone ressent.

Bibliographie

BONENFANT, Jean-Charles, et Jean-Charles FALARDEAU (1946), «Cultural and Political Implications of French Canadian Nationalism», *The Canadian Historical Association*, vol. 25, n° 1, p. 56-73.

BOURQUE, Célina (1972), «L'histoire de ses ancêtres», *Les Cahiers / Société historique acadienne*, vol. 4, n° 7, p. 290-302.

EVEN, Alain (1970), «Le territoire pilote du Nouveau-Brunswick ou les blocages culturels au développement économique», Thèse de doctorat, Rennes, Université de Rennes.

GROULX, Lionel (1917), *L'histoire acadienne*, Montréal, Société Saint-Jean-Baptiste.

MAILHOT, Raymond (1969), «La "Renaissance acadienne" (1864-1888) : l'interprétation traditionnelle et *Le Moniteur Acadien*», Mémoire de maîtrise, Montréal, Université de Montréal.

MAILLET, Antonine (1971), *La Sagouine*, Montréal, Leméac.

MEMMI, Albert (1966), *La libération du Juif*, tome II : *Portrait d'un Juif*, Paris, Gallimard.

MEMMI, Albert (1968), *Portrait du colonisé précédé du portrait du colonisateur*, Utrecht, J.-J. Pauvert.

POIRIER, Pascal (1884), «Discours de M. Pascal Poirier», dans Pierre P. CHARETTE, *Noces d'or de la Saint-Jean-Baptiste. Compte-rendu [sic] officiel des Fêtes de 1884 à Montréal*, Montréal, [s.é.].

POIRIER, Pascal (1928), *Le parler franco-acadien et ses origines*, Québec, Imprimerie franciscaine missionnaire.

POIRIER, Pascal (1971), «Mémoires», *Les Cahiers / Société historique acadienne*, vol. 4, n° 3 (octobre-novembre-décembre).

VILAR, Pierre (1962), *La Catalogne dans l'Espagne moderne*, tome I : *Le milieu naturel et le milieu historique*, Paris, SEVPEN.

L'état des recherches sur la culture acadienne[1]

Marc-Adélard Tremblay

Paru en 1962 et écrit par un anthropologue et ethnographe familier des communautés aca-diennes – et qui avait mené, dès la fin des années 1940, de solides observations sur la population acadienne de la Nouvelle-Écosse –, ce texte déborde largement l'objet anthropo-logique puisqu'il a pour but d'établir un état des lieux des connaissances relatives à l'Acadie. Dressant «l'état des recherches sur la culture acadienne», il dégage les thématiques alors privilégiées – que les chercheurs aient placé leurs travaux sous le sceau de la science ou sous celui d'un savoir religieux à vocation strictement nationaliste. De cet examen, s'y révèlent néanmoins en creux, et plus qualitativement, les disciplines-reines, les conceptions de la connaissance qui prévalaient alors, le poids des conjonctures sur la préférence accordée aux objets étudiés. Ainsi en est-il de la place considérable qu'y occupent l'historiographie et les thématiques qui lui sont alors forcément associées – le Grand Dérangement, la survivance, l'étude des Conventions nationales acadiennes, la langue et la foi, pour ne prendre que ces exemples. Mais on y décèle aussi les prémices de ce qui deviendra bientôt pour les jeunes générations de chercheurs qui s'intéressent à l'Acadie un axe privilégié : les conséquences de la modernité et ses nombreuses thématiques autour, entre autres, de l'acculturation, du sous-développement, de l'identité; sans parler du «programme» de recherches que propose l'auteur et dont il faut bien reconnaître qu'à ce jour il n'a que partiellement été réalisé. Ajoutons que le «Commentaire» du père Clément Cormier, alors recteur de l'Université Saint-Joseph, fait on ne peut mieux écho aux avancées comme aux limites dont Tremblay fait état. En effet, l'intervention de Cormier traduit tout à la fois les soucis du leader national impliqué qu'il était alors et de l'autorité dont il était investi, lui qui souhaitait que l'Acadie sache «rompre avec le passé», car, ajoutait-il, «une collectivité peut se vouer à la stagnation en s'attachant trop servilement à des formules qui vieillissent».

Introduction

Lorsque les Acadiens désignent leur groupe, en tant que configuration cultu-relle distincte de toutes les autres, ils utilisent les expressions *peuple acadien*

---

1. Nous tenons à remercier Renée Carette, Yvan Ferland, Camille Richard et le révérend père Albert Whilelmy, s.j., qui nous ont aidé à constituer l'inventaire bibliographique. Émile Gosselin et Camille Richard ont aussi enrichi notre exposé de précieux commentaires.

ou *nation acadienne*. Ils signifient par là qu'ils ont les mêmes caractéristiques socioculturelles, qu'ils communient aux mêmes traditions, qu'ils s'inspirent des mêmes sources idéologiques et qu'ils partagent les mêmes aspirations. Mais ce peuple, à la suite d'une cruelle expérience que nous rappellerons brièvement plus loin, vit en petits groupes sur un très vaste territoire qui s'étend au-delà des frontières provinciales et même nationales. Il existe, en effet, dans l'État de la Louisiane des communautés d'Acadiens – que l'on appelle là-bas Cajuns – qui ont conservé quelques traditions ancestrales et qui se rattachent, par leur origine, à l'ancienne province d'Acadie. De plus, plusieurs générations d'Acadiens, venant des Provinces maritimes, ont émigré vers les États de la Nouvelle-Angleterre où ils vivent, soit dans de petites villes ou soit encore dans des centres métropolitains comme Boston. Tous ces émigrés exercent des métiers urbains et vivent dans des paroisses qu'ils partagent avec les Américains d'origine québécoise et les Irlandais catholiques. Ces Franco-Américains s'identifient encore, pour un bon nombre, à la « patrie » d'origine. La Déportation agit alors comme pôle d'attraction dans les mécanismes d'identification ethnique. Une grande proximité géographique qui permet des visites régulières en Nouvelle-Écosse et au Nouveau-Brunswick, ainsi que l'existence de liens de parenté particulièrement resserrés – tant dans les milieux de provenance que dans les milieux de résidence – ont limité le caractère contraignant des puissantes normes d'assimilation de la culture américaine.

Un bilan exhaustif des études acadiennes devrait, bien entendu, inclure les groupements états-uniens. C'est là un objectif qui demeure très lointain, tant par l'envergure de la tâche que par la nature des ressources que celle-ci exigerait. Il n'est donc pas question de nourrir une telle ambition dans le cadre de cet article. Au demeurant, le territoire considéré inclut l'Île-du-Prince-Édouard, la Nouvelle-Écosse, le Nouveau-Brunswick, les Îles-de-la-Madeleine et la péninsule gaspésienne. Ce territoire est d'ailleurs trop vaste pour que notre bilan soit fondé sur un inventaire complet des ouvrages pertinents à une sociologie de l'Acadie. Nous devrons restreindre encore les objectifs à l'intérieur de cet espace géographique. Plusieurs circonstances nous obligent à présenter une vue « à vol d'oiseau » de ces travaux, plutôt qu'une analyse en profondeur.

Précisons, en dernier lieu, le biais par lequel nous abordons ce bilan. Depuis juin 1950, nous avons entrepris en Nouvelle-Écosse plusieurs voyages d'études anthropologiques dans le cadre d'une recherche multidisciplinaire en psychiatrie sociale. Nous serons alors enclin à accorder une importance particulière à ces travaux. Notre travail reflétera de plus une plus grande familiarité avec les travaux portant sur la Nouvelle-Écosse, « le berceau de l'Acadie ». Cette lacune sera heureusement compensée par la présence d'un commentateur bien qualifié et venant, par surcroît, d'une université acadienne du Nouveau-Brunswick. Ayant eu à négliger les documents primaires, les articles parus dans les journaux et les revues de vulgarisation, les conférences prononcées devant les publics les plus divers, nous sommes conscient que plusieurs travaux de grande importance ont été négligés. Il ne faut pas l'oublier, nous n'avons pas pour l'Acadie d'essais à la manière de ceux qui existent pour le Québec[2]. Nous en sommes encore à la période des premiers balbutiements. Souhaitons que toutes ces lacunes bibliographiques et que la pénurie des travaux à caractère explicatif ayant été mise à jour par notre vue panoramique soient un puissant stimulant pour instituer un centre de la documentation acadienne où seraient compilés, pour fins de classification et d'analyse, l'universalité des documents et données disponibles sur les différents groupes acadiens. Je sais que l'Université Saint-Joseph de Moncton et le collège Sainte-Anne de Pointe-de-l'Église, en Nouvelle-Écosse, ont déjà amorcé un tel projet. Mais sa complète réalisation nécessitera des ressources financières et humaines très considérables.

Le bilan des études acadiennes

Un rapide examen de la bibliographie que nous avons dressée fait ressortir le grand nombre de travaux centrés sur l'histoire acadienne. Plusieurs de ces ouvrages accordent beaucoup d'importance au Grand Dérangement. Quelques auteurs font de la dispersion le thème de leur exposé. On sait qu'à ce propos les vues sont divergentes chez les historiens. Cela s'explique pour une part par les perspectives théoriques à partir desquelles s'effectue la reconstruction historique, et aussi par les sentiments que l'on éprouve vis-à-vis de l'une ou l'autre des deux ethnies en présence.

Tous les autres travaux peuvent être regroupés dans huit catégories distinctes, directement reliées à la survivance acadienne dans les provinces de l'Atlantique. Ces catégories sont les suivantes : (1) la survivance de la « nation » ; (2) les conventions nationales ; (3) missionnaires, clergé et paroisses d'Acadie ; (4) le parler franco-acadien ; (5) éducation et écoles acadiennes ; (6) communautés et culture acadiennes ; (7) les relations interethniques et l'acculturation des Acadiens.

---

2. Voir Jean-C. Falardeau (dir.) (1953), *Essais sur le Québec contemporain*, Québec, Les Presses Universitaires Laval.

Les travaux historiques

Il serait prétentieux, dans le cadre de ce rapide tour d'horizon, d'effectuer une analyse critique des travaux historiques centrés sur l'Acadie. Nous laissons cette tâche aux historiens. L'observateur éclairé ne peut toutefois s'empêcher d'être mal à l'aise et confus devant la variété des interprétations de l'histoire acadienne et, plus particulièrement, de la dispersion. Les historiens «anglais», d'une part, et les historiens «français», d'autre part, ont leur version et leur interprétation des faits. Ces interprétations ont entre elles très peu de points de rapprochement.

À ce propos, signalons deux historiens, John Bartlett Brebner [17][3] et Guy Frégault [46], qui ont redonné, il nous semble, à la Déportation une très grande authenticité. Tous les deux, par des cheminements analogues, ont démontré que la Déportation fut une décision longuement mûrie, qu'elle s'élabora à partir des exigences locales d'une colonisation qui s'avérait de plus en plus difficile et menacée dans son fondement même, et qu'enfin, elle fut fortement appuyée par le Board of Trade and Plantations de Londres. La mise à exécution d'un tel plan s'échelonna sur une période de huit années (soit de 1755 à 1763) et demeurait inachevée au moment de la signature du traité de Paris. L'historien Frégault établit bien à partir de quelles séries de facteurs s'élabora la décision d'expulser les Acadiens de la Nouvelle-Écosse. La grande tragédie de la Nouvelle-Écosse, c'est d'avoir été cédée par la France à l'Angleterre sans qu'il y ait eu de véritable conquête militaire. Après plusieurs années d'occupation anglaise, la province avait gardé son caractère français. Voici comment se sont déroulées les étapes successives qui ont abouti à la Déportation (Frégault [46], 1954 : 322-331) :

a)   les titres de propriété des Acadiens ne sont pas reconnus par l'Angleterre, à moins que ces derniers deviennent sujets de Sa Majesté en prêtant un serment d'allégeance à la couronne britannique ;

b)   si cette prise de position acquiert un statut juridique par la décision d'un magistrat colonial, il sera alors légal de déloger ou de déposséder les Acadiens de leurs terres ;

c)   il n'y a aucune colonisation anglaise possible au Nouveau Monde tant que subsistera l'«Acadie française». C'est alors qu'on envoie, le 24 septembre 1754, un corps expéditionnaire dans le but de protéger les intérêts anglais en Acadie et de préparer la voie à la colonisation intégrale ;

---

3. Le nombre entre crochets renvoie à la référence correspondante de l'inventaire bibliographique en fin d'article.

d) le gouverneur Lawrence demande 2000 soldats de la Nouvelle-Angleterre afin de réduire le pivot de l'«Acadie française» (le fort de Beauséjour) ;

e) convergence dans les politiques acadiennes du gouverneur Lawrence et la politique impériale du Board of Trade and Plantations ;

f) après la conquête militaire des forts de Beauséjour et de Gaspareau (16 et 17 mai 1755), les événements se précipitent avec une extrême rapidité et aboutissent à la décision d'expatrier tous les Acadiens.

La décision de déplacer les Acadiens fait d'ailleurs partie d'une opération colonisatrice comportant trois phases : le déplacement, la dispersion et le remplacement. Comme le dit Frégault dans le même article :

> [...] toute l'histoire de l'Amérique en est alors une de rivalités coloniales. Tous les colonisateurs se ressemblent. L'affreux épisode de la dispersion des Acadiens ne se conçoit que dans le cadre d'un conflit de colonisation ; précisons, bien que ce soit superflu : de colonisations qui entrent en conflit précisément parce qu'elles visent, en même temps, les mêmes objectif (Frégault [46], 1954 : 333).

À mon sens, cette analyse de Frégault situe les événements tragiques de l'histoire acadienne dans des cadres plus vastes que ceux auxquels nous étions habitués. Un fait demeure : quelle qu'ait été la nature des événements et des motifs qui ont abouti à la dispersion des Acadiens, ces derniers ont vécu une expérience traumatisante qui transparaît aujourd'hui dans leur caractère national. L'histoire de la Déportation constitue un puissant mécanisme d'identification, oriente les générations présentes vers une certaine perception et compréhension de leur passé et, en dernier ressort, met l'accent sur la nécessité de la survivance. Le thème de la survivance va nous servir d'idée maîtresse dans l'organisation des autres matériaux compilés.

Signalons, auparavant, que quelques travaux historiques récents sont centrés sur la région, en tant qu'aire territoriale et culturelle distincte. Ces histoires régionales s'inspirent d'une tradition d'allure descriptive et vont permettre de constituer une précieuse documentation dans l'élaboration d'une histoire d'Acadie qui tiendra davantage compte des différences socio-culturelles entre les divers sous-groupes.

Les travaux centrés sur la survivance

La survivance du fait français en Acadie est expliquée par l'extraordinaire force spirituelle et morale des ancêtres, par l'intervention de la divine Providence et par l'isolement social, c'est-à-dire par le fait que les communautés acadiennes ont été durant longtemps tenues à l'écart des grands courants économiques et commerciaux dominés par les entrepreneurs anglo-saxons. La langue des communications sur les plans affectif, familial, religieux et économique demeura la langue française. Aujourd'hui, les communications de masse ont rompu cet équilibre et l'élite acadienne est consciente que le plein épanouissement de la culture française ne sera possible et réalisé que si certaines exigences préalables viennent contrebalancer et freiner les nouvelles forces d'assimilation. Plusieurs générations ont été sacrifiées durant le processus de la survivance. Les leaders savent que l'Acadie ne peut plus subir de telles saignées des effectifs démographiques sans que soit compromise la perpétuation de cette aspiration nationale. On peut, il me semble, généraliser à l'Acadie tout entière les mécanismes préconisés chez les Acadiens du sud-ouest de la Nouvelle-Écosse (Tremblay [221]) par l'élite locale pour établir sur des assises permanentes les éléments de la culture. Une première série de facteurs réfèrent à la tradition et sont des mécanismes de repliement sur soi, tandis que les autres sont des mécanismes d'évolution progressive :

a) la langue française et la foi catholique sont des éléments indissociables ;

b) le mariage entre Acadiens est une condition essentielle à la conservation des traditions familiales ;

c) on doit se protéger contre tout ce qui est étranger afin d'imperméabiliser la culture acadienne contre les influences du groupe dominant ;

d) la religion est le plus important moyen de contrôle du comportement de tous les membres ;

e) les liens de parenté resserrent la cohésion du groupe ; les intérêts du groupe ont priorité sur les aspirations personnelles ;

f) l'essor de l'élite acadienne est vu comme un moyen de renforcer la solidarité du groupe et d'assurer son progrès ;

g) l'instruction est valorisée comme moyen d'effectuer un retour éclairé aux traditions acadiennes et de permettre l'accession à des postes de commande dans tous les secteurs ;

h) il est nécessaire de planifier la survivance sur une longue période afin d'assurer sa réalisation.

On aperçoit à travers ces divers mécanismes une double intention : celle de se défendre contre les influences du groupe majoritaire et celle de tracer, en tenant compte des ressources autochtones, un schéma dynamique de la survivance à l'échelle de la « nation tout entière ». Ce schéma implique aussi l'exercice d'une action importante au niveau des structures économiques, de la structure du pouvoir, à celui de la refrancisation des communications de masse et de l'établissement de tout un réseau d'institutions d'enseignement.

Cette stratégie de la survivance et du progrès de la « nation acadienne » a été conçue par l'intelligentsia. Elle doit être perçue, comprise, assimilée par les cadres et par la masse tout entière des Acadiens avant de devenir une réalité qui aura à la fois un caractère formel et une très grande persistance.

Vue dans cette perspective, la survie posera peut-être un problème quant au choix des moyens. Si l'instruction est valorisée, si l'élite devient ouverte au progrès, y aura-t-il lieu de se protéger contre les étrangers ? L'alliance langue-foi demeurera-t-elle indissociable ?

Caractérisons très brièvement les études qui ont pour thème la survivance avant d'aborder, par la suite, les diverses autres catégories qui peuvent s'y rattacher.

La survivance de la « nation »

Ces études établissent le bilan de la survivance acadienne dans les Maritimes à partir de l'examen systématique d'un ensemble de critères comme le rôle du clergé et de la paroisse, le rôle de l'école et de la famille et celui de la langue parlée. Mais ces différents paliers ne sont pas suffisamment examinés en tenant compte des interrelations et du faisceau des interdépendances fonctionnelles qui existent entre chacun d'eux. Les descriptions demeurent ainsi trop statiques, elles sont faites à partir de découpages trop nombreux et atteignent rarement le niveau de l'interprétation et de l'explication sociologiques. Dans un article qui vient de paraître (Tremblay [122]), nous avons voulu reconstituer dans une perspective globale l'histoire de la survivance acadienne et montrer comment, à travers l'évolution économique et sociale, s'est précisée la configuration culturelle du groupe. La survivance des traditions n'est pas seulement menacée par les contacts interculturels et l'exposition à une culture de masse étrangère, elle est également compromise par la transformation des sociétés historiques sous l'impact de l'évolution technologique et du progrès. Cette transformation de la petite communauté et sa participation de plus en plus étroite à la société technique moderne sont autant d'éléments à examiner et à pondérer dans une analyse compréhensive de la survivance.

Les conventions nationales

Il s'est tenu, à la fin du XIXᵉ siècle, trois Conventions nationales acadiennes ; une dans chacune des Provinces maritimes. Ces conventions ont joué un rôle de premier plan dans l'éveil d'une conscience nationale. Elles sont à l'origine même du désir de la survivance acadienne. En effet, ces assises ont noué des relations très étroites entre les participants et ont fait naître chez eux le sentiment d'appartenance à une même communauté idéologique. Déjà, à ce moment-là, ce « jeune peuple » veut conserver son identité propre en se distinguant des autres Canadiens d'expression française et en mettant sur pied les institutions qui lui permettront de conserver son identité. Dans sa thèse de maîtrise, Camille Richard [132], par une analyse de contenu des différents discours prononcés durant la première convention nationale, retrace les principaux courants d'idées et identifie les centres d'influence. Dans une analyse bien menée, il attire l'attention sur le rôle du clergé acadien en tant que « définisseur de situation » sur le plan d'une vision spiritualiste du monde et sur celui des exigences fonctionnelles d'une mentalité acadienne différente de toutes les autres.

Missionnaires, clergé et paroisses d'Acadie

L'ensemble des travaux d'histoire religieuse portent sur les missionnaires, la paroisse et le clergé et visent à définir le rôle des premiers missionnaires dans le rétablissement de la tradition française en Acadie, à reconstituer le climat de la vie paroissiale en tant que cadre d'activités religieuses et sociales et à définir, enfin, le rôle du clergé (en particulier, des différentes congrégations religieuses) dans la prise de conscience du groupe acadien, dans la revendication de ses droits et dans la protection de ses intérêts les plus chers. Notons enfin le rôle prépondérant des évêques acadiens dans le long cheminement de la survivance. Monseigneur Leménager, évêque de Yarmouth, fut le dernier à accéder à la direction d'un diocèse acadien. Son élection à la veille des célébrations des fêtes du bicentenaire de la Déportation confirmait d'une manière éclatante l'intention formelle de l'Église d'aider les Français du sud-ouest de la Nouvelle-Écosse dans la poursuite de leurs objectifs nationaux.

Le parler franco-acadien

Les travaux portant sur la langue acadienne se divisent en deux groupes : ceux qui traitent la langue comme un fait d'observation important et significatif en soi, c'est-à-dire comme le véhicule d'une pensée, comme média de communication et comme symbole de culture (au sens anthropologique du terme) ; et ceux qui considèrent la langue comme « gardienne de la foi », c'est-à-dire comme une forme culturelle à contenu idéologique.

Dans les quelques études du premier groupe, on vise à démontrer que le parler franco-acadien est une langue parlée et non écrite et que, par conséquent, elle est transmise par la tradition orale de génération en génération et qu'elle est sujette à des transformations plus rapides. Le parler franco-acadien est aussi distinct selon les différentes régions de l'Acadie. Finalement, le parler franco-acadien se distingue de la langue parlée des Canadiens d'expression française surtout par les caractéristiques suivantes : la construction de la phrase, la conjugaison des verbes, l'accent, l'utilisation d'archaïsmes et d'expressions nautiques et l'utilisation plus fréquente d'anglicismes et de termes anglais. Les travaux de Pascal Poirier [203, 204] sont de première importance et fournissent tous les éléments de base pour la compréhension de la langue. Mais ils devront être révisés et mis à jour comme l'a fait le linguiste Gaston Dulong pour Chéticamp [200], car l'évolution du parler acadien est rapide. Cette transformation est attribuable, pour une large part, à l'isolement géographique et culturel de la communauté acadienne, au faible niveau d'instruction de base des Acadiens et à leur connaissance limitée de la langue française écrite.

Quant aux travaux de la seconde catégorie, ils se rattachent à une vigoureuse tradition nationaliste canadienne-française[4]. Dans cette perspective idéologique, la langue est conçue comme le véhicule par excellence des croyances religieuses et ne peut se dissocier de la foi.

Un affaiblissement de l'identité ethnique entraînera du même coup un affranchissement correspondant des valeurs religieuses traditionnelles et un relâchement dans l'utilisation du parler franco-acadien. À partir de nos observations limitées effectuées dans le grand Portsmouth (Tremblay [212, 221]), nous trouvons que quatre catholiques fervents sur cinq ont conservé leur langue, tandis que seulement un catholique tiède sur trois parle encore le français. Ces résultats empiriques donnent donc du poids à l'idée maîtresse de l'association étroite langue-religion chez les Acadiens.

---

4. Voir Henri Bourassa (1919), *La langue gardienne de la foi : traditions nationales et religieuses des Canadiens français*, Montréal, Bibliothèque de l'Action française.

Éducation et écoles acadiennes

L'ensemble de ces travaux mettent l'accent sur l'importance de l'instruction formelle dans le processus de la survivance. En tant que groupe minoritaire dans des provinces anglaises, les Acadiens ont dû, pour faire reconnaître leurs droits, mener des luttes scolaires nombreuses, plus ou moins fructueuses selon les époques et les provinces. Aujourd'hui, différentes législations scolaires tiennent compte du fait français et des exigences particulières qui s'ensuivent. Plusieurs associations sont nées dont le principal objectif était de défendre les droits des élèves acadiens. Avec la reconnaissance graduelle du fait français à l'école, ces groupes ont élargi leurs objectifs, ont cessé d'être uniquement des groupes de pression auprès des pouvoirs politiques pour s'intéresser davantage à hausser les niveaux d'instruction de la masse et à orienter les étudiants acadiens vers les différentes carrières professionnelles disponibles. Ces niveaux accrus d'instruction posent un nouveau défi à la survivance acadienne en ce sens que les économies locales devront s'enrichir de nouvelles industries et de nouvelles occupations pour attirer et absorber une main-d'œuvre dont les niveaux de qualification professionnelle seront haussés et permettront l'accès à de nouvelles carrières. Mais les jeunes seront-ils intéressés à retourner en Acadie? Préféreront-ils plutôt émigrer et faire leur vie ailleurs où les chances de succès sont plus nombreuses et certaines? Notons, en dernier lieu, que, par les travaux du père Omer Le Gresley [189], nous possédons pour l'Acadie tout entière l'histoire de l'enseignement du français dans les écoles publiques. Ses travaux ont été mis à date pour la Nouvelle-Écosse pour la période 1926-1949 par Joseph-Édouard Comeau [184] et par nous-même [122] pour la décennie 1950-1960.

Communautés et culture acadiennes

Ces travaux s'inscrivent au niveau de la communauté, c'est-à-dire au niveau d'unités sociales fonctionnelles. Notons ici les travaux de William Francis Ganong [52, 53] et plus récemment celui du père Anselme Chiasson [205]. La plupart des autres études d'importance sur la culture acadienne ont été entreprises par le groupe de recherches en psychiatrie sociale du comté de Stirling (Nouvelle-Écosse). Ces études monographiques, en plus de s'inspirer de la tradition ethnographique en anthropologie (par la description de l'adaptation de l'homme à son milieu, de l'organisation sociale et des attitudes et systèmes de valeurs), ont été menées selon des exigences conceptuelles et méthodologiques précises. L'étude du comté de Stirling fut entreprise avec l'intention d'examiner le rôle de l'environnement social dans l'étiologie des troubles mentaux. Parmi les facteurs du milieu social susceptibles de créer un impact défavorable sur l'hygiène mentale des individus, nous avons privilégié les phénomènes de désintégration sociale[5]. Cette orientation particulière s'appuie sur trois postulats :

a) un milieu désintégré entrave le développement affectif normal de l'enfant ;

b) un milieu désintégré réduit non seulement la satisfaction des besoins et des tendances les plus essentiels mais favorise aussi les bouleversements affectifs ;

c) un milieu désintégré diminue sensiblement les possibilités de guérison de l'individu atteint d'une maladie somatique ou souffrant d'un désordre psychologique puisque les ressources dont il aurait besoin sont inexistantes ou difficilement accessibles.

Cette hypothèse fondamentale de l'influence du milieu dans les déséquilibres émotifs devait nécessairement se vérifier à deux niveaux différents : sociétaire et individuel.

a) L'épidémiologie des maladies mentales. L'équipe psychiatrique s'est intéressée tout autant à la maturité affective et au processus d'équilibre émotif qu'au dépistage et à l'étiologie des désordres psychiatriques.

b) L'intensité de la désintégration sociale. L'équipe anthropologique a non seulement analysé le processus de désintégration des communautés locales, mais aussi leur processus de croissance et de développement. On a ainsi étudié des communautés intégrées et des communautés désintégrées. Un ensemble de 14 variables différentes sont utilisées pour définir les niveaux d'intégration/désintégration des communautés.

People of Cove and Woodlot, de Hughes *et al.* [207], décrit et analyse le milieu social du comté de Stirling. Une communauté acadienne bien intégrée que nous avons appelée L'Anse-des-Lavallée y est étudiée et comparée aux communautés anglo-protestantes intégrées et aux communautés mixtes désintégrées. Les contrastes sont des plus intéressants tant au point de vue du fonctionnement des cultures que du point de vue de l'intégration sociale

---

5. Pour un exposé détaillé du cadre conceptuel de l'étude, voir Alexander H. Leighton (1958), *My Name is Legion*, New York, Basic Books Inc.

des groupements. Dans l'étude de L'Anse-des-Lavallée, la configuration culturelle acadienne est tracée en utilisant le concept de sentiments qu'ont élaboré William McDougall et Adolf Meyer[6]. L'anthropologue Marcel Rioux [211] a élaboré le profil culturel acadien du Nouveau-Brunswick par une analyse de contenu d'un ensemble de documents historiques. Les résultats des deux études sont sensiblement les mêmes. Cette convergence, qui peut difficilement être imputable au hasard, souligne la très grande homogénéité de la culture acadienne des provinces de l'Atlantique.

Notons aussi les articles d'Émile Gosselin et Marc-Adélard Tremblay [213, 206] portant sur le continuum pauvreté-prospérité et sur Loomervale. Le premier de ces articles élabore un cadre conceptuel dans le but d'utiliser la pauvreté comme indicateur de désintégration sociale, tandis que l'autre illustre ces principes théoriques par le truchement de l'approche monographique. Mentionnons en dernier lieu l'excellente étude d'Allister M. MacMillan et Alexander H. Leighton [209], « People of the Hinterland », sur une communauté biethnique et économiquement déprimée.

Relations interethniques et acculturation des Acadiens[7]

Ces travaux examinent les relations entre les Acadiens et les Anglais et les influences du groupe dominant sur le groupe minoritaire (l'acculturation des Acadiens). La plupart de ces études sont de date récente et ont été effectuées par des spécialistes des sciences de l'homme. Elles revêtent ainsi un caractère de très grande importance. Les unes portent sur l'ensemble des rapports Français-Anglais (Beaudry [214] ; Chance [216] ; Steward et Blackburn [219] ; Thorburn [220]), tandis que d'autres examinent en profondeur le processus d'acculturation des Acadiens (Deveau [217] ; Tremblay [212, 221]). Les unités territoriales choisies par ces derniers sont des centres semi-urbains mixtes du comté de Stirling. Puisque le temps ne nous permet

---

6. Voir Adolf Meyer (1951), *The Collected Papers of Adolph Meyer* (Eunice E. Winters, dir.), Baltimore, Johns Hopkins Press ; Adolf Meyer (1957), *Psychobiology, a Science of Man* (textes recueillis par Eunice E. Winters et Anna Mae Bowers), Springfield, Ill., Thomas, p. 85. Voir également William McDougall (1936), *An Introduction to Social Psychology*, 23e édition, Londres, Methuen, p. 104-110, 137, 140, 150-196, 305, 308, 431-453. Pour une reconstitution du profil culturel des Acadiens de la baie Française, voir Hughes *et al.* [207] (1960 : 135-164).

7. Nous venons de préparer un exposé théorique qui permet d'étudier et de mieux comprendre les étapes de l'anglicisation acadienne. Cet article paraîtra dans un prochain numéro d'*Anthropologica*, sous le titre : « Le transfert culturel : fondement et extension dans le processus d'acculturation ». [NDE : Cet article a été publié en 1962 dans la revue *Anthropologica*, vol. 4, n° 2, p. 293-320.]

pas de résumer ces études de l'acculturation, nous sommes tenté de citer dans son entier la conclusion générale à notre article [221] sur les niveaux et dynamismes d'acculturation des Acadiens de Portsmouth. Cette conclusion souligne la force et la faiblesse de l'approche utilisée tout en la caractérisant suffisamment bien pour nos fins.

Cet article, disions-nous, a permis de systématiser certaines de nos connaissances sur le processus d'acculturation et de poursuivre, par la suite, certaines opérations qui nous ont permis de fixer le processus individuel d'acculturation, de l'évaluer quantitativement et de le mettre en relation avec certaines caractéristiques de l'individu et de son milieu. Nous avons été en mesure d'utiliser une situation nord-américaine (les Franco-Acadiens de la Nouvelle-Écosse), de la caractériser dans ce qu'elle avait de spécifiquement acculturante et conservatrice par une approche structurelle-fonctionnelle. Au terme de cet exposé nous nous devons de suggérer que des études de ce genre au niveau macro-sociologique de la structure sociale devront être complétées par des études cliniques de l'acculturation afin de mieux saisir les différents éléments dynamiques et idiosyncratiques de ce processus chez les individus.

Conscient des déficiences de notre approche, nous avons quand même l'impression d'avoir défini quelques jalons et précisé certaines dimensions universelles du processus. À notre point de vue, cette étape devait précéder une analyse plus dynamique et psychologique du phénomène. C'est ainsi que nous satisferons de plus en plus aux exigences conceptuelles et opératoires essentielles à l'élaboration d'une théorie du comportement humain dans une situation de contact.

Évaluation des études acadiennes

Si on essaie d'évaluer l'ensemble des travaux portant sur l'Acadie, la société et la culture acadiennes, on peut distinguer deux sources d'inspiration, deux types de travaux. Les premiers, d'inspiration idéologique plus ou moins consciente et affichée ; les seconds, à caractère plus scientifique et où les explications sont élaborées à partir de faits d'observation recueillis systématiquement.

L'ensemble des travaux du premier type sont marqués par la dispersion, le rôle de certaines lignes de force dans le processus de la survivance, les dangers qui la menacent, etc. Les travaux du second type sont moins nombreux, il est évident, mais de très grande importance pour une conception dynamique du renouveau acadien contemporain à l'échelle de la nation. On pourra ainsi aborder objectivement la question de la survivance acadienne.

Cette conclusion intermédiaire soulève le dernier point que nous voulions examiner : quelles études devrions-nous entreprendre en Acadie ?

Les études à entreprendre

Avant de commencer cet inventaire, nous avions l'impression qu'à la suite du nombre restreint des études acadiennes nous serions obligé de mettre l'accent sur l'élaboration d'un « plan de recherche pour l'Acadie ». Au terme de cette communication, cependant, c'est l'inverse qui se produit. Ayant accordé beaucoup d'importance au bilan, nous devrons, en conséquence, réduire le plan que nous voulions proposer. Puis, à bien y songer, ce plan de recherche devrait être si vaste – le terrain est encore vierge, du moins si l'on se place dans l'optique des sciences humaines – qu'il consisterait en une simple énumération de tous les sujets d'importance dans l'étude de la société et de la culture. Indiquons quand même quelques lacunes graves.

A. Établir un bilan des effectifs démographiques acadiens tenant compte de la répartition territoriale des populations et de leurs principales caractéristiques socioculturelles.

B. Analyser les effets des changements technologiques et de l'urbanisation sur les communautés acadiennes isolées, sur les populations acadiennes vivant soit dans des milieux à prédominance anglaise ou dans les milieux mixtes et sur la société acadienne prise comme un tout.

C. Examiner d'une manière systématique les problèmes du sous-développement en Acadie. L'Acadie partage les problèmes de sous-développement des provinces de l'Atlantique et sa population en subit de très graves conséquences par suite de son statut de minorité. On devrait s'intéresser à des questions comme celles-ci :

    1° la planification de l'exploitation des ressources naturelles afin d'éviter leur inutilisation ou leur gaspillage ;

    2° la découverte de nouvelles industries afin d'absorber les surplus de main-d'œuvre et d'empêcher l'émigration des jeunes ;

    3° comment concurrencer sur les marchés nationaux les produits des industries manufacturières fortement équipées et localisées à proximité des marchés de consommation ?

    4° comment accroître les niveaux de vie et stabiliser les sources de revenu ?

    5° comment accroître la participation acadienne à des institutions financières comme les coopératives, les caisses populaires, les sociétés immobilières acadiennes, etc. ?

6° comment hausser les niveaux de qualification professionnelle?

7° étude de l'évolution de la structure des occupations utilisée comme indice de transformation de la société acadienne.

D. Les mouvements de population. L'Acadie, dans son ensemble, a perdu des effectifs démographiques importants à la suite de vagues successives d'émigration vers les provinces centrales canadiennes. Quelles régions et quels segments de la population ont été les plus vulnérables à cette force centrifuge? Comment freiner l'émigration?

E. Étudier l'organisation sociale acadienne dans le but de mieux connaître les éléments fonctionnels et dysfonctionnels de la société prise globalement et de susciter des processus d'adaptation s'il y a lieu. On pourrait entreprendre des études de ce type:

1° la famille acadienne, sa structure et ses fonctions; liens de parenté, de solidarité et de coopération; mécanismes d'apprentissage;

2° une étude exhaustive du système scolaire et de l'enseignement à tous les niveaux;

3° évaluation de la paroisse en tant que cadre de la pratique religieuse dans une société en voie d'urbanisation; influences des mécanismes d'acculturation sur les croyances, les attitudes et la pratique religieuses;

4° étude du sous-emploi et de la structure des occupations;

5° étude de la différenciation sociale (statuts, rôles, principes de stratification, etc.);

6° étude des comportements d'épargne et de consommation;

7° la structure des élites: rôle des élites traditionnelles, étude du pluralisme et du mouvement vers la diversification;

8° les organisations de loisirs;

9° les communications et systèmes d'échanges intergroupes;

10° les mécanismes de contrôle social;

11° les études sur le comportement politique;

12° les études des associations acadiennes.

F. Les études sur les valeurs et la culture acadiennes. De tous les champs mentionnés jusqu'à présent celui-ci est, sans aucun doute, le plus vaste et parmi les plus difficiles. Car on ne peut l'aborder sans avoir au préalable un apprentissage dans les disciplines humaines. Aucune politique d'action à long terme, soit par rapport au développement économique et social, soit encore par rapport à la survivance, ne saurait réussir sans être fondée sur une connaissance approfondie des valeurs, des attitudes et de la culture des Acadiens des différentes régions.

Nous arrêtons ici notre énumération. La tâche est vraiment colossale, tant par les très nombreuses avenues inexplorées et la pénurie de chercheurs que par la nécessité de continuer et d'enrichir ces premières ébauches. Il faudra d'ici peu plusieurs équipes de chercheurs, afin d'amorcer les travaux les plus essentiels en histoire, en linguistique, en économique, en sociologie, en psychologie et en anthropologie culturelle. C'est là un objectif qui s'impose si les Acadiens veulent mieux se connaître et, par voie de conséquence, prévenir l'action englobante de la société majoritaire anglo-saxonne et s'adapter aux conditions imposées par la société technologique.

INVENTAIRE BIBLIOGRAPHIQUE[8]

La classification adoptée, dans cet inventaire bibliographique, correspond à des catégories analytiques dont le choix est justifié dans le texte de l'article. Les deux principales catégories sont les suivantes : les travaux historiques et les études dont le thème général est la « survivance » du groupe acadien. Les études du second groupe sont regroupées sous huit rubriques plus particulières : survivance de la « nation » ; conventions nationales ; missionnaires, clergé et paroisses d'Acadie ; éducation et écoles acadiennes ; le parler franco-acadien ; relations interethniques et acculturation des Acadiens ; communautés et culture acadiennes ; divers.

Travaux historiques

1. ALEXANDER, Sir James E., *L'Acadie or Seven Years Exploration in British America*, Londres, 1849, 2 vol.

2. ALBERT, abbé Thomas, *Histoire du Madawaska*, Québec, Imprimerie Franciscaine Missionnaire, 1920.

3. ATKINSON, Rev. Chas., *A Historical and Statistical Account of New-Brunswick with Advice to Emigrants*, Édimbourg, Anderson & Bryce, 1844.

4. AUCOIN, Edmond-D., *Le Pays d'Évangéline*, Montréal, Le Pays laurentien, 1917.

5. BEAUDRY, René, c.s.c., « Aux sources de l'histoire de l'Acadie et des provinces maritimes », *The Canadian Historical Association Report*, 1955, 62-68.

6. —, « Un témoin de la dispersion acadienne : l'abbé Le Guerne », *Revue d'Histoire de L'Amérique française*, VII, 1, juin 1953, 32-44.

7. BERNARD, Antoine, c.s.v., « À qui ce pays acadien ? », *Relations*, 147, mars 1953, 74-77.

8. —, « Choses d'Acadie », *Revue d'Histoire de l'Amérique française*, I, 1, 39-48.

9. —, *Histoire de l'Acadie*, Moncton, L'Évangéline Ltée, 1939.

10. —, « L'Acadie se souvient », *Relations*, 136, avril 1952, 92-95.

11. —, *Le drame acadien depuis 1604*, Montréal, Les Clercs de Saint-Viateur, 1936.

12. BLANCHARD, J.-H., *Acadiens de l'Île du Prince-Édouard*, Charlottetown, Imprimerie Acadienne, Ltée, 1956.

13. —, *Histoire des Acadiens de l'Île du Prince-Édouard*, Moncton, Imprimerie de l'Évangéline, 1927.

---

8. Pour l'intérêt qu'il présente quant aux références antérieures aux périodes couvertes par cette anthologie, nous avons choisi de reproduire tel quel cet « inventaire ». Cependant, il ne nous a pas paru nécessaire d'adapter les références au protocole d'édition de l'anthologie.

14. BIRD, J. Brian, « Settlement Patterns in Maritime Canada, 1687-1786 », *Geographical Review*, July 1955, 385-404.

15. BOURGEOIS, Ph. F., c.s.c., *Petit résumé de l'histoire du Nouveau-Brunswick depuis 80 ans*, Moncton, N.-B., 1913.

16. BOURQUE, Rév. P.-A.-T., *Chez les anciens Acadiens : causeries du grand-père Antoine*, Moncton, L'Évangéline, 1911.

17. BREBNER, John Bartlett, *New England's Outpost : Acadia before the Conquest of Canada*, New York, Columbia University Press, 1927.

18. BROWN, George S., *Yarmouth, N. S. : A Sequel to Campbell's History*, Boston, Rand Avery Co., 1888.

19. BUCKINGHAM, J. S., *Canada, Nova Scotia, New Brunswick and the Other British Provinces in North America*, Londres, 1843.

20. CAMPBELL, Duncan, *Nova Scotia in its Historical, Mercantile and Industrial Relations*, Montréal, John Lovell, 1873.

21. CAMPBELL, G. G., *The History of Nova Scotia*, Toronto, Ryerson, 1948.

22. CAMPBELL, Rev. John Roy, *A History of the County of Yarmouth of Nova Scotia*, Saint John, N.-B., J. & A. McMillan, 1876, xvi + 200 p.

23. CASGRAIN, abbé Henri-R., « Les Acadiens après leur dispersion, 1755-1775 », *Transactions of the Royal Society of Canada*, V, 1, 1887, 15-92.

24. —, *Un pèlerinage au Pays d'Évangéline*, Québec, L.-J. Demers & Frères, 1888.

25. —, *Une seconde Acadie : l'Île Saint-Jean – Île du Prince-Édouard sous le régime français*, Québec, L.-J. Demers & Frères, 1894.

26. CHAMPRIS, Gaillard de, *Images du Canada français*, Paris, Éd. de Flure, 1947. (« En Acadie », p. 117-133).

27. CLARKE, Andrew Hill, *Three Centuries and the Island ; A Historical Geography of Settlement and Agriculture in P. E. I, Canada*, Toronto, University of Toronto Press, 1959.

28. CLARKE, George Frederick, *Expulsion of the Acadians*, Fredericton, Brunswick Press, 1955.

29. CORMIER, Clément, « En route pour l'Acadie », *Relations*, 127, 1951, 178-180.

30. COUILLARD-DESPRÉS, abbé A., « Aux sources de l'histoire de l'Acadie », *Mémoires de la Société Royale du Canada*, 3ᵉ série, XXVII, Ottawa, Imprimerie de la Société Royale, 1933.

31. —, *Charles de Saint-Étienne de la Tour, Gouverneur, Lieutenant-Général en Acadie et son temps (1593-1666)*, Arthabaska, Imprimerie d'Arthabaska, 1930.

32. —, *En marge de « La tragédie d'un peuple » de M. Émile Lauvrière*, Bruges, Desclée, de Brouwer & Cie, 1925.

33. —, *Histoire des seigneurs de la Rivière du Sud et de leurs alliés canadiens et acadiens*, Saint-Hyacinthe, La Tribune, 1912.

34. —, *Observation sur l'«Histoire de l'Acadie française» de M. Moreau*, Paris, Arbour et Dupont, 1919.

35. DAGNAUD, P.-M., *Les Français du Sud-Ouest de la Nouvelle-Écosse*, Besançon, Librairie Centrale, 1905.

36. D'ARLES, Henri (pseud. de l'abbé Beaudet), *La Déportation des Acadiens*, Montréal, Bibliothèque de l'Action française, 1918.

37. DIÈREVILLE, Sieur de, *Relation of the Voyage to Port Royal in Acadia or New France*, Toronto, The Champlain Society, 1933.

38. DESROSIERS, A., *La race française en Amérique*, Montréal, Beauehemin, 1910.

39. DEVEAU, Alphonse, *Le journal de Cécile Murat*, Baie-Sainte-Marie, 1961.

40. DOUGHTY, Sir Arthur George, *The Acadian Exiles*, Toronto, Brook & Co., 1916.

41. DUGRÉ, Alexandre, s.j., «Agonie de l'Acadie», *Relations*, 175, juillet 1955, 176-179.

42. —, «Le premier siècle de l'Acadie», *Relations*, 169, janvier 1955, 4-7.

43. FONTAINE, L.-U., *Cent trente-cinq ans après ou la renaissance acadienne*, Montréal, Imprimerie Gebhardt-Berthiaume, 1890.

44. —, *Voyage du Sieur de Dièreville en Acadie*, Québec, A. Côté & Cie, 1885.

45. FRÉGAULT, Guy, «Francis Parkman» *Amérique française*, février 1943, 27-31.

46. —, «La déportation des Acadiens», *Revue d'Histoire de l'Amérique française*, 8, 3, déc. 1954, 309-358.

47. GANONG, William Francis, *The History of Caraquet and Pokemouche*, Saint John, New-Brunswick Museum, 1948.

48. —, *The History of Miscou and Shippegan*, Saint John, New-Brunswick Museum, 1946.

49. —, «The History of Neguac and Burnt Church», *Acadiensis*, VIII, 1908, 267-287.

50. —, «The History of Shippegan», *Acadiensis*, VIII, 1908, 138-161.

51. —, «The History of Tabusintac», *Acadiensis*, VII, 1907, 313-332.

52. —, «The History of Tracadie», *Acadiensis*, VI, 1906, 185-200.

53. —, *Saint Croix Island*, Saint John, New-Brunswick Museum, 1945.

54. GAUDET, Placide, *Le Grand Dérangement ; sur qui retombe la responsabilité de l'expulsion des Acadiens ?* Ottawa, Ottawa Printing Co. Ltd., 1922.

55. GRANDMAISON, Léonce de, *L'histoire pathétique du peuple acadien*, Paris, Études, 1923.

56. GROULX, abbé Lionel, *L'histoire acadienne*, Montréal, Société Saint-Jean-Baptiste, 1917.

57. —, «L'orientation fatale», *L'Action nationale*, XXVIII, 1954, 91-100.

58. HALIBURTON, Thomas C., *An Historical and Statistical Account of Nova Scotia*, Halifax, 1829, 2 vol.

59. HANNAY, James, *The History of Acadia from its First Discovery of its Surrender to England by the Treaty of Paris*, Saint John, N.-B., J. & A. McMillan, 1879.

60. HARVEY, D. C., *The French Regime in Prince Edward Island*, New-Haven, Yale University Press, 1926.

61. HUBERT, Paul, *Les Îles-de-la-Madeleine et les Madelinots*, Rimouski, Imprimerie générale, 1926.

62. JÉGO, J.-Bte, *Le drame du peuple acadien, Reconstitution historique en neuf tableaux et une pose plastique de la déportation des Acadiens*, Paris, Imprimerie Oberthur, 1932.

63. JULES-ÉMILE, Frère, *Historique de l'Acadie*, Saint-Jean, Qué., Éditions du Richelieu, 1954.

64. LANCTÔT, Gustave, « L'Acadie et la Nouvelle-Angleterre, 1603-1763 (suite) », *Revue de l'Université d'Ottawa*, 11, 1941, 349-370.

65. LAUVRIÈRE, Émile, *Brève histoire tragique du peuple acadien*, Paris, Adrien Maisonneuve, 1947.

66. —, *Deux traîtres d'Acadie et leur victime, les La Tour père et fils et Charles d'Aulnay*, Montréal, Granger Frères, 1932.

67. —, *La tragédie d'un peuple*, Paris, Éditions Bossard, 1923, 2 vol.

68. LAWSON, J. I., and MacCULLUM, S.J., *This is New Brunswick*, Toronto, Ryerson Press, 1951.

69. LEBLANC, D.-J., *The True Story of the Acadians*, Lafayette, Tribune Publishing Co., 1937.

70. MALCHELOSSE, Gérard, « Deux tournants de l'histoire d'Acadie, 1713 et 1755 », *Cahiers des Dix*, 5, 1940, 107-120.

71. MARQUIS, L.-S.-D., *Monographie des Îles-de-la-Madeleine*, Québec, Imprimerie Commerciale, 1927.

72. MASSÉ, Pierre « Destinées acadiennes, Marie-Joseph Guillot et sa métairie », *Revue d'Histoire de l'Amérique française*, X, 1, juin 1956, 104-114.

73. MASSIGNON, Y.-L.-F., *Au Canada ; la haute vallée du Saint-Jean (Madawaska) et l'avenir franco-américain*, Paris, Maisonneuve, 1943.

74. MAXWELL, Lilian M., *An Outline of the History of Central N. B. to the Time of Confederation*, Sackville, Tribune Press, 1937.

75. McLEAN, C. H., « Prominent People of New Brunswick in the Religious, Political, Educational, Professional, Commercial and Social Activities », *Biographical Society of Canada*, 1937.

76. McLENNAN, J. S., *Louisbourg – From its Foundation to its Fall, 1713-1758*, Londres, MacMillan, 1918.

77. MICHAUD, Joseph-D., ptre, *Notes historiques sur la Vallée de la Matapédia*, Val-Brillant, 1922.

78. MICHAUD, Marguerite, « Caraquet », *Revue d'Histoire de l'Amérique française*, XI, juin 1957, 47-55.

79. MOREAU, M., *Histoire de l'Acadie française*, Paris, Léon Techener, 1873.

80. MORSE, W. I., *Acadiensis Nova (1598-1779)*, Londres, Bernard, Ltd., 1935, 2 vol.

81. MURDOCK, Beamish, *A History of Nova Scotia or Acadie*, Halifax, James Barnes, 1865, 2 vol.

82. OSGOOD, H. L., *The American Colonies in the Eighteenth Century*, New York, 1924, 4 vol.

83. PARKMAN, Francis, *France and England in North America*, Boston, Little, Brown and Co., 1865-1894, 9 vol.

84. POIRIER, Arthur P., *Histoire de Saint-Louis, comté de Kent*, Moncton, Imprimerie Nationale, Ltée, 1943.

85. POIRIER, Pascal, « Des Acadiens déportés à Boston en 1755 », *Transactions of the Royal Society of Canada*, IV, 1, 1908, 125-180.

86. —, *Origine des Acadiens*, Montréal, Sénécal, 1874.

87. QUINPOOL, John, *First Things in Acadia*, Halifax, First Things Publishers, 1936.

88. RAMEAU DE SAINT-PÈRE, E., *La France aux colonies : étude sur le développement de la race française hors de l'Europe (Acadiens et Canadiens)*, Paris, A. Jouby, 1859.

89. —, *Une colonie féodale en Amérique : l'Acadie,1604-1881*, Paris, Plon, 2 vol., 1889.

90. RICHARD, Édouard, *Acadie, reconstruction d'un chapitre perdu de l'histoire d'Amérique*, Québec, Laflamme, 2 vol., 1916 et 1918.

91. ROQUEBRUNE, Robert de, « Le Grand Dérangement », *Revue des Deux-Mondes*, juillet 1956, 51-67.

92. RUMILLY, Robert, *Histoire des Acadiens*, Montréal, Fides, 1955, 2 vol.

93. —, *Les Îles-de-la-Madeleine*, Montréal, les Éditions Chanteclerc, 1951.

94. SAUNDERS, R. M., « History and French Canadian Survival », *The Canadian Historical Association Report*, 1943, 25-34.

95. SULTE, Benjamin, *Mélanges historiques : l'Acadie française*, Montréal, Éditions Édouard Garand, 1930.

96. WATSON, Brooks, « The Acadian French », *Nova Scotia Historical Society Report and Collections*, vol. 2, Halifax Morning Herald Office, 1881, 129-160.

97. WEEKES, Mary, *Acadian Betrayal*, Toronto, Burns & MacEachern, 1955.

Études se rattachant au thème général de la survivance

Survivance de la « nation »

98. ANGERS, François-Albert, « Un vote de race », *L'Action nationale*, XIX, 1941, 299-312.

99. ANONYME, « Surge Acadia Mea », *L'Action nationale*, XLIV, 6, février 1955, 471-472.

100. ARSENAULT, J.-E., « Les Acadiens de l'Île du Prince-Édouard », *L'Action nationale*, XXXI, mai 1948, 362-372.

101. BERNARD, Antoine, c.s.v., *Histoire de la survivance acadienne, 1755-1935*, Montréal, Les Clercs de Saint-Viateur, 1935.

102. —, *L'Acadie vivante*, Montréal, Éditions du Devoir, 1945.

103. —, *La renaissance acadienne au XXᵉ siècle*, Québec, Le Comité de la survivance française, 1949.

104. CHAUVIN, F.-X., « Les Canadiens français d'Essex et de Kent », *Relations*, 72, 1946, 365-369.

105. COLLINS, Charles W., *The Acadians of Madawaska, Maine*, Boston, Press of Thomas-Whales, 1902.

106. DUGRÉ, Alexandre, s.j., « Acadie constructive », *Relations*, 36, décembre 1943, 311-314.

107. —, « Ce qu'on dit de l'Acadie », *Relations*, 176, août 1955, 207-209.

108. —, « En Acadie ressuscitée », *Relations*, 34, octobre 1943, 263-265.

109. —, « L'Acadie 1755-1955 », *Relations*, 168, 1954, 334-337.

110. —, « L'Acadie de demain », *Relations*, 180, décembre 1955, 321-323.

111. EDWARDS, C.-E., *La survivance de la culture française en Nouvelle-Écosse*, thèse de maîtrise, McGill University, 1946.

112. GOSSELIN, Gilberte, « La liaison française en Acadie », *Vie française*, 10, 1955, 11-23.

113. GROULX, abbé Lionel, « Langage et survivance », *L'Action nationale*, IV, 1, 1934, 46-63.

114. LÉGER, Antoine-L., *Les grandes lignes de l'histoire de la Société L'Assomption*, Québec, Imprimerie Franciscaine Missionnaire, 1933.

115. MALTAIS, Armand, « Notre merci aux Acadiens », *L'Action nationale*, XLV, 1, septembre 1955, 9-16.

116. PLANTE, Albert, s.j., « Merci pour votre survivance », *Relations*, 178, octobre 1955, 269-272.

117. *Revue trimestrielle canadienne*, « L'évolution de la race française en Amérique », Montréal, Librairie Beauchemin, 1921.

118. ROBICHAUD, Norbert, « Radio-Canada en Acadie », *Vie française*, 8, 1954, 456-463.

119. SAVOIE, Adélard, « L'Acadie fête sa résurrection », *L'Action nationale*, XXIV, octobre 1954, 161-175.

120. SLOAT, Prudence, *La survivance française au Nouveau-Brunswick*, thèse de maîtrise, McGill University, 1946.

121. TAILLON, Léopold, *Au service de la culture française en Acadie*, 1938-1952, Montréal, Fides, 1952.

122. TREMBLAY, Marc-Adélard, « Les Acadiens de la Baie française : l'histoire d'une survivance », *Revue d'Histoire de l'Amérique française*, XV, 4, mars 1962, 526-555.

123. TURGEON, Onésiphore, *Un tribut à la race acadienne*, Mémoires, 1871-1927, Montréal, G. Ducharme, 1928.

124. VERRETTE, Adrien, « Le bicentenaire acadien », *Bulletin de la Société historique franco-américaine*, nouvelle série, 1, 1955.

125. VOCELLES, James T., *The Triumph of the Acadians : A True Story of Évangeline's People*, s.l., s.éd., 1930.

Conventions nationales

126. CHOUINARD, H.-J., *Fête nationale des Canadiens français célébrée à Québec en 1880*, Québec, A. Côté & Cie, 1881.

127. Congrès national acadien, Church Point et Grand-Pré, N.-É., 1921, *Livre-souvenir et programme*, Moncton, Imprimerie L'Acadien, 1921.

128. *Convention nationale acadienne de l'Î.-P.-É.*, Saint-Jacques d'Egmont Bay, 1951.

129. *Deuxième congrès de la langue française au Canada*, Québec, Imprimerie de l'Action Sociale, 1938.

130. En collaboration, *Conventions nationales acadiennes*, Shediac, Imprimerie du Moniteur Acadien, 1907.

131. *Premier congrès de la langue française au Canada*, compte rendu, Québec, Imprimerie de l'Action Sociale, 1913.

132. RICHARD, Camille, *L'idéologie de la première Convention nationale acadienne*, thèse de maîtrise, Université Laval, Québec, 1960, 124 p.

Missionnaires, clergé et paroisses d'Acadie

133. ALBERT, Révérend Père, o.f.m., *Son Excellence Mgr L.-J.-Arthur Melançon, 1879-1941*, Moncton, N.-B., Cathédrale de Notre-Dame-de-l'Assomption, 1941.

134. ANONYME, *Album-souvenir du cinquantenaire de la paroisse Saint-Michel de Drummond, N.-B., 1890-1940*, Drummond, 1940.

135. ANONYME, *Cathédrale Notre-Dame de l'Assomption*, Moncton, 1956.

136. ANONYME, *Congrégation des Filles de Marie de l'Assomption*, Campbellton, N.-B., Québec, L'Action sociale, 1925.

137. ANONYME, *Église Saint-Bernard, Nouvelle-Écosse, Livre-souvenir*, Yarmouth, The Lawson Publishing Company, 1942.

138. ANONYME, *Mémoire sur les missions de la Nouvelle-Écosse, du Cap-Breton et de l'Île du Prince-Édouard de 1760 à 1820*, Québec, C. Darveau, 1895.

139. ANONYME, *Mère Maillet (Marie-Alphonsine Ranger) fondatrice de l'Hôtel-Dieu de Saint-Joseph de Saint-Basile, N.-B.,1846-1934*, Edmundston, N.-B., Le Madawaska, 1934.

140. BLANCHARD, J.-H., *Rustico, une paroisse acadienne de l'Île du Prince-Édouard*, s.i., s.éd., 1938.

141. BOURGEOIS, Marie-Louise, « La paroisse acadienne de Chéticamp » *Journal of Education for Nova Scotia*, 6, March 1935, 191-200.

142. BOURGEOIS, Ph.-F., c.s.c., *Les anciens missionnaires de l'Acadie devant l'histoire*, Shediac, Moniteur Acadien, 1910.

143. CALASANZ, J., o.f.m., *Aperçu historique de Pointe-à-la-Garde et de sa mission*, juin 1941.

144. CANDIDE DE NANT, *Pages glorieuses de l'épopée canadienne : une mission capucine en Acadie*, Paris, Librairie Saint-François, 1927.

145. CASGRAIN, abbé Henri-R., *Les Sulpiciens et les Prêtres des Missions étrangères en Acadie, 1676-1762*, Québec, Pruneau et Kirouac, 1897.

146. —, *Mémoire sur les missions en Nouvelle-Écosse, 1770-1820*, Québec, Darveau, 1895.

147. CHOUINARD, Rév. E.-P., *Histoire de la paroisse de Saint-Joseph de Carteton : 1775-1906*, Rimouski, Imprimerie générale, 1906.

148. DAIGLE, Cyriaque, *Histoire de Saint-Louis de Kent : Cent cinquante ans de vie paroissiale française en Acadie*, Moncton, L'Imprimerie Acadienne, 1948.

149. —, *Les anciens missionnaires de l'Acadie*, Saint-Louis de Kent, 1956.

150. DAVID, P.-Albert, *Les missionnaires du séminaire du Saint-Esprit à Québec et en Acadie au XVIIIe siècle*, Paris, Bariel Enault, 1926.

151. DE VALIGNY, Pacifique, o.f.m., *Chroniques des plus anciennes églises d'Acadie*, Montréal, Écho de Saint-François, 1944.

152. D'ENTREMONT, H., Leander, « Father Jean-Mande Sigogne, 1799-1844 », *Nova Scotia Historical Society, Report and Collections*, Halifax, The Imperial Publishing Company, vol. 23, 1936, 103-115.

153. DE LA COTARDIÈRE, Georges, c.j.m., *La Congrégation de Jésus et Marie (Eudistes) au Canada, 1890-1940*, Besançon, Jacques & Demontrand, 1946.

154. DOUCET, Antonio (Père Camille, o.c.r.), À l'ombre du petit Rocher, 1797-1947, La Trappe, 1947, 203 p.

155. DUBÉ, Joseph-Guy, Centenaire de Saint-François de Madawaska, N.-B., 1859-1959, Edmundston, Le Madawaska, 1959.

156. DUBOIS, Émile, ptre, Chez nos frères les Acadiens, Montréal, Bibliothèque de l'Action française, 1920.

157. En collaboration, L'Acadie, ses missionnaires, Montréal, Les Éditions du Devoir, 1925.

158. EUDISTES, RR. P., Centenaire de la mort du Père Jean-Mandé Sigogne, missionnaire de la Baie Sainte-Marie, 1844-1944, Pointe-de-l'Église, N.-É., 1944.

159. GALLIEN, Arthur, ptre, Album souvenir, Église Saint-Bernard, Néguac, N.-B., Montréal, Thérien Frères, 1948.

160. GAGNON, Mgr C.-O., Lettre de l'abbé Le Guerne, missionnaire de l'Acadie, Québec, Côté, 1889.

161. GAUDET, Gustave, Biographies de Memramcook, s.l., s.éd., 1955.

162. GODIN, Edgar, ptre, Monseigneur Thomas Cooke, missionnaire de la Baie des Chaleurs, 1817-1823, Bathurst, N.-B., Imprimerie Leclerc, 1953.

163. L'ARCHEVÊQUE, Rév. Jos.-A., Histoire de la paroisse Saint-Jacques-le-Majeur, Scoudouc, N.-B., 1932.

164. LEBLANC, Henri-P., La paroisse Notre-Dame-de-l'Assomption de Moncton, Moncton, N.-B., 1958.

165. LÉGER, Désiré, F.-X., ptre, Historique de la paroisse Saint-Louis-de-France, Lewisville, Moncton, diocèse de Saint-Jean, N.-B., 1925.

166. —, L'histoire de la paroisse de Saint-Pierre de Cocagne, dioèse de Saint-Jean, N.-B., Moncton, L'Évangéline, 1920.

167. LEMAY, Hugolin, o.f.m., Les Récollets missionnaires en Amérique, Lévis, s.éd., 1912.

168. MacMILLAN, Rev. John C., The Early History of the Catholic Church in P.E.I., Québec, L'Événement Printers Co., 1905.

169. —, The History of the Catholic Church in P.E.I., from 1835 till 1891, Québec, L'Événement Printers Co., 1913.

170. McLAUGHLIN, Rev. Charles S., Early Missionary Foot Prints in Acadie, 1604-1904, 1932.

171. McLEOD, Rogers, Pioneer Missionaries in the Atlantic Provinces, Toronto, The Ryerson Press, 1930.

172. MELANÇON, abbé Arthur, Vie de l'abbé Bourg, premier prêtre acadien, Rimouski, «Le Chez-Nous», 1921.

173. MERCIER, Jean, Les fondateurs de l'Église canadienne et l'Acadie, Québec, Le Comité des Fondateurs de l'Église canadienne, 1955.

174. MICHAUD, Marguerite, « Le musée de la Cathédrale de Moncton », *Revue d'His-toire de l'Amérique française*, VIII, 1954, 236-242.

175. —, *Le Père F.-X.-S. Michaud, grand curé bâtisseur et organisateur*, Bouctouche, N.-B., Hull, Imprimerie Leclerc, 1954.

176. O'BRIEN, Cornelius, *Memoirs of the Right Reverend Edmund Burke*, Ottawa, Thoburn Co., 1894.

177. PLESSIS, Mgr J.-D., *Journal des visites pastorales de 1815 à 1816*, Québec, Imprimerie Franciscaine Missionnaire, 1903.

178. POIRIER, Pascal, *Le Père LeFebvre et l'Acadie*, Montréal, Beauchemin, 1898.

179. ROCHEMONTEIX, Camille de, s.j., *Les Jésuites et la Nouvelle-France au XVIIe siècle*, Paris, Letouzey et Ané, 1895.

Éducation et écoles acadiennes

180. ANONYME, « The Acadian Commission », *Journal of Education for Nova Scotia*, 6, April 1909, 54-57.

181. BERNARD, Antoine, c.s.v., « Quelques victoires dans les écoles », *Relations*, *3*, mars 1941, 76 et suiv.

182. BLANCHARD, J.-H., « Les écoles acadiennes de l'Île du Prince-Édouard », *Relations*, 18, juin 1942, 156-158.

183. BREAULT, Arthur, *Éducation française en Acadie*, thèse de maîtrise, Université d'Ottawa, 1933.

184. COMEAU, Joseph-Édouard, *L'enseignement du français dans les écoles publiques de la Nouvelle-Écosse depuis 1900*, thèse de doctorat, Université de Montréal, 1949.

185. FRECKER, G., *Education in the Atlantic Provinces*, Toronto, W. S. Gage, 1956.

186. GODIN, Théo., « Les origines de l'Association acadienne de l'éducation : Note historique sur la question scolaire au Nouveau-Brunswick », *Revue d'Histoire de l'Amérique française*, V, 2, septembre 1951, 186-192.

187. HUBERT, A., « Écoles acadiennes de Nouvelle-Écosse », *Relations*, 14, février 1942, 44-46.

188. LAPLANTE, Léopold, c.j.m., « Un collège acadien en Nouvelle-Écosse », *Relations*, août 1942, 213-220.

189. LE GRESLEY, Omer, *L'enseignement du français en Acadie, (1604-1926)*, Paris, Énault, 1926.

190. MACNAUGHTON, K. F. C., *The Development of the Theory and Practice of Education in N.-B.*, University of N.-B., Fredericton, 1947 (Historical Studies, n° 1).

191. MALCHELOSSE, Gérard, « La bibliothèque acadienne », *Cahiers des Dix*, 19, 1954, 263-286.

192. MICHAUD, Benoît, «Écoles françaises d'Acadie», *Relations*, 9, sept. 1941, 227-229.

193. PLANTE, Albert, s.j., «Retour d'Acadie», *Relations*, 129, septembre 1951, 243-246.

194. RICHARD, François, s.j., «La vie française au Nouveau-Brunswick», *Relations*, 92, août 1948.

195. TREMBLAY, Marcel, c.j.m., *Cinquante ans d'éducation catholique et française en Acadie : Caraquet 1899 - Bathurst 1949*, Université du Sacré-Cœur, 1949.

Le parler franco-acadien

196. BASTIEN, Hermas, «Le bilinguisme dans les Provinces Maritimes», *Action française*, 13, 1925, 250-268.

197. CHAPAIS, Thomas, «La langue, gardienne de la foi, des traditions, de la nationalité», *Premier Congrès de la langue française au Canada : compte rendu*, Québec, Imprimerie de l'Action sociale, 1913, 445-453.

198. CHARBONNEAU, Hector, «Les archaïsmes du parler madelinois», *Transactions of the Royal Society of Canada*, XXXIX, 1, 1945, 19-38.

199. DOIRON, Léo-Martin, *La langue française en Nouvelle-Écosse*, thèse de maîtrise, Université de Montréal, 1946.

200. DULONG, Gaston, «Chéticamp, îlot linguistique du Cap-Breton», dans *Contributions to Anthropology, 1959*, Bulletin 173, Ottawa, National Museum of Canada, 1960, 12-41.

201. GEDDES, James, *Study of an Acadian-French Dialect Spoken on the North Shore of the Baie-des-Chaleurs*, Halle, Niemayer, 1908.

202. GOSSELIN, P.-E., «La langue, gardienne de la foi», *Canada français*, 24, 4, 1936, 301-309.

203. POIRIER, Pascal, «Comment une langue évolue», *Transactions of the Royal Society of Canada*, XXI, 1, 1927, 239-245.

204. —, *Le parler franco-acadien et ses origines*, Québec, Imprimerie Franciscaine Missionnaire, 1928.

Communautés et culture acadiennes

205. CHIASSON, Père Anselme, cap., *Chéticamp : histoire et traditions acadiennes*, Moncton, Éditions des Aboiteaux, 1961, 317 p.

206. GOSSELIN, Émile, et TREMBLAY, Marc-Adélard, «Loomervale : un cas de désintégration sociale», *Recherches sociographiques*, I, 3, juillet-septembre 1960, 309-342

207. HUGHES, C. C., TREMBLAY, M.-Adélard, RAPOPORT, R. N., et LEIGHTON, A. H., *People of Cove and Woodlot : Communities from the Viewpoint of Social Psychiatry*, New York, Basic Books, Inc., 1960.

208. LAGACÉ, Anita, *Grand-Sault, hier et aujourd'hui*, s.l., s.éd., 1946.

209. MACMILLAN, Allister M., et LEIGHTON, Alexander H., «People of the Hinterland, Community Interrelation in a Maritime Province of Canada», dans Edward H. SPICER, ed., *Human Problems in Technological Change*, New York, Russel Sage Foundation, 1952, 225-243.

210. MICHAUD, Marguerite, *La reconstruction française au Nouveau-Brunswick ; Bouctouche, paroisse-type*, Fredericton, Les Presses Universitaires, 1955, 223 p.

211. RIOUX, Marcel, «Rapport préliminaire de l'étude sur la culture acadienne du Nouveau-Brunswick», Extrait du Bulletin n° 147, *Rapport annuel du Musée national* 1955-1956, Ministère du Nord canadien et des Ressources nationales, 62-64.

212. TREMBLAY, M.-Adélard, *The Acadians of Portsmouth, A Study in Culture Change*, Ph. D. dissertation, Cornell University, Ithaca, N. Y., 1954.

213. TREMBLAY, M.-Adélard, et GOSSELIN, Émile, «Le continuum pauvreté-prospérité ; son utilité en tant qu'indicateur de désintégration sociale», *Service social*, 9, 3, nov.-déc. 1960, 3-28.

Relations interethniques et acculturation des Acadiens

214. BEAUDRY, René, c.s.c., «Les rapports ethniques dans les Provinces Maritimes», dans *La dualité canadienne* (ouvrage réalisé par Mason Wade), Québec, Les Presses Universitaires Laval, 1960, 374-382.

215. BOND, Donald *et alii*, «Anglo-French and Franco-American Studies, a Current Bibliography», *Romantic Review*, Oct. 1945, 161-190.

216. CHANCE, Norman A., *Portsmouth : The Study of a Bi-Cultural Community under Stress*, Ph. D. dissertation, Cornell University, Ithaca, N. Y., 1957.

217. DEVEAU, Alphonse, *Patterns of Acculturation of Acadian Descent People in Bristol* [nom d'emprunt], thèse de maîtrise, Université Laval, 1953.

218. MOORE, William Henry, *Le Choc (The Clash), étude de nationalités*, traduit de l'anglais par Ernest Bilodeau, Montréal, Librairie Beauchemin, Limitée, 1920.

219. STEWARD, J., et BLACKBURN, S., «Tensions between English-Speaking and French-Speaking Canadians», *Contributions à l'étude des sciences de l'homme*, 3, 1956, 145-168.

220. THORBURN, Hugh, «Biculturalism in the Maritime Provinces», dans *La dualité canadienne* (ouvrage réalisé par Mason Wade), Québec, Les Presses Universitaires Laval, 1960, 383-391.

221. TREMBLAY, M.-Adélard, « Niveaux et dynamismes d'acculturation des Acadiens de Portsmouth » [nom d'emprunt], *Anthropologica, III*, 2, 1961, 202-251.

Divers

222. ANONYME, *Place Names of Prince-Edward Island with Meanings*, Ottawa, King's Printer, 1925.

223. ANONYME, *Place Namese on Magdalen Islands, Que.*, Ottawa, King's Printer, 1922.

224. BISHOP, Olga Bernice, *Publications of the Governments of N.-S., P.-E.-I., N.-B.* : 1758-1952, Ottawa, National Library of Canada, 1957.

225. BRASSARD, François-J., « La chanson acadienne », *L'Action nationale, XIX*, 1941, 245-246.

226. CHAPIN, Miriam, *Atlantic Canada*, Toronto, Ryerson Press, 1956.

227. CLARE, *Nouvelle-Écosee, Chez les Acadiens*, Yarmouth, R. H. Davis & Co., 1952.

228. CORRIVAULT, Blaise, *Bibliographie analytique de l'histoire d'Acadie*, thèse de biblio-théconomie, Church Point, N.-É., 1950.

229. DOUCET, Alain, *La littérature orale de la Baie-Sainte-Marie*, thèse de maîtrise, Collège Sainte-Anne, Pointe-de-l'Église, N.-É., 1961, 129 p.

230. DOUGLAS, R., *La nomenclature géographique des Îles-de-la-Madeleine*, Ottawa, Imprimeur du Roi, 1923.

231. En collaboration, *Problèmes économiques des Acadiens*, Conférences données à la Journée d'études économiques organisée à l'Université Saint-Joseph, le 3 décembre 1960, Moncton, 1960.

232. GAUDET, Laura-C., *Songs of Acadia*, New York, Broadcast Music, Inc., 1945.

233. HUBERT, Jean, *L'Évangéline au service de l'Acadie : exposé de l'aspect rédactionnel de notre œuvre de presse catholique et française*, Moncton, février 1962.

234. JACK, D. R., « Acadian Magazines », *Royal Society of Canada*, 2nd Series, vol. IX, section II, 1903-1904, Ottawa, J. Hope & Sons, 1903.

235. LEMAÎTRE, Georges, *Vie économique de la Nouvelle-Écosse*, Paris, Presses Universitaires de France, 1931.

236. MICHAUD, Marguerite, « L'Acadie dans la littérature », *L'Action nationale, XXIX*, avril 1947, 273-284 et XXX, octobre 1947, 112-126.

237. NICOLET, Jean, « Un sénateur pour les Acadiens de l'Île », *L'Action nationale, XXIII*, 1953, 151-152.

238. ROY, Carmen, *Contes populaires gaspésiens*, Montréal, Fides, 1952.

COMMENTAIRE

Clément Cormier

M. Tremblay a intitulé son travail : « L'état des recherches sur la culture aca-dienne ». Nous aussi, nous parlons de l'Acadie, mais, à moins que ce ne soit au figuré, je me demande si nous avons raison. L'Acadie fut autrefois une entité géographique et politique, avec son gouverneur propre, autonome autant qu'une colonie pouvait l'être. Mais cette entité politique a cessé d'exister ! Peut-on alors visiter – au sens propre – l'Acadie ?

Quant aux Acadiens, c'est autre chose. Descendants de l'ancienne colonie fondée sur les rives de la baie Française, ils sont répandus un peu partout, comme le laisse entendre M. Tremblay. Que je voudrais avoir plus de temps à ma disposition pour en arriver à définir les caractéristiques qu'il faut avoir pour s'appeler un « Acadien » !

Je veux vous dire ma très grande satisfaction de voir s'ébaucher un pro-gramme d'études sociologiques sur les Acadiens. Avec la thèse de maîtrise de M. Camille-Antoine Richard et les recherches de M. Tremblay, nous entrons dans une ère nouvelle, j'en suis sûr, et je m'en réjouis, car nous en avons un immense besoin.

On ne doit pas s'attendre à une critique du travail de M. Tremblay. Je constate qu'il apprend à nous connaître, à nous observer avec l'objectivité d'un chercheur consciencieux et la compétence d'un professionnel ; il a pris connaissance d'un grand nombre d'ouvrages publiés chez nous et sur nous, et il trace un sérieux programme de recherches.

Le travail qui vient d'être présenté m'intéresse vivement. Je pourrais peut-être différer d'opinion sur certains points de détail ; peut-être pourrais-je apporter ici ou là quelque suggestion comme complément à l'exposé. Mais j'attache peu d'importance à ces questions de détail.

Comme l'a souligné M. Tremblay, on a beaucoup écrit sur les Acadiens. La liste bibliographique qu'il fournit, bien qu'imposante, est loin d'être complète, surtout si l'on devait inclure tous les articles de revue et toutes les brochures. Évidemment, ce n'est pas la quantité des pages écrites qui intéresse un auditoire du calibre de celui auquel je m'adresse ; j'aurais sou-haité qu'on sélectionne mieux les travaux qui méritent d'être signalés dans un colloque de haute tenue universitaire.

M. Tremblay a insisté sur l'importance, au moins quantitative, des ouvrages historiques sur les Acadiens. La classification qu'il a adopée est significative. Il a partagé la documentation sur les Acadiens en deux grandes classes : d'une part, les travaux d'histoire ; d'autre part, *tout le reste*, divisé en huit catégories – je ne suis pas convaincu de la justesse de la subdivision, mais qu'importe ! Je voudrais ajouter que même « tout le reste », nous aimons l'étudier dans la perspective de l'histoire, que ce soit la paroisse, les missionnaires, l'éducation, etc.

Les Acadiens sont avides d'histoire. Nous avons des histoires de toutes les nuances : histoires savantes, histoires superficielles, histoires objectives, histoires partiales, histoires à intention apologétique, histoires générales, histoires locales. Sans prétention, je me qualifie d'historien amateur, et je me présente à vous comme président-fondateur d'une société historique très vivante établie il y a deux ans. C'est donc dire que j'aime l'histoire, et je prêche la fidélité au passé, parce qu'il contient les lignes de force du présent et de l'avenir. Je vous prie de vous rappeler ce que je viens de dire quand vous entendrez ce qui va suivre. J'ai pris cette précaution oratoire parce que je veux en arriver à soutenir, un peu en paradoxe, qu'il faut aussi savoir rompre avec le passé : une collectivité peut se vouer à la stagnation en s'attachant trop servilement à des formules qui vieillissent. Il ne suffit pas d'étudier le passé ; il est tout aussi important de suivre l'évolution dynamique d'un groupe social. C'est pourquoi les recherches sur le comportement d'une communauté dans le présent sont aussi indispensables que l'histoire pour préparer l'avenir. Or les Acadiens ont beaucoup étudié leur histoire ; quant aux recherches scientifiques sur leur comportement présent, M. Tremblay a raison de dire que « nous en sommes à la période des premiers balbutiements ».

Permettez-moi d'insister. M. Tremblay prétend que la dispersion occupe une très grande place dans nos études historiques. Je suis d'avis qu'il exagère, mais pour lui donner un peu raison, je commence ce nouvel exposé en parlant de dispersion. Voici : un siècle après la dispersion commençait le mouvement de la Renaissance acadienne. C'est un phénomène sociologique du plus haut intérêt. Les pionniers du mouvement avaient comme point de départ une population pauvre, illettrée, dispersée, sans chefs, et qui avait développé un écrasant complexe d'infériorité ; ce sont ces infortunés qu'il fallait sortir de la léthargie, auxquels il fallait faire prendre conscience des possibilités d'une vie collective organisée. L'équipe des chefs a réussi ce tour de force. Perspicaces, ils ont su découvrir et exploiter les thèmes et les procédés susceptibles d'éveiller dans l'âme de la population entière des sentiments de fierté, d'optimisme et de confiance. Sous leur inspiration, les Acadiens se sont mis à trouver leur passé glorieux, leurs traditions riches, leurs ancêtres héroïques. L'initiative a été génératrice de vie sociale ; elle a révélé une communauté de besoins et d'aspirations. Il en est résulté la définition d'un bien commun, la convergence des énergies dans des entreprises communautaires, l'établissement de cadres sociaux et le choix d'emblèmes d'un puissant symbolisme : fête et hymnes nationaux, patronne, drapeau distinctif. Dans sa thèse de maîtrise, c'est cette période d'élaboration de la « mentalité acadienne » qu'analysait Camille-Antoine Richard. L'action de l'équipe a très profondément influencé la pensée collective des Acadiens. Je regrette que le temps ne permette pas de nous étendre, et qu'il faille passer si brusquement, sans transition, à un autre point.

Mon impression, c'est que les Acadiens restent trop fidèlement attachés à des formules d'un passé décadent, alors que, depuis un quart de siècle surtout, les conditions de vie ont évolué de façon quasi incroyable. Voyez l'armature présente des institutions acadiennes : journal quotidien, radio et télévision françaises, écoles modernes, organisation diocésaine dépassant les espérances de la génération précédente (création de l'archidiocèse de Moncton ; transport du siège épiscopal de Chatham à Bathurst, création des diocèses d'Edmundston et de Yarmouth) ; voyez aussi ces nouvelles caractéristiques de psychologie collective chez les Acadiens : diminution d'un type de patriotisme sentimental alimenté autrefois par l'éloquence pathétique dont les foules étaient friandes ; une plus grande maturité intellectuelle qui permet un examen plus scientifique des problèmes ; une diminution de l'attitude isolationiste qui caractérisait les relations des Acadiens avec les Anglo-Canadiens aussi bien qu'avec les Canadiens français du Québec ; enfin, ajoutez une participation assez confortable à la prospérité économique contemporaine.

Au congrès de la Société nationale des Acadiens[9] en 1960, j'avais exposé ces mêmes idées, insistant sur l'importance de repenser nos positions pour adapter davantage notre action collective aux exigences de la vie contemporaine. Comme les anciens ont fait preuve de clairvoyance et de sens d'adaptation, il nous faut aujourd'hui être aussi perspicaces et polyvalents qu'ils l'ont été en adaptant nos théories, nos objectifs et nos procédés aux conditions présentes. Ce qui implique une sérieuse étude des conditions présentes.

Pour reprendre l'expérience de l'école de la Renaissance dont je vous parlais, pour arriver à redéfinir le bien commun avec le même sens d'adaptation dont nos prédécesseurs ont fait preuve au siècle dernier, il faut commencer par poursuivre une analyse scientifique du comportement de la collectivité acadienne – lequel comportement est infiniment plus complexe

---

9. NDE : Cette société se nomme désormais la Société nationale de l'Acadie depuis 1992.

qu'il ne l'était il y a soixante-quinze ou cent ans. Il faudrait une enquête approfondie sur les courants d'opinions et de sensibilité, sur les éléments dynamiques de la vie acadienne, sur l'efficacité ou l'inefficacité des cadres existants et les besoins de structures nouvelles, et surtout sur les causes de défection – car il y en a.

Un dernier commentaire : M. Tremblay a choisi comme centre de ses recherches un modeste milieu de la Nouvelle-Écosse. Il s'est dit heureux d'avoir comme commentateur un Néo-Brunswickois. On comprendra que le milieu où j'évolue est bien différent. On y trouve les plus forts tronçons de la population acadienne, nos plus imposantes institutions, les principaux foyers d'influence. Mon objectif inavoué était d'insinuer auprès de M. Tremblay que là aussi – là surtout ! – il était important de poursuivre un programme de recherches sociographiques.

La récupération d'un passé ambigu

Camille-Antoine Richard

Publié en 1969 par celui qui fut le premier sociologue à œuvrer à l'Université de Moncton, ce texte fait écho à tous les thèmes qui, au terme des années 1960 – décennie qui fut celle de toutes les ruptures –, émergent en Acadie du Nouveau-Brunswick. S'il place sa légitimité sous le sceau d'une science sociale encore nouvelle et tout entière à bâtir, il constitue le témoignage engagé d'un sociologue qui, à distance de la révolte étudiante de 1969, propose, à chaud cependant, une analyse sans concessions de « l'ambiguïté politique et culturelle » de l'Acadie moderne, mais non sans souligner également ce que doit cette dernière à une histoire douloureuse et encombrée par des facteurs sociologiques, des pratiques et des représentations qui entravent le mouvement de modernisation alors en cours et que l'auteur interprète comme étant l'expression de la « crise d'une conscience historique à la recherche de son identité culturelle ». Au-delà de la conjoncture politique dans laquelle ce texte fut écrit, son intérêt tient avant tout dans la force du regard de cette science émergente en Acadie, et qui embrasse en un seul tenant passé, présent et futur et y interpelle le discours national traditionnel dans sa dénégation des changements économiques, linguistiques, culturels et politiques alors en cours. Enfin, ce texte est important puisque par sa reconnaissance de l'espace fondamentalement conflictuel que porte le mouvement de modernisation, s'il contribue en quelque sorte à souligner l'obsolescence des discours traditionnels, les questions et les nouvelles « utopies » auxquelles il en appelle, ces discours lui apparaissent comme autant de conditions nécessaires au travail d'émancipation que requiert une « histoire à faire ».

> Ce n'est ni porte ni frontière
> Car ce n'est pas un vrai pays...
> C'est à la fois fable et mystère
> C'est tout simplement l'ACADIE.
>
> Michel CONTE, « Shippagan »

Depuis toujours les habitants de la première des colonies françaises en Amérique baignent dans un climat d'ambiguïté politique et culturelle. Déjà au cours de ses premiers cent ans d'existence, l'Acadie n'avait-elle pas changé d'allégeance neuf fois ? En fait, l'Acadie est disparue de la carte juridique mondiale depuis 1713, date de la passation définitive de la colonie à l'Angleterre avec le traité d'Utrecht[1]. Comme le dit la chanson, ce n'est plus un vrai pays : c'est à la fois fable et mystère...

Il y a plus d'un siècle, Longfellow aussi avait chanté d'une voix plaintive la mort de ce jeune pays, dont seule la tradition revivait le souvenir : « Naught but tradition remains of the beautiful village of Grand-Pré » (Longfellow, 1847).

Oubliait-il que les mythes font se mouvoir les hommes ? Que même les déshérités cherchent à donner un sens à leur vie ? Sans doute ignorait-il qu'enfoui dans les profondeurs obscures de cette tradition, vivait toujours, en quelque sorte en sursis, l'embryon d'une conscience historique malheureuse en quête d'unité...

Tous les Acadiens ne furent pas déportés. Plusieurs choisirent de se réfugier au Québec. Beaucoup s'établirent le long des cours d'eau du Nouveau-Brunswick. Avec le temps, d'autres vinrent les retrouver. On prit de nouveau racine et de petites communautés se développèrent, isolées les unes des autres.

> De 1755 à 1864, les Acadiens, et par politique et par nécessité, se sont tenus dans l'ombre... Les premières années se passèrent dans les bois et près des rochers déserts du rivage. Petit à petit ils commencèrent à lever la tête, puis ils osèrent prendre une place au soleil. La plus pauvre, la plus cachée était la plus sûre. On était vingt, on était cent, on était faible. Puis l'on était sans ressource[2].

Un long siècle après l'expropriation et la Déportation, une élite cléricoprofessionnelle tenta de regrouper ces îlots dispersés de population en créant les bases d'une nouvelle Acadie. On fonda collèges classiques et journaux ; on créa des symboles nationaux (hymne, fête et patronne) ; on organisa les premières grandes Conventions nationales acadiennes[3], proclamant

---

1. Il est difficile de situer géographiquement l'Acadie. Nous sommes devant un phénomène davantage psychologique et mythique que proprement politique. Cela fait d'ailleurs partie de l'héritage culturel ambigu qu'a porté jusqu'à nous la tradition acadienne. Il existe pourtant divers types de réalités sociales et culturelles acadiennes. Le film de Léonard Forest, *Les Acadiens de la dispersion* (1968), réalisé à l'Office national du film, retraçait le profil historique et socioculturel de quelques-unes de ces collectivités acadiennes dispersées à travers les Provinces maritimes, la Louisiane et Belle-Isle-en-Mer. Afin d'éviter toute équivoque, les Acadiens dont il sera question dans cet article sont des descendants de l'ancienne Acadie française (Nouvelle-Écosse), habitant présentement les Provinces maritimes, et notamment le Nouveau-Brunswick. Pour plus de précision sur l'origine du mot, ce qu'il signifie et le lieu de l'Acadie française, voir Cormier (1962). Le lecteur désireux d'avoir une vue d'ensemble des principaux événements relatifs à ce qu'il est convenu d'appeler l'histoire d'Acadie, des origines à nos jours, pourra consulter l'ouvrage de Leblanc (1963).

2. Pascal Poirier, *Le Moniteur Acadien*, 8 juillet 1880.

3. On en compte 13 jusqu'à ce jour, dont trois au XIXᵉ siècle (1881, 1884 et 1890). [NDE : Il y a eu trois autres conventions nationales depuis la parution de ce texte en 1969.] C'est de ces

la résurrection de l'Acadie. Aux yeux et au dire de l'élite, le mouvement prit la forme d'une véritable Renaissance acadienne[4]. Il faut souligner que ce « réveil » fut localisé dans trois régions du Nouveau-Brunswick, Moncton, Bathurst et Edmundston, villes à consonance anglaise, et dans la baie Sainte-Marie en Nouvelle-Écosse. Au cours des années suivantes, jusqu'à nous, la plupart de ces Acadiens qui semblaient vouloir redonner un sens à leur vie collective continuèrent à vivre repliés sur eux-mêmes et isolés des populations anglophones. Ce fut peut-être cette histoire qui leur permit de survivre en tant que collectivité. Idéologiquement, ils s'étaient inspirés du passé : ils puisèrent dans le mythe de la dispersion un puissant symbole de ralliement national[5] ; c'est même en quelque sorte grâce à ce souvenir nostalgique d'un passé mythifié et du sentiment de partage d'une commune pauvreté qu'ils prirent conscience d'une unité retrouvée. Faut-il s'en étonner ? Ce retour au passé eut d'ailleurs ses avantages :

> [...] l'Acadien s'est créé un patriotisme à sa taille en 1881, patriotisme qui l'a isolé du Canada français. Il ne pouvait s'enorgueillir de ses réussites, de ses réalisations : il n'avait rien. Alors son patriotisme s'est orienté vers le passé. Son thème : la dispersion. Ce patriotisme l'a bien servi et lui a permis de prendre conscience de son entité. (Leblanc, 1963 : 124-125)

Vu rétrospectivement, cet isolement – forcé ou volontaire – dans lequel se réfugièrent tant d'Acadiens, et ce rappel dramatisé d'un passé à la fois glorieux et tragique qu'exploita l'élite, nous semblent aujourd'hui lourds de conséquences. Il se pourrait même que nous assistions présentement en Acadie au dénouement d'un drame qui s'enracine dans trois siècles et demi d'histoire. Nous y retrouvons l'ambiguïté qui semble caractériser l'évolution de cette Acadie dispersée, depuis toujours à la recherche d'unité. Les choix

---

conventions, qui ressemblent aux anciens congrès de la Société Saint-Jean-Baptiste, que sont sortis les symboles de ralliement national, ainsi que la Société nationale l'Assomption, qui porte aujourd'hui le nom de Société nationale des Acadiens. [NDE : Cette société se nomme désormais la Société nationale de l'Acadie, et ce, depuis 1992.]

4. Nous empruntons à dessein ce terme cher à l'historiographie et à l'idéologie acadiennes. Mailhot (1967) a fait une analyse critique de ce concept à travers l'historiographie acadienne. Le lecteur soucieux d'approfondir ses connaissances sur cette période effervescente de l'histoire acadienne consultera avec intérêt la thèse de cet auteur.

5. C'est également la thèse que semble soutenir Thorburn : « The scattered remnants of the deported Acadiens re-established a community based upon the Catholic religion and the myth of their martyrdom and survival [...] since their communities have developed in relation to those of the English-speaking Maritime provinces, they have had to develop a rigorous folk myth in order to resist absorption. This myth has centred on the expulsion as the dramatic symbol of their martyrdom and survival and has been associated with devotion to the Church which has been their source of comfort in distress » (Thorburn, 1961 : 21-22).

qui constituèrent les pièces maîtresses de cette mise en scène du siècle dernier assurèrent cependant aux générations suivantes la conservation de la langue, de la foi, de certaines coutumes folkloriques et des genres de vie traditionnels : en somme ils permirent la survivance d'éléments importants d'une culture rurale traditionnelle. Mais ces choix ont peut-être aussi hypothéqué l'avenir des générations actuelles et futures, en cultivant chez de nombreux Acadiens une mémoire presque «névrotique» du passé et une méfiance toute paysanne envers tout ce qui est étranger et nouveau. Peut-être ont-ils également contribué à conserver chez bon nombre d'entre eux un état de pauvreté et d'ignorance qui semblait le lot des leurs, en entretenant chez eux un profond sentiment d'infériorité sociale, économique et culturelle, la conviction presque «masochiste» d'être des descendants d'une race de vaincus que l'histoire avait à jamais éloigné de la grandeur.

Vivant relativement en marge des villes modernes et des anglophones, favorisés en ce sens par le contexte rural des Maritimes, les Acadiens, par groupements isolés, ont pu s'accommoder de ces conditions, grâce à une organisation sociale créée pour répondre aux besoins ruraux d'une société fermée, et dont les pivots semblent avoir été, comme au Québec : la famille, l'église, la paroisse, l'école et le genre de vie traditionnel de la pêche, de l'agriculture et du «bûchage». Ils ont pu ainsi puiser dans cette idéologie issue du xixe siècle un ensemble de significations qui de plus en plus aujourd'hui s'effritent aux yeux d'un ouvrier urbain ou d'un intellectuel, ou d'un technicien, ou encore d'un commis d'un grand magasin à rayons... On sait comment la civilisation urbaine et la technique moderne infiltrent divers milieux ruraux à travers le monde, transformant et souvent même bouleversant structures et mentalités. Ce phénomène n'a pas échappé à l'Acadie, surtout depuis la Seconde Guerre mondiale.

Une analyse de Tremblay abordait les problèmes que suscite l'impact des changements technologiques sur la société acadienne traditionnelle de la baie Française en Nouvelle-Écosse. L'auteur soulignait le caractère radical de ces transformations :

> [...] quatre ordres de facteurs expliquent ces changements précipités : a) une dépendance de plus en plus grande de l'extérieur pour la subsistance économique ; b) les nouvelles communications de masse ; c) le décalage de plus en plus grand entre l'idéologie nationale professée par les élites et l'ensemble des attitudes et des conduites de la masse ; d) la famille n'est plus le lieu privilégié où s'exaltent et se vivent les valeurs nationales. (Tremblay, 1966 : 344-348)

De ce complexe de facteurs, auxquels on pourrait ajouter l'exode rural, une baisse sensible dans les occupations de type primaire, et une plus grande participation acadienne au pouvoir politique – du moins au Nouveau-Brunswick – il s'en est suivi entre autres effets des contacts plus fréquents et plus nombreux entre francophones et anglophones au sein des villes, dans le monde du travail et dans l'univers du loisir, contacts qui semblent avoir donné lieu à une anglicisation progressive de la langue acadienne, car, comme on s'en doute, la langue de communication, parlée et écrite, en affaires comme en loisirs, est le plus souvent l'anglais.

Dans ce contexte, les jeunes générations d'Acadiens ne sont plus gardés en serre chaude rurale, linguistique et religieuse comme jadis leurs pères. Amenés désormais à s'ouvrir sur l'extérieur, les Acadiens, les jeunes surtout, se voient systématiquement confrontés à des valeurs et à une organisation sociale, économique et politique étrangères à leur culture traditionnelle. Beaucoup d'Acadiens gardent toujours inconsciemment en mémoire le spectre de la dispersion, beaucoup demeurent méfiants par suite d'une domination politique et économique séculaire. Idéologiquement préparés à habiter un monde rural, religieux et relativement fermé, et à privilégier des genres de vie traditionnels, bon nombre de parents, sinon la plupart, sont sans doute mal outillés et ont mal équipé leurs enfants sur le plan psychologique, culturel et économique pour affronter la société moderne : la ville, le bureau, l'usine, la technique, la sécularisation croissante de la vie sociale, le monde de la consommation et l'univers anglophone.

D'où la crise des valeurs que traverse la société acadienne, crise d'une conscience historique à la recherche de son identité culturelle et sociale[6]. Les observations de Tremblay portant sur la région sud-ouest de la Nouvelle-Écosse abondent aussi en ce sens[7]. Voici en quels termes il décrit cette crise de conscience :

> [...] un des thèmes les plus forts : l'insistance sur la survivance du groupe et le caractère providentiel de cette survivance, de même que la « mission » spirituelle de la communauté ne semble plus aussi opérant que par le passé dans le contexte nouveau... La somme de ces transformations au niveau des thèmes culturels et de l'idéologie laisse croire que la société acadienne de la Nouvelle-Écosse

---

6. Nous avons tenté de cerner quelques-unes des dimensions de ce problème fondamental dans un autre texte ; voir Richard (1969).

7. Celles de A. Boudreau et A. Chiasson, sur la situation de la langue française, soulignent que le problème ne se pose pas moins dans l'est de la Nouvelle-Écosse (voir « Non ! le français n'est pas mort à Chéticamp », *L'Évangéline*, 11 juin 1969, p. 1 et 16 juin 1969, p. 2).

est déjà profondément marquée par les valeurs nouvelles. (Tremblay, 1966 : 341-343)

Plus loin dans son analyse, il remarque que parmi les « problèmes fondamentaux de l'Acadie moderne [...] l'idéologie nationale est sur plusieurs points, ambiguë : les élites n'ont point encore proposé d'objectifs qui seraient en plus étroite conformité avec la vie de tous les jours » (Tremblay, 1966 : 347-348). Puis il ajoute :

> Ces quatre ordres de facteurs (voir précédemment) – pour ne signaler que les plus importants – sont les éléments mêmes de la nouvelle crise de conscience acadienne. À notre point de vue, ils sont bien plus puissants (j'allais dire dangereux !) que toutes les situations antécédentes parce qu'ils convergent vers l'édification d'une société de masse qui s'aliène graduellement de ses identifications et de ses filiations ethniques. Ce désengagement – par rapport à l'idéologie nationale traditionnelle – rendrait possible maintenant chez les Acadiens l'adhésion à l'une ou l'autre des valeurs pluralistes professées par la civilisation anglo-saxonne. (Tremblay, 1966 : 347-348)

Or, au Nouveau-Brunswick, cette crise se produit au moment où, apparemment, l'Acadien dispose pourtant d'un nombre imposant, par rapport au passé, d'institutions économiques, éducatives, nationales, religieuses... Mais, paradoxe, et malgré un mouvement évident de rattrapage, en général le francophone demeure depuis toujours un citoyen de seconde classe et ne participe pas à part égale à la vie de sa province et de son pays[8]. Il chevauche constamment deux cultures, d'où l'ambivalence de sa position. Contraint par la conjoncture à connaître deux langues, il arrive trop souvent qu'il n'en possède vraiment aucune. Encore s'il contrôlait véritablement les instruments socioéconomiques et politiques lui permettant de créer collectivement sa culture et de l'asseoir sur une base habitable, le bilinguisme comme tel ne serait alors qu'enrichissement. Mais les contrôle-t-il vraiment ? Une analyse succincte mais étayée de

---

8. « La situation que nos ancêtres avaient connue n'a pas tellement changé. Nous continuons toujours à acheter des produits manufacturés dans les provinces étrangères avec un revenu bien inférieur à la moyenne nationale et à des prix qui sont parfois plus élevés que ceux payés par les consommateurs des provinces les plus riches. Toujours, nous sommes soumis aux mêmes taux d'intérêt que ceux existant dans les provinces les plus riches du Canada. Nos universités et nos collèges qui ont des années de retard n'ont jamais reçu du Gouvernement Fédéral une attention spéciale pour leur permettre d'atteindre le standard moyen des mêmes institutions de l'ensemble du pays » (propos tenus par le recteur du collège de Bathurst aux cérémonies marquant la fin de l'année scolaire, reproduits dans L'Évangéline, 6 mai 1969, p. 12). « Depuis deux siècles, les Acadiens ont vécu comme des citoyens de deuxième classe [...] L'Acadien revenu au pays n'a jamais été maître chez lui [...] Le Canadien français est maître chez lui. L'Acadien ne l'a jamais été [...] » (Leblanc, 1963 : 121-123).

données statistiques pertinentes soulignait en 1968 l'inégalité, sur le plan socioéconomique, de l'instruction et de l'accès à la culture, qui frappe durement la collectivité acadienne du Nouveau-Brunswick (Even *et al.*, 1968). L'importance du problème que soulevait cette étude sociologique nous oblige à nous y arrêter : cela nous permettra de situer dans un contexte plus vaste le phénomène de contestation à l'Université de Moncton : nous y verrons une manifestation de cette crise de la culture que traversait la société acadienne.

Le revenu moyen annuel d'un francophone au Nouveau-Brunswick en 1961 était de 2408 $ (comtés à 80 % et plus de francophones), comparativement à 3172 $ pour un anglophone (comtés à 80 % et plus d'anglophones). À la même date, il était de 3999 $ pour l'ensemble du Canada (moyennes annuelles masculines). Dans les comtés francophones, 62 % de la population vivaient en 1961 dans des familles dont le revenu était inférieur à 3000 $; la proportion était de 43 % dans les comtés anglophones. Quant au salaire familial de 5000 $ et plus, il était de 11,6 % dans les comtés francophones et de 18,4 % dans les comtés anglophones[9]. Par ailleurs, 16 % de la main-d'œuvre francophone au Nouveau-Brunswick est concentrée dans des occupations de type primaire, à savoir la pêche, l'agriculture et la forêt, la proportion anglophone étant de 8,7 % (la moyenne canadienne-anglaise étant de 10,6 %) ; quant aux activités administratives et aux services, on compte environ 54 % d'anglophones par rapport à 44 % de francophones (la moyenne canadienne-anglaise étant de 63 %)[10]. Au plan de la fréquentation scolaire, les comtés francophones présentent un taux de 12,4 % en 1961, les comtés anglophones de 18,2 %[11]. Enfin, les francophones ne représentaient que 29 % des inscriptions en douzième année au Nouveau-Brunswick en 1967, les anglophones, 71 % (ministère de l'Éducation du Nouveau-Brunswick, cité dans Even *et al.*, 1968 : 49).

Comme tendent à le démontrer les auteurs de l'étude citée, ces inégalités socioéconomiques se répercutent jusqu'au niveau universitaire : l'Université de Moncton elle-même reflète à certains égards ce statut socioéconomique défavorisé et cette inégalité d'accès à la culture (Even, 1969). Créée en 1963 et appelée à desservir au moins 35 % d'une population de langue française, elle ne recevait pourtant encore en 1968 que 22 % des crédits. Par ailleurs, manquant de ressources, elle ne peut pas toujours recruter les professeurs compétents dont elle a besoin ; ainsi, en 1968, 37 % des professeurs de la

---

9. *Recensement du Canada*, vol. IV, bulletin 4.1-6, tableaux F2-1, F3-3, 1961.
10. *Recensement du Canada*, vol. III, partie I, tableaux 21 et 22, 1961.
11. *Recensement du Canada*, vol. I, partie II, tableaux 74-3, 74-5, 1961.

University of New Brunswick sont titulaires d'un doctorat, alors que l'Université de Moncton n'en compte que 19 %.

> Il apparaît donc de façon évidente que la situation des étudiants de l'Université de Moncton et celle de l'Université elle-même ne sont que le reflet, l'image des inégalités socio-économiques desquelles la population francophone est victime [...] Les étudiants sont dans la même situation par rapport aux étudiants anglophones de la province que le sont leurs familles par rapport aux familles anglaises [...]
>
> La conjoncture économique très précaire que doit affronter l'étudiant de l'Université de Moncton nous permet de saisir le passage d'une prise de conscience personnelle des difficultés de son propre groupe à une prise de conscience collective des difficultés de la communauté globale. (Even et al., 1968 : 45-46 ; nous soulignons)

Prise de conscience collective... Les auteurs ici réfèrent explicitement aux diverses manifestations de contestation (grève étudiante, marche sur Fredericton, occupation du pavillon des sciences, mémoires...)[12] que connaît l'Université de Moncton depuis 1968 : une partie importante des corps professoral et étudiant conteste précisément cette inégalité d'accès à la culture. Il se pourrait que cette prise de conscience ethnique soit l'expression (idéologique ou utopique) de cette crise de la culture évoquée plus haut, situation rendue sociologiquement possible par la création même du milieu social universitaire de Moncton. Que cette crise éclate au sein même de la seule université de culture française ne doit pas nous échapper. L'université, de par la nature même de ses fonctions de réflexion, de créativité et de transmission de la connaissance, constitue en notre époque en quête de finalité un instrument privilégié de participation dans un projet de reconstruction d'une culture.

Mais dans le contexte du Nouveau-Brunswick actuel, prendre conscience d'une pauvreté socioéconomique et culturelle en termes ethniques conduit presque fatalement à démasquer certaines « idéologies », notamment celles de la bonne entente et de l'harmonie parfaite, qui servent largement à camoufler un problème ethnique. À titre d'exemple, voici en quels termes elles s'expriment :

> Un vrai sens de fraternité a jusqu'à maintenant existé dans notre communauté où les divers groupes raciaux, linguistiques et ethniques ont continué de vivre

---

12. Voir en particulier Even *et al.* (1968) et Association des étudiants de l'Université de Moncton (1968). Voir aussi le *Dossier* présenté par le comité mixte de l'Association des professeurs de l'Université de Moncton incorporée (APUMI) et de la Fédération des étudiants de l'Université de Moncton (FEUM) à la Commission d'étude sur les relations entre les universités et les gouvernements, concernant les problèmes de l'Université de Moncton, le 18 mars 1969.

en paix, amour et harmonie avec un vrai esprit de solidarité et de fraternité, avec respect, honneur et tolérance mutuels l'un pour l'autre[13].

« Il y a des gens dans cette province qui veulent détruire l'harmonie qui existe entre les deux groupes ethniques [...][14] » Ces propos rejoignent ceux tenus au printemps 1969 à Sept-Îles par le premier ministre Louis Robichaud :

> La population acadienne a été patiente, très patiente, mais nous avons enfin obtenu ce à quoi nous avions droit, ne serait-ce que l'élection d'un premier ministre de langue française. Tout cela s'est fait sans briser des vitres, ni casser des gueules. Nous vivons chez nous en harmonie avec la population anglaise et nous voulons continuer de cette façon[15].

Démasquer ces « idéologies » de l'harmonie parfaite, c'est en même temps les dénoncer, c'est prendre conscience d'une domination qui assujettit une population en état de dépendance, c'est du même coup politiser un conflit ethnique latent qui menace d'exploser. Un mémoire récent des étudiants de l'Université de Moncton est fort explicite à ce sujet :

> Nous avions compris que le rôle de la Commission de l'Enseignement Supérieur du N.-B. était d'informer le gouvernement de cette province de l'urgence d'une situation qui contredit les belles paroles de bonne entente, de société juste, de

---

13. Propos d'un maire anglophone rapportés dans L'Évangéline, 22 janvier 1968.

14. Propos d'un député francophone rapportés dans L'Évangéline, 8 mars 1968.

15. Propos rapportés par la Presse canadienne et publiés dans Le Devoir, 28 avril 1969, p. 8. À peine trois semaines plus tard, un membre sortant de la commission scolaire du district n° 15 (Moncton) déclarait dans une entrevue accordée au journal L'Évangéline (23 mai 1969, p. 1) que les deux groupes ethniques ne sont pas considérés à titre égal : « Ailleurs dans la province, le surintendant possède une véritable autorité et il relève du surintendant régional et non d'un directeur. Dans le district n° 15, le poste de surintendant francophone ne constitue, en fait, qu'une réalité mitigée. Ses fonctions sont limitées, très limitées... » L'interviewé a précisé que la compréhension entre les deux groupes est très difficile : « On ne donne pas facilement chance au dialogue de s'établir. Une tradition datant de très longtemps et suivant laquelle ce sont les anglophones qui ont dirigé l'éducation, surtout dans la ville de Moncton, continue de se perpétuer... Les deux groupes doivent être servis avec égalité, sur un même plan, sans favoritisme. » L'article porte comme entête : « Les étudiants francophones de Moncton : des citoyens de deuxième classe ? ». Le 12 juin, l'éditorial du même journal dénonce « L'illogisme du district n° 15 » : « La situation dans le district numéro 15 doit donc être corrigée. Les francophones ont droit à une juste représentation à tous les niveaux du gouvernement en commençant par les commissions scolaires... Le gouvernement, le ministère de l'Éducation, doivent voir l'illogisme du district numéro 15 et prendre des mesures pour y remédier. Les francophones ont été suffisamment patients. Ils demandent maintenant de l'action » (éditorial de Jacques Filteau dans L'Évangéline, 12 juin 1969, p. 4). Le bilinguisme est un « très faible tribut à payer » à l'unité canadienne, déclarait tout récemment le premier ministre Louis Robichaud à Halifax (voir L'Évangéline, 4 août 1969, p. 1).

Canada uni, de bilinguisme et de biculturalisme qui prétendent perpétuer une Confédération croulante. Nous sommes obligés de constater que, non seulement il n'est pas question de rattrapage, mais que la situation préconisée n'aura pour effet que d'accélérer le processus d'assimilation qui est de nature à simplifier la situation ou à la faire exploser[16].

Au Nouveau-Brunswick, il semble que la mise en évidence et la dénonciation d'une situation ethnique qui menace de devenir explosive ait provoqué certaines réactions. Il fallait s'y attendre. La politisation de conflits sociaux dans une société à tendance libérale où par définition le politique est relégué au domaine du privé, surtout dans un milieu qui précisément s'efforce d'ignorer ces conflits[17], soulève parfois des remous assez violents. Faut-il voir dans la mise à pied en 1969 des professeurs « étrangers » de sociologie à l'Université de Moncton l'aboutissement d'une telle réaction ? Notre analyse et tout le débat[18] qu'a

---

16. Extrait de la réponse de la FEUM au rapport de la Commission de l'enseignement supérieur du Nouveau-Brunswick intitulé *Un regard vers l'avenir*, Fredericton, janvier 1969. Le mémoire des étudiants est daté du 17 mars 1969.

17. Une sociologie générale du changement social, qui tiendrait compte du conflit ou de l'état de crise de façon positive, sans pour autant en faire une apologie du changement pour le changement à la Dahrendorf, reste toujours à écrire. Que l'on nous permette cependant ces quelques remarques rapides. Depuis longtemps déjà une large partie de l'opinion publique considère les situations conflictuelles et leur expression idéologique violente comme indésirables, voire dangereuses pour l'ordre social. Bien sûr, certains conflits ouverts peuvent conduire à l'anarchie... Mais ne faudrait-il pas aussi s'interroger sur la valeur créatrice du conflit ? Les exemples ne manquent pourtant pas dans la nature, dans les processus de croissance de la personnalité et dans l'évolution sociale. En fait, n'exercent-ils pas souvent une fonction éminemment créatrice en suscitant, chez l'individu et chez les collectivités, un changement, et peut-être même un progrès d'ordre qualitatif, une libération ? C'est peut-être l'une des hypocrisies de notre époque que de tenter de camoufler des conflits qui risquent de modifier un ordre social plus ou moins périmé ou corrompu. Pourquoi d'ailleurs chercher à les cacher ? De telles attitudes peuvent-elles faire disparaître les causes qui leur ont donné naissance ? Les conflits les plus dangereux ne sont-ils pas précisément ceux-là mêmes dont on tente, sciemment ou non, d'ignorer, voire de nier l'existence ?

18. Il serait intéressant et significatif à cet égard d'analyser le contenu des nombreuses lettres parues dans « L'opinion du lecteur » de L'Évangéline au cours des mois d'avril et de mai 1969. Que l'on nous permette d'en citer quelques extraits : « Il est grand temps que l'on commence à nommer les choses par leurs vrais noms, en dénonçant cette "crapule" qui depuis trop longtemps déjà infecte l'atmosphère de l'Université de Moncton [...] Afin d'y restaurer l'ordre et l'honneur, il importe que le ménage maintenant commencé à l'Université de Moncton soit mené à bonne fin [...] Notre Université [...] ne doit pas tomber la proie d'une poignée de révolutionnaires, à la recherche d'un tremplin à leur démagogie ou à leur haine de toute société dûment organisée [...] » (lettre anonyme intitulée « Les révolutionnaires de salon », publiée dans L'Évangéline, 6 mai 1969, p. 4). Et cet autre passage de la même veine : « Des étrangers se disant "sociologues" viennent nous dire que nous avons rien [...] nous montrent tout ce qui nous manque [...] Pourquoi ? pour nous empêcher de vivre pleinement avec les richesses que nous avons. D'heureux

suscité cette « affaire » tendent, au moins, à démontrer qu'elle fut loin d'y être étrangère.

Le présent pour l'Acadien paraît parfois ambigu à souhait. Il lui reste bien sûr le passé et l'avenir, mais selon l'âge, on choisit souvent l'un ou l'autre, rarement l'un et l'autre. Chez les plus vieux, on semble parfois se complaire dans un passé[19] qui paraît justement dépassé aux yeux des plus jeunes, étudiants universitaires surtout, qui s'acharnent, quelque peu maladroitement, à couper les amarres qui les lient au passé[20]. Faut-il voir dans ces deux attitudes une contradiction fondamentale ou un simple reflet d'une

---

que nous sommes avec ce que nous avons, nous devenons malheureux en songeant à ce que nous n'avons pas... à ce que nous pourrions avoir. Ainsi naît la révolte pour la révolte. Par conséquent, nous sommes là devant la contestation radicale : le futur conteste le présent » (« Noirceur ou noirciseur ??? », *L'Évangéline*, 16 avril 1969, p. 4). Il existe cependant des opinions plus tolérantes à l'égard des sociologues « étrangers » : « Pourquoi accuser les sociologues comme étant responsables de l'éveil de la conscience chez certains étudiants tandis que ceci devrait être caractéristique de tout être pensant ? Il semble y avoir des gens, qui pour diverses raisons, préfèrent voiler la réalité... Il existe des faits observables autour de nous qui ne disparaîtront pas, même si l'on achète des "billets de retour" à quatre sociologues de notre région qui, à mon avis, se sont déjà justifiés » (Mme M.A. Bourque, *L'Évangéline*, 17 avril 1969, p. 4).

19. En feuilletant par exemple les *Cahiers de la Société historique acadienne*, on constate que peu d'articles de fond portent sur le présent ou même sur le passé immédiat. La plupart réfèrent au passé éloigné. Il faut cependant ajouter que plusieurs de ces analyses sont remarquablement bien menées et constituent une documentation de grande valeur pour l'historien. Mais une telle référence au passé lointain, peu compromettante politiquement dans l'immédiat, pour peu qu'elle se généralise, dénote un certain blocage par rapport au changement et témoigne d'un attachement traditionaliste... C'est précisément ce trait de mentalité que nous voulons souligner sans pour autant chercher à critiquer la valeur positive de ces recherches. « Pour survivre et progresser, une collectivité doit cultiver l'art de s'adapter aux exigences du présent *pour préparer l'avenir*, tout en restant fidèle au passé », écrivait fort justement le président fondateur de la Société historique acadienne dans la présentation du cahier n° 1 (1961 ; nous soulignons). L'histoire n'est pas que passé et traditions, et il y a plus que l'histoire écrite et à écrire ; il y a aussi l'histoire-en-train-de-se-faire et l'histoire-à-faire.

20. Voici quelques exemples de cette attitude : « L'Assemblée recommande que les signes patriotiques tels le drapeau, l'hymne, la patronne, la fête nationale soient conservés dans la richesse folklorique de l'Acadie, mais ne soient pas invoqués comme signes d'identité nationale [...] » (Résolution du Ralliement de la jeunesse acadienne, Memramcook, avril 1966 ; près de 200 délégués francophones de 16 à 25 ans, provenant surtout des Maritimes, ont discuté pendant trois jours à ce ralliement, premier du genre en milieu acadien, de l'avenir de l'Acadie, de son présent et de son passé). « Il faudra suivre votre recette et vivre de vos illusions. Confions-nous donc, avec toute l'ardeur que nous a léguée Évangéline en 1755, à notre élite. Cette élite qui nous véhicule la déportation depuis 214 années. On commence à avoir nos stigmates et le creux de la cervelle fatiguée » (texte signé « Un abruti, M. Irénée Saint-Jean, Université de Moncton », dans *L'Évangéline*, 22 avril 1969, p. 4). Consulter aussi *L'Insecte* (1967-1968) et *La Moustache* (1969), publications des étudiants de l'Université de Moncton.

société en voie de passage ? Les uns se contentent-ils d'écrire l'histoire, sans trop chercher à y prendre pied ? Les autres ne désirent-ils que la faire, sans chercher à connaître l'histoire qui les a en quelque sorte produits ?

Déracinée de son habitat traditionnel et presque dépossédée de la capacité de retrouver son unité, la culture acadienne est menacée d'effritement et de syncrétisme par la civilisation (américaine) de consommation. L'Acadie a un besoin urgent de refaire œuvre collective, de se reconstruire. La civilisation de consommation lui propose de consommer[21]. Dans un tel contexte, un avenir acadien peut apparaître sans issue. Mais à quoi sert de récupérer le passé, sinon pour mieux le réassumer dans un projet d'avenir ? Ce plongeon dans l'histoire nous semble particulièrement nécessaire chez les sociétés qui, comme l'Acadie, portent depuis longtemps la cicatrice d'événements traumatisants. Il en est peut-être des sociétés comme des individus : le psychanalyste, face à son patient, lui apprend non pas à nier son histoire, ni à rompre radicalement avec celle-ci, si troublante soit-elle, mais à la revivre dans les cadres contrôlés de l'entretien clinique afin de l'assumer et ainsi canaliser et contrôler des énergies devenues conscientes. Analogiquement, l'Acadie a peut-être besoin d'idéologies, mieux encore d'utopies[22], capables de mobiliser la population autour de ses véritables enjeux collectifs. Récupérer les valeurs de la tradition ne doit pas signifier cependant restaurer le passé : ce serait tomber dans du traditionalisme à outrance. Il s'agit plutôt de réassumer ce passé afin de récupérer le sens de la continuité historique. Ainsi libérée par la prise de conscience de son histoire, « la culture en tant que conscience historique » (Dumont, 1968) devient projet, expression d'une volonté de posséder le monde et de le revêtir d'une signification habitable. Projet qui s'enracine fatalement dans une double dimension temporelle : la tradition et l'avenir.

Dans le contexte acadien actuel, on doit se demander si vraiment les définitions explicites de la situation telles qu'entretenues et assumées par les élites au pouvoir sont l'authentique expression d'une culture consciente

---

21. Civilisation de consommation qui, comme le souligne Berque, « en échange de sa volonté de construire et de se construire [...] lui propose de consommer » (Berque, 1964 : 211).

22. Nous n'utilisons pas ici utopie dans le sens que lui donne d'habitude le langage courant, à savoir projection de désirs, imagination du désirable, illusion d'un avenir irréel voire irréalisable. Nous entendons utopie dans le sens de sa dimension proprement créatrice que lui redécouvre la sociologie contemporaine, et dont Auguste Comte et Karl Mannheim avaient déjà posé les bases, celle d'être « [...] l'expression d'une volonté consciente et réfléchie [...] elle est une parole dirigée vers le futur, une anticipation agissante » (Bastide, 1960 : 6). L'utopie n'est donc pas fuite hors de l'histoire, comme l'entendait Marx, mais insertion dans l'histoire, en tant que projet d'une histoire à faire.

de ses fondements. En ce sens, les contradictions du « fait acadien » doivent être démystifiées :

> Les groupes sociaux et les individus qu'ils englobent ont-ils une connaissance objective de leur situation réelle ou bien participent-ils globalement à une idéologie paralysante [...] qui serait un obstacle socio-culturel au décollage [...] socio-économique ? [...] quelle est leur « vision totale du monde » ? [...] Ce fait acadien est-il une survivance, un élément dysfonctionnel dans la société globale, un mythe nationaliste, une rationalisation désespérée de consciences malheureuses ou bien est-ce la manifestation d'une volonté de repossession du monde [...] est-ce une réalité latente qui cherche à s'exprimer vigoureusement, un fait social réel que des mystifications qui relèvent de la stratégie politique comme de l'irresponsabilité tentent de nier ou de dissimuler[23] ? (Even et al., 1968 : 46 ; c'est l'auteur qui souligne)

Parmi les nombreuses expressions de cette conscience malheureuse, soulignons à titre d'illustration l'imitation des modèles culturels du dominateur, qui manifeste souvent chez l'Acadien, comme chez d'autres minoritaires, de profondes attitudes plus ou moins conscientes de soumission et de dépendance en entretenant le mythe de la supériorité transcendante du majoritaire. De telles attitudes, pour peu qu'elles soient répandues, maintiennent la minorité constamment à la remorque de la majorité et infirment sa capacité de création collective[24]. Donnons comme exemple d'un tel trait de mentalité, assez largement diffusé croyons-nous, à savoir cette image de l'Anglais dont le but parfois avoué de nombreux Acadiens est d'atteindre le

---

23. Parmi les problèmes que des recherches bien orientées éclairciraient, les suivants nous semblent particulièrement importants. Premièrement, quelles sont les idéologies du milieu acadien ? Quelle fonction sociale (ou fonctions) exercent-elles dans la société globale acadienne ? dans les Maritimes ? dans le pays ? Quelles sont la nature et la fonction du « pouvoir acadien », et quels intérêts sert-il : ceux de la communauté acadienne dans son ensemble ? ceux d'une « classe » sociale acadienne ? ceux d'une bourgeoisie politico-économique transcendant la dimension ethnique ? ceux d'une classe politico-économique anglo-saxonne restreinte, comme ce fut le cas pendant la seconde moitié du XVIIIe siècle ? (Voir à ce sujet Brun [1969].) Deuxièmement, dans quelle mesure un « projet acadien » serait-il préjudiciable au développement de l'ensemble de la région économiquement faible des Maritimes, et vice-versa ? quelle priorité accorder à un développement d'ordre socioculturel par rapport à un développement purement économique ?

24. « La vie française a toujours été une lutte, et toujours à armes inégales, ce qui ne peut que laisser des traces sur la mentalité acadienne. Un siècle d'incertitude alors que leur pays a changé d'allégeance neuf fois, et un demi-siècle de luttes alors qu'ils vivaient sous la domination anglaise, ont certainement marqué les Acadiens d'une façon qui les rend timides ou hésitants [...] Après la dispersion [...] il était ce citoyen qui n'a rien de plein droit » (Leblanc, 1963 : 121-122).

niveau prétendument supérieur (et non d'exprimer sa propre culture à sa façon), ce passage tiré d'un monologue d'un jeune Acadien :

> [...] et la vie à... pour commencer, était très dure. Les gens avaient peur des Anglais. Si un Anglais passait dans le village, ben, tous les gens en avaient peur, mais c'est pu comme ça, maintenant les Français sont au niveau des Anglais, pis on s'accorde très bien, ça marche très bien ensemble...
>
> [...] On a surtout essayé de préserver le français, mais pas en méprisant l'Anglais, ou en lui disant : ben, t'es moins que moi, toi, parce que tu es Anglais. Non, non, on a essayé de s'élever au niveau de l'Anglais sans l'abaisser. Pis on a réussi jusqu'à un certain point, je pense[25]. (nous soulignons)

Projet éminemment collectif, car l'enjeu ne saurait se réduire au danger d'une simple assimilation linguistique. Beaucoup plus grave nous paraît la menace d'un prolétarisation socioéconomique et d'une aliénation culturelle[26] qui guette de larges secteurs de la population. Mêmes anglicisés ou américanisés, les Acadiens ne deviendront pas pour autant « développés », le sous-développement dans les Provinces maritimes n'étant pas l'apanage exclusif

---

25. Monologue tiré du film de Léonard Forest (1968), *Les Acadiens de la dispersion*. On peut souligner que les élites acadiennes entretiennent elles-mêmes parfois ce défaitisme. Un exemple : au cours de l'année 1968, le comité exécutif de l'Université de Moncton, invité à présenter un mémoire à la Commission de l'enseignement supérieur du Nouveau-Brunswick sur les prévisions budgétaires pour les cinq années à venir (1969-1974), le rédige en anglais. Interrogé à ce sujet par des étudiants représentant leur association, un membre du comité exécutif de l'université aurait répondu : « Beggars can't be choosers. »

26. Le mémoire du collège de Bathurst présenté à la Commission d'étude de l'union des Provinces maritimes le reconnaît explicitement. Le mémoire souligne que depuis la dispersion et la Conquête, les Acadiens des Maritimes ont subi de multiples contraintes : économiques, politiques, scolaires, religieuses, linguistiques, sociales, etc. « Ceux qui prétendent que la survivance du fait acadien n'a plus à être remise en question se trompent car aucune société ne peut vivre 200 ans dans un tel contexte d'aliénation et ne pas s'intégrer plus ou moins à la société qui assume à sa place toutes les responsabilités », poursuit le mémoire. Il déclare aussi que les Acadiens n'ont pas survécu, mais qu'il faut plutôt dire modestement qu'un certain nombre de valeurs acadiennes surnagent encore, là où la masse, l'isolement, le type d'économie et quelques autres facteurs l'ont permis. Le mémoire souligne que la langue est une de ces valeurs et beaucoup confondent la survie du français et le phénomène global de la survivance. « Mais la langue elle-même ne tient-elle pas à une immense réalité sous-jacente dont elle n'est qu'un mode d'expression parmi tant d'autres ? Et n'est-ce pas au cœur même de cette réalité que tout le drame s'est joué et continue à se jouer ? » Le mémoire rejette vigoureusement la thèse de la survivance « assurée » dans le cadre actuel de la Confédération. « Celle-ci n'a jamais reconnu nos droits les plus élémentaires... Aucun texte ne peut adéquatement protéger une minorité de 10 ou 17 % diluée dans une masse anglophone mille fois plus riche et nullement intéressée à partager les frais de la survivance. Ceux qui prétendent ne connaissent pas leur histoire » (*L'Évangéline*, 29 mai 1969, p. 1 ; l'article porte comme entête : « L'Union des Maritimes : un suicide collectif »).

des francophones[27]. Comment oublier son défaitisme séculaire ; comment s'arracher d'une histoire de repliement, de passivité et de pauvreté ; comment séculariser ou laïciser une culture qui a accordé une si large part au religieux ; comment urbaniser un monde dont les racines s'agrippent toujours solidement en pleine terre rurale ; comment, en somme, rompre avec un passé si lourd sans risquer un déracinement total, sans hypothéquer et déposséder pour des générations à venir tout un monde en droit de s'exprimer, de vivre ? Le problème n'est plus, s'il le fut déjà, de permettre à l'Acadien de sauver une langue encore trop souvent « bâtarde ». Le défi du moment, c'est de construire une culture qui soit un lieu habitable pour les générations de demain, un monde où la langue sera porteuse de valeurs authentiques. L'obstacle, il faut le chercher, pour ensuite le démystifier, tout autant au sein du mythe acadien, dans les contradictions de la conscience malheureuse de cette « misérable Acadie » dont parlait Voltaire, que dans les contraintes objectives des structures sociales, que dans les attitudes souvent discriminatoires et intolérantes des populations anglophones voisines.

Ce sont bien sûr tous les milieux acadiens qui sont appelés à participer à la création et à la réalisation d'un tel projet, et non seulement telle classe ou telle élite. Mais on peut déjà préciser le rôle des politiciens et des intellectuels : au politique de sensibiliser les masses autour des véritables enjeux collectifs qui constituent le dramatique de leur quotidienneté ; quant aux intellectuels – nous pensons notamment au sociologue, à l'historien et à l'économiste – leur science leur permet d'expliciter ces enjeux, de fixer les limites des choix possibles en triant de l'histoire le possible du nécessaire. Ainsi l'intellectuel engagé participera, de son métier, à la récupération de l'héritage culturel de sa société pour mieux le réassumer dans un projet d'avenir : utopie d'un monde à habiter, d'une culture qui retrouve enfin son unité et sa signification, utopie d'une Acadie vivante, selon l'expression de l'historien Antoine Bernard.

Par son histoire et son devenir, le Québec demeure l'allié le plus précieux d'une Acadie soucieuse de dépassement. Encore faut-il qu'une telle alliance

---

27. Diverses études permettent de s'en rendre compte, par exemple celle de Pépin (1967). Cependant, mises à part quelques strates socioéconomiques privilégiées, il nous semble incontestable que la condition de pauvreté frappe plus durement la collectivité acadienne dans son ensemble. Parmi les analyses qui rendent compte de cet état, mentionnons en particulier celles qui ont porté, depuis 1956, dans le cadre du projet Aménagement rural et développement agricole (ARDA), sur le territoire pilote du Nord-Est du Nouveau-Brunswick, soit : les rapports du professeur Hugh Whalen et ceux des groupes Hunting, Lockwood et Dyname ; l'étude d'Even (1967) ; et enfin l'enquête socioéconomique du ministère de l'Expansion économique régionale (Nouveau-Brunswick, 1968).

se fasse sous le signe d'une mutuelle coopération et se concrétise par des gestes politiques, économiques et culturels positifs et non purement symboliques. Le temps n'est plus à la commisération, d'une part, et à la méfiance, d'autre part. Nous pensons en particulier à deux domaines précis où une collaboration planifiée aurait pu rapprocher davantage ces deux tronçons d'un même arbre, chacun dans son intérêt propre : l'Aménagement rural et développement agricole (ARDA) et l'enseignement universitaire[28]. L'Acadie de demain ne peut pas vivre comme naguère dans l'isolement. Elle devra s'ouvrir sur un monde francophone dépassant largement les cadres par trop restreints de la réalité française des Maritimes[29].

De même, si l'Acadie ne peut plus vivre repliée sur elle-même, pendant combien longtemps encore pourra-t-elle s'accommoder d'une situation de pauvreté maintenant deux fois centenaire qui menace, dans un monde où de plus en plus le pauvre est exclus du pouvoir, « d'accélérer le processus d'assimilation qui est de nature à simplifier la situation ou à la faire exploser », comme le soulignait le mémoire des étudiants[30] ? Doit-on espérer

---

28. N'aurait-on pas pu, par exemple, entreprendre dans un même projet le développement de ces deux régions contiguës, la Gaspésie et le nord-est du Nouveau-Brunswick, qu'un ensemble de caractéristiques socioculturelles et économiques communes unissent, mais qu'une frontière politique artificielle, et sans doute une quelconque barrière régionaliste, séparent? On s'explique mal, dans l'optique d'une politique désintéressée d'une poursuite du bien commun, comment le Québec et le Nouveau-Brunswick ont pu s'isoler d'une telle façon. Par ailleurs, a-t-on suffisamment planifié l'avenir de l'Université du Québec à Rimouski et de l'Université de Moncton, desservant chacune un même bassin de population? L'ouverture de secteurs académiques identiques à Rimouski ainsi qu'à Moncton pourrait compromettre dangereusement le développement de l'Université de Moncton et, partant, celui de la collectivité francophone des Maritimes.

29. Mais ne devra-t-elle pas auparavant se débarrasser de certaines images très dévalorisantes de l'étranger, notamment des Français et des Québécois, assez largement répandues en certains milieux acadiens, et que la crise de l'affaire de la sociologie à l'Université de Moncton a permis d'expliciter? Nos propos rejoignent ici ceux-là mêmes que tenait M. Pierre Vagneux, ancien professeur à l'Université de Moncton : « L'Université de Moncton recrute ses professeurs dans le potentiel de la francophonie [...] les Français [entre autres] viennent et apportent avec eux des idées "nouvelles". Un Acadien en apporterait autant en France ou à Madagascar [...] Il se peut que les Français [...] agissent comme catalyseurs. Mais les éléments réels de cette transformation sont l'évolution de l'Acadie et son ouverture au monde. Partout se manifeste un désir d'émancipation, à double face pour l'Acadie qui participe à l'édification du Canada et à celle de sa propre identité. À cette édification, tout étranger francophone devrait pouvoir apporter sa pierre [...] [qui] trouverait sa place dans l'édification de l'Acadie de demain [...] Certains disent que l'Acadie ne peut courir le risque d'accueillir ces "étrangers". Je pense au contraire qu'elle ne peut pas se permettre de ne pas les accueillir » (*L'Évangéline*, 30 mai 1969, p. 4).

30. Voir note 12.

que cette même pauvreté guidera un jour l'Acadie vers cette autre utopie d'un Québec, selon l'expression du sociologue Gérald Fortin, «ville à inventer»?

Dépossédée de sa volonté de construire et de se construire, une culture se verrait réduite à n'être qu'une sorte de «succédané de conscience historique[31]» et ne saurait se donner de véritable projet: tel nous semble le drame collectif de cette Acadie anomique, déboussolée, sans projet.

Sans projet, le passé devient fade, le présent s'effrite, l'avenir apparaît sans issue. Récupérer le sens de l'histoire, retracer la trame de la continuité historique, c'est déjà libérer ces énergies créatrices à peine perceptibles mais toujours présentes à travers l'évolution de l'Acadie. Ce sens, la tradition le porte déjà. L'avenir n'a-t-il pas commencé hier?

À travers les méandres d'un passé ambigu, mystérieux cheminement d'une conscience à la recherche de son histoire, l'Acadie – dans sa genèse, son évolution et ses contradictions – offre à celui qui sait lire au-delà de l'événement des éléments vivants d'une culture, non seulement de domination, mais aussi de résistance et de survivance. L'histoire y a semé les mythes de l'espérance toujours inachevée qui inspire depuis les origines de l'homme, à travers inégalités, injustices et pauvreté, les mouvements millénaristes dans leur pèlerinage vers la cité idéale de la terre promise, quête d'un bonheur guidé par le souvenir nostalgique d'un paradis perdu et la recherche d'une Arcadie – terre d'abondance.

Bibliographie

Association des étudiants de l'Université de Moncton (1968), «Mémoire des étudiants», *Revue de l'Université de Moncton*, vol. 1, n° 1 (mai), p. 60-61.

Bastide, Roger (1960), «Mythes et utopies», *Cahiers internationaux de sociologie*, n° 28, p. 3-12.

Berque, Jacques (1964), *Dépossession du monde*, Paris, Éditions du Seuil.

Brun, Régis S. (1969), «Histoire socio-démographique du sud-est du Nouveau-Brunswick. Migrations acadiennes et seigneuries anglaises (1760-1810)», *Société historique acadienne*, vol. 3, n° 2 (janvier-février-mars), p. 58-88.

Cormier, Clément (1962), «Acadie», *Société historique acadienne*, n° 2, p. 58-60.

---

31. Expression prêtée par Bahman Nirumand à des populations maintenues dans le sous-développement (Nirumand, cité dans Marcuse, 1968: 121).

DUMONT, Fernand (1968), *Le lieu de l'homme. La culture comme distance et mémoire*, Montréal, Éditions HMH (Coll. «Constantes»), [chapitre VI: «La culture en tant que conscience historique»].

EVEN, Alain (1967), *Les blocages sociologiques aux développements économique et social dans le nord-est du Nouveau-Brunswick*, inédit.

EVEN, Alain (1969), «Une université sous-développée dans une région défavorisée», *Revue de l'Université de Moncton*, vol. 2, n° 2, 1969, p. 60-62.

EVEN, Alain, Jean-Paul HAUTECŒUR et René-Jean RAVAULT (1968), «Mémoire de l'Association des professeurs. L'Université de Moncton, image de la situation socio-économique de la population francophone du Nouveau-Brunswick», *Revue de l'Université de Moncton*, vol. 1, n° 1 (mai), p. 42-50.

LEBLANC, Émery (1963), *Les Acadiens*, Montréal, Éditions de l'homme.

LONGFELLOW, Henry Wadsworth (1847), *Evangeline. A Tale of Acadie*, Boston, Ticknor.

MAILHOT, Raymond (1969), «La "Renaissance acadienne" (1864-1888): l'interprétation traditionnelle et *Le Moniteur Acadien*», Thèse de doctorat, Montréal, Université de Montréal.

MARCUSE, Herbert (1968), *La fin de l'utopie*, Paris, Éditions du Seuil.

Nouveau-Brunswick (1968), *Rapport préliminaire de l'enquête, région de Restigouche-Sud*, Fredericton, ministère de l'Expansion économique régionale.

PÉPIN, Pierre-Yves (1967), *Milieux, genres de vie ruraux et pauvreté dans les Maritimes*, Ottawa, Imprimeur de la Reine.

RICHARD, Camille-Antoine (1969), «L'Acadie, une histoire à faire?», *Maintenant*, n° 87 (juin-juillet), p. 169-175.

THORBURN, Hugh G. (1961), *Politics in New Brunswick*, Toronto, University of Toronto Press.

TREMBLAY, Marc-Adélard (1966), «La société acadienne en devenir: l'impact de la technique sur la structure sociale globale», *Anthropologica*, vol. 3, n° 2, p. 329-350.

Du totémisme nationalitaire au fétichisme nationaliste, au meurtre sacrificiel : une interprétation du nationalisme acadien[1]

Jean-Paul Hautecœur

Dans ce texte datant de 1978, et à ce jour inédit, l'auteur de L'Acadie du discours propose une interprétation du nationalisme acadien eu égard aux « nouvelles écritures » qui émergent au tournant des années 1970 et qui en révèlent désormais les reliefs, les différences, les transformations comme les conflits potentiels. Rappelant préalablement à la fois ce qui sépare et ce qui unit l'écriture poétique et l'écriture idéologique dans leurs projets respectifs, il en souligne d'une part la profonde intrication que leur impose le discours nationaliste, mais non sans analyser d'autre part les figures nouvelles que ce dernier revêt à la faveur des transformations sociétales, et tout particulièrement à celle de l'apparition d'une nouvelle petite bourgeoisie dont le projet tout entier consiste en une subtile fusion de l'intérêt de classe et de l'intérêt national. L'auteur examine par ailleurs toutes les « contradictions » que porte ce discours nationaliste moderne comme écriture idéologique, où le recours aux « pratiques unanimistes traditionnelles » ne crée que l'illusion de l'ancienne « communauté organique », nie les intérêts de classe de ses nouveaux définiteurs, induit l'unité fictive de la nation et instaure ainsi le partage dangereux entre « intellectuels conservateurs » – soucieux de prolonger la tradition – et « intellectuels dissidents » opposés à toute monopolisation du pouvoir. Soulignant enfin ce que doit ce nationalisme « fétichiste » au capitalisme anglo-canadien, il en déplore l'instrumentalisme qui le guide, l'occultation de la connaissance qu'il entretient et la primauté accordée à l'État et à la Loi au détriment de l'exercice de la liberté.

Introduction

Un des faits symptomatiques observable dans la société mythique acadienne des années 1970 est la multiplication des écritures. Schématiquement, on peut réduire la production écrite acadienne des années 1960 à un livre imaginaire qui serait la somme syncrétique du discours nationaliste, ce livre sacré dont on souhaitait qu'il devienne la « bible nationale » du peuple

---

[1]. Ce texte est resté inédit jusqu'à ce jour, et bien qu'il ait généreusement accepté qu'il soit publié, son auteur ne l'a pas revu. Il considère par ailleurs qu'en l'état, il est inachevé. »

acadien. Son auteur est anonyme parce qu'il est multiple ou collégial, aussi parce qu'il est mi-homme, mi-Dieu, historique et transhistorique. Derrière l'auteur collectif, il y a la Providence et le patrimoine spirituel des morts qui imposent une heureuse nécessité à l'écriture. Le message est inspiré. Il s'apparente au mythe. C'est à peine s'il souffre l'écriture puisque sa voie naturelle serait l'oral. Mais il veut conquérir ce statut de production matérielle à une époque qui impose la densité de la chose, sa valeur marchande, le spectacle de la production. Le livre virtuel de la nation acadienne, tel le projet de cette écriture dominante et presque unique de l'Acadie des années 1960.

L'écriture plurielle

Années 1970 : multiplication des écritures. D'abord une ou des écritures littéraires, la création d'une maison d'édition – les Éditions d'Acadie –, l'édition au Québec d'auteurs acadiens, la recréation de la *Revue de l'Université de Moncton*, la publication d'une nouvelle revue – L'Acayen. Aussi de nouvelles manifestations de l'écriture nationaliste, en particulier dans Les *héritiers de Lord Durham* (1977), cette publication retentissante de la Fédération des francophones hors Québec, ainsi que dans un numéro spécial de L'Action Nationale : (« Aujourd'hui l'Acadie » nos 3-4, 1977) ; enfin l'écriture historiographique, plus prolifique aujourd'hui qu'elle ne l'était dans les années 1960. Voilà brièvement repérés les lieux divers d'émission de nouvelles écritures, d'écritures diverses qu'il serait impossible de rassembler en un même livre hypothétique sous le titre générique de discours nationaliste.

Les antithèses de l'écriture

Le terme *écriture* a l'avantage de rassembler un grand nombre de genres, aux dépens de leurs différences dont il faudra s'occuper bien vite. Il désigne une activité et un produit, soit une production. Cette production s'inscrit dans le règne de la quantité, elle est réductible au nombre, au poids et à la mesure. On pourrait la traiter (maltraiter) ainsi, de l'extérieur, dans un esprit de comptable ou de classeur. Ce n'est pourtant pas dans cet esprit que je me propose d'interroger cette ou ces écritures. Dans la multiplication des écritures m'intéressent avant tout les différences, les oppositions, les dialogues manifestes ou secrets entre les auteurs et les thèmes, et au-delà comme en deçà des textes, les significations possibles d'une dialectique de la culture acadienne qu'on ne recueille pas toujours naïvement à la surface de l'expression. L'écriture poétique, contrairement à l'écriture idéologique, invite immédiatement à ce jeu du sens. L'une, parente de la musique, en appelle à une expérience d'excarnation, l'autre, proche parente de la rhétorique, vise une incarnation plus dense, plus tellurique, du sens. La poétique, expression d'une parole dans un style qui cherche à la limite sa libération de tout collectif, et avant tout de la langue, s'oppose à l'idéologique dont l'intention est de collectiviser ou de fédérer les paroles individuelles en une langue familière, proche d'une nature en même temps héritage et destin collectif, où la catégorie du Même exclut dans son évidence première celle du différent. La poésie serait anti-idéologique dans son procès même d'expression : créer, imposer la différence au risque ou au mépris même de la communication, transgresser l'interdit, chercher le nouvel ordre au-delà de l'hétérogène qu'elle instaure et non plus en deçà, par régression dans un état homogène de la langue qui est aussi langage de l'État. Et l'idéologie serait antipoétique dans son intention et dans son procès privilégiés de communication normalisante, dans les accords non plus harmoniques ou dysharmoniques mais syncrétiques qu'elle impose, dans ses thèses et interdits, dans le loyalisme qu'elle instaure à l'asymptote du juridique, la langue universaliste du droit.

L'interprétation des écritures

Pourtant, ces deux écritures ne sont pas totalement irréductibles. On vient de voir qu'elles peuvent s'opposer et se combattre, ou bien participer à un même jeu dans des costumes et dans des rôles fort différents. Ce qui m'intéresse dans ces écritures c'est tout ce qu'elles me signalent pour mon propre jeu d'interprétation de la scène tout entière. L'ensemble des pratiques d'écriture dans une société renvoie aux acteurs et auteurs, à leurs situations respectives, à leur histoire, à quelques événements significatifs de conjoncture, à leurs publics potentiels et (ou) réels, au subconscient à travers la symbolique et à la conscience possible, aux modifications des écritures par leurs interactions, leurs conflits, leurs alliances, etc. Les textes et les pratiques d'écriture peuvent donc se laisser déchiffrer comme un phénomène social total au sens que lui donnait M. Mauss. Chaque écriture, chaque genre ou type d'écriture, chaque écriture individuelle peut toujours être interrogée en soi, au risque de ne pas voir (prévoir) les liens ou les rapports qui l'articulent avec les autres. Les mettre en rapport dans la durée et dans l'espace, qu'ils le fussent réellement ou non, c'est se donner de multiples possibilités de recréer des différences et des ressemblances signifiantes, c'est entrer soi-même dans le jeu ou la pratique de la signifiance qui ne s'est jamais arrêtée à une discipline, à un interprète, à une représentation, à une quelconque frontière.

Une attitude

Parce que les écrits ne sont pas considérés en soi mais dans leur pratique signifiante, soit dans leurs modes et dans leurs rapports de production, leur histoire, il est utile pour leur critique-interprète d'entrer dans cette histoire faite aussi de sensations, sentiments, couleurs, visages, paysages, gestes, musiques, paroles et silences. Entrer dans sa quotidienneté, s'immiscer dans ses rythmes, sentir ses nuances, s'inviter – se faire, se laisser inviter – à ses fêtes, soupçonner ses drames et querelles de ménage... Pour une *soft* sociologie, psychologie, sémiologie, anthropologie qui supposent toutes un brin de « Sophia » pour une « compréhension » mieux approchée au sens tactile et étymologique. Pour une « sapientia » comme disait Roland Barthes : « nul pouvoir, un peu de savoir, un peu de sagesse, et le plus de saveur possible[2] ». Ce qui n'exclut nullement la critique comme le combat, tout au contraire, puisqu'une fois entré, l'intellectuel ne jouit (?) plus de la retraite en zone franche. Il est un nouvel acteur, dans l'écriture, dans cette pratique historique de la signifiance. Ce qui n'exclut pas non plus le « kit » de l'expert en poids, nombres et mesures : l'outil de l'artisan à son choix, ou dans sa tradition.

Un itinéraire dans les écritures

L'idéal serait donc d'écrire sur place cette sociologie-sémiotique-sémiosophie de l'écriture acadienne et de pouvoir en faire le tour, les allers et retours du centre à la périphérie. Il y aurait, après cette rétrospective du « livre » des années 1960 que j'ai laborieusement essayé de faire dans un ouvrage précédent (Hautecœur, 1975), un arrêt à la revue L'Acayen et à l'écriture politique « de gauche » ; un arrêt suivant à la nouvelle littérature qu'on pourrait faire en plusieurs étapes ; un arrêt à l'écriture nationaliste de la Société des Acadiens du Nouveau-Brunswick[3] en étant bien présent aux prochains états généraux de l'Acadie ; un autre arrêt à l'écriture historiographique en chantier. Voilà, pour le moment, l'itinéraire de voyage que je pourrais proposer à l'auteur virtuel de ce nouveau livre sur les livres de l'Acadie.

---

2. Roland Barthes, « Portrait du sémiologue en artiste », *Le Monde*, 9 et 10 janvier 1977.
3. NDE : Aujourd'hui la Société des Acadiens et Acadiennes du Nouveau-Brunswick (SAANB).

Nationalisme et littérature

Ma tentative est ici beaucoup plus modeste et imparfaite. Elle se limite à une lecture sociologique de la littérature acadienne des années 1970, elle essaye une interprétation du fait littéraire acadien en comparaison avec l'écriture nationaliste qui l'a précédée. C'est un défrichage bien plus qu'une somme. La relation entre ces deux types d'écritures – en supposant que l'écriture littéraire ait une certaine unité, en considérant ce qui l'agglomère et non tout ce qui la divise – est suggérée directement par les textes littéraires. Elle est aussi chronologique : la littérature, dans la production écrite, succède à la renaissance nationaliste des années 1960. Elle renvoie à mon propre point de vue et à mes travaux antérieurs sur le nationalisme. Binaire, elle exclut provisoirement les relations à d'autres écritures, elle est inachevée.

Les parties et le tout

La première partie, Le fétichisme, est une nouvelle synthèse du nationalisme glorieux[4]. La deuxième, Le meurtre sacrificiel, s'articule en polarité avec la première et n'a aucune ambition de synthèse. Il resterait à étudier en troisième partie le nouveau nationalisme acadien et les mouvements nationalitaires qui le font dialectiquement éclater étant donné son héritage élitique et sa limitation de classe. Mais cette dernière partie est de l'histoire actuelle et future. Elle est à faire et à dire avant de l'écrire.

Le fétichisme nationaliste

La parole et l'écriture

Jusque dans les années 1950, l'Acadie (du Nouveau-Brunswick) vivait essentiellement sur le mode de la parole, caractéristique du règne organique d'une *folk society*. Parole quotidienne ou profane sublimée et régénérée régulièrement par la parole rituelle et sacrée de la prière, du sermon, des chants, du mythe originaire dans ses diverses versions. L'écriture se réduit à quelques usages quotidiens, la lecture s'applique surtout aux textes sacrés. Dans la vie publique de la province, l'écriture est surtout anglaise. C'est la langue officielle, la langue du droit, la langue politique, la langue de la finance et du commerce, la langue des journaux à l'exception de L'Évangéline.

---

4. Pour une analyse systématique des textes, voir Hautecœur (1975, 1976, 1977).

Le totémisme nationalitaire

On peut difficilement parler, pour cette époque, de nationalisme si par nationalisme on entend un mouvement social formalisé en un réseau d'institutions, en une idéologie, en un pouvoir organisé et non simplement la solidarité diffuse du sentiment national reproduite organiquement par tradition. Des historiens me rappelleront qu'il y eut, à la fin du XIXᵉ siècle, un véritable nationalisme acadien connu sous le nom de Renaissance. Soit. Et le nationalisme des années 1960 célébrera cet héritage et réaffirmera la continuité, l'épanouissement même de cette Renaissance. Mais entre les deux, et malgré les acquis des institutions de la première Renaissance, le nationalisme volontariste s'efface au profit de la quotidienneté traditionnelle et des rites collectifs sacrés. Pour l'intérêt de mon argumentation et de comparaisons idéaltypiques qui visent les significations de l'histoire et non ses descriptions réalistes, je retiendrai pour cette époque le concept analogique de totémisme nationalitaire.

L'analogie idéaltypique

Le totémisme est ce culte organisé autour du ou des totems qui figurent et symbolisent l'esprit d'un clan ou d'un groupe consanguin. Il suppose un ensemble de croyances, d'objets et de pratiques rituels situés dans un espace et dans un calendrier sacrés, aussi des rôles spécialement distribués pour les cérémonies. Ce totem représente et incarne l'ancêtre mythique du clan ou de la grande famille. Il est pouvoir surnaturel, entouré d'interdits (tabous) et de prescriptions positives. Sa fonction principale à l'égard de la société ainsi que celle du culte qu'il prescrit, c'est de protéger la collectivité contre la damnation ou la mort, soit d'assurer sa reproduction et sa toute souveraineté face aux clans ou collectivités adverses. Quand au clan se substitue une « nation » ou un peuple et au totem généralement animal une figure divine et quelques objets symboliques doués de pouvoirs surnaturels, quand ceux-ci sont l'objet d'un culte national distinct d'une religion universelle (même aggloméré à une religion universelle), quand la « nation » est surtout solidarisée autour du lien consanguin (mêmes ancêtres, généalogie), on peut alors parler analogiquement de totémisme nationalitaire à l'exclusion de toute intention polémique ou péjorative. On verra l'utilité de l'analogie pour les comparaisons ultérieures avec le fétichisme nationaliste et le meurtre sacrificiel.

Le nationalisme

En 1955, on commémore en Acadie le bicentenaire de la Déportation. Peu de temps après, en 1957, c'est la création de la Société nationale des Acadiens (SNA)[5], puis, en 1963, la création de l'Université de Moncton. On commence à écrire sur la « chose » nationale (et non la « question » puisque dès le départ on proclame une affirmation). On commence aussi à écrire l'histoire nationale (historiographie, Société historique acadienne). Même si c'est un recommencement, il est original. Ce qui retient ici mon attention, c'est l'apparition de l'écriture publique acadienne, celle d'une idéologie nationale qu'il faut distinguer de la tradition orale nationalitaire. Le fait nouveau dans la création ou recréation d'un réseau intègre d'institutions nationales, d'une idéologie nationale et d'un pouvoir qui regroupe une nouvelle coalition, c'est le nationalisme acadien, théorie explicite de la nation, écriture de l'histoire et idéologie d'une classe se constituant. Cette apparition est historique, non pas « providentielle » comme certains de ses auteurs ont pu l'écrire. Il faut en rechercher les significations historiques et sociologiques, confronter les interprétations possibles.

De la folk society à la modernité

Dans une première interprétation, on pourrait développer le thème du passage de la folk society à la modernité et sous ce rapport la conquête de l'écriture sur la parole vernaculaire. L'Acadie n'est plus, à la fin des années 1950, l'idyllique folk society des paroisses, des aboiteaux, des chorales du dimanche, du fricot et de l'économie domestique. La parole quotidienne s'est souvent anglicisée, la parole rituelle sacrée est impuissante à régénérer seule la vieille solidarité organique du peuple acadien. La langue du succès est l'anglais. Après les fêtes du bicentenaire de la Déportation, la restauration pure et simple des anciens rituels nationalitaires aurait été manifestement archaïque. Les jeunes patriotes ont fait des études universitaires à Fredericton, au Québec, au Canada, aux États-Unis. S'ils font encore des discours élégiaques sur les beautés du passé, s'ils empruntent encore à la mystique traditionnelle le style, le ton et les thèmes moralistes, ils introduisent aussi dans leur discours des images de la modernité, ils veulent rénover au goût du jour, rationaliser, moderniser. Aussi, la société se laïcise. Les nouveaux clercs,

---

5. NDE : La Société nationale l'Assomption a été fondée en 1881, pour devenir en 1957 la Société nationale des Acadiens. Cette société se nomme désormais la Société nationale de l'Acadie depuis 1992.

malgré l'affinité culturelle avec les anciens et avec le clergé, aspirent à plus d'autonomie professionnelle, idéologique, politique. Léon Thériault remarquait que la déconfessionnalisation des institutions acadiennes s'est faite en polarité avec l'accroissement du rôle de l'État provincial. Devant le risque d'une perte de pouvoir et de déculturation pour le peuple acadien, il faut adapter le nationalisme : il faut expliciter un nouveau projet national, donner une nouvelle cohérence idéologique à la nation, créer de nouvelles institutions. La conquête de l'écriture idéologique nationaliste est cette tentative d'adaptation culturelle à une conjoncture menaçante pour la continuité de la nation acadienne. Quand celle-ci n'est plus régénérée par les coutumes et les rites traditionnels, il faut la reproduire intentionnellement. En l'écrivant, on veut lui donner force de loi.

L'interaction politique culturelle

Voilà très schématiquement une première interprétation de l'apparition du nationalisme. Il faudrait évidemment en développer l'analyse. Dans une deuxième interprétation, on pourrait étudier l'interaction de la société acadienne et des sociétés environnantes d'un point de vue sociopolitique. À Fredericton, les années 1960 sont celles de la prise de pouvoir par les libéraux et Louis Robichaud, un Acadien. À Ottawa, Lester B. Pearson et le gouvernement libéral instituent la Commission royale d'enquête sur le bilinguisme et le biculturalisme ; Pierre Elliott Trudeau hérite de ses résultats et en fait un thème majeur de la politique interne canadienne. Au Québec, ce sont aussi les premières années de l'après-duplessisme, l'époque de la Révolution tranquille et la genèse d'un nouveau nationalisme québécois. Face à cette nouvelle conjoncture politique, les Acadiens doivent redéfinir leur nationalisme, donner une cohérence neuve à leur existence nationale, consolider leur pouvoir : il n'est plus question de restaurer simplement l'ancien sentiment national cultivé « en serre chaude », comme on disait à l'époque. Tant à Ottawa qu'à Fredericton, des portes opportunes ont été ouvertes. C'est le temps de la participation, la promesse de l'« épanouissement », comme on disait encore. Le nationalisme acadien doit devenir une idéologie politique, il accède à un statut de légitimité, il peut sans crainte revendiquer certains droits, tant dans la province que dans le Canada. Mais aussi, il doit se définir avec prudence face au nationalisme québécois et à la révolution culturelle qui l'accompagne. Il hérite de l'idéologie – anglaise – de la bonne entente, et c'est à l'intérieur de ces cadres posés à l'extérieur qu'il pourra développer certaines aspirations à la participation et au rayonnement. La Renaissance acadienne doit se donner une idéologie politique opportuniste, non pas autonomiste.

La rupture sociologique

Voilà quelques grandes lignes de cette deuxième interprétation génétique du nationalisme acadien. Elle est complémentaire de la première. On pourrait imaginer d'autres voies d'interprétation de même inspiration, précisément celle qui privilégie le point de vue du même aux dépens de la différence, c'est-à-dire celle qui se nourrit de l'idéologie nationaliste elle-même, l'idéologie dominante unitaire qui traite de l'Acadie comme d'une société homogène, solidaire, unidimensionnelle. La rupture sociologique consiste à critiquer cette réduction au même faite par l'idéologie nationaliste comme par les discours savants qui la renforcent. L'interprétation culturelle globaliste ne pourra soutenir son intérêt heuristique qu'une fois soumise à la contestation de l'interprétation différentialiste. Pour celle-ci, il ne suffira pas d'opposer parole et écriture au singulier, comme si cette écriture était naturellement singulière, comme si la chose qu'elle substantifie, la nation, était une image unanimement partagée ou la réalité en soi. S'il y eut dans les années 1960 en Acadie une écriture idéologique, ce singulier reste à expliquer. Et on comprendra peut-être même mieux cette singularité en la confrontant à des écritures ultérieures, en interrogeant par exemple la littérature qui fait surface dans les années 1970, en la confrontant à d'autres écritures minorisées, dispersées, donc à reconstituer, par exemple, celle de courte durée du Ralliement de la jeunesse acadienne[6].

Une idéologie de classe

La troisième interprétation cherche à comprendre l'idéologie nationaliste comme une idéologie de classe, une écriture particulière qui tend à s'imposer comme l'écriture politique unique du peuple acadien. Une classe émergente va tenter de réconcilier le caractère singulier de son discours avec celui, hypothétique, de la société globale. Cette classe, la petite bourgeoisie – car la grande est anglaise –, n'est pas entièrement constituée. Elle n'a pas encore de tradition organisée. Elle n'a pas de pouvoir autonome. L'héritage sur lequel elle peut s'appuyer, ce sont les traditions de la société traditionnelle, en particulier celles de son élite formée du clergé et des notables agissant surtout

---

6. Voir Hautecœur (1975), chapitre IV.

dans les professions libérales. Et parmi ces traditions, il y a le vieux sentiment national ainsi que la lutte pour la conservation du fait français-catholique, soit tout le patrimoine nationalitaire acadien. Le projet explicite de la nouvelle vague de patriotes des années 1960 va être de faire fructifier ce patrimoine en l'adaptant à l'histoire moderne, à la nouvelle conjoncture canadienne et provinciale. La fonction implicite du nouveau nationalisme va être de cimenter une nouvelle classe dominante qui bâtit son pouvoir sur le fonds des vieilles institutions nationales au nom de l'intérêt de la nation tout entière. C'est dans cette ambiguïté du nationalisme ou dans le dédoublement de ses fonctions qu'il faut chercher à comprendre l'apparence unitaire de l'écriture des années 1960 et son dépassement dans les années 1970.

Un métalangage

L'écriture idéologique, par syncrétisme, cherche à réaliser l'unité du discours national et en cela donner de l'histoire une même interprétation, une vision du monde explicite ; projet valable pour la nation acadienne tout entière – « Parlement officieux » et substitut de l'État. L'écriture doit avoir cette vertu de rassembler la multiplicité des paroles passées ou possibles en un langage unitaire, d'imprimer à l'histoire un sens unique, d'imposer le sens comme s'il avait l'évidence d'une nécessité historique. Par fétichisation, l'écriture nationaliste recherche un statut naturel renforcé d'une surnature qu'on nomme destin ou providence. Plus qu'un langage, elle veut être un métalangage et on lui souhaitait même, nous l'avons déjà dit, de devenir « la bible nationale » du peuple acadien. Voilà l'ambition de cette écriture nouvelle qui vise la légitimité, la force, l'unicité d'un texte de loi quand la parole et les anciens rites nationalitaires n'ont plus le pouvoir contraignant du vieux totémisme et quand, dans la nouvelle conjoncture, ils apparaissent manifestement archaïques.

Un pouvoir

Quelles sont les conditions de production d'une telle écriture unaire ? La première est une coalition de classes : dominante formée du clergé et des notables traditionnels, la nouvelle classe en formation des cadres des institutions nationales, des membres influents des professions libérales, des quelques industriels, hauts fonctionnaires et personnages politiques acadiens à Fredericton. Elles ne sont pas antagonistes ; la seconde est destinée à succéder à la première. Dans le discours, on cherchera à concilier les deux visions du monde par le paradoxe rhétorique continuité-rupture. La seconde condition est un lieu public unanime d'émission, c'est-à-dire le réseau intégré des institutions nationales. La troisième est un pouvoir systématique de définition et de gestion du destin national. Ce pouvoir, s'il peut s'imposer à l'intérieur de la société acadienne, doit aussi bénéficier d'une reconnaissance diplomatique à l'extérieur, soit essentiellement à Fredericton et Ottawa, mais aussi à Québec et Paris. Pouvoir totalisant à l'intérieur, pouvoir d'« interlocuteur valable » avec l'extérieur. Toutes ces conditions seront remplies par l'institution occulte de la Patente, pouvoir fort à l'intérieur, totalisant et totalitaire, antidémocratique et cependant pouvoir nécessaire et acceptable dans les relations avec l'extérieur puisqu'on est dans une société minoritaire et que le nationalisme acadien est de toute façon un pouvoir parallèle dans la province, non soumis aux règles du jeu de la démocratie politique. La Patente, institution de la société traditionnelle et ramification de l'Ordre de Jacques Cartier (OJC), hérite d'un pouvoir élitique dont la mission était de faire fructifier la civilisation française et catholique en Amérique du Nord. Mais si, au Québec, l'OJC en tant que société secrète existait conjointement à d'autres sociétés et institutions dont la principale est le Parlement du Québec, dans la société acadienne, l'OJC infiltre et recouvre toutes les institutions. On le trouve dans une position de monopole du pouvoir sur la nation et sur la société. Hors de la Patente, on n'a plus que le pouvoir anglais dominant de la société majoritaire.

Sa reproduction

Quels sont les moyens de reproduction de ce pouvoir unaire, condition essentielle de production d'une écriture unique ? Le nationalisme, pouvoir et écriture, en même temps pouvoir de définir et écriture du pouvoir, opère essentiellement par syncrétisme ou par réduction au même. Le principe fondamental de ce pouvoir est d'annexer, d'intégrer les différences dans la catégorie suprême du Même. Ou bien il intègre par réduction des différences, ou bien il rejette quand la différence est irréductible. Et quand il rejette, c'est aussi en neutralisant la différence pour annihiler l'opposition : situation de monopole radical ou contrôle absolu. Ainsi, pour reproduire le singulier de son pouvoir et de son discours, le nationalisme doit annexer les discours divergents qui apparaissent, soit intégrer dans ses rangs les idéologues dissidents, en particulier les jeunes intellectuels en quête d'idées, de public et de pouvoir, mais aussi en quête d'emploi. Et dans les années 1960, le marché de l'emploi dans la société acadienne renvoie évidemment à l'OJC.

Ici, le public est privé, secret, sacré. Qu'un discours concurrent émerge par formation d'un mouvement social dissident et par regroupement d'intellectuels irréductibles, le traitement qui leur est structurellement et surnaturellement réservé est le démantèlement, la répression, voire la suppression. Ce fut partiellement le cas en 1966 lors et après le Ralliement de la jeunesse francophone, ce fut manifestement le cas en 1968-1969 à l'Université de Moncton, ainsi que dans les années qui suivirent. D'une part, la classe dominante en formation a besoin du concours de la jeune intelligentsia pour adapter son idéologie à la nouvelle conjoncture nationale et internationale, pour supplanter et remplacer l'ancienne élite, pour se donner la cohérence de classe dont elle a besoin. D'autre part, on voit apparaître dans les années 1960, en même temps que la naissance de l'Université de Moncton, une nouvelle intelligentsia acadienne qui se cherche aussi une cohérence, une idéologie propre, un public, une nouvelle solidarité de classe incompatible avec la petite bourgeoisie au pouvoir. Une partie, une grande partie de cette intelligentsia se liera organiquement avec la classe dominante en formation. L'autre, au début fort minoritaire, cherchera une liaison organique avec les classes populaires encore inorganisées à cette époque. Car, pour l'élite, un autre moyen de reproduction de l'écriture et du pouvoir unaires, c'est de neutraliser les classes populaires en empêchant le développement de toute organisation parallèle ou extérieure au réseau des institutions nationales. Ici, on verrait clairement la solidarité extranationaliste de la petite bourgeoisie acadienne et de la bourgeoisie anglaise réprimant tout mouvement de solidarisation des travailleurs acadiens employés dans les entreprises anglaises. Enfin, non pas moyen structurel mais facteur conjoncturel de reproduction du pouvoir monopolistique, il faut ajouter la conjoncture favorable au nationalisme acadien et à la petite bourgeoisie émergente des années 1960. Conjoncture on ne peut plus favorable pour les classes moyennes et la classe dominante qui se traduira par l'euphorie du nationalisme triomphant, conjoncture se dégradant pour les classes populaires qui passent progressivement d'un mode de vie traditionnel et relativement autonome à l'exploitation organisée de la main-d'œuvre acadienne.

Ses fonctions

Pourquoi, en résumé, la résurgence du nationalisme acadien et son triomphalisme dans les années 1960? Quelles sont les fonctions réelles de cette écriture et de ce pouvoir unaires? La fonction explicite telle qu'elle est donnée dans l'idéologie est de «mener l'Acadie à ses glorieux sommets».

Passer aux fonctions implicites, c'est aussi faire la critique des rationalisations de l'idéologie nationaliste-bourgeoise ; c'est la « tâche noble » de la sociologie. L'écriture unaire qui vise le statut d'une métalangue contribue à consolider un pouvoir monopolistique et surtout à lui donner une expression, une extériorité, le statut de l'évidence qui lui manque en tant que pouvoir occulte. Le pouvoir de gérer le destin de la nation acadienne et donc celui de la société globale qu'elle prétend représenter appelle le pouvoir de définir ce destin et le pouvoir de l'écriture : pour lui donner une rationalité et une cohérence, mais aussi pour le rationaliser au sens psychologique, pour l'imprimer comme s'il était immuable, pour prétendre l'unanimité réalisée. Une écriture – un public signifie l'écriture de tout et pour tout le public acadien. La première fonction est donc de consolider et d'extérioriser un pouvoir. La seconde est de constituer, de cimenter une nouvelle classe dominante : une petite bourgeoisie moderne qui hérite du patrimoine national de l'ancienne élite – le clergé et les notables de villages – et qui doit l'adapter à ses intérêts et à la modernité définie à l'extérieur. Le discours cherche à réaliser la cohérence entre la continuité ou fidélité et l'autonomie ou rupture, les deux tendances incarnées par l'élite traditionnelle et la petite bourgeoisie montante qui font coalition et qu'on peut retrouver aussi chez un même individu. Cette fonction de constituer et de cimenter une classe montante ne peut être manifestée, et c'est là la troisième fonction de l'idéologie nationaliste : confondre intérêt de classe et intérêt national, soit réduire la particularité du premier à l'universalité du second. L'idéologie nationaliste cherche à occulter un projet de classe par l'expression d'un projet national. Le discours sur la construction nationale comme le pouvoir occulte qu'il extériorise doit masquer la fonction de structuration d'une nouvelle classe, la petite bourgeoisie acadienne.

Un nationalisme oppressif, opprimé

On comprend ainsi le style et la thématique de ce nationalisme de participation et de rattrapage qui a écarté toute velléité autonomiste, tout projet d'opposition et de combat. C'est un nationalisme emprunté à la société anglaise dominante, un nationalisme de droite qui s'alimente dans le libéralisme de l'idéologie anglaise plus que dans le nationalisme conservateur de l'élite traditionnelle acadienne. Aussi, un nationalisme plus tenté par la prospérité et les images projetées en Acadie de la « société juste » que par les idéologies d'autres nations minorisées et l'aventure de la libération nationale. Le droit et le langage juridique de l'égalité remplacent ici l'idéal de liberté et le langage politique de la libération. Le nationalisme acadien des années 1960 se définira en opposition au nouveau nationalisme québécois et il faudra attendre les années 1970, surtout chez les écrivains, pour l'expression d'une écriture libératrice qui infirmera la projection petite bourgeoise que « l'Acadie est maintenant rayonnante ». La petite bourgeoisie a pu croire que son tour était arrivé et elle a effectivement construit des symboles de cette ascension nouvelle en civilisation anglaise : la tour de l'Assomption à Moncton et l'Université de Moncton. C'est qu'elle était fascinée par la brique et le béton plutôt que par les rivages de la mer. C'est qu'elle croyait exorciser la réalité de la dispersion en célébrant par la Renaissance ses aspirations de classe dominante. Les contradictions de cette tentative oppressive et oppressée sont flagrantes.

Les contradictions

Une première contradiction réside dans la tentative de restaurer autoritairement le consensus éprouvé de la société traditionnelle alors que se développe la formation structurée d'une société de classes. Un pouvoir occulte et monopolistique apparaît comme un anachronisme quand dans les sociétés environnantes on cherche à rendre effectif le jeu de la démocratie. La petite bourgeoisie montante est encore trop inspirée par les pratiques unanimistes traditionnelles et trop liée à la vieille garde nationaliste pour instaurer un type de pouvoir qui corresponde aux exigences de la société acadienne et à ses propres exigences en tant que classe potentielle. Le pouvoir totalitaire ne crée qu'une stabilité et un ordre illusoires, il est incapable de restaurer l'ancienne communauté organique de la société.

Une deuxième contradiction est dans l'écriture idéologique qui cherche à s'imposer comme théorie suprême par le syncrétisme et non par le synchronisme. La cohérence logique et systémique du discours n'est pas réalisée et, ne l'étant pas, le discours ne peut remplir pleinement ses fonctions. C'est une unité fictive qui veut s'imposer comme une unité réelle : d'un côté, le discours recherche la parfaite cohérence mythique et son pouvoir sacré, transhistorique ; d'un autre, il doit s'incarner dans l'histoire conjoncturelle et emprunter aux autres sociétés sa thématique politique. La force du syncrétisme est de réaliser magiquement l'unité : la célébrer comme si elle existait. Mais quand elle a besoin de s'imposer par la contrainte, la magie s'effondre, elle doit être remplacée par la manipulation occulte. L'idéologie n'accède donc pas au statut de la théorie qu'elle visait : elle appelle la critique quand elle veut l'annihiler.

Une troisième contradiction est dans le rapport de la classe dominante aux intellectuels qui est une conséquence de son exercice monopolistique du pouvoir. En neutralisant et en évacuant les intellectuels dissidents, la classe dominante doit consolider son alliance avec les intellectuels conservateurs formés à l'école de l'élite traditionnelle. Elle élimine ainsi ses chances de se donner l'idéologie moderne dont elle a besoin pour se constituer comme une classe moderne et donc pour créer un type de pouvoir compatible avec la conjoncture contemporaine. L'alliance organique de la petite bourgeoisie avec l'intelligentsia conservatrice contribue à reproduire le rapport de domination qui la subordonne aux classes dominantes de la société anglaise. Aussi, la marginalisation des intellectuels dissidents conjointe avec la neutralisation des classes populaires ne peut que renforcer et accélérer leur alliance, soit provoquer l'opposition au nationalisme unaire et finalement accentuer la répression. Au lieu de restaurer le consensus idyllique, on instaure le conflit.

La contradiction majeure

Chacune de ces contradictions renvoie à l'ambiguïté fondamentale de ce nationalisme qui prétend réaliser la solidarité nationale alors qu'il opère comme une idéologie de classe. Le projet est ici impossible d'agglomérer une société globale autour d'une idéologie partielle et unifonctionnelle. L'occultation entretenue de la libération nationale par le libéralisme bourgeois anglo-canadien est la contradiction majeure du nationalisme des années 1960. Le fait historique et structural de la domination du peuple acadien est catégoriquement évacué comme s'il était une négation des aspirations de la petite bourgeoisie montante, comme s'il était une régression pour le nationalisme triomphaliste. La double conséquence : la petite bourgeoisie est condamnée à se constituer comme une classe dominée et finalement isolée du peuple acadien comme de la société anglaise à laquelle elle croyait participer à droit égal ; le nationalisme acadien qu'elle s'est accaparé aura été un nationalisme de refoulement, répressif et lui aussi dominé. Un nationalisme emprunté à la société anglaise, un nationalisme bâillonné. Néanmoins, la petite bourgeoisie nationaliste acadienne aura ouvert, pour ses pairs et ses descendants, des portes à Fredericton et Ottawa, elle aura fait son entrée dans des conseils d'administration, elle aura reçu et décerné des doctorats honorifiques, elle aura mimé la Renaissance symbolique du peuple acadien et magiquement cru exorciser la dispersion perpétuelle.

Le fétichisme nationaliste

Héritière du totémisme nationalitaire qui pouvait être une pratique collective vivante du peuple acadien, la nouvelle petite bourgeoisie n'aura finalement légué au peuple acadien qu'un fétichisme nationaliste, produit décadent de l'ancien totémisme. Par fétichisme j'entends un culte à un objet désacralisé, naturalisé, matérialisé ou réifié. C'est un culte déserté par l'esprit, réduit à un ensemble de techniques, de recettes et d'instruments, occultant la connaissance et paralysant les pouvoirs magiques. Un culte dans lequel les acteurs ont perdu l'unanime autorité qu'il faut remplacer par le pouvoir occulte, soit la contrainte. Un culte à l'État et à la Loi (des autres) plutôt qu'une dévotion souveraine à la liberté et une pratique de libération. Aussi un culte à la quantité, au succès et au pouvoir érigés en loi naturelle par une nouvelle classe de comptables. Ce fétichisme est nationaliste, il a pour objet de vénération la nation, celle imprimée comme une théorie à force de loi, toujours la loi des autres. Ce nationalisme est fétichiste parce qu'il réifie l'histoire possible en une direction unique, parce que la totalité réunifiante des paroles, des mouvements, des sentiments et des pratiques nationalitaires de la collectivité acadienne est réduite unidimensionnellement à une unité, non totalisante, mais totalitaire. Un tel nationalisme est trop artificiellement unaire pour contenir longtemps toutes ses contradictions.

Conclusion

Si cette analyse, même incomplète, est exacte ou approchée, on peut alors en déduire la probabilité du morcellement de cette production unique des années 1960, le dédoublement de l'écriture singulière en des écritures plurielles, la revendication des paroles multiples et possibles contre une écriture-destin. Ce sera la naissance d'une littérature comme lieu de convergence d'une partie de la jeune intelligentsia, le développement d'une nouvelle production intellectuelle dans les humanités, aussi la tentative de redéfinir une ou des idéologies nationales, dans le nouveau contexte de la dialectique des écritures, des classes, des régions et de leurs mouvements nationalitaires. Évidemment, la dialectique interne de la société acadienne n'est pas seule explicative de son histoire. Le point de vue qui a été privilégié dans cette analyse n'est nullement exclusif : je rappelle qu'il a été présenté comme une troisième thèse explicative de la formation du nationalisme des années 1960. De même que l'opposition à l'écriture unidimensionnelle de la petite bourgeoise n'est pas le point de vue unique à partir duquel on peut interpréter l'apparition d'une littérature. Mais on a expérimenté que ce point de vue est fécond : il faudra s'y resituer pour interroger la littérature des années 1970.

Bibliographie

FÉDÉRATION DES FRANCOPHONES HORS QUÉBEC (1977), *Les héritiers de lord Durham*, vol. 1 : *Les francophones hors Québec prennent la parole* ; vol. 2 : *Qui sommes-nous ?*, Ottawa, Fédération des francophones hors Québec.

HAUTECŒUR, Jean-Paul (1975), *L'Acadie du discours*, Québec, PUL.

HAUTECŒUR, Jean-Paul (1976) « Nationalisme et développement en Acadie », *Recherches sociographiques*, vol. 17, n° 2, p. 167-188.

HAUTECŒUR, Jean-Paul (1977), « Les métamorphoses de l'Acadie-nature », *Revue de l'Université de Moncton*, vol. 10, n° 1, p. 11-26.

La domination culturelle des Acadiens

Alain Even

Plaçant sous le signe de la domination anglophone sa réflexion sur la condition des Acadiens au début des années 1960 en regard des avantages considérables dont bénéficie la communauté anglophone, ce texte inaugure une réflexion originale en termes de dynamiques interethniques – problématique qui n'avait jusque-là jamais été appliquée à l'Acadie. Rappelant d'une part ce que devait la condition des Acadiens à la confrontation entre les puissances coloniales française et anglaise et à leurs luttes pour la suprématie au Canada, il en examine ensuite minutieusement toutes les conséquences au niveau linguistique et leur incidence sur des facteurs tout aussi déterminants les uns que les autres – démographiques, économiques, culturels – facteurs dont il prend soin de montrer non seulement les effets comparatifs selon les communautés de langue, mais de mettre également en évidence ce qui, dans la condition des Acadiens, apparaît alors comme le produit d'une domination sans partage de la communauté anglophone. Texte écrit dans la foulée de la décolonisation des pays du tiers-monde, son auteur ne craint pas de donner à sa lecture de la condition acadienne une portée ouvertement politique, puisqu'il mobilise de manière inédite des auteurs tels que Frantz Fanon, Georges Balandier ou Albert Memmi et va jusqu'à considérer la nécessité pour les jeunes Acadiens d'un «combat qui s'apparenterait à celui de la décolonisation» – seule condition qui, de son point de vue, était susceptible de leur assurer la réappropriation de leur langue et de leur culture.

> *L'auteur de ce livre est un Québécois, un Canadien français, un colonisé, un prolétaire et un baptisé, par conséquent un être extrêmement frustré pour qui la «liberté» n'est pas une question métaphysique mais un problème très concret.*
>
> Pierre VALLIÈRES,
> *Nègres blancs d'Amérique*

Tous les «parlant français» du Canada sont loin d'avoir une vision aussi révolutionnaire de leur condition. Cependant, l'Anglais reste pour beaucoup «le maudit Anglais», pour ne pas dire «le christ d'Anglais». Il faut noter que si une bonne partie des maux du francophone du Canada sont rejetés sur l'Anglais, le Canadien français n'hésite pas à s'en prendre à lui-même et, chez certains, cette remise en cause de leur communauté est violente et n'a d'égal que leur nationalisme.

L'Acadien qui n'a pas le cadre politique du Québécois a une attitude beaucoup plus ambiguë à l'égard des Anglais. Il est héritier de cette tradition de « bonne entente » qui doit officiellement régir les rapports ethniques. Il est, cependant, des jeunes qui n'admettent pas les conséquences de leur minorisation et regardent vers certains Québécois pour les imiter ou les rejoindre.

La situation ethnique

Les rapports ethniques s'insèrent dans l'histoire des deux communautés. Si les Acadiens gardent le souvenir de leur échec et sont marqués par la domination, les Anglais se sentent maîtres de leur destin et comprennent mal la résistance des francophones à l'assimilation.

Historique

De toutes les régions du Canada, les Provinces maritimes ont connu les premières le plus de mélange ethnique. Les historiens de la colonisation nous rapportent qu'en plusieurs occasions des groupes anglais et des groupes français vécurent ensemble sans trop de difficultés. Les Acadiens, jaloux de leur indépendance, commerçaient avec la Nouvelle-Angleterre sans trop se soucier des directives de la Nouvelle-France. Cependant, la confiance ne fut jamais totale et lorsque les Acadiens durent devenir des citoyens de « sa gracieuse majesté », ce ne fut pas sans heurt et sans drame.

La lutte de suprématie entre la France et l'Angleterre se dénoua en 1755 lorsque Charles Lawrence prit l'initiative d'expulser la population acadienne. Le problème ethnique ne fut pas résolu pour autant, puisque quelques milliers revinrent s'installer le long des côtes et la minorité française continua à se développer, malgré l'arrivée massive des Loyalistes et des colons écossais ou irlandais.

Après un siècle d'écrasement et de lente réorganisation, la fin du XIXe siècle prit pour les Acadiens une tournure nationaliste. La survivance acadienne se voulait gardienne des grandes valeurs transmises par les ancêtres. Les Britanniques qui connaissaient une agriculture et un commerce prospère se lancèrent dans l'industrie, les Acadiens, dans une certaine mesure, s'y refusèrent.

L'isolationnisme des Français avait pour but de sauver les différencia-
tions culturelles qui les distinguaient de « l'Anglais » : la langue et la religion.
L'industrialisation et l'urbanisation vont amener les Acadiens à rompre leur
isolement. Ils prennent alors conscience non seulement des différences
mais aussi des inégalités.

Sans qu'il n'y eut jamais de tensions profondes entre les deux communautés, il y eut toujours un combat. Les sociétés secrètes, tant du côté anglais
(Orangistes) que du côté français (Ordre de Jacques Cartier, ou Patente),
sont là pour en témoigner. En effet, si l'idéologie officielle n'a jamais pro-
fessé que les deux communautés pouvaient avoir des intérêts divergents ou
contraires, certains extrémistes de langue anglaise se sont toujours orga-
nisés pour empêcher les « papistes » d'occuper les postes de responsabilité.
La lutte contre le catholique s'est conjuguée avec la lutte contre le français
et, sans qu'il y eut violence, l'efficacité des loges orangistes fut telle que des
élites francophones se regroupèrent, elles aussi, en société secrète pour
accroître leur solidarité.

Le rapport de force

Le problème qui se pose à la communauté française sur l'ensemble du
Canada se pose au Nouveau-Brunswick pour le groupe acadien. La population d'origine ethnique française représentait, en 1961, 30,4 % du Canada

TABLEAU 1

Répartition de la population du Nouveau-Brunswick
selon l'origine ethnique (1871-1961)

Année	Population	Origine ethnique			
		Française %	Anglaise %	Autre %	Total %
1871	285 954	16,0	80,0	4,0	100
1881	321 233	17,6	76,5	5,9	100
1891	321 236	18,9	75,0	6,1	100
1901	331 120	24,1	71,7	4,2	100
1911	351 889	28,0	65,6	6,4	100
1921	387 876	31,0	65,2	3,8	100
1931	408 219	33,6	62,6	3,8	100
1941	475 401	35,8	60,5	3,7	100
1951	515 697	38,3	57,1	4,6	100
1961	597 936	38,8	55,2	6,0	100

Source : Delagarde (1965).

et 38,8 % du Nouveau-Brunswick. Dans les deux cas nous avons affaire à une forte minorité qui accepte de moins en moins son statut minoritaire.

Si la proportion des gens de langue française est sensiblement la même au Canada depuis sa fondation, ce n'est pas tant que la revanche des berceaux ne fut pas efficace mais que les immigrants ont opté pour l'anglais. Au Nouveau-Brunswick, où l'immigration fut quasiment nulle, la proportion de francophones n'a fait que progresser.

Cette progression continuelle des francophones s'est stabilisée dans les années 1950 et il y a tout lieu de penser que la proportion ne changera guère dans les années à venir. Si les comtés francophones connaissent encore des taux de natalité légèrement supérieurs à ceux des comtés anglophones, la plus forte émigration des francophones rétablit l'équilibre.

Sur les 232 127 Néo-Brunswickois d'origine ethnique française, le territoire-pilote dans les limites des comtés de Gloucester et Restigouche en comptait 84 546, soit 36,4 % des francophones de la province. Plus du tiers des Acadiens du Nouveau-Brunswick sont donc concentrés dans le territoire à aménager, ce qui fait de la côte nord une région qu'on peut considérer comme francophone.

TABLEAU 2

La population d'origine ethnique française (1961)

	Population totale	Population française	
	N	N	%
Canada	18 238 247	5 540 346	30,4
Nouveau-Brunswick	597 936	232 127	38,8
Territoire-pilote	107 316	84 546	78,8
Gloucester	66 343	56 543	85,2
Restigouche	40 973	28 003	68,3

Source : BFS, *Recensement du Canada*, 1961.

S'ils sont majoritaires au sein du territoire-pilote, les francophones n'y subissent pas moins la loi de la majorité provinciale et, pourrions-nous dire, ne sont pas véritablement « maîtres chez eux ».

Assimilation

Estimer la population francophone du Nouveau-Brunswick en termes ethniques et non linguistiques conduit à camoufler un phénomène quasi irréversible : l'assimilation. On peut considérer un individu comme linguistiquement assimilé lorsqu'il ne parle plus la langue de son groupe ethnique.

Il est possible qu'il garde encore des liens culturels avec sa communauté d'origine, mais ses descendants risquent fort de s'intégrer totalement au groupe de leur langue maternelle. Officiellement, est considéré comme assimilé celui qui n'a pas comme langue maternelle celle de son groupe ethnique d'origine.

La résistance des Acadiens du Nouveau-Brunswick fut longtemps efficace, puisqu'en 1941 ils ne comptaient encore que 6,5 % d'assimilés. L'urbanisation rapide des vingt dernières années a accéléré le processus, au point de porter le pourcentage d'assimilés à 12,1 % en 1961 (CREBB, 1967 : 33). Cette assimilation, qui est le fait de toutes les minorités au Canada, a été moins sensible dans le territoire-pilote où la communauté francophone est plus homogène et surtout plus rurale[1].

TABLEAU 3

Taux d'assimilation des francophones,
au Canada et au Nouveau-Brunswick (1961)

	Population d'origine ethnique française	Population de langue maternelle française	Assimilés	
			N	%
Canada	5 540 346	5 123 151	417 195	9,9
Nouveau-Brunswick	232 127	210 530	21 734	12,1
Territoire-pilote	84 546	81 530	3 016	3,6
Gloucester	56 543	56 555	-12	-0,02
Restigouche	28 003	24 975	3 028	10,8

Source : BFS, *Recensement du Canada*, 1961.

Si l'on s'en tient à la langue et non plus à l'origine ethnique, les francophones ne sont plus 38,8 % mais tout simplement 35,2 % de la population du Nouveau-Brunswick ; quant au territoire-pilote, ce n'est plus 78,8 % mais 75,9 %. Cela peut apparaître comme une querelle de chiffres mais ces données ont une importance psychologique capitale. L'assimilé n'est pas seulement celui qui a perdu la langue de ses ancêtres, c'est aussi celui qui tous les jours doit utiliser une langue qui n'est pas la sienne.

---

1. Dans les provinces autres que le Québec (1,6 %) et le Nouveau-Brunswick (12,1 %), l'assimilation est très rapide : en 1961 on recensait 85,2 % d'assimilés à Terre-Neuve, 56,9 % en Nouvelle-Écosse, 55,1 % à l'Île-du-Prince-Édouard, 37,7 % en Ontario, 30,3 % au Manitoba, 43,2 % en Saskatchewan, 49,7 % en Alberta et 64,7 % en Colombie-Britannique (CREBB, 1967 : 33).

Le premier indice qui atteste de la domination de la langue anglaise est celui du bilinguisme qui est surtout réservé aux francophones. Si un unilingue anglais peut vivre quasiment sans difficulté au Canada, c'est loin d'être le cas de l'unilingue français.

TABLEAU 4

**Répartition des bilingues selon l'origine ethnique,
au Nouveau-Brunswick et dans le territoire-pilote (1961)**

	Origine française			Origine non française		
	Population	Bilingues		Population	Bilingues	
	N	N	%	N	N	%
Nouveau-Brunswick	232 127	98 446	42,4	365 809	15 029	4,1
Territoire-pilote	84 546	29 204	34,5	22 770	4 417	19,4
Gloucester	56 543	17 405	30,8	9 800	1 855	18,9
Restigouche	28 003	11 799	42,1	12 970	2 562	19,8

Source : BFS, *Recensement du Canada*, 1961.

Dans les secteurs où les francophones sont nettement majoritaires, comme dans le territoire-pilote, plus du tiers d'entre eux sont obligés d'utiliser l'anglais alors que c'est le cas pour seulement 19 % des anglophones minoritaires. Il faut évidemment sortir du cadre régional pour comprendre cette suprématie de l'anglais qu'a encouragée le système scolaire.

Ce sont surtout les personnes de langue maternelle française qui sont bilingues au Canada. Si environ 30 % des personnes dont la langue maternelle est le français connaissent aussi l'anglais, chez les personnes de langue maternelle non française, moins de 5 % connaissent le français. Le premier groupe, qui ne compte que 28 % des Canadiens, fournit 70 % des bilingues du pays tandis que le second, qui réunit 72 % de la population canadienne, n'en fournit que 30 %. (CREBB, 1967 : 40)

Cependant, il faut être prudent dans l'interprétation de ces données, car le bilinguisme connaît des degrés très divers et peut aller de celui qui utilise, de fait, une autre langue que sa langue maternelle jusqu'à celui qui ne connaît que quelques bribes d'une deuxième langue. Dans notre travail sur le bilinguisme, nous avons voulu véritablement doser l'utilisation de la langue française par les francophones et établir une véritable échelle de la pratique linguistique au Nouveau-Brunswick. La construction d'une telle échelle a pour but de hiérarchiser une relation, de doser les variations d'intensité d'un rapport social.

TABLEAU 5

Pratique linguistique du français parlé et écrit chez la population
de langue maternelle française au Nouveau-Brunswick (1968)

Français parlé		Français écrit	
Secteur d'utilisation	Francophones qui utilisent le français %	Secteur d'utilisation	Francophones qui utilisent le français %
Avec les amis	88	Avec la parenté et les amis	75
À la maison	86	Au service civil	50
À l'église	85	À la Commission d'énergie	44
Avec le médecin	82	Pour affaires	43
Avec les collègues	79	À la compagnie de téléphone	37
Dans les petits magasins	78		
Au travail	73		
Avec les employés des postes	71		
Avec les patrons	68		
Au garage	68		
Au restaurant	65		
Au supermarché	64		
À la banque	63		
Avec la Commission d'énergie	54		
Avec les gouvernements	54		
Avec les téléphonistes	48		

Source : Dion et al. (1969 : 102), Tableaux 3.14 et 3.15.

La population francophone n'a pas un comportement linguistique identique suivant les domaines d'application de la langue. Il est des lieux ou le français reste la langue de la majorité alors que, dans d'autres, le pourcentage de ceux qui l'utilisent se réduit considérablement. Nous avions posé comme hypothèse de départ que c'était au niveau des relations primaires que la langue maternelle était la plus conservée, hypothèse maintenant vérifiée par les échelles de pratique linguistique. (Dion et al., 1969 : 101)

L'échelle est constituée à partir des réponses aux questions qui furent posées sur la pratique linguistique. Il s'agit d'une pratique avouée et non

TABLEAU 6

Importance numérique de la communauté francophone
du Nouveau-Brunswick, selon les critères utilisés (1960)

Critère	Proportion de francophones	
	%	Indice
Origine ethnique française	38,8	100,0
Langue maternelle française	35,2	90,7
Ceux qui parlent français	30,9	79,6
Ceux qui parlent toujours en français	16,9	43,6
Ceux qui écrivent toujours en français	13,0	33,5

Source : Tableaux 1, 3 et 5.

pas forcément d'une pratique réelle. La variété des types de rapports linguistiques, depuis la conversation avec l'ami, qui est une relation person-
nalisée, jusqu'aux quelques phrases stéréotypées et impersonnelles
échangées avec la téléphoniste, nous permet de mettre en évidence le lien
existant entre la pratique de la langue maternelle et l'intensité du rapport.

Les données sont des plus significatives dans la mesure où elles nous
permettent de subdiviser les francophones en trois grands groupes : ceux
qui demeurent totalement fidèles à leur langue, ceux qui utilisent l'une ou
l'autre des deux langues en fonction des circonstances et ceux qui, en pratique, sont déjà assimilés.

Il n'est pas aisé de savoir ceux que l'on doit considérer comme véritables
membres d'une communauté francophone qui, selon les critères utilisés,
varie en importance.

Il s'agit bien d'une véritable anglicisation d'une population francophone
au sein de laquelle 35 % des téléspectateurs regardent la télévision en anglais
lorsque 1 % seulement des téléspectateurs anglophones regardent la télévision en français.

Nous pourrions multiplier les exemples qui nous amèneraient à la même
conclusion : une bonne partie de la population d'origine francophone est
anglicisée tandis que le reste est en voie d'assimilation.

Les implications de cette situation

Dominés linguistiquement et culturellement, les francophones le sont économiquement. L'ordre des facteurs est peut-être inverse mais il s'agit d'une
seule et unique domination.

Inégalités socioéconomiques

Ne disposant pas de données quantitatives fondées sur l'appartenance culturelle, nous avons utilisé la trichotomisation de l'ensemble des comtés du Nouveau-Brunswick en fonction de l'importance du groupe francophone :

> Les statistiques établies par comtés nous autorisent à diviser la population totale de la province en trois groupes principaux : 1- Les comtés francophones (plus de 80 % de francophones) : Madawaska, Gloucester, Kent. 2- Les comtés mixtes (20 à 80 % de francophones) : Restigouche, Westmorland, Northumberland, Victoria. 3- Les comtés anglophones (plus de 80 % d'anglophones) : Sunbury, St. John, Queen's, Charlotte, Kings, Carleton, Albert. (Even et Hautecœur, 1968 : 42 ; Tableau 7)

Nous remarquerons que quels que soient les critères que nous sélectionnerons, les inégalités seront d'autant plus fortes que le groupe des comtés sera plus francophone. Nous avons retenu quatre critères qui nous paraissent significatifs du niveau socioéconomique d'une population : le niveau de scolarisation, le chômage, les revenus, l'émigration. Dans les quatre cas, nous allons comparer les données des « comtés francophones » (plus de 80 % de francophones), des « comtés mixtes » (de 20 à 80 % de francophones), et des « comtés anglophones ».

En raison de la situation précaire de l'enseignement francophone au Nouveau-Brunswick, il apparaît très nettement que l'Acadien n'a pas les mêmes chances que l'anglophone d'accéder à un niveau d'éducation élevé.

GRAPHIQUE 1

Niveau scolaire de la population ne fréquentant pas l'École, selon la dominante ethnique des comtés au Nouveau-Brunswick (1961)

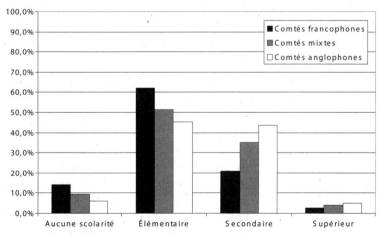

TABLEAU 7

Scolarisation selon la dominante ethnique
des comtés au Nouveau-Brunswick (1961)

	Population de 5 ans et plus ne fréquentant pas l'école				
	Aucune scolarité %	Élémentaire[1] %	Secondaire[2] %	Supérieur %	Total %
Canada	5,7	43,6	44,9	5,8	100
Nouveau-Brunswick	8,8	50,8	36,0	4,4	100
Comtés francophones	14,2	62,1	21,0	2,7	100
Comtés mixtes	9,3	51,5	35,3	3,9	100
Comtés anglophones	6,1	45,3	43,5	5,1	100

	Population de 5 ans et plus fréquentant l'école				
	Maternelle %	Élémentaire %	Secondaire %	Supérieur %	Total %
Canada	3,6	72,3	21,5	2,6	100
Nouveau-Brunswick	0,5	79,1	18,6	1,8	100
Comtés francophones	0,2	83,6	15,0	1,2	100
Comtés mixtes	0,5	79,2	18,6	1,7	100
Comtés anglophones	0,6	76,1	21,1	2,2	100

Source : *Recensement du Canada*, 1961, Tableau 74.
1. De la première à la huitième année.
2. De la neuvième à la treizième année.

Que 14 % de la population des comtés francophones soit analphabète alors que c'est seulement le cas de 6 % de la population des comtés anglophones n'est pas le fait du hasard. Nous avons vu combien le système scolaire traditionnel défavorisait les francophones. Cette inégalité devant l'éducation se poursuit puisque la part des élèves dans l'enseignement secondaire et supérieur est de 16,2 % dans les comtés francophones et de 23,3 % dans les comtés anglophones.

Avant de pénétrer dans la vie active, le jeune francophone est déjà désavantagé. Y entrant plus tôt et moins bien armé, il n'est pas étonnant qu'il connaisse très vite le chômage. Lié plus directement à l'économie, le chômage est un excellent critère pour mesurer la participation des deux communautés à la vie économique. Nous constatons un véritable sous-emploi des francophones qui les place dans une situation de dépendance économique et sociale à l'égard de la communauté anglophone.

GRAPHIQUE 2

Nombre de semaines de travail des salariés, selon la dominante ethnique des comtés du Nouveau-Brunswick (1961)

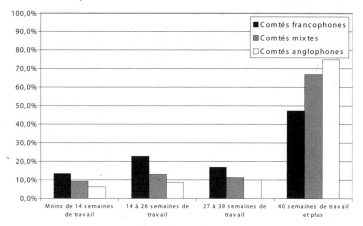

TABLEAU 8

Chômage des salariés, selon la dominante ethnique des comtés au Nouveau-Brunswick (1961)

	Semaines de travail				
	Moins de 14 %	14 à 26 %	27 à 39 %	40 et plus %	Total %
Canada	6,4	7,5	8,6	77,5	100
Nouveau-Brunswick	8,5	12,6	11,2	67,7	100
Comtés francophones	13,4	22,6	16,9	47,1	100
Comtés mixtes	9,1	12,9	11,1	66,9	100
Comtés anglophones	6,7	8,6	9,7	75,0	100

	Semaines de chômage			
	38 et plus %	26 et plus %	13 et plus %	Total
Canada	6,4	13,9	22,5	100
Nouveau-Brunswick	8,5	21,1	29,7	100
Comtés francophones	13,4	36,0	52,9	100
Comtés mixtes	9,1	22,0	33,1	100
Comtés anglophones	6,7	15,3	25,0	100

Source : *Recensement du Canada,* 1961, Tableau 14.

Le fait que la proportion des salariés ayant connu un chômage d'au moins treize semaines, en 1961, soit du quart dans les comtés anglophones, du tiers dans les comtés mixtes et de plus de la moitié dans les comtés francophones, ne saurait s'expliquer uniquement par des considérations économiques. Sans vouloir prétendre que la force de travail francophone connaît une certaine ségrégation, il faut constater qu'elle est celle qui a le plus de difficulté à trouver un emploi stable.

D'un niveau d'instruction inférieur, plus du tiers de leur population connaissant le chômage plus de la moitié de l'année, les comtés francophones vont procurer aux ménages des revenus annuels relativement bas.

Si le seuil de pauvreté a été établi à 3000 $ par an en Amérique du Nord, on peut estimer qu'il est possible de l'abaisser légèrement pour une région agricole[2]. Il n'en reste pas moins qu'une famille qui a moins de 3000 $ par année pour vivre connaît une certaine pauvreté, tandis que celle qui a moins de 1000 $ est dans la plus profonde misère. Nous pouvons estimer que seulement 37 % de la population des comtés francophones avaient des revenus acceptables en 1961 (plus de 3000 $) contre 56 % dans les comtés anglophones.

GRAPHIQUE 3

Revenus annuels des ménages, selon la dominante ethnique des comtés au Nouveau-Brunswick (1961)

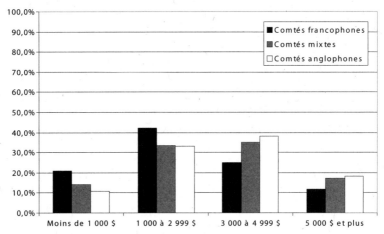

Qu'en dessous du seuil des 3000 $ se situent 22 % des ménages canadiens, 35 % de ceux du Nouveau-Brunswick et 63 % de ceux des comtés francophones de cette province, cela nous semble une constatation qui se passe de commentaires.

Le fait que 21 % des ménages des comtés francophones avaient des revenus inférieurs à 1 000 $ par an est significatif de la misère qui règne dans

---

2. Nous devons tenir compte des difficultés de comptabiliser l'autoconsommation et du coût beaucoup moins élevé des logements.

TABLEAU 9

Revenus annuels des ménages selon la dominante ethnique des comtés au Nouveau-Brunswick (1961)

	Classe de revenus				
	Moins de 1 000 $ %	1 000 $ à 2 999 $ %	3 000 $ à 4 999 $ %	5 000 $ et plus %	Total %
Canada	10,1	21,5	37,2	31,2	100
Nouveau-Brunswick	13,8	34,8	34,7	16,7	100
Comtés francophones	21,0	42,1	25,1	11,8	100
Comtés mixtes	14,1	33,6	35,1	17,2	100
Comtés anglophones	10,7	33,1	38,1	18,1	100
	Revenus cumulatifs				
	Moins de 1 000 $ %	Moins de 3 000 $ %	Moins de 5 000 $ %	Total	
Canada	10,1	31,6	68,8	100	
Nouveau-Brunswick	13,8	48,6	83,3	100	
Comtés francophones	21,0	63,1	88,2	100	
Comtés mixtes	14,1	47,7	82,8	100	
Comtés anglophones	10,7	43,8	81,9	100	

Source : *Recensement du Canada*, 1961, Tableau F3.

de nombreuses familles acadiennes. C'est sans doute le meilleur indice de cette pauvreté qui va devenir insupportable pour les jeunes et les encourager à partir.

Nous comprenons aisément que l'émigration, si elle est un phénomène que l'on rencontre sur tout le territoire du Nouveau-Brunswick, va se trouver accentuée dans les comtés francophones. Ces handicaps économiques que nous avons notés (chômage, bas revenus) vont amener les populations francophones à quitter la province en plus grand nombre. La liberté d'émigrer ou de demeurer sur la terre de ses ancêtres n'est pas la même pour tous.

Que le taux moyen d'émigration annuelle soit de 21 % dans les comtés francophones et de 8 % dans les comtés anglophones, c'est la meilleure preuve des difficultés économiques que connaît la population francophone. Nombreux sont ceux qui n'ont pas d'autre choix que de fuir la terre acadienne dont ils ne sont pas, cette fois, « officiellement » chassés.

Toutes ces constatations sont la preuve évidente qu'il n'est pas économiquement bon de naître dans une famille de langue française au Nouveau-Brunswick. Nous pourrions même dire qu'elles sont le signe évident d'une

GRAPHIQUE 4

**Émigration, selon la dominante ethnique
des comtés au Nouveau-Brunswick (1961)**

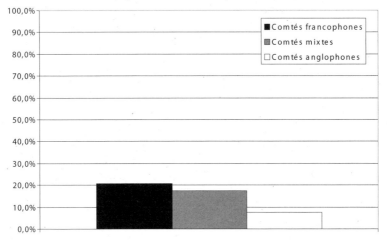

TABLEAU 10

**Émigration, selon la dominante ethnique
des comtés au Nouveau-Brunswick (1961)**

	Population[1]		Émigration[2]	
	Réelle (1961)	Théorique (1966)	Moyenne annuelle	Taux annuel moyen %
Comtés francophones	131 993	146 759	2 883	20,7
Comtés mixtes	204 399	226 773	3 773	17,5
Comtés anglophones	266 544	287 284	2 109	7,7

Source : Even et Hautecœur (1968 : 48), Tableau 6.
1. La population théorique en 1966 est obtenue en ajoutant l'accroissement naturel à la population effective de 1961.
2. Le taux annuel est calculé en rapportant l'émigration annuelle moyenne à la population moyenne entre 1961 et 1966.

domination de la communauté francophone par la communauté anglophone ; une différence aussi nette de conditions de vie entre deux groupes vivant sur un même territoire ne peut qu'évoquer en nous l'idée d'une certaine forme de colonisation.

Ces inégalités socioéconomiques sont perçues au niveau de la conscience de la communauté acadienne, mais le plus souvent elles sont acceptées. Replié sur lui-même, le groupe francophone ne communique pas en profondeur avec le monde anglophone qui affiche parfois envers lui une nette hostilité.

Isolement des deux communautés

Le brassage des populations dans le monde du travail peut faire croire que l'idéologie officielle a raison et que les deux communautés pratiquent la bonne entente. En fait, leur isolement respectif est certain et, si l'on examine les relations privilégiées que constituent celles avec les amis, il apparaît que les deux communautés vivent côte à côte sans se connaître. Lorsqu'au cours de l'enquête sur la pratique linguistique il fut demandé aux enquêtés de dire à quel groupe ethnique appartenaient les amis qu'ils fréquentaient le plus souvent, 92 % des anglophones désignèrent des amis anglophones et 88 % des francophones désignèrent des amis francophones (CREBB, 1967 : 107-108). L'interpénétration véritable des deux communautés est inexistante ; elles vivent en véritables isolats.

> Cette réalité est celle de deux groupes coexistants et juxtaposés qui ne communiquent jamais directement à l'exception d'une minorité d'origine francophone acculturée et relativement intégrée à la culture du groupe anglophone [...].
>
> En effet, si une partie de la population francophone utilise la langue anglaise de façon quasi permanente dans les secteurs d'activité tels que le travail, les relations commerciales ou encore la lecture des quotidiens et revues, et si la majorité de cette population partage avec la population anglophone certains cadres de références identiques, il reste que les deux groupes linguistiques recouvrent des différences psycho-sociologiques fondamentales. (Dion et al., 1969 : 142)

Cet isolement peut d'ailleurs aller de l'indifférence à la franche hostilité. Il est curieux de remarquer que la communauté francophone, bien que dominée, accepte beaucoup plus facilement cette situation que la communauté anglophone, qui craint une renaissance du fait français, étant donné la politique de bilinguisme des gouvernements.

Il ne faut pas cacher qu'il y a parfois de la haine qui se dégage lorsqu'on aborde les problèmes linguistiques et ethniques. Pour bon nombre de Canadiens anglais, leur langue doit s'imposer comme elle s'est imposée aux États-Unis et ils ne comprennent guère pourquoi tant d'importance est donnée au français. Ils voient là une résultante des agitations du Québec que certains ont vite fait de qualifier de communistes. Paradoxalement, il est peut-être un point sur lequel anglophones et francophones du Nouveau-Brunswick sont d'accord, c'est leur hostilité à l'égard du Québécois, les uns pour des raisons d'ordre politique, les autres pour des motifs d'ordre culturel. Le Québécois n'est-il pas à l'Acadien ce que le « Français de France » est aux deux, c'est-à-dire « un péteux de Broue » (fanfaron) « chanteux de pomme » (baratineur, flagorneur), quelqu'un qui serait prêt à remplacer le « colonialisme » anglais par sa propre domination ?

Si le «*Goddamn French*» est le pendant du «maudit Anglais», ce n'est pas seulement par héritage du passé, c'est aussi parce que les deux communautés, forcées de vivre ensemble, se supportent mais pas toujours avec plaisir.

Domination culturelle et développement

La domination anglaise est ressentie par les francophones et devient partie intégrante de leur culture. L'Acadien, dominé pendant trois siècles, s'est forgé une âme de «damné de la terre». Si nous substituons les termes *anglophone* et *francophone* aux termes *colon* et *colonisé*, cette phrase de Frantz Fanon s'applique presque parfaitement à la situation :

> Le monde du colon [de l'anglophone] est un monde hostile qui rejette, mais dans le même temps c'est un monde qui fait envie, le colonisé [le francophone] rêve toujours de s'installer à la place du colon [de l'anglophone]. Non pas de devenir un colon [un anglophone], mais de se substituer au colon [à l'anglophone]. (Fanon, 1968 : 18)

Les chocs destructeurs des civilisations traditionnelles, que nous rencontrons dans les pays colonisés ou dominés, existent sous une autre forme mais existent dans cette région. Les valeurs qu'il faut respecter ne sont plus seulement celles de la communauté d'appartenance mais aussi celles de la communauté dominante.

> La majorité des francophones reconnaît la supériorité de la langue anglaise dans l'échelle de prestige. Ce n'est pas seulement la langue de la majorité, c'est aussi la langue majeure. Le français serait à la limite une langue de ghetto, défigurée, plutôt parlée qu'écrite, une langue qu'il faut abandonner, voire même cacher quand on va à l'extérieur. «Le français c'est la langue des pauvres», la langue pauvre des pauvres... Ainsi, l'appauvrissement de la langue, cet élément fondamental de la culture, consacre donc l'acculturation de la minorité francophone en milieu anglais. (Dion *et al.*, 1969 : 169-171)

Cette acculturation des Acadiens est lourde de conséquences, car toute société en état d'acculturation perd son dynamisme en perdant sa personnalité.

> L'un des effets les plus lourds de cette action, redisons-le, c'est que, dans une société donnée, elle dissocie la liaison nature-culture qui était propre à cette société. Elle le fait d'abord en dévaluant la culture indigène. Elle imprime un désaxement général à toutes les catégories de la vie locale. (Berque, 1964 : 101)

> «Un maître étranger était venu, interceptait leur héritage. Ils étaient pour long-temps dépossédés de la Nature, et de leur nature.» (Berque, 1967 : [s.p.])

Il s'agit en effet sur le plan culturel d'une véritable colonisation et l'on peut trouver chez l'Acadien des traits qui sont dignes du *Portrait d'un colonisé* (Memmi, 1966). «On pourrait dire que la reconnaissance des problèmes du sous-développement est liée, pour une part, à la découverte de ces déséquilibres graves que crée la mise en rapport de sociétés inégales en puissance.» (Balandier, 1956 : 120)

L'assimilation linguistique et culturelle a rompu l'équilibre d'une société acadienne qui, en état de rupture, n'a pas le dynamisme nécessaire pour assurer son propre développement. Certains jeunes, d'ailleurs, ne voient d'issue à leur sous-développement que dans un combat qui s'apparenterait à celui de la décolonisation. Il faudra nous souvenir que la condition première de la majorité de ces déshérités de la «North Shore», c'est d'être francophone et d'en porter les contradictions jusque dans l'appellation de leur région.

Bibliographie

BALANDIER, Georges (1956), «La mise en rapport des sociétés différentes», dans Georges BALANDIER (dir.), *Le Tiers-Monde : sous-développement et développement*, Paris, PUF.

BERQUE, Jacques (1964), *Dépossession du monde*, Paris, Seuil.

BERQUE, Jacques (1967), «Préface», dans *Les Québécois*, Paris, Maspero.

CREBB : COMMISSION ROYALE D'ENQUÊTE SUR LE BILINGUISME ET LE BICULTURALISME (1967), *Rapport d'enquête de la Commission royale d'enquête sur le bilinguisme et le biculturalisme*, livre I : *Les langues officielles*, Ottawa, Imprimeur de la Reine.

DELAGARDE, R. (1965), *Essai pour tenter la délimitation d'un territoire d'aménagement au Nouveau-Brunswick*, Mémoire de maîtrise en sociologie, Québec, Université Laval.

DION, Pierre, Alain EVEN, Jean-Paul HAUTECŒUR, Edmund CASEY et Jean DUMAS (1969), *Le bilinguisme à la Commission d'énergie du Nouveau-Brunswick*, vol. I : *Rapport de recherche*, Moncton, [s.é.].

EVEN, Alain, et Jean-Paul HAUTECŒUR (1968), «L'Université de Moncton, image de la situation socio-économique de la population francophone du N.-B.», *Revue de l'Université de Moncton*, mai.

FANON, Frantz (1968), *Les damnés de la terre*, Paris, Maspero.

MEMMI, Albert (1966), *Portrait d'un colonisé*, Paris, Pauvert.

VALLIÈRES, Pierre (1969), *Nègres blancs d'Amérique*, Paris, Maspero.

Sur la production poétique
au Nouveau-Brunswick

ALAIN MASSON

Publié en 1972 dans la Revue de l'Université de Moncton, le texte d'Alain Masson est le premier à soumettre à une analyse rigoureuse inspirée du structuralisme des textes poétiques produits en français au Nouveau-Brunswick. L'auteur montre bien que ces textes ne peuvent appartenir à la littérature acadienne puisque cet ensemble n'existe pas. Masson accorde à ces textes produits par des étudiants qui ignorent les règles de la versification une importante légitimation en montrant qu'il s'agit de textes poétiques qui reproduisent les figures de la rhétorique tout en montrant qu'ils sont produits en dehors de toute aspiration à une reconnaissance institutionnelle. L'absence de littérature donne le champ libre à cette écriture que Masson qualifie de « sauvage » en s'inspirant de Rousseau, une écriture sans forfanterie, innocente, non réflexive, toujours commençante et qui ne se situe pas en rupture ou en continuité avec une tradition, ce qui l'oppose justement à la littérature. En discernant dans « les profondeurs du manque les virtualités d'un splendide développement » et en reconnaissant que du dénuement peut découler la nécessité d'innover, Alain Masson propose une lecture neuve, seule capable de légitimer des textes qui ne correspondent pas aux normes de la littérature. Ce texte a joué un rôle capital dans l'éclosion d'une pratique d'écriture poétique en Acadie, d'autant plus qu'il émanait d'un représentant de l'institution littéraire française. Il reste pertinent encore aujourd'hui puisque la littérature acadienne, désormais institutionnalisée, se démarque néanmoins par son caractère relativement iconoclaste.

Loin des littératures

Rien de précis ne correspond à l'appellation de « littérature acadienne ». D'abord, parce que l'Acadie aujourd'hui n'a guère plus de réalité qu'un souvenir ou qu'un projet ; ensuite, parce que pour parler d'une littérature nationale quelconque, il faut pouvoir définir des liens de continuité qui unissent certains textes entre eux : seules l'opposition Corneille-Racine, les citations de la *Chanson de Roland* dans Victor Hugo, les critiques qu'adresse Boileau à Ronsard, les imitations de Saint-Simon dans Proust et toutes autres relations qu'ont entre elles des œuvres permettent de les regrouper, autant pour satisfaire une idéologie que par commodité, sous le nom de littérature française.

La légitimité, toujours relative, d'une telle opération se mesure à une certaine densité des références, qui finit par esquisser une tradition. L'écrivain français travaille dans une bibliothèque choisie. Inversement, c'est pour en avoir fini avec les comparaisons au classicisme ou au symbolisme parisiens que la littérature qui s'écrit aujourd'hui au Québec a vraiment cessé d'être française. Comme elle a rompu en même temps avec le Canada, elle peut enfin se dire québécoise.

De surcroît, ces littératures nationales s'appuient dans leur diffusion sur deux éléments capables de les consolider : l'édition, et il n'existe aucun éditeur de langue française au Nouveau-Brunswick, et l'école, qui en Italie privilégie la littérature italienne comme en Hongrie la littérature hongroise. Je ne sache pas qu'Antonine Maillet, Ronald Després ou Léonard Forest bénéficient ici d'un tel traitement. Du reste, il semble bien que jusqu'à récemment, l'enseignement de la littérature au Nouveau-Brunswick n'ait pas consisté en autre chose que la mémorisation, comme disent si pertinemment les élèves – car il ne s'agit pas là d'apprendre –, de quelques détails édifiants ou pittoresques de l'hagiographie de Félix-Antoine Savard, de la biographie scandaleuse de Voltaire ou de l'atmosphère absurde qui règne, paraît-il, dans les romans de Camus.

L'institution littéraire est donc absente de nos rivages. Les écrivains un peu connus vivent parfois et publient toujours au Québec. Être Acadien ne peut guère signifier dans leur pratique qu'une marque par rapport à la québécité. Cette relation peut se cristalliser de plusieurs manières : l'homme acadien de Raymond LeBlanc est le superlatif de l'« homme rapaillé » de Gaston Miron ; chez Maillet, une surenchère folklorique traduit l'acadianité, qui devient un exotisme. Il faut avouer qu'en dehors de Després, poète difficile, et de LeBlanc, que les francophones du Nouveau-Brunswick se refusent à reconnaître pour des raisons politiques, cette littérature officielle est fort médiocre. Dans le passé également, peu de textes à retenir : peut-être faudrait-il examiner à nouveau les considérations de Pascal Poirier sur le parler acadien, où se manifeste avec une certaine précision un goût presque poétique pour le pittoresque de la langue, mais c'est un ouvrage que personne ne lit.

Il est possible d'aller plus loin : le grand mythe acadien, celui de la Déportation, s'est exprimé littérairement dans le poème de Henry Wadsworth Longfellow. Ainsi, longtemps après avoir été instruit par la parole du Grand Dérangement qui a séparé Gabriel d'Évangéline, le francophone du Nouveau-Brunswick apprendra qu'un écrivain américain du xixe siècle, c'est-à-dire à la fois un étranger et une vieille barbe, a été le premier à faire de cette légende un texte poétique. Voilà qui le confirmera dans l'idée que la littérature est un phénomène extérieur : il a déjà acquis cette conception en regardant les étalages de *best-sellers* américains, trop américains, et en apprenant à l'école des fables de La Fontaine. Vis-à-vis de la littérature, sa situation de départ ressemble horriblement à celle que pouvaient éprouver en face de la nation les jeunes Guinéens à qui le sadisme colonialiste a osé infliger ces mots : « Nos ancêtres les Gaulois étaient blonds et avaient les yeux bleus. »

Absente, étrangère, la littérature est donc l'objet d'un mélange d'émerveillement et de ressentiment. Si une sociologie de la lecture était réalisable, elle permettrait sans doute de préciser cela ; en tout cas l'étude de l'écriture nous autorise à l'affirmer.

L'écriture, la poésie

Aucun des textes que nous avons lus ne laisse de doute sur le pouvoir de la poésie ; aucun auteur qui soit sensible à sa vanité. En revanche, tous se refusent à la poésie pure, à l'art pour l'art, ne serait-ce qu'à la confection d'un texte où l'exercice du langage serait en lui-même sa fin propre et unique. Ainsi la poésie a licence d'être ce qu'elle peut, il lui est toujours refusé d'être simplement ce qu'elle est. En même temps qu'on lui accorde généreusement tout pouvoir, on lui dénie scrupuleusement toute substance précise. Elle a ainsi toute l'apparence du sacré, puisqu'elle se manifeste avec éclat sans jamais livrer l'intimité de son essence.

Telle nous paraît être en somme la situation actuelle : l'absence de littérature, loin de supprimer l'écriture, lui donne au contraire le champ libre dans lequel elle peut se faire pièce par pièce et briller sans rivale de tout son éclat poétique ; cette fructueuse dispersion n'est pas sans rappeler celle de la fable : les Acadiens ont cette singularité que le mythe de leur origine est aussi celui de leur séparation. L'événement qui dissocie la nation devient l'histoire qui fonde le peuple. De même, ce qui favorise la liberté de l'écriture, c'est l'absence de la littérature. Il n'est pas difficile de le confirmer : aucun des poètes que nous avons examinés ne prétend se situer dans une tradition, même fictive (on sait le rôle qu'ont joué des cultures plus qu'à demi inventées dans l'éveil des nationalités au XIXᵉ siècle) ; aucun ne cherche à penser sa privation comme positivité et comme richesse (c'est pourtant ainsi que Léopold Sédar Senghor et Aimé Césaire ont forgé le concept de négritude) ; aucun ne songe à indiquer dans la profondeur du manque les virtualités d'un splendide développement (c'est de cette manière que Du Bellay inventa la littérature française). À la lecture de ces jeunes poètes, on se persuaderait aisément que les tentatives de Maillet et de Poirier sont vaines ou dépassées, qu'il n'est plus question de prendre appui sur le charme rustique du parler local ni sur les valeurs de la tradition populaire. On est frappé à cet égard par la quasi-absence du terme *Acadie* et de ses dérivés dans les pages que nous avons sous les yeux. En faveur de l'acadianité de ces poèmes, on ne pourrait guère citer qu'une certaine récurrence des évocations marines. En effet, dans la linguistique populaire, c'est-à-dire dans la représentation qu'ont les sujets parlants de leur propre langue, une matrice sémantique s'est constituée autour de *mer* pour justifier l'emploi extensif de mots comme *amarrer, embarquer/débarquer, caler,* etc. Abondamment utilisée par Poirier, cette explication métaphorique fait aujourd'hui partie de la culture orale. Or les fréquentes allusions à l'océan que nous trouvons dans nos poèmes ne suffisent nullement à constituer un thème : il s'agit seulement d'une rencontre, d'un accident polysémique. Domaine voluptueux de l'interpénétration, organe de l'érosion des formes, surgissement brutal du rythme le plus profond, berceuse infinie, lieu hétéroclite de l'existentiel, trouble continuité d'un rêve.

> *La mer c'est à la fois pour nous flûte et tambour*
> *Et silence et musique au creux de nos amours*
> *Et joyeuse et tragique aux jeux de tous les jours*

Ces vers de Calixte Duguay tentent de la thématiser de manière cohérente, mais au lieu de construire les articulations de ces images, ils se contentent de les juxtaposer : l'emploi répété de *et*, le locatif flou *au* sont à cet égard très significatifs. Aussi le poète finit-il par reconnaître que le sommet où se rencontrent ces diverses valeurs du terme, la vérité de la mer :

> *C'est plus loin que la mer et plus loin que l'été*

Que Duguay, l'un des plus habiles de nos poètes (ce n'est pas sa seule qualité), ne parvienne pas ou se refuse à l'unification thématique, voilà qui semble significatif d'une dispersion que nous aurons à commenter[1].

Si Raymond LeBlanc cherche à se situer, il hésite entre deux formules : ou bien il compose comme littérature acadienne un ensemble Després-Maillet-Forest, mais si c'était là une littérature acadienne il faudrait aussi que Chateaubriand, Ernest Renan, René-Guy Cadou et Guillevic forment la littérature bretonne, alors qu'il s'agit uniquement d'un effet de lecture, ces auteurs n'étant liés par aucune densité particulière de références mais seulement par la rêverie d'un lecteur qui associe tous ces textes à un unique

---

1. Il en sera question dans la section suivante, « L'écriture sauvage ».

paysage ; ou bien, d'une manière qui paraît plus authentique, le poète situe l'origine des Acadiens dans l'avenir, mais cette idée, avouons-le, a quelque chose d'intenable. Tentative désespérée, en somme.

D'une manière générale, on peut dire que ceux qui aujourd'hui prennent la plume au Nouveau-Brunswick acceptent leur isolement. On a donc l'agréable surprise qu'aucun de ces adolescents ne se prend pour Rimbaud, Valéry ou Breton. Bien sûr, l'école leur a parfois présenté les formes traditionnelles du poème et du vers français, à commencer (comme cela se fait, hélas ! partout) par le sonnet, qui est difficile à l'extrême. (On peut souhaiter que cette pédagogie change : il faudra bien qu'un jour on initie les enfants au vers libre, aux rythmes plus familiers de la métrique française, ceux qui fonctionnent dans les chansons. On rêve également d'un enseignement qui porterait sur une poésie plus contemporaine. Il n'est pas nécessaire d'avoir lu Ronsard pour comprendre Francis Ponge ; c'est au contraire la lecture de nos contemporains qui peut nous apprendre à découvrir de quelle manière certains poètes du passé peuvent encore nous intéresser et nous divertir. Quant à dire que Ronsard est plus abordable que Paul Éluard, c'est une idée d'amateur : des jeunes gens qui admirent Robert Charlebois ne sauraient être désorientés par le surréalisme.) En attendant, et c'est tout de même un premier lien avec la littérature, nos poètes s'essaient au sonnet, mais ils sont incapables d'en respecter les règles. Plus généralement, on ne trouvera pas ici de suite régulière d'alexandrins. S'en plaindre équivaudrait à reprocher à des peintres non figuratifs de ne pas savoir dessiner. On se contentera de constater que les trames rythmiques (4 + 4 + 4 ou [2 + 4] x 2, etc.) ont perdu toute « réalité psychologique » au sens de Sapir. Sans doute qu'à l'intérieur de l'institution littéraire, l'organisation des genres esquisse une manière de système où le sous-système des formes poétiques est encore mieux défini, parce que composé de classes plus strictement fermées. Or l'absence, ici et maintenant, de tous ces ensembles systématiques suffit à expliquer que leurs éléments ne soient pas pertinents.

Avec cette conséquence singulière que la poésie ne s'oppose point ici à une prose, mais à une page blanche. L'écriture = la poésie. Point de poème en prose, d'ailleurs. Faute de se définir formellement par rapport à d'autres formes fonctionnelles, la poésie s'écrit dans le désert.

La dispersion de l'écriture se vérifie encore dans la façon dont se présentent les textes. Sur une feuille volante, parfois précédée d'une lettre pleine de modestie, quelques vers : rien qui indique le projet de constituer une œuvre. De certains poètes que je considère comme particulièrement doués, je n'ai pu lire qu'une douzaine de lignes.

L'écriture sauvage

Sauvage n'est pas dans ce pays un terme péjoratif : la façon dont on l'applique aux Algonquins n'implique point de racisme. Profitons de cette opportunité pour parler d'écriture sauvage, en ce sens : écrire n'est pas ici le moyen de conserver la pensée, c'est-à-dire de la ranger dans un ordre profitable des choses utiles. Sauvagerie qu'on tentera de définir, n'en déplaise à beaucoup, avec Rousseau. On relève dans *L'essai sur l'origine des langues* ([1781] 1970 ; chap. IV) que « l'écriture [qui] convient le mieux aux peuples sauvages » (par opposition aux barbares et aux commerçants) peint non les sons « mais les objets mêmes ». En ce sens, elle n'a pas de rapport avec la langue : elle produit des espacements et des articulations qui n'appartiennent pas au code. De même la poésie moderne, celle qui commence avec Hugo et avec – disons – Keats, et à laquelle Roland Barthes refuse d'appliquer le terme *écriture*, dans la mesure où l'acte d'écrire tend à libérer le mot plutôt qu'à le soumettre à une exigence dont la rhétorique classique s'était faite longtemps l'interprète. Défions-nous cependant de ce rapprochement : les poètes d'ici ne sont point iconoclastes. S'ils cassent l'alexandrin, s'ils piétinent le sonnet, c'est qu'ils en ignorent les contours. L'écriture sauvage n'est pas une violence faite à l'écriture, c'est une écriture de la « passion » au sens rousseauiste, et une passion de l'écriture.

On avancera que la passion se dit plus efficacement dans la parole, mais juger ainsi de la passion revient à la voir sous l'angle de l'unité, à lui appliquer une mentalité calculatrice, à la regarder d'un œil de « commerçant ». On protestera que la passion se vit plus intensément dans le geste : point de vue de « barbare ». La passion n'est pas soumise à l'utilité : toujours en excès, elle la dépasse. Elle ignore aussi la violence : par nature, elle est innocente, dépourvue de jalousie parce qu'elle est limitée par la « bienveillance », au lieu d'être exagérée par l'« amour propre ». Écriture sans forfanterie et sans fanfreluches – enfin des écrivains qui ne cherchent ni à plaire ni à déplaire selon la mode !

Avouons-le pourtant : l'expression *écriture sauvage* est doublement paradoxale. Par rapport au concept d'écriture, tel qu'il a été précisé par Barthes, puisque l'écriture est institutionalisée, et qu'ici l'institution est absente. Par rapport à Rousseau, puisque l'écriture selon lui est toujours un « supplément », le seul langage nécessaire étant « le cri de la Nature » ([1755] 1964 : 148) et que, par conséquent, les sauvages n'écrivent guère. Ce paradoxe n'est pas un artifice verbal : il exprime la singularité d'une situation. De même, dans Rousseau, on pourrait s'étonner que les Mexicains connussent l'écriture. Est-il inutile de marquer quelque surprise devant ce miracle : on fabrique ici des poèmes ?

Bien sûr, le Nouveau-Brunswick n'a point d'habitants sauvages, mais il fallait qualifier cette étrange écriture.

L'état sauvage de Rousseau : isolement, autonomie, timidité, passion, immédiation (pas de retour de la pensée sur elle-même, de réflexion), innocence, errance ; tous ces traits caractérisent assez bien notre écriture. Écriture errante : elle ne se fixe jamais de place dans l'œuvre, qui n'existe justement pas, ni même dans le texte, qui lui se trouve bien là ; mais chaque phrase, presque chaque mot tend à se détacher sur un fond vide, une structure sans fondations. Aussi cette représentation du monde est-elle en même temps une bonne introduction à notre poésie :

Le monde est un tombeau vivant
Plein de mots qui s'agitent
En un silence désespéré

De même, Diane Basque retrouve apparemment la formule de la poésie moderne :

J'ai créé
Des formes sans fond

Mais ce n'est pas l'affirmation triomphante d'une fascination de la forme pour elle-même et par elle-même, car elle ajoute aussitôt :

Je m'écoule
Sur les créations produites

On ne saurait être plus clair : en dépit de ses exigences et de sa rigueur, l'écriture ne parvient pas à se durcir, à se faire le noyau d'un bonheur définitif. Si nette qu'elle soit, d'autant plus transparente qu'elle paraît vide, elle reste glissante. D'abord garante de pureté, limpidité de la forme qui ne contient rien, l'absence de fond devient vite un abîme menaçant. Le glissement sémantique de l'expression *sans fond* (sans matière, puis sans paroi inférieure) incarne cette errance d'une manière qui me satisfait pleinement. Le mouvement est d'autant plus poétique qu'il se termine par une tentative d'adhésion, un début de consentement :

Pour aimer rivages et parcours

Ce goût de l'éphémère rendrait compte aussi bien de l'organisation diffuse des poèmes de Raynald Robichaud. Y voir un défaut serait une illusion d'optique typiquement littéraire. Il s'agit là, soulignons-le, non d'un thème, mais d'une caractéristique du langage poétique du Nouveau-Brunswick. En effet, il n'est pas jusqu'aux émotions les plus déterminées qui ne s'expriment ainsi. On admirera comment Jean-François Marcil atomise son accueil à la brise, combien il le saisit particule par particule, non pour donner à chacun sa valeur propre, mais pour illustrer leur tourbillon imprévisible :

> *L'effet de l'air qui se transmet*
> *Comme une pouffée de vie*
> *Vient et s'abrite contre nous.*
> *Tout se change et se divise*
> *L'effet de l'air qui se propage*
> *Celle qu'on ne connaît pas*
> *Celle qui nous abrite et nous entraîne*

Les rapports syntaxico-sémantiques restent flottants, l'énonciation distille chacun de ses moments, grâce aux e muets notamment. Langage en cascade, et voilé d'embruns : il n'y a guère ici d'organisation hiérarchique du discours, plutôt un jaillissement tranquille.

Au niveau du signifié et au niveau du signifiant, Robert Arsenault verbalise le désir de semblable manière :

> *Cul-sable-blancheur coulante*
> *Soleil*
> *Chair chaleur*
> *Éclater ensemble*
> *Bateau chenal*

La syllabe unique et choquante du mot *cul* perd une partie de sa brutalité en côtoyant l'évocation d'un univers meuble à la fois eau, terre, air et feu. La confusion des éléments est telle que le bateau ne se distingue plus du chenal qu'il traverse : cet effacement des distances, cette immédiateté où s'unissent la conscience et le monde caractérisent selon Rousseau ([1762] 1964 ; début du livre II) l'état de nature et la première enfance. D'où ce langage qui correspond à peu près à l'une des premières grammaires enfantines.

La dichotomie combinaison/sélection de Roman Jakobson pourrait également aider à rendre compte de ces vers. Le langage du poète est celui de la similarité : les termes s'appellent l'un l'autre par métaphore avant qu'une syntaxe puisse intervenir pour ordonner leur succession. L'emploi du trait d'union comme panacée grammaticale est fort révélateur d'une négligence dans la combinaison. Pris en lui-même, le texte de Robert Arsenault serait sans doute symptomatique de ce que Hécaen et Angelergues (1965 : 115) appellent « l'aphasie de programmation phrastique » ou, suivant la classification de Luria et Jakobson, « l'aphasie dynamique ». Mais ici les symptômes témoignent non de troubles cérébraux, mais d'une situation d'écriture : le refus de la syntaxe n'est que la forme superlative de l'absence de la rhétorique comme loi du discours littéraire.

Écriture innocente : elle ignore non la morale, mais l'esthétique. Les valeurs habituelles de toutes les littératures, beau, sublime, bien écrit, etc., perdent ici toute pertinence. Aussi tentons-nous d'éviter la critique littéraire, pour pratiquer une sorte de lecture sauvage, celle-là même qu'évoque Rousseau dans le premier livre des *Confessions* ([1782-1789] 1959 : 8) : « [...] l'intérêt devint si vif que nous lisions tour à tour sans relâche. [...] Nous ne pouvions jamais quitter qu'à la fin du volume. » « Dangereuse méthode » qui donne « l'intelligence des passions. Je n'avois aucune idée des choses, que tous les sentiments m'étoient déjà connus. Je n'avois rien conçu ; j'avois tout senti. » Que de naïveté donc à tenter d'expliquer le fonctionnement de textes dont l'effet de jouissance tient précisément au « coup sur coup » des « émotions confuses » ; l'écriture est alors destinée à faire impression : elle est une aventure qui imprime ses traces par saccades. Impression, plutôt qu'expression, car la manifestation du surcoît de la pensée n'est pas son débordement, mais son geste. L'écriture ne s'écoule ni ne s'épanche, elle éclate. La poésie se fait donc facilement sa complice : en multipliant les blancs, elle espace les termes et contribue à leur rendre à chacun sa valeur d'événement soudain. Relâchant la syntaxe, elle autorise le mot à se soulever dans son autonomie jusqu'à exiger pour lui seul l'attention que réclame ordinairement la phrase. Feu d'artifice partout, telle est la formule qui rapproche, superficiellement encore, l'écriture sauvage de l'art baroque. On ne s'étonnera donc pas des maximes de Ronald Léger :

> *Nous vivons dans*
> *une bulle de*
> réalité

Évidemment aller à la ligne n'est pas ici le moyen de souligner un rythme, c'est un artifice de rupture. De même, l'égrènement des mots chez Charles Cloutier :

> *J'essaie*
> *de m'évader*
> *d'une*
> *évasion*

La brièveté de la maxime, le surgissement d'un paradoxe destiné à rayonner dans la pensée du lecteur ne suffisent pas ; il faut encore défaire la linéarité de ce langage, récuser la successivité, conférer à chaque mot la valeur d'un départ. Écrire des vers est le moyen le plus simple de revenir aussi souvent que possible à zéro, à la frontière initiale qui borde la marge de toute page. Écriture innocente, celle qui est toujours commençante.

De même, chez Normand Cormier, le poème part d'un nom (*visage* ou *problème*) qu'il ne parvient jamais à dépasser ; le déroulement du texte se trouve ainsi retenu, au point qu'il ne réussit jamais à se constituer en discours, c'est-à-dire en enchaînement de propositions destiné à attribuer des qualités ou des actes à un objet donné :

> Le problème
>> c'est que ce problème
> est le problème
>> qui a fait naître le problème

Écriture toujours en quête de l'identité de son objet, qui fuit devant elle, parce qu'elle ne feint jamais de se l'être assurée : écriture qui est en somme à la littérature ce que la cueillette est à l'agriculture.

Le lecteur se trouve donc condamné à lire d'un trait ou à ne pas lire du tout : à quelle articulation pourrait-il s'arrêter ? quelle intrigue narrative ou formelle pourrait-il confier à sa mémoire avant d'interrompre sa lecture ? en foi de quel code pourrait-il abandonner, puis reprendre son déchiffrement ? à quoi enfin pourrait-il reconnaître un moment du texte, un silence plus profond qu'un autre, une étape ? Non : les bouillonnements du poème doivent le capter. D'ailleurs, ces textes sont étonnamment lisibles chaque fois que leur caractère imprévisible n'est pas masqué par un appel à la convention. Convention, du reste, presque toujours morale, rarement littéraire ou esthétique.

Le rapport à la littérature : une écriture timide

Voilà qui nous semble caractériser suffisamment l'écriture sauvage telle que nous l'entendons. Ajoutons cependant que dans l'isolement où l'a laissé la dispersion – c'est-à-dire l'absence d'une hiérarchie des valeurs esthétiques, du sublime au grotesque en passant par le « ton juste » ; l'inexistence d'une distribution par genres, du tragique au comique, en passant par le léger, le pathétique, le dramatique et le mélodramatique et, sur un autre axe, du prosaïque au poétique ; mais aussi l'impossibilité d'une répartition des tâches qui a joué en littérature un rôle signalé mais méconnu (Ronsard : l'amour ; Du Bellay : la nostalgie ; Belleau : les choses, ou encore, Corneille : le ciel ; Racine : la terre ; Crébillon : l'enfer) – dans son isolement, donc, le poète se suffit à lui-même ; du moins son écriture ne témoigne d'aucune conscience dramatique à cet égard. D'ailleurs, elle ne se retourne que très rarement sur elle-même, non réflexive. Point d'art poétique.

Qu'arrive-t-il donc quand cette écriture fait la rencontre de l'autre ? L'autre de l'écriture sauvage, c'est par excellence la littérature : à la fois semblable parce qu'écrite et différente, parce que toujours déjà écrite. « Effrayé par tous les nouveaux Spectacles », dit Rousseau ([1755] 1964 : 136), l'homme sauvage n'est ni assez méfiant pour fuir ni assez méchant pour attaquer : il va donc tenter, tout en maintenant ses distances, de cohabiter avec l'étrange. De même l'écriture en face de la littérature.

Deux textes nous invitent à investiguer sur la nature de leurs rapports. Le premier est une reprise du Misanthrope sur un ton léger et indifférent, une tentative, en somme, pour accorder à la pièce de Molière ni plus ni moins d'intérêt qu'elle n'en mérite, ce qui est extrêmement difficile. Le second texte nous retïendra plus longtemps : il s'agit d'un poème signé Azin, qui maintient une relation continue avec une page célèbre de Hugo, « Oceano Nox » ([1836] 1964 : 1116-1117).

Azin emprunte à Hugo, compte tenu des répétitions qu'il introduit mais à l'exclusion des mots-outils, un très grand nombre de termes, soit 33 (le poème d'Azin ne contient que 61 mots à valeur sémantique forte : la moitié de son lexique lui vient donc de Hugo). Il est remarquable cependant qu'un seul vers soit emprunté intégralement :

L'ouragan, de leurs vies a pris toutes les pages

mais Azin a ajouté une virgule qui efface une ambiguïté sans doute efficace dans le texte de Hugo (« toutes les pages de leurs vies / l'ouragan de leurs vies »). Ainsi le rapport le plus manifeste entre Hugo et Azin peut se définir de la façon suivante : Azin corrige Hugo ; il en exclut l'artifice. Là où l'objet est pluriel, par exemple, il restitue le pluriel :

Les corps se perdent dans l'eau, les noms dans la mémoire,

au romantisme des cadavres sans cimetière ;

Rien ne sait plus vos noms, pas même une humble pierre
Dans l'étroit cimetière

Azin substitue son réalisme simple, celui de la tombe vide :

Seules les pierres portent vos noms aux cimetières.

Le concept d'influence, déjà si vain lorsqu'on compare deux textes littéraires, serait ici totalement inadéquat. Au lieu de retenir les éléments qui donnent au texte de Hugo sa valeur littéraire, Azin fait scrupuleusement reculer la littérarité, ou plutôt il recule devant elle. D'abord parce que le discours poétique auquel il se réfère n'est point la lettre du poème tel qu'il est imprimé dans son manuel. Il ne faut pas croire qu'il cite inexactement : il écrit par rapport à ce qu'il a dans la mémoire. L'écriture sauvage ne peut pas affronter la littérature, elle doit se contenter de l'entrevoir ou de la regarder de biais : en tant que telle, elle ne peut jamais saisir le texte littéraire dans son ensemble ; il est donc interdit de le plagier. Entre des bribes de Hugo, Azin ménage un mouvement qui lui est personnel. Le poème français, en dépit de sa longueur, est très strictement organisé : de l'exclamation (« Oh ! Combien [...] ») à l'interpellation des morts (« Nul ne sait *votre* sort [...] »), puis des flots qui les ont absorbés (« Ô flots ! »), s'établit dans le texte une première succession cohérente : la méditation du poète devient fictivement tentative de dialogue avec la mort et, par contagion, avec la mer. À ce mouvement général s'ajoute un agencement de termes qui a la même fonction, assurer la continuité du texte, et le même sens, celui d'un approfondissement progressif : la correspondance entre « mer sans fond » et « nuit sans lune » appelle l'analogie « sombre océan » – « sombre oubli », à laquelle pourra enfin se substituer la grande opposition homologique du silence de la terre (« pas même une chanson ») aux « voix désespérées des flots ». De cet emboîtement de structures isotopes, que le titre même, « Oceano Nox », invite à considérer, et où l'idéologie structuraliste trouverait l'un de ces faciles bonheurs de rencontre où elle se complaît parfois, Azin n'a rien retenu. Son texte fait d'un naufrage celui de la littérature – mais c'est sans penser à mal : pas l'ombre d'une parodie ou d'un pastiche : on sait que Tristan Corbière (*Les Amours jaunes*, « Gens de Mer », « La Fin ») a appliqué son humour noir au poème de Hugo. Qu'on compare ! Bien loin de défaire « Oceano Nox », Corbière le confirme jusqu'à en signaler le calembour générateur :

– Sombrer. – *Sondez ce mot. Votre mort est bien pâle*

Azin, lui, dédaigne, ou craint, de comprendre Hugo, même superficiellement : *fortune* prend, par exemple, un sens différent sous sa plume ; ce n'est pas la mort qui est un malheur, mais l'ensemble de la destinée qui la précède, l'existence que les naufragés laissent derrière eux. À cette mécompréhension succède une volonté d'éclaircissement, comme il est naturel : lorsqu'il écrit son poème, Azin ne peut le commencer par un étonnement, puisqu'il sait que l'infortune est chose quotidienne. Pour que la dimension dramatique du naufrage puisse apparaître, une narration est nécessaire. Ce n'est pas la mort marine dans sa généralité qui est source d'émotion, mais un fait, de ceux qu'on appelle les faits divers. Dans sa brutalité, la catastrophe racontée au présent se passe de tout artifice. Premier recul de la littérarité : l'exclamation qui sert de point de départ au texte de Hugo se trouve remplacée par une actualisation fort simple, qui marque définitivement le travail poétique, d'où ce beau vers sauvage, qui doit tout à l'émotion et à l'imagination :

> *Pour, au profondeur, faire de ça, leur cimetière*

où l'on appréciera d'abord le rythme disloqué par une ponctuation inhabituelle, l'intonation cassée par une syntaxe assez rude, puis le pathétique direct du *ça*, enfin la force avec laquelle *cimetière* se trouve contraint de signifier tout lieu où des cadavres sont assemblés. À ce stade, Azin est libéré de Hugo pour qui l'opposition océan-cimetière est particulièrement féconde (vers 40 et 41). Dès lors, Azin corrige Hugo (dernier tercet).

Recul et mécompréhension sont donc les deux conditions moyennant lesquelles la rencontre de la littérature n'entrave point l'écriture sauvage. La comparaison permet aussi de noter que les valeurs poursuivies par ces deux types d'exercice du langage ne sont pas les mêmes.

Écriture et littérature

Théoriquement comme pratiquement, l'écriture sauvage n'équivaut pas à un sous-ensemble de la littérature. Travail poétique cependant, elle constitue un exemple particulièrement frappant de séparer la notion de littérarité de celle de message poétique. Prétendre, comme le fait Tzvetan Todorov dans ses nombreux ouvrages, répondre à la question de la littérarité par la définition que Jakobson donne du poétique, c'est aller trop vite trop loin. Il est certain que les deux notions ne sont pas sans rapport, mais personne ne songe à contester qu'un énoncé poétique comme « I like Ike » reste étranger à la littérature. Contre Todorov, nous répéterons donc Jakobson (1971) : la poéticité n'est que l'une des composantes de l'œuvre littéraire ; en la littérature s'articulent avec elles d'autres structures. Certaines de ces structures sont probablement idéologiques, telle la forme littéraire régie par des règles et reliée à une tradition : c'est elle qui fait défaut ici et nous oblige à conclure à l'existence de textes poétiques qui ne sont pas littéraires.

Est poétique, on le sait, tout texte qui a pour fin sa propre mise en valeur, qui attire l'attention d'abord sur lui-même. La structure du message fait alors apparaître plus ou moins clairement la manière dont il utilise les structures de la langue, ou plutôt dont il les suit ou les caresse.

À cela, le texte littéraire ajoute sans doute certaines propriétés, ne serait-ce qu'une sorte particulière de cohérence, destinée peut-être à supprimer toute contradiction mais qui dans les œuvres vivantes, c'est-à-dire celles qui ne sont pas le résultat d'une application mécanique de quelque recette, celle du roman balzacien ou celle du thriller, aboutit généralement à isoler la tension fondamentale, qui est la raison d'être de l'œuvre et par rapport à laquelle toutes les autres sont subordonnées ou marginales. La cohérence de tout texte littéraire serait alors un montage cohérent d'incohérences, non pour les cacher mais pour leur donner une valeur et peut-être un sens. Ainsi le poème de Hugo est-il fondé à la fois sur une superposition et sur une opposition. Les accouplements verbaux *marins-capitaines*, *patrons-équipages*, *pris-dispersé*, etc., se succèdent dans une unique série construite par un parallélisme rhétorique fort évident, mais ces accouplements sont fondés tantôt sur l'axe de la synonymie, tantôt sur celui de l'antonymie ; par exemple, alors qu'au vers 12 *esquif* et *matelot* s'équivalent en tant que poids morts saisis par la vague indifférente, à la fin du poème, au contraire, la figure fondamentale s'est métamorphosée en antithèse entre l'ignorance des hommes et le savoir des flots. On voit que cette métamorphose entraîne la modification de tous les thèmes précédemment établis. Au centre géométrique du texte, un curieux rapprochement, du même coup métaphorique et antithétique, impalpable, soumet le langage à la plus extrême tension :

> Aux baisers qu'on dérobe à vos belles futures,
> Tandis que vous dormez dans les goëmons verts !

où le baiser, certes, s'oppose au sommeil de la mort, mais, en même temps, ou mieux un peu plus tard dans le sens, s'unit à lui comme saveur de l'abandon, confirmée dans la suite par l'évocation d'un bonheur ultramarin (« rois dans quelque île », « bord plus fertile »). Au moment où l'antithèse s'installe, une métaphore y persiste. Cette ambiguïté subsume l'opposition entre terriens à la mort sèche et marins à la mort humide et presque féconde. Ainsi Hugo produit une cohérence qui lui est absolument propre, qui est son œuvre ; elle suppose le fonctionnement dialectique d'une continuité et d'une discontinuité : entre elles l'efficacité d'une tension. Notre thèse est que ce genre de cohérence est lié à la littérarité, parce qu'il est déterminé par les conditions d'existence du discours littéraire qui exige à la fois une logique et une rupture, qui se manifeste à la fois comme tradition et comme révolution. Ce critère nous semble opposer la littérature à l'écriture sauvage.

Il paraît raisonnable d'avancer de surcroît que la cohérence de chaque œuvre littéraire est dans une certaine mesure déterminée par une cohérence semblable de la littérature.

Quant à l'écriture, elle constitue précisément l'acte par lequel une certaine configuration de la littérature reproduit ses exigences de cohérence dans un texte individuel. En ce sens, l'écriture sauvage est encore un cas tout à fait singulier et c'est ce qui excusera peut-être ces considérations théoriques. Ce qui se trace dans l'écriture sauvage n'est pas une exigence littéraire, mais plutôt une exigence morale et verbale. Le désir d'effectuer sur un code indistinctement éthique et linguistique un certain nombre d'opérations expérimentales fait de l'effort poétique que nous examinons une véritable écriture, dans la mesure où il lui permet d'échapper partiellement à l'individualité pure et simple et où il le transforme en pratique sociale. Or dans cette visée confuse et gratuite d'une communauté sans contrat se trouve la limite de l'être sauvage selon Rousseau. Au-delà, nous ne le suivrons pas. Rien ne nous permet à cet égard de parler d'une littérature à l'état naissant; il n'est question que de quelques hommes qui naissent à l'écriture poétique.

L'exigence morale : confidence, définition, énigme

La moitié, peut-être, des poèmes que nous avons reçus traitent des difficultés de l'adolescence : la solitude, le doute, les hésitations amoureuses, on s'y attendait. Mais la sensibilité à la mort d'autrui et l'expérience de la drogue rendent peut-être un son plus particulier à ce pays et à cette génération. Voilà qui suffit d'abord à justifier cette poésie : la misère d'une jeunesse exploitée, ignorée ou bafouée par un monde qui ne connaît que l'odeur de l'argent, il faut qu'elle se fasse entendre un jour ou l'autre. Ces tentatives de confier au langage, pour les mieux dominer, les sentiments incertains et les expériences aveugles imposent d'entrée le respect. À qui ne prend pas en face d'elles l'attitude cynique de l'esthète, elles peuvent apprendre beaucoup. Laissant toutefois au lecteur le soin d'en tirer la morale, nous n'en retiendrons qu'une leçon : dans sa masse anonyme, la production poétique constitue en premier lieu un scrupuleux travail de repérage, de mise en question et parfois de remise en ordre des valeurs. Aussi ne s'étonnera-t-on pas que plusieurs auteurs, peu soucieux d'originalité et peu enclins à se griser d'images ou de symboles, se consacrent plutôt à essayer de définir en termes clairs les vertus et les sentiments, les vices et les indifférences qu'ils se découvrent. Azin intitule un de ses poèmes «L'amour défini». On devine que pas seulement au Nouveau-Brunswick, d'innombrables jeunes filles commencent une page en écrivant : « L'amour, c'est [...] » ou « Aimer, c'est [...] ». Il n'y a que les demi-habiles pour ne pas en être émus. C'est là, d'ailleurs, plus que la manifestation d'un langage émotionnel : vraiment un premier degré de poésie. En effet, il s'agit moins pour ces jeunes écrivains d'exprimer leur individualité ou de la laisser déborder, que de redécouvrir la géographie d'un univers, celui des valeurs que la tradition et la société assignent à l'expérience. Or la seule médiation possible entre l'individuel et le social est pour eux le langage, qu'ils ne traitent point, parce qu'il leur est trop précieux, comme un simple catalogue terminologique, mais où ils respectent tout un domaine et toute une épaisseur de signes : en cela, ils sont poètes, avec une trop rare humilité.

Mais la sincérité et l'effort ne suffisent pas. Trop souvent en effet, le lecteur n'est pas conduit à éprouver les émotions neuves que le poète lui propose. Le territoire exploré lui paraît déjà cadastré depuis longtemps et le bénéfice de l'aventure n'appartient qu'à l'auteur. Ce malentendu qui donne à une création l'aspect d'un rabâchage idéologique ne peut être surmonté que par des vertus formelles. Tel critique a souligné la valeur de la poésie formulaire au début de la Renaissance en Angleterre. D'autres ont vanté la maturité de Boileau. Cela pour montrer que le critère de l'originalité n'est ni unique, ni universel, ni éternel, quelque abusif que soit l'usage qu'en font aujourd'hui ceux qui ont pour métier de juger les œuvres littéraires, journalistes et gens de lettres. Or certains des textes que nous envisageons tendent justement à une sorte d'humble classicisme, c'est-à-dire à un rapport simple et serein avec le lecteur, qu'on ne songe ni à étonner ni à éblouir. Ces vers de Denise Poirier prétendent moins à donner une leçon de morale qu'à donner à cette leçon sa forme définitive :

> Si vous voulez un peu plus tard
> Avoir un emploi quelque part
> Il faudra que vous vous débrouillez
> Et continuez de travailler.

La rime suivie accentue le fonctionnement mnémotechnique d'une formule qui reste très proche du langage oral (le troisième vers n'est juste qu'au prix de l'élision de la voyelle du que ; la grammaire est celle du parler d'ici, qui ignore à peu près le subjonctif). Sentence inutile ? Pour certains peut-être, mais pas pour les millions de jeunes d'ici et d'ailleurs que guette le chômage. Ces vers, en tout cas, suggèrent ce que pourrait être la réussite d'une telle poésie : simplicité du ton, justesse de la diction, clarté des valeurs. On aboutirait ainsi à une reproduction à la fois solide et naïve de l'idéologie comme tous les artistes primitifs en ont donné l'exemple. Ce dictionnaire proverbial appellerait d'ailleurs inévitablement la critique ou même l'ironie : la sagesse populaire, justement, est vraiment une sagesse parce qu'elle ne se prend jamais au sérieux. Mais on voit aussi le risque : la platitude moralisante qui déshonore certains des journaux locaux.

C'est sans doute pour échapper à ce danger que certains de nos poètes font un pas de plus. Au lieu de recourir pour définir leur morale aux termes communs du parler, à la langue directe de l'information, ils font appel à l'image ou à la métaphore. Dès lors, sous la plume de ces poètes qui ignorent tout de la rhétorique, on retrouve toutes les figures de la rhétorique. La limite de ce travail d'écriture est atteinte dans ces vers de Jean Babineau, par exemple :

> Une couverture !
>
> À ses extrémités
> Plusieurs bœufs qui tirent.
>
> Un ou deux autres de ces monstres
> Et quelques filaments font rupture.
>
> Un cheval, un âne et une baleine
> Se joignent à l'équipe
> Et la couverture se déchire.

Seul le titre nous indique l'objet moral dont il s'agit : « La fatigue ». On peut songer aux meilleures énigmes que confectionnaient les précieux du XVIIᵉ siècle : la bouche y devient une caverne rouge meublée de sièges blancs ; un nouvel objet cache le premier, mais on finit par s'apercevoir que cette transformation n'est pas une véritable métamorphose, mais un simple changement de perspective ou de distance. L'objet s'est agrandi, certains points de sa surface ont acquis, pour ainsi dire, un grain plus gros et plus net. Une nouvelle fatigue ici nous est révélée : cessant d'être un simple état, elle devient une sorte de passion. Le jeu des i et des ü rend à merveille ce que telle lassitude peut avoir à la fois d'aigu et de feutré, transposant dans l'épaisseur des sons ce qu'exprime l'opposition de sens entre *couverture* (continuité enveloppante) et *déchirement*. Alors, le nouveau : le travail de l'écriture a changé non seulement la manière de présenter et de voir, mais encore l'être même du sentiment envisagé.

Du primitif au précieux, tout est possible dans l'écriture sauvage. On notera que cela permet de trouver dans notre recueil un complet échelonnage, une sorte de représentation involontaire de l'entrée en poésie. La première raison d'être du poète, c'est l'aveu de ses expériences :

un poète chante
un poète crie
un poète pleure
la joie la peine la haine (Alayn)

Souffrance, alors, de l'individuation ; d'un lyrisme fade, on ne retire qu'une nausée :

L'effort le plus pathétique
Ne ramène qu'une mèche de cheveux

dit un poète anonyme, qui effectue en même temps un premier redressement :

C'est pourquoi je suis dure, moi,
S'il n'y a pas de pierres ici et là
Le monde va s'en aller en bouillie.

Mais cette recherche de la lucidité ne va pas sans un dépassement du langage : Maria McDonald trouve dans deux affirmations :

c'est que je suis humaine
Je t'aime

le moyen de sortir de l'impasse où l'ont entraînée les pistes contradictoires de notre langage labyrinthe :

je te dis que je veux
que je ne veux pas
que je ne sais pas
mais que je sais

Naïveté ? Sans doute, mais pleine de richesse. Car aimer et humain, ce sont encore des mots : il n'y a que le langage pour dépasser le langage.

La découverte de la complexité du verbe (Pascal : « Les mots diversement rangés font un divers sens ; les sens diversement rangés font différents effets »), c'est-à-dire l'intuition de la possibilité qui est réservé au poète, en retardant l'échéance d'un terme, d'en modifier la valeur :

elle invitait sans cesse,
de sa laideur et de ses caresses
à s'asseoir dans la paume pourrie
. . . .
Je l'aie vue, la mort (Jacques Savoie)

dans ces vers où le mot de la fin signifie bien plus que le simple trépas, une présence quotidienne tentante et répugnante ; où, surtout, par contre-coup, l'évocation de la sexualité prend enfin, lorsque ce mot démasque le sujet véritable du poème, un goût de mort qui n'est pas sans rappeler Georges Bataille ou Pierre-Jean Jouve ; en répétant le même mot dans une grande diversité de contextes, d'en accroître la présence jusqu'à un véritable pullulement où l'objet finit par perdre son unité et appelle une sorte de dépassement de la part de la conscience, effet qui mène Rino Morin à l'excès amer de la lucidité (« Le Corridor ») ou au triomphe de l'orgasme (« Seins ») ; en évitant par une périphrase le terme le plus commun, de suggérer mieux le naufrage de ce qu'il représente, à la manière de Gisèle Léger lorsqu'elle écrit :

L'être de moi-même sombrait

en déviant les réponses de la droite ligne des questions, en effleurant ce vaste univers de substitutions que la littérature, en d'autres lieux et en d'autres temps, de Baudelaire à Verlaine, a tenté de saisir, en passant d'un ton de langueur à un ton de rigueur, de faire vivre dans le poème une ambiguïté qui entraîne mille échos (c'est le résultat atteint par Francine Gauvin dans « Sensation ») ; en parodiant le lieu commun, de parvenir à l'humour :

Je suis Dieu le père.
Je suis Dieu la mère (C. Cloutier)

en utilisant, plutôt que le rythme des syllabes qu'on compte, une justesse de proportions fondée sur le retour des accents, d'édifier un édifice textuel solide et massif, comme *Prisonniers* d'Émilien Basque ; en disposant avec exactitude les mots les plus simples, de produire une musique aussi délicate que celle de ces vers de Ron Berryman :

Maman, aidez-moi.
Dites-moi que les enfants ne saignent pas.

où on remarquera d'abord l'amplitude croissante du rythme (2 + 3) (3 + 4 + 4), chacun des membres se terminant par une rime en an ou en a, les premières embrassant les secondes, pour laisser la dernière pleinement ouverte ; où l'on admirera ensuite l'économie phonématique (toutes les voyelles se réalisent sur l'axe d'opposition i-a, à part le e [muet] de sonorité assez claire lui aussi ; en dehors d'un l et d'un k isolés, les consonnes se regroupent toutes selon l'opposition des dentales aux labiales) ; gamme fermée qui autorise un jeu de sonorités capable de donner à ce cri mélodramatique sa parfaite précision (distribution des m, puis des e) ; la découverte, en somme, de l'Amérique du langage ouvre tous les chemins de la poésie. Son exploitation ultime est sans doute l'énigme, où le texte cache complètement le prétexte.

Ainsi, à côté de sa structure naturelle d'anthologie, cet ensemble de poèmes propose à ses lecteurs un autre ordre, celui de l'initiation : aller du seuil de la poésie à son arrière-pays, tel est le voyage instructif et agréable auquel il nous invite.

Refaire la langue

On le sait : les habitants du Nouveau-Brunswick sont anglophones ou bilingues. Certains de nos poètes se servent avec un égal bonheur des deux langues, comme Louis Cormier :

> *I put myself*
> *in everything's shoes.*
>
> *La femme*
> *fait son lavage*
>
> *. . . . .*
>
> *The movement is all*
> *and takes me.*

On remarquera que les deux langues ont une valeur connotative différente : alors que le français est destiné à décrire de manière aussi précise que possible une scène familière, l'anglais correspond à une fusion dans l'univers et à une vérité plus générale ; cela reflète assez bien la situation respective de ces deux langues, l'une vernaculaire, parler de la famille, et l'autre grande langue de communication, moyen de s'assimiler, véhicule de la pensée savante. Cette inégalité des langues est caricaturée avec véhémence par Guy Arsenault :

> *Manpower*
> *marché du travail*
> *collation de diplômes*
> *où l'on colle des étiquettes*
> *sur les produits finis*
> *Produced in Vanier*
> *Printed in U.S.A.*

La langue de K. C. Irving, car il ne s'agit plus de celle de Shakespeare, est évidemment liée dans la conscience du poète à ce monde d'artifices, où on transforme, comme dit Marx, l'homme en marchandise. À travers elle se profile l'ombre menaçante de l'impérialisme américain. Parvenu jusqu'à nous grâce à un film, l'écho du poème de Michel Lalonde, « Speak White », est ici sensible.

Deux langues, pour les habitants du Nouveau-Brunswick, quoi qu'ils en disent, c'est souvent trop ; pour les poètes, il arrive que ce soit trop peu. Les titres des poèmes de Michel Arseneau suggèrent un univers d'objets inconnus : « L'auville », « Polure », « Tarines », « Luxdois », « Garitte ». C'est en somme une nouvelle variation sur la structure de l'énigme, car finalement, bien sûr, la *garitte* se dévoile comme une simple cigarette, peut-être pas de tabac. Raymond LeBlanc qui

> *... Jure en anglais*
> *tous (ses) goddam de bâtard...*

n'hésite pas, le cas échéant, à s'inventer un lexique, à l'instar du Joyce de *Finnegan's Wake*, à cette différence près que chez le poète acadien la syntaxe reste parfaitement claire :

> *L'heure d'icidui*
> *A nousemblé*
> *Le chaviremonument*
> *Décrassifiant*

Cette tentative n'est d'ailleurs pas isolée, puisqu'on trouve chez Anna Girouard l'amusant *pusillaminée* (minée par sa propre pusillanimité ?) et sous la plume de Luc Charest :

> *Vague Vague*
> *Ma vague vagueuse de son vaguement*

Refuser avec autant d'âpreté et d'insistance les désignations communes est le signe d'une liberté et d'une inquiétude qui caractérisent assez bien les bilingues : faute d'être comme naturellement plongés dans une langue, ils n'ont sans doute pas à leur disposition tout le répertoire linguistique d'un unilingue et ils sont privés de ce singulier confort que donne le sentiment que le nom du cheval, c'est bien *cheval* et certainement pas *horse*, *caballo*, *Pferd* ou *equus*, qui font figure de substituts à employer dans des circonstances fort restreintes ; ils sont quotidiennement conscients de l'arbitraire du signe, mais en utilisant le langage de manière créatrice, ils sont souvent capables de tirer de cette conscience une enviable liberté vis-à-vis de la langue. Puisque le langage n'est pas pour eux une foi naïve, la grammaire ne saurait être une suite de tabous. De leur dénuement, d'autre part, ils font une nécessité d'innover. L'écriture sauvage, sœur de l'Amour selon Platon, est fille de Pauvreté et d'Expédient.

On se félicitera donc de l'emploi hardi que Michel Arseneau fait du verbe *giser*, infiniment plus élégant, parce que plus conforme à la logique de l'usage, que le cacochyme *gésir* dont les générations de grammairiens sont parvenus à coups de férule à prolonger la grotesque existence :

> Une source gise
> À l'automne pâle
> Et quand vient la brise
> On l'entend qui râle.

quatrain où la succession mate des rimes féminines ferait entendre à la grammaire, si elle avait des oreilles, ce que la forme *gît* a de trop brutal et de trop strident pour exprimer la mort.

Tous ces effets sont probablement contrôlés, sinon volontaires, mais il arrive que le bilinguisme se manifeste dans ses virtualités poétiques d'une manière tout à fait spontanée, dans ce tercet de Ronald Arsenault, par exemple :

> Cette plante rougeâtre utile à rien.
> Celle-ci ne peut leur servir que pour un lien
> À la réalité diffusée – vie dangeureuse.

Tel pédant de collège corrigera aussitôt : il s'agit d'une réalité diffuse, celle des paradis artificiels ; la tournure « cette plante, celle-ci » est particulièrement lourde ; etc. Or dans plusieurs cas le manuscrit fait apparaître chez l'auteur une démarche curieuse : après avoir écrit la formule capable de satisfaire les puristes, il revient à sa manière ordinaire de parler, découvrant peut-être la vanité du beau style. Cette liberté et cette fidélité à soi-même me paraissent bien récompensées. En effet, *utile à rien* dit plus qu'*inutile* : utile, mais dans la recherche d'une valeur nulle, indispensable même, mais dans la production d'un bonheur absolument faux ; ainsi désignée dans sa généralité objective, la marijuana est ensuite actualisée par le méprisant *celle-ci* ; on ne peut dire qu'elle serve de lien dans la mesure où ce lien, toujours visé, reste toujours illusoire ; comme cette mise en doute de son efficacité la ravale au rang d'ersatz, on ne s'étonnera pas qu'au lieu d'atteindre une réalité, même diffuse, elle soit la diffusion même de cette réalité à la fois inexistante et omniprésente. Exégèse abusive ? J'aimerais qu'on me fasse ce reproche, soucieux que je suis d'accorder à de jeunes inconnus le crédit que la critique littéraire, qui ne prête qu'aux riches, accorde si généreusement à de vieilles gloires. Je ne fais pas à nos poètes un mérite de commettre des fautes, mais j'observe qu'ils savent tout faire parler, y compris la faute, et cela est louable.

Caractéristique du bilinguisme au Nouveau-Brunswick, le mélange du tutoiement et du vouvoiement est bien mis à profit par Ron Berryman :

> Voilà plusieurs jours maintenant
> Que votre lettre est en retard
> Je suis fatigué.
> . . . .
> Je veux t'oublier complètement.

Commençant une lettre, le vouvoiement ; mais que le projet de communiquer s'estompe, le tutoiement suffit à désigner l'autre dans une intimité que connote le dépit, comme dans Corneille. Ajoutons que pour le lecteur l'effet est curieux : croyant d'abord surprendre un message qui ne lui est pas destiné, il devient ensuite le témoin d'une scène plus privée, un serment de contre-amour. Il comprend que le début n'était qu'une fiction, mais trop tard : le pathétique l'a déjà pris. C'est là le piège subtil du mélodrame.

Évoquant les « pensées d'un mort », Rino Morin exploite une grammaire plus féconde qu'à l'ordinaire, peu soucieux de respecter un précepte qui limite à son sens figuré l'emploi adverbial d'à l'inverse :

> Mon sang blanc comme lait
> Coule à l'inverse

indifférent comme Hugo aux interdits qui pèsent sur le zeugma :

> J'ai passé trois jours dans les émotions
> Et les fleurs

plein de superbe envers les ennemis du franglais :

> Je relaxe dans du satin, ma chère !

et ces expressions sont précisément les plus fortes de son texte, parce que l'humour noir s'y intensifie en s'incarnant dans un ton véritablement surprenant. C'est la grammaire du fantôme. On pourrait aussi louer la légèreté toute marotique de ce tour syntaxique :

> Longtemps passé, je l'ai trouvé,
> Que c'était beau de s'embrasser

où Louise Richard fait vibrer une discrète allégresse.

Une lecture neuve

Les valeurs de cette poésie sont donc nombreuses et variées. Mieux : elles sont imprévisibles. Aucune lecture littéraire au sens strict du terme n'est donc ici possible. On ignore en effet ce qu'on doit chercher et toutes les qualifications, toutes les comparaisons qui ont été présentées plus haut n'ont sans doute qu'une vérité approximative ou polémique.

Nous avons cependant montré que, dans son ensemble, ce recueil pouvait être structuré de deux manières : comme une initiation et comme une anthologie. Il faut peut-être prendre au sérieux cette initiation. Lire, ce sera alors chercher avec le poète ce qui fait la poésie de son texte. Quant à l'anthologie, elle est ici nécessaire : ceux qui ont établi ce florilège, que j'approuve d'ailleurs pleinement, n'ont pas eu à tirer des extraits de la totalité d'une œuvre ; ils n'ont jamais eu à se prononcer sur la représentativité de tel ou tel passage ; ils se sont contentés d'éliminer les poèmes qui leur paraissaient les moins réussis. Il est notable que cette sélection, qui ne pouvait ni ne devait se faire selon des critères explicites (on aurait alors trahi le caractère sauvage de cette écriture), s'est faite sans grande discussion. Les valeurs doivent donc s'imposer à qui a la passion de la poésie plutôt que le goût de la littérature. Cette évidence me paraît liée à la dispersion : mots dégagés, stèles, menhirs dans la lande.

Bibliographie

HÉCAEN, Henry, et René ANGELERGUES (1965), *Pathologie du langage : l'aphasie*, Paris, Larousse.

HUGO, Victor ([1836] 1964), « Oceano Nox », *Les Rayons et les Ombres*, dans *Œuvres complètes*, Paris, Gallimard (Coll. « Bibliothèque de la Pléiade »), p. 1116-1117.

JAKOBSON, Roman (1971), « Qu'est-ce que la poésie ? », *Poétique*, n° 7, p. 299-309.

ROUSSEAU, Jean-Jacques ([1755] 1964), *Discours sur l'origine et les fondements de l'inégalité parmi les hommes*, dans *Œuvres complètes*, tome III, Paris, Gallimard (Coll. « Bibliothèque de la Pléiade »).

ROUSSEAU, Jean-Jacques ([1762] 1964), *Émile*, dans *Œuvres complètes*, tome IV, Paris, Gallimard (Coll. « Bibliothèque de la Pléiade »).

ROUSSEAU, Jean-Jacques ([1781] 1970), *L'essai sur l'origine des langues*, Paris, Nizet.

ROUSSEAU, Jean-Jacques ([1782-1789] 1959), *Confessions*, dans *Œuvres complètes*, tome I, Paris, Gallimard (Coll. « Bibliothèque de la Pléiade »).

Annexe

N.B. Voici présentés, par ordre alphabétique, les noms de tous ceux qui nous ont fait parvenir des poèmes. Lorsque l'auteur signait d'un pseudonyme, nous avons ajouté entre parenthèses ses nom et prénom quand nous les connaissions. Le nombre total des participants s'élève à 228. On notera que l'anthologie n'en a retenu que 29. Nous avons fait précéder les noms de ces derniers d'un astérisque.

ALBERT, Fabienne ; Caraquet
ALLAIN, Rebecca ; Campbellton
ALLAIN, Sylvio ; Bouctouche
ALLARD, André ; Campbellton
ANNIE, (Roy, Marie Marthe) ; Caraquet
*ARSENAULT, Guy ; Moncton
ARSENAULT, Joseph ; Shediac
*ARSENAULT, Robert ; Moncton
ARSENAULT, Ronald ; Shediac
ARSENEAU, Michel ; Dalhousie
AUDET, Frances ; Balmoral
AUDET, Maurice ; Charlo
*AZIN (Boudreau, Clarence) ; Shediac
BABINEAU, Jean ; Moncton
BABINEAU, Sylvia ; Saint-Ignace
*BASQUE, Denise ; Tracadie
BASQUE, Emilien ; Tracadie
*BEAULIEU, Elizabeth (Goguen, Mme Gérald) ; Moncton
BELLIVEAU, Simone A. ; Shediac
BERLIC, Gilles ; Atholville
BERNARD, Denise ; Campbellton
BERNARD, Jacqueline ; Campbellton
BERNARD, Jeannine ; Campbellton
*BERRYMAN, Ron ; Shediac
BORDAGE, Gisèle A. ; Acadieville
BORRIS, Anne-Marie ; Campbellton
BOUCHARD, Angéline ; Campbellton
BOUDREAU, Guy ; Shediac
BOUDREAU, L. J. ; Shediac
BOUDREAU, Marilyn ; Dalhousie
BOUDREAU, Maurice ; Shediac
BOURDAGE, Claude ; Dalhousie
BOURQUE, Cécile ; Shediac
BOURQUE, Johanne ; Shediac

BOURQUE, Roland ; Shediac
BRANCH, Diane ; Dalhousie
BREAU, Dorice ; Shediac
BREAU, Shirley-Anne ; Shediac
BUJOLD, Micheline ; Saint-Arthur
BUJOLD, Pauline ; Dalhousie
CAISSIE. Alma ; Shediac
CAISSIE, Michael ; Shediac
CARON, Nicole ; Lac Baker
CASTONGUAY, Lina ; Campbellton
*CHAREST, Luc ; Saint-Basile
CHAREST, Marcel ; Campbellton
CHIASSON, Cléa ; Bas-Caraquet
CHIASSON, Herménégilde ; Moncton
CHIASSON, Jacques ; Dalhousie
CHOUINARD, Patrick ; Campbellton
CHOUINARD, Yves ; Balmoral
CHOUINARD, Yvette ; Balmoral
CLOUTIER, Charles ; Moncton
COLLETTE, Jacques Marie ; Moncton
*CORMIER, Denis ; Saint-Anselme
CORMIER, Dorice ; Bouctouche
CORMIER, Ethel ; Bouctouche
CORMIER, Isabelle ; Edmundston
*CORMIER, Louis ; Montréal
CORMIER, Marie-Mai ; Bouctouche
*CORMIER, Normand ; Moncton
CORMIER, Roland ; Memramcook
CORMIER, Rose-Marie ; Bouctouche
CORMIER, Yvon ; Shediac
*CÔTÉ, Diane ; Drummond
CÔTÉ, Fernand ; Grand-Sault
COUTURIER, Gracia ; Edmundston
CYR, Mme Berthe ; Saint-Quentin
DAGARIE, Louise ; Campbellton

DAIGLE, Théodore ; Fredericton
DANCAUSE, Francine ; Balmoral
DEGRÂCE, Mariette ; Petit-Rocher
DEGRÂCE, Ronald ; Dalhousie
DESJARDINS, Francine ; Grand-Sault
DESORMEAUX, Michel ; Fredericton
DESPRÉS, Ronald ; Québec
DESROCHERS, Pauline ; Moncton
DIONNE, Claire ; Edmundston
DIOTTE, Mme Lorrette ; Dalhousie
DIONNE, Micheline ; Edmundston
DOIRON, Magella ; Caraquet
DOIRON, Mike A. ; Shediac
DOIRON, Olivier ; Shediac
DONELL, Gloria Alice ; Grande-Digue
DONNELLE, Camilla ; Moncton
DOUCET, Murielle ; Moncton
DRISDELLE, Michel ; Shediac
DUBÉ, Denise ; Grand-Sault
DUFORT, Claire ; Moncton
DUGUAY, Calixte ; Bathurst
DUNN, Richard ; Atholville
FOURNIER, Lise ; Campbellton
FOURNIER, Marc ; Edmundston
FRASER, Linda ; Grand-Sault
GAGNON, Mme Yves ; Edmundston
GALLANT, Pierrette ; Atholville
GALLANT, Yvette ; Rogersville
GAUDET, Denise ; Campbellton
*GAUVIN, Francine et Gérard ;
Paquetville
GAUVIN, Roland ; Moncton
GAUVIN, Ulysse ; Bouctouche
GAUVREAU, Denise ; Dalhousie
GENDRON, Colette ; Eel River Crossing
GIGI (Savoie, Germaine) ; Caraquet
GIONET, Paul ; Rogersville
*GIROUARD, Anna ; Moncton
GIROUX, Michel ; Dalhousie
GODIN, Danielle ; Bertrand
GODIN, Réjeanne ; Maisonnette
GOGUEN, Yvonne ; Shediac
HACHEY, Jean-Marc ; Bathurst
HÉBERT, Evelyn ; Moncton
HENRY, Roger ; Atholville

HUARD, Gracia (Robichaud, Aldin) ;
Dalhousie
JEAN, Céline ; Campbellton
JENNINGS, Blanche ; Dalhousie
JONES, Anne ; Dalhousie
JONES, Bob ; Dalhousie
KILFOIL, Cecile ; Edmundston
KILFOIL, Charles ; Edmundston
LAFOREST, Ghislaine ; Grand-Sault
LAFORET, Sylvia ; Grand-Sault
*LALARME, Dédé (Duguay, Calixte) ;
Bathurst
LANDRY, Carol ; Campbellton
LANDRY, Diane ; Campbellton
LANDRY, Ethel ; Shediac
LANDRY, Florence C. ; Shediac
LANDRY, Jean ; Shediac
LANDRY, Paul ; Shediac
LANDRY, Suzanne ; Campbellton
*LANG, René ; Claire
LANTEIGNE, Marisa ; Caraquet
LANTEIGNE, Pierre ; Dalhousie
LANTEIGNE, René ; Dalhousie
LEBEL, Bernard ; Grand-Sault
LEBLANC, Jackie ; Shediac
LEBLANC, Larry ; Shediac
LEBLANC, Michèle ; Campbellton
*LEBLANC, Pauline (Beaulieu,
Mme Roger) ; Edmundston
LEBLANC, Pius ; Memramcook
LEBLANC, Raymond ; Moncton
LEBLANC, Roger ; Campbellton
LEBLANC, Roger ; Atholville
LEBLANC, Roy ; Shediac
LEBLANC, Valéri ; Shediac
LEBRETON, Carmenne ; Tracadie
LEGACY, Monette ; Campbellton
LÉGER, Bernard ; Shediac
LÉGER, Cécile ; Bouctouche
LÉGER, Emery ; Shediac
*LÉGER, Gisèle ; Shediac
LÉGER, Jean-Marc ; Campbellton
LÉGER, Liliane ; Bouctouche
LÉGER, Marie ; Bouctouche
LÉGER, Michel ; Shediac

LÉGER, Richard ; Shediac
*LÉGER, Ronald ; Moncton
*LE MOI (?) ; Moncton
LEPAGE, Huguette ; Balmoral
LÉTOURNEAU, Thérése ; Campbellton
LÉVESQUE, Marie Reine ; Dalhousie
LONG, Gabrielle ; É.-U.
*LOSIER, Léonide ; Tracadie
*McDONALD, Maria ; Moncton
McGAGHEY, Carol ; Atholville
MALLAIS, Irène ; Dalhousie
MALLET, Léonia ; Shippagan
MALLET, Patricia ; Dalhousie
MALTAIS, Michèle ; Campbellton
MARCEAU, Anne ; Grand-Sault
*MARCIL, Jean-François ; Moncton
MARCIL, Marie-Josée ; Moncton
MARCOUX, Marcil ; Dalhousie
MARTIN, Donald ; Shediac
MARTIN, Marie-Claire ; Campbellton
MAZEROLLE, Jocelyne ; Campbellton
MELANSON, Donald ; Shediac
MELANSON, Louis ; Bouctouche
MICHAUD, Yvon ; Edmundston
*MORIN, Rino ; Edmundston
NADEAU, Paul ; Lac Baker
NIALLA, Acceber (?) ; Campbellton
NILES, Joan ; Shediac
PARENT, Chantale ; Campbellton
PARISE, Carole ; Dalhousie
PÈLERIN, Lorraine ; Bouctouche
PELLETIER, Anne ; Edmundston
PELLETIER, Ghislaine ; Campbellton
PERRAULT, Gaétane ; Kedgwick
PITRE, Clarence ; Val-D'Amour
PITRE, Lorraine ; Atholville
PLOURDE, Clairence ; Edmundston
POIRIER, Denise ; Richibouctou

POIRIER, Dolorès ; Shediac
POITRAS, Euclide ; Saint-Léonard
POITRAS, Ginette ; Saint-Léonard
RAYMOND, Jean-Claude ; Campbellton
RAYMOND, Maurice ; Campbellton
RENAULT, Bernard ; Campbellton
RICHARD, Dorothée ; Richibouctou
RICHARD, Gisèle ; Atholville
RICHARD, Louise ; Shediac
RICHARD, Maurice ; Shediac
RICHARD, Yvonne ; Moncton
*ROBICHAUD, Reynald ; Bathurst
ROBICHAUD, Solange ; Shediac
RODGERS, David ; Shediac
ROUSSEL, Nicole ; Campbellton
ROY, Albert ; Saint-Basile
ROY, Roger ; Campbellton
ROY, Raymond ; Campbellton
*SAVOIE, Jacques ; Bathurst
SAVOIE, Marc ; Bathurst
SAVOIE, Michel ; Campbellton
SOL (Godin, Solange) ; Bertrand
*SORELLIE (Chiasson, Simone) ;
Lamèque
SORMANIE, Yves ; Edmundston
ST HILAIRE, France ; Campbellton
ST LAURENT, Hubert ; Atholville
ST ONGE, Michel ; Campbellton
ST ONGE, Peter ; Campbellton
*SURETTE, Maurice ; Dieppe
*THÉRIAULT, Annette ; Bertrand
THÉRIAULT, Gilles ; Saint-Basile
THIBODEAU, Hélène ; Moncton
TURCOTTE, Raymonde ; Grand-Sault
VEILLEURE, Thérèse ; Val-D'Amour
VIENNEAU, L. M. ; Shediac
WOLSKI, Tristan ; Moncton
*ZACK (Savoie, Jacques) ; Bathurst

Espace et appartenance :
l'exemple des Acadiens
au Nouveau-Brunswick

JEAN-CLAUDE VERNEX

L'intérêt et l'originalité de ce texte écrit par un géographe tiennent à la fois aux formes de l'action politique et culturelle qui, au moment où ce texte paraît, émergent dans l'Acadie du Nouveau-Brunswick et aux transformations des discours de connaissance dont il est l'une des expressions dans un domaine alors inédit en Acadie. En effet, la réflexion que propose l'auteur sur les rapports entre une territorialité acadienne fragile et complexe et les modalités d'appartenance forgées par la mémoire d'une expérience historique éprouvante, prolonge et amplifie ce qui constitue alors un moment d'intense effervescence politique et culturelle. Du mouvement étudiant qui inaugure en 1968 de nouveaux rapports au politique et à l'identité culturelle, aux revendications des classes populaires confrontées aux politiques de modernisation de l'économie, à l'émergence d'un discours politique autonomiste de l'Acadie du Nouveau-Brunswick, ce sont là autant de paramètres qui interpellent frontalement les discours de connaissance ; l'auteur a vécu et enseigné à l'Université de Moncton et renouvelle les catégories d'analyse qui jusque-là avaient prévalu. N'échappant pas au « retour » sur l'histoire de l'Acadie qu'effectuent tous les travaux de cette période, il prend à rebours tout ce qui dans les discours dits traditionnels s'était contenté de la seule célébration de l'identité et ouvre l'Acadie à un nouveau regard, celui de la géographie culturelle, et s'engage dans un travail d'objectivation qui, du passé au présent, repense en des termes radicalement nouveaux les rapports de « l'enracinement de l'espace proximal » acadien avec les variations locales, régionales et nationales de l'appartenance.

L'attachement au pays, l'identité fondée sur la conscience claire d'une spécificité culturelle enracinée dans un paysage familier, en un mot ce ciment des groupes qu'est le sentiment d'appartenance, repose en grande partie sur les liens étroits tissés entre une société et son espace, entre une société et les divers éléments composant son environnement. Ce véritable produit culturel qu'est le « biotope » ainsi créé par une société, non seulement implique certaines formes particulières d'organisation sociale, certains types de consommation, de comportements, certaines techniques de production, mais encore conditionne dans une large mesure les représentations que se font d'eux-mêmes et de leur environnement les membres des différents groupes composant la société en question. Le sentiment d'appartenance se fonde lui-même sur ces représentations : il est images, valeurs, « vécu » ; il est surtout permanence. Il exprime l'intériorisation d'un certain type de relations entre l'homme et son espace, tout comme entre l'homme et son histoire. Il est appropriation d'un territoire aux limites ressenties et aux composantes fortement valorisées ; il est approbation d'une origine et d'une histoire élevée parfois au niveau du mythe ; il est enracinement dans la mesure où l'espace se fait histoire, où il se fait mémoire, où il se fait culture. Si ces rapports d'appartenance étaient clairs et peu ambigus au sein de la société villageoise où chaque clan maîtrisait un certain espace au point de s'identifier à cet espace-origine, à cet espace-durée, à cet espace-tradition, il n'en fut plus de même lors de l'ouverture des cellules rurales à l'espace de plus en plus vaste et anonyme de la société urbaine et industrielle. L'adaptation à de nouvelles formes de relations, nécessitant une mutation d'échelle dans l'appartenance tout comme une abstraction plus grande dans les rapports entre la collectivité et son environnement, voire un détachement plus grand (caractère éphémère des relations entretenues avec les lieux, avec les cellules sociales), ne se fit pas sans crises, sans remises en question des principes mêmes sur lesquels reposait jusqu'alors la cohésion des collectivités. L'exemple des Acadiens du Nouveau-Brunswick est à cet égard particulièrement éloquent puisque cette population francophone essentiellement rurale fut confrontée, lors du désenclavement des îlots de peuplement, à une civilisation urbaine anglo-saxonne en tout point différente et dotée d'un pouvoir d'attraction d'autant plus grand que le sentiment d'appartenance acadien ressenti concrètement à l'échelle de la paroisse se diluait rapidement dans une idéologie nationale fondée sur le culte de l'ascendance plutôt que sur le développement d'une véritable conscience territoriale. Il est vrai que pour cette population minoritaire la stratégie de la survivance avait consisté, depuis la recolonisation silencieuse suivant le Grand Dérangement, à donner d'elle-même une image pacifique : celle d'un peuple doux, calme, désirant vivre en bonne entente avec la majorité anglophone. L'appartenance ne pouvait se fonder sur une quelconque revendication territoriale. Tout au plus est-elle appropriation d'un paysage aux composantes fortement valorisées mais aux limites floues et incertaines. D'où l'ambiguïté de la territorialité acadienne dont nous tenterons une description après un bref survol des fondements traditionnels de l'appartenance.

L'histoire comme discours d'appartenance

La colonie de l'Acadie, centrée sur la rive nord de la Nouvelle-Écosse actuelle, le long de la baie de Fundy, eut une existence éphémère et une fin tragique puisqu'en 1755, le gouverneur de la nouvelle colonie anglaise implantée dans cette région depuis le traité d'Utrecht décidait la dispersion de cette population française perçue comme par trop prolifique, inassimilable et incapable de montrer une sincère fidélité au roi d'Angleterre. Dispersés aux quatre coins du golfe du Saint-Laurent et du continent nord-américain, après une longue période d'errance ou de vie presque clandestine dans des refuges éloignés des fronts de colonisation britannique, des groupements acadiens se reconstituèrent sur les rivages atlantiques des Provinces maritimes, dans les zones les plus isolées de l'actuel Nouveau-Brunswick, de l'Île-du-Prince-Édouard et de la Nouvelle-Écosse. Très prolifiques, animés d'un puissant attachement à leur sol et d'un profond sentiment de leur spécificité, encadrés par un clergé missionnaire et colonisateur qui les dirigea dans une véritable croisade de la survivance, les Acadiens ne tardèrent pas à former un groupe ethnoculturel d'importance, mais dispersé sur près de 750 kilomètres à la périphérie nord et est du Nouveau-Brunswick, sans compter les isolats de la Nouvelle-Écosse et de l'Île-du-Prince-Édouard. En 1971, et si l'on retient comme critère celui de la langue d'usage, critère qui cerne le mieux la réalité linguistique, 230 710 francophones[1] étaient recensés dans les trois Provinces maritimes, dont 86,3 % pour le seul Nouveau-Brunswick, répartis en trois zones de forte concentration : le Madawaska, le Nord-Est et le Sud-Est (voir Figure 1).

Population encore peu urbanisée (en 1971, au Nouveau-Brunswick, le taux de population urbaine ne dépassait pas 42,7 % chez les francophones, contre 58 % chez les anglophones), minoritaire au niveau provincial (le groupe ethnoculturel francophone représente 31 % de la population néo-brunswickoise totale), elle se disperse en un certain nombre de noyaux regroupant de petites communautés rurales à l'intérieur desquelles les fran-cophones sont très fortement majoritaires, mais séparés les uns des autres soit par de vastes étendues forestières, soit par des corridors purement

---

1. Le concept d'Acadien n'ayant pas d'existence officielle dans les recensements, nous fûmes obligés d'utiliser celui de francophone pour tenter de quantifier cette population. Il est bien évident que ces deux concepts ne recouvrent pas exactement la même réalité, puisqu'au Madawaska, par exemple, une forte proportion de la population est d'origine québécoise et, par conséquent, refuse cette étiquette d'Acadien qui devrait selon eux être exclusivement réservée aux descendants des premiers colons français de l'ancienne Acadie.

FIGURE 1

Population de langue d'usage française par comtés
dans les Provinces maritimes (1971)*

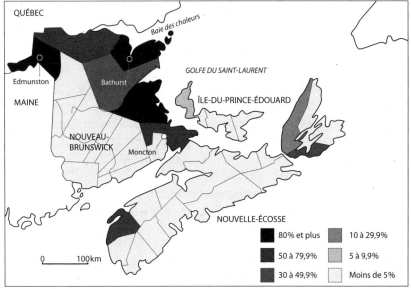

* Cette carte comme les suivantes sont extraites de Jean-Claude Vernex, *Les Francophones du Nouveau-Brunswick. Géographie ethnoculturel minoritaire*, Thèse de doctorat, Université de Lyon, tome II, Paris, Librairie Honoré Champion, 1978.

anglophones (Miramichi par exemple), soit enfin des zones au peuplement mixte (comté de Restigouche le long de la baie des Chaleurs ; région de Bathurst ; région de Moncton). Plus qu'un ensemble territorial homogène, il s'agit d'une marqueterie de petites cellules de peuplement dispersées et isolées, gravitant autour de quelques centres urbains de moyenne importance, soit francophones (Edmundston), soit d'ambiance presque exclusivement anglophone (Bathurst ; Moncton).

Faibles densités, dispersion des unités de peuplement, isolement de celles-ci renforcé par les difficultés de circulation en raison du climat et par le manque, jusqu'à ces dernières années, de médias francophones susceptibles de réunir au moins au niveau de la diffusion de l'information ces multiples isolats sociologiques et psychologiques, sont des données fondamentales du vécu francophone au Nouveau-Brunswick sur lesquelles nous aurons l'occasion de revenir. Ajoutons cependant que l'isolement des fronts de colonisation francophones avait été considéré par les chefs laïques et religieux acadiens comme la condition même de la survie culturelle du groupe, comme la meilleure garantie contre les influences néfastes et assimilatrices du monde protestant et anglo-saxon.

L'idéologie de l'appartenance, développée dans la deuxième moitié du XIXe siècle par l'élite acadienne[2] était en fait marquée, d'une part, par le besoin de renforcer la cohésion du groupe francophone que ne favorisait guère la structure en isolats de la répartition du peuplement, la volonté assimilatrice plus ou moins souterraine émanant de l'élément anglophone, et l'attractivité qu'exerçaient déjà sur certains francophones les centres urbains du Canada central, d'autre part par la nécessité de ne pas heurter de front l'*establishment* anglophone qui ne faisait que tolérer les efforts d'organisation et de structuration de la minorité acadienne. La politique menée à cette époque par l'élite francophone ne peut se comprendre sans référence au contexte sociologique et psychologique dans lequel baignait ce groupe ethnoculturel dont chaque acte tendant à une légère amélioration de la situation culturelle ou économique risquait d'être interprété par la majorité au pouvoir comme une atteinte à ses propres privilèges[3]. Quoi qu'il en soit, de ce complexe minoritaire assorti d'une volonté d'organisation nationale, naquit un discours sur l'appartenance amputé de toute revendication d'ordre spatial susceptible d'aboutir à une distinction territoriale nette entre francophones et anglophones remettant en question *ipso facto* le découpage politique hérité de la colonisation anglaise.

L'appartenance acadienne, si l'on se réfère à l'idéologie de l'élite véhiculée par les médias francophones jusqu'à fort récemment, est fondée sur l'histoire, sur la fidélité à une mission divine qui permet de comprendre et de sublimer les déconvenues du passé. Les Acadiens forment un peuple élu, élu parce que catholique, bien sûr, mais également parce qu'ayant réussi à se maintenir en Amérique du Nord et à se développer malgré l'acharnement de forces contraires bien supérieures en nombre et en moyens. Seule la divine providence pouvait expliquer la résistance de cette minorité, sa mission consistant en fait à être le contrefort de la vérité catholique française face au monde protestant anglo-saxon si pragmatique et si matérialiste. Le Québec en était la place forte, l'Acadie le bastion le plus avancé, donc le plus exposé, ce qui devait exalter d'autant le patriotisme acadien. Soldats du

---

2. Voir l'ouvrage fondamental de Hautecœur (1975).

3. Voir à ce sujet les multiples querelles qui éclatèrent à propos des moindres revendications d'ordre culturel de la part des francophones du Nouveau-Brunswick (école confessionnelle francophone, districts scolaires bilingues, examens provinciaux en français, etc.) (Vernex, 1978a).

Christ, surtout peuple de Marie, les Acadiens en reçurent, lors des premières conventions acadiennes calquées sur le modèle des congrès de la Société Saint-Jean-Baptiste du Québec, les principaux symboles nationaux : le drapeau (frappé de l'étoile de Marie ; 1884), l'hymne national (*Ave Maris Stella* ; 1884) et la fête nationale (15 août, fête de Marie ; 1881). Le Grand Dérangement était une épreuve voulue par Dieu, et Évangéline, l'image même de la persévérance et de la foi en l'avenir du peuple canadien, peuple martyr dont les ancêtres avaient montré une force d'âme et un courage sans pareil. Monseigneur Robichaud déclarait en 1943 :

> Nous sommes les contreforts du bloc français sur le continent nord-américain [...] notre mission providentielle [...] c'est de continuer les gestes de Dieu par les Francs, de propager la sagesse du christianisme et les lumières de l'esprit français, de faire partager aux autres groupes ethniques du pays [...] les trésors de vie spirituelle et de valeurs humaines supérieures que nous avons reçus de nos ancêtres avec mission de les transmettre aux générations futures. (Cité dans Roy, 1972 : 18)

Les réalisations historiques du groupe, la volonté inébranlable des ancêtres étaient les meilleurs garants de la spécificité acadienne en Amérique du Nord, plus encore peut-être que la religion catholique, la langue française et l'agriculture, fondements certes essentiels de l'appartenance acadienne, mais qui étaient également en partie ceux de l'appartenance québécoise. La constante référence à Marie, présente dans toute l'iconographie nationaliste, peut être interprétée comme un désir de se distinguer autant des autres francophones nord-américains que des anglophones.

L'idéologie de la colonisation joua cependant un rôle non négligeable dans la consolidation de l'appartenance acadienne. Le clergé mit sans cesse l'accent, à la fin du XIXᵉ siècle, sur le lien étroit existant entre la colonisation, l'agriculture, la foi catholique et la langue française : « Le vrai bonheur », s'écriait le révérend M. F. Richard lors de la troisième Convention nationale des Acadiens en août 1890,

> se trouve au milieu des siens, à l'abri du clocher paroissial, éloigné des centres de corruption, où l'on contracte des maladies incurables pour l'âme et le corps. Vivre et mourir pour sa patrie, conserver sa langue maternelle, ses traditions, sa religion, et finir ses jours entre les bras d'une mère, d'un parent, d'un ami, muni des secours de notre sainte religion, voilà le bonheur véritable et le seul digne d'envie. (Cité dans Robidoux, 1907 : 251)

Ce bonheur ne pouvait être atteint que par une vie familiale au sein des paroisses rurales en cultivant la terre :

c'est l'agriculture qui a sauvegardé notre religion, notre langue et nos coutumes. Donc, braves et courageux cultivateurs soyez fiers de votre position, elle est noble, elle est digne [...]. Attachez-vous au sol qui vous a vu naître et qui vous a nourris, [...] conservez scrupuleusement le patrimoine qui vous a été légué par nos aïeux[4].

La colonisation devenait le seul remède pour sauvegarder la religion catholique et la langue française dans un continent protestant et anglophone, et pour lutter contre l'attraction de plus en plus grande des centres urbains sur la jeunesse acadienne, comme en témoigne le développement des courants d'émigration dès la fin du XIXe siècle. L'éloignement des grands centres et des fronts de colonisation anglophones, l'isolement et le repliement sur une communauté villageoise culturellement homogène semblaient les conditions nécessaires à la conservation d'un sentiment d'appartenance reposant sur un certain nombre de valeurs spécifiques. « Allons dans la forêt, Acadiens », lança le révérend M. F. Richard lors de la première Convention nationale des Acadiens, « les dangers qui nous y attendent sont moins à craindre que ceux que nous trouvons sur des terres appauvries, dans la séduction des cités, ou sous un ciel étranger... ! » (cité dans Robidoux, 1907 : 25). Éloignement et isolement qui ne signifiaient cependant pas rupture et opposition brutale avec la majorité anglophone.

Cette idéologie de l'appartenance se traduisait sur le plan social par un certain nombre d'images permettant à l'élite de maintenir et de justifier sa position dirigeante. L'autorité en toute chose reposait en effet sur le clergé, le peuple acadien devant être obéissant et suivre « toujours avec confiance demain comme hier et aujourd'hui les directions de ses pieux et zélés prêtres[5] ». L'autorité civile (représentée par une petite bourgeoisie issue de professions libérales) était investie directement dans sa fonction de commandement par l'autorité religieuse, le respect de l'Église étant la source même du respect du pouvoir laïque. La société acadienne était présentée comme une société sans classes, le peuple acadien comme un peuple « bon, paisible, ayant horreur de la violence et de la chicane ». L'existence de conflits internes fut toujours niée par l'élite, tout comme l'idée même d'une radicalisation de la lutte pour la survivance qui aurait pu conduire à un affrontement direct avec les anglophones ! « L'ensemble de la population veut la paix », déclarait il n'y a pas si longtemps le père René Baudry à propos des

---

4. Propos tenus par le révérend M. F. Richard lors de la deuxième Convention nationale des Acadiens, août 1884.
5. « Le Sacré-Cœur et ses braves Acadiens », dans *L'Évangéline*, 1er mai 1918, p. 1.

rapports ethniques dans les Provinces maritimes. « C'est pourquoi on évite plutôt les discussions et l'on cherche à s'entendre [...]. Les rapports dans l'ensemble s'inspirent d'une loyale cordialité et un effort de conciliation préside aux échanges » (1960 : 379). La bonne entente avec la majorité (dans le respect des situations acquises) fut ainsi présentée par l'élite comme la meilleure des stratégies pour la survivance et comme l'attitude correspondant le mieux à un trait de mentalité spécifiquement acadien. Marquée d'un profond conservatisme sur le plan social et sur le plan politique, l'idéologie de l'appartenance diffusée par le discours patriotique de l'élite dirigeante évitait toute référence implicite à une quelconque revendication territoriale. L'Acadie devenait un concept historique, un point d'ancrage dans le temps, un concept certes chargé d'émotivité, mais dénué de toute traduction spatiale dans la mesure où cette dernière démarche était perçue comme impliquant nécessairement la cartographie de limites précises, en fait comme impliquant une géographie. Mais qu'en était-il exactement des rapports entre l'Acadien et son espace ?

L'espace de l'appartenance : mutations et permanences

Si le concept de nation acadienne ne pouvait servir de référentiel spatial à l'appartenance, il n'en était pas de même de l'espace proximal constitué par la paroisse, voire par un agrégat de paroisses constituant une région. La paroisse était en fait le lieu d'identification essentiel de l'individu. Espace familier, reconnu, inventorié par ses déplacements, ses pratiques, ses sens, son affectivité, espace social fortement vécu, la paroisse pouvait encore jusqu'à une date récente servir de point de référence pour se nommer, pour se situer par rapport à autrui. L'« abri » du clocher paroissial avait une vertu sécurisante, car il symbolisait non seulement un paysage familier, mais surtout, peut-être, une spécificité culturelle qui se traduisait concrètement par un système de relations sociales ethnocentré, structuré par le clan, fondé sur l'entraide et sur une certaine vitalité de l'idée communautaire.

Malgré une mobilité précoce accentuée par l'état dépressif de l'économie des Provinces maritimes dans leur ensemble (et plus particulièrement des régions francophones excentrées) face à la croissance du Canada central ou de quelques pôles urbains régionaux, malgré un certain nombre de relations entretenues par mer entre différents îlots francophones du golfe du Saint-Laurent (Gaspésie, Îles-de-la-Madeleine, Chéticamp, Shippagan, Saint-Louis-de-Kent, etc.), la société acadienne montra jusqu'à ces dernières années une tendance profonde à l'endogamie, tendance liée à une situation

TABLEAU 1

Origine géographique du conjoint dans certaines paroisses
du Nouveau-Brunswick avant et après la Deuxième Guerre mondiale[*]

Paroisse	Conjoint choisi dans la même paroisse		Conjoint choisi dans une autre paroisse			
			De la région		À l'extérieur de la région	
	1931- 1941 %[1]	1958- 1968 %	1931- 1941 %	1958- 1968 %	1931- 1941 %	1958- 1968 %
Shippagan	67,5	33,5	26,4	45,8	6,1	20,7
Allardville	74,5	59,3	25,5	31,2	–	9,5
Rivière-Verte	57,9	26,7	36,8	51,3	15,0	22,0
Acadieville	54,0	11,6	46,0	56,1	–	32,3

* D'après le dépouillement des registres de certaines paroisses religieuses du Nouveau-Brunswick.
1. Les pourcentages sont calculés par rapport au nombre total de mariages célébrés dans des paroisses durant la période étudiée.

d'isolement et de relative marginalité économique, mais également à la fermeté de certaines bases de la culture acadienne (religion par exemple). Jusqu'à la Deuxième Guerre mondiale, en effet, le choix du conjoint s'opérait pour plus de 50 % au sein de la paroisse d'origine et, pour l'autre moitié, dans les paroisses voisines. Rares étaient les conjoints « étrangers ». Le dicton « A beau mentir qui vient de loin » se passe d'ailleurs de commentaires ! La croissance urbaine, le développement de la circulation, l'intensification des contacts interrégionaux et la recrudescence de l'émigration après la Deuxième Guerre mondiale multiplièrent cependant les occasions de rencontres dans un plus large rayon d'action. La proportion de mariages entre conjoints nés dans la même paroisse diminua presque de moitié tandis qu'augmentait le nombre de mariages interparoissiaux avec un conjoint issu d'un village de la proche région, aussi bien qu'avec un conjoint issu d'une autre région (voir Tableau 1 et Figure 2). Mais les mariages de ce dernier type restèrent relativement peu nombreux (ce qui explique le faible brassage de population entre régions francophones au sein du Nouveau-Brunswick) et caractérisés par une forte propension à l'endogamie ethnique. Le taux de mariages mixtes[6] dans l'évêché de Moncton, par exemple, évêché le plus exposé à une interpénétration des deux principaux groupes ethniques, ne dépassait pas 5 % des mariages dans les paroisses urbaines avant la Deuxième Guerre mon-

---

6. Mariages entre individus appartenant à des groupes ethnoculturels différents, ici entre conjoints d'origine ethnique française et d'autres origines.

diale. Il était nul dans les paroisses rurales isolées ou dans celles qui formaient des groupes homogènes de très forte densité ethnique francophone. Il augmenta certes régulièrement dès la fin de la guerre, mais ne dépassait pas 15 % au sein des paroisses urbaines de Moncton vers les années 1970, même si une enquête menée dans cette ville en 1974 auprès d'un échantillon de francophones faisait apparaître une tendance assez nette à l'exogamie (40,3 % des interviewés étant d'accord pour que leurs enfants épousent des anglophones, 46,5 % étant indifférents). « Il y a du bon monde dans les deux langues », nous a-t-on souvent répondu, « la nationalité et la langue n'ont rien à voir avec la personnalité ». Mais lorsque des oppositions se font jour (certes peu nombreuses : seulement 7 %), les motifs invoqués ont trait à l'appartenance religieuse du futur conjoint, plus qu'à son appartenance linguistique : « ce n'est pas la même religion, pas la même culture ». Certains fondements de l'appartenance résistent mieux que d'autres à la lame de fond de l'acculturation.

Ce faible brassage des populations entre les différentes régions francophones, tout comme entre les divers groupes ethniques, explique la stabilité remarquable de la répartition géographique des principaux noms de famille acadiens au Nouveau-Brunswick. Geneviève Massignon avait déjà fait le relevé à partir du recensement nominal de 1938 des 73 noms de famille qui composaient la « souche » principale de cette population aux débuts de la colonisation française en Amérique du Nord et qui regroupaient à cette époque 86 % de la population francophone des Maritimes (Massignon, 1962 : 42-68). Encore actuellement, la presque totalité des familles francophones du Nouveau-Brunswick sont apparentées à ces 73 noms de familles souches avec une répartition régionale qui ne s'est guère modifiée depuis la « recolonisation silencieuse » faisant suite au Grand Dérangement. Une consultation rapide des annuaires téléphoniques régionaux permet très facilement de s'en rendre compte. Les Leblanc sont concentrés à 88 % dans la région de Moncton, par exemple, et en nombre insignifiant partout ailleurs, de même que les Léger, Richard, Melanson et Bourque. Dans le Nord-Est, au contraire, les Savoie, Roy, Doucet, Chiasson, Godin, Haché, Duguay, Losier et Lanteigne forment de très fortes concentrations, tandis que dans le Madawaska, les Michaud, Martin, Cyr et Ouellet dominent très nettement. Même constatation en ce qui concerne les paroisses. Le régionalisme, voire le localisme, de la plupart des noms de famille acadiens demeure très puissant malgré l'éclatement de la famille étendue consécutif aux transformations économiques et sociales liées au développement de la société urbaine et industrielle et à cause de la faible attractivité exercée sur

FIGURE 2

Origine géographique du conjoint dans certaines paroisses
du Nouveau-Brunswick avant et après la Deuxième Guerre mondiale

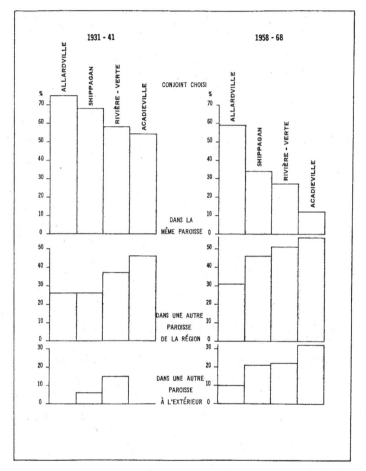

le plan économique par les régions francophones et les centres urbains qui
commencent à les structurer.

Dans les villages, voire dans les paroisses urbaines, les relations sociales
sont très étroites entre les membres du groupe, au sein du clan familial (et
ce, malgré les distances parfois grandes séparant les divers noyaux d'un
même rameau) ou au sein de groupes unis autour de solidarités de classes,
de voisinage ou d'activités économiques, ludiques et culturelles. Même si
les anciennes pratiques communautaires n'ont pas résisté à la lente corro-

sion introduite par une large diffusion des modèles de comportement de la société urbaine et industrielle, il reste dans l'architecture mentale acadienne un certain nombre d'images servant de points de référence à une appartenance beaucoup plus vécue que celle reposant sur l'idéologie traditionnelle, beaucoup plus vécue, car en relation avec l'espace concret du village, de la paroisse, tissé d'un réseau intime de rapports sociaux et peuplé des signes connus (donc sécurisants) d'un paysage familier : image d'un cadre de vie en symbiose avec la nature par exemple, images d'une organisation sociale et économique reposant sur de petites unités régies par des principes communautaires et produisant pour l'ensemble de la communauté, etc.

De l'espace rêvé à l'espace aliéné

Le paysage intérieur de tout Acadien est fait d'eau, de forêts et de tangages infinis. C'est un paysage rempli d'espace, rythmé par le martèlement sourd et régulier des vagues ou par le bruissement des forêts. L'Acadien est un homme de la nature. « Il est malaisé de comprendre quelque chose du tempérament acadien, écrit Antonine Maillet, si l'on n'a pas d'abord compris la mer. Pour raconter l'Acadie il faudrait réécrire la genèse et dire : "à l'origine Dieu créa le sable et l'eau ; puis il fit les poissons, les coquillages ; et le sixième jour il prit du sel, souffla, et en fit le pêcheur et sa femme" » (1973 : 77). C'est un paysage qui demeure au fond du cœur de tout Acadien exilé dans les villes ou les métropoles du continent et qui, associé à un désir profond de tranquillité, d'authenticité dans les rapports sociaux, voire de simplicité dans le style de vie, permet de comprendre la réaction émotive de jeunes Acadiens face à l'urbanisation et leurs difficultés d'insertion dans ce type de modernité. L'habitat idéal consiste, pour beaucoup de jeunes[7], en une petite maison individuelle située dans une petite ville (« je voudrais m'installer dans une petite ville semblable à celle d'Edmundston ») ou dans un endroit retiré (« ma maison se trouvera dans la campagne près des bois » ; « je demeurerai dans un petit chalet éloigné de toute civilisation »), dans un lieu qui permet « une vie assez tranquille » sans « trop de complications et rien d'extraordinaire ». La grande agglomération urbaine représente souvent un monde inconnu et inquiétant. C'est un espace non familier qui nécessite un gros effort d'adaptation et détermine des attitudes souvent négatives :

---

7. Enquête semi-directive menée en 1973 auprès des élèves de douzième année (seize à dix-huit ans) des trois régions francophones du Nouveau-Brunswick (voir Ravault et Vernex, 1973).

«un gars de Shediac qui se rend à Montréal pour travailler», cite comme exemple un étudiant acadien[8], «éprouve une extrême difficulté à s'adapter à son nouvel environnement. Même, cela lui est souvent impossible. La froideur des gens, la vitesse de l'action, l'autoroute, le métro, les bâtiments, le stigma que lui attachent les gens de Montréal parce qu'il est Néo-Brunswickois, le bruit continuel, lui donnent des sensations de peur, de frustration, d'étourdissement, de désespoir. Cet exemple je le connais bien parce que je l'ai vécu.» En fait, l'espace du village est perçu comme le cadre de vie le plus propice au développement de liens affectifs solides cimentant la communauté : «ce milieu m'a enraciné dans la vie de la campagne où tout le monde se connaît et s'entraide. Je ne pourrais pas vivre dans une ville couverte de gratte-ciel et d'indifférence», de dire un autre étudiant[9]. «Tout le monde se connaît et s'entraide. On peut conclure que la fraternisation existe vraiment entre les gens de mon village.» L'appartenance acadienne, c'est en partie un attachement profond aux rapports sociaux tissés dans l'espace du village, d'où la densité affective du concept de «chez nous» et les nombreuses résistances à toute tentative de déménagement, prônée au nom d'une gestion de l'espace étrangère au vécu acadien et présentée par les responsables de l'aménagement comme moderne, efficace, rentable et nécessaire au bien-être général de la société.

Les exemples ne manquent pas du profond attachement des Acadiens au milieu local. L'échec du programme Aménagement rural et développement agricole (ARDA) de réinstallation des populations dans des centres de dimension suffisante pour être viables l'a amplement démontré (notamment dans la région de Belledune), de même que les réactions hostiles à l'expropriation lors de la création du parc national Kouchibouguac. Une certaine crainte de l'extérieur, de l'étranger, des horizons inconnus et donc insécurisants se mêle intimement à cette sacralisation du lieu qui résume si bien le titre d'un film de Léonard Forest tourné dans le nord-est du Nouveau-Brunswick : Un soleil pas comme ailleurs[10]. Beaucoup de francophones ne sont pas prêts à quitter leur milieu pour répondre aux exigences d'une réorganisation plus rentable du peuplement et des activités. Dans le Nord-Est en particulier, le droit de se développer «chez soi» avec le maximum d'égalités de chance par rapport aux individus nés dans les régions les plus favorisées et le droit de se développer selon des normes plus conformes au génie

8. Interview réalisée en décembre 1972, Université de Moncton.
9. Interview réalisée en novembre 1974, Université de Moncton.
10. Léonard Forest (1972), Un soleil pas comme ailleurs, Office national du film, 47 min., n&b.

collectif de la population, en fait le droit à la maîtrise de sa destinée à travers la maîtrise de son espace, sont des revendications qui trouvent de plus en plus d'écho. Sur ce point de vue, parallèlement à la prise de conscience des profondes inégalités sociales et spatiales introduites par la croissance économique et de la dépendance économique des régions francophones consécutive à la mainmise des capitaux étrangers sur la plupart des ressources locales, le sentiment d'appartenance prend une nouvelle vigueur, change d'échelle et de contenu. Il devient conscience de classe et conscience d'une aliénation de l'espace, d'un espace-appartenance regroupant dans un vaste ensemble territorial les multiples cellules francophones. En fait, l'appartenance devient pays à reconquérir.

Les ambiguïtés de l'appartenance acadienne

Une analyse critique des rapports sociaux et des finalités d'un aménagement de l'espace décidé sans une véritable participation de la population acadienne et pensé en termes de croissance et de rentabilité à l'échelle de vastes ensembles économiques, servit de base dès 1970-1972 au développement d'une idéologie intégrant sans ambiguïté des revendications d'ordre territorial. Ce courant de pensée, beaucoup plus proche des classes défavorisées, met en effet l'accent sur la dépossession dont sont victimes les Acadiens au sein même de leur territoire avec d'ailleurs la complicité de l'élite traditionnelle dont le discours national ne servit qu'à masquer jusqu'à présent les contradictions internes d'ordre social et régional. La survivance acadienne repose alors sur la possibilité pour cette population d'organiser la production et la consommation sur la base de structures économiques plus proches de ses traditions culturelles (coopératives, comptoirs de consommateurs, jardins communautaires, etc.), sur la possibilité de contrôler l'exploitation des richesses locales et la gestion globale de son espace, en un mot sur la possibilité d'avoir pleine et entière juridiction sur «son» territoire. Pour certains acteurs sociaux (animateurs sociaux, responsables du Parti acadien, etc.), dans le nord-est de la province surtout, la grande «diagonale» du Nouveau-Brunswick[11] représente le préalable politique à tout développement digne de ce nom. Le rêve d'un véritable «pays» abondamment chanté par les poètes[12],

---

11. Ligne Nord-Ouest-Sud-Est (du Madawaska à la région de Moncton) partageant grossièrement le Nouveau-Brunswick en deux espaces ethniques : l'espace francophone (Nord-Est), l'espace anglophone (Sud-Est).

12. Raymond LeBlanc : «Je revendique pour tous le droit à la terre, à l'eau, au métal, au zinc, au bois, au poisson, au pain. Je revendique de vivre ici, le che-nous, le rêve d'avenir » ; Ronald

cet « impératif » territorial, se concrétise ainsi dans un projet d'ordre politique qui n'est rien moins que la délimitation spatiale d'une nouvelle Acadie, pays centré sur le Nord-Est et regroupant les différents îlots francophones éparpillés sur le littoral, pays purement néo-brunswickois d'ailleurs, mais pays perçu comme une masse homogène nettement distincte des territoires anglophones (voir Figure 3). « Notre nouvelle patrie sera comme un croissant de lune entouré d'étoiles de mer », dit les héros d'un roman d'anticipation de Claude LeBouthillier (1977), « ce sera une grande île en forme de croissant s'allongeant dans la mer », avec une « atmosphère empreinte de sérénité et de paix », un pays dans lequel « l'artisan était valorisé, les gens accomplissaient davantage pour eux-mêmes [...] sans agressivité personnelle, sans individualisme et esprit de concurrence » avec une « vie communale et un mode de travail faisant ressortir leur chaleur humaine, leur ouverture d'esprit et leur sens de coopération ». Territoire de l'appartenance, habité selon les modèles culturels du groupe, tourné vers la mer, faisant fi de l'espace institutionnalisé hérité d'un découpage politique d'origine anglo-saxonne et servant encore de cadre juridique à l'aménagement.

Cependant une attitude si radicale fondant l'appartenance sur le concept de souveraineté territoriale est loin d'être partagée par l'ensemble de la population francophone du Nouveau-Brunswick. Faut-il s'en étonner ? Clivages sociaux, conflits de générations et tendances régionalistes s'imbriquent étroitement pour faire de cette société en profonde mutation une mosaïque d'intérêts et de besoins sensiblement divergents. Le Madawaskayen, par exemple, ne se sent ni Acadien, ni Québécois, ni Américain. Plus « sûr de lui-même » que les francophones des autres régions il a entretenu un esprit d'indépendance et une individualité jalouse qui bien souvent le ferment aux problèmes des autres groupes francophones du Nouveau-Brunswick. Jouissant en moyenne d'une situation économique moins alarmante que celle du Nord-Est, il ne comprend pas toujours l'attitude revendicative de certains groupes sociaux défavorisés et encore moins l'émergence de timides tendances séparatistes. Vivant au sein d'un groupement francophone très homogène, il ne voit dans le mouvement de revendication linguistique des francophones de Moncton qu'une occasion de plus pour donner au monde une image d'« arriérés » et de « chialeux »[13]. De

---

Després : « Un pays nu sans frisson / Un pays de prunelles fières / Et de poings tendus / Vers la lumière. / Tu es, mon Acadie / – Et sans douleur cette fois – / Pays de partance » ; chanson de Calixte Duguay, « Un jour viendra, [...] » ; etc.

13. Voir à ce sujet l'article d'Yvette Lagacé, « L'Acadie, l'Acadie », dans *Le Madawaska*, 12 janvier 1972.

FIGURE 3

L'Acadie politique : deux exemples de perception

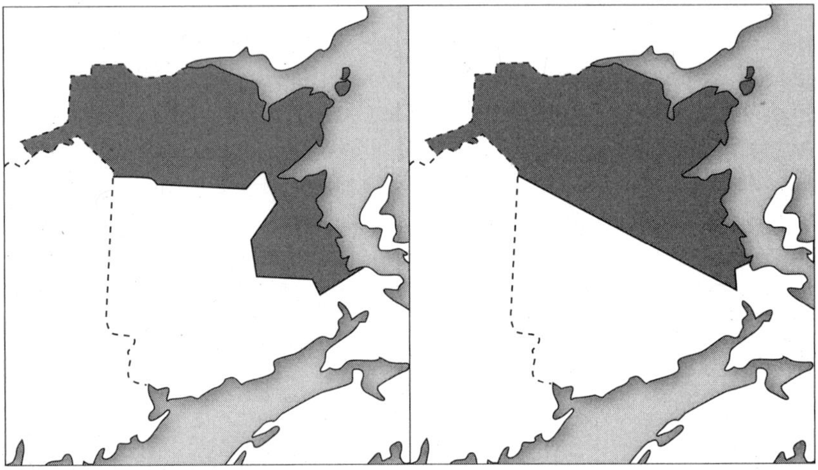

D'après Le Bouthillier, Claude, *L'Acadien reprend son pays*, roman d'anticipation, Éditions d'Acadie, 1977.

Dumont, André «Rendez-nous notre terre, *L'Acayen*, juin 1972, vol. 1, n° 2, p. 21.

même les habitants du Nord-Est, qui sont, comme les Madawaskayens, dans une situation fortement majoritaire au sein de leur région, ne comprennent-ils pas toujours les revendications d'ordre culturel nées dans le Sud-Est, revendications perçues comme émanant essentiellement d'une certaine élite dégagée des soucis matériels de l'existence. Quant aux différents groupes francophones du Sud-Est, ils ne sont dans leur ensemble guère disposés à partager les thèses les plus avancées des « fauteurs de trouble » du Nord-Est! Une plus longue tradition de contacts avec le milieu anglophone (voire un état d'esprit peut-être plus « minoritaire ») prédispose à des attitudes de compromis justifiées par l'idéologie de la bonne entente. Sur certains thèmes fondamentaux, comme celui de l'appartenance, un large consensus est difficile à trouver au Nouveau-Brunswick parmi les francophones. Il faut dire que, du moins jusqu'à ces dernières années, la mauvaise organisation des médias d'information n'a semble-t-il fait qu'accentuer les tendances centrifuges des différentes régions francophones. Aucun journal francophone ne « couvre » vraiment l'ensemble du territoire francophone, de même qu'aucun média audiovisuel foncièrement acadien n'est susceptible de pénétrer au sein de chaque village francophone de la province. L'espace communicationnel acadien ne semble guère parfaitement transparent, tant sont fortes encore les pesanteurs sociologiques et psychologiques locales ou régionales.

En fait, le sentiment d'appartenance acadien est vécu de façon contradictoire selon l'origine sociale et géographique des individus. Pour les uns, l'Acadie est une origine, pour les autres, c'est un projet de pays, mais pour la plupart, c'est un concept flou sans assise territoriale profondément ressentie. La territorialité acadienne est peut-être vécue avec intensité au niveau local ou régional. Elle se dilue en tout cas très vite lorsqu'elle est pensée à une échelle supérieure, pour revêtir le maximum d'ambiguïté au niveau du concept de nation. Le nationalisme acadien n'a pas débouché sur un sentiment profond d'appartenance à un espace nettement délimité en fonction de certains attributs d'ordre ethnique, culturel ou historique.

Les images de l'Acadie

Dans un article récent, Colin H. Williams (1977) a montré la grande diversité des référents territoriaux associés au concept d'Acadie. Selon l'origine ethnique et la provenance géographique des interviewés, l'étendue spatiale de ce « pays intérieur » varie, sa forme se modifie, sa signification change. Sur un plan spatial tout comme pour l'appartenance, l'image de l'Acadie est incertaine, ce qui n'est point étonnant pour un territoire aux frontières imprécises non figées par l'histoire, pour un concept au contenu sémantique non rigoureusement fixé et chargé de significations différentes selon les groupes. Les réponses obtenues lors d'une enquête réalisée auprès de jeunes francophones au Nouveau-Brunswick entre novembre et décembre 1977[14] mettent clairement en évidence leurs hésitations dans la délimitation spatiale

---

14. Cette enquête fut réalisée, d'une part auprès d'un groupe de 16 étudiants en géographie de l'Université de Moncton originaires des trois régions francophones néo-brunswickoises et âgés de dix-huit à vingt-deux ans, d'autre part auprès de 95 élèves de douzième année (seize à dix-neuf ans) choisis au hasard dans quatre polyvalentes francophones (Madawaska, Nord-Est, Sud-Est, agglomération de Moncton). Après distribution d'un fond de carte représentant les Provinces maritimes, trois séries de questions furent posées : la première portant sur leur représentation mentale de l'Acadie, la deuxième sur la délimitation des frontières d'une hypothétique province acadienne, la troisième sur leur perception de cette nouvelle et imaginaire province acadienne. Du fait de la taille réduite de l'échantillon et du manque de rigueur absolue dans son choix, il n'est évidemment pas question de le considérer comme représentatif et donc de fixer des conclusions prévues et définitives au sujet de l'image des jeunes francophones de l'Acadie. Tout au plus peut-on proposer quelques remarques provisoires et souligner certaines tendances particulièrement évidentes (tendances illustrées par un choix de quelques cartes mentales).

FIGURE 4

Quelques images de l'Acadie

Madawaska (Étudiant d'Edmundston, 19 ans)   **Nord-Est** (Étudiant de Lamègue, 20 ans)

Sud-Est

(Étudiant de Moncton, 20 ans)   (Étudiant de Moncton, 18 ans)

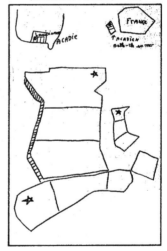

(Étudiante de Moncton, 18 ans)

(Étudiant de Shediac, 17 ans)

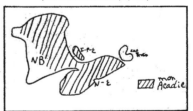

de cette « nation » acadienne. Pour au moins 50 % des élèves interviewés dans le Sud-Est et le Nord-Ouest, l'Acadie n'a pas d'assise territoriale spécifique, ou plutôt il n'y a pas de différence entre l'Acadie et les Provinces maritimes, voire entre l'Acadie et le Canada atlantique. Même résultat dans le Nord-Est, avec cependant un pourcentage d'interviewés légèrement plus faible. De plus, lorsque l'Acadie a une identité spatiale bien définie, celle-ci est très révélatrice des différences régionales de perception. Dans le Sud-Est du Nouveau-Brunswick, le sentiment de territorialité hésite en effet entre la restriction aux régions purement francophones, la restriction à une fraction plus ou moins grande des Provinces maritimes et l'ensemble de la diaspora acadienne (voir Figure 4). Par contre, dans le Nord-Est, une plus grande unanimité se fait autour d'une délimitation calquée sur les frontières actuelles du territoire francophone, tandis que dans le Madawaska, cette unanimité se réalise autour d'une Acadie orientale et maritime, excluant totalement cette dernière région. C'est dans le Nord de la province surtout, région plus isolée et plus longtemps fermée sur elle-même, que le concept d'Acadie se pose sans équivoque de façon spatiale, avec des nuances significatives cependant. Dans le Nord-Est, le territoire acadien recouvre un espace francophone n'excluant aucune cellule francophone à l'Est du Québec (mais ne se confondant jamais avec cette dernière province, hormis peut-être avec la Gaspésie considérée par un petit nombre comme faisant partie de ce territoire francophone). Au Madawaska, par contre, l'Acadie c'est les autres. Il n'y a pas identification complète avec le concept de francophone. L'Acadie est alors un pays centré sur le golfe du Saint-Laurent, peuplé de francophones perçus comme ayant une origine et une sensibilité différentes.

Ajoutons que l'idée même d'une frontière qui reposerait sur le principe ethnique et linguistique, qui matérialiserait donc la distinction entre francophones et anglophones, est refusée par de nombreux interviewés, surtout dans le Sud-Est. Pour ceux-ci, l'Acadie ne doit pas être un « ghetto francophone », mais au contraire un espace pluriculturel à la dimension des Maritimes. « L'Acadie, nous confia un interviewé, est un pays où les Acadiens de toute langue, race, pas seulement les Acadiens français, mais tous, occupent la même province. » Pour certains, le principe d'identification n'est pas la langue, ni même l'origine ethnique : c'est l'appartenance aux Maritimes. On comprend alors fort bien que, pour ces derniers, l'idée même d'une séparation entre un espace français et un espace anglais au sein des Maritimes rebute davantage que l'idée d'une démarcation nette entre le Québec et cet hypothétique territoire acadien. L'Acadie, c'est le passé, c'est « l'ancêtre ». Le « pays », c'est le Canada. La province, c'est le Nouveau-

Brunswick. L'appartenance fondée sur la différence culturelle n'est pas vécue. Elle n'est ressenti que de façon négative, même parfois avec quelque propension à des attitudes violentes de rejet[15], tant est peut-être déjà irrémédiable l'acculturation, voire l'assimilation. L'espace de l'appartenance est dans ce cas l'espace institutionnalisé anglophone.

Conclusion

Ces quelques pages ont pu montrer la complexité de l'analyse du sentiment d'appartenance au sein de la population francophone du Nouveau-Brunswick, en fait au sein d'une population minoritaire qui ne put, de par les hasards de l'histoire, fonder ce sentiment sur un support territorial précis, sur un territoire approprié et nettement délimité. Le rôle de l'idéologie nationale véhiculée par l'élite dirigeante fut, semble-t-il, déterminant tant comme ciment des différents îlots de peuplement dispersés et éloignés les uns des autres que comme discours d'intégration d'une minorité au sein d'une majorité. En fait, l'élite francophone fut le relais d'un pouvoir politique et économique essentiellement anglophone s'inscrivant dans des cadres spatiaux hérités du Dominion et de la Confédération. On comprend ainsi les raisons du fondement du discours d'appartenance sur un référentiel d'ordre historique beaucoup plus que spatial, de même que l'orientation de ce référentiel historique, organisé autour d'un certain nombre de thèmes érigés en attributs distinctifs du peuple acadien (docilité, modération, patience, bonne entente, etc.) et axé beaucoup plus vers la recherche d'une valorisation du groupe à travers l'adoption implicite de certaines valeurs du monde anglo-saxon que vers le développement d'une conscience territoriale par essence génératrice d'un discours sur l'identité utilisant des concepts plus radicaux tels que possession, limites, séparation, pouvoir de décision, souveraineté, etc. Cependant, face aux changements économiques et sociaux introduits par une ouverture des cellules rurales au monde industriel et urbain, face à une concentration des pouvoirs de décision et de contrôle de plus en plus grande et à une hiérarchisation qui les rend de plus en plus lointains et abstraits, sans altérer leur puissance, face à une remise en cause de l'autorité de l'élite et donc du discours d'appartenance traditionnel, la redéfinition d'un « projet » acadien capable de répondre aux doutes sur l'appartenance est une des conditions de la survie de la spécificité du groupe

---

15. Exemples de refus exprimés aux tests proposés (région de Shediac, sud-est du Nouveau Brunswick) : « Vous me demandez quelque chose que je n'aime pas faire » ; « L'Acadie est morte, vive le Canada-Uni ! Oui, je peux vous dire que vos travaux sont pas mal écœurants ».

francophone néo-brunswickois. Mais sur quelles bases le fonder? La tentative du Parti acadien apporte déjà quelques éléments de réponse, dans la mesure où le problème essentiel se situe au niveau d'une relocalisation du pouvoir, au niveau de l'invention de nouvelles structures politiques permettant à toutes les forces sociales et économiques de s'exprimer, d'organiser leur développement et d'exercer le maximum de contrôle sur leur devenir. Il s'agit alors, non seulement de définir une nouvelle donne dans la répartition des compétences et dans le contrôle des décisions, mais surtout peut-être de délimiter précisément le cadre spatial dans lequel s'exercera ce contrôle. Dès ces prémices, il faut donc expliciter le nouveau projet acadien en termes de partition du territoire et d'autonomie, le poids politique de la communauté francophone ne pouvant guère s'améliorer dans le cadre de la province du Nouveau-Brunswick, si ce n'est s'amenuiser en cas d'union des provinces maritimes. Le nombre d'hommes est une donnée de base du problème. La délimitation d'un territoire «acadien», assortie de la mise en place de mécanismes de contrôle par les francophones des décisions les concernant, devient ainsi une des premières conditions de l'épanouissement de ce groupe ethnoculturel, tout comme le nouveau fondement du sentiment d'appartenance dans une relation dynamique, profondément vécue et signifiante entre l'homme et «son» espace.

Bibliographie

BAUDRY, René (père) (1960), «Les rapports ethniques dans les Provinces maritimes», dans Mason WADE (dir.), *La dualité canadienne/Canadian Dualism*, Québec, Presses de l'Université Laval, p. 374-382.

BAUDRY, René (père) (1966), *Les Acadiens d'aujourd'hui*, Rapport de recherche préparé pour la Commission royale d'enquête sur le bilinguisme et le biculturalisme, Ottawa, 2 tomes.

CHAUSSADE, Jean (1975), «L'Acadie, l'Acadie!», *Études Canadiennes/Canadian Studies*, n° 1, p. 11-42

CHAUSSADE, Jean (1976), «La pauvreté dans les Provinces maritimes», *Études Canadiennes/Canadian Studies*, n° 2 (décembre), p. 123-126.

COMITÉ D'ÉTUDE DU NOUVEAU-BRUNSWICK SUR LE DÉVELOPPEMENT SOCIAL (1971), *Participation et développement*, Fredericton, 3 tomes.

EVEN, Alain (1970), «Le territoire pilote du Nouveau-Brunswick ou les blocages culturels au développement économique: contribution à une analyse socio-économique du développement», Thèse de doctorat, Rennes, Université de Rennes.

EVEN, Alain (1971), «Domination et développement au Nouveau-Brunswick», *Recherches sociographiques*, vol. 12, n° 3, p. 271-318.

GODIN, Pierre (1972), *Les révoltés d'Acadie*, Montréal, Éditions québécoises.

HAUTECŒUR, Jean-Paul (1975) *L'Acadie du discours. Pour une sociologie du discours*, Québec, Presses de l'Université Laval.

LEBOUTHILLIER, Claude (1977), *L'Acadien reprend son pays*, Moncton, Éditions d'Acadie.

MAILLET, Antonine, et Rita SCALABRINI (1973), *L'Acadie pour quasiment rien*, Montréal, Leméac.

MASSIGNON, Geneviève (1962), *Les parlers français d'Acadie : enquête linguistique*, Paris, Librairie C. Klincksieck, 2 tomes.

PARTI ACADIEN (1972), *Manifeste*, Moncton, Agence de distribution populaire.

POULIN, Pierre (1972), «L'Acadien à la recherche d'une Acadie», *Relations*, n° 371, p. 135-138.

RAVAULT, René-Jean, et Jean-Claude VERNEX (1973), «Les Acadiens de l'an 2000», *Revue de l'Université de Moncton*, vol. 6, n° 2, p. 7-38.

RICHARD, Camille-Antoine (1969a), «L'Acadie, une société à la recherche de son identité», *Revue de l'Université de Moncton*, vol. 2, n° 2, p. 52-59.

RICHARD, Camille-Antoine (1969b), «L'Acadie, une histoire à faire», *Maintenant*, n° 87, p. 169-175.

RICHARD, Camille-Antoine (1969c), «La récupération d'un passé ambigu», *Liberté*, vol. 11, n° 5, p. 27-48.

ROBIDOUX, Ferdinand J. (1907), *Conventions nationales des Acadiens. Recueil des travaux et délibérations des six premières conventions*, Shediac, Imprimerie du Moniteur Acadien.

ROY, M. (1978), «Un pays à inventer», *L'Acadie*, vol. 1, n° 1, p. 33-34.

ROY, Michel (1972), «Assimilation francophone, expansion économique anglophone», *L'Acayen*, n° 2 (juin), p. 17-20.

RUMILLY, Robert (1955), *Histoire des Acadiens*, Montréal, Imprimerie St-Joseph, 2 tomes.

THÉRIAULT, Léon (1971), «Réflexions sur la francophonie aux Maritimes», *Revue de l'Université de Moncton*, vol. 4, n° 3, p. 33-37.

THÉRIAULT, Léon (1972), «À la recherche d'un nom», *L'Acadie*, vol. 1, n° 1, p. 31-32.

TREMBLAY, Marc-Adélard (1966), «La société acadienne en devenir : l'impact de la technique sur la structure sociale globale», *Anthropologica*, vol. 3, n° 2, p. 329-350.

VERNEX, Jean-Claude (1975), «La survivance acadienne au Nouveau-Brunswick: quelques interrogations sur son devenir», Le Globe, n° 115, p. 15-52.

VERNEX, Jean-Claude (1978a), Les francophones du Nouveau-Brunswick. Géographie d'un groupe ethno-culturel minoritaire, Paris, Honoré Champion.

VERNEX, Jean-Claude (1978b), «Les frontières de l'Acadie: quelques données sur l'espace vécu des francophones du Nouveau-Brunswick», dans Actes du 103e Congrès national des sociétés savantes, Paris, [s.é.], [s.p.].

WADE, Mason (1960), La dualité canadienne: essais sur les relations entre Canadiens français et Canadiens anglais/Canadian Dualism: Studies of French-English Relations, Québec / Toronto, Presses de l'Université Laval / University of Toronto Press.

WILLIAMS, Colin H. (1977), «Ethnic perceptions of Acadia», Cahiers de géographie de Québec, vol. 21, n°s 53-54, p. 243-268.

La situation du francophone en 1968 :
progrès ou recul ?

PIERRE POULIN

Consacrée à la ville de Bathurst, cette étude est à bien des égards pionnière, puisqu'elle est publiée à un moment-clé de la vie politique néo-brunswickoise. Moment qui fut celui de la décennie du régime libéral de Louis J. Robichaud, dont les réformes furent considérables, et celui où une effervescence politique et culturelle sans pareille secoue l'Acadie – la langue et la culture constituant désormais les vecteurs politiques privilégiés des revendications des jeunes générations. C'est pourquoi cette étude empirique consacrée à la situation des francophones de la ville de Bathurst – ville-microcosme s'il en est de la mixité démographique et culturelle de la province du Nouveau-Brunswick, avec tout ce que cela a impliqué, à l'époque, de domination et de tensions culturelles et linguistiques – est intéressante au plus haut point. En effet, outre les dimensions historiques et institutionnelles de la ville en rapport avec le fait francophone que rappelle l'auteur, les données statistiques originales, tant démographiques que linguistiques qu'il a recueillies permettent de saisir les avancées comme les reculs qu'avait connus la population francophone de cette ville. L'auteur multiplie les outils de son observation et envisage tour à tour les facteurs linguistiques, religieux, familiaux et démographiques. Ce texte apparaît aujourd'hui d'autant plus original que, d'une part, de telles études empiriques émanant de la communauté elle-même étaient alors très rares et que, d'autre part, il accordait toute son importance à la notion de « mixité linguistique » – notion aujourd'hui communément débattue et dont les études sociolinguistiques actuelles ont, depuis, très largement pris la mesure.

La situation du francophone, en 1968, constitue-t-elle une amélioration sur celle qui a déjà existé ? La francophonie de la cité de Bathurst est-elle en perte de vitesse ? La réponse à ces questions n'est pas facile mais nous tenterons néanmoins de la donner en nous appuyant sur trois points de comparaison : les conditions de vie de cette francophonie, les statistiques à différentes époques et l'attitude de la population actuelle selon les âges.

Brève étude comparative des conditions de vie
de la francophonie de la cité de Bathurst

La vie du francophone de la cité de Bathurst est surtout influencée par six facteurs principaux : la politique, la religion, l'école, la vie économique, la vie commerciale et les moyens de communication audiovisuels. Voyons brièvement pour chacun de ces facteurs si la francophonie est en meilleure situation qu'elle ne l'était il y a cent cinquante ans.

Au point de vue politique, Bathurst s'intègre dans un ensemble plus grand appelé jadis l'Acadie et dont une partie est devenue l'actuel Nouveau-Brunswick. Cette Acadie et ce Nouveau-Brunswick, à partir du traité d'Utrecht en 1713, sont sous domination anglaise. Si le traité d'Utrecht reconnaissait aux Acadiens le libre exercice de leur religion, ceux-ci passaient néanmoins sous une administration anglaise. Jusqu'en 1749, cependant, la population acadienne conservait une certaine autonomie et le français restait de fait, sinon de droit, la langue principale du territoire. Mais vers 1750, les colons anglais se font de plus en plus nombreux et ils veulent angliciser et protestantiser les Acadiens. Ceux-ci refusent et c'est la Déportation. Leur retour de la Déportation n'est toléré que sous la condition que dans la vie publique ils adopteront la langue du nouveau maître. La Confédération n'améliore pas les choses, en raison des pouvoirs qu'elle laisse aux provinces dans le domaine de l'éducation. Mais, devant la résistance de la population acadienne, des tolérances sont admises et peu à peu la situation s'améliore, si bien qu'en 1912, au moment de l'incorporation de la ville de Bathurst, est inaugurée une tradition selon laquelle le maire sera successivement un Anglais, un Irlandais et un Français. Aujourd'hui, nous sommes loin du temps où le francophone n'avait pas droit de cité, même si les progrès à faire sont encore considérables. Les gains faits au niveau du gouvernement fédéral depuis plusieurs années en matière de respect du français ont permis un certain dégel en ce sens à Bathurst. Le gouvernement provincial, plus récemment, a fait des gestes importants en reconnaissant officiellement le français au printemps de cette année, après avoir voté à l'unanimité l'année précédente l'adoption de la traduction simultanée à l'Assemblée législative. Enfin, une déclaration de politique déposée par le premier ministre, monsieur Robichaud, à l'Assemblée législative, le 4 décembre 1968, fait figure de document historique en préconisant la « réalisation concrète de l'égalité des possibilités linguistiques et culturelles dans la vie publique de la province[1] ». Enfin, au niveau municipal,

---

1. Extrait du texte intégral de la déclaration du premier ministre néo-brunswickois Louis Robichaud, telle que reproduite dans *Le Devoir*, 9 décembre 1968.

on semble commencer à prendre conscience de la réalité biethnique de la cité même si les réalisations concrètes sont encore rares. En somme, au point de vue politique, les réalisations concrètes sont encore rares, mais les législations permettant ces réalisations sont de plus en plus nombreuses et satisfaisantes et on peut conclure que la situation du francophone de Bathurst est nettement meilleure en ce domaine.

Au point de vue religieux, les progrès sont plus considérables encore. Dépendant autrefois des évêchés anglophones de Halifax, Charlottetown, Saint John et Chatham, Bathurst a aujourd'hui son propre évêché dont le titulaire est un des leurs. Dirigés autrefois par un clergé irlandais, les Acadiens de Bathurst ont maintenant un clergé parlant leur langue. Ils ont donc la possibilité de participer aux différents actes du culte en parlant le français et, avec l'implantation progressive des langues vernaculaires dans la liturgie, cette possibilité est de plus en plus grande. Si le ministère doit s'effectuer dans les deux langues dans la plupart des paroisses, ceci est au nom même du principe invoqué par le francophone, celui du respect de sa langue, car plusieurs de ses frères chrétiens sont de langue anglaise et ont droit à des offices dans leur langue, s'ils sont assez nombreux pour légitimer un tel service. Au point de vue religieux, le progrès est donc certain.

Dans le domaine scolaire, nous sommes loin de la loi de 1871 créant l'école unique, anglophone et neutre. À partir de 1923, des cours de français existent à Bathurst-Est et, nous l'avons vu, à partir des années 1940, l'école bilingue apparaît dans différents secteurs de la ville. Le Collège de Bathurst est la seule institution d'enseignement supérieur de la ville et elle est francophone. Bientôt, non loin du collège, une école polyvalente sera construite, dont la moitié doit être réservée aux francophones. Avec la déclaration du 4 décembre du premier ministre, il est logique d'espérer un système scolaire complet pour les francophones de Bathurst. Dans le domaine scolaire, par conséquent, les progrès réalisés permettent d'espérer une issue pour les problèmes qui demeurent.

Dans les secteurs de l'économie et du commerce, les progrès sont minces. Les grandes industries qui constituent la base de la vitalité économique de Bathurst sont possédées et administrées par des anglophones et le français y est presque complètement absent. Il y a des lueurs d'espoir cependant que le français pourra y être respecté davantage à l'avenir. Il y a quelques mois, on nous remettait un rapport de la Bathurst Paper publié pour la première fois dans les deux langues. Dans le commerce, la langue des affaires est l'anglais et, bien que la clientèle soit en majorité de langue française, la publicité est presque exclusivement de langue anglaise.

Cependant, le personnel de langue française est majoritaire et certains employés de langue anglaise nous ont déjà dit qu'ils aimeraient apprendre le français si on leur en donnait la chance. Nous savons aussi que les banques, par exemple, à la demande de clients, font un effort pour donner à leur établissement un caractère bilingue.

Enfin, dans le domaine de l'information, les francophones n'ont que les miettes de la table du voisin. Le seul hebdomadaire de la région, autrefois de langue française, est maintenant de langue anglaise. La seule station radiophonique de la cité et de la région est de langue anglaise et la seule station de télévision du Nouveau-Brunswick qu'il est possible de capter à Bathurst est aussi de langue anglaise. Les miettes du voisin, ce sont les stations de radio et de télévision de New Carlisle et de Carleton, sis dans la province de Québec. Cependant, un espoir existe dans ce domaine : d'une part, Moncton deviendra un centre de production et de création au point de vue télévision française et il est à espérer que c'est là un premier pas vers l'implantation d'un réseau français respectant la personnalité acadienne et couvrant la province ; d'autre part, le feu vert est donné pour l'établissement d'une station française de radio dans le nord-est du Nouveau-Brunswick, bien qu'il soit regrettable que Radio-Canada n'ait pas voulu endosser la réalisation d'une telle station.

En somme, dans presque tous les secteurs qui influencent d'une façon importante la vie du francophone de Bathurst, des progrès notables sont à souligner et une certaine convergence apparaît qui, appuyée sur les initiatives des derniers mois, permet d'espérer le plein épanouissement de la vie française à Bathurst.

Les francophones à Bathurst : statistiques comparées

La comparaison statistique serait facile si Bathurst n'avait pas tellement augmenté depuis cent cinquante ans. Mais la cité a doublé plusieurs fois sa population depuis cette époque, grâce non seulement à l'accroissement naturel, mais aussi à l'arrivée d'immigrants écossais, anglais et irlandais, d'une part, et de francophones du comté de Gloucester, d'autre part. Les francophones anglicisés et rebaptisés à l'anglaise étaient remplacés par des francophones nouvellement arrivés des régions rurales. Combien de ces francophones sont anglicisés à ce point qu'ils ont changé leur nom ? Nous ne le savons pas mais il nous semble permis d'affirmer qu'ils ne sont tout de même pas très nombreux, car nous découvrons qu'aujourd'hui environ 60 % des foyers de Bathurst portent encore un nom français. On estime par ailleurs que 34,4 % des habitants de Bathurst sont originaires des îles bri-

.tanniques et que 3,1 % ont une origine autre que française ou britannique (CIC, 1968 : 65). Il resterait donc 62,5 % des habitants qui soient d'origine française. Il y a donc un décalage de 2,5 % environ avec les chiffres que nous avons donnés précédemment et cette différence peut être constituée par les foyers francophones qui ont adopté un nom à consonance anglaise.

Par conséquent, une étude approximative de la proportion des citoyens de langue française et de langue anglaise à Bathurst peut donner une bonne idée de la progression statistique des francophones dans Bathurst. Or, au début du XIXᵉ siècle, la paroisse de Nipisiguit comptait 200 communiants francophones et il semble bien que la population de langue anglaise était moins nombreuse, car ce n'est qu'en 1827 qu'une église presbytérienne est érigée à Bathurst. En 1832, on estime que la paroisse de Bathurst comptait 600 habitants dont la moitié sont des Acadiens (CIC, 1968 : 21). Lors de l'incorporation de la ville de Bathurst, en 1912, les francophones étaient sans doute encore majoritaires, car la majorité des conseillers élus sont d'origine francophone. Et il est à noter qu'à cette époque la ville ne comprenait en somme que le centre actuel où on compte aujourd'hui 50 % de foyers d'origine francophone. L'ensemble du territoire, désigné aujourd'hui sous le nom de cité de Bathurst, devait connaître un nombre encore plus considérable de francophones. Nous ne savons pas cependant si beaucoup de ces francophones étaient anglicisés.

Les archives de l'évêché nous donnent la répartition des familles catholiques en familles francophones et anglophones. Depuis 1957, on distingue aussi les familles mixtes, c'est-à-dire les familles dont l'un des conjoints est francophone et l'autre anglophone. Nous n'avons ici que la population catholique, mais celle-ci constitue la très grosse majorité de la population de la cité. Ainsi, en 1966, les cinq paroisses de Bathurst comptent 12 587 fidèles, soit 82,5 % des 15 256 habitants de la cité de Bathurst. En 1931, les trois paroisses de Bathurst comptaient 76 % de la population de ce que l'on appelle la paroisse de Bathurst, c'est-à-dire un territoire plus grand que celui de la cité actuelle, mais qui ne compte pas un nombre beaucoup plus considérable de citoyens que ceux habitant la cité proprement dite. Les statistiques fournies par ces archives sont donc un bon point de repère et on peut supposer qu'elles fournissent des données sur 75 % à 80 % de la population totale, le reste étant constitué de gens de langue anglaise car tous les francophones à peu d'exception près sont catholiques.

TABLEAU 1

Répartition selon la langue des foyers catholiques de Bathurst[2]

Année	Sainte-Famille		Cathédrale		Est		Total	
	français %	mixte %	français %	mixte %	français %	mixte %	français %	mixte %
1907	67,0[1]	-	-	-	-	-	67,0	-
1917	87,0[2]	-	61,9[3]	-	-	-	71,9	-
1927	80,6	-	69,1	-	93,1	-	79,9	-
1937	83,8	-	80,8	-	89,7	-	84,0	-
1947	85,0	-	72,3[4]	-	87,8	-	80,8	-
1957	80,6	2,3	50,0	25,1	80,7	10,3	69,0	13,2
1967	74,2	8,8[5]	63,7	12,2	79,5	2,2	73,0	7,7

1. Pour Sainte-Famille, il n'y a pas de statistique pour 1907 et nous avons employé celles de 1908. Pour la paroisse Cathédrale, il n'y a aucune statistique à cette époque.
2. Statistiques de 1922, les seules disponibles.
3. Statistiques de 1922, les seules disponibles. La paroisse Cathédrale comprenait alors le territoire de la future paroisse Est.
4. En 1944, la paroisse Bathurst-Sud était fondée à partir du territoire de la paroisse Cathédrale. Nous incluons ici et pour les prochaines années les statistiques de Bathurst-Sud.
5. En 1958, la paroisse Notre-Dame-du-Rosaire est fondée sur une partie du territoire de Sainte-Famille. Nous incluons ici les chiffres de Notre-Dame-du-Rosaire.

Première constatation dans ce tableau : la progression du groupe francophone jusqu'en 1937 et sa lente diminution depuis.

Entre 1937 et 1947, le pourcentage des familles catholiques francophones diminue dans l'est et le centre (Cathédrale) mais il continue à augmenter dans l'ouest (Sainte-Famille). Mais entre 1947 et 1967, la baisse s'effectue dans deux secteurs, même dans le nord-ouest (Notre-Dame-du-Rosaire), où il y a une légère diminution de 1958 à 1967, cependant il y a augmentation pour l'ensemble de la cité.

Un autre phénomène intéressant est l'apparition des « foyers mixtes » à partir de 1957. Ainsi, en 1956, dans Bathurst-Sud, il y a 266 foyers francophones et 42 foyers anglophones. Mais l'année suivante, alors qu'il y a deux foyers de moins dans la paroisse, on n'a plus que 160 foyers francophones, 97 foyers anglophones et 50 foyers mixtes. Par la suite, en 1965, on mentionne 225 foyers francophones, 26 foyers anglophones et 48 foyers mixtes. L'année suivante, les foyers mixtes ne sont plus mentionnés et on estime qu'il y a 237 foyers francophones et 77 foyers anglophones. Si l'on considère qu'il y a alors 15 familles de plus dans la paroisse et que 48 foyers mixtes « disparaissent »,

2. Le tableau ne donne que le pourcentage de foyers français et, s'il y a lieu, de foyers mixtes, c'est-à-dire de foyers où les conjoints sont d'origine ethnique différente. Les autres foyers sont de langue anglaise.

on peut raisonnablement conclure que la plupart des foyers mixtes sont désormais considérés comme anglophones puisqu'en un an, il y a 51 foyers anglophones de plus et seulement 12 foyers francophones supplémentaires. Quoi qu'il en soit, le pourcentage de familles francophones en onze ans est passé de 85,7 % à 75,4 %, alors que la paroisse n'a augmenté que de six familles. Ces chiffres ne permettent-ils pas de conclure que, dans ce secteur, les foyers où l'un des conjoints est de langue anglaise deviennent des foyers anglophones ? Cela confirmerait que le secteur centre de la cité, auquel appartient Bathurst-Sud, est plus anglicisant que d'autres.

Toujours dans le secteur centre, mais dans la paroisse Cathédrale, nous avons 279 foyers francophones et 153 foyers anglophones en 1956 ; l'année suivante, la paroisse compte cinq familles de moins, mais il n'y a plus que 208 foyers francophones et 85 foyers anglophones, alors que 135 foyers mixtes apparaissent. On voit donc que certains foyers considérés jusque-là comme anglophones ou francophones sont en fait des foyers mixtes. Par la suite, jusqu'en 1967, les foyers mixtes diminuent alors que les foyers francophones et anglophones augmentent, et que le nombre total des foyers augmente de 20. Mais le pourcentage de foyers considérés comme francophones augmente de 48 % à 55 %. C'est peut-être là un signe de reprise !

Dans l'est, lorsque les foyers mixtes sont mentionnés, le nombre de foyers francophones diminue et le nombre de foyers anglophones augmente, alors que la population totale de la paroisse diminue de 25 foyers. Par la suite, le mouvement est plus difficile à suivre, car la paroisse passe de 608 à 880 foyers, mais la proportion de foyers francophones diminue, passant de 82,1 % en 1955 à 79,5 % en 1967. Pendant cette même période, les foyers mixtes diminuent, passant de 11,5 % à 2,2 %, et le nombre de foyers anglophones augmente, passant de 6,3 % à 12,5 %. Comme les foyers mixtes, en chiffre absolu, diminuent de 67 à 20, peut-on penser que ces foyers sont considérés peu à peu comme des foyers anglophones ?

Enfin, dans l'ouest, le pourcentage des foyers francophones diminue mais celui des foyers mixtes augmente. Alors que la population totale et la population francophone augmentent de 1,8 fois, la population francophone augmente de 1,6 fois et la population mixte de 5,8 fois. Les francophones subissent donc une perte légère.

En résumé, si l'on s'en tient aux statistiques, les francophones sont proportionnellement moins nombreux actuellement qu'il ne l'étaient jusque vers les années 1940 et certains indices laissent supposer que l'assimilation à l'élément anglophone de foyers mixtes y est pour quelque chose. D'ailleurs, les foyers où l'un des conjoints ne peut parler le français deviennent dans 90 % des cas des foyers anglophones.

Attitude des francophones d'aujourd'hui selon l'âge de la famille

Une dernière question se pose : dans la population actuelle, les jeunes tiennent-ils à leur langue plus que leurs aînés ? Les familles d'un certain âge sont-elles plus anglicisées que les familles plus jeunes ? La réponse à ces questions permettra, par un autre biais, de déterminer si la situation s'améliore ou s'aggrave.

Il y a plus de parents parlant habituellement le français au foyer que d'enfants, et il y a plus d'enfants parlant habituellement le français au foyer qu'il y en a qui le parlent en dehors du foyer. N'avons-nous pas là un indice de l'accroissement de l'anglicisation à mesure que l'on touche les couches plus jeunes de la population ? N'est-ce pas là la preuve que pour beaucoup de jeunes, le français est comme un vieux meuble, que l'on respecte encore sans doute, mais dont on se garde bien de se servir ? Nous avons donc tenté de cerner davantage ce phénomène en étudiant l'attitude de la famille par rapport au français en relation avec l'âge de l'aîné de la famille. Notre étude ne porte donc que sur les familles francophones qui ont des enfants, mais ces familles constituent la plus grande partie de notre échantillon.

Nous allons donc comparer la langue parlée par les parents et les enfants à la maison, et par les enfants en dehors de la maison, avec l'âge du foyer selon que le plus vieux des enfants de la famille a trente ans ou plus, entre vingt et vingt-neuf ans, entre dix et dix-neuf ans et, enfin, entre zéro et neuf ans.

TABLEAU 2

Relation entre la langue parlée par les parents et l'âge de l'aîné de la famille[3]

Famille dont l'aîné a	Régions					% moyen[1]
	Nord-ouest %	Centre-ouest %	Sud-ouest %	Centre %	Est %	
30 ans ou +	100,0	66,7	81,9	77,8	88,3	80,0 (52/65)
20-29 ans	100,0	75,0	75,0	50,0	81,9	71,8 (56/78)
10-19 ans	100,0	81,0	58,4	77,0	91,0	80,2 (69/86)
0-9 ans	80,0	80,0	72,7	65,0	66,6	71,1 (69/97)

1. Le rapport en chiffres absolus indique le nombre de foyers impliqués.

Si nous nous bornons à considérer les moyennes globales, il est frappant de constater que pour l'ensemble de la cité, il n'y a pas continuité mais une espèce de montagne russe dont les sommets et les niveaux inférieurs sont

---

3. Le pourcentage est celui des familles où les parents parlent habituellement le français.

pratiquement à égalité. Une comparaison avec le Tableau 1 révèle des ressemblances frappantes, même si les sources qui sont à l'origine de ces tableaux sont différentes. Ainsi, les foyers dont l'aîné a trente ans ou plus ont été fondés avant 1938 ; or dans ces foyers, les parents parlent français dans 80 % des cas et on constate que vers 1937, 84 % des foyers catholiques de Bathurst étaient francophones. Pour les familles de la tranche suivante, les parents ne parlent français que dans 72 % des cas ; or, pendant la période qui a vu la formation de ces foyers, le pourcentage des foyers catholiques francophones a tendance à baisser. Il y a une exception pour les familles dont l'aîné a entre dix et dix-neuf ans dont les parents parlent français dans 80 % des cas, alors qu'entre 1948 et 1958, période où ces familles ont été fondées, le pourcentage des foyers catholiques francophones diminue. Enfin, dans les plus jeunes foyers, une baisse est à noter, alors que de 1958 à 1968, le pourcentage des foyers catholiques francophones a tendance à augmenter.

À quoi sont attribuables ces soubresauts ? Il n'est pas facile de répondre et un élément nous manque : il serait important de savoir si les jeunes foyers où les parents ne parlent plus de façon habituelle le français sont des foyers récemment arrivés à Bathurst ou des familles dont les parents vivent à Bathurst depuis longtemps déjà. En effet, la famille nouvellement arrivée aura sans doute tendance à parler le français puisqu'elle vient d'un milieu rural presque complètement francophone. Nous en sommes donc réduit à constater les faits sans pouvoir les expliquer ; nous pouvons dire cependant que dans les familles dont le plus vieux a entre cinq et neuf ans, le pourcentage des parents parlant habituellement le français est légèrement plus élevé que dans les familles dont l'aîné a moins de cinq ans (72,3 % contre 70 %).

TABLEAU 3

**Relation entre la langue parlée par les enfants au foyer
et l'âge de l'aîné de la famille[4]**

Famille dont l'aîné a	Régions					% moyen[1]
	Nord-ouest %	Centre-ouest %	Sud-ouest %	Centre %	Est %	
30 ans ou +	100,0	66,7	72,8	66,7	81,3	72,1 (44/61)
20-29 ans	100,0	75,0	58,4	27,3	72,8	62,9 (49/78)
10-19 ans	100,0	81,0	80,0	69,3	86,4	76,7 (66/86)
0-9 ans	75,0	77,7	75,0	71,4	60,0	71,2 (62/87)

1. Le rapport en chiffres absolus indique le nombre de foyers impliqués.

---

4. Le pourcentage est celui des familles où les enfants parlent habituellement le français à la maison.

TABLEAU 4

Relation entre la langue parlée par les enfants
en dehors du foyer et l'âge de l'aîné de la famille[5]

| Famille dont l'aîné a | Régions | | | | | % moyen[1] |
	Nord-ouest %	Centre-ouest %	Sud-ouest %	Centre %	Est %	
30 ans ou +	100,0	55,5 (11,2)[2]	72,8	65,2 (4,4)	46,6 (26,7)	61,0 (36/59) (10,1)
20-29 ans	60,0 (20,0)	66,6 (6,8)	50,0 (16,7)	27,3	54,5 (9,2)	48,7 (37/76) (7,9)
10-19 ans	80,0 (20,0)	80,0	33,3 (8,4)	46,1 (3,9)	81,8 (4,5)	63,5 (54/85) (4,7)
0-9 ans	100,0	70,5	65,5	50,0 (12,5)	65,5 (9,2)	65,3 (49/75) (2,6)

1. Le rapport en chiffres absolus indique le nombre de foyers impliqués.
2. Pourcentages entre parenthèses : celui des familles qui ne savent pas en quelle langue parlent habituellement leurs enfants en dehors du foyer.

Ces deux derniers tableaux ont à peu près la même structure que le Tableau 2. Les familles dont l'aîné a entre vingt et vingt-neuf ans ou entre zéro et neuf ans semblent plus anglicisées. Il y a cependant une variante intéressante dans le dernier tableau : la proportion de familles dont les enfants parlent le français en dehors du foyer est plus considérable dans les deux groupes plus jeunes que chez les familles dont l'aîné a entre vingt et vingt-neuf ans. Les reprises sont particulièrement spectaculaires dans les secteurs centre et sud-ouest. D'ailleurs, en définitive, il semble qu'on doive étudier ces trois tableaux secteur par secteur si on veut arriver à une meilleure compréhension, car la cité n'est pas un tout complètement homogène et une évolution dans un secteur ne touche pas nécessairement les autres secteurs.

Dans le nord-ouest, l'anglicisation a moins de prise. Les familles dont l'aîné a dix ans et plus parlent habituellement le français au foyer à 100 %. C'est le seul secteur de la cité qui présente un tel bloc. Il y a un ralentissement pour le groupe plus jeune, mais il ne touche qu'un seul foyer, dont l'un des conjoints n'est pas francophone. Nous avions souligné ce même léger ralentissement pour la paroisse Notre-Dame-du-Rosaire, dont le territoire est le secteur nord-ouest, pour la période plus récente. Par contre, lorsqu'on considère la langue parlée par les enfants en dehors du foyer, il y a au

---

5. Le pourcentage est celui des familles dont les enfants parlent le français en dehors du foyer.

contraire une remontée qui aboutit au fait que les enfants des foyers les plus jeunes parlent tous français d'une façon habituelle en dehors du foyer. Nous voyons là un effet de l'implantation d'une école bilingue, l'école Notre-Dame, dès 1942-1943. À ce moment-là, les enfants des familles dont l'aîné a maintenant entre vingt et vingt-neuf ans avaient commencé à fréquenter l'école anglophone, la seule à leur disposition. Mais les enfants des foyers plus jeunes fréquentent l'école bilingue, ce qui favorise la conversation en français, si bien qu'aujourd'hui, les enfants des familles plus jeunes conversent en français en dehors du foyer. L'école n'est sans doute pas l'unique facteur mais c'est l'un des plus importants.

Dans le centre-ouest, on parle de plus en plus français à la maison, même s'il semble y avoir un léger ralentissement chez les foyers plus jeunes. Il est révélateur aussi que parents et enfants parlent la même langue au foyer ; le voisinage étant plus francophone, les enfants prennent l'habitude de parler le français au foyer comme en dehors du foyer. Il y a un décalage d'environ 8 à 10 % entre la langue parlée par les enfants au foyer et en dehors du foyer, mais il est moins considérable que celui que nous trouverons dans d'autres secteurs. Le milieu ambiant est donc probablement plus favorable au français que dans d'autres secteurs de la cité. Il faut souligner que l'école Sainte-Famille ne compte des classes bilingues que depuis 1959 ; l'effet de ce changement de condition n'a donc pas encore eu le temps de se faire sentir pleinement.

Dans le secteur sud-ouest, où n'existe aucune école francophone ou bilingue[6], la situation est plus mauvaise, mais il semble y avoir une reprise dans les couches plus jeunes du groupe francophone. La langue parlée par les parents est aussi celle des enfants au foyer mais, en dehors du foyer, l'influence de l'anglais est très nette puisqu'il y a jusqu'à 25 % d'écart entre la langue parlée par les enfants au foyer et en dehors de celui-ci. Mais même en dehors du foyer il y a une nette remontée chez les foyers plus jeunes. Il faut souligner, pour expliquer cette baisse dans l'usage du français en dehors du foyer, que les foyers francophones ne constituent que 64 % des foyers du secteur, alors que dans le centre-ouest, ils représentent 73 % des foyers.

Dans le centre, où l'école bilingue n'existe que depuis 1955 et où les foyers d'origine française ne constituent que la moitié de la population, la situation est encore pire. Il y a un net décalage entre la langue parlée par les parents et celle employée par les enfants au foyer et en dehors. Le milieu

---

6. Le Collège de Bathurst est situé dans ce secteur, il est vrai, mais il ne reçoit les jeunes qu'après l'école secondaire. Il est donc déjà trop tard à ce moment-là.

étant beaucoup plus anglicisé, il met en échec l'influence que pourraient avoir les parents au point de vue linguistique et il n'est pas rare de voir des familles où les parents parlent en français entre eux, alors que les enfants conversent en anglais. Est-ce surprenant si l'on considère que le français est presque absent du terrain de jeu, de la cour d'école ou des trottoirs, et que l'école était exclusivement anglophone il y a à peine un peu plus de dix ans ? Il y aurait cependant plus d'enfants de foyers plus jeunes qui parlent le français au foyer et en dehors du foyer. Comme on retrouve cette tendance aussi dans le sud-ouest, nous pouvons espérer que cela s'inscrit dans un virage pris par l'ensemble de la francophonie de la cité.

On peut se demander, cependant, si l'est n'échappe pas à ce virage car, alors que les familles dont les enfants aînés ont dix ans et plus parlent encore passablement le français, du moins au foyer, le groupe de familles plus jeunes accuse un net recul. Les statistiques de la paroisse de Bathurst-Est font état du même recul pour l'époque toute récente. Pourtant, dès 1923, le français est enseigné dans certaines écoles de ce secteur et l'école bilingue ouvre ses portes dès 1943. Le milieu est plus anglicisant car il y a parfois un fort décalage entre la langue parlée par les enfants au foyer et en dehors du foyer, même s'il y a un progrès de ce côté depuis vingt ans. Mais le voisinage immédiat du secteur centre et de la papeterie, fief anglophone par excellence, et le fait que 40 % des foyers du secteur sont anglophones – le plus important pourcentage après le secteur centre – expliquent sans doute pourquoi la vie du francophone est plus difficile ici et que les signes d'une reprise n'y apparaissent pas tellement.

En résumé, le français est-il en progrès ou en recul à Bathurst ? Une réponse catégorique n'est pas possible, mais nous croyons pouvoir dire qu'aucune évolution irréversible n'est en cours. L'évolution actuelle n'annonce de manière claire ni la disparition du français ni le plein épanouissement des francophones de la cité de Bathurst. Mais il y a suffisamment de facteurs encourageants et d'améliorations pour affirmer que les chances du français d'acquérir droit de cité n'ont jamais été aussi bonnes et qu'avec l'aide de certaines réformes, le virage qui s'amorce patiemment depuis des années a de bonnes chances de devenir une progression irréversible vers un statut d'égalité véritable.

La vitalité de la francophonie selon les secteurs de la cité

Dans les pages qui précèdent, nous avons continuellement démontré les différences qui existent dans l'attitude des francophones selon les secteurs de la cité. Nous n'avons donc pas à reprendre tout cela une fois de plus, mais il convient tout simplement de résumer en groupant les éléments principaux et en décrivant le degré de vitalité du groupe francophone dans chaque secteur de la cité.

Un premier point est clair : le nord-ouest est le secteur où l'anglicisation a eu le moins de prise sur les francophones. Ce secteur compte le plus faible pourcentage de francophones « décédés » ou « mourants » de la cité, le plus fort pourcentage d'enseignants, d'élèves et de classes de langue française, d'enfants qui lisent beaucoup ou pas mal en français, de foyers qui reçoivent un quotidien francophone, écoutent toujours ou souvent la radio de langue française, regardent toujours ou souvent la télévision française. C'est là aussi qu'on trouve la plus forte proportion de foyers exigeant des services publics en français. Ce n'est pas trop étonnant, car c'est le secteur le plus éloigné du centre de la ville, particulièrement anglicisé, et le plus proche de toute une région rurale presque exclusivement francophone. Ce secteur a échappé à l'industrialisation et à la commercialisation, où l'anglophone a la part du lion, et il a bénéficié le premier d'une école bilingue. D'ailleurs, 66 % des foyers de ce secteur sont francophones, la deuxième plus forte proportion de la cité. Cependant, ce milieu particulièrement favorable au français ne profite qu'à 9,4 % des foyers francophones de la cité. On peut espérer cependant que les déménagements de population rurale, en très grosse majorité francophone, d'une part, et les grands espaces que compte ce secteur, d'autre part, en feront un point de regroupement de la population francophone.

Deux autres secteurs se situent entre le nord-ouest et les secteurs les plus anglicisés ; il s'agit du centre-ouest et de l'est. Une étude attentive révèle que le centre-ouest jouit d'une plus grande vitalité francophone que l'est. Il est vrai qu'il y a 2,5 % plus de foyers francophones dans le centre-ouest, dont les parents ne parlent pas le français d'une façon habituelle, mais c'est le seul point sur lequel l'est est en meilleure posture. Pour quatre facteurs, les deux secteurs sont pour ainsi dire dans la même situation, soit pour le pourcentage des « décédés », celui des enfants francophones fréquentant l'école française, tout comme pour l'intérêt démontré pour la radio et la télévision française. Mais dans neuf autres cas, la comparaison est favorable au centre-ouest, et ce, d'une façon parfois très nette. Ainsi, il y a 4 % plus de foyers francophones dans l'est dont les enfants ne parlent pas le français de façon habituelle à la maison et 3,5 % de plus dont les enfants ne parlent pas cette même langue en dehors du foyer. Par contre, il y a 5 % plus d'enseignants de français, 7 % plus de classes francophones dans le centre-ouest et 22 % plus de foyers dont les enfants lisent beaucoup ou pas mal en français. Toujours dans le centre-ouest, il y a 15 % plus de foyers recevant un quotidien francophone, 10 % plus de foyers se faisant toujours ou souvent servir en français dans les services publics. Enfin, le centre-est est, de tous les secteurs de la cité, celui qui se montre le plus intéressé à obtenir du cinéma en français. Si l'on considère que 73 % des foyers sont d'origine francophone – contre 60 % dans l'est –, que ce secteur est voisin du nord-ouest déjà décrit comme le plus favorable au français à Bathurst, qu'il compte une église depuis 1798, la plus vieille de la cité, et qu'il a un clergé de langue française depuis 1921, sans oublier les quelques curés français qui s'y sont succédé au XIXᵉ siècle ; si l'on ajoute que les enfants francophones de ce secteur pouvaient fréquenter l'école Notre-Dame, école bilingue du nord-ouest, depuis 1941-1942, et une section bilingue de l'école Sainte-Famille depuis 1959, on comprendra pourquoi ce secteur l'emporte sur le secteur est. Et il est encourageant de constater que 20 % des foyers francophones de la cité bénéficient de cette ambiance relativement favorable au français. Dans l'est, même si l'enseignement du français s'y fait depuis près de cinquante ans, le voisinage immédiat du centre de la cité et de la papeterie, sans contrepartie favorable au français, et le fait que ce secteur compte la deuxième moins forte proportion de foyers francophones de la cité, favorisent sans doute cette plus grande anglicisation de francophones. S'il y a un lien à faire entre le niveau de vie et le niveau d'instruction, ce secteur compte un plus grand nombre de foyers dont les membres ont un faible degré d'instruction. Car 64 % des foyers de la cité qui devraient être détruits et 50 % de ceux qui nécessitent des réparations majeures sont situés dans ce secteur (CIC, 1968 : 89). Mais est-ce que le bas niveau d'instruction peut être une cause d'anglicisation ? Nous croyons qu'il n'y a pas nécessairement de lien de cause à effet entre l'instruction reçue et le degré d'anglicisation.

Les deux derniers secteurs, le centre et le sud-ouest, se détachent nettement des autres par le caractère plus anglophone du milieu et le degré relativement plus élevé d'anglicisation. Le secteur sud-ouest, même s'il compte 5 % plus de foyers « décédés », offre un environnement un peu plus favorable au français car il y a un minimum de 10 % moins de foyers francophones dont les enfants parlent habituellement l'anglais soit au foyer, soit en dehors, ce qui n'est pas étonnant car 64 % des foyers sont francophones contre 50 % pour le centre. Par ailleurs, la situation scolaire est meilleure dans le centre, où 43 % des enseignants et 26 % des classes sont de langue française, alors que dans le sud-ouest, il n'y a que 4,1 % d'enseignants francophones et aucune classe francophone. Cependant, les deux secteurs ont un pourcentage à peu près égal d'enfants francophones fréquentant l'école anglophone. La combativité pour la préservation du français semble plus grande dans le secteur centre ; il est vrai qu'il y a 6 % plus de foyers recevant un quotidien francophone dans le sud-ouest, par contre le centre compte respectivement 6 % et 3 % plus d'habitués de la radio et télévision françaises, 29 % plus de foyers où les enfants lisent beaucoup ou pas mal en français et 12 % plus de foyers se faisant toujours ou souvent servir en français dans les services publics. Dans ces deux secteurs, cependant, il y a des zones francophones plus vivantes que d'autres ; ainsi, dans le sud-ouest, l'anglicisation décroît à mesure que l'on remonte vers le nord et la zone située entre la rue du Collège et la rue Sainte-Anne est moins anglicisée que le reste du secteur. Dans le centre, la zone sise au sud de la rue Dumeresque et à l'ouest de la rue King est relativement moins anglicisée que le reste du secteur.

L'anglicisation plus grande du centre est sans doute attribuable au fait que ce secteur, conçu par des anglophones, est le plus industrialisé et le plus commercialisé de la cité. Or l'industrie et le commerce sont en très grande partie possédés et gérés par des anglophones. Les causes expliquant la situation dans le sud-ouest sont moins évidentes mais l'absence d'écoles francophones y est sans doute pour beaucoup.

En résumé, les secteurs nord-ouest et centre-ouest sont très ou particulièrement favorable à un épanouissement de la vie française et ces secteurs regroupent 30 % des foyers francophones. L'est de la ville, où se trouvent 27,5 % des foyers francophones de la cité, offre un environnement moins favorable et l'anglicisation y est légèrement en progression depuis quelques années. Enfin, 42 % des foyers francophones de la cité sont dans des secteurs, le centre et le sud-ouest, qui ne sont pas particulièrement favorables à un épanouissement du français.

Bibliographie

COMMUNITY IMPROVEMENT CORPORATION (CIC) (1968), *Northeast New Brunswick Community Plans. Bathurst*. Part V [s.l., s.é.].

Le parler acadien[1]

Louise Després-Péronnet[2]

L'une des caractéristiques fondamentales de toutes les langues, c'est qu'elles se transforment avec le temps et selon les conditions sociales et politiques des locuteurs qui les parlent. La diversité des français à travers le monde n'est plus à montrer. Au Canada, on distingue habituellement la variété du français acadien – lui-même très divers – du français québécois. Dans « Le parler acadien », Louise Péronnet dresse un portrait des principales caractéristiques lexicales, grammaticales et phonologiques du français « traditionnel » acadien qu'elle nomme le « franco-acadien ». Cette description donne au lecteur des exemples de ce parler dont certaines formes restent en usage dans plusieurs régions en raison de l'isolement qu'a connu la population après la Déportation, du peu d'accès à un enseignement en français dans les écoles secondaires de la province jusque dans les années 1950 et du peu d'exposition à une norme de référence ou à des variétés de français plus normées. L'auteure explique que si le « franco-acadien » n'est pas valorisé, il risque de disparaître au profit du français standard doté d'une valeur dont ne jouit pas le français traditionnel ou encore de l'anglais qui prend une place de plus en plus importante en Acadie depuis que les Acadiens se sont urbanisés. Décrire les traits distinctifs d'une langue permet de la soustraire à l'indifférence et de la sauver de l'oubli. Là réside l'importance du texte de Péronnet ; la description du « franco-acadien » donne à ses locuteurs la légitimité dont ils ont été privés et participe des stratégies d'autonomisation de toute collectivité qui désire assumer sa différence.

Pour une définition du « parler acadien »

Le « parler acadien » recouvre un territoire qui n'a pas de limites, un territoire mouvant, instable, et qui n'est pas reconnu juridiquement, celui d'Acadiens dispersés à travers les Provinces maritimes, à Terre-Neuve, dans l'est des États-Unis, dans certains quartiers des grandes villes d'Ontario, et jusqu'en Louisiane. Historiquement, pourtant, l'Acadie a eu son nom sur la carte. Fondée à Port-Royal (Annapolis aujourd'hui) en Nouvelle-Écosse, cette colonie française s'est étendue aux trois Provinces maritimes, une partie du Nouveau-Brunswick actuel, la Nouvelle-Écosse et l'Île-du-Prince-Édouard,

---

1. Discours prononcé au colloque sur « L'Acadie ».
2. Professeure au département d'études françaises, Université de Moncton.

qui sont demeurées par la suite, malgré la domination des Anglais, le lieu traditionnel et le point de stabilité de l'Acadie.

Même en donnant au terme « parler acadien » un sens très large, qui s'étende à tous les Acadiens où qu'ils se trouvent, nous sommes quand même amenée à faire une distinction entre deux variétés de parlers acadiens, soit le parler traditionnel qu'on peut appeler le franco-acadien, et le parler plus actuel, celui de l'ère des villes et des mass-media qu'on peut appeler de façon générale le « franglais » et de façon localisée le « chiac » (région de Moncton, Nouveau-Brunswick).

Le franco-acadien a été le parler des Acadiens pendant des siècles, à l'époque où ils vécurent isolés, aussi bien de la France et du Québec que des Anglais. Ils ne fréquentaient ni les écoles ni les livres, et n'avaient donc aucun contact avec la langue française normative ; ils ne voyageaient pas et vivaient en économie fermée, et par conséquent n'entretenaient aucun lien ni avec les Français de la province de Québec, ni avec les Anglais des villages voisins. Ce mode de vie en vase clos a favorisé chez les Acadiens la « conservation » d'un parler propre, qui se révélera, plusieurs siècles plus tard, suffisamment différent du parler québécois pour qu'on puisse affirmer qu'il y a au Canada « deux variétés de parlers français[3] », l'acadien et le québécois. Le parler typiquement acadien et riche d'une longue existence est désigné sous le nom de « franco-acadien », le terme « franco » rappelant ses origines françaises.

Après des siècles de traditions et de vie tranquille, arrive la Confédération avec ses politiques de centralisation (c'est-à-dire d'uniformisation), et plus récemment ses politiques de bilinguisation. Pascal Poirier, illustre Acadien, qui, l'un des premiers, s'est attaché à décrire le parler des siens en 1928[4], est convaincu que c'est en 1867 que le parler acadien a commencé à connaître une altération, une modification[5] qui, par la suite, ira en s'accentuant sous de multiples influences, dont l'urbanisation, l'industrialisation, l'éducation et les moyens de communication. Tout dans le nouveau mode de vie tend actuellement à faire disparaître le parler traditionnel acadien pour le remplacer soit par le « français standard », soit par le « franglais » ou tout simplement par l'anglais. Le français standard, étant perçu par l'élite comme une valeur, est sans doute un facteur plus grand de disparition du parler acadien que le « franglais » qui, lui, est jugé par l'élite et par ceux qui le

---

3. René Baudry (citant J. Geddes), « État actuel des recherches sur le parler acadien », dans *Études sur le parler français au Canada*, Québec, Les Presses de l'Université Laval, 1955, p. 99.
4. Pascal Poirier, *Le Parler franco-acadien et ses origines*, Québec, Imprimerie franciscaine missionnaire, 1928.
5. Ibid., p. 48, 55.

parlent comme un mode de parler inférieur, dégradé et « abâtardi », donc comme un mal à combattre[6].

C'est un fait que le « franglais » menace d'envahir le parler acadien traditionnel et de le transformer complètement. Cependant, une mise au point s'impose. Le chiac de la région du sud-est du Nouveau-Brunswick, s'il est, de toute évidence, gravement atteint par l'anglicisation, ne devrait pas rassurer les régions apparemment moins touchées. Car les anglicismes voyants de Moncton, anglicismes de vocabulaire tout de suite identifiables et qui portent facilement au ridicule et à la caricature, ne sont pas si dangereux, malgré leur abondance, que les anglicismes plus sournois que sont les calques de structure. Par exemple « il faut que je "clean" le "car" » (il faut que je nettoie la voiture) n'est pas plus menaçant, quoique plus brutal pour l'oreille, que « il a blâmé ça sur moi » (il m'a blâmé pour cela) ou « il m'a appelé des noms » (il m'a insulté) qui sont calqués sur des structures anglaises « to put the blame on someone » et *to call someone names*.

Sources du parler

Peut-être à cause de ses sources, le parler franco-acadien est valorisé, du moins en théorie. Pascal Poirier, dans une tentative avouée de réhabiliter le parler acadien, retrace l'histoire de la formation et de l'évolution de la langue française[7] en partant d'aussi loin que le serment de Strasbourg en 1841. Sans reculer jusque-là dans le temps, il est possible, avec Geneviève Massignon[8], de retrouver l'origine française de nombreuses expressions lexicales acadiennes. En dehors d'un fond commun purement français (termes archaïques ou simplement vieillis, termes populaires, termes nautiques), le parler acadien comprend des termes caractéristiques de certaines régions de France, plus particulièrement du Centre-Ouest d'où viennent les Acadiens (Poitou, Charentes, et parties – situées au Sud de la Loire – de l'Indre et Loire et du Maine et Loire)[9].

Cela dit au sujet de la parenté entre de nombreux termes acadiens et des termes particuliers à certaines régions de France, il faut vite ajouter que les autres domaines du parler acadien, c'est-à-dire la phonologie, la morphologie, la syntaxe, et par conséquent le parler acadien en général, ne se rap-

---

6. « Le chiac », dans le journal *L'Évangéline* publié à Moncton, éditorial du 4 février 1970.
7. Pascal Poirier, *Le Parler franco-acadien et ses origines*, p. 16.
8. Geneviève Massignon, *Les Parlers français d'Acadie – Enquête linguistique*, Paris, Klincksieck, 1962, 2 vol.
9. *Ibid.*, p. 735.

prochent d'aucun dialecte ou patois français mais s'apparentent plutôt au français populaire des quinzième et seizième siècles. C'est là la conclusion d'une étude systématique effectuée sur le sujet par le linguiste James Geddes[10].

Particularités

Il existe plusieurs ouvrages portant sur le parler franco-acadien, mais très peu de choses ont été dites sur le chiac. Cela s'explique. Le chiac étant récent et encore en pleine évolution, il est assez difficile de le saisir, de le fixer, même sur une bande sonore. Il varie énormément d'un groupe d'âge à l'autre, d'un lieu à l'autre (même rapproché), d'une personne à l'autre (membres d'une même famille). Par contre, le franco-acadien, même si jusqu'à tout récemment il n'a connu que la forme orale, a déjà fait l'objet de plusieurs descriptions, surtout au point de vue lexical. Mais ce temps n'est-il pas révolu? Les derniers témoins de ce parler ne sont-ils pas en train de vieillir et de disparaître, emportant avec eux un trésor de particularités linguistiques?

Voici une brève recension des études portant sur le parler franco-acadien:

1. L'aspect lexical du franco-acadien a été abondamment répertorié et décrit par Geneviève Massignon dans deux tomes volumineux qui regroupent le vocabulaire acadien par centres d'intérêt. Cet ouvrage s'intitule *Les parlers français d'Acadie* (1962)[11]. Bien plus tôt, Pascal Poirier préparait un *Glossaire acadien*[12], mais malheureusement ce document précieux est demeuré à l'état de manuscrit. Il n'a été publié que de façon partielle (lettres A-C) sous forme de fascicule et dans les journaux de l'époque, de 1927 à 1933 et de nouveau de 1952 à 1953.

2. L'aspect phonologique du franco-acadien vient de faire l'objet d'une étude fort sérieuse, *Le système phonologique du parler franco-acadien de la région de*

---

10. James Geddes, « Les dialectes français dans le parler franco-acadien », dans *Premier congrès de la langue française au Canada*, Québec, Imprimerie de l'Action sociale limitée, 1914, p. 213. Dans cet article, l'auteur reprend les conclusions de sa thèse sur le parler acadien.

11. *Cf.* note de référence 6.

12. Pascal Poirier, *Glossaire acadien* (A-C), Université St-Joseph, 1953. Manuscrit au complet (A-Z) au Centre des études acadiennes de l'Université de Moncton. Parution de façon incomplète et irrégulière dans le journal *L'Évangéline*, Moncton, du 15 septembre 1927 au 4 mai 1933 (A-R) et du 16 juin 1952 au 5 octobre 1953 (A-O).

Moncton (N.-B.) Canada par Vincent Lucci[13]. Cette thèse a été publiée par la suite sous le titre plus général de Phonologie de l'acadien[14].

3. L'aspect grammatical du franco-acadien a été beaucoup moins étudié. Dans une thèse récente, nous avons traité de quelques éléments grammaticaux, les Modalités nominales et verbales du parler franco-acadien de la région du Sud-Est du N.-B.[15] La description grammaticale complète du parler reste à faire.

D'autres études qui ont été faites sur le parler franco-acadien n'offrent pas tout l'intérêt qu'elles devraient, n'ayant pas su limiter leur sujet. En voulant étudier tous les aspects du parler d'un seul coup, et en voulant par surcroît remonter aux origines du parler, ces études perdent en rigueur scientifique ce qu'elles gagnent en étendue.

Par ailleurs, il y a des ouvrages qui, ne portant pas directement sur la langue, contribuent néanmoins grandement à faire connaître le parler acadien. À côté des romans et des poèmes écrits récemment en parler traditionnel ou en chiac, mentionnons plus particulièrement la thèse d'Antonine Maillet, Rabelais et les traditions populaires en Acadie[16], qui comporte toute une partie sur la langue. En plus d'un glossaire qui met en parallèle quelque 500 mots acadiens et leurs formes correspondantes retrouvées dans l'œuvre de Rabelais, cette étude comparative nous présente une « beauté » (c'est-à-dire une quantité) de locutions, de proverbes et de dictons et, en outre, de procédés littéraires.

Après cet inventaire plutôt sélectif et par conséquent incomplet des ouvrages sur le parler franco-acadien, nous tenterons de décrire les principales particularités lexicales, grammaticales et phonologiques, surtout de l'acadien traditionnel, et un peu du chiac. Nous n'indiquerons pas la source géographique exacte de nos exemples sur le territoire acadien.

---

13. Vincent Lucci, Le système phonologique du parler franco-acadien de la région de Moncton (N.-B.) Canada, Thèse de doctorat IIIᵉ cycle sous la direction de M. le Professeur Georges Mounin, Faculté des lettres et sciences humaines d'Aix-en-Provence, 1969. En annexe, « État actuel des recherches sur les parlers franco-acadiens ».

14. Vincent Lucci, Phonologie de l'acadien : parler de la région de Moncton, N.-B., Canada, Montréal, Didier, coll. « Studia Phonetica » nº 7, 1973.

15. Louise Després-Péronnet, Modalités nominales et verbales du parler franco-acadien de la région du Sud-Est du N.-B., Thèse de Maîtrise ès Arts en français, sous la direction de M. Conrad Bureau, professeur à l'Université Laval, 1975. Exemplaire à la bibliothèque de l'Université de Moncton.

16. Antonine Maillet, Rabelais et les traditions populaires en Acadie, Les Archives de Folklore nº 13, Québec, Les Presses de l'Université Laval, 1971.

Particularités lexicales

Au point de vue lexical, comme nous l'avons vu plus haut, le parler acadien offre de nombreuses ressemblances aussi bien avec le parler français de l'époque qu'avec le parler particulier à certaines régions de France. D'après l'enquête linguistique de Geneviève Massignon, qu'on peut qualifier d'exhaustive (8000 formes y sont citées), les archaïsmes, avec les termes vieillis, y tiennent une place assez considérable (environ 300 archaïsmes).

Exemples de termes vieillis (mots inusités mais encore dans les dictionnaires) :

> *abrier*   (couvrir)[17]
> *courte-haleine*   (asthme)
> *déconforter*   (décourager)
> *hardes*   (vêtements)
> *hucher*   (crier)
> *quérir*   (chercher)
> *aveindre*   *aouindre* (aller chercher un objet placé haut ou loin)

Exemples d'archaïsmes (mots de l'ancien et du moyen français) :

> *abric*   (abri)
> *nic*   (nid)
> *si ça adonne*   (si l'occasion se présente)
> *asteure*   (maintenant)
> *balier*   (balayer)

Exemples de termes nautiques (ces termes affectent le vocabulaire acadien concret et s'introduisent même dans le langage figuré) :

> *gréer la table*   (mettre la table)
> *un roulis de neige*   (congère)
> *caler dans la vase*   (s'enfoncer)
> *amarrer ses souliers*   (attacher)
> *larguer aller*   (lâcher)

Exemples de termes particuliers à certaines régions de France :

---

17. Nous transcrirons les exemples selon l'orthographe française, pour ce qui est des particularités lexicales et grammaticales.

a) Termes de l'Ouest de la France

bouillée   (touffe)
cenelle   (baie de l'aubépine)
rousine   (résine)
benaise   (à l'aise)
subler, sublet   (siffler, sifflet)

b) Termes de l'Ouest atlantique

achaler   (importuner)
tirette   (tiroir)
faux-manche   (manche de faux)

c) Termes du Centre-Ouest

garocher   (lancer)
creux   (profond)
embourrer   (envelopper)
épârer   (étaler)
nouc   (nœud)

d) Termes strictement poitevins et charentais (les plus nombreux)

pilot, (a) piloter   (tas, entasser)
gatte, plaise, chancre   (alose feinte, plie, crabe)
aboiteau   (digue)
s'écarter   (s'égarer)
piroune   (oie, jars)
cagouet   (nuque)
salange   (saumure)
usses   (sourcils)
faire zire, zirable   (dégoûter, dégoûtant)
s'émoyer   (s'enquérir)
adoucir   (sucrer)

Exemples de termes d'origine française d'après leurs racines, mais dont la source est inconnue :

éguiber   (vider un poisson, une volaille)
far   (foie de homard)
go, faux-go, s'engotter   (gosier, trachée, avaler de travers)

À ces termes d'origine française, soit régionale, soit archaïque, s'ajoutent des mots qu'on peut appeler au sens restreint des « acadianismes » parce qu'ils furent formés ici en Acadie pour décrire des réalités nord-américaines. Il est intéressant de noter que ces mêmes réalités ont souvent reçu un autre nom au Québec.

Exemples de termes d'origine acadienne (« acadianismes » au sens strict) :

TERMES ACADIENS	TERMES QUÉBÉCOIS	TERMES FRANÇAIS
violon	épinette rouge	(mélèze)
fermier	habitant	(cultivateur)
bonhomme couèche	siffleux	(marmotte)

De plus, à travers les siècles, le vocabulaire acadien a fait des emprunts, d'abord aux Indiens et plus tard aux Anglais.

Exemples d'emprunts aux langues indiennes :

mocauque   (terrain marécageux)
taweille   (sauvagesse)
warwari   (bruit)

Et les nombreux noms de villages : Bouctouche, Scoudouc, Kouchibougouac, Memramcook

Pour ce qui est des emprunts à la langue anglaise, nous nous limiterons aux plus anciens, car l'influence actuelle de l'anglais sur le parler acadien de certaines régions est un phénomène poussé d'anglicisation qui ne s'appelle plus « emprunt » mais plutôt « domination ». Cette anglicisation ne date pas d'hier. Déjà en son temps, Pascal Poirier criait gare : « Annibal est à nos portes », disait-il.

Exemples d'anglicismes signalés par P. Poirier :

thépot   (teapot)
shède   (shed)
pèdleux   (peddler)
fider   (to feed)
assouer   (to sue)

Pour des exemples supplémentaires d'anglicismes, il suffit de consulter l'enquête faite à Chéticamp au Cap-Breton par M. Gaston Dulong en 1959[18].

18. Gaston Dulong, « Chéticamp, îlot linguistique du Cap Breton », dans Bulletin n° 173 du Musée national d'Ottawa (intitulé Contributions to Anthropology, 1959, 1961), p. 11-42.

Ne mentionnons que l'exemple suivant, qui révèle jusqu'où l'appropriation d'un mot étranger peut aller :

déloader   (décharger)

Le terme anglais « load » se trouve francisé par un préfixe et un suffixe français.

Particularités grammaticales

Au point de vue grammatical, l'étude du parler acadien est peu avancée. Les chercheurs semblent attirés avant tout par la richesse inépuisable du vocabulaire, et ils laissent en veilleuse les autres aspects. Certaines formes grammaticales, les plus frappantes, ont cependant souvent été décrites, mais de façon superficielle. Il y a une exception en l'ouvrage de James Geddes[19] (déjà cité plus haut), qui donne une description complète de la morphologie du parler. Mais malheureusement cette thèse repose sur une ambiguïté fondamentale : le corpus de base a été recueilli en Gaspésie, dans la province de Québec. Même si l'unique informatrice est une Acadienne d'origine, il y a un très grand risque d'interférence entre les parlers acadien et québécois.

Parmi les caractéristiques grammaticales du parler acadien les plus souvent décrites[20], nous pouvons citer :

a) Les formes verbales de la 1re et de la 3e personnes du pluriel ; par exemple :

> *j'avons* (nous avons)
> *ils avont* (ils ont)
> *je chantons* (nous chantons)
> *ils chantont* (ils chantent)

b) Les formes simplifiées de plusieurs verbes irréguliers ; par exemple :

boire	*vous boivez* (vous buvez)
vous boiviez	(vous buviez)
mourir	*je mours* (je meurs)
il a mouri	(il est mort)

---

19. James Geddes, *Study of an Acadian-French Dialect Spoken on the North Shore of the Baie-des-Chaleurs*, Halle, Niemeyer, 1908.
20. La majorité des exemples qui suivent (dans la partie grammaticale) sont tirés soit des enquêtes de Gaston Dulong, soit de la thèse de L. Després-Péronnet (*cf.* notes de références 16 et 13).

coudre	*tu coudais* (tu cousais)
éteindre	*j'éteindais* (j'éteignais)
il a éteindu	(il a éteint)
aller	*que j'alle* (que j'aille)

c) L'emploi de l'auxiliaire « avoir » avec les verbes intransitifs de mouvement et les pronominaux ; par exemple :

> *il a arrivé hier soir* (il est arrivé...)
> *j'ai tombé sur les marches* (je suis tombé...)
> *tu t'as lavé les cheveux* (tu t'es lavé...)
> *je m'ai aperçu* (je me suis aperçu)
> *il s'a couché tôt* (il s'est couché tôt)

d) L'emploi du subjonctif imparfait, mais sous la forme simplifiée d'une seule désinence en « i » ; par exemple :

> *il fallait que je fis attention* (il fallait que je fisse...)
> *il fallait qu'ils demandirent* (il fallait qu'ils demandassent)
> *il fallait qu'ils allirent* (il fallait qu'ils allassent)
> *il fallait que chacun contît* (il fallait que chacun contât)

e) L'emploi du passé défini, en Nouvelle-Écosse surtout ; par exemple :

> *il vit cela* (il vit cela, il a vu cela)
> *il fut à la montain* (il alla à la montagne, il est allé à la montagne)

f) Les formes de certains adjectifs :

  i- exemples d'une forme unique pour les deux genres :
> *un homme inquiète* (un homme inquiet)
> *une femme inquiète* (une femme inquiète)
> *un bois sec* (un bois sec)
> *une saison sec* (une saison sèche)
> *un garçon chétif* (un garçon chétif)
> *une fille chétif* (une fille chétive)
> *elle est veuve* (elle est veuve)
> *il est veuve* (il est veuf)

  ii- exemples de formes bien particulières pour l'un et l'autre genre :
> *un navot cru* (un navet cru)
> *une carotte crute* (une carotte crue)

un *nez pointu* (un nez pointu)
une *calotte pointuse* (une calotte pointue)
les *bras pouèlou* (les bras poilus)
les *jambes pouèlouses* (les jambes poilues)

Ce sont là quelques exemples de formes grammaticales les plus pittoresques du parler. Si nous poussons plus loin l'analyse de ces formes pour les considérer non plus simplement d'un point de vue descriptif, mais d'un point de vue plus proprement linguistique, c'est-à-dire comme des éléments faisant partie du système cohérent qu'est toute langue[21], voici certaines conclusions fort intéressantes auxquelles une telle analyse peut aboutir[22].

Reprenons, par exemple, les formes «je chantons» (nous chantons) et «ils chantont» (ils chantent). Elles font preuve, l'une d'une économie de formes propre aux langues populaires, l'autre d'une opposition pertinente qui n'existe pas dans le français standard. En effet, dans «nous chantons», le pluriel est redondant; il est exprimé à la fois par le pronom «nous» et par la désinence «-ons». Le parler populaire franco-acadien ne garde qu'une marque, le «-ons», pour exprimer la 1re personne du pluriel. Le «nous» disparaît. Quant à la désinence «-ont» de «ils chantont», elle devient une marque pertinente du pluriel. En français standard oral, «il chante» au singulier et «ils chantent» au pluriel ne portent aucune marque d'opposition pertinente. Dans le parler franco-acadien, cette lacune du système est comblée par la marque «-ont» du pluriel («il chante» au singulier s'oppose à «ils chantont» au pluriel).

Si nous passons à un deuxième point, celui de l'emploi des auxiliaires «avoir» et «être», nous serons surpris jusqu'où une analyse fonctionnelle (selon les principes d'analyse de A. Martinet) peut nous conduire. Le parler acadien, en utilisant toujours et uniquement l'auxiliaire «avoir» pour former le passé composé de tous les verbes, même les intransitifs de mouvement et les pronominaux, tente de faire revivre une opposition pertinente d'aspect que le français standard a perdue[23]. L'auxiliaire «être», ne servant jamais

---

21. André Martinet, *Éléments de linguistique générale*, Paris, Armand Colin, 1970. La langue y est définie comme suit : «Il y a langue dès que la communication s'établit dans le cadre d'une double articulation de type vocal et on a affaire à une seule et même langue tant que la communication est effectivement assurée» (p. 147).
22. Les analyses linguistiques portant sur les quelques points grammaticaux qui suivent sont tirées de la thèse de L. Péronnet (*cf.* note de référence 13).
23. Georges Mounin, *Dictionnaire de la linguistique*, Paris, PUF-Seghers, 1971, p. 41-42.

dans le parler acadien à former le passé composé, reste libre pour servir de marque pertinente, à l'occasion. C'est ce qui se produit dans les paires d'oppositions suivantes, où l'auxiliaire « avoir » exprime une action inaccomplie et l'auxiliaire « être » une action accomplie.

elle est descendue à présent (elle est descendue...)
elle a descendu en courant (elle est descendue...)
il est arrivé asteure (il est arrivé...)
il a arrivé à 10 heures (il est arrivé...)
il est parti (il est parti)
il a parti avant moi (il est parti...)
il est mort (il est mort)
il a mouri hier (il est mort...)

Ce dernier exemple démontre très bien que dans le cas de « il a mouri », on envisage l'action dans sa durée, c'est-à-dire l'action comme inaccomplie, en train de s'accomplir. Dans le cas de « il est mort », on envisage l'action dans son résultat, c'est-à-dire l'action comme accomplie, terminée. Nous sommes en présence d'une opposition d'aspect. C'est là une différence essentielle entre le français et l'acadien.

Une troisième particularité grammaticale propre au parler acadien, et qui n'est pas souvent décrite, c'est l'emploi des formes « un » et « une » de l'article indéfini. Le parler utilise toujours la forme masculine « un » devant une voyelle, sans que cela n'indique en rien le genre du substantif accompagné ; par exemple :

un affaire (une affaire)
un histoire (une histoire)
un aiguille (une aiguille)
un heure (une heure)
un ouvrage (un ouvrage)
un habit (un habit)
un hôpital (un hôpital)

La preuve que « un » dans cette position ne marque pas le genre masculin du substantif, c'est que dans d'autres contextes, le même substantif est plutôt du genre féminin, comme l'indique la forme de l'épithète ; par exemple :

un aiguille chaude (une aiguille chaude)
un hôpital française (un hôpital français)
un histoire intéressante (une histoire intéressante)

L'analyse de ces simples formes « un » et « une » pourrait se poursuivre. Arrêtons-nous là. Disons seulement que le genre, en français standard, ne forme pas un système d'oppositions bien organisé, mais constitue une simple contrainte normative. Le parler acadien va plus loin. Il choisit de neutraliser, dans certains contextes, l'opposition masculin-féminin et néglige de faire ce qu'on appelle l'accord en genre. On reconnaît là, encore une fois, la caractéristique des langues populaires, qui consiste à ne garder que l'essentiel du système linguistique, c'est-à-dire les oppositions pertinentes et les grands modèles, et à laisser tomber les trop nombreuses contraintes normatives et exceptions.

Toujours en grammaire mais au point de vue plus strictement syntaxique, peu de choses ont été dites. Quelques remarques faites par Pascal Poirier sont plus qu'intéressantes mais relèvent plutôt du style que de la syntaxe. Par exemple, la manière acadienne d'exprimer le superlatif :

> *Il fait beau, beau, beau* (il fait très beau)

Mentionnons tout de même comme particularité syntaxique acadienne la préposition « à », utilisée comme marque d'appartenance ; par exemple :

> *la maison à mon pére* (la maison de mon père)

Particularités phonologiques et phonétiques

Aux points de vue phonologique et phonétique, c'est l'ouvrage de Vincent Lucci qui nous apporte l'analyse la plus complète et la plus rigoureuse. Le système phonologique du parler acadien y est reconstitué phonème par phonème. Ceux-ci sont au nombre de trente-trois, comparés aux trente-six phonèmes du français standard. Voici les phonèmes qui diffèrent d'un système à l'autre :

Deux phonèmes nouveaux s'ajoutent au parler :

/h/[24] Exemple d'opposition pertinente : /lɛtr/ et lhɛtr/ (l'être et le hêtre)

/ɛ̃/ Exemple d'opposition pertinente : /tɛt/ et tɛ̃t/ (toit et tête)

Cinq phonèmes disparaissent du parler :

---

24. Les exemples qui suivent (dans la partie phonologique et phonétique) sont transcrits selon le système de l'API.

les trois semi-voyelles /j/, /w/ et /ɥ/
la nasale /œ̃/
le « e » muet /ə/

Au plan phonétique, les particularités les plus frappantes ont souvent été relevées. En voici quelques-unes :

/k/ et /ti/ sont souvent prononcés [tš] ; par exemple :

[tšyjer] /kyier/ (cuiller)
[ɛ̃tšɛ̃t] / ɛ̃kiɛt/ (inquiet)
[tšɛ̃] /tiɛ̃/ (tiens)
[mwatše] /muɑtie/ (moitié)

/g/ et /di/ sont souvent prononcés [dž] ; par exemple :

[džoel] /goel/ (gueule)
[džɛte] /gɛte/ (guetter)
[džø] /diø/ (Dieu)
[džɑb] /diɑb/ (diable)

/ɔ/ et /o/ sont souvent prononcés /u/ (archiphonème /U/) ; par exemple :

/hUmɑr/ (homard)
/ɛstUmɑ/ (estomac)
/dUne/ (donner)
/pUmie/ (pommier)

/ua/ est prononcé, selon sa position, /ue/, /uɛ/ ou /uɑ/ ; par exemple :

/ue/ dans /mušue/ (mouchoir) et /mirue/ (miroir)
/uɛ/ dans /druɛt/ (droite)
/uɑ/ dans /muɑ/ (moi)

Plus significatifs sont certains traits phonétiques du parler acadien (et québécois) qui s'opposent directement aux principales caractéristiques phonétiques du français décrites par Delattre[25] : le mode tendu, le mode antérieur et le mode croissant ; par exemple :

1- Les phonèmes /i/, /y/ et /u/ sont réalisés dans certaines positions avec une articulation plus postérieure et plus relâchée, ce qui donne : [ì], [ỳ] et [ù].

---

25. Pierre Delattre, « La force de l'articulation consonantique en français », dans French Review XIV, 1966, p. 220-232.

Par exemple, dans « politique », « lutte » et « doute » : [polìtìk] [lỳt] et [dùt].

Remarque : Par ailleurs, dans certains mots, ces mêmes phonèmes sont prononcés avec tension. Mais alors les syllabes contenant ces phonèmes sont allongées. Par exemple, dans « pouce » et « dix » : [pūs] et [dīs].

2- Les occlusives finales sont souvent « implosives », ce qui signifie que l'effort d'articulation n'est pas soutenu jusqu'au bout. Par exemple, dans « coq », « porte », « quatre ». Dans le dernier exemple, le « r » final n'est pas prononcé du tout. La bouche reste fermée sur l'occlusive.

Par contre le parler acadien (et québécois) garde de façon très prononcée les oppositions phonologiques o/ɔ, e/ɛ, a/α et ø/œ qui tendent à disparaître en français standard ; par exemple :

/pešø/ et /pešø/ (pécheur et pêcheur)
/pat/ et /pαt/ (patte et pâte)

À partir de ces modèles, le parler acadien a même créé de nouvelles paires d'oppositions qui n'existent pas en français standard ; par exemple :

/mer/ et /mɛr/ (mère et mer)
/per/ et /pɛr/ (père et paire)

Avec le québécois, l'acadien offre des différences phonétiques bien marquées en ce qui a trait aux phénomènes de palatalisation et de diphtongaison ; par exemple :

[dzir] en québécois montréalais (dire)
/dir/ en acadien (dire)

[mair] en québécois montréalais (mer)
/mɛr/ en acadien (mer)

Perspectives d'avenir

Quelles sont les chances de survie du parler acadien ? Encore plus faibles que celles des Acadiens eux-mêmes... Car parmi les Acadiens, la majorité cherchent à développer, en plus de leur parler, un niveau de langue plus universel, le français standard. Seuls quelques rares Acadiens, des jeunes, sont très absolus dans leur choix de conserver le parler acadien comme unique moyen de communication, mise à part, bien entendu, la génération âgée, qui continue à parler comme elle l'a toujours fait, sans se poser de questions. Enfin, il y a ceux qui s'assimilent plus ou moins volontairement. Comme en témoigne le récent rapport *Les héritiers de Lord Durham*[26], l'écart entre l'origine ethnique française et la langue maternelle française, et l'écart entre la langue maternelle française et la langue d'usage française, sont une preuve irréfutable de l'anglicisation galopante des Acadiens. Ces écarts se matérialisent par un taux d'anglicisation de 40 % dans l'Île-du-Prince-Édouard, de 30,8 % en Nouvelle-Écosse, et de 7,7 % au Nouveau-Brunswick.

Quel que soit le choix ou la destinée de chacun des Acadiens, leur situation linguistique demeure difficile à plusieurs points de vue. Le parler acadien, ayant été pendant des siècles une langue rurale, n'arrive plus à exprimer le mode de vie aujourd'hui, qui est essentiellement urbain et technologique. Et si l'on tente de faire coexister deux niveaux de langue française, l'acadien et le français standard, plus la langue anglaise, les interférences sont parfois telles que l'on préfère se taire. C'est dans ce contexte qu'il faut entendre le vers de Raymond LeBlanc, « Enfants sans langage », dans un poème intitulé *Acadie*[27]. Et aussi les vers de Guy Arsenault :

> pi le bas d'la trac
> comme tiriac

dans un poème, *Acadie Rock*[28]. Ces vers font rimer « trac », un terme chiac (de l'anglais « track ») avec « tiriac », un très vieux mot acadien (qui signifie « réglisse »).

Mais, en somme, quelles sont pour le parler acadien les perspectives d'avenir ? À moins qu'il soit permis de rêver à un coin de pays qui appartienne aux Acadiens et où le parler des habitants ait droit de cité, et même le cas échéant, le parler acadien est sur le point de devenir, par la force des choses, un simple souvenir, un beau sujet d'étude, mais, espérons-le, une riche source d'inspiration.

---

26. *Les héritiers de Lord Durham*, vol. I, Fédération des francophones hors Québec, 1977, p. 23-24.
27. Raymond LeBlanc, *Cri de Terre*, Moncton, Éditions d'Acadie, 1971, p. 41.
28. Guy Arsenault, *Acadie Rock*, Moncton, Éditions d'Acadie, 1973, p. 21.

Pour une nouvelle orientation
de l'histoire acadienne[1]

Léon Thériault

On peut dire d'emblée que le titre de ce texte, paru en 1973, fait résolument écho à la période d'effervescence sociale, politique et culturelle intense que traversait alors l'Acadie du Nouveau-Brunswick. En effet, ce texte est à la fois une réflexion sur l'histoire acadienne et sur celle de son écriture. C'est pourquoi le regard qu'il pose sur celle-ci et sur celle-là lui permet, d'une part, d'en appeler, dans l'esprit du temps, à une rupture avec les représentations du passé de l'Acadie qu'il juge alors tout à fait obsolètes et, d'autre part, de plaider pour un renouvellement de l'historiographie acadienne. De la périodisation qu'il privilégie et qui commence avec la fondation de Halifax en 1749 en tant que moment-clé de la « britannisation » de l'Acadie, l'auteur saisit d'abord les grandes articulations de cette historiographie et il en analyse ensuite les orientations, les thématiques et les objets successifs, le tout sur fond des transformations institutionnelles qui ont eu lieu. Y sont successivement examinés l'âge d'or des historiens anglophones à qui il est revenu d'écrire le récit de leur hégémonie, au « silence des Acadiens », au travail qu'effectuent les historiens non professionnels et aux « étrangers » à qui il revient d'écrire l'Acadie, jusqu'à la dernière période qui, elle, inaugure une ère de changements à laquelle les historiens ne peuvent se permettre d'être indifférents. Quant aux grandes orientations théoriques, épistémologiques et méthodologiques, aux thématiques et aux objets qui ont sous-tendu toute l'historiographie de l'Acadie, outre le fait que des institutions – l'éducation ou la religion – aient reçu trop d'attention comparativement à d'autres, l'historiographie demeure enfermée dans un récit événementiel et soumise à des interprétations « politico-religieuses »; une historiographie, donc, qui n'a pas le souci de l'explication et qui délaisse des thématiques importantes comme celle de la violence inhérente à l'histoire de l'Acadie, une historiographie, enfin, par trop consensuelle qui évacue trop facilement le conflit et qui n'a pas encore suffisamment pris la mesure de la diversité qui la constitue.

Il n'entre pas dans le cadre de cet exposé de faire une étude exhaustive de l'historiographie acadienne. Tout au plus voulons-nous brosser un tableau qui en dégage les grandes caractéristiques, et ce, pour la période de 1749 à nos jours, n'étant pas nous-même étudiant du Régime français.

Cette période française est par ailleurs celle que l'on connaît le mieux de l'histoire acadienne. Les historiens français ou québécois ont, jusqu'à

---

1. Le responsable de cet exposé n'est pas l'auteur de l'article anonyme paru dans *L'Évangéline* sous le titre « Pour une nouvelle histoire de l'Acadie », les 6, 7 et 8 mars 1973.

tout récemment, favorisé l'étude de cette période au détriment des autres époques. C'est par contre la période sur laquelle les historiens s'entendent le moins. Les luttes pour l'hégémonie du continent américain entre la France et l'Angleterre se répercutaient encore dans les études publiées il y a une vingtaine d'années.

Acadiens et anglophones : cheminements inverses (1749-1945)

Sous le signe de l'identité « maritimienne » (1749-1864)

Les historiens anglophones ont beaucoup écrit sur la période qui va de la fondation de Halifax à la conférence de Charlottetown sur la Confédération, époque où les anglophones de l'Atlantique avaient une identité propre face aux autres colonies britanniques de l'Amérique du Nord. Ces historiens nous apprennent que ce n'est pas 1755, mais bien 1749 qui constitue le tournant de l'histoire des Provinces maritimes (si toutefois on peut parler de tournant en histoire) : 1749, fondation de Halifax, mais avant tout décision irrévocable de « britanniser » l'ancienne Acadie par un effort de colonisation soutenu et une politique de défense. C'est ce qui explique la déportation qui suivra (MacNutt, 1932-1933). Les historiens de l'Acadie n'ont en général pas suffisamment tenu compte de ce début de la permanence britannique aux Maritimes.

Ces quelque cent dix années de l'histoire des Maritimes constituent en quelque sorte l'âge d'or pour les historiens anglophones de la région, une époque où les Maritimes étaient plus ou moins complètes en elles-mêmes. C'est encore sur cette période que l'ensemble des historiens des Maritimes préfèrent écrire[2]. Les grands « mythes » appartiennent justement à cette période : l'arrivée des premières vagues d'immigrants, l'impact des Loyalistes, la formation de nouvelles provinces, la guerre de 1812, le commerce du bois, la navigation à voile, la lutte pour le gouvernement responsable, l'ardeur des sectes religieuses protestantes, la fondation des premières maisons d'éducation, etc. Sans doute un peu parce qu'il n'y a pas, durant cette période, de lutte pour l'hégémonie entre les pouvoirs coloniaux, on trouve moins de discordances chez les historiens.

Par ailleurs, cette période en a été une d'enracinement dans le silence pour les Acadiens et l'on connaît moins bien cette nouvelle Acadie, comme nous le verrons plus loin. (Enracinement dans le silence que nous nuancerons plus loin également.)

---

2. Voir par exemple MacNutt (1963), Wright (1955) et Beck (1964).

Frustrations des uns et dynamisme des autres (1864-1945)

La période 1864-1945 a connu un sort différent : alors que pratiquement tout reste à faire pour les Maritimes anglophones, c'est précisément la mieux connue chez les Acadiens. Sans doute parce que l'identité des Maritimes disparaissait dans le grand tout canadien, l'histoire de celles-ci en devint une davantage de frustrations que de réalisations peut-être, et elle n'a pas reçu toute l'attention qu'elle mérite. Au contraire, ce siècle a été témoin d'un certain dynamisme chez l'élément acadien : prise de conscience collective, mise sur pied d'organismes nationaux, fondation d'institutions aptes à satisfaire les besoins collectifs de cette société (journaux, établissements d'enseignement, coopératives, groupes de pression, etc.). La diversité des Maritimes résidait maintenant dans ces revendications de l'élément francophone face à un groupe culturel anglophone relativement uni, alors que précédemment les francophones ne comptaient pratiquement pas dans l'identité des Maritimes ; comptaient davantage les revendications et les traits particuliers des Écossais, des Irlandais, des Anglais, que ce fût dans les domaines politique, éducatif, religieux ou économique.

Caractéristiques générales de cette histoire écrite

Ce qui caractérise cette histoire écrite, c'est qu'elle fut largement le patrimoine d'historiens non professionnels, et cela vaut autant pour les anglophones que pour les francophones. Historiens amateurs qui cependant ont du mérite : ce sont eux qui, entre 1880 et 1920 surtout, ont fondé les premières sociétés d'histoire, publié les premières revues historiques, édité toute une série de documents encore très utiles aujourd'hui[3]. Mais cette

---

3. Deux grands noms, pour le Nouveau-Brunswick seulement : William Obder Raymond (1853-1923) et William Francis Ganong (1864-1941). Raymond, ministre anglican et historien, est né à Woodstock (N.-B.). Spécialiste de l'histoire du Nouveau-Brunswick, il écrivit plusieurs ouvrages et collabora à plusieurs périodiques, notamment *Collections of the New Brunswick Historical Society* et *Mémoires de la Société royale du Canada*. On lui doit en outre *Glimpses of the Past : History of the River St. John* (1905). Il est surtout reconnu pour l'édition qu'il fit en 1901 des *Winslow Papers* (1901). Il termina également l'ouvrage commencé par J. W. Lawrence, *The Judges of New Brunswick and Their Times* (1907). Ganong, botaniste et historien, est né à Saint John (N.-B.). Il fit carrière dans l'enseignement de la botanique au Smith College (Mass., USA), mais passait ses étés dans les Provinces maritimes, au Nouveau-Brunswick surtout, à étudier l'histoire de cette région. Il traduisit et édita pour la Société Champlain la *Description géographique et historique des costes de l'Amerique Septentrionale* de Nicolas Denys, en 1908, et la *Nouvelle relation de la Gaspesie* de Chrestien Le Clercq, en 1910, et collabora à l'édition en anglais des œuvres de Champlain, publiées en six volumes de 1922 à 1936. Très compétent en histoire

génération d'historiens a surtout étudié, comme nous le disions plus haut, le siècle qui a suivi la fondation de Halifax (1749). C'est une histoire qui se veut surtout biographique et politique, et encore là, il s'agit d'une conception politique puisée surtout dans les documents officiels (Colonial Office, correspondance des gouverneurs, par exemple). Une bonne part de cette histoire nous a été racontée par des « étrangers » : le problème des pêcheries, le conflit anglo-français, le commerce du bois et les problèmes constitutionnels en sont des exemples. Les francophones des Maritimes se sont encore moins empressés d'étudier leur histoire : Edme Rameau de Saint-Père, Henri-Raymond Casgrain, Antoine Bernard, Robert Rumilly, Guy Frégault, Émile Lauvrière et Azarie Couillard-Després sont soit des Français, soit des Québécois. Ce qui n'enlève rien, bien sûr, à la valeur de ces études, mais montre simplement notre carence en historiens.

Quant aux études sur l'Acadie, on peut dire que la conception relative aux cent dernières années côtoie d'assez près celle mise de l'avant pour le siècle précédent, pour la seule raison que les historiens qui ont étudié l'Acadie moderne sont souvent les mêmes qui ont étudié la période de l'enracinement, du moins pour les ouvrages de synthèse.

Non seulement les interprétations sont-elles les mêmes, mais les thèmes étudiés se rapprochent beaucoup des thèmes antérieurs. Pourtant, la période 1864-1945 a connu des transformations profondes qui mériteraient un meilleur traitement. La structure du pouvoir économique chez les Acadiens, la pêche, la forêt, l'agriculture, les relations entre les divers groupes sociaux, la sociologie électorale, tout cela devrait faire l'objet d'études.

En somme, on note pour les Maritimes ce que l'on constate dans l'historiographie canadienne en général : deux visions de l'histoire parce que l'on ne pose pas les mêmes questions. C'est aussi une histoire qui, pour une large part, se termine aux environs de la Confédération. Quand les historiens des Maritimes eux-mêmes croiront en la pertinence de cette période, on la respectera sans doute un peu plus dans les synthèses générales d'histoire du Canada.

---

du Nouveau-Brunswick, il publia une foule d'articles sur son histoire locale, de même que d'excellentes études sur les frontières du Nouveau-Brunswick et sur la cartographie des Provinces maritimes, études qui, dans la plupart des cas, font encore autorité (voir Webster, 1942).

Histoire et historiographie acadienne (1749-1945)

Les ouvrages de synthèse sur l'histoire de l'Acadie recouvrent les quelque trois cents ans d'histoire de ce groupe, avec toutefois un plus grand développement pour le Régime français, de même que pour les cent dernières années. La période 1864-1945 a en effet reçu, comme nous le disions plus haut, une plus grande attention et on y compte un peu plus de monographies paroissiales ; certains personnages ont eu leur biographie, les conventions nationales ont été un peu étudiées, certains aspects du phénomène religieux ont également reçu quelque traitement. En somme, tous ces thèmes qui faisaient partie de la vision du monde des Acadiens du XIXᵉ siècle.

Mais combien de lacunes ! Même le phénomène culturel, le thème le plus étudié peut-être avec l'histoire religieuse, ne l'a été que partiellement : on s'est limité à l'histoire de l'éducation. La presse, le contenu des programmes scolaires, le contenu des manuels, les idées que les curés véhiculaient, tout cela n'a pratiquement pas été touché. En matière religieuse, c'est la même carence : on s'est concentré sur une étude des structures, alors que la pratique religieuse, le contenu des sermons, les relations entre les paroissiens et le curé, le rôle de ce dernier, la formation du clergé, son origine sociale, tout cela a été passé sous silence.

La plus grande lacune se trouve probablement dans l'absence d'une interprétation globale. Il faut dépasser le stade de l'événementiel pour enfin expliquer d'une façon intelligible ce qui s'est passé. Il faut abandonner cette idée que le temps, en histoire, n'est qu'un moment précis, et retenir que le temps historique, c'est surtout la durée, la continuité. L'histoire de l'Acadie tourne encore autour de grands personnages comme l'abbé François-Marcel Richard ou le père Lefebvre, ou autour d'événements comme les conventions nationales ou la fondation des collèges. Antoine Bernard (1949) a trouvé qu'il était original de diviser l'histoire acadienne du XXᵉ siècle selon les recensements fédéraux. Robert Rumilly (1955) nous présente des titres de chapitres aussi insignifiants que « La guerre de 1812 », « Évangéline », « Mᵍʳ Norbert Robichaud, deuxième archevêque de Moncton », etc.

Disons que les historiens ont eu une interprétation trop étroite du document et n'ont pas su découvrir les grandes lignes de notre histoire. Nous sommes en présence d'une histoire qui n'explique pas, d'un récit qui ne pose aucune question globale ; on ne saisit pas les différences fondamentales d'une époque à une autre, sans doute parce qu'au fond, aucune époque n'a vraiment été approfondie.

Nos historiens ont aussi favorisé certains thèmes et négligé tout un aspect de notre passé : on nous a présenté une histoire de consensus, une histoire où tous les francophones étaient d'accord. Il y a au contraire tout un passé de violence que l'on a ignoré, violence dirigée non seulement contre des éléments extérieurs à la société acadienne, mais violence dirigée contre certains éléments de la société acadienne elle-même. À côté de cette violence, on peut noter des désaccords profonds au sein de la société acadienne, dont nos historiens ne parlent pas en général : on a peint nos ancêtres comme des gens éminemment religieux, des paysans éminemment soumis. Ça n'a pas toujours été le cas.

À la recherche d'une nouvelle Acadie (1749-1810)

C'est durant cette période (de 1761 à 1786 surtout) que se sont constituées les régions françaises que l'on trouve aujourd'hui dans les Maritimes. D'où venaient ces Acadiens ? Comment sont-ils venus ? Quel fut le rôle des marchands-pêcheurs comme les Robin dans l'économie acadienne ? La variété des particularités de ce monde rural, le degré de sentiment de solidarité chez ces Acadiens du xixᵉ siècle, les relations entre Acadiens et autres groupes d'immigrants, entre Acadiens et fonctionnaires, voilà autant d'aspects de cette période qu'il faut explorer.

De la moitié du xviiiᵉ siècle jusque vers 1810, l'Acadie a connu une période où l'on trouve une certaine conception séculière de la vie. Bien sûr, la religion y tient une large part, mais le simple fait qu'après la Déportation, ce sont des laïcs qui président aux messes « blanches », célèbrent les mariages, administrent les baptêmes parfois, tout cela contribue à créer un esprit d'indépendance face aux cadres religieux traditionnels. Dans le domaine éducatif, c'est la même chose : nous devrions étudier plus à fond le rôle des maîtres laïques ambulants, ces premiers enseignants qui faisaient la classe tantôt dans une paroisse, tantôt dans une autre, telle famille leur offrant leur maison comme école. Tel village refusera de payer la dîme au missionnaire, tel Acadien demandera son divorce à l'évêque de Québec. Ce n'est pas seulement le zèle de l'abbé Sigogne qui conduit celui-ci à faire signer à tous ses paroissiens de la baie Sainte-Marie un règlement disciplinaire ; il semble bien que ce soit en même temps parce que ses paroissiens avaient jusque-là adopté une attitude inacceptable pour le clergé (Dagnaud, 1905). Il en va de même pour les paysans du Madawaska, que l'évêque de Québec, dans sa visite pastorale de 1812, qualifie de « rebuts de l'Acadie et du Canada », en plus de souligner que ces gens « forment une peuplade mal unie, indocile, peu disposée à prendre les bonnes impressions qu'un pasteur s'efforce de leur donner ». Il ajoute que « cette rude paroisse a déjà lassé la patience de plusieurs bon prêtres [et que] l'on en a quelque fois privée, mais [qu']elle est devenue trop nombreuse pour qu'on emploie désormais la même punition». Monseigneur Plessis avait sans doute ses préjugés, mais d'autres témoignages corroborent le fait que les Madawaskayens étaient assez jaloux d'une certaine indépendance d'esprit (Plessis, 1865[4]). Il en va de même quand on lit certaines lettres des missionnaires de cette période : telle lettre parle d'inceste, de bestialité, d'homosexualité ; telle autre mentionne qu'un habitant distille de l'alcool et le revend à 300 % de profit !

Pour des cadres institutionnels (1810-1841)

Quant à la période 1810-1841, il faudrait surtout la voir comme une recherche d'un équilibre institutionnel, en même temps que l'acquisition d'un équilibre institutionnel partagé : dans les domaines politique, économique, éducatif et religieux, ces cadres viennent surtout de l'extérieur, mais remplissent quand même un vide qui n'avait pas été comblé à la fin du XVIIIe siècle. Ces relations entre l'Acadie, la France et le Québec restent à étudier, non seulement pour cette période, mais pour toute l'histoire de l'Acadie. L'étude de la conception de ces premiers définisseurs de notre société éclairerait peut-être beaucoup les attitudes des générations qui suivirent : comme ceux-là connaissaient davantage le passé acadien (la Déportation en particulier) que les problèmes contemporains, ils ont peut-être contribué à implanter ici une conception extraspatiale (le panacadianisme) et extratemporelle (excluant les francophones ne descendant pas des déportés) de l'Acadie. Même aujourd'hui, on peut noter que ce ne sont pas toujours les francophones des Maritimes qui ont recours à la Déportation pour expliquer leur situation présente.

La formation d'une conscience collective (1841-1912)

Durant la première moitié du XIXe siècle, on a construit sur des bases anciennes. Il a d'abord fallu rétablir ce qui avait été perdu : trouver un site pour la nouvelle Acadie, instituer certains cadres élémentaires (économiques, paroissiaux, scolaires, par exemple). Il n'était pas nécessaire de définir la société acadienne pour cela : tout le programme était indiqué. À partir

---

4. NDE : Les journaux des trois visites de Mgr Plessis aux Maritimes ont paru en 1980 dans les *Cahiers de la Société historique acadienne* (vol. 11, n°s 1-3), avec présentation et notes d'Anselme Chiasson.

des années 1840, et surtout dans les années 1860, la situation évolue différemment. Après avoir posé ces jalons élémentaires, on se pose la question : que doit-on faire maintenant ? Et on conclut que l'on ne peut mettre sur pied de nouveaux programmes sans au préalable définir globalement la société acadienne, parce que justement, si l'on entreprend de nouveaux projets, ils seront nécessairement d'envergure collective, étant donné que tous les projets qui ne concernent l'Acadien qu'en tant qu'individu semblent s'être concrétisés ou sont en voie de l'être. On sent aussi que même si l'on ne voulait que développer les institutions existantes, elles aboutiraient à une ampleur telle que c'est non seulement telle région mais l'ensemble du peuple acadien qui serait concerné. Il fallait donc maintenant justifier en quelque sorte ce qui avait été fait, découvrir un sens global : la multiplicité des réalisations acadiennes antérieures stimule cette recherche mais l'impose aussi. À mesure que se crée un réseau d'écoles, à mesure que par la pensée les gens se rencontrent dans un journal (*Le Moniteur Acadien*, fondé en 1867), à mesure que l'élément anglophone voit surgir un groupe « pas comme les autres », il faut situer ces particularités, leur donner un sens. De sorte que le « nationalisme » acadien ne fut pas un produit de l'extérieur, mais quelque chose de vraiment autochtone. Les Maritimes anglophones en étaient rendues à chercher leur salut à l'extérieur d'elles-mêmes, dans la Confédération canadienne ; la société acadienne, elle, se donnait un sens en puisant dans ses propres ressources.

Mais combien de lacunes peut-on remarquer dans le récit qu'on a fait de ces brassages d'idées, de ces revendications, de cette période d'organisation collective !

On s'est limité à une étude de structures, une étude des objectifs poursuivis. On a bien voulu étudier un peu le mouvement qui a conduit à la nomination d'un évêque acadien, mais on est loin d'avoir étudié le phénomène religieux comme tel ; on a aussi étudié ce qui entoure la fondation des collèges, mais une fois raconté l'épisode de la fondation, on cesse de s'y intéresser. En somme, on a fait une étude des structures, faisant fi de toute étude conjoncturelle. Il est temps que l'on commence à s'intéresser aux mécanismes internes de tous ces phénomènes ; peut-être alors l'éclairage projeté sur ces événements révélera-t-il quelque chose de différent.

Liquidation des vieux débats (1912-1945)

Quant à la période 1912-1945, elle apparaît comme la liquidation des vieux débats entrepris durant la période précédente. Après l'obtention d'un évêque

acadien (1912), les problèmes identifiés et définis par la communauté acadienne sont en général les mêmes que ceux des soixante années précédentes.
Mais c'est aussi le déclin de l'intérêt des masses face au nationalisme acadien. L'élite, dans les années 1920, est plus seule ; on fait moins appel au
patriotisme acadien, en tout cas on répond moins, peut-être parce que
cette élite se sent plus forte. Un certain nationalisme disparaît également,
en même temps que s'estompe l'effort de définition de la société globale. Ce qui marque cette période, c'est que les objectifs que l'on s'est fixés
visent de plus en plus à des réformes au sein des cadres officiels des provinces maritimes. Jusque-là, on avait surtout œuvré à l'extérieur de ces
cadres : comme si on avait voulu édifier une société complète à part. On
demandera désormais des postes de radio, des réformes au sein du ministère
de l'Éducation ; on fera de plus en plus sentir sa présence sur la scène
politique.

Les études de cette période ne font pas sentir cet « essoufflement »
national. Et elles ne nous renseignent pas sur la progression vers une identité croissante avec l'ensemble des Maritimes.

De 1945 à nos jours

Peut-on parler d'histoire pour la période de 1945 à nos jours ? Avons-nous
le recul suffisant pour faire autre chose que du journalisme ?

On peut hasarder quelques hypothèses dans la mesure où certains traits
se dégagent. Il semble bien que depuis la Deuxième Guerre mondiale, le
monolithisme de la société acadienne ait disparu ou du moins tende à disparaître. Il n'y a vraisemblablement plus d'unanimité, si jamais il y en eut
une, au sein de la société acadienne. La diversité de notre société est en train
d'éclater au grand jour. La contestation ne se limite plus à des revendications
auprès d'entités extérieures à cette société, mais elle provient de certains
éléments acadiens qui ne sont pas d'accord avec certaines conceptions traditionnelles. De plus, la sécularisation des objectifs s'est à la fin accompagnée d'une nouvelle orientation : la société acadienne, en perdant de son
monolithisme, s'est canadianisée et surtout « maritimisée », et nous sommes
peut-être en train d'assister à une jonction des forces entre la société anglophone et la société francophone, jonction qui ne se fait pas toujours au profit
de cette dernière. On note en même temps un vide idéologique qui a ses
racines dans la période de l'entre-deux guerres : à mesure que l'interprétation traditionnelle disparaissait, aucune pensée d'ensemble ne voyait le
jour.

Les études qui devraient être entreprises pour les années 1945-1960 devraient toucher des thèmes nouveaux et non pas se contenter, comme le font par exemple Bernard et Rumilly, de la création de nouveaux diocèses et de nouvelles institutions d'enseignement. Les changements profonds qui ont commencé vers 1945 exigent des monographies sur la structure du pouvoir au sein de la classe moyenne acadienne, sur l'intégration croissante de l'Acadie aux Provinces maritimes, sur l'incidence du gouvernement fédéral sur notre économie et notre culture, sur l'impact des moyens de communication comme la radio et la télévision, sur la réponse des Acadiens aux problèmes économiques, réponse de plus en plus calquée sur celle des anglophones.

Il apparaît donc assez clairement que le trait dominant de l'historiographie acadienne se résorbe dans une interprétation politico-religieuse, interprétation qui voulait que la société acadienne se mesurât au baromètre de son appartenance à l'Église. Encore ne faudrait-il pas exagérer, car la devise « la langue gardienne de la foi » fut jadis plus qu'un slogan publicitaire. Le père Dominique de Saint-Denis (1956) nous a déjà montré, en effet, une relation entre l'appartenance culturelle et l'appartenance religieuse. La très grande majorité des Acadiens passés au protestantisme sont en effet devenus des anglophones ; l'inverse est vrai dans environ 15 % des cas.

Un autre trait de cette histoire, c'est qu'elle est empreinte d'un triomphalisme qui assume pour la société acadienne la totalité de la justice et de la vérité. Les autres sont les vilains, et l'Acadie, cette œuvre providentielle, ne peut se tromper.

De plus, la majorité des historiens ont nié toute diversité quant au passé acadien pour lui attribuer un monolithisme que rejettent nos contemporains mais qu'aucune étude sérieuse n'est venue nuancer.

L'interprétation de l'histoire acadienne, avec son monolithisme, a pratiquement négligé tous ces francophones qui ne descendent pas des Acadiens de la dispersion. Cet impérialisme idéologique, on l'a imposé surtout aux citoyens du Madawaska, mais aussi à tous ces anglophones qui se sont assimilés ou ont été assimilés, de même qu'à tous ces Français de France ou autres venus s'établir ici.

L'histoire acadienne en est également une écrite d'un point de vue étroitement structuraliste. On s'est penché sur l'établissement des structures, la fondation de tel village, l'arrivée de tel groupe de colons, mais une fois ces faits établis, on n'a pas poussé plus loin ; l'évolution de ces structures, leur fonctionnement interne, on n'en sait encore rien. Le triomphalisme exigeait sans doute que l'on passât à l'étude d'une autre « victoire ».

Avec le Centre d'études acadiennes de l'Université de Moncton, nous devrions être en mesure d'élaborer de nouvelles hypothèses et de découvrir de nouvelles avenues. Il est devenu urgent d'avoir des vues d'ensemble afin de saisir les changements profonds et à long terme de la société acadienne. Mais avant de poursuivre cette vue d'ensemble, il faudra stimuler la recherche sur des thèmes nouveaux et renouveler les anciens.

Enfin, il faut vite « digérer », si l'on peut s'exprimer ainsi, la diversité de la francophonie des Maritimes, tenir compte de certaines régions qui, comme celles de la côte par exemple, ont vu leur économie être plus rapidement intégrée dans un réseau international. Tenir compte des divergences des minorités qui, à un moment ou à un autre, ont eu des expériences propres et des revendications particulières. Et tenir compte surtout du contexte entier de la région, celui des Provinces maritimes, et ce, aux points de vue social, politique et économique. Si tel historien avait mieux connu la politique du Colonial Office et la situation de l'Île-du-Prince-Édouard, il n'aurait pas donné l'impression que parmi les habitants de cette colonie, seuls les Acadiens n'avaient pas les titres légaux de leurs terres. Dans un autre domaine, on apprendrait aussi que 1755 n'est pas la « grande date » ni pour les Acadiens ni pour les anglophones : bien plus importante est 1749, année où l'Angleterre décide de « britanniser » sa colonie de la Nouvelle-Écosse.

Il faudra laisser les généralisations hâtives des auteurs de synthèses pour creuser certaines périodes, aborder de nouveaux thèmes, renouveler les anciens. L'histoire rurale, notamment, devra retenir davantage l'attention des historiens : c'est elle qui nous dira la diversité des localités acadiennes. En une même année, telle localité a pu connaître une gelée hâtive, une sécheresse ou même un ouragan (tel Bouctouche, en 1879) et, partant, des difficultés d'ordre économique, alors que tel autre village situé sur les plateaux a pu échapper aux caprices de la nature. Cette histoire du monde rural nous renseignera non seulement sur l'agriculture, mais sur le monde forestier, sur le monde de la pêche, de même que sur les conditions de travail qu'on y trouvait.

Enfin, il faudra être un peu plus modeste dans nos interprétations et nous départir de la notion du « peuple martyr ». L'objectivité s'en trouverait mieux et l'on n'écrirait pas, comme l'a fait un historien, que « le pacte fédératif a été violé au détriment des Acadiens, par la Nouvelle-Écosse en 1864 (violé d'avance en ce cas) » (Rumilly, 1955 : 775) ! Le même historien n'écrirait pas non plus que c'est parce que les Loyalistes du Nouveau-Brunswick, « scrutant le recensement de 1871, découvrent avec rage l'ampleur de la renaissance acadienne », que l'on vota en 1871 la loi de la neutralité en matière scolaire, alors que l'on sait très bien que dès 1868 l'Assemblée législative étudiait des projets de loi en ce sens et que de toute façon, on ne connut les résultats du recensement de 1871 qu'à la fin de 1872 (*Ibid.* : 747).

Sans doute faut-il aussi des outils de base, comme l'édition de certains documents, la publication d'un atlas historique et un guide détaillé du matériel disponible autant dans nos archives qu'à l'étranger. Le Centre d'études acadiennes a déjà engagé ses ressources dans la publication d'un tel guide ; espérons que d'autres initiatives du genre suivront.

Arrêtons de faire l'histoire de l'Acadie et commençons celle des Acadiens.

Bibliographie

BECK, J. Murray (1964), *Joseph Howe : Voice of Nova Scotia*, Toronto, McClelland and Stewart.

BERNARD, Antoine (1949), *La renaissance acadienne au XXe siècle*, Québec, Comité de la survivance française, Université Laval.

DAGNAUD, Pierre-Marie (1905), *Les Français du Sud-Ouest de la Nouvelle-Écosse : le R.P. Jean-Mandé Sigogne*, Besançon, Marion.

LAWRENCE, Joseph Wilson (1907), *The Judges of New Brunswick and Their Times*, edited and annotated by Alfred A. Stochton and William Obder Raymond, Saint John, [s.é.].

MacNUTT, William Stuart (1932-1933), « Why Halifax Was Founded ? », *Dalhousie Review*, vol. 12, p. 524-532.

MacNUTT, William Stuart (1963), *New Brunswick : A History, 1784-1867*, Toronto, McClelland and Stewart.

PLESSIS, Joseph-Octave (Mgr) (1865), « Journal de deux voyages apostoliques dans le golfe Saint-Laurent et les provinces d'en bas, en 1811 et 1812, par Mgr Joseph Plessis, évêque de Québec », *Le Foyer Canadien*, vol. 3, p. 73-280.

RAYMOND, William Obder (1901), *Winslow Papers : A.D. and Their Times*, Saint John, [s.é.].

RAYMOND, William Obder (1905), *Glimpses of the Past : History of the River St. John*, Saint John, [s.é.].

RUMILLY, Robert (1955), *Histoire des Acadiens*, Montréal, Fides, 2 volumes.

DE SAINT-DENIS, Dominique (père) (1956), *L'Église catholique au Canada : précis historique et statistique*, 6e édition, Montréal, Éditions Thau.

WEBSTER, John Clarence (1942), *William Francis Ganong Memorial*, Saint John, New Brunswick Museum.

WRIGHT, Esther Clark (1955), *Loyalists of New Brunswick*, Fredericton, [s.é.].

L'Acadie perdue

Michel Roy

Le titre de l'essai dont est extrait ce texte en dit long sur l'audace intellectuelle et l'imagination poétique de son auteur. Échappant en vérité à toute classification disciplinaire et nourri tout à la fois de littérature, de poésie, d'histoire, par son propos, ce texte est de part en part politique puisqu'il ose alors – nous sommes en 1978 – prendre à rebours (et avec quelle détermination !) l'histoire officielle de l'Acadie pour lui opposer le projet tangible d'une rupture salvatrice avec ce que Roy considère être toutes les «aliénations» qui ont hypothéqué la destinée du peuple acadien. Qu'il s'agisse des aliénations induites par la domination anglaise et son cortège de lourdes et durables conséquences, ou de celles qui, de son point de vue, ont été insidieusement forgées et pérennisées au nom de l'intérêt de la communauté acadienne par l'historiographie traditionnelle et le clergé – jusque-là porte-parole exclusifs de la nation acadienne – ou, enfin, de celles que défendent, au nom d'une rationalité étatique moderne, les instances gouvernementales fédérales ou provinciales. La relecture radicale de l'histoire de l'Acadie à laquelle procède l'auteur fait en sorte que rien qui n'ait été jusque-là érigé en principes intangibles et sacrés par les tenants officiels du Récit national qui ne soit ici, et souvent jusqu'à la dérision, interpellé, infléchi, nié et, finalement, violemment rejeté. Injectant résolument dans le Récit national ce qu'il appelle de la «discordance» – du dissensus –, si l'auteur interpelle systématiquement tous les rites et les mythes dont l'histoire politique de l'Acadie a été ponctuée – des plus traditionnels aux plus contemporains –, il célèbre toutefois l'Acadie comme «espace du dedans», cette «âme populaire» dont aucune définition ne peut dire toute l'ampleur, et il en appelle en définitive au projet d'une liberté politique radicale et inédite que seule rend possible l'idée d'une indépendance politique partagée avec le peuple québécois.

De nos jours, la position de l'Acadie est toujours au neutre. La leçon de 1755 n'a pas servi. Nous essayons toujours de louvoyer entre une Amérique dont la vocation anglaise ne fait plus maintenant l'ombre d'un doute, et le Québec, seule partie française viable du continent. Pas plus qu'en 1750, nous n'avons les moyens de ne pas prendre parti. La neutralité dans certaines circonstances est un vice ou une lâcheté. Une dernière chance nous est offerte de sauver cette différence à laquelle nous tenons tellement. Elle réside dans une vision convergente de l'histoire de l'Amérique française. Le contraire de ce que cherche à nous inculquer le *Petit manuel d'histoire d'Acadie*.

Naomi Griffiths a écrit en 1973 : « the events of 1755 happened because [...] the Acadiens already had their own identity ». Le *Petit manuel d'histoire d'Acadie* reprend trois ans plus tard :

> Quelques grandes lignes sont à dégager de ce long siècle [le XIXe]... D'abord, l'affirmation, chez les Acadiens, de leur acadianité [...]. Ils avaient été déportés à cause de leur acadianité ; plus précisément parce qu'ils désiraient conserver, dans une mesure et dans des formes inacceptables pour les Britanniques, leur qualité de Français. (d'Entremont et al., 1976)

Cette précision de l'auteur est-elle une définition de l'acadianité ? L'acadianité se reconnaîtrait-elle en 1755 dans cette volonté de nos ancêtres de conserver leur qualité de Français ? Pourquoi alors parler d'acadianité et en quoi peut-elle bien constituer le grand principe de notre déportation ? Et pourquoi mettre en cause exclusivement des Britanniques quand l'incitation profonde à déporter venait de Boston ? Et quelle ambiguïté dans un énoncé qui établit comme cause de la Déportation une acadianité qui ne commencera à s'affirmer, c'est l'auteur qui le dit, qu'un siècle plus tard ?

J'aimerais formuler une hypothèse. En 1754, les escadres britanniques qui opèrent en Atlantique Nord reçoivent l'ordre de prendre Québec et Montréal en passant outre Louisbourg. Québec tombe en juillet et Montréal est investie quelques semaines plus tard. Tous les avant-postes se rendent. Les alliances amérindiennes sont renversées. La population acadienne ne représente plus une menace pour personne. Ce qui la rendait redoutable, c'était l'existence sur le continent d'un empire français en puissance d'expansion dont les visées directes sur les territoires d'Acadie n'étaient un secret pour personne. L'Acadie était « la clé de toute l'économie de l'Est sur le continent Atlantique » (Shirley). Cet empire s'est écroulé en 1754. Les Acadiens peuvent ouvertement collaborer avec les Anglais. Le projet de déportation est abandonné. Où trouver en effet la cause d'une déportation dans une telle hypothèse ? Il n'y aurait jamais eu de 1755.

Les Acadiens ne furent pas déportés en raison d'une problématique acadianité, mais comme population dont le destin ne pouvait pas se dissocier de la démarche coloniale française. L'histoire de l'Acadie et l'histoire du Québec ne sont pas divergentes. L'histoire des Acadiens ne s'entend pas si on ne la relie très étroitement à celle des Québécois. Nos seules chances de « sauver l'héritage » passent par le grand fleuve.

Il faut se demander pourquoi notre nationalisme rejetait l'idée d'une « Acadie libre ». J'ai suggéré que le traumatisme du grand déracinement avait engendré le rêve absurde de la grande Acadie morale. L'Acadie de nulle part. L'affirmation nationaliste chez nous coïncide avec la formation du clergé autochtone. Le mouvement est empêtré de mauvaise religion depuis ses origines. (On cherche encore le plus sérieusement du monde à faire connaître l'église de Barachois comme symbole officiel de notre survivance.) Le degré de colonisation, l'effroyable aliénation des Acadiens laissent peu de place à l'épanouissement d'un idéal de liberté. La notion de liberté collective se formule habituellement au niveau des élites urbaines. Il en fut ainsi partout, toujours. Il n'y a pas d'élite urbaine en Acadie. Il n'y a pas de villes[1]. Notre base démographique est fragile. Il y a moins d'Acadiens au Nouveau-Brunswick que de population dans la ville de Québec. Trois régions divisent profondément le territoire. L'exploitation par les étrangers est systématique. Le syndicalisme acadien au plan structurel est inexistant. Tout le paysage est criblé de villes industrielles anglaises. Ce sont là quelques éléments qui pourraient expliquer l'absence chez nous de toute cristallisation autour de la notion de pays. Il faudrait y ajouter l'effet corrosif du régime fédéral. C'est par lui que vient l'illusion qu'on a un avenir. On met sa foi dans une structure juridique abstraite. Le droit purement abstrait au bilinguisme nous paraît une garantie suffisante. Où est la signification de cela à Saint-Jean, à Milltown ?

Le tableau est noir. Renan disait : « Souvenons-nous que la tristesse seule est féconde en grandes choses, et que le vrai moyen de relever notre pauvre pays, c'est de lui montrer l'abîme où il est. » Je ne vois pas comment l'idée d'une « Acadie libre » pourrait finalement s'élaborer dans le champ torturé de notre espace mental. La matière est d'une effarante complexité.

Pourtant Griffiths, encore elle, trouve une réponse toute simple dans la conclusion de son livre.

> This description of the Acadian appreciation of their circumstances [...] suggests the existence of a self-conscious society, with cultural and social distinctiveness rejecting the ambition of founding a nation state, a rare, if not unique, control of emotion by reason. (Griffiths, 1973)

Qu'avons-nous là une admirable élite ! Capable de choses rares et uniques. Ce n'est pas par inconscience ou avilissement qu'elle rejette l'idée d'indépendance pour l'Acadie et le Québec, mais par la vertu d'un contrôle de sa raison sur ses tendances émotionnelles. Après cela on a envie de se taire pour toujours.

Vous autres, Québécois, qui réclamez un Québec libre, pourquoi vous laissez-vous aller ainsi à vos émotions ? Que n'exercez-vous le contrôle par la raison, comme nous les Acadiens ? Les relations d'équivalence sont si simples : Québec libre égale émotivité ; fédéralisme canadien égale raison.

---

1. Aucune agglomération acadienne, sauf Edmunston, ne dépasse les 5000 habitants.

Pourquoi tant de peuples ont-ils cédé un jour à l'émotivité et réclamé une place dans l'histoire? Pourquoi l'Algérie n'a-t-elle pas obéi aux appels à la raison qui la pressaient de renoncer à son départ de la communauté française?

> [...] why the Acadians do not demand an « Acadie libre » if they have a basic sense of identification as Acadians. The answer lies in the way in which the Acadians have not only developed their vision of themselves through the concept of their history, but also used this vision to face contemporary political challenges. (Griffiths, 1973)

C'est justement cela qui nous perd. Notre conception de l'histoire est fausse. Notre perception de nous-mêmes comme collectivité à travers l'histoire est fausse. Notre vision des composantes essentielles de la situation politique contemporaine s'en trouve profondément altérée. Nous n'avons pas compris que tous les outils traditionnels d'analyse sont désormais inutilisables. Nous ne pouvons plus affirmer comme dans les années 1880 que nous ne savons rien des francophones du Bas-Canada. Les communications ont été rétablies et beaucoup d'Acadiens découvrent chaque jour qu'ils ne perdent pas autant qu'on pouvait le croire à s'identifier aux valeurs québécoises. On ne peut plus répéter avec les notables de la même époque que « l'Acadie n'a d'autre histoire nationale que la sienne propre et celle de la France ». Cette génération était aussi celle où on se référait à *Évangéline* comme à un récit véridique, irréfutable. Que d'énergies nous allions faire dévier vers cette légende, devenue l'occasion d'un transfert massif de notre existence dans la substance vaporeuse du mythe.

Le clergé édifiait alors son royaume, s'appropriait le monopole de nos imaginations. La soumission consentie est un levier de domination bien plus efficace qu'un policier derrière chaque citoyen. C'est le pouvoir intérieur dont parlent les anthropologues. Les Anglais ne s'y tromperont pas. On peut citer lord Dalhousie : « La religion et la langue des Canadiens français sont sûrement le meilleur boulevard et le plus solide fondement de leur loyalisme envers la Couronne. » Le poème de Longfellow et ce vague nationalisme religieux de la fin du siècle dernier nourrissaient à merveille un pouvoir dont la trame doucement se nouait au cœur de nos régions et dans nos âmes.

Je ne vois pas très bien comment nous pourrions accorder nos vibrations nationalistes sur cela même qui a toujours entravé notre démarche vers la conscience. Il faut voir la rupture. Il faut la souhaiter. Nos chefs actuels ajustent leurs concepts nationalistes sur ceux de leurs ancêtres. Ce n'est pas de la fidélité à l'histoire ; c'est de la servilité. Nos ancêtres ont pu avoir raison il y a cent ans, mais avec les schèmes mentaux de nos ancêtres, nous avons tort aujourd'hui. L'histoire commande la mutation. Je ne vois pas de fidélité historique hors l'acceptation du changement. Et pas de changement sans une certaine forme de rejet. « Tous les changements, même les plus souhaités ont leur mélancolie, car ce que nous quittons, c'est une partie de nous-mêmes ; il faut mourir à une vie pour entrer dans une autre » (Anatole France).

Griffiths suggère que nous avons toujours été en mesure d'apprécier les circonstances du moment en nous appuyant sur une vue rétrospective de notre histoire : « [...] used this vision to face contemporary political challenges » (Griffiths, 1973). En effet, cette « vision » nous fut particulièrement utile en 1755 !

Les notables de ces années noires se sont appuyés sur une longue suite de précédents pour réaffirmer l'éternelle neutralité. Or la guerre en cours était une guerre à finir. C'était le quatrième et dernier épisode d'une longue lutte commencée au siècle précédent. Toutes les forces disponibles sont mises à contribution, y compris celle des Amérindiens à qui pourtant l'avenir est déjà bouché depuis longtemps. L'avenir serait français ou anglais. La structure de pénétration du continent et les circonstances générales de l'époque semblaient interdire toute possibilité de coexistence. Une chose était sûre en tout cas : l'état de très haute densité de l'acte final interdisait tout espoir de survie d'une troisième force, d'une force « neutre » coincée entre les deux façades d'affrontement, cantonnée dans son refus de prendre parti. Car du point de vue des belligérants, ce refus signifiait engagement, le pire des engagements, celui qui ne montre pas son vrai visage, qu'on appelle, dans toutes les guerres du monde, collaboration. La problématique coloniale était ainsi faite.

Les Acadiens étaient un peu dans la position de celui qui ne se sent pas impliqué dans un incendie parce qu'il n'a pas mis le feu. Les flammes faisaient rage autour de nos ancêtres. Ce n'est qu'une fois brûlés à mort qu'ils comprirent que ce feu les concernait. Mais leur stupéfaction et le long sentiment d'injustice qu'ils eurent ensuite prouvent assez qu'ils n'ont jamais très bien repéré les frontières précises de la situation, ni discerné le profil de leur responsabilité. Ils étaient profondément impliqués. Responsables d'être, d'être Français et là où ils se trouvaient, dans cette partie de l'Amérique. Ils avaient la responsabilité de leurs racines. Leur appartenance au continent et leur francité à elles seules constituaient un engagement. Cela n'éclaire pas beaucoup le problème que de nous attribuer rétrospectivement une très hypothétique acadianité. Ce n'est pas à cause d'elle que nous étions neutres, mais parce que nous vivions une proximité, j'allais dire indécente, avec les Anglais, une situation de frontière qui poussait aux atermoiements et commandait l'ambiguïté. L'éloignement du centre nerveux de la Nouvelle-France avait favorisé une relative liberté de manœuvre. Une application plus lâche ici des structures administratives et seigneuriales avait par exemple joué sur le mode de distribution des terres, avec répercussion certaine sur les mentalités. L'occupation anglaise avait encore accentué la différence. On peut la qualifier tant qu'on veut, cette différence, y voir tous les signes d'une identité propre et l'appeler acadianité, cela ne fera jamais que notre devenir puisse se déchiffrer comme élément dissociable de la démarche française dont toutes les ramifications ont toujours trouvé leur centre au cœur de la vallée du Saint-Laurent. Notre solidarité ne peut pas être mise en cause sous prétexte de divergence dans les modalités d'application du système colonial et de la Conquête. Nous nous rejoignons par le fond. Aucune attribution nationaliste, rétroactive ou actuelle, ne peut changer cela. D'autant plus que les malheurs de notre histoire nous inscrivent dans une fragilité telle que toute hésitation à nous solidariser à tous les niveaux équivaut au suicide.

On pourra toujours spéculer sur le degré d'acadianité qui nous convient. C'est une matière fluide qui n'est pas facile à immobiliser. Mais quel que soit l'état de la notion, la réalité nous impose avec force de ne pas l'utiliser pour justifier la neutralité de jadis. Elle ne fut d'aucune utilité en 1755, année où l'histoire coloniale atteignit à une compacité extraordinaire.

Ces dernières générations, nous n'avons pas trop mal tiré parti du fédéralisme. En apparence. Car le danger est plus grand que jamais. Il se présente sous le couvert d'une tolérance qui érode plus sûrement que toutes les persécutions. Jusqu'à hier, nous pouvions croire que le ressort de toute politique, pour nous, consistait à nous aligner sur la vieille affirmation de neutralité pour tâcher que notre destin se coulât entre les forces anglaises et une province de Québec bougonne, chatouilleuse. Nous avons appris à jouer de l'équivoque, du compromis. Mais depuis une décennie, l'histoire s'est terriblement accélérée. La souveraineté politique du Québec, c'est maintenant beaucoup plus qu'une simple velléité. Dans cette cristallisation nouvelle, notre refus de prendre parti est insoutenable. Nous sommes de l'Amérique française ou nous n'en sommes pas. Il est aberrant de soutenir que la poignée d'assistés sociaux que nous formons au Nouveau-Brunswick peut se tailler une place sur ce continent sous l'énorme poids qui la pressure, à l'exclusion d'un total engagement avec la cause française de nos voisins. Lesquels ne sont pas eux-mêmes assurés de gagner leur devenir.

Le contingent annuel moyen de 36 000 émigrants représente quatre cinquièmes de l'accroissement naturel de la population québécoise et le cinquième qui reste est numériquement inférieur au total des immigrants s'installant au Québec dans le même temps.

Le truchement de l'émigration, de la dénatalité et de l'immigration annoncerait donc une importante transformation de la composition ethnique traditionnelle du Québec[2].

Les chances du Québec, néanmoins, s'il parvient à neutraliser une fois pour toutes les effets de la Conquête, sont infiniment plus vastes que les nôtres. La majorité francophone commence chez nos voisins à se comporter comme une véritable majorité. La lente structuration d'un milieu favorable finira par rendre au fait d'être francophone sa réelle et pleine signification, malgré la puissance de la minorité conquérante. Plusieurs chez nous ont essayé de montrer que notre situation minoritaire au Nouveau-Brunswick avait quelque ressemblance avec celle des anglophones du Québec. C'est peu tenir compte du poids économique et social écrasant de ces derniers, nos vrais conquérants depuis deux siècles, et de l'insignifiance démesurée à tous les niveaux des minorités acadiennes dispersées ici.

Il est impensable que nous nous opposions au mouvement qui veut donner au Québec sa dimension en dignité. Pourtant, beaucoup d'Acadiens s'opposent. Avec hargne, avec une sorte de rancœur qui a des racines longues dans une histoire humectée d'aliénation. Peut-être aussi une jalousie, à tout le moins un sentiment de frustration devant une Nouvelle-France qui une fois encore vient nous bousculer dans notre piétinement feutré, notre marche clopinante vers nulle part, pour nous forcer à choisir, nous «déranger». Depuis un siècle, nous avions acquis beaucoup d'aise à vivre dans les limites indécises de notre grand rêve : « [...] l'Acadie survit toujours au fond de leur âme : elle anime leurs espérances comme leurs souvenirs ; elle est l'héritage immatériel créé par la foi, les travaux, les souffrances d'une race » (Antoine Bernard). Et voici que la nouvelle donnée québécoise nous oblige à préciser nos concepts, à bouleverser nos images collectives, à envisager des formes concrètes à notre devenir. Nous devons accueillir le rejet comme formule de changement. Admettre la rupture. Enfin nous devons voir que personne au monde, absolument personne n'a d'intérêt à notre survivance que le Québec.

Une attitude d'attente « neutre » est aussi impensable. L'issue du combat est incertaine. Nous devons tout faire, mettre toutes nos maigres forces disponibles à contribution pour que le Québec gagne ce round décisif entre

---

2. Tiré de *La Presse*, sur la foi de statistiques fournies par l'administration fédérale.

lui et son destin. Après il sera trop tard. Si le Québec perd, nous sommes perdus avec lui. S'il gagne sans nous ou contre nous, c'est la même chose. Les Anglais de l'Est vont réagir avec rapidité. Ils appliqueront à la nouvelle situation la maîtrise qu'ils tiennent de nous avoir si longtemps dominés. Le regroupement des provinces se fera vite. Nous serons moins de 15 %. Nous aurons sans doute quelques droits de garantis par une législation abstraite. Mais la signification de cela dans un environnement hostile, cent fois plus hostile, durci par l'expérience québécoise, résolu à tout pour éviter un nouveau morcellement du territoire?

Je cherche vainement alentour une voix discordante, une seule, qui enfin s'engagerait du côté de l'espoir. Il y a bien eu, en 1967, la voix frêle d'André Dumont aux états généraux du Québec... «Historiquement, nos Français ont droit à une partie au moins du territoire qu'ils ont fondé. Je verrais ce nouveau partage comme remettant la partie nord-est du Nouveau-Brunswick aux Acadiens. Cette nouvelle Acadie constituerait une région du Québec.» Qui l'a entendu?

Néanmoins, tous les jours, j'entends des voix d'ici et d'ailleurs nous proposer, nous les Acadiens, en exemple de sage cohabitation, de rare et sublime survivance par la grâce des structures fédérales, le merveilleux *fair play* de nos maîtres et la hauteur de nos vertus. Si seulement les Québécois voulaient s'ouvrir les yeux! La renaissance, ça nous connaît tellement. «L'Acadie vivra. Son passé est garant de son avenir.» Dommage pour les peuples disparus qu'ils n'aient pu apprendre de nous comment renaître. «[U]n peuple ne meurt pas [...] quand il s'appelle l'Acadie. [...] Les peuples qui meurent sont ceux qui veulent mourir...» Aztèques, Incas, Amérindiens...

L'acadianité, pour moi, si elle existe, ne ressemble pas à celle que s'efforce de décrire d'une manière infiniment superficielle un des auteurs du *Petit manuel d'histoire d'Acadie*. Je ne nie pas que la recherche institutionnelle et le courant nationaliste qu'elle a engendré à la fin du siècle dernier aient joué un rôle important dans notre histoire. Mais en cherchant bien là-dessous, on trouve en si grand nombre les ressorts négatifs, les valeurs en déracinement, les conditionnements de mort, qu'on se demande comment une telle substance a pu nourrir un processus d'identification collective. Je prétends au contraire que parler d'identité, c'est parler d'une chose profonde, enfouie dans l'âme des peuples, et qu'on ne trouvera jamais la clé de ce trésor dans nos presbytères. Je crois que l'acadianité, si elle existe, ne se livre pas si facilement. «[H]ospitable, gay, with a poetic appreciation of landscape and seascape [...]» (Griffiths, 1973). Ce n'est pas aussi simple. Ni aussi vide.

Je n'accorderais pas autant d'importance à Griffiths si elle ne résumait à merveille les inepties qui peuvent avoir cours sur l'Acadie et les Acadiens. C'est ainsi par exemple que beaucoup, à défaut de pouvoir nous reconnaître un caractère véritablement spécifique, nous attribueront une exemplaire hospitalité. Il ne faut pas trop se rengorger de telles vertus qui nous viennent de la sorte par la générosité d'un monde urbain et vacancier qui trouverait sans aucun doute un accueil aussi chaleureux en Beauce ou en Gaspésie. J'ai trouvé pour ma part dans des oasis du Sahara un raffinement de l'accueil à côté de quoi nos frustes comportements de Nordiques sous-développés font figure de réflexes gauches et barbares. On oublie trop souvent que l'hospitalité ne se mesure pas surtout à l'ouverture d'une gestuelle, à la candeur d'un sourire, à la fraternité d'un repas dûment partagé. Derrière cette façade, il y a la discrétion très délicate qu'on exerce pour voiler de silence les courants immergés, le secret sur les centres intimes, les zones qu'on se réserve par pudeur ou calcul, toute la dimension en invisible. En hospitalité, il y a ce qu'on offre et ce qu'on dérobe, l'un se limitant par l'autre, les apparences n'étant jamais une mesure des remous qui traversent l'âme collective.

Les Acadiens, aux lendemains de 1755, ont vécu dans la peur et la misère. Avec beaucoup de courage et l'instinct puissant des humbles, ils sont parvenus à se prémunir contre la mort. Ils ont apprivoisé la peur et tâché de se refaire un habitat où manger et se reproduire. Cette longue intimité avec l'hostile et le précaire, le souvenir confus du drame, le rapport impérieux avec la nature leur avaient appris l'essentiel. Ils possédaient les images, les réflexes, tout le virtuel. Ils commençaient à se reconnaître une continuité et à travers elle à s'identifier. Peut-être qu'à ce niveau on peut parler d'acadianité.

Un siècle après la dispersion, un clergé nous est venu qui a élargi notre peur à la dimension du spirituel, qui nous a dit que la dispersion était une « grâce accordée à tout un peuple », que notre misère était la meilleure caution d'un bonheur à venir, qui a dévalorisé nos mères par son obsession maladive du virginal, qui nous a donné Évangéline pour que nous rêvions plus encore, qui a voulu instruire les uns pour mieux dominer l'esprit des autres, qui a soutiré à une population indigente des millions de sous pour bâtir ses églises et payer ses voyages futurs en Terre Sainte et en Floride. Qui nous a dit de prier pour nos maîtres les Anglais. Et promis la renaissance que nous savons, pour l'espoir.

Je doute qu'on puisse valablement jauger le phénomène de l'enracinement en Acadie sans tenir compte de tous ces facteurs.

Je sais bien que c'est présenter les choses dans un relief exagéré. Un si long temps de fadaise et de platitude donne le goût d'accentuer le relief et la couleur. Impossible pour moi d'oublier que si nous avions obéi aux objurgations de notre clergé national, nous serions tous aujourd'hui des enfants de chœur. Quelqu'un d'autre a dit cela pour le Québec.

Il n'y a aucune commune mesure entre les frustes notables acadiens qui négociaient la neutralité dans les années 1750 et les chefs cravatés de nos institutions contemporaines, « whose headquarters are in Moncton ». Entre les deux petites oligarchies s'interpose au-delà d'un siècle de totale domination religieuse. Un des effets parmi les plus désastreux de la Conquête réside en ceci qu'elle nous prédisposait éminemment à toutes les formes de l'assujettissement, inscrivait en nous pour la suite de l'histoire la suprême tentation de la docilité. La hantise de nous conformer. Aucune contrepartie sérieuse ne pouvait s'offrir ni ne s'offre encore. Nos historiens les plus récents ne font rien de plus qu'ajouter des chapitres à l'œuvre d'Edme Rameau de Saint-Père, avec la clarté du style en moins. Ils font état de nos réalisations.

> Enfin, le succès des livres d'Antonine Maillet, les publications nombreuses d'autres auteurs, la renommée de nos chansonniers, la qualité croissante de nos écoles, la vitalité nouvelle de nos associations provinciales, la vigueur actuelle de la presse acadienne [sic], la force montante de nos coopératives et de nos caisses populaires, la solidité de la Société mutuelle l'Assomption dont la Place l'Assomption à Moncton peut être un symbole, le rayonnement grandissant de l'Université de Moncton témoignent que l'Acadie n'est pas près de mourir mais est plus vivante que jamais. (d'Entremont *et al.*, 1976)

Ce n'est pas de l'histoire. C'est une comptabilité. L'auteur sait bien que beaucoup de ces réalisations sont l'effet de la scolarisation bien plus que d'une véritable renaissance, et que la scolarisation dans l'état où nous sommes ne favorise pas forcément la renaissance, aussi contradictoire que cela puisse paraître. Comptabiliser ainsi, c'est chercher à se rassurer et cela conduit à l'occultation d'une partie essentielle de la vérité.

La discordance en histoire de l'Acadie, ça n'existe pas. Pas plus qu'il ne se trouve de contrepoids valable à la démarche nationaliste traditionnelle. C'est une particularité chez nous. Tout au plus voit-on quelques saillies ici et là, vite nivelées par l'érosion qui emporte tout.

Je ne pourrai jamais m'en remettre à la pensée officielle acadienne pour ce qui est de la primordiale tâche de rassembler les éléments d'une politique d'ensemble de libération. Derrière cette pensée, il y a une conformité qui me fait peur. Une vision de l'Acadie qui est un appel au plus total déracinement. « [T]hey wish to feel that Moncton is as much part of their environnent as Bouctouche, as Cap Pelé » (Griffiths, 1973). Pourquoi pas aussi Halifax,

Saint John, Waltham (Mass., É.-U.)? Et Montréal, où les Acadiens sont plus nombreux qu'en Acadie? L'Acadie est partout. Elle se promène de par le monde avec les rêves de ses errants, souvenir d'une chose perdue aux confins de la mémoire.

« The Acadian of the nineteen-seventies is like the Acadian of the sixteen-seventies : for both, the place where they live is the place they like to live » (Griffiths, 1973). Admirable raccourci. Je cherche en vain ce qu'il signifie ou ce qu'il cherche à justifier. A-t-on jamais vu un peuple malheureux de vivre là où le destin l'a établi? Entre l'Acadien de 1670 et moi, il y a au contraire une différence fondamentale : lui, il avait un espace vital où planter son devenir, élaborer ses rêves, chanter sa vie. Moi, non. L'espace vital est perdu. L'Acadie est perdue. Je n'ai que la mémoire. Eux, ils avaient l'espace. Nous, le rêve. Et parfois un tressaillement obscur, comme celui que nous causent les êtres chers à jamais perdus.

« Canadian life is immesurably richer because of the existance of Acadian uniqueness » (Griffiths, 1973). Si Griffiths savait comme on s'en fout! Servir d'ornement à la majorité! Être un caractère distinctif dans le beau grand Canada *from coast to coast*. Quand on a perdu une patrie. Quand le génocide « en douce » continue inexorablement. Les peuples qui ont triomphé ne peuvent pas savoir. Ils ont le pouvoir. Nous avons la dérision...

Il y a belle lurette qu'en Acadie les sentiments ont pris le dessus sur la raison. Ce sont les sentiments qui nous emprisonnent dans l'idéal monctonien, qui nous portent à voir l'Acadie partout où il y a un Acadien. Eux qui nous font imaginer une renaissance par nos seuls moyens, luttant pour ne pas être captivés par la puissante gravité d'un Québec grouillant, objet de fascination malgré tout. Les sentiments encore qui nous procurent l'extase morbide lorsqu'à nos yeux se dévoile par notre village historique la géométrie enfin retrouvée de nos vagabondages linéaires dans le passé. Suprême ivresse du déraciné.

Cette place est devenue notre nombril. Nous croyons saisir la vraie dimension de notre histoire une huche folklorique rabattue sur la tête. Les mauvais esprits de notre destin ne pouvaient pas imaginer plus superbe mécanique de déracinement. (Seul Célestin a raison. Lors de sa visite du village, on lui a demandé pourquoi les Anciens ne construisaient pas de planchers dans les maisons, vivaient sur la terre battue. Il a répondu : « Parce qu'ils étaient trop lâches pour mopper la place. » Lui ne s'est pas laissé prendre.)

Les peuples forts peuvent édifier leurs musées sans risque d'y ensevelir le futur. Si les Anglais nous ont consenti ce cadeau de millions de dollars, c'est qu'ils savaient bien que par là on s'enfoncerait plus avant dans le rêve de notre histoire. Ériger les formes du rêve... Je n'ai rien contre les musées. Mais ils me font peur quand ils ne s'inscrivent pas dans la ligne d'une véritable prospective, quand ils ne sont pas une sorte d'envers intégral d'une vision d'avenir cohérente. Si la continuité d'un peuple se déroule normalement, les musées ne peuvent pas être dissociés de l'avenir dont ils indiquent les sources profondes. Pour les peuples perdus, les musées sont des tombeaux.

Se libérer, c'est souffrir. On n'abandonne pas le long de la route des morceaux de soi-même sans éprouver de désarroi et de solitude. Mais quel autre chemin vers la vibration de la « centrale pureté » ? Nous devons abandonner une fois pour toutes l'idée d'une renaissance par nos seuls moyens. Renoncer à l'idée stupide mais sans doute normale que notre avenir est assuré du seul fait que nous l'affirmons. À l'idée que nous avons sur la terre un autre avenir que celui qui sera fait à la francité québécoise.

Des personnages d'ici prétendent que nous n'avons pas besoin du Québec pour survivre et aller de l'avant. Indéracinable stupidité acadienne. L'un d'entre eux déclare, en parlant des Québécois : « Ce n'est pas en s'accrochant aux "autres" que nous parviendrons à résoudre nos problèmes. » Les mêmes qui quémandent calmement des masses d'assistance sous des variétés infinies auprès des fonctionnaires glacés d'Ottawa et de Fredericton, disent qu'ils peuvent se passer des « autres » en parlant des Québécois. Cher petit nationalisme acadien ! Que de crimes en ton nom. Ne plus être capables d'identifier nos vrais ennemis. De faire le partage entre les intérêts et la fraternité.

Comment puis-je penser « les autres » quand je pense à Leclerc, Lévesque, Vigneault, Julien, Forestier, Charlebois, Aquin... S'ils sont vraiment « les autres », où sont donc les miens ? La même immense parole française ne nous englobe-t-elle pas tous ? Sommes-nous trop de nous tous pour faire éclater cette parole et donner corps au rêve vieux de quatre cents ans ?

L'acadianité, ce n'est pas un acquis. C'est un devenir. Une formidable exigence. Cela ne peut aller sans un élargissement de notre espace mental, « de l'âme et de la sensation », pour accueillir ceux qui sont arrivés sur le continent en même temps que nous, y ont subi la défaite profonde avec nous, sont menacés de mort comme nous, et non si différents au fond pour que nous risquions de perdre l'essentiel par le refus de nous identifier à eux.

Il me vient à l'esprit une Amérique du Nord sans le Québec français depuis 200 ans. 250 000 000 d'Anglais. Tout en haut, en bordure de l'Atlantique, une petite tache rouge : l'Acadie. Et alors je cherche une motivation réelle à être Acadien, à dire le monde en français. Je ne serais plus. Il n'y aurait pas de petite tache rouge, nulle part. Car tous les ressorts secrets de mon existence française ici, je ne les aurais jamais trouvés. Il n'y aurait pas eu de sollicitation à continuer. Cette présence chaude, « dérangeante », fraternelle, est toute notre signification. Et tout notre espoir.

Je ne préconise pas tant une politique nouvelle que je rêve à une métamorphose. Mais à la lenteur des métamorphoses. Et les événements vont vite, bien plus vite que les conceptions individuelles. « Le désespoir exprime le sentiment que le temps est court, trop court pour essayer de recommencer une nouvelle vie et prendre d'autres chemins vers l'intégrité » (Erik E. H. Erikson).

Le 15 novembre 1976[3] a stupéfié beaucoup d'hommes. Et bouleversé beaucoup d'Acadiens. Mais il n'y a pas eu l'effet dépuratif qu'on aurait pu attendre. Si peu d'Acadiens ressentent viscéralement la nécessité pour eux d'un Québec affranchi de la Conquête. Nous croyons que le grand œuvre de la Conquête est achevé. Ses effets permanents ne nous apparaissent pas. À cause d'une si longue familiarité avec elle, nous ne voyons plus ce que nous n'avons jamais cessé d'être, des conquis.

Beaucoup parmi nous bénissent la tutelle anglaise. Malgré eux. Notre aliénation est si totale que la vitale appropriation de son agir par le Québec nous semble une éventualité inconvenante, qui suscite notre hostilité.

Dans le fond, malgré que nous nous en défendions, le Québec ne nous indiffère pas autant qu'il ne paraît. Notre inconscient collectif ne se trompe pas. Ce qui est difficile, c'est d'agrandir notre conscience à la dimension de la perspective québécoise. Ne plus voir notre démarche comme disjointe, malgré la très lourde hypothèque de l'histoire. Être Acadien n'a pas le sens d'une spécificité irrécusable. Nous pourrions appeler à la barre des témoins les innombrables Acadiens québécois. Pourquoi seraient-ils moins Acadiens d'être plus Québécois ?

Il y aura toujours ceux qui se durciront dans la volonté exacerbée de différenciation. N'ayant pas compris que se différencier du Québécois ne peut pas conduire un Acadien ailleurs qu'à la désintégration. Nous n'échapperons pas à cette fatalité. L'identification avec la mouvance québécoise n'est pas une assimilation, mais un éclatement de nos parois habituelles. Serait-elle assimilation qu'il faudrait encore l'estimer comme infiniment désirable en regard de l'autre, la vraie, celle qui pourrit nos œuvres vives telle une gangrène.

Beaucoup d'Acadiens ne guériront jamais. Ils ne se sentent pas atteints. Ils ne savent pas qu'ils sont devenus des cobayes à sociologues, des fossiles

---

3. NDE : Date de l'élection du Parti québécois de René Lévesque à l'Assemblée nationale.

vivants pour délectations folkloriques. Ils se proposent en exemple au Québec, alors qu'ils sont une synthèse frappante de tout ce que le Québec devrait éviter pour ne pas mourir. La Sagouine ne nous invite pas à nous enfoncer dans sa noirceur. Elle nous crie au contraire son effroyable aliénation pour nous appeler au rejet absolu de ce qu'elle représente : la misère, une féminité outragée. Un langage pittoresque, certes, mais si fragile, si vulnérable. Pâture à toutes les emprises. Et l'indécrottable naïveté qui nous livre tous les jours pieds et poings liés à l'ouvrage obscur de la corrosion. La Sagouine est peut-être l'attaque la plus virulente lancée depuis toujours contre les profiteurs de la misère acadienne, ces dépeceurs attablés devant les restes de la Conquête. Il est impossible toutefois d'ignorer que son message social ne passe pas facilement à travers l'écran de folklore du langage. La Sagouine a été banalisée, récupérée d'une certaine manière, réduite elle aussi à figurer parmi les « signes » de notre renaissance. Nous savons fort heureusement qu'il y a un au-delà aux apparences. La beauté n'est jamais vraiment récupérable.

« [N]e me demandez pas pourquoi [...] nous sommes encore debout... » dit la chanson. Va pour la poésie. Cela s'exporte bien et caresse opportuné-ment la fierté un peu soûle de nos auditoires de fête nationale. Tout le monde sait que la plupart des Acadiens, au contraire, sont gagnés par l'accroupis-sement général, hors ceux qui ne se sont pas déjà inscrits dans l'horizontale indifférence. Peut-être avons-nous l'honneur et la dignité en effet. Comment savoir. L'âme des peuples vaincus est parfois tant ravagée qu'on ne sait plus bien discerner le geste d'honneur du raidissement de la crainte, le mouve-ment de dignité du soubresaut de la soumission.

Ce que nous savons tous, c'est que partout où un Acadien s'est trouvé dans un rapport d'intimité avec le monde anglais, sa prétendue fierté n'a pas mis longtemps avant de montrer le vacillement des blessés à mort. Inversement, partout où l'Acadien s'est soi-disant maintenu, il le doit beau-coup moins à sa fierté qu'aux effets de l'isolement : Griffiths parle de notre *sturdiness* (hardiesse, vigueur, énergie). *Sturdiness* mon œil. J'ai trop vu d'Aca-diens, en Ontario, dans les banlieues ouest de Montréal, aux quatre vents des Provinces atlantiques, ramper devant leurs maîtres, camoufler la fameuse acadianité sous les couverts les plus variés, caméléons exemplaires. On cherche des héros en Acadie ? Nous sommes tous des héros. De la moindre résistance.

Serions-nous parés des qualités intrinsèques les plus sublimes que cela seul ne suffira jamais à nous sauver. Étienne Parent le disait déjà aux Français du Bas-Canada vers 1850. Aucune valeur au monde n'est une garantie de la permanence. Il n'a fallu que 180 hommes et 37 chevaux pour jeter à terre l'Inca, son empire de plusieurs millions d'hommes, des valeurs prodigieuses. Mais l'Acadie vivra...

Notre fierté est un mythe. Le premier honneur consiste à nous reconnaître tels que nous sommes. Les dévastations de l'histoire ont creusé notre visage, dénaturé nos concepts. Nous n'avons pas un poids culturel à la hauteur de nos prétentions. Nos chansons sont une duperie. Si peu une mesure de ce que nous sommes vraiment. Laissons les autres nous admirer tant qu'il leur plaira, nous choyer comme on choie les formes du vestige, nous aimer avec la tendresse qu'on a pour les vieilleries pittoresques et solitaires. Ne serions-nous déjà plus à notre tour qu'un « mythe assassiné » ?

Nous nous leurrons sans fin. L'acuité est absente de notre vision de nous-mêmes. La conscience de l'effritement nous échappe. Ou plutôt l'effritement nous dégrade au point que nous avançons les yeux mi-clos, la conscience fermée, faisant des pas indécis, prenant les vapeurs de nos illusions pour les formes du réel. Peut-être est-ce cela la fin. L'euphorie de la fin. Nous balbutier un nom avant de mourir.

Je me souviens qu'il y a trente ans, un grand congrès eucharistique avait réuni les Acadiens à Caraquet. Ils étaient venus de partout. Prier la Vierge, glorifier le Dieu incarné, remercier pour la renaissance. Un après-midi où nos prières confuses s'élevaient dans la moiteur de l'été, une escadrille de chasseurs réactés traversa le ciel à très basse altitude, recouvrant de puissance nos frêles psalmodies. Nous fûmes un long moment avant de reformer nos prières. Nous regardions tous à l'horizon s'amenuiser les points noirs, par-dessus la désolation des champs et des arbres. Un rapport de forces venait de s'imposer brutalement à nous. Comment après cela réoccuper le champ céleste sans un arrière-goût d'impuissance et de futilité ?

Aujourd'hui, les Acadiens se rassemblent à la même place pour la Grande Fête. On ne les voit plus s'aller confesser dans des cabanes de bois comme jadis. Les chapelets sont perdus, les scapulaires brûlés. Mais ils chantent. Est-on si loin des vastes orgies sacramentelles où nos parents trouvaient à se réfugier et qui servaient de palliatif à leur misère ?

Depuis trente ans, il me semble que tout ce qui reste de francité profonde en Acadie a reflué vers la péninsule et se cristallise les soirs de 15 août dans les chants de cette fête où « le message s'amplifie, dirait-on, à la mesure de notre tragique déchéance ». Rien n'arrêtera la marée continentale. Chassés de l'histoire, nous entrons de force dans la chanson. Fête macabre qui ne saurait avoir de signification pour l'avenir que si nous chantions devant les feux allumés de la Gaspésie, assez fort pour que nos accents se transforment en appel et rejoignent les centres heureux de la Nouvelle-France.

Je suggérais plus haut que ce qu'il y a de plus authentiquement acadien chez nous ne subsiste que par la vertu de l'isolement. Il y a eu ici et là des hommes qui ont pu soustraire au puissant appareil de contrôle quelques fragments de leur âme. Ils vivaient si je puis dire aux confins de la structure officielle, dans ces franges un peu confuses où l'on ne revêt les apparences de la soumission que pour mieux dérober sa vie aux inquisitions persistantes et se mieux retrancher dans cette zone secrète de soi-même, qui renferme toutes les intuitions communes et l'imagerie profonde.

Ils furent plusieurs générations hors le contrôle des gouvernements et des prêtres, le temps de rassembler les éléments essentiels d'une vie intérieure à la mesure de leur propre relation avec la nature du continent, avec ses défis, son espacé démesuré, sa fascination. Ils surent élaborer cette dimension collective avant que n'intervienne massivement le clergé. Ils ont édifié à cette fin un réseau complexe de signes et de codes et la parole, cet art suprême des peuples démunis, a servi de lien entre les hommes et réconcilié les générations. L'art n'est pas bien lourd à porter quand on est pauvre et menacé de toutes parts. On se dit alors les choses fondamentales sans en avoir l'air. Le silence lui-même devient parole. Une large connivence se développe, que de bouche à oreille on se lègue. La nature se mêle à ce discours diffus mais pleinement compréhensible de l'intérieur.

Les chants et les histoires du peuple de chez nous, beaucoup de ses traits culturels, par-dessus tout une manière d'être à la vie, curieux mélange d'humour et de fatalisme où la faconde intarissable voisine facilement avec des silences à n'en plus finir, témoignent d'un domaine qui nous est propre malgré tout, transmis jusqu'à nous par morceaux substantiels, si sévères qu'aient pu être les limitations de l'histoire. Nul besoin pour cela de livres et encore moins de curés et de sénateurs. On peut dire qu'un certain espace du dedans a résisté aux outrages séculaires par la seule propriété de son dynamisme interne.

Pour qui sait voir et entendre, il est encore des occasions de rencontre possibles avec ce vieux fond de l'âme populaire acadienne. Il faut être là, avec tout l'effacement approprié, quand jaillit dans un groupe, par la magie de quelque mystérieux bien-être, l'étincelle de la parole. Les échanges atteignent alors le palier d'une fantaisie très nuancée, aisément, comme si rien au monde, ni jamais dans l'histoire n'était survenu pour nous dissocier de nous-mêmes. C'est presque de l'opulence. Et c'est très rare.

On découvre ainsi un type d'homme bien particulier, aérien dans sa recherche orale, profondément conscient des réalités, qui enveloppe ses analyses d'un humour qu'il pousse volontiers jusqu'à la caricature, très gaulois et bien aise dans l'irrévérence, pas du tout l'Acadien sur ses genoux écrasé de soumission que le clergé et les Anglais ont tant voulu qu'il soit.

Mais il est vain de vouloir circonscrire ce phénomène avec des mots. J'éprouve la plus grande difficulté à préciser ce que je ressens de l'intérieur. Toute définition me paraît futile. Avec le style de mes maîtres, je ne puis m'offrir qu'une vérité fragmentaire. Comment se réinventer son propre langage dans un royaume aussi délabré, si tragiquement défiguré? Comment y connaître jamais la sensation de s'appartenir à soi et d'appartenir à autre chose qu'à un amas de nostalgie?

Je sais seulement qu'il y a une nappe sous-jacente qui nous fait différents des autres, qu'il nous arrive parfois encore d'y prendre appui pour nous arracher à l'inertie de nos mille aliénations. Mais que nos envols sont fragiles! Quel vertige inéluctable nous ramène sans cesse, toutes ailes brisées, vers notre point de départ? Car j'ai beau savoir que ces oasis sont là, comment ferais-je pour ne pas voir en même temps le sable qui s'infiltre de partout et les effets autour de moi de la plus mortelle simplification? Nous avons nos élans, bien sûr, mais le sentiment est beaucoup plus fort de l'impuissance collective où nous sommes, faute d'une gestation historique qui nous eût rassemblés dans une cohésion suffisante pour rendre possibles les aboutissements essentiels. Nos élans sont sporadiques, noyés de compromission. Nous avons toutes les peines du monde à concrétiser le virtuel. Mais un virtuel acadien, est-ce encore concevable?

Les prochains états généraux ne signifieront rien s'ils nous divertissent un seul instant du projet de libération du Québec. Cette marée doit nous emporter. Nous devons faire un pacte avec le destin et miser sur la seule vraie chance qui nous ait été offerte en bientôt quatre siècles d'histoire.

L'état de la nation n'est plus à faire. En dix ans, nous avons vu des douzaines de spécialistes nous passer sur le corps. Nous savons qu'à l'Île-du-Prince-Édouard, les Acadiens dont le français est encore la langue d'usage ne sont plus que 4 %, affublés d'un taux d'anglicisation de 40 %. Nous savons que les Acadiens de la Nouvelle-Écosse représentent 3,4 % de la population de cette province et s'anglicisent au rythme de 31 %. Les mêmes rapports statistiques nous disent que les Acadiens du Nouveau-Brunswick dont le français est la langue d'usage sont 31,4 %. Leur taux de croissance est passé de 20,6 % pour la période 1941-1951, à 1,3 % pour les années 1961-1971. Le taux de croissance des Anglais de la province pour cette même décennie est de 9,2 %.

Nous savons également que 83 % de la disparité Nouveau-Brunswick–Canada proviennent des régions acadiennes et qu'il faudrait 10 662 emplois additionnels dans le seul nord-est du Nouveau-Brunswick pour que la population de cette région soit employée dans une même proportion que celle de la province. Qu'il en faudrait 20 000 pour effacer la disparité avec le Canada.

Nos projets de libération de l'Acadie ne pèsent pas très lourd contre cette angoisse qui enveloppe nos vitales incursions sur le marché du travail. Tout le monde sait qu'il faut investir et encore investir chez nous pour que nous accédions à l'état qui est normal ailleurs sur le continent. Mais on sait les difficultés d'intégration de la Cirtex à Caraquet[4]. Et personne n'a mesuré les effets d'anglicisation et d'aliénation du complexe industriel de Belledune sur la région environnante. Les investissements ici dans le contexte traditionnel ne viendront que des Anglais, entraînant avec eux les valeurs que l'on sait, y compris la structure syndicale elle-même dont nous aurions tant besoin, pourvu qu'elle soit acadienne. Cette forme de contre-pouvoir nous échappe aussi. Jamais on n'insistera assez sur la gravité d'une telle absence dans notre histoire des deux dernières générations. Mais un syndicalisme acadien au plan structurel n'était pas concevable vu la tournure des mentalités et notre incapacité constitutionnelle à légiférer pour nous-mêmes.

Les concentrations urbaines à haute densité commerciale et industrielle sont des mécanismes parfaits d'assimilation. Retenons l'exemple de Bathurst. Cette ville, à moitié française, noyée dans un comté où les francophones sont autour de 83 %, impose cependant à sa population acadienne un rythme d'anglicisation de 13 %.

Nous en sommes là. Nous appelons désespérément l'argent des Anglais. Impossible de faire autrement. Mais tout avoir étranger investi chez nous atteint un peu plus notre intégrité physique. Nous sommes réduits à échanger tous les jours une partie de notre fameuse acadianité pour des poignées de dollars. Le cercle est vicieux jusqu'à l'obscénité.

Tout se réduit finalement à une question d'emplois et de mieux-être. Nos desseins les mieux élaborés, qu'ils viennent des traditionalistes, des nationalistes ou néonationalistes acadiens, des socialistes ou des communistes, ne prévaudront pas sur le pain quotidien, les impératifs de la sécurité, le prestige de l'argent. L'exode massif de nos forces vives depuis toujours le prouve suffisamment.

Les États généraux vont ressusciter tous les projets. Les élites traditionnelles stagneront dans le statu quo. Leurs éléments les plus progressistes oseront parler de la très courageuse dualité institutionnelle.

---

4. NDE : La Cirtex est une entreprise textile qui s'installa à Caraquet en 1974 et qui fut rapidement le siège d'un conflit ouvrier important.

Une partie de l'élite nouvelle avancera l'idée d'une province acadienne. Cette représentation comporte des éléments de nouveauté qu'on ne peut pas passer sous silence. C'est la première fois qu'on fait appel officiellement chez nous à la notion d'un État juridiquement autonome. Certes, les combats séculaires pour la langue, l'éducation, les titres de propriété n'ont jamais cessé de soulever ce problème de l'autonomie relative, mais on n'osait envisager telle probabilité que dans l'hypothèse d'un triomphe du nombre à l'échelle de la province. La dualité des institutions n'est elle-même qu'une facette mieux organisée de l'interminable quête de pouvoir politique, peut-être une solution de rechange au fait brutal de notre déclin démographique. Or voici que l'intention d'une province acadienne vient rompre avec le rêve d'une grande Acadie de nulle part. Le rêve se rétrécit à la dimension d'une structure juridique, laquelle ne va pas sans la restriction additionnelle d'un territoire déterminé, tout au moins déterminable, soustrait à la juridiction des Anglais de la province. Il s'agit bien là d'une rupture avec les données traditionnelles de l'histoire. En même temps que d'une illusion. Car une fois échappés à l'emprise majoritaire de nos Anglais d'ici, nous tombons dans la dépendance directe de ceux du gouvernement fédéral. L'Île-du-Prince-Édouard, pour ceux qui connaissent sa situation économique, offre un bon exemple de ce que je veux dire.

Quand je dis « une fois échappés à l'emprise majoritaire de nos Anglais d'ici », je ne veux signifier que la dimension démographique du problème. Le territoire envisagé comme base d'une future province acadienne contiendrait autour de 60 % de francophones. Réalité friable à l'excès quand on sait que les Acadiens du comté de Gloucester, entre autres, majoritaires à plus de 80 %, ont toujours montré historiquement les réflexes d'un peuple minoritaire parfaitement colonisé. La provincialisation ne changerait rien au rapport économique fondamental, ni à l'état de notre psychologie collective. Les Québécois ont leur province depuis 111 ans. Ils sont plus de 80 % chez eux. Ils possèdent pourtant moins de 20 % de l'économie provinciale. Et c'est pourquoi beaucoup parmi eux expriment désormais le problème en termes de libération politique.

La donnée essentielle du fédéralisme canadien, c'est l'idée unitariste. Mille exemples tirés du siècle passé montrent clairement du doigt les immenses pouvoirs dont s'est emparé l'État central, avec la complaisance judiciaire, par la justification du dynamisme implicite des textes et du pouvoir résiduaire. La tendance actuelle n'est pas à la subdivision des provinces, mais au regroupement par vastes régions, justement pour lutter plus efficacement contre les politiques centralistes et les difficultés économiques. S'imaginer que le Canada, déjà sérieusement menacé d'effritement, fera de lui-même avancer sa propre mort en accordant aux Acadiens la onzième province relève de la folie. Et comment par ailleurs nos si sympathiques Loyalistes de la moitié sud du Nouveau-Brunswick renonceraient-ils à des retombées fiscales si bénéfiques pour eux, au *cheap labour* acadien, à leur fierté de conquérant, en laissant partir les grands avoirs miniers et forestiers du nord et toutes ses installations industrielles ?

L'idée d'indépendance met en cause la notion même de territoire, remplace le concept d'autonomie par celui de souveraineté, implique un interminable processus de sensibilisation et la confrontation inévitable avec les structures de conquête. Elle pose en outre l'énorme question du seuil de viabilité. C'est l'idée à la fois la plus folle et la plus généreuse, la plus impossible et la plus rigoureusement logique. Elle gît dans une salle perdue de notre subconscient. Tous nos élans obscurs et l'agitation récente et lointaine de l'histoire ne cessent de la signifier, y affleurent sans la formuler, ou la formulent dans un chuchotement, sans y croire vraiment, sans la retenir le temps de lui donner corps et impulsion. Idée fragile. Trop la serrer, elle ne respire plus. Quand on desserre l'étreinte, elle s'envole. Oiseau effarouché. Mais l'idée d'indépendance est indispensable. C'est l'oxygène d'une pensée collective. Elle seule crée la tension qui génère toutes les proliférations de la vie. Il n'est pas de provocation plus hautaine. Les autres aspirations de la pensée nationaliste acadienne – statu quo, dualité progressive, provincialisation, annexion, fusion ou union avec le Québec – ne peuvent respirer sainement sans au-dessus d'elles cette radicale exigence. La plus grande faiblesse de l'idéologie chez nous réside peut-être dans cette incapacité à concevoir une certaine gratuité de la pensée, je ne dis pas « anarchie », mais une gratuité structurée, consciente d'elle-même, inconditionnelle, patiente jusqu'au bord de la folie, qu'on voit dans la genèse de tous les mouvements de libération, tant au niveau de l'homme qu'à l'échelle du collectif. Je ne dis pas que ce doit être la seule idée, ni même l'idée prédominante. L'unanimité est malsaine et c'est un concept dépassé. Cependant, l'idée d'indépendance doit être là, élaborer sa cohésion au milieu des autres projets, pour contribuer à l'originalité de toute formulation de notre agir. Elle seule est une consécration logique de l'acadianité. Affirmer la spécificité acadienne comme il se trouve dans les plus récents écrits (Fédération des francophones hors Québec, 1977 ; Trépanier, 1977) sans conclure au moins dans sa tête à la nécessité d'une forme très poussée d'indépendance, n'est-ce pas nier l'existence des forces d'actualisation chez nous, et alors la spécificité ne serait elle-même qu'un vain mot, une invention d'intellectuels surtout préoccupés par l'aspect sonore de la terminologie ?

Depuis que le projet d'indépendance a pris corps au Québec, des Acadiens lui font le reproche d'exclure de ses considérations essentielles les minorités francophones des autres provinces. Voici que nous-mêmes, par le rappel incessant de notre acadianité et la résolution d'une plus vaste autonomie juridique, nous voyons obligés de pratiquer à l'égard des autres minorités françaises du pays les mêmes formes d'exclusion. Nous apprenons à notre tour que le principe de l'exclusion et tout balbutiement national se confondent. Encore ne sait-on pas si nos balbutiements sont de caractère national. Peut-être procèdent-ils simplement de l'instinct d'une vigoureuse sous-culture régionale dont l'expression passe depuis deux siècles par le canal juridique de provinces différentes et qui puise dans la tournure particulièrement dramatique de son histoire de quoi nourrir un faux sentiment de nationalisme. Il n'y a pas de réponse. Mais exclure le Québec de la problématique acadienne, ne pas l'intégrer globalement à toutes les étapes de nos articulations, même les plus hésitantes, équivaut à une négation si fondamentale de nous-mêmes qu'on ne peut l'évoquer sans que vienne à l'esprit l'image de quelque dépècement suicidaire.

À l'occasion des prochains états généraux, on parlera sans doute aussi d'annexer la frange septentrionale du Nouveau-Brunswick au Québec. Emporter avec nous un morceau de l'Acadie. Sauver notre paysage. Plusieurs trouvent au mot *annexion* une connotation négative et vont lui préférer *fusion* ou, encore mieux, *union*. Ce sont là des considérations sur les modalités. Un tel projet élargit les notions d'autonomie et de souveraineté à la dimension du Québec et ne peut s'initier qu'en Acadie.

Quoi qu'il en soit de nos projets, une fois qu'on a exploré l'ensemble des solutions, des voies formulables, force nous est de constater que notre destin encore une fois n'a pas attendu après nos savantes élaborations pour se couler dans des formes qui échappent à notre emprise consciente. La chute libre à presque zéro du taux de croissance de la population acadienne du Nouveau-Brunswick au cours des vingt dernières années trahit une accélération du mouvement centrifuge. La griffe séculaire de l'exode nous déchire et notre avenir est plus sûrement modelé par elle que par toutes les autres réalisations et tous les projets. Plus de 10 % des Québécois portent déjà des noms acadiens ou comptent des Acadiens dans leur ascendance. L'« union » est chose faite pour beaucoup d'entre nous. Quand un jour le Québec rétablira le niveau de son économie et haussera ses exigences sociales, le drainage actuel de nos forces vives se fera fleuve et on verra l'inanité de notre « discours ».

Il est vrai que le « discours » acadien s'est diversifié depuis quelques années. La nouvelle élite ne parle plus guère le langage de la soumission.

Elle se montre même capable des hypothèses les plus aventureuses. Mais la nouvelle élite n'a pas le pouvoir de nos institutions, ni aucune forme de maîtrise du déroulement de notre histoire. Ses approches sociales sont plus concrètes, il faut en convenir, sa parole affleure parfois à la puissance. On aurait tort toutefois de croire à un impact très dévastateur des concepts nouveaux sur l'ancienne mentalité.

Quand les blocages traditionnels se sont effondrés, on a fait chez nous, comme partout ailleurs dans les mêmes circonstances, une orgie de la parole. Nous avons creusé presque simultanément tous les champs de recherche. Quelle joyeuse diligence nous avons mise à dénoncer les expressions de la sénilité collective. Nous avons cru à des changements rapides, à un revirement profond des mentalités. La bonne vieille tentation de la facilité. C'est à peine si nous sommes parvenus à faire grincer le pesant rouage de l'entendement officiel. Notre effervescence s'est éparpillée au hasard d'une action sporadique et à peine consciente d'elle-même. Le pouvoir est resté à la même distance au-dessus de nos têtes avec ses forces de manipulation intactes, sinon vitalisées par l'expérience. Aucune trace seulement de contre-pouvoir ne subsiste de nos éclats. C'est une constante en histoire de l'Acadie que l'impuissance de la contre-pensée à atteindre l'existence organique. Nos forces furent tôt engagées sans réserve dans le combat pour la subsistance et s'épuisaient à mesure dans une totale mobilisation contre toutes les formes de l'hostilité. Si peu de sang nous restait pour l'épuration interne.

Notre valeur suprême, c'était la Renaissance. Nous y avons cru, unanimement, jusqu'à l'illusion. Elle nous a éblouis si fort que nous nous sommes perdus en elle. Le désarroi nous a décollés de nos bases. Privés de garanties réelles, nous avons cherché dans le mythe de quoi nous rassurer sur l'avenir. « [L]es Acadiens qu'on a voulu faire disparaître ont encore et auront toujours le droit de vivre comme Acadiens, tout simplement parce qu'ils sont des Acadiens » (paroles d'un dirigeant de la Société des Acadiens du Nouveau-Brunswick, dans Trépanier, 1977).

Cette confusion de l'esprit frise parfois le plus haut tragique. En effet, on n'a pas envie de rire quand les dirigeants de la Fédération des Acadiens de la Nouvelle-Écosse, après avoir élaboré les chiffres de leur inexistence, lancent un vibrant « Surge Acadia » (Fédération des francophones hors Québec, 1977). Rien n'a jamais ressemblé autant à un cri de désespoir.

C'est là, diront plusieurs, une vue bien pessimiste des choses. Le moribond qui ouvre les yeux aux approches de la mort ne commet pas un acte de pessimisme. Il prend tout au contraire le seul moyen qui lui reste pour transcender l'événement. Il ne faut pas avoir peur des images inacceptables. Il faut nous forcer à comprendre que nous vivons dans un monde qui n'est pas rassurant. Un monde qui n'est pas comme nous croyons. « C'est toujours la lutte de ce qui est raisonnable et de ce qui ne l'est pas... » (Gide, agonisant).

Bibliographie

D'ENTREMONT, Clarence J., Jean DAIGLE, Léon THÉRIAULT et Anselme CHIASSON (1976), *Petit manuel d'histoire d'Acadie*, Moncton, Librairie acadienne, Université de Moncton, 4 volumes.

FÉDÉRATION DES FRANCOPHONES HORS QUÉBEC (1977), *Les héritiers de Lord Durham*, vol. 1 : *Les francophones hors Québec prennent la parole*, Ottawa, Fédération des francophones hors Québec.

GRIFFITHS, Naomi (1973), *The Acadians. Creation of a People*, Toronto, McGraw-Hill Ryerson.

TRÉPANIER, Pierre (dir.) (1977), *L'Action nationale*, « Aujourd'hui l'Acadie », vol. 67, n° 3-4 (novembre-décembre).

Acadie-anarchie[1]

Roger Savoie

Écrit par un philosophe considéré comme l'un des principaux théoriciens de la révolte étudiante qui eut lieu dix ans plus tôt à l'Université de Moncton, comme son titre l'indique manifestement, ce texte propose une relecture de l'Acadie traditionnelle et moderne consistant en une confrontation de toutes ses représentations et de ses pratiques avec une conception anarchiste, sinon anarchisante, qui, selon l'auteur, serait la seule à rendre compte de ce qui «s'est vraiment passé» dans l'histoire de l'Acadie. Très fortement imprégné de cet esprit du temps pour qui toute pensée authentique ne valait que si elle puisait aux sources d'une contestation totale et radicale des institutions, des pratiques et des discours, ce texte apparaîtra à d'aucuns comme définitivement iconoclaste et insolent. Dans une prose qui fait feu de tout bois – du mythe fondateur d'Évangéline, aux héros nationaux, aux personnages illustres, aux artistes de renom, aux institutions importantes, aux espaces sacralisés de la communauté acadienne – pour l'auteur, tout devient non seulement prétexte à leur contestation aiguë, mais, mieux encore, il cherche à prouver ce que cette contestation révèle du caractère jusque-là impensé d'une Acadie-anarchie. Pratiquant une dérision permanente, de la science comme de toute pensée officielle, il ne craint pas d'internationaliser l'Acadie, pourrait-on dire, pour en «délocaliser» toute singularité, puisque seul compte pour l'auteur son plaidoyer pour l'anarchie. Plaidoyer toujours guidé par des observations qui ne sont pas étayées par des considérations théoriques habituelles sur l'anarchisme, mais qui, au contraire, renvoient à la concrétude la plus brute, la plus manifeste de tous les événements – passés et présents – évoqués ici à bras-le-corps afin de dire une Acadie qui ne peut être en définitive que dans une pensée du mouvement, de la non-appartenance, du détournement et de l'ubiquité et qui ne vaut que pour ce qu'elle signifie de libération possible.

Je n'ai pas du tout envie de faire l'éloge funèbre de l'Acadie, qu'elle soit l'«Acadie perdue». Jean-Paul Hautecœur a sans doute raison de nous rappeler que l'Acadie n'a été qu'un flot de paroles, paroles de foi, paroles de la croyance. On se rend mieux compte aujourd'hui que toute croyance n'est

---

1. On s'étonnera peut-être de trouver dans une anthologie de sciences humaines et sociales un texte de cette facture. Il était cependant important qu'il y figure. À plusieurs titres du reste. Son auteur fut un inspirateur marquant du mouvement étudiant de la fin des années soixante, mais le texte lui-même revêtit une tout autre portée lorsqu'il fut soumis pour publication à la Revue de l'Université de Moncton. Nous savons aujourd'hui de source très sûre qu'il fut censuré.

que croyance en un langage. On croit ce qui est dit et il n'est pas besoin de vivre le fait réel lui-même. Il n'est pas besoin de vérifier si l'Acadie est un événement réel, une pratique de l'ici et du maintenant, il suffit de proclamer qu'il y a une Acadie pour la simple raison que je suis un Acadien.

Il m'arrive souvent qu'on devine par mon accent, pourtant passablement modifié avec le contact d'autres groupes, que je suis Acadien. Il est vrai que j'ai un accent spécial et que les fines oreilles peuvent me le rappeler. Je ne peux pas dire que ça me flatte ni que j'en tire un quelconque désagrément. Parfois ça me fait vaguement plaisir. J'ai le sentiment d'avoir appartenu à une race en voie d'extinction. Mais je sais bien que je ne faisais même pas partie d'une race, ni d'un peuple, ni d'un pays. Jadis, j'ai fait partie d'une colonie. Mes origines me renvoient à une lamentable histoire de colonialisme anglo-américain. Bien entendu, si j'avais été préservé dans le colonialisme français, cela ne m'aurait pas été d'un meilleur secours. Quand je suis né, on m'a dit que je faisais partie d'un grand peuple tragique. On me comparait au grand peuple juif, quoique par la suite, je me rendis vite compte que ceux qu'on appelait les Juifs n'étaient pas du tout traités comme des grands, d'une part, et qu'ils ne constituaient pas un peuple, d'autre part, mais une sorte de diaspora concrète soutenue par une mythologie ancestrale. Mais moi je n'avais même pas le malheur (ou le bonheur) de vivre dans la merveilleuse cohésion tribale et sanguine des Hébreux, je n'avais pas inventé l'histoire, moi, comme eux, et comme les seuls maîtres à penser de mon enfance ne lisaient à peu près que la Bible ou les encycliques, mon sens de l'histoire était plutôt torturé par une imagerie absolument fantasmatique.

Ce sur quoi on parlait, de l'Acadie passée, présente ou future, n'avait absolument aucun ancrage dans le réel concret. On se racontait tout simplement des histoires, comme Michel Roy (1978) n'a eu aucun mal à nous le démontrer. Roy a montré ce que nous savons tous et ce que seuls les romantiques un peu naïfs et aussi très touchants s'obstinent à ne pas voir, que l'Acadie est perdue, qu'elle ne fait vivre que quelques ethnologues et quelques chanteurs ou écrivains qui continuent de répéter la même rengaine contre tout fondement in re à l'effet que l'Acadie est! Bien plus, l'Acadie n'est pas perdue comme telle, elle n'a jamais été acquise par ses occupants qu'on appelle les Acadiens. Elle n'est pas sur la carte!

Petit garçon, on me disait que l'Acadie était partout où se trouvaient des Acadiens. La formule était extraordinaire et on ne se rendait sûrement pas compte jusqu'à quel point elle est anarchique. N'importe quel nomade de cœur et de corps vous dira que son pays n'est rien d'autre que là où il se trouve. Bien entendu, le pays dont il parle ne se trouve pas sur la carte. Mais la formule de mon enfance voulait me laisser entendre que j'étais l'heureux propriétaire, avec mes compatriotes, d'une patrie. Grand bien m'en fasse. Plus tard, j'ai reçu de plein fouet aux yeux, sur mes mains, dans ma chair, la nouvelle que je n'avais pas de patrie qui s'appelait l'Acadie. La seule terre qui était un peu à moi, c'était celle que foulait le petit garçon que j'étais et qui se trouve aujourd'hui à être, ni plus ni moins, que le sol même d'où jaillit le campus de l'Université de Moncton. J'ai bien ajouté que cette terre n'était qu'un peu à moi, car elle était traversée par des gens qui prétendaient aussi que c'était la leur. Et mes congénères si doux n'avaient aucun moyen de les mettre à la porte. Au contraire, on me prêchait le respect d'authentiques occupants, les anglophones. On me faisait l'éloge de la culture acadienne en apportant les seuls exemples que nous possédions de la culture à l'époque : Marie-Germaine LeBlanc, qui avait gagné un concours de chant dans *Singing Stars of Tomorrow*, à la radio, et Arthur LeBlanc, qui avait un talent réel et qu'on traîna lamentablement partout comme symbole de notre résurrection. C'était pour lui un poids trop lourd à porter, et il ne le porta point. Plus tard, on s'exaltait mutuellement en brandissant la preuve de notre existence nationale avec les chorales de Notre-Dame d'Acadie et du Collège Saint-Joseph, qu'on appelait l'Université Saint-Joseph, par un de ces nombreux tours de passe-passe que l'élite acadienne ne manquait jamais de nous jouer. Par la suite, il y eut ceux et celles que vous connaissez aujourd'hui et qui vont faire leur nom et leur vie au Québec (sans quoi bien sûr ils se trouveraient au chômage) et qui vivent un peu du symbole-Acadie et du fétiche-Acadie.

Quand je me découvris le statut de déporté, d'apatride et de métèque, j'ai regimbé. J'ai essayé de tout calfeutrer par un nationalisme absolument décroché. J'ai voulu me faire croire à moi-même que l'Acadie n'était pas perdue. Je ne voulais pas m'avouer qu'elle n'avait tout simplement jamais existé. L'Acadie éternellement avortée. Voilà le titre d'un livre que le frère Antoine Bernard n'aurait pas osé écrire. Les Acadiens sont mes frères, sans doute, mais ils ne sont pas mes compatriotes. Quand fut convoqué le Ralliement de la jeunesse acadienne en avril 1966, on se demandait déjà si le nationalisme acadien n'était pas une pure mythologie et une mauvaise imitation des nationalismes ambiants dans le but arbitraire d'alimenter le pouvoir totalitaire d'un clergé ignorant et peureux. Au grand désarroi de beaucoup de gens, un groupe de jeunes avait eu l'audace de brûler (si ma mémoire est bonne) le drapeau acadien. On commençait à se rendre compte à cette époque que le patriotisme acadien n'était que de la poudre aux yeux.

Quand on m'a demandé de venir vous adresser la parole, j'ai accepté avec un vif plaisir. Mais j'ai aussi éprouvé une forte hésitation. Moi qui n'ai pas vécu parmi les Acadiens depuis douze ans, que pouvais-je dire qui soit pertinent ? Je ne pouvais, encore une fois, que risquer de faire figure de beau parleur inopportun, et puis je n'ai plus le goût des confessions. Je n'ai aucune analyse sociologique à proposer. Même l'idée d'une annexion à la province de Québec, que j'ai défendue en 1968 chez Lerontin, une boîte à chanson de l'époque, et cela dans une atmosphère surchauffée et passionnée, m'apparaît aujourd'hui assez contestable. C'est peut-être la dernière chance de survivance nationale d'un groupe ethnique en perte de vitesse. Mais voyez comme la Gaspésie est la sous-province nègre du Québec ! Que serait donc une future Acadie, sous-province québécoise ? Ne serait-elle aussi négligeable dans les faits que les Maritimes pour le Canada ? La distance géographique de Québec nous sauverait-elle ? L'acadianité ne serait-elle pas vite absorbée par la québécitude, comme la canadianité et l'américanité ? La réponse à mon objection est sans doute la suivante : mieux vaut être sous-développé au Québec qu'au Canada. En effet, la consolation est légèrement plus appréciable que celle qu'on se donne encore aujourd'hui quand on fait l'éloge de la « culture acadienne », témoin cet extrait du *Petit manuel d'histoire d'Acadie des débuts à 1976* :

> Le succès des livres d'Antonine Maillet, les publications nombreuses d'autres auteurs, la renommée de nos chansonniers, la qualité croissante de nos écoles, la vitalité nouvelle de nos associations provinciales, la vigueur actuelle de la presse acadienne, la force montante de nos coopératives et de nos caisses populaires, la solidité de la Société mutuelle l'Assomption dont la Place l'Assomption à Moncton peut être le symbole, le rayonnement grandissant de l'Université de Moncton témoignent que l'Acadie n'est pas près de mourir mais est plus vivante que jamais[2].

Imaginez ce qu'il y a de triste dans cette énumération et cette comptabilisation ! Imaginez un peuple qui ferait la liste de ses réalisations pour se donner l'illusion qu'il existe ! En quoi, dites-moi, cette nomenclature est-elle différente de celle qu'on nous proposait en 1950 ? Imaginez aussi l'humiliation des Amérindiens quand on leur dit que le Canada ne serait pas si beau et si riche s'il n'y avait les minorités iroquoises, etc. ! Cette gifle dégradante n'est-elle pas administrée à grande volée par le bureaucrate cravaté acadien et son homologue canadien à travers tout le pays, *a mari usque ad mare* ? Que voulez-vous que cela nous fasse quand le génocide a déjà été

---

2. Tiré d'un texte de Jean Péronnet de Moncton, publié dans *Les amitiés acadiennes* (1978).

perpétré au point d'avoir besoin de s'administrer une dose quotidienne de Valium pour endormir le sentiment d'une pseudo-réalité. On reste dans les brumes d'un rêve perdu ou d'un avenir fuligineux à espérer. Jusqu'ici, on ne peut pas dire grand-chose de plus, rien de plus que peut-être ceci : l'Acadien est l'homme d'une région, il est consacré à une existence ponctuelle. Il ne connaît pas la globalité des peuples et des nations. Ce qu'il fait n'entre pas dans le réseau nationaliste. Son destin est d'être jusqu'à maintenant un minoritaire s'il reste sur place – et sa place n'est plus guère très grande – et s'il se déplace, de s'assimiler à une culture étrangère.

Cependant, il peut aussi se reconnaître un destin de nomade, d'errant, d'homme de l'anarchie, ce qui n'est pas du tout une dégradation. J'y reviendrai. Je m'adresse aujourd'hui à ceux qui ont choisi de rester. Si je ne m'abuse, la plupart du temps, l'Acadien sédentaire choisit de se définir comme minoritaire au sein d'une majorité. Avouons que jamais citoyen n'a eu tant de majorités par rapport auxquelles il pouvait se définir : l'anglophone des Maritimes, le Québécois, l'Américain, le Canadien, le Français. Cela lui fait un quintuple sentiment d'infériorité et nous avons tous connu cela, n'est-ce pas ? Quintuple invitation à imiter, copier et répéter le discours et les gestes du grand, à devenir semblable, assimilé, colonisé. Plus l'Acadien s'évertue à devenir quelqu'un, plus il est confiné dans sa réserve et traité comme un sujet d'ethnologie. L'*homo acadianensis*. Il ne sait plus à qui il appartient, il n'arrive pas à saisir le code de son passé historique, il ne peut se mettre en colère que dans de mini-escarmouches, ne fabriquer que de petites bombes. Il est éduqué dans le sentiment du manque puisqu'il est constamment forcé de se situer par rapport à l'Étranger, l'Autre, le Majoritaire. Les directeurs de musées veulent lui faire croire qu'il est encore dans la course au pouvoir, qu'il aura sa part du gâteau, pourvu qu'il reste lui-même : sage, soumis et casé. Il est constamment condamné à attendre le rédempteur qui ne vient jamais. Il a la rage de se donner un État et une nation. Il n'est pas content de son existence de minoritaire et d'apatride, il la vit comme un malheur, il rêve d'appartenir à un pays, à un grand ensemble. Il croit que s'il n'a pas d'identité nationale, il n'est rien. Il veut trouver sa force dans une collectivité structurée à la façon occidentale. Il lui arrive parfois, par crainte de se laisser dévorer par les cinq Grands, de se refermer sur lui-même, de s'isoler des autres et de pleurer sur son sort de délaissé. Il peut dès lors être tenté d'idéaliser son propre isolement, en croyant que sa pureté doit être sauvegardée de la horde impure et vorace.

Il m'arrive souvent de réfléchir sur le sort de l'Acadien sédentaire. L'Acadien que j'étais. Celui qui est resté sur sa terre. Ma question pouvait à peu près se formuler ainsi. Écoutez. Qu'arrive-t-il à celui qui n'a pas de pays, pas de patrie, pas d'identité nationale ? L'Acadien sans Acadie. Y a-t-il un intérêt à en tirer ? Ma question se veut pratique et non théorique. Peut-on en extraire quelque positivité ? Pourquoi a-t-on toujours laissé croire à l'Acadien qu'il avait une patrie qui n'existe pas et que sans patrie il serait inférioré ? Va-t-on se contenter encore une fois de se lamenter à propos de notre condition d'Acadien, de rendre tragique notre statut de minoritaire ? N'y a-t-il pas en nous tous un métèque qui rêve de ne pas avoir à rendre compte d'une appartenance à une majorité ? Faut-il continuer à assommer l'Acadien de son infériorité ? Est-ce une infériorité ? Y a-t-il moyen de vivre ce qui est là, *here and now*, sans devoir constamment se créer des supérieurs, des maîtres, des plus grands que soi ? Qui a dit que l'homme sans patrie était démuni, était accablé d'un manque, d'un vide ? L'Acadien manque-t-il de quelque chose ? Bien sûr qu'il manque de quelque chose dans la mesure seulement où on réussit à lui faire croire qu'il est dans le besoin, qu'il ne saura jamais tirer partie de sa force propre et singulière, et sa force propre n'est-elle pas de ne pas avoir de pays ? L'incitation au manque est une incitation à croire. Croire en sa propre maladie, créer de toutes pièces sa maladie par la force de la persuasion, par le pouvoir d'un certain langage. Et, par le fait même, croire en un salut, une rédemption possible. Le christianisme nous revient en pleine face, même quand on croit l'avoir déjoué. Capitaliser sur les corps en leur injectant des doses de fantasmes, d'illusions, d'idéaux et de modèles.

La société acadienne – j'entends par là les personnes qui se disent Acadiennes et qui vivent en communauté – est en quelque sorte une société sans État. Disons plutôt que l'État qui les gouverne n'est pas le leur, ni l'État provincial, ni l'État fédéral. Si l'on peut donc prendre à son égard toutes les libertés, tombent alors l'obligation de travailler pour lui comme la nécessité de conserver l'obligation d'être un bon citoyen.

Ni bon ni mauvais, l'apatride n'est pas un citoyen. Il n'a pas à se conformer à un modèle. Il se sent indépendant à l'égard de l'appareil politique. Bien sûr, il paie des impôts et obéit à un certain nombre de lois pour ne pas aller en prison. Mais le cœur n'y est pas et, manquant de zèle, il profite de toutes les occasions pour contourner la loi. Il ne se soumet pas à une doctrine politique afin de justifier ce qu'il a à faire. Dans le célèbre film *L'Acadie l'Acadie ?! ?* de Pierre Perrault et de Michel Brault, ce sont ces jeunes étudiants, ne pouvant théoriser leur comportement, qui créent un tel sentiment de désespoir. Quant au révolutionnaire marxiste, il peut, lui, théoriser son comportement. Il peut le remodeler en fonction d'une structure sociale et politique à venir. Or, en 1968, la situation de l'étudiant acadien est assez particulière et même les catégories marxistes font figure de vêtements mal ajustés et importés.

L'Acadien est un homme sans histoire, pour ainsi dire. Il ne peut pas fonder son comportement présent sur un discours historique. Tout le discours patriotique sur le passé ne le touche pas. Il faut dire que l'idéologie nationaliste est une importation étrangère à laquelle il est insensible. L'idéologie nationaliste ne pourra qu'assurer le pouvoir des hommes d'affaires et des politiciens locaux. Mais a-t-on réfléchi aux conséquences énormes de ce que signifie pour nous la liberté de ne pas travailler pour l'État ? Ne pas avoir le cœur à travailler ? Manquerions-nous de zèle ou d'entrain ? Cela signifie-t-il que nous n'avons ni cœur ni enthousiasme ? Ce qui s'est passé à Moncton de 1965 à 1968, la circulation d'énergie qui s'y fit, indique le contraire.

L'Acadien sans histoire et sans patrie a bien des choses à dire et à faire. S'il ne les fait pas, c'est parce qu'il cherche à les justifier. Il pourrait ne pas avoir le poids des grands à supporter. Il pourrait soigneusement cultiver les défauts qu'on lui reproche. Au lieu de se soucier de devenir quelqu'un, il pourrait, comme tous les nomades, profiter du fait qu'il n'est personne. Cet anonymat lui donnerait une énorme mobilité. Il pourrait s'aviser de ceci : à travers le monde est en train de se construire ce que j'appellerais un contre-courant antiétatique, des mouvements régionalistes et anarchistes de plus en plus forts. Citoyens de la terre, ils ne s'embarrassent pas de doctrine nationaliste ou, s'ils le font, c'est comme une sorte de paravent pour rendre plus efficaces leurs luttes. Ils ne réclament pas des droits, ils agissent ! Il ne s'agit plus d'un régionalisme folklorique qui s'allourdit d'un bric-à-brac fétichiste et passéiste, mais d'un concept de région qui ne se définit pas en fonction d'un État.

Chaque groupe ethnique étant absolument singulier, différent et minoritaire ; il est impossible de philosopher à son sujet. Je ne fais pas allusion ici au mouvement anarchiste européen du XIXᵉ siècle qui, tout en rejetant vigoureusement la nation et l'État, se nourrissait du romantisme d'une société idéale, d'une doctrine utopiste. Au contraire, les groupes sans État donnent l'impression d'y appartenir. Ils paient le moins d'impôts possible et usent de leur intelligence collective à déjouer la loi par tous les moyens ; un peu comme les pêcheurs et cultivateurs acadiens autrefois et, cela est possible, aujourd'hui. Ce qu'ils développent, ce sont des ruses anarchistes. Non pas un retour à la nature (à quelle nature retourneraient-ils ?), mais des moyens pour profiter des situations dans lesquelles les placent le chômage, le statut de minoritaire et l'acculturation. Refuser de se faire exploiter afin de créer un surplus pour les autres, sauf pour en tirer un profit à soi ou au groupe. Refuser de demander à l'État la confirmation de son impuissance. Opérer des ruptures avec tout ce qui se nourrit de symboles. Les Acadiens comme groupe ethnique se sont américanisés par leur mode de vie et leurs aspirations matérielles. Ils se sont canadianisés comme toutes les communautés dans les autres provinces confédérées. Ils se sont considérablement anglicisés dans leur langue. Ils ont toujours été plus ou moins francisés dans leur éducation scolaire. Il est possible qu'un jour ils se québécisent. Et quoi encore? En plus d'un complexe d'infériorité, qu'ont-ils acquis de cette adaptabilité et de leurs nombreux déracinements?

L'Acadien n'a pas de nom mais il pourrait avoir de multiples visages. Sa relation à l'État est telle qu'il n'y croit plus vraiment. En cela, il ressemble un peu à l'homme primitif tel que le décrit Pierre Clastres (1974) dans *La société contre l'État* et il ressemble aussi à l'homme de l'anarchie tel que le décrivent par exemple Henry David Thoreau (1973) dans *La désobéissance civile* ou John Cage. L'homme de Clastres est le chasseur, pêcheur, collecteur des sociétés sédentaires d'avant l'État, d'avant ce qu'on appelle la civilisation. L'homme de Cage est plutôt celui qui vient après l'État, après la révolution industrielle, après la politique de l'État. Or, curieusement, le primitif et l'anarchiste se rejoignent. Non pas le primitif pauvre et rachitique tel que notre conception civilisée l'imagine. Au contraire, celui dont la technologie répond exactement à la satisfaction de ses besoins et rien de plus. Le colonisateur lui attribuait bien des défauts : il était paresseux, il se refusait à travailler plus qu'il ne fallait ; il travaillait pour lui-même et non pour les autres. Tout se mit à changer quand il se mit à produire un surplus pour ses maîtres, pour les hommes de pouvoir. Cage croit pour sa part que c'est le travail, le fait d'être obligé de travailler qui est la source de l'oppression. Changer tel ou tel régime économique, ce n'est pas changer le fait du travail, c'est demander un surcroît de travail. L'homme de l'anarchie, le bohémien, le métèque, lui, n'a pas le culte du travail. Bien plus, ceux qui ont vécu en régime de civilisation savent bien qu'il est impossible de retourner au régime économique précivilisé. Mais ils savent aussi que de nombreux contre-courants travaillent les sociétés politiques d'État, des groupes minoritaires de plus en plus nombreux qui ne tiennent pas du tout à enrichir les autres et qui développent des ruses afin de se faufiler dans les interstices de la légalité, de la normalité. L'important pour eux est d'apprendre les techniques et de désapprendre la politique. La société civilisée nous donne tous les moyens pour nous détourner de l'État et de la nation. La désobéissance civile n'est pas seulement une possibilité pour les Noirs, les Amérindiens, les Gitans et tous les groupes minoritaires, les femmes, les enfants, les homosexuels, les artistes, les prisonniers, les détenus de la psychiatrie, etc., c'est une sorte de nécessité vitale, un refus de végéter ou de se minéraliser. Rupture, refus d'établir des rapports abstraits avec les choses, les corps : agir parce que c'est une loi, un principe, un droit, une valeur, une prescription morale.

Ceux qui détiennent le pouvoir, les producteurs de lois, sont considérés comme forts parce qu'ils sont les producteurs abstraits : politiciens, théoriciens, bureaucrates, chefs de gouvernements, psychiatres, philosophes, tribuns populaires, moralistes, prêtres. En fait, ils sont souvent d'une extrême impuissance et indigence au niveau du faire, de l'imaginaire et de la débrouillardise. Ils ne savent pas quoi faire avec les choses, avec les enfants, en voyage, avec un étranger, dans le lit, dans une forêt, avec un instrument, dans un champ, dans la solitude, dans une maison, avec des crayons de couleur, etc., avec leurs émotions, leurs désirs, leurs rêves nocturnes, bref avec leur corps. Alors, ils s'inventent des besoins et s'acoquinent avec les publicistes pour faire consommer aux autres leur peur et créer ainsi une république de faibles et d'impuissants. La politique d'État consiste à gouverner, à affirmer la domination et à la propager, à tout mettre entre les mains des hommes de savoir, des spécialistes, de tous ceux qui servent à consolider les appareils. Elle consiste à encourager chacun de faire de son corps, de sa famille, de son travail et de ses loisirs des mini-États à l'image du grand État. Le fait de n'appartenir réellement, concrètement à aucune entité nationale ne m'apparaît donc pas du tout comme dénué d'avantages insignes. Refuser la politique est sans doute un acte éminemment politique dans la mesure où un tel refus tend à la discréditer, à la détourner, à s'en détourner, à ne pas s'inscrire dans l'échiquier culturel. Dès lors, on n'est plus porté à s'identifier à sa profession ou à sa spécialisation. On est plutôt disposé à se disperser, à changer de case, à ruser avec sa profession, à en faire le moins possible. Le tout, bien entendu, est de ne pas se faire attraper, de se faire caméléon, de prendre la couleur de chaque lieu qu'on occupe. On y développe l'art oublié de se rendre invisible et pourtant extraordinairement présent. L'art de pénétrer tous les milieux. Pour ces derniers, on n'a pas de passeport comme tel, n'ayant pas d'affiliation nationale, mais des passe-partout, justement parce qu'on est sans identité. On n'a pas la hantise, dans tout ce que l'on fait, de servir à quelque chose, d'être utile à la société, comme on dit, et de se laisser pénétrer par le sentiment de son importance. On n'est pas saisi de la rage de croire avant d'avoir vécu, de trouver avant d'avoir expérimenté, de savoir avant d'avoir essayé, de décider avant d'avoir flairé, d'avoir besoin avant d'avoir désiré. On s'aperçoit d'instinct qu'une once d'inertie et d'idiotie vaut plus qu'une tonne de volonté et de savoir. On sait s'insinuer partout sans lettres de créance et se prendre dans les choses plutôt que dans les causes et les normes. Il se crée dans le groupe de nombreuses relations, on s'échange des moyens afin d'éviter les pièges des penseurs et des censeurs. La transmission se fait de main à main, de bouche à oreille, on fait comme les femmes, on se refile des recettes et on ne tient pas à les rendre publiques. On tient à son statut privilégié de minoritaire et de marginal, comme des chats. On tient à mettre des choses dans son corps et non dans sa tête seulement. On a pour les patries, les théories et les abstractions une énorme méfiance. On se transmet des techniques d'incroyance et d'ignorance. On n'a pas peur de perdre son temps à niaiser et flâner, c'est-à-dire à mettre le nez hors de son monde. Quand on vagabonde, on ne peut pas transporter avec soi son monde, à chaque fois on est forcé de développer des forces inconnues, à inventer sur place. Les explications toutes faites, la philosophie, le système. Le *jack* et le *spare tire*, on les a laissés à la poubelle avant de partir. On est apte à partir sans but, sans idéal et sans attente. On anarchise sa vie. À ce moment-là, il est impossible qu'il ne se passe pas quelque chose puisque tout est mouvement, tout est en devenir au sein de la matière. Ce n'est que dans les idées et les lois que rien ne change et que tout meurt d'ennui. Bien sûr, on ne devient pas créateur pour une société de consommateurs ahuris, mais ce qu'on invente, c'est une capacité de passer. Personne n'a jamais appris, alors ce qu'on est en train de faire, on le fait, un point c'est tout ! Cela n'a pas besoin d'être justifié. On est passé de l'Acadie à l'anarchie et on ne s'en tire pas mal du tout. À aucun moment on ne se sent sous-développé. Voulez-vous me dire à quel modèle de sur-développement j'aurais à me comparer pour me constituer moi-même dans ma pauvreté ? Ne suis-je pas sous-développé du moment où j'y crois, où j'ai perdu confiance dans mes forces propres et où je fais appel à quelque structure étatique et politique pour sortir de mes difficultés personnelles ? Suis-je développé le jour où je me mets à *tripper* sur les voleurs d'une société de surproduction et de surconsommation et de surpopulation ? Le jour où je deviens un assisté social à part entière ?

Nous avons appris plus de fierté que cela et plus de ruse. Et notre passé est peut-être celui de tous les incrédules, tristes guerriers, gars de mauvaise volonté, braconniers de la vie, ceux qui restaient debout derrière l'église et sortaient pendant le sermon pour se dissocier de la parole abstraite et décrochée. Notre véritable histoire est celle-là, peut-être une histoire anarchique et non linéaire, cependant là où il s'était vraiment, mais vraiment passé quelque chose.

Bibliographie

CLASTRES, Pierre (1974), *La société contre l'État : recherches d'anthropologie politique*, Paris, Éditions de Minuit.

D'ENTREMONT, Clarence J., Jean DAIGLE, Léon THÉRIAULT et Anselme CHIASSON (1976), *Petit manuel d'histoire d'Acadie des débuts à 1976*, Moncton, Librairie acadienne, Université de Moncton.

ROY, Michel (1978), *L'Acadie perdue*, Montréal, Québec/Amérique.

THOREAU, Henry David (1973), *La désobéissance civile*, Montréal, La Presse.

Conflit ethnique et lutte de classes
dans la question acadienne

JEAN-WILLIAM LAPIERRE

Embrassant toute l'histoire moderne de l'Acadie et la plaçant sous le signe de la division ethnique et des conflits de classe plutôt que sous celui de l'«homogénéité», l'auteur restitue historiquement dans un premier temps les formes qu'ont revêtues ceux-ci et celle-là. De la fin du XIXᵉ siècle, cette période est celle de l'émergence de nouvelles élites et où se cristallisent les premiers clivages de classe opposant l'«élite» à la «classe dominée des pauvres gens» et qu'Antonine Maillet a si bien dépeints selon l'auteur. Lapierre décrit ensuite comment, à la faveur des nombreuses transformations sociétales que connaît la population acadienne – diversification des activités économiques, professionnalisation de la population acadienne, exode rural, prolétarisation de la main-d'œuvre et tertiarisation des emplois urbains, etc. – émerge une différenciation et une stratification sociales nouvelles qui consacrent la formation d'une bourgeoisie acadienne urbaine aux pouvoirs dorénavant solidement institutionnalisés. Examinant la dernière période, l'auteur montre avec un grand optimisme comment un nouveau front de revendications sociales émanant de groupes sociaux aux intérêts divers (étudiants, pêcheurs, ouvriers), mais portés par un même mouvement social inédit, va procéder à une redéfinition du conflit social en le situant tout à la fois sur les terrains de la culture, du politique et de la revendication de classe, de sorte que les revendications nationales acadiennes prennent une nouvelle impulsion et s'ouvrent à de «nouveaux possibles».

Dans le mouvement acadien de lutte pour la défense de la langue et de l'identité culturelle qui s'est développée à partir de 1854 et surtout de 1881, le conflit ethnique sur des enjeux qui relevaient du système culturel des Provinces maritimes recouvrait des revendications de classe implicites. La lutte pour «notre langue, notre religion, nos coutumes» – selon la devise du *Moniteur Acadien* d'Israël Landry – était en même temps une résistance à l'oppression politique, à l'exploitation économique et à l'aliénation culturelle d'une classe dominée.

L'activité productive des Acadiens se situait entièrement dans le secteur primaire du système économique : agriculture, forêt et pêche. Leur situation sociale était assez homogène : ils étaient des paysans parcellaires pauvres, vivant pour une bonne part d'autosubsistance dans le cadre de l'exploitation familiale et ne dépendant que marginalement de l'économie de marché. Le mode d'organisation de leur système écologique était la communauté rurale, terroir et paroisse de village ou de gros bourg, habité par des lignages souvent rivaux.

Certes, il serait inexact d'idéaliser cette « communauté » en insistant trop sur son homogénéité sociale pour laisser dans l'ombre ses clivages et ses conflits. Les romans d'Antonine Maillet qui nous décrivent l'ancienne Acadie de la fin du XIXe siècle ont presque tous pour thème la division et l'opposition entre le menu peuple, avec ses marginaux (par exemple les Mercenaire des *Cordes-de-Bois* ou Mariaagélas), et une petite bourgeoisie de notables villageois :

> Ce matin-là, sur le continent, chaque bourgeois s'occupait de ses petites affaires ignorant tout de celles de son voisin, la discrétion étant la vertu la plus admirée de cette race d'élite. Ainsi le banquier alignait des chiffres bien formés et bien ronds ; le barbier aiguisait les dents de son redoutable rasoir ; le marchand caressait sa froide marchandise en boîtes de fer-blanc ; la chapelière époussetait le velours et la soie de ses chapeaux de paille ; et la mairesse, toute droite sur son trône présidentiel, méditait gravement sur l'avenir du monde et de son village[1].
> (Maillet, 1972 : 86)

Ce début du chapitre XXI de *Don l'Original* vaut une observation sociologique. Cette « élite » se compose de ceux qui tiennent boutique, manient l'argent des autres ou occupent les fonctions administratives locales. Dans ce roman, le conflit entre le village et l'Île-aux-Puces symbolise la lutte entre la classe dominante du village et la classe dominée des pauvres gens, puisque l'Île-aux-Puces est peuplée de modestes pêcheurs et qu'on y retrouve des personnages familiers au lecteur de l'œuvre de Maillet comme la Sagouine, la Cruche, la Sainte, etc. Romancière de l'Acadie, Maillet est aussi une romancière de la lutte des classes[2].

Le système biosocial de ces communautés rurales était caractérisé par une très forte natalité, que le clergé encourageait vivement[3]. La population acadienne était, en effet, encadrée idéologiquement et politiquement par des prêtres, eux-mêmes en général d'origine rurale, qui joignaient à leur tâche

---

1. Manque à cette énumération le maître d'école, qui figure ailleurs (Maillet, 1972 : 9). La sœur hospitalière pourrait aussi en faire partie.
2. Le premier Colloque international de l'Acadie m'a donné l'occasion de demander à Maillet si elle était d'accord avec cette appréciation de l'un des sens de son œuvre. Après un moment de surprise, elle m'a répondu : « mais oui... c'est vrai... Je ne l'ai pas fait exprès, mais c'est parce que c'est comme cela » (conversation du 10 mai 1978).
3. Voir, par exemple, Dupont (1977 : 125).

éducative et pastorale une activité économique d'entrepreneurs et de promoteurs. Évoquons seulement l'abbé Richard à Saint-Louis-de-Kent, créateur de la première société agricole acadienne, de moulins à scie et des « colonies » agricoles d'Acadieville et Rogersville ; l'abbé Fiset à Chéticamp, défricheur de terres, propriétaire d'une grande ferme modèle, d'un moulin à grain, créateur d'une plâtrerie ; l'abbé Belcourt à Rustico, fondateur d'une banque des fermiers. Formé dans la tradition ultramontaine, conservatrice, antilibérale des missionnaires français expatriés pour avoir refusé la constitution civile du clergé sous la Révolution française, des séminaires québécois, du pape Pie X et du Syllabus, ce clergé était idéologiquement homogène.

En face de ces communautés rurales aux ressources limitées, privées de tout accès à la puissance économique et au pouvoir politique, la classe dominante anglo-saxonne accaparait la grande propriété foncière, l'agriculture pour le marché, les manufactures et le commerce urbain.

À partir de la fin du xixe siècle et du début du xxe s'amorce une transformation sociale de la population acadienne qui va la différencier davantage socialement. Surabondante en raison de la forte natalité et des limites des ressources productives, la main-d'œuvre émigre de plus en plus vers les villes anglo-saxonnes – non seulement dans les Provinces maritimes, mais aussi en Ontario et dans les États de la Nouvelle-Angleterre. En 1966, le Rapport Baudry constate, au terme de ce processus : « Aujourd'hui, la population a cessé d'être exclusivement rurale, pour compter une bonne moitié d'ouvriers et de manœuvres. » Ceux-ci, ainsi que les petits employés, sont d'autant plus rapidement acculturés à leur environnement social anglophone qu'ils sont plus éloignés de leurs villages d'origine. Cependant, ils restent groupés le plus possible dans leurs lieux d'immigration. Et la minorité des Acadiens qui accède, grâce aux études secondaires et supérieures, à des postes de fonctionnaires, de cadres moyens, d'enseignants, voire aux professions libérales (avocats, médecins, journalistes), s'intègre au système économique capitaliste, au système écologique urbain, tout en gardant un fort attachement à son propre système culturel (langue et religion notamment). Une véritable bourgeoisie acadienne, qui n'est plus une petite bourgeoisie villageoise, se forme lentement pendant la première moitié du xxe siècle, et ce processus de stratification sociale est dans une large mesure déterminé par l'émigration. Fait significatif: c'est aux États-Unis qu'a été fondée en 1903 la Société l'Assomption, transférée à Moncton à la veille de la Première Guerre mondiale.

Cette nouvelle classe sociale urbaine acadienne a développé, surtout après la Seconde Guerre mondiale, le réseau des coopératives et des caisses populaires (la première a été fondée en 1916), qui pénètre le milieu rural. C'est elle aussi qui a soutenu le clergé pour développer les institutions d'enseignement francophones. Cette évolution n'a pas été sans répercussions idéologiques. À partir de 1896, les idées du libéralisme et l'affiliation politique au Parti libéral se sont répandues chez les Acadiens, et elles ont fini par l'emporter sur la tradition conservatrice. Une nouvelle « élite dirigeante » de laïcs et de prêtres urbanisés s'est substituée aux notables et aux curés de villages.

Jusqu'aux années 1960, cette différenciation sociale croissante au sein de la population acadienne n'a guère suscité de tensions ou de conflits, semble-t-il. Mais il faut noter que ce changement social très lent est corrélatif d'un certain affaiblissement de la lutte ethnique pendant la période de l'entre-deux-guerres. Le symptôme le plus manifeste est la mise en sommeil de la Société nationale l'Assomption[4] (SNA) entre 1937 et 1955. La nouvelle classe sociale en formation n'a pas relancé le mouvement qui s'était si fortement développé dans les campagnes acadiennes de 1881 à 1911. Les deux grands terrains de lutte furent l'institution ecclésiastique elle-même et l'institution scolaire. Sur le premier, les victoires acadiennes consistaient en la création de paroisses et d'évêchés francophones. Sur le second, il s'agissait d'arracher pas à pas la reconnaissance officielle d'écoles francophones et la possibilité pour les Acadiens de faire toutes leurs études dans leur langue maternelle. Au moins au Nouveau-Brunswick, l'Association acadienne d'éducation, fondée en 1936, prit dans une certaine mesure le relais de la vieille SNA défaillante. Encore fallut-il attendre les années 1960 pour obtenir les succès décisifs : des écoles et une université publiques où l'enseignement se donne entièrement en français.

À partir des années 1960, divers conflits universitaires et sociaux ont fait apparaître au sein même de la population acadienne des mouvements de contestation qui révèlent des antagonismes de classes. Des idéologies ont commencé à s'exprimer qui rompent avec le nationalisme traditionnel. Le mouvement étudiant qui s'est manifesté à plusieurs reprises depuis 1968 à Moncton et à Bathurst, le mouvement de syndicalisation qui s'est développé notamment dans les comtés du Nord-Est du Nouveau-Brunswick (et dont a témoigné le long conflit social de l'usine de tricot Cirtex à Caraquet), la revue L'Acayen de 1972 à 1976, le Parti acadien depuis 1972, tout cet ensemble

---

4. NDE : La Société nationale l'Assomption a été fondée en 1881, pour devenir en 1957 la Société nationale des Acadiens. Cette société se nomme désormais la Société nationale de l'Acadie depuis 1992.

de phénomènes, à travers lesquels le sociologue décèle un seul et même mouvement social, oppose les intérêts et les idées de la jeunesse universitaire, des pêcheurs, des ouvriers, des chômeurs, des petits cultivateurs non seulement aux intérêts et aux idées de la classe dominante anglophone, mais aussi à ceux de la Patente acadienne qui leur paraît solidaire d'un système économique de plus en plus contrôlé par les grandes compagnies minières, forestières, papetières, industrielles et commerciales (Noranda, Irving, McCain, etc.). Le combat pour l'autonomie linguistique et culturelle se lie pour eux aux luttes sociales et politiques dont l'enjeu est le mode de développement économique. Malgré son affaiblissement récent (disparition de L'Acayen, scission du Parti acadien), il ne semble pas que ce mouvement soit éphémère. Les poètes sont à leur manière de bons témoins des mouvements sociaux. Dans la jeune poésie acadienne, on peut relever :

> Philosophes politiciens partisans de l'élite écrasante hypocrites profiteurs suiveux lécheux riches anti-bilinguisme exploiteurs. L'Establishment curés évêques papes rois reines traineux de bals rayonnants des gradués endoctrineurs de la soi-disant autorité soyez balayés. (Comeau, 1977 : 121)

> *Quelque part dans la ville un*
> *ouvrier écrasé*
> *de fatigue rentre sur le shift de minuit*
> *parce que*
> *rien n'arrive*
>   *l'exploitation*
> *se porte bien chez nous.* (Leblanc, 1977 : 172-173)[5]

Si l'on envisage l'avenir de l'Acadie, plusieurs questions sont posées par ce mouvement social innovateur.

1) Cette pénétration de la lutte ethnique (qui a déjà atteint une grande partie de ses objectifs) par une lutte de classes va-t-elle diviser et affaiblir, ou bien au contraire renforcer, en la radicalisant, la minorité acadienne des Provinces maritimes – déjà affaiblie par le déclin de son dynamisme démographique ? L'expérience historique montre que, généralement, les mouvements d'émancipation nationale et de libération culturelle se fondent sur une alliance entre les forces populaires et la « bourgeoisie nationale ». C'est seulement quand les objectifs politiques de ces mouvements sont atteints que se développent les conflits entre la bourgeoisie et les forces

---

5. Ces citations sont empruntées à l'excellent choix de textes acadiens de Jean-Guy Rens et Raymond LeBlanc dans *Acadie/Expérience* (1977).

populaires. Et c'est alors que la bourgeoisie cesse d'être « nationale », car elle cherche de plus en plus appui du côté des firmes multinationales et de la grande puissance hégémonique du capitalisme mondial : les États-Unis. Dans le cas acadien, ceux-ci sont si proches que cette tendance paraît inévitable.

2) Ce mouvement d'innovation sociale du peuple acadien développera-t-il les fondements théoriques et les pratiques efficaces de la synthèse, à laquelle il aspire, entre les revendications d'autonomie culturelle, voire d'indépendance politique, qui lui sont propres, et les revendications économiques qui lui sont communes avec les travailleurs et les étudiants anglophones ? S'orientera-t-il vers un rapprochement de plus en plus étroit – à la fois idéologique et politique – avec le Québec, ou bien conclura-t-il des alliances avec le mouvement ouvrier des Provinces maritimes pour des actions communes ? À ce point de vue, l'évolution du syndicalisme en Acadie est à étudier de près dans les années qui viennent.

3) Par référence à la devise du *Moniteur Acadien* rappelée plus haut, la défense de « notre langue » est pour le moins ébranlée, surtout dans la jeune génération, et « nos coutumes » tendent à céder devant l'expansion du mode de vie nord-américain, de l'urbanisation, et l'influence des moyens d'information collective[6]. Sans couper ses racines historiques, le nouveau nationalisme acadien trouvera-t-il une vigueur nouvelle en se détachant de la nostalgie du passé pour se forger une idéologie prospective, répondant aux exigences historiques de la fin du XXᵉ siècle ?

Il n'appartient évidemment pas à un sociologue étranger de répondre à ces questions ; il peut seulement les formuler le plus clairement possible. Les réponses dépendent de la pratique des Acadiens eux-mêmes dans leurs luttes sociales et leurs actions politiques à venir. Elles dépendent aussi des changements qui surviendront dans leur environnement, de l'évolution des provinces maritimes, du Québec et de l'ensemble du Canada. À partir d'une analyse du réel, le sociologue ne peut qu'indiquer des possibles et non pas prévoir un futur nécessaire, comme l'ont imprudemment cru les philosophies de l'histoire et les doctrines sociales du XIXᵉ siècle.

Si le sociologue étranger est un ami de l'Acadie, il lui est permis de souhaiter que, grâce au nouveau mouvement social qui l'anime, les possibles qui se réaliseront viennent combler les espoirs d'un peuple opprimé qui,

---

6. Voir les remarques de Dupont (1977 : 335) sur la soirée de la « vieille Annie », le 31 décembre.

depuis plus d'un siècle, combat obstinément pour faire reconnaître son identité culturelle.

Bibliographie

BAUDRY, René (1966), *Les Acadiens d'aujourd'hui: rapport de recherche préparé pour la Commission royale d'enquête sur le bilinguisme et le biculturalisme*, Ottawa, 2 volumes.

COMEAU, Clarence (1977), « Mords acadien », dans Jean-Guy RENS et Raymond LEBLANC (dir.), *Acadie/Expérience*, Montréal, Parti pris, p. 121.

DUPONT, Jean-Claude (1977), *Héritage d'Acadie*, Montréal, Leméac.

LEBLANC, Gérald (1977), « Point Zéro, comme astheur », dans Jean-Guy RENS et Raymond LEBLANC (dir.), *Acadie/Expérience*, Montréal, Parti pris, p. 172-173.

MAILLET, Antonine (1972), *Don l'Orignal*, Montréal, Leméac.

Deuxième période

1979-1994

L'*Evangeline* de Longfellow : naissance et réception d'une légende

Naomi Griffiths

L'auteure, historienne spécialiste de l'Acadie, propose dans ce texte une lecture magistrale du poème Evangeline, publié en 1847 à Boston et que l'on doit à l'Américain Henry Wadsworth Longfellow. Le poème, qui constitue une description fictive et non ethnographique de la vie simple et bucolique des Acadiens, a été l'objet de très nombreuses traductions ; il se clôt sur l'histoire à la fois romantique et tragique de ses deux principaux protagonistes et amants, Évangéline et Gabriel, que la Déportation de 1755 va séparer et que le hasard des événements et la mort finiront par réunir, puisque Gabriel expire dans les bras d'Évangéline. L'auteure prend tout d'abord la mesure des sources et des dimensions esthétiques, littéraires et morales qui ont inspiré le poète, pour ensuite s'arrêter, d'une part, à l'examen minutieux des questions et des conflits d'interprétation qu'ont posées la traduction du poème et sa réception, et examine, d'autre part, les conditions de l'appropriation culturelle et politique qu'en feront les Acadiens après sa traduction en français en 1865 et de sa diffusion entre 1864 et 1887. Désormais considéré comme le référent symbolique central par les militants nationalistes acadiens participant aux premières Conventions nationales de 1881, 1884 et 1890, l'auteure analyse tous les enjeux politiques et historiques que pose la figure d'Évangéline, à la fois incarnation et symbole du malheur du peuple acadien, et marqueur original de l'expérience acadienne par rapport à l'histoire du Québec. Au-delà des intentions de Longfellow, l'auteure conclut en s'interrogeant à la fois sur l'importance prise par ce poème dans la construction de la conscience politique acadienne et sur les rapports complexes qu'il reste à établir entre le mythe d'Évangéline et son influence sur la culture populaire acadienne.

C'est lors d'un dîner au cours de l'hiver 1840-1841, auquel Nathaniel Hawthorne était également présent, que Longfellow entendit pour la première fois l'histoire qui devait servir de base au poème *Evangeline*. Hawthorne tenta pendant un certain temps de persuader Longfellow « d'écrire une histoire qui serait basée sur une légende acadienne encore actuelle, la légende d'une femme qui, lors de la Déportation des Acadiens, fut séparée de son amant, et qui sa vie durant le chercha, l'attendit, et le retrouva finalement agonisant dans un hôpital alors que tous deux étaient âgés[1] ». Longfellow

---

1. Longfellow, mémorandum sans date cité dans Hawthorne et Longfellow Dana (1947 : 12).

était si convaincu que Hawthorne trouverait l'histoire intéressante qu'il finit par obtenir du romancier qu'il ne traite pas de ce sujet en prose avant qu'il ait lui-même essayé d'en écrire un poème. Le 28 novembre 1845, le poète notait dans son journal qu'il avait commencé son épopée de « Gabriel ». Six semaines plus tard, il intitulait son œuvre « Evangeline » (Longfellow, 1891 : 30). Le poème fut achevé le 27 février 1847 et publié à Boston par Ticknor le 20 octobre (Ibid. : 5). Le succès fut instantané. L'année suivante, cinq éditions, de 1000 exemplaires chacune, furent vendues (Welsh, 1909 : 78)[2]. Cent ans après sa première édition, le poème en connut au moins 270 autres et quelque 130 traductions (Hawthorne et Longfellow Dana, 1947 : 12)[3].

Evangeline est, à n'en pas douter, le récit d'une autre époque. Épopée racontée en hexamètres et fondée sur le désir de sauvegarder et de célébrer un conte de vertu héroïque qui, du moins en apparence, est plutôt éloignée de la poésie de la fin du XXe siècle, laquelle est le plus souvent axée sur les problèmes moraux posés par la survivance plutôt que sur les questions éthiques qui émergent lorsque les nécessités de la vie sont assurées. Toutefois, l'attrait de ce thème pour Longfellow résidait moins dans l'intérêt qu'il portait à l'histoire des Acadiens qu'à celle de l'importance qu'il accordait à la vertu individuelle. Le poète aurait dit, à un moment donné : « C'est la plus belle illustration de fidélité et de constance d'une femme qu'il m'ait été donnée de connaître ou de lire » (cité dans Landry, 1969 : 114). Pourtant, malgré l'intérêt qu'il nourrissait pour la motivation et le dévouement personnels, le poème Evangeline n'est pas dominé par les personnages, que ce soit celui de l'héroïne ou de tout autre individu. Aucune vertu humaine ne rend à aucun moment l'un des personnages attrayants en particulier. C'est le thème et le lieu plutôt que la nature distinctive des amants, de leurs proches et amis, qui donnent au poème son caractère dramatique. L'essence d'Evangeline, c'est l'histoire des Acadiens, que Longfellow voyait comme un peuple simple, dévot et prospère, et dont la communauté fut injustement et brutalement détruite par les Anglais. Selon Longfellow, ce désastre fut accepté par les Acadiens avec un calme stoïque, une force d'âme chrétienne

---

2. Ce livre est l'édition définitive de l'œuvre de Longfellow et les citations du poème utilisées dans le présent article sont tirées de cet ouvrage (Welsh, 1909 : 79-178).

3. Cette monographie, d'un descendant de Nathaniel Hawthorne et petit-fils de Longfellow, contient l'étude bibliographique la plus complète du poème. Il est intéressant de noter que les premières traductions d'Evangeline ont été faites en allemand et en polonais en 1851. Le poème a ensuite été traduit en français et en danois en 1853, en suédois en 1854, en hollandais et en italien en 1856, en espagnol en 1871, en portugais en 1874, en tchèque en 1877 et en flamand en 1890. Voir également Martin (1936 : 356-358).

et avec résignation. La majeure partie du poème est centrée, et de loin, sur le sort de la communauté, et ce ne sont que les dernières sections qui sont consacrées au destin d'Évangéline et de Gabriel. Après avoir traversé un continent à la recherche de son grand amour, Évangéline le retrouve sur son lit de mort ; une consolation qu'elle doit à son travail charitable durant une épidémie de variole qui avait frappé la ville dans laquelle elle vivait alors.

Ce que Longfellow accomplit sans le vouloir a été de présenter le drame de la Déportation des Acadiens, dont la tragédie personnelle des amants devient l'exemple de la souffrance d'un peuple. Évangéline personnifie l'innocence des Acadiens. Sans être un cœur tendre qui veut à tout prix retrouver son amant bien-aimé, elle symbolise l'autorité morale de l'innocente qui souffre, une Ève du Paradis perdu sans preuve de péché originel. Son histoire donne et prend de la force à être racontée dans le contexte de la vie des Acadiens. Évangéline est abondamment décrite comme l'incarnation d'une beauté simple et, par inférence, divine. Dix-sept ans, yeux noirs brillants et regard doux, sous des boucles brunes, une haleine fraîche et

> [...] *fair in sooth when, on a Sunday morn, while the bell from its turret*
> *Sprinkled with holy sounds the air, as the priest with his hyssop*
> *Sprinkles the congregation, and scatters blessings upon them,*
> *Down the long street she passed, with her chaplet of beads and her missal* (Welsh, 1909 : 84)

Il en va de même des habitations acadiennes qui sont décrites comme construites dans une « vallée heureuse », les maisons de chêne et de châtaignier, aux toits de chaume, calmes dans la tranquillité d'une soirée d'été lorsque

> *Softly the Angelus sounded, and over the roofs of the village*
> *Columns of pale blue smoke, like clouds of incense ascending*
> *Rose from a hundred hearths, the homes of peace and contentment...* (Ibid. : 83)

Quant au caractère d'Évangéline, il est décrit comme étant empreint d'obéissance filiale, au père et au prêtre, tandis que les

> [...] *simple Acadian farmers –*
> *Dwelt in the love of God and of man. Alike were they free from*
> *Fear, that reigns with the tyrant, and envy, the vice of republics.*
> *Neither locks had they to their doors, nor bars to their windows ;*
> *But their dwellings were as open as day and the hearts of the owners ;*
> *There the richest was poor, and the poorest lived in abundance.* (Ibid. : 83).

Cette harmonie entre l'héroïne et son peuple est une indication de l'un des aspects les plus riches du poème : son impressionnante cohérence, son rythme hexamétrique soutenu, la magnificence de ses longs passages des-criptifs[4]. *Evangeline* a une ampleur presque symphonique, ses résonances ordonnées étant reprises et soulignées, ses strophes d'ouverture et de fer-meture font de ce poème une œuvre unique, encadrée et achevée. Les pre-mières lignes – «*This is the forest primeval. The murmuring pines and the hemlock*» – conduisent à une description plus imaginée que réelle de la patrie acadienne, mais elles ont un pouvoir évocateur qui intervient une fois encore à la fin du poème. «*Still stands the forest primeval*» sont les mots qui ouvrent l'épilogue. C'est là l'art poétique des règles de Wordsworth : le rappel de l'émotion dans la tranquillité. Longfellow parvient à imposer un ordre sur les événements humains. Les peines humaines sont maintenant envisagées dans la perspective de l'Éternité.

Mais toute tentative d'expliquer par dissection le succès d'*Evangeline* est comme chercher l'attrait d'un nocturne de Chopin dans une seule mesure ou dans une phrase musicale ; l'assassinat aura en fait précédé la dissection. Par la difficulté qu'ils posent aux traducteurs, les premiers mots du poème indiquent la qualité de l'œuvre. Pamphile LeMay, premier Canadien français à s'être attelé à la tâche, rendit «This is the forest primeval» par «C'est l'antique forêt» (Longfellow, 1865). Deux traductions du XXe siècle, l'une publiée en France et l'autre aux États-Unis, rendirent cette phrase par «Voici la forêt primitive» (Le Toquin-Vinet, 1970 ; Longfellow, 1977). La traduction en prose française faite par Louis Dépret dans les années 1880, que le pro-fesseur de littérature française Ernest Martin considéra être le meilleur effort, la traduisit par «tu vois ici la forêt des vieux âges» (Longfellow, 1886 : 33)[5]. Quelles que soient les difficultés que pose cette phrase pour les tra-ducteurs, il ne fait pas de doute que Longfellow a choisi un ton assez juste pour stimuler l'imagination du lecteur – que la forêt imaginée soit celle de Rousseau ou d'Emily Carr.

Même si le poème a des strophes qui ne semblent être rien de plus qu'un récit de voyage en hexamètres, les vers qui décrivent le rassemblement des villageois au bord de la mer, le pillage de Grand-Pré, la mort du père d'Évan-géline et le tumulte de l'embarquement passent d'une image à l'autre, comme l'objectif d'une caméra que l'on porterait à l'épaule. On a l'impres-sion d'y être, et d'être contraint à être témoin de la souffrance, pris involon-

---

4. Cette magnificence a inspiré F. Dicksee dans ses gravures qui illustrent la traduction fran-çaise de Louis Dépret (Longfellow, 1886).

5. Dans cette édition, l'illustration de cette ligne par Dicksee est celle d'un simple champ bordé par la forêt ; le champ est complètement envahi par la végétation et l'on pourrait le voir comme une illustration de *The Hobbit*, de Tolkien.

tairement dans cet événement imprévu, ce moment inimaginable : les enfants qui courent vers le rivage avec des jouets dans les mains à côté de charrettes chargées de biens ménagers, l'éclat soudain des flammes et de la fumée alors que le village prend feu, le visage du père d'Évangéline

> Haggard and hollow and wan, and without either thought or emotion
> E'en as the face of a clock from which the hands have been taken. (Welsh, 1909 : 121)

On raconte ici une grande tragédie en montrant le contraste entre ce qui est sûr et familier et la crise grandissante. L'horloge, preuve d'un temps autrefois paisible, est l'image qui traduit l'agonie d'un père frappé d'apoplexie. L'univers moral d'*Evangeline* est celui où les forces en jeu sont indépendantes de la volonté de tout humain. Les actes de guerre et les actes de pestilence sont des vagues du destin aidées par les limites mêmes de l'humain et ils façonnent la vie des individus. Dans *Evangeline*, il n'y pas de grands personnages, seulement de pauvres épaves d'humanité dont personne ne sait rien ni des goûts ni des talents personnels, que l'on force à jouer les Vertus et les Péchés, la Fidélité ou la Colère, parce que la croyance morale de leur époque et les circonstances de leur âge ne leur laissent pas d'autre choix. Le poème est essentiellement une œuvre de la morale dominante du XIXᵉ siècle : ici marche la douce Constance, elle s'appelle Femme, et voici la cruelle guerre, le Soldat clamant « par les ordres qui m'ont été donnés », et voici la Foi, la piété incontestée du prêtre âgé servant le bon Dieu.

Quelle que soit la qualité littéraire que l'on accorde aujourd'hui au poème, la publication d'*Evangeline* fut indéniablement un événement important. Le résultat immédiat fut la parution de nombreux livres d'histoire et de livres de voyage ayant, dans leur titre, quelque référence aux Acadiens ou à Évangéline. On vit répété maintes et maintes fois le modèle d'un livre écrit par le marchand de vins new-yorkais, F.S. Cozzens, publié en 1859 et intitulé *Acadia ; or, a Month with the Bluenoses* : en partie récit des expériences immédiates de l'auteur, en partie narration de la « légende » d'Évangéline et en partie conjecture générale sur la question des Acadiens, présents et futurs. L'accueil enthousiaste que reçut le poème suscita un intérêt immédiat pour le pays des Acadiens, où qu'il puisse se trouver exactement[6].

L'intérêt des amateurs de poésie et des touristes fut égalé par l'attention que le poème s'attira dans les milieux plus intellectuels. Les événements entourant la Déportation avaient fait très tôt l'objet de commentaires. Dans

---

6. Voir aussi Grant (1894) et Casgrain (1888).

son *Concise Account of North America*, publié à Londres en 1765, Robert Rogers mentionne que les Acadiens furent complètement déracinés à cause de leur conduite hostile durant les années antérieures (Rogers, 1765 : 22). Edmund Burke rendit compte de façon beaucoup plus exacte de ce qui arriva dans un ouvrage qui semble n'avoir survécu que dans sa traduction française (Burke, 1767) publiée presque en même temps que la version anglaise[7]. Ce compte rendu servit de référence à l'abbé Raynal (Brown, 1879-1880 : 129), dont l'ouvrage sur les Acadiens, *Histoire philosophique et politique des établissements et du commerce des Européens dans les deux Indes* (1766), constitua une importante source de renseignements pour Longfellow[8]. En fait, bon nombre des descriptions d'*Evangeline* semblent une traduction et une transposition directes du texte de Raynal, de la prose à la poésie, du français à l'anglais. Dans le récit qu'en donne Burke, l'accent est mis surtout sur la dimension politique ; la Déportation étant perçue comme le résultat des décisions politiques et des luttes impériales que se livraient les États. En effet, Burke mentionne les difficultés occasionnées par l'absence générale de frontières coloniales convenues, pour ensuite dire qu'au début des récentes hostilités, la Nouvelle-Écosse contenait « un grand nombre de Français (quelques une [sic] le font monter à dix ou douze mille) que l'on traitoit comme un peuple neutre, au lieu qu'ils eussent du être sujets du Roi d'Angleterre » (Burke, 1767 : 319). Burke affirme que c'est la négligence des Anglais, le manque de fortifications pour protéger les Acadiens des Amérindiens et la non-existence de magistrats qui ont fait que les Britanniques se sont retrouvés face à la nécessité « si tant est que c'en fut une, de prendre des mesures qui, bien que conformes à la politique, sont telles qu'un cœur humain et généreux ne les adopte jamais qu'à regret » (*Ibid.* : 319). Raynal s'étendit considérablement sur ce bref passage. Ce collaborateur de Diderot présente les Acadiens comme un peuple simple et pastoral, dévot, content, hospitalier et presque intouché par le péché originel :

> Cette précieuse écartoit jusqu'à des liaisons de galanterie que troublent si souvent la paix des familles. On ne vit jamais dans cette société, de commerce illicite entre les deux sexes. C'est que personne n'y languissoit dans le célibat. Dès

---

7. Aucun exemplaire de l'édition anglaise de cet ouvrage ne se trouve au British Museum, à l'Athenaeum, à la Library of Congress ni à la Bibliothèque nationale de France. Un commentaire fait sur ce livre par Brown (1879-1880 : 150) indique que l'édition anglaise a joui d'une certaine diffusion.

8. « The authorities I mostly relied on in writing *Evangeline* were the Abbé Raynal and Mr. Haliburton : the first for the pastoral life of the Acadians ; the second for the history of their banishment » (cité dans Longfellow, [1896] : 6).

qu'un jeune homme avait atteint l'âge convenable au mariage, on lui bâtissoit une maison, on défrichoit, on ensemençoit des terres autour de sa demeure ; on y mettoit les vitres dont il avoit besoins pour une année. Il y recevoit la campagne qu'il avoit choisie, et qui lui apportait en dot des troupeaux. Cette nouvelle famille croissoit et prosperoit, à l'example des autres. Toutes ensemble composoient en 1749, une population de dix-huit milles âmes. (Raynal, 1770 : 360-361)

Pour l'abbé, l'expulsion fut la ruine tragique d'un âge d'or, un événement qui faisait partie intégrante des « jalousies nationales, de cette cupidité des gouvernements qui avore les terres et les hommes » (*Ibid.* : 364).

Dans son ouvrage, Raynal dresse un compte rendu stylisé de la Déportation : celui-ci reposait sur l'hypothèse de bon nombre d'intellectuels français du XVIIIe siècle selon laquelle il existait quelque part une communauté humaine caractérisée par des vertus, en particulier celles de la charité et de la chasteté. Cette conviction fut exprimée de façon fort cohérente vers la fin du siècle par Rousseau, qui était certain qu'un peuple plus noble que ses contemporains d'Europe existait ailleurs. Pour Raynal, les Acadiens étaient ce peuple. C'est dans les pages de cet ouvrage que Longfellow puisa la matière première à laquelle il donna une vision poétique de la nature générale de la vie communautaire en Acadie en général. Raynal écrivit que les Acadiens étaient un peuple qui jouissait d'une telle abondance matérielle qu'elle leur permettait un « exercise [sic] à la générosité. On ne connoissoit pas la misère, réparés avant d'être sentis. Le bien s'operoit sans ostentation d'une part, sans humiliation de l'autre. C'étoit une société de frères, également prêts à donner ou à recevoir ce qu'ils croyoient commun à tous les hommes » (*Ibid.* : 360). Dans *Evangeline*, la réaction de Benedict Bellefontaine, le père de l'héroïne, à l'arrivée des navires anglais dans le port est :

> [...] *Perhaps the harvests in England*
> *By untimely rains or untimelier heat have been blighted.*
> *And from our bursting barns they would feed their cattle and children.* (Welsh, 1909 : 96-97)

Pour le philosophe français du XVIIIe siècle aussi bien que pour le poète américain du XIXe siècle, la communauté acadienne d'avant la Déportation était animée par une vision modeste, dévote, charitable et apolitique.

Thomas Chandler Haliburton constitue l'autre source de référence reconnue de Longfellow et c'est de ce Néo-Écossais dont le poète tira son inspiration pour de nombreux vers. La description de la Déportation faite par Haliburton se lit en partie comme suit :

The volumes of smoke which the half-expiring embers emitted, while they marked the site of the peasant's humble cottage, bore testimony to the extent of the work of destruction. For several successive evenings the cattle assembled round the smouldering ruins, as if in anxious expectation of the return of their masters : while all night long the faithful watch dogs of the Neutrals howled over the scene of desolation, and mourned alike the hand that had fed, and the house that had sheltered them. (Haliburton, 1829 : 180-181)

Pour le poète :

[...] *as the night descended, the herds returned from their pastures ;*
Sweet was the moist still air with the odor of milk from their udders ;
Lowing they waited, and long, at the well-known bars of the farmyard,
Waited and looked in vain for the voice and the hand of the milkmaid. (Welsh, 1909 : 120)

Dans l'esprit du poète, le village qui brûlait donne lieu à des « Columns of shining smoke » et à des « Flashes of flame » qui étaient « Thrust through their folds and withdrawn, like the quavering hands of a martyr » (Ibid. : 123). De même, Longfellow reprit les références de Haliburton à la vie des animaux et écrivit :

[...] *anon the lowing of cattle*
Came on the evening breeze, by the barking of dogs interrupted. (Ibid. : 123)

Longfellow reconnut qu'il avait utilisé Raynal comme source pour sa description de la vie pastorale et simple des Acadiens et Haliburton pour l'histoire de leur Déportation, mais il est beaucoup plus facile de retracer l'influence du philosophe sur le poème que de déceler celle de l'historien. Ce n'est pas étonnant puisque Longfellow ne cherchait pas à écrire l'épopée d'un peuple, mais à raconter l'histoire de deux amants arrachés à un milieu paisible par des événements indépendants de leur volonté et qui finirent par vivre ensuite séparés mais fidèles. Le récit du philosophe était court, brillamment dépeint et suffisamment riche en matière pour exposer une telle tragédie d'innocence. L'ouvrage de l'historien, en revanche, était long et complexe, relatant par le menu les ambitions politiques, le fanatisme religieux et les rapports entre les buts nationaux et les désirs coloniaux. Pour Raynal, les Acadiens étaient un peuple affecté de façon injustifiée par une guerre commencée ailleurs et par des gens avec lesquels ils n'avaient aucun lien réel ni querelle véritable. Pour Haliburton, les Acadiens étaient « un peuple malchanceux et berné » (Haliburton, 1829 : 195) et la Déportation, le résultat inévitable d'un processus mis en branle par la signature d'un traité plus de quarante ans plus tôt (Ibid. : 135).

Pour Longfellow, le contexte de la guerre et de la politique ne formait que la trame de son drame. L'histoire de la Déportation présentée dans *Evangeline* est dénuée de complexité politique ou de profondeur sociale.

Aucune mention n'y est faite des années troubles d'avant 1755, lorsque « l'Acadie ou la Nouvelle-Écosse » était un territoire que se disputaient les empires coloniaux anglais et français, et les Acadiens, un peuple à la frontière. Aucune allusion n'y est faite de la division au sein des communautés acadiennes, des tensions créées par l'existence de Louisbourg ou des Acadiens capturés dans Beauséjour. La matière politique que Longfellow inclut ne fait qu'ajouter au portrait plus large des « *patient, Acadian farmers* » (Welsh, 1909 : 117). Le notaire est représenté comme ayant déjà « *suffer[ed] much in an old French fort as the friend of the English* » (Ibid. : 109). La seule explication des actions des Anglais se trouve dans un bref discours remarquable par son absence totale de signification politique prononcé par un officier devant les Acadiens rassemblés :

> You are convened this day, he said, by His Majesty's orders.
> Clement and kind has he been ; but how you have answered his kindness,
> Let your own hearts reply ! To my natural make and my temper
> Painful the task is I do, which to you I know must be grievous
> Yet I must bow and obey, and deliver the will of our monarch ;
> Namely, that all your lands, and dwellings, and cattle of all kinds,
> Forfeited be to the crown ; and that you yourselves from this province
> Be transported to other lands. God grant you may dwell there
> Ever as faithful subjects, a happy and peaceable people !
> Prisoners now I declare you : for such is His Majesty's pleasure ! (Ibid. : 109)

Malgré les intentions de Longfellow, la vérité historique d'*Evangeline* devint rapidement une question très controversée. Au début, les introductions au poème ne faisaient que mentionner plutôt sereinement le contexte historique. Dans son introduction à la traduction qu'il a publiée en 1883, Godefroid Kurth écrivit par exemple : « Cette simple et touchante histoire n'est pas une fiction complète. Il y a eu une Acadie française : il y a eu des malheurs comme ceux qu'a chantée [sic] le poête [sic] » (Longfellow, 1883 : xxxi). Mais, comme l'écrit B.C. Cuthbertson vers le milieu des années 1880, « [l]e débat littéraire devint une question publique et les Néo-Écossais se sentirent obligés de défendre le déplacement ». À son avis, cela découlait de la « publication en 1884 de l'ouvrage de Francis Parkman, *Montcalm and Wolfe* » (Cuthbertson, 1977 : 96)[9]. Or même si les écrits de Parkman et d'autres

---

9. Compte tenu du nombre d'Acadiens qui vivaient alors dans la province, il aurait peut-être été plus juste de dire les Néo-Écossais anglophones. Quarante ans après Parkman, un éminent Canadien, le révérend H.J. Cody, alors président du Conseil des gouverneurs de l'Université de Toronto, lança un mouvement pour retirer *Evangeline* des écoles canadiennes, car le poème créait « *a wrong impression of British justice, chivalry and administration* » (cité dans Spigelman, 1975 : 13).

historiens jouèrent un rôle indéniablement important dans le débat, l'argument n'était ni purement académique ni ne mettait simplement en question la réputation historique de la Nouvelle-Écosse. Durant ces années, des gens qui s'identifiaient comme Acadiens ont tenu des conventions nationales à Memramcook au Nouveau-Brunswick en 1881, à Miscouche à l'Île-du-Prince-Édouard en 1884 et à Pointe-de-l'Église en Nouvelle-Écosse en 1890. C'est dans ce contexte, celui de la présence au Canada d'une population acadienne distincte, que le débat concernant les événements de 1755 prit une grande ampleur. C'est aussi dans ce contexte qu'il faudrait replacer l'argument concernant l'exactitude historique d'*Evangeline*. Le poème a beau être intéressant en tant que récit épique en hexamètres ou fascinant comme commentaire sur Longfellow, l'historien romantique, il reste que l'adoption et l'utilisation d'*Evangeline* par les Acadiens comme représentation acceptable de leurs propres mythes demeurent la question la plus complexe et la plus cruciale à n'avoir pas encore été examinée.

Il est impossible de dater avec précision l'arrivée du poème en Acadie, mais celui-ci commença à l'être largement entre 1864 et 1887. Publiée au Québec en 1865, la première traduction française d'*Evangeline* en Amérique du Nord, due à Pamphile LeMay, a été immédiatement introduite dans les classes du Collège Saint-Joseph, fondé en 1864 à Memramcook. Pascal Poirier, nommé sénateur en 1885 «comme représentant des Acadiens[10]», affirmait que, lorsqu'il était étudiant au Collège Saint-Joseph à la fin des années 1860, «pendant deux ans j'ai porté sur moi le poème Évangéline, là sur mon cœur, et pendant mes promenades j'en récitais à haute voix des chantiers entiers» (cité dans Martin, 1936 : 222). Lorsque *Le Moniteur Acadien*, premier journal acadien, fut fondé en 1867, ses premiers numéros furent distribués avec une version de la traduction canadienne-française du poème et ses éditoriaux utilisaient ce dernier comme source d'illustration des messages concernant l'unité acadienne. Nommé *L'Évangéline*, le deuxième journal acadien en importance devint un hebdomadaire le 23 novembre 1887 et continua à être l'une des expressions les plus importantes de l'opinion acadienne.

Pour certains chercheurs, le lien indéniable qui s'établit entre le poème et la lutte pour la survie de l'identité acadienne a des connotations presque mystiques. Le professeur de littérature française Ernest Martin écrivit dans les années 1930 que l'influence d'*Evangeline* sur les Acadiens signifiait «la réhabilitation morale de toute une race, l'espoir et la fierté revenue au cœur d'un million d'âmes» (Martin, 1936 : 3). Martin, qui était de descendance acadienne, n'en avait pas le moindre doute :

---

10. *Le Moniteur Acadien*, 5 mars 1885.

Tous les Acadiens, sans exception, voient dans ce poème, écrit dans une langue étrangère par un descendant de leurs anciens ennemis, le symbole de leur attachement collectif au souvenir de leurs aïeux injustement persécutés, à leurs coutumes propres, à leur religion, à leur conception de la vie, à tout ce qui les différencie des Anglo-Canadiens ou des Américains qui les entourent, à tout ce qui fait, en un mot, leur nationalité. (Ibid. : 271)

Écrivant quelque vingt ans plus tard, l'historien canadien-français Robert Rumilly[11] était en général du même avis :

En Acadie *Évangéline* se lit – se dévore – dans les paroisses... Des Acadiennes donnent le prénom d'Évangéline à leur fille, et personne ne semble observer que Lajeunesse est un nom canadien, pas acadien. Évangéline crée ou réveille une mystique acadienne... Les Acadiens adoptent, comme leur épopée nationale, l'œuvre d'un étranger qui ne les a jamais vus, jamais approchés ailleurs que dans quelques archives. Ils oublient d'ailleurs le poème. *Évangéline*... n'est pas une légende, et c'est autre chose qu'un symbole. C'est un personnage historique qui a vraiment vécu, qui a vraiment souffert et incarne l'Acadie. Évangéline devient l'héroïne nationale et non seulement la plus touchante, mais la plus vivante des filles de sa race. Cette fortune sera refusée à Maria Chapdelaine. (Rumilly, 1955 : 715)

L'hypothèse qui sous-tend les interprétations qu'ont faites Martin et Rumilly quant à l'impact d'*Evangeline* sur les Acadiens veut que, d'une certaine manière, le poème de Longfellow apportait un élément manquant à leur culture. Martin le décrivit comme « un souffle mystique », la pulsation de la vie elle-même qui permit de revitaliser les Acadiens et de « surtout susciter chez les meilleurs la volonté fervente de "relever la race" » (Martin, 1936 : 218).

Cette estimation du lien entre les Acadiens et *Evangeline* laisse supposer que le poème était l'outil culturel le plus important dont disposaient ceux qui construisaient une identité acadienne vers la fin du XIXe siècle. Il est assurément vrai qu'*Evangeline* a exercé une influence considérable à une époque où la position des Acadiens, sur les plans économique et social, était à son plus bas. Vers le milieu du siècle, et bien qu'importante[12], leur présence dans les Maritimes consistait en une population éparpillée dans des villages sans liens les uns avec les autres. Ils n'étaient majoritaires dans aucune profession. En plus de devoir se battre pour améliorer leurs conditions de vie, ils cherchaient à préserver leur patrimoine ancestral et linguistique dans un milieu anglophone et à convaincre le monde en général de la légitimité de leurs revendications à une identité distinctive.

---

11. De descendance française, Rumilly est né en Martinique et a émigré au Canada en 1928.
12. Le recensement de 1871 dénombre 44 907 Acadiens au Nouveau-Brunswick, 32 833 en Nouvelle-Écosse et 10 012 à l'Île-du-Prince-Édouard.

À cet égard, leurs difficultés étaient considérables. Ainsi, la critique parue en 1868 dans le journal montréalais *Le Pays* allégua qu'«on ne vit jamais écrivain se faire des illusions aussi enfantin [*sic*], se tromper aussi naïvement que M. Rameau» (Thériault, 1975). Après tout, demandait le critique, qu'était cette nationalité acadienne que l'historien disait avoir découverte au Nouveau-Brunswick? Assurément, poursuivait-il, on ne peut accorder la nationalité à un peuple à moins qu'il ne «représente quelque chose» et qu'il ait «une vie propre, un caractère distinctif... un ensemble d'idées, de mœurs, de faits politiques, d'histoire, de direction vers un but nettement défini et clair pour tout le monde». Quoi qu'il en soit, il décida que les Acadiens ne satisfaisaient pas à ces critères. Dans ce qui est peut-être la phrase la plus cruelle de toutes, les Acadiens étaient considérés comme «quelques milliers de pêcheurs pauvres, ignorants disséminés sur la [*sic*] littoral d'une vaste colonie, voilà... ce que M. Rameau veut mettre en face de l'énergique, de l'entreprenante race anglo-saxonne». Nul doute dans l'esprit du critique: «Non, écrivait-il, quelque sympathie que nous ayons pour ce petit peuple, essaim parsemée [*sic*] sur les côtes sauvages du golfe, descendant des exilés de 1755, frère de lait [*sic*] du peuple acadien, nous ne pouvons pas cependant lui faire l'honneur de la [*sic*] croire une nationalité» (*Ibid.*: 153).

Cette critique reflète de façon plus crue et directe une attitude exprimée avec plus de tact par certains Québécois – tant au XIXᵉ siècle que de nos jours. C'est-à-dire la conviction que l'identité acadienne est inextricablement liée à celle du Québec et qu'une identité acadienne distincte de celle du Québec n'existe pas et ne peut exister. Aux Conventions nationales acadiennes de 1881, 1884 et 1890, de fortes pressions furent exercées sur les Acadiens pour qu'ils acceptent les symboles québécois tels que la fête de saint Jean-Baptiste et le drapeau fleurdelisé. Les arguments furent longs et amers. Dans son compte rendu des mémoires et des délibérations de ces congrès, l'avocat acadien Ferdinand J. Robidoux résuma ainsi la position des Acadiens: «C'est la nécessité de s'armer pour l'existence nationale avec les armes qui convenaient le mieux au tempérament de chacun, qui seule a déterminé chez les Canadiens, le choix de Saint Jean-Baptiste et, chez les Acadiens, celui de l'Assomption.» Après avoir fait remarquer que les Français de France avaient trop de délicatesse pour critiquer l'indépendance par rapport à la France que révélait le choix des symboles au Québec, il poursuivit: «l'Acadien n'a d'autre histoire nationale que la sienne propre et celle de la France» (Robidoux, 1907: ix).

Ainsi, l'adoption d'*Evangeline* par les Acadiens se fit au moment même où l'on s'efforçait de rallier les communautés dispersées et quelque peu disparates de leurs semblables qui vivaient alors en Nouvelle-Écosse, à l'Île-du-Prince-Édouard et au Nouveau-Brunswick. À une époque où, fondée sur les gains réalisés dans le domaine de l'éducation, la conscience acadienne était stimulée par la croissance du sentiment nationaliste qui caractérisait la société occidentale à la fin du XIXe siècle, *Evangeline* devint connue non seulement chez les Acadiens eux-mêmes, mais aussi par un public beaucoup plus large. Il y avait une coïncidence fortuite entre les besoins d'une minorité qui avait de la difficulté à survivre et l'œuvre d'un poète de renommée mondiale.

Mais si le lien entre le poème et le peuple est évident, il reste des questions extrêmement complexes auxquelles nous n'avons pas encore répondu quant à la formation de ce lien et au sujet des valeurs communautaires du peuple acadien dans son ensemble et des idéaux exprimés dans le poème. Il existe par exemple un écart considérable entre l'image de la chrétienté exprimée dans *Evangeline* et la vie religieuse réelle vécue par les Acadiens au XVIIIe siècle. Dans sa traduction du poème, LeMay interprète les derniers vers qui précèdent l'épilogue comme étant le récit de la mort d'Évangéline. Or Longfellow fit remarquer que telle n'était pas son intention (LeMay, 1870 : 12). Néanmoins, le traducteur fit de la mort d'Évangéline – qu'il voyait implicitement comme touchant à la sainteté – une conclusion apparemment plus convenable, du moins pour une tradition particulière de la pensée catholique du XIXe siècle. Même si la vision des croyances chrétiennes dans le poème de Longfellow est plutôt contraire à la véritable expérience acadienne, les motifs religieux qui imprègnent le poème se sont incrustés dans la conscience historique des Acadiens. Il ne fait pas de doute que cette acceptation est fondée sur les traditions religieuses des prêtres qui ont servi les Acadiens au milieu et à la fin du XIXe siècle. Le père Camille Lefebvre, qui devint directeur du Collège Saint-Joseph en 1864, peut fort bien avoir été celui qui a fait connaître le poème de Longfellow aux Acadiens. Il est à signaler que Lefebvre était un homme qui croyait que les Acadiens étaient « un peuple de generaux [sic] martyrs[13] », ceux qui avaient persévéré avec une vertu chrétienne alors que d'autres nations avaient chancelé. L'accent mis dans le poème sur la sainteté du prêtre de paroisse et l'obéissance louable d'Évangéline à l'autorité du clergé peut avoir trouvé écho dans la vision religieuse d'hommes tels que Lefebvre, qui encouragèrent l'étude du poème parmi les Acadiens.

Un autre thème qui mérite d'être examiné de près concerne l'importance d'*Evangeline* au-delà des rangs de l'élite acadienne de la fin du XIXe siècle. La

---

13. Lettre du père Camille Lefebvre à Pascal Poirier, datée du 27 décembre 1872, citée dans Spigelman (1975 : 8).

culture des Acadiens du XIXᵉ siècle était principalement orale, et même si *Evangeline* peut avoir servi de symbole à la renaissance culturelle (voire à la reconnaissance et à l'acceptation générales de l'Acadie) pour une minorité instruite, nous devons déterminer de façon beaucoup plus nette dans quelle mesure la majorité des Acadiens connaissait le poème ou le trouvait important. Cela ne peut être établi que par des recherches approfondies dans le domaine de la culture populaire acadienne, piste de recherche qui laisse déjà entrevoir d'autres objets de controverses. Il est intéressant de remarquer par exemple qu'une bonne partie de la culture populaire nord-américaine du XIXᵉ siècle met l'accent sur le thème des amants séparés. Ainsi, le succès d'*Evangeline* auprès des Acadiens peut être davantage dû au thème de la fidélité, que Longfellow lui-même considérait être la clé du poème, qu'aux thèmes religieux et politiques si importants pour les chefs de file de la Renaissance acadienne. En fait, nous pourrions aussi nous pencher sur une question antérieure : dans quelle mesure le poème de Longfellow a-t-il contribué à présenter les thèmes qui y sont abordés aux Acadiens ou est-ce que la légende a une histoire ensevelie et peut-être irrécupérable dans la culture populaire acadienne du premier siècle après la Déportation ? Ces commentaires font état du travail à faire afin d'aider à mieux établir le lien qui existe entre le nationalisme acadien et le folklore acadien. Dans le contexte de la Renaissance acadienne, il se pourrait que d'autres symboles culturels aient également contribué à définir l'identité acadienne, l'acceptation d'*Evangeline* n'étant qu'un élément de ce processus[14].

Ce qui a été examiné – notamment dans l'ouvrage de Jean-Paul Hautecœur (1975 : 119) –, est le fait que les Acadiens se soient attachés depuis les années 1860 à une interprétation particulière de l'histoire pour une bonne partie de leur conscience identitaire, une interprétation surtout centrée sur la Déportation. Cette approche a une longue histoire. En 1881, dans le cadre de la première Convention nationale acadienne, Poirier décrivit le peuple acadien comme les fils des martyrs de 1755 (Robidoux, 1907 : 87-91). De même, Hautecœur cita Adélard Savoie en 1954, soulignant que la Déportation fut bien plus qu'un souvenir collectif : « Le Grand Dérangement a été l'événement capital de l'histoire acadienne, un événement si radical et si complet qu'il a bouleversé non seulement l'existence matérielle des Acadiens, mais

---

14. Pour les idées mises de l'avant dans ce paragraphe, je remercie le professeur Gerald Pocius (Department of Folklore, Memorial University), qui m'a généreusement permis d'utiliser le commentaire qu'il a présenté lorsque la version originale du présent article a été donnée dans le cadre de l'Atlantic Canada Studies Conference, à Halifax, en 1980. Pour les commentaires d'un autre folkloriste sur l'« évangélinisme », voir Maillet (1971 : 13-14).

les a marqués au tréfonds de leur âme d'une empreinte que les siècles n'ont pas effacée. Sans la Déportation, les Acadiens ne seraient pas, ne pourraient pas être ce qu'ils sont aujourd'hui » (Hautecœur, 1975 : 118). Avec beaucoup d'érudition et d'élégance, Hautecœur résuma ce qu'il a appelé la « Mythique Acadie » comme l'image d'un passé qui s'est développée chez les Acadiens à la fin du xixe siècle et au début du xxe (*Ibid.* : 68s.). Cette image est ancrée, comme il l'a montré, dans une croyance selon laquelle les premiers jours de la communauté acadienne étaient le reflet du paradis terrestre, la création d'une communauté harmonieuse dominée par une chrétienté primitive mais vitale. Telle est la communauté qui fut gratuitement détruite par l'acte de 1755, qui envoya en exil les habitants de cet éden dans un événement que d'aucuns ont appelé « le Grand Drame, le Grand Dérangement, la Tourmente, la Grande Tragédie, le Démembrement, l'Expulsion, la Dispersion, la Déportation » (*Ibid.* : 77). La dernière scène que Hautecœur a décrite est la résurrection des Acadiens avec la bénédiction de la Providence, une renaissance réalisée avant tout par le travail des prêtres auprès des exilés de retour et dans les communautés isolées. Pour Hautecœur, il ne fait pas de doute que cette vision du passé était assidûment cultivée par les Acadiens eux-mêmes et il avance qu'il y avait dans une telle vision, et pour ceux qui cherchaient à l'établir, une chose qui était « divine et belle comme Évangéline, courageuse et forte comme Gabriel » (*Ibid.* : 59).

Hautecœur a démontré l'importance d'une conception très simple que les Acadiens avaient de leur passé à la fin du xixe siècle et au début du xxe, laquelle était essentielle à leur conscience identitaire. Conception qui est pratiquement la même que celle que présentait Longfellow dans *Evangeline*. Mais il serait injuste d'accuser ce dernier d'avoir construit un mythe qui alimenterait le nationalisme acadien du xixe siècle, alors qu'il voyait plutôt son poème comme un monument à la fidélité des femmes. Ce dernier visait à ouvrir ses propres « *magic casements on faery lands forlorn* ». Avec ses innovations rythmiques, l'épopée de Longfellow s'adressait, avant tout, à un lectorat anglophone et il n'a jamais pensé qu'*Evangeline* deviendrait l'incarnation du sentiment historique acadien.

Bibliographie

BROWN, Andrew (1879-1880), « Papers Relating to the Acadian French », *Collections of the Nova Scotia Historical Society*, vol. II, p. 129-160.

BURKE, Edmund (1767), *Histoire des colonies européennes dans l'Amérique, en six parties*, traduit par Marc-Antoine Eidous, Paris, Chez Merlin, libraire.

CASGRAIN, Henri-Raymond (1888), *Un pèlerinage au pays d'Évangéline*, 2ᵉ édition, Québec, L.-J. Demers & Frère.

CUTHBERTSON, B.C. (1977), «Thomas Beamish Akins : British North America's Pioneer Archivist», *Acadiensis*, vol. VII, nᵒ 1 (automne), p. 86-102.

GRANT, Jeannette A. (1894), *Through Evangeline's Country*, Boston, Joseph Knight Co.

HALIBURTON, Thomas Chandler (1829) *An Historical and Statistical Account of Nova Scotia*, vol. I, Halifax, J. Howe.

HAUTECŒUR, Jean-Paul (1975), *L'Acadie du discours : pour une sociologie de la culture acadienne*, Québec, Presses de l'Université Laval.

HAWTHORNE, Manning, et Henry Wadsworth LONGFELLOW DANA (1947), *Origin and Development of Longfellow's "Evangeline"*, Portland (Maine), Anthoensen Press.

LANDRY, Alfred R. (père) (1969), «The historical origin of the poem Evangeline», *Cahiers de la Société historique acadienne*, vol. III, nᵒ 3 (avril-juin), p. 112-117.

LEMAY, Pamphile (1870), «Introduction», dans Henry Wadsworth LONGFELLOW, *Évangéline*, traduit par Pamphile LeMay, 2ᵉ édition, Québec, P.-G. Delisle, p. 5-12.

LONGFELLOW, Henry Wadsworth (1865), «Évangéline», traduit par Pamphile LeMay, dans Pamphile LEMAY, *Essais poétiques*, Québec, G.E. Desbarats, p. 1-107.

LONGFELLOW, Henry Wadsworth (1883), *Évangéline, conte d'Acadie*, traduit par Godefroid Kurth, Liège, Librairie de la Société bibliographique belge.

LONGFELLOW, Henry Wadsworth (1886), *Évangéline*, traduit par Louis Dépret, Paris, Bousso, Valadon et Cie.

LONGFELLOW, Henry Wadsworth ([1896]), *Evangeline*, traduit par Horace E. Scudder, Boston/New York, Houghton, Mifflin.

LONGFELLOW, Henry Wadsworth (1977), *Évangéline : poème de Henry Longfellow*, traduit par Maurice Trottier, 2ᵉ édition, Manchester (New Hampshire), Lafayette.

LONGFELLOW, Samuel (1891), *Life of Henry Wadsworth Longfellow with Extracts from his Journals and Correspondence*, vol. II, Boston/New York, Houghton, Mifflin and Company.

MAILLET, Antonine (1971), *Rabelais et les traditions populaires en Acadie*, Québec, Presses de l'Université Laval.

MARTIN, Ernest (1936), *L'Évangéline de Longfellow et la suite merveilleuse d'un poème*, Paris, Hachette.

RAYNAL, (abbé) [Guillaume Thomas François Raynal] (1770), *Histoire philosophique et politique des établissements et du commerce des Européens dans les deux Indes*, vol. VI, Amsterdam, [s.é.].

ROBIDOUX, Ferdinand J. (1907), *Conventions nationales des Acadiens. Recueil des travaux et délibérations des six premières conventions*, Shediac, Imprimerie du Moniteur Acadien.

ROGERS, Robert (1765), *Concise Account of North America*, Londres, [s.é.].

RUMILLY, Robert (1955), *Histoire des Acadiens*, vol. II, Montréal, Fides.

SPIGELMAN, Martin S. (1975), « The Acadian Renaissance and the Development of Acadien-Canadien Relations, 1864-1912, "des frères trop longtemps séparés" », Thèse de doctorat, Halifax, Dalhousie University.

THÉRIAULT, Léon (1975), « Les Acadiens vus par les libéraux québécois (1868) », *Les Cahiers de la Société historique acadienne*, VI (septembre), p. 150-153.

LE TOQUIN-VINET, Suzanne (1970), *Acadie, Belle-Isle-en-Mer*, Vannes, impr. Déwatine.

WELSH, Charles (dir.) (1909), *The Works of Henry Wadsworth Longfellow*, vol. V, Cambridge/New York, Wadsworth House.

Domination et protestation :
le sens de l'acadianité[1]

JOSEPH YVON THÉRIAULT

Écrit dans une conjoncture marquée par l'importance grandissante des questions dites régio-
nales, nationalitaires ou nationales, ce texte, faisant par ailleurs écho à la problématique
marxiste de la nation et à ses nombreuses variantes alors en vogue dans la sociologie, propose
une réflexion qui vise à la fois à penser théoriquement le statut des faits nationaux ou ethniques
aux différents moments de la modernité et à en saisir l'émergence, la « matérialité » et les
transformations au moyen d'une reconstruction historique et politique minutieuse de leurs
expressions dans l'espace acadien et néo-brunswickois. La périodisation que privilégie l'auteur
et qui va de l'Acadie française jusqu'au début des années 1980, en passant par la période dite
de la Renaissance acadienne, lui permet d'étudier les formes successives de l'affirmation iden-
titaire acadienne, ses principaux acteurs, les conditions de construction de leurs discours, tout
en ne perdant pas de vue cependant ce que ces derniers doivent aux facteurs économiques,
politiques et culturels les plus larges. Au terme de son examen, l'auteur dégage les figures de
l'action et des discours des porte-parole autoproclamés de l'affirmation identitaire – qu'ils
appartiennent à ce qu'il nomme « le groupe clérico-professionnel » ou aux nouveaux intellectuels
par exemple – et dont il montre toutes les variations, les ambiguïtés, les incertitudes, tant ils
auront été tour à tour, et selon les conjonctures successives, des relais commodes des pouvoirs
anglophones, des acteurs de la « résistance à domination coloniale », des procureurs du « retard
culturel » de l'Acadie, des militants sociaux, et, enfin, des porte-parole d'une acadianité qui
ne connaît que la célébration de la culture et dont les revendications ôtent aux « protestations
nationalitaires » toute la charge politique qui devrait être la leur.

Fait ethnique et protestations nationalitaires

C'est bien parce qu'il y a résurgence de protestations sociales qui se réclament d'une ethnie, d'une nation ou plus simplement d'une culture qu'on
assiste aujourd'hui à un foisonnement d'études sur les questions régionales,
nationalitaires ou nationales. À l'image de ces mouvements, la réflexion
sociologique, et particulièrement celle qui tente de saisir les potentialités

---

1. Texte d'une communication présentée au congrès annuel de la Société canadienne d'ethnologie à Montréal, le 28 février 1980.

transformatrices du social relevées par ces protestations, semble nager dans l'indétermination.

On assiste, par exemple, en analyse marxiste à une mise en accusation sévère de ceux qui ne perçoivent rien d'autre dans ces protestations qu'un jeu habile des classes dominantes pour masquer les rapports d'exploitation économique. Vision héritée de l'analyse du processus de prise en charge par les bourgeoisies européennes de l'appareil d'État au XIXe siècle et des tentatives de celles-ci par la création de l'État-nation d'unifier la formation sociale « en regroupant les échangistes dans un tout indifférencié et renforcer ainsi la domination de classe » (Bourque, 1977 : 42). Cette conception, dont Gilles Bourque est au Québec un des derniers représentants, et qui conduit à réduire la question nationale aux pratiques idéologiques de la classe dominante, a démontré ces insuffisances. L'unification culturelle qui semblait être une nécessité du capitalisme s'est avérée beaucoup plus une tendance qu'autre chose et le développement des États-nations s'est accompagné de la persistance d'identifications ethniques minoritaires et de formes régionales de reproduction sociale ; manifestations qui démontrent qu'une économie de marché peut permettre le maintien et même utiliser des modalités diverses de sociabilité.

Pour être fidèle au texte, cette conception obligeait à toujours démontrer, pour reprendre l'expression de Rosa Luxembourg, que « c'est un effort de la bourgeoisie pour imposer son pouvoir de classe qui est à l'origine de tous les mouvements nationaux » (Luxembourg, cité dans Haupt et al., 1974 : 196). Dans le cas du Québec, on pouvait toujours forcer la chose un peu et souligner que, même si cette bourgeoisie s'oppose aux principales manifestations du nationalisme, même si ces principaux porte-parole professent un nationalisme autre, objectivement et structurellement, le néonationalisme québécois est l'idéologie de cette bourgeoisie. Mais quand le phénomène apparaît chez un groupe où manifestement il n'existe pas l'embryon d'une bourgeoisie, on ne peut conclure qu'à la non-existence d'une question nationale, et rejeter les manifestations observées sur la réminiscence d'une forme antérieure de production, un simple retard superstructurel ; c'est du moins l'explication que Bourque donnait de la question acadienne au début des années 1970 (Bourque et al., 1970 : 22).

À cette conception tend à se substituer une approche plus empiriciste qui sans reprendre la fameuse définition de Staline où « la nation est une communauté de langue, de territoire, de vie économique et de formation psychique qui se traduit dans une communauté de culture » (Staline, cité dans Haupt et al., 1974 : 313) tente tout de même de partir des fondements matériels du fait national. Celui-ci n'est plus ici une création superstructurelle de la bourgeoisie mais une réalité transhistorique. « Ce que nous appelons aujourd'hui nationalisme est ce système de représentation qui définit le groupe d'appartenance qui rend solidaire et unit ceux qui se retrouvent dans ce groupe » (Monière, 1979 : 33-34). La matérialité de la nation, résultat, dans les sociétés de classes, d'un rapport de force entre les différentes classes, provoque la création d'une « conscience nationale » qu'il faut distinguer du « nationalisme » ; idéologie bourgeoise valorisant la formation d'un État (Halary, 1978 : 152-153) ou encore une « idéologie nationale » qu'il faut séparer de l'idéologie de « l'État-national » qui, elle, est historiquement bourgeoise (LeBorgne, 1978 : 96-97).

En d'autres termes, cette tentative fait référence à une modalité précise, le processus hégémonique par lequel une société rend les individus sujets ; elle insiste sur un aspect de ce processus, « le rôle de ciment joué par la conscience nationale » (Halary, 1978 : 153). Elle réfère à la sphère idéologique non comme création artificielle, mais comme rapport matériel qui « assure la cohésion des individus dans leurs rôles, leurs fonctions et leurs rapports sociaux » (Harnecker, 1974 : 85). C'est faire implicitement référence à la notion de culture, telle qu'utilisée par les anthropologues en donnant à celle-ci une réalité qui transcende la lutte des classes – bien qu'elle soit, matérialisme oblige, le résultat de la lutte des classes. Perçue ainsi et avec raison, la conscience nationale, le fait national, ne peut se réduire à la variante dominante mais traverse l'ensemble d'une formation sociale, acquiert une certaine matérialité.

Mais il ne faut pas oublier que le concept même de formation sociale se réfère à des articulations spécifiques de formes et de modes de production et qu'elle n'est pas une simple réalisation de l'État du mode de production dominant (Poulantzas, 1978 : 27). La reproduction sociale fait appel à un dispositif hégémonique qui pénètre l'ensemble de la société civile, s'articule à des rapports famille-école-associations-division ethnique, etc., qui bien que soumis n'en démontrent pas moins l'extrême diversité du social et ses affrontements incessants (Fossaert, 1978 : 22-23). La région dans ce sens, comme lieu spécifique d'organisation du consentement ou de gestion des contradictions sociales, est demeurée et demeure encore un espace qui, bien qu'articulé à l'État, n'en possède pas moins une certaine autonomie (Dulong, 1978 ; Quéré, 1978) ; elle peut, comme d'autres types d'associations, être investie de pratiques spécifiques, de manifestations particulières des liens qui cimentent l'homme à sa société.

En donnant ainsi une matérialité aux éléments culturels et en soulignant la multiplicité de leurs manifestations, l'analyse se raffine mais conduit bien souvent à des tautologies. En effet, en acceptant comme fondement des critères objectifs, directement repérables, pour expliquer un mouvement d'ordre culturel, en tenant pour acquis que le fait ethnique, nationalitaire ou national est la matérialité à la base des protestations de ces groupes, on est porté à accepter le discours du groupe comme l'élément explicatif de ses conduites. C'est par exemple la démarche de Denis Monière dans *Les enjeux du référendum* (1979), où il en arrive à faire une lecture quasi religieuse du discours nationaliste québécois. Si le texte est mobilisateur, il ne nous en dit pas plus sur le mouvement que le mouvement lui-même[2]. Car ce qu'il faut se demander, c'est ce qui se joue lorsqu'un groupe en vient à vouloir faire basculer sa langue, sa culture, ses traditions, son mode de vie, en bref sa sociabilité, dans le champ des pratiques conflictuelles.

La démarche qui consiste à trouver la cause dans le fait ethnique ou national lui-même semble juste mais insuffisante et si nous maintenons une définition du fait national ou ethnique comme une matérialité qui traverse l'ensemble social, il nous paraît important de réintroduire dans l'analyse l'utilisation idéologique de cette référence. Deuxièmement, le fait ethnique, s'il a quelque chose à voir avec les protestations nationalitaires, n'en est pas le seul élément explicatif ; il n'y a d'ailleurs jamais de recoupement parfait entre réalité ethnique et identification ethnique. Autrement dit, la transformation de critères ethniques en mouvement nationalitaire répond autant à des rapports extérieurs à celui-ci qu'à sa matérialité propre (Nairn, 1977). Expliquons-nous.

Les protestations nationalitaires ne sont pas le propre des ensembles sociaux ou des catégories sociales qui répondent à la définition du fait ethnique ou national telle que nous venons de la discuter. Cette définition, en dernière analyse, n'est rien d'autre que les rapports de sens à l'intérieur

---

2. Quéré énonce deux axes entre lesquels chevauchent les modes de connaissance des protestations nationalitaires : 1) une analyse immanente à la réalité du fait national ou ethnique qui est contrainte de s'orienter à la fois vers la démonstration de la réalité-matérialité de ce fait national et vers une lecture quasireligieuse de la conformité du mouvement, ou de sa présence informante dans les orientations et les stratégies de l'action collective (Quéré, 1978 : 22) ; 2) une lecture extérieure au fait, une mise à distance du mouvement et une tentative de trouver sa signification dans le système des rapports sociaux qui le produit (Ibid. : 20), analyse qui tend à minimiser le fait national et à trouver sa référence dans un autre mouvement, soit le mouvement ouvrier (Ibid. : 24-25). Le problème ainsi posé demeure toujours : comment sortir du discours que les acteurs livrent sur eux, donc situer ce discours dans une problématique de rapports sociaux sans pour autant être conduit à minimiser la problématique nationalitaire dont la résurgence est une évidence.

d'une société, les lieux spécifiques de la socialisation[3]. Ce qu'on entend par cela n'est d'ailleurs habituellement pas un élément de protestation mais plutôt porteur de l'ordre social, un dispositif de l'hégémonie ; c'est l'unité fonctionnelle d'un ensemble social, ce qui assure le maintien sociétal, le consensus et non la transformation, en bref, le lieu où le pouvoir devient système. Il est évident que le sociologue ne s'intéresse pas à décrire et à énumérer dans une société les différentes pratiques de sociabilité – à moins bien sûr qu'il soit à la solde d'un État qui a dans sa stratégie hégémonique le multiculturalisme. Ce qui l'intéresse et ce pourquoi il y a foisonnement d'intérêts pour ces questions est que ce fait national ou ethnique se transforme en mouvement protestataire, que ces mécanismes de cohésion sociale commencent à travailler de toutes parts. Phénomène universel en autant que tout individu est sujet d'une société, il est évident que le fait ethnique, ce rapport seul, ne peut expliquer comment un principe de cohérence se transforme en rapport conflictuel ou pourquoi ce qui est habituellement ordre devient désordre et qu'il faut chercher dans les rapports sociaux extérieurs au fait ethnique l'explication de cette transition.

Il est possible de retracer le fait national acadien ou une certaine spécificité dans les mécanismes de reproduction sociale à l'époque de l'Acadie française, plus spécifiquement, vers le milieu du XVIIe siècle, quand, sous la contrainte de l'avatar colonial, la colonie d'exploitation que devait être l'Acadie se transforme en colonie de peuplement (1654-1670)[4]. Si cette spécificité est une constante depuis lors dans les Provinces maritimes, elle n'en a pas moins eu des significations diverses et sa réinterprétation comme

---

3. Voir les travaux de Quéré (1978) et de Dulong (1978) qui, bien que proposant chacun un traitement différent, tentent de relier la problématique de fait national aux différentes formes et lieux où la société tente de construire un consensus spontané. Nous nous référons à ces études ici en autant qu'il nous semble impossible de saisir le fait ethnique acadien sans le relier à une problématique régionale.

4. La présence à partir de 1654-1670, première période importante de domination anglaise sur l'Acadie française, de formes de sociabilité propres ne doit pas conduire à assimiler celles-ci à l'identification ethnique telle qu'elle apparaît vers 1860, comme le font trop facilement les textes nationalistes (voir Thériault, 1976 ; Griffiths, 1973). Ce qui se crée à cette époque est une forme d'identification d'une société de petits producteurs à la terre qui l'a vu naître (Clark, 1973 : 107-108). Le regroupement de ces traits en identification ethnique est contemporain de la période étudiée ici (1860-1880) et, à la distinction du fait ethnique précédent, l'identification ethnique n'est plus uniquement un rapport de l'individu à sa société mais aussi un lieu de protestation. Le fait de résumer ici les protestations à deux périodes (1860-1880 et 1960-1980) doit être considéré comme la dominance de cette dimension de l'identification ethnique à des époques précises – en fait, l'identification ethnique est toujours porteuse d'ordre social et de protestations sociales.

protestations nationalitaires est facilement repérable à deux époques, soit celle de 1860 à 1880 et celle de 1960 à nos jours.

Le traitement que nous ferons ici de ces moments nous démontrera que ceux-ci ont correspondu à des transformations fondamentales des relations de dépendance entre l'ensemble régional et son extérieur et qu'ainsi l'analyse de la transition est centrale dans l'explication. La réponse régionale à cette transition prend la forme de protestations nationalitaires en autant qu'elle s'accompagne d'une remise en question du dispositif hégémonique, d'une réarticulation des rapports de sociabilité, d'où le rôle privilégié des intellectuels dans les protestations nationalitaires. En d'autres termes, le fait ethnique acadien ne se transforme en protestations nationalitaires qu'au moment où s'opère une agression extérieure qui remet en question, non uniquement la place des différentes catégories sociales dans l'ensemble régional acadien, mais aussi les fondements superstructurels, les lieux d'organisation du consentement, de la reproduction sociale spécifique à l'ensemble régional.

Société marchande et logique coloniale (1860-1880)

L'historiographie traditionnelle avait coutume, pour expliquer l'éveil qui se produit autour des années 1860, de parler de renaissance, renaissance d'un peuple qui depuis un siècle tentait de se faire oublier par le silence (Thériault, 1976). Ce peuple, grâce à la clairvoyance de quelques leaders qui réussirent à canaliser et à créer dans ce qui en restait un sentiment de fierté nationale, se mit à trouver, pour parler comme Clément Cormier, son passé glorieux, ses traditions riches, ses ancêtres héroïques (1962 : 169). C'était avant qu'on sache qu'une première renaissance, dans la charrette de Pélagie, avait eu lieu un siècle auparavant. Malgré tout ce qu'on peut penser de la charge mythique qui s'y renferme, il y a dans ce concept de renaissance une évaluation, il me semble, assez juste de la réalité. C'est en effet moins une continuité historique qui se réalise dans cette deuxième moitié du XIXe siècle qu'une mutation qui voit en l'espace de vingt ans se transformer en mouvement nationalitaire les îlots de peuplement francophone disséminés sur le long des côtes de l'Atlantique.

La période est en effet féconde en transformations : on voit se structurer une classe d'intellectuels qui se réclame de l'acadianité – le groupe cléricoprofessionnel –, la création d'un clergé acadien, des luttes virulentes pour l'élection des premiers députés acadiens, des conflits scolaires mettant en opposition minorité et majorité – l'émeute scolaire de 1875 –, la fondation d'institutions culturelles acadiennes – premier journal francophone et premier collège classique –, enfin un mouvement de colonisation et une idéologie « nationale ». En 1880, l'essentiel des luttes est achevé et les conventions nationales qui débutent donnent le signe de l'essoufflement des protestations. Sous la direction du groupe clérico-professionnel s'élabore une idéologie de repli, délaissant les revendications d'ordre politique pour se complaire dans le renforcement des institutions culturelles et sociales élaborées lors de la période précédente. L'ethnicité qui s'est constituée est de moins en moins conflictuelle et de plus en plus porteuse d'ordre par la direction qu'opèrent les structures religieuses, scolaires et culturelles sur l'organisation du consentement. C'est ce qui permettra à Michel Roy (1978 : 100-119) d'affirmer que la société traditionnelle ne s'est imposée qu'à ce moment et à Raymond Mailhot (1973 : 126) de soutenir qu'en dix ans, de 1860 à 1870, on est passé des exigences concrètes à un messianisme épars.

Mouvement de renaissance, en effet, en autant que le phénomène soit une réinterprétation du « fait national » de l'Acadie française qui n'établira d'ailleurs jamais un recoupement avec celle-ci. C'est la naissance d'une Acadie de la mer qui s'opère, pour reprendre une expression d'Antonine Maillet. Car l'Acadie française, conduite par l'échec colonial à un embryon de colonie de peuplement autocentrée et agricole, a bel et bien, selon les desseins des instigateurs du projet, été anéantie par la déportation de 1755. Des 10 000 à 15 000 habitants qu'elle comprenait, au plus 2000 se retrouveront dans la région. De ce nombre, une proportion importante est rapidement intégrée aux nouveaux habitants britanniques et servira de main-d'œuvre dans les villes coloniales en construction telles que Halifax[5]. La renaissance des années 1860 sera un phénomène spécifique à ceux des descendants de l'Acadie française qui s'intégreront au commerce colonial des pêcheries du golfe Saint-Laurent et des côtes atlantiques – la région « acadienne » du Madawaska sera peu touchée par le phénomène, seule région non côtière de l'Acadie. Ainsi, c'est la situation de ce groupe avant la période 1860 que nous devons rapidement rappeler.

---

5. Sur l'histoire de l'Acadie, bien souvent marquée par une volonté de glorifier le passé, les travaux de Rumilly (1955) et de Rameau de Saint-Père (1889) demeurent les plus riches en information. Pour le rétablissement des Acadiens près du littoral de la côte atlantique et l'implantation de villages côtiers au Nouveau-Brunswick, voir Raîche (1962 : 29). Enfin, Rumilly (1955) note l'acceptation par le gouvernement de la Nova Scotia d'établissements acadiens en autant qu'ils ne soient plus concentrés.

Logique coloniale et classe ethnique

Le concept de classe ethnique[6] semble encore le plus adéquat pour caractériser le type de rapports qui s'instaurent sur les côtes acadiennes de 1760 à 1860, et l'intégration d'Acadiens par le biais des pêcheries à la structure coloniale britannique. La pêche commerciale à l'intérieur du golfe Saint-Laurent et sur le littoral des côtes atlantiques précède de deux siècles cette intégration. Elle avait été toutefois fortement handicapée par l'inexistence d'une population sédentaire assurant la reproduction de la main-d'œuvre abondante que nécessitaient les techniques d'alors – une équipe sur le bateau et une équipe sur les côtes pour le séchage. Les guerres coloniales, la présence dans la région d'intérêts multiples, les terres sablonneuses et arides des côtes, le climat froid, l'inexistence chez les pêcheurs européens d'une tradition agricole avaient tantôt poussé à limiter l'implantation (la faiblesse de l'implantation coloniale à Terre-Neuve s'explique selon Harold Adams Innis [1954 : 52-90] par l'opposition à tout établissement d'une population permanente), tantôt fait échouer tout projet colonial – les différentes tentatives françaises de développer en Acadie une économie liée à la pêche.

Si le monopole britannique des pêcheries de l'Atlantique, assuré par le traité de Paris, ne rendait pas les côtes plus hospitalières, il permettait toutefois d'en limiter l'accès aux flottilles étrangères et remettait ainsi à l'ordre du jour la possibilité d'un peuplement. La perte des colonies américaines quelques années plus tard et la nécessité d'assurer l'approvisionnement en « nourriture d'esclaves » (la morue séchée) pour les Indes occidentales accentueront cette tentative. L'Angleterre, pas plus que la France, ne réussit à attirer foule sur les côtes de l'Atlantique ; le peuplement des Provinces maritimes fut l'effet dans un premier temps de la révolution américaine qui attira une population de petits paysans plus tentés par les terres fertiles de la baie Française (ancienne Acadie) que celles du littoral atlantique et un peu plus tard des famines irlandaises qui fournirent le gros de la main-d'œuvre nécessaire à l'exploitation forestière[7]. Les richesses maritimes, elles, furent pour

---

6. Le concept de classe ethnique fut introduit au Québec au début des années 1960 par Dofny et Rioux (1962) pour expliquer l'évolution de la société canadienne-française ; il fut abondamment critiqué pour son incapacité à démontrer les rapports de classes à l'intérieur du groupe ethnique québécois. Lapierre (1977) tente quant à lui de réintroduire ce concept pour l'analyse de la société acadienne jusqu'en 1960 ; il apparaît qu'il renferme ici comme au Québec les mêmes faiblesses, quoiqu'il possède une certaine pertinence pour expliquer la réalité pré-1860. [NDE : Ce dernier texte est reproduit dans la présente anthologie.]

7. L'histoire économique des régions acadiennes reste à faire ; à l'exception des travaux de Mailhot (1972, 1973) sur le XIXe siècle acadien, existent quelques études générales sur l'ensemble

beaucoup l'affaire de la main-d'œuvre acadienne qui s'essaima sur le long du littoral du golfe Saint-Laurent, couvrant les côtes gaspésiennes, les côtes nord et est du Nouveau-Brunswick, les Îles-de-la-Madeleine et certains centres de pêche de l'Île-du-Prince-Édouard, du Cap-Breton, de l'Île Madame jusqu'à la baie Sainte-Marie en Nouvelle-Écosse.

L'acte violent que fut la Déportation fit de ce qui restait d'Acadiens une population conquise, dénudée de tout patrimoine et de toutes possibilités de renouer une quelconque autarcie agricole. Elle forcera donc ceux-ci à rechercher pour survivre une activité rémunérée qu'ils trouveront en s'incorporant au commerce du poisson et qu'ils articuleront à un travail d'appoint agricole. C'est en prenant racine dans le golfe Saint-Laurent, devenu le fief de marchands des îles de la Manche franco-britannique, qu'ils regagneront le droit d'habiter la région – voir la requête du marchand Robin auprès du gouverneur de la Nova Scotia en 1763 pour le droit de rétablir des Acadiens. Mais à l'opposé de ce qui se développait sur la côte est de la Nouvelle-Écosse, où la pêche se réalisera sous une forme industrielle – pêche hauturière nécessitant une main-d'œuvre annuelle – la pêche du Golfe se fera sous forme artisanale. Les conditions de rétablissement des Acadiens et le système de crédit en vigueur dans la région permettront que se réalise une économie de traite fondée sur l'articulation à l'intérieur de l'unité familiale d'une production domestique et d'une production pour le commerce international ; système économique excluant toute utilisation de numéraire et opérant par la production domestique un transfert de la valeur du travail de l'économie d'autosubsistance à celle du secteur capitaliste.

Le système de crédit – l'endettement – et les terres arides du littoral exerçaient une pression continuelle auprès des producteurs pour qu'ils maintiennent une double activité (pêche et production domestique). La marginalisation des zones de pêche et des populations était d'autre part nécessaire pour endiguer toute pénétration marchande. L'éloignement des côtes à habitation acadienne des zones d'édification de la société anglaise[8]

---

du développement économique des Provinces maritimes et du Nouveau-Brunswick, voir Acheson (1972-1979), Miller (1977), Saunders (1939), pour le développement spécifique de l'industrie de la pêche, voir Innis (1954), et pour celui de l'industrie forestière, voir MacNutt (1967).

8. Jusqu'au milieu du XIXᵉ siècle, la société néo-brunswickoise était atomisée entre un ensemble de petites communautés qui n'avaient d'unité que par la simple appartenance à la même puissance coloniale – ainsi, en 1860, au nord de la province, la livre anglaise était d'usage courant, alors qu'au sud, c'était le dollar américain. Division qui marquait une orientation fondamentalement différente des rapports commerciaux ; prépondérants dans le sud en direction de la Nouvelle-Angleterre, dirigés dans le nord vers le commerce triangulaire anglais. Les communications routières entre ces zones étaient inexistantes et l'État fort

– autour de l'ancienne baie Française et de Halifax –, l'exclusion des Acadiens de toute charge publique – étant donné leur caractère catholique – et même l'exclusion des activités autres que producteurs directs – les marchands exportaient des îles franco-britanniques la main-d'œuvre intermédiaire tels les commis, forgerons, etc. –, enfin leur situation de conquis allaient permettre le maintien de cette marginalité. L'Acadie de la mer pré-1860 était un lieu où le fait ethnique correspondait à la nécessité d'une production marchande sur laquelle reposait un rapport d'inclusion/exclusion. L'acadianité était le produit d'un processus colonial qui avait transformé l'organisation communautaire traditionnelle en classe ethnique.

C'est un rapport de domination direct qui permet pendant cette période de reproduire l'économie de traite et la destruction violente des formes antérieures de production et de réarticulation de celles-ci sous la domination du capital. Cela impliquera le dénuement des Acadiens et, jusqu'au milieu du XIXe siècle, une incertitude quant à leur statut de citoyens britanniques – exclusion de toutes charges publiques en raison de leur langue et de leur religion et impossibilité pour eux de toute autre solution de rechange. Voilà les éléments coercitifs que recouvrait le développement des rapports coloniaux. En autant qu'elle ne puisse conduire à une reconstruction de l'autarcie agricole perdue, le pouvoir colonial laissera libre cours et favorisera même en certaines occasions la réorganisation communautaire des Acadiens[9]; réorganisation ne pouvant que conduire à une régulation de comportements que plusieurs années d'errance en forêt et de voisinage avec les Amérindiens avaient rendu aléatoires. Car en situation coloniale, le colonisateur ne cherche pas à susciter le consentement, il l'impose, il ne s'embarrasse pas ou peu d'intermédiaires, d'organisateurs du consentement. C'est, pour parler comme Frantz Fanon, un processus violent où on « n'allège pas l'oppression, ne voile pas la domination » (1976 : 78). On laisse se développer chez le colonisé ses propres rapports de sociabilité, ses propres mythes : « la distance culturelle à laquelle il se situe par rapport au reste de la population exprime l'intensité de l'oppression qui pèse sur lui » (Favre, cité dans Touraine, 1976 : 67).

---

discret, laissant s'autorégulariser les communautés au niveau scolaire, social, etc. En autant que dans la zone nord était maintenu un rapport de colonisation et dans la zone sud une société de petits producteurs, l'inexistence d'un pouvoir politique autre que celui du gouvernement militaire colonial ne posera pas problème (voir Mailhot, 1973 ; Miller, 1977).

9. Roy souligne que dès les années 1760, le nouveau gouvernement colonial versera des allocations à certains missionnaires chargés de pacifier les populations indiennes et acadiennes. Des pressions d'autre part pour retenir les Acadiens se réaliseront, ainsi : « en 1768, le père Bonaventure est envoyé aux Acadiens, on voulait retenir les Acadiens, confirme l'évêque de Québec. Le moyen était de leur envoyer un missionnaire, je l'ai fait » (cité dans Roy, 1978 : 117).

Édification de la société marchande et désorganisation sociale

Ce qui se produit au milieu du XIXᵉ siècle, c'est la mise en rapport de cette structure coloniale avec l'édification d'une société marchande. Quoique s'élaborant et se structurant comme société dépendante, la société néo-brunswickoise ne fut jamais dans son ensemble une colonie d'exploitation, mais une colonie de peuplement qui débouchera rapidement sur la généralisation des rapports marchands et la création d'une structure politique autonome. Le peuplement du territoire et le développement du commerce du bois propulsés par les guerres napoléoniennes, qui atteindront leur apogée vers les années 1830, seront les grandes constantes de la première partie du XIXᵉ siècle (Acheson, 1972, 1977 ; MacNutt, 1967 ; Sirois, 1976). L'élaboration des politiques de colonisation et de peuplement, la nécessité d'une gestion du territoire – délimitation des zones de peuplement et des zones d'exploitation forestière –, la construction d'infrastructures – routes, service postal, service de justice –, conduiront à la complexification de la société civile et à l'édification d'une société politique.

Dans les zones à peuplement d'origine britannique ou dans les communautés de petits producteurs loyalistes du sud, le déploiement de la société marchande se fit sans heurt apparent. Les marchands prirent la direction du processus politique et, par l'utilisation du patronage et la nomination de notables traditionnels émanant des communautés locales à des postes publics, renforcèrent leur mainmise sur la société civile, instaurant un nouveau rapport entre la communauté et l'État, permettant ainsi au pouvoir d'élargir la base du consentement. Si ces mécanismes introduisent, particulièrement dans les communautés du sud de la province, une brisure de l'autarcie agricole – en même temps que sous les pressions du commerce du bois un effort massif de peuplement se réalise, on voit se dessiner vers 1850, dans les régions anglophones, un mouvement d'exode vers la Nouvelle-Angleterre –, ils serviront à fortifier la viabilité communautaire, diminuant la fuite vers l'extérieur tout en étant les agents de pénétration du capitalisme marchand. Ainsi, dans les régions anglophones et à un moindre degré irlandaises, le développement d'un capitalisme marchand et l'édification d'une structure politique correspondante s'inscrivaient dans la logique du développement général de ses unités (généralisation de la valeur marchande, nouvelle articulation entre producteurs indépendants et marché, création d'un embryon de prolétariat, etc.)[10].

---

10. La naissance d'un système de patronage politique a marqué tout le développement de la structure étatique du Nouveau-Brunswick jusqu'à tard au milieu du XXᵉ siècle (Thorburns,

Il en ira tout autrement dans les régions acadiennes. Ici, la marginalité culturelle était garante du maintien des rapports coloniaux. Seule population conquise du territoire, l'économie de traite était fondée sur la destruction/ reconstruction de la communauté traditionnelle. La mise en rapport de ces communautés avec l'État marchand remettait en question l'exclusion de cette classe ethnique, autrement dit le rapport sur lequel se fondait la domination des marchands sur les côtes. L'instauration du suffrage universel – le droit de vote aux Acadiens (1830) –, la nécessité d'élargir les bases du pouvoir local, la création de communautés liées à l'État permettaient ainsi à des individus d'origine acadienne de pénétrer les interstices du pouvoir, inscrivant une brèche dans l'idéologie fataliste du groupe. Des Acadiens commencent à accéder à des postes de notables locaux (maître de poste, maître des routes), certains s'intégreront au commerce, enfin d'autres brigueront des postes électifs (premier député acadien en 1846). Très tôt, toutefois, les intérêts marchands régionaux réagiront et tenteront systématiquement de limiter l'accès des francophones à ces ouvertures.

C'est ainsi qu'à partir des années 1860, Mailhot notera une prise de conscience par l'élément anglophone de la présence française. Alors qu'auparavant le discours dominant excluait toutes références à ceux-ci, les journaux anglais commencent à produire à ce moment un discours méprisant sur les Acadiens. Aux élections de 1866, les comtés à forte concentration francophone ou irlandaise élisent des députés – non acadiens pour la plupart – anticonfédératifs, ce qui déclenche dans la presse des attaques virulentes contre ces populations (Mailhot, 1973 : 60-63). L'élection de députés acadiens provoque la même réaction et est à l'origine de bagarres célèbres, de protestations juridiques et de discours discriminatoires sur l'incapacité politique de cette minorité d'intégrer les traditions parlementaires. Ce qui fera dire à Mailhot que la prise de conscience de l'identité sera conséquence de l'intransigeance de la majorité anglophone.

Pourtant, si le processus qui se réalise en est un d'intégration d'une minorité ethnique, les premières tentatives d'insertion ne se font pas au nom de l'ethnie, car les Acadiens pénètrent le cénacle de notables individuellement et jouent le jeu ; ils sont des intermédiaires qui représentent plus l'intérêt dominant que les intérêts des communautés dont ils émanent. Si le premier député se fera ridiculiser pour son accent français lors de ses

---

1961). Si on peut noter que l'implantation de ce système de patronage se fait sans trop de problèmes dans les communautés anglophones, il causa certaines difficultés chez les Acadiens (Mailhot, 1973), qui en furent même exclus totalement jusqu'aux années 1930 (Finn, 1972).

interventions à l'assemblée législative (Mailhot, 1973 : 77), son fils qui lui succédera et qui deviendra le premier politicien acadien d'envergure devra, en remerciant ses électeurs sur le parvis de l'église, s'excuser de ne pouvoir s'exprimer correctement en français et continuera son allocution en anglais (Mailhot, 1972 : 219). Le Collège Saint-Joseph, fondé en 1864 pour l'éducation catholique des francophones, est un collège bilingue. D'autre part, la présence de francophones dans les réseaux de notables est plus perceptible à la frontière de l'Acadie de la mer (région du sud du Nouveau-Brunswick – Moncton, Shediac –, Île-du-Prince-Édouard et Nouvelle-Écosse) qu'au centre (côtes est et nord du Nouveau-Brunswick) où la société coloniale et l'exclusion ethnique demeurent solides. C'est toutefois dans ces régions que la réaction sera la plus forte, les intérêts marchands locaux réagiront vivement à l'insertion d'Acadiens dans la structure du pouvoir, procès qui remet en question les rapports coloniaux. L'émeute scolaire de Caraquet en 1875 est certes conséquence d'une législation scolaire qui interdit l'enseignement religieux dans les écoles, mais est indirectement provoquée par le refus de la minorité anglophone régionale de laisser la majorité contrôler la commission scolaire[11]. Ce seront ces mêmes intérêts qui dans les régions à forte concentration francophone refuseront la participation politique et les effets du patronage à des notables acadiens.

Cette présence de tentatives de participation individuelle autour des années 1860 est signe d'une rupture au sein des rapports de domination : les liens de sociabilité propres à l'exclusion ethnique sont touchés. L'acadianité comme pratique idéologique d'un groupe dominé – classe ethnique – ne répond plus à l'acceptation passive de sa domination et se trouve être bientôt l'objet d'un travail où s'enchevêtrent résistance à la domination coloniale, tentative par le groupe clérico-professionnel de s'imposer comme classe relais et contre un projet de société.

Des formes de résistance sont pour la première fois perceptibles, des réactions face aux pratiques d'endettement des marchands naissent – création de la Banque des fermiers de Rustico à l'Île-du-Prince-Édouard (1865), magasins coopératifs et banque du peuple à Rogersville et Saint-Louis à l'époque de la colonisation. Mais pour reprendre l'expression de Pierre-Philippe Rey (1976 : 66), devant la domination coloniale, il ne reste aux dominés qu'à fuir, fuite en avant vers le capitalisme, fuite en arrière vers la colonisation.

---

11. C'est effectivement autour des pratiques frauduleuses de la « clique des Young » – marchands locaux principalement liés à la pêche – que se déroulera la défense des Acadiens accusés d'avoir provoqué une émeute et la mort d'un soldat britannique (Rumilly, 1955).

Ainsi, si une tension monte entre Acadiens et anglophones, la résistance se manifeste par le départ d'Acadiens qui commencent à quitter les zones de pêche pour rejoindre les villes marchandes – principalement celles reliées au commerce du bois, mais aussi les centres commerciaux créés par la construction du chemin de fer Moncton-Bathurst-Campbellton – et l'exode vers la Nouvelle-Angleterre rejoint l'Acadie de la mer. Enfin, l'idéologie agriculturaliste de retour à la terre est introduite en Acadie par le clergé d'origine québécoise et le Français Rameau de Saint-Père, et y trouve un terrain sympathique[12].

Réarticulation des rapports d'exclusion

Les pratiques d'exclusion auront comme effet de bloquer la formation au sein de la classe ethnique d'une catégorie reliée à l'État-marchand, mais elles ne réussiront pas à bloquer l'amorce du développement d'une différenciation sociale au sein de cette classe : le groupe clérico-professionnel, catégorie sociale qui émane des espaces d'autonomie qu'une domination basée sur l'exclusion sociale et le maintien d'une production indépendante entretient – secteur domestique, différenciation culturelle, folklore, etc.[13] Celui-ci va donc être conduit à s'articuler aux différentes formes de pratiques nées de la désintégration de la logique d'exclusion pour forcer son passage comme classe relais. Il apparaîtra de plus en plus que cette possibilité sera conséquence de sa capacité à transformer sa lutte en protestations nationalitaires ; donc d'identifier sa mobilité sociale, politique et culturelle à celle du renforcement de son pouvoir de direction sur la classe ethnique.

Tentative contradictoire, soit celle de ranimer le discours d'exclusion, de consolider les secteurs autonomes, fondements de la domination coloniale, pour d'autre part les réintroduire comme pratiques conflictuelles visant l'intégration à un État marchand. Tentative ayant des chances de réussite en

---

12. Le projet de colonisation est certes le projet du clergé, mais on ne peut uniquement y voir une manipulation des populations de sa part ; il correspondait certainement à une volonté manifeste des populations côtières de fuir l'exploitation et ne fut pas au départ unanimement accepté par le clergé. Ainsi, lorsque des citoyens de Shippagan et Lamèque iront coloniser Saint-Isidore en 1874, le curé de Shippagan ira les rejoindre contre l'avis de son évêque, ce qui lui attirera une suspension (Robichaud, 1976 : 78-79).

13. Le processus se réalisant ici est la création d'un ensemble régional dépendant, la dépendance n'étant pas définie uniquement comme une domination économique extérieure, ce qui était le propre aussi de l'économie coloniale, mais caractérisée par la « désarticulation » des relations économiques et des rapports sociaux, c'est-à-dire une indépendance politique et culturelle réelle associée à une subordination économique (Touraine, 1976 : 51).

autant que l'acadianité sur laquelle repose le projet soit effectivement un rappel historique, un mythe d'une collectivité qui puise dans son passé idéalisé un projet utopique de société. Mais tel n'était pas le cas, le fait ethnique acadien correspondait encore à une matérialité qui, bien qu'ébranlée, était celle de la domination coloniale par l'exclusion. C'est ainsi que les protestations ne conduisent pas à la dissolution de l'économie de traite ni à l'élaboration d'un contre-modèle de société, mais à une nouvelle articulation entre fait ethnique et rapport de domination ; nouvelle articulation où prendra place le groupe clérico-professionnel. La période de lutte a eu comme effet de solidifier le secteur de la production domestique, et a mis en place un réseau d'institutions proprement acadiennes – collèges, couvents, journaux, clergé autochtone – qui seront les fondements du pouvoir du groupe et de son emprise sur la réalité pour près d'un siècle.

L'acadianité dans cette restructuration cesse de plus en plus d'être le résultat d'un rapport de domination direct – classe ethnique – pour devenir celui d'un rapport entre deux formes et deux logiques de production ; le capitalisme marchand et son appareil étatique essentiellement anglo-saxon, et la petite production indépendante et son appareil religieux. C'est un nouvel ordre social qui s'érige, où le groupe clérico-professionel acadien exclu du dispositif hégémonique de l'État n'en a pas moins réussi à s'insérer dans les interstices laissés vacants durant la période de transition et à s'imposer comme catégorie sociale pertinente au sein du groupe acadien. Les grandes conventions nationales qui débutent en 1880 sonnent le glas des protestations nationalitaires, l'acadianité est de moins en moins porteuse de protestations et de plus en plus porteuse d'ordre.

S'appuyant sur le secteur de la petite production indépendante et sur l'idéologie religieuse, le groupe clérico-professionnel tente à partir de ce moment d'asseoir et d'élargir son pouvoir par une pratique de repli, de moins en moins conflictuelle – les luttes politiques s'évanouissent, ce qui fera dire à Jean-Paul Hautecœur (1975 : 92) que les Acadiens ont traditionnellement délaissé la structure politique (les luttes scolaires ne sont plus dirigées vers Fredericton, mais vers la création d'une structure scolaire religieuse privée). C'est effectivement l'entrée de l'Acadie dans le traditionalisme ; l'élaboration d'une idéologie mythique, la formation en groupe ethnique de l'Acadie de la mer.

Cette double structure sociale est certes une réponse aux nécessités objectives de l'économie de traite – maintien d'une petite production indépendante mais articulée au capitalisme marchand –, mais elle est aussi le résultat d'un rapport de force. D'où le caractère ambigu de la période qui suivra, où le groupe clérico-professionnel, par le rôle central qu'il joue dans l'organisation du consentement, peut être considéré comme classe appui – intellectuels organiques des classes dominantes – et en relation antagoniste à celles-ci – en autant que son projet de colonisation a des chances de réussir, il entre en contradiction avec l'économie de traite. L'historiographie traditionnelle avait d'ailleurs érigé en vertu ce rapport d'interdépendance et d'opposition caractéristique du groupe clérico-professionnel dans ses relations avec la société anglophone par l'idéalisation du bon-ententisme comme idéologie officielle et de pratiques de résistance passive sous la forme de sociétés secrètes, de lobbying et de création de structures parallèles, etc. ; ce que certains appelleront le réalisme des Acadiens (Beaudry, 1966 : 35).

La résurgence des protestations nationalitaires (1955-1980)

Jusqu'aux années 1960 et depuis le grand moment que fut la renaissance de la fin du XIXᵉ siècle, l'acadianité comme pratique sociale aura été celle de l'édification parallèle d'une logique paysanne et précapitaliste. Alors que se déployait partout en Amérique du Nord un vaste processus d'industrialisation et de modernisation, l'Acadie étendait et consolidait des pratiques traditionalistes par des mouvements de colonisation intérieure et d'élaboration d'appareils religieux et scolaires. Autour des années 1960, l'Acadie commence à bouger, elle est le lieu, pour demeurer dans le langage mythique, d'une seconde renaissance, phénomène interprété avec raison (Tremblay, 1973 ; Richard, 1969 ; Roy, 1978 ; Even, 1970 ; Vernex, 1978) quoique de façon insuffisante, comme processus d'entrée de l'Acadie dans la modernité.

On peut, et c'est la lecture générale qu'on fait du mouvement, le présenter comme une prise de conscience de la nécessité d'ajuster la société acadienne et ses institutions aux nécessités d'une conjoncture moderne, ainsi que la lente maturation du fait ethnique qui commence à démontrer sa richesse et sa vitalité par une production culturelle et artistique originale (Thériault, 1976, 1977). Mais une lecture plus attentive de la période nous démontre qu'elle ne s'inscrit pas dans ce développement linéaire et que le mouvement n'a pas une telle homogénéité.

L'euphorie de la libération du fait ethnique

Un rapide survol de la période qui débute en 1955 autour des fêtes du bicentenaire de la Déportation et de la décision de redonner vie sous une forme modernisée aux institutions nationales (la Société nationale l'Assomption devenant en 1957 la Société nationale des Acadiens[14]) nous permet au moins de préciser les grandes étapes de ce déploiement.

Dans un premier temps et jusqu'à la fin des années 1960 – les événements à l'Université de Moncton (1968), dont est tiré le film de Michel Brault et Pierre Perrault, *L'Acadie l'Acadie?!?* (1971), et la chute du gouvernement Robichaud en 1970 marquent la fin de cette période –, on assiste à une forme de syncrétisme où le discours traditionnel de repli tente de se combiner à un discours inté-grationniste et à un projet sous la direction des notables traditionnels de modernisation des institutions acadiennes (Hautecœur, 1975 : 91-147). Mais la tentative ne peut longtemps masquer les rapports contradictoires dans ce projet de restauration et la tendance intégrationniste prend rapidement le dessus. L'acadianité est représentée après le début des années 1960 comme un anachronisme, l'idéologie traditionnelle tenue responsable de l'isolement et du sous-développement régional, la référence ethnique perçue comme blocage à l'entrée dans la modernité. Hautecœur note dans le discours des notables de l'époque une gêne à la référence historique et un

> alignement derrière les grandes lignes de la société anglaise. Après avoir qua-siment nié dans le discours vernaculaire l'existence de l'autre ou tout au moins uniquement insisté sur les différences fondamentales qui séparent les deux sociétés, les idéologues sont amenés à reconnaître avec réalisme leur voisinage et leur cohabitation aux Maritimes et à privilégier ce qui les unit. (Hautecœur, 1975 : 167)

Pour la première fois, les notables acadiens participent massivement à la politique provinciale à l'intérieur du gouvernement Robichaud. Ils y sont les agents du programme Chance égale pour tous (1963), qui se veut un effort afin de rationaliser la gestion de l'État et ses rapports avec les com-munautés locales. Il a comme effet direct de transférer à l'État provincial les responsabilités traditionnellement aux mains du groupe clérico-profes-sionnel – centralisation de la gestion municipale, des écoles, des hôpitaux, transformation des collèges classiques en une université francophone et provinciale, organisation des services sociaux, etc. Les appareils aux mains du groupe clérico-professionnel non pris en charge par l'État tentent d'éva-cuer la référence ethnique ; le quotidien catholique et acadien *L'Évangéline* change de nom en 1969 pour *Le Progrès l'Évangéline* ; la société fraternelle l'Assomption, fondée en 1903 pour promouvoir la cause nationale, se trans-forme en compagnie mutuelle d'assurance-vie et ne fait plus mention dans

---

14. NDE : Cette société se nomme désormais la Société nationale de l'Acadie depuis 1992.

sa charte d'incorporation de son caractère catholique et français (Daigle, 1978). Les institutions coopératives troquent le discours nationaliste pour celui de la rationalité et du progrès (Thériault, 1979).

C'est chez les nouveaux intellectuels ou les intellectuels potentiels – la jeunesse étudiante – que cette libération du fait ethnique est la plus sensible. Fruit des réformes du système d'éducation, ceux-ci sont particulièrement touchés par la problématique de la stagnation économique régionale et sensibles aux tentatives des gouvernements d'initier des politiques de développement régional. Les grands thèmes de la réflexion et les travaux à portée politique qui émanent de ce groupe ont tous comme fil conducteur une définition de l'Acadie comme société traditionnelle. Malgré les différentes nuances, l'Acadie n'est plus ce don providentiel mais une tare qui transcende les générations. Que ce soit chez Camille-Antoine Richard (1969), Alain Even (1970), Jean-Claude Vernex (1978) ou, plus récemment, Michel Roy (1978), l'acadianité est un retard culturel d'une minorité ethnique maintenue trop longtemps sous le joug dominateur du clergé. De l'Acadie perdue de Roy à l'Acadie comme effet des pratiques discursives du groupe clérico-professionnel de Hautecœur, se dessinent les grands thèmes des jeunes intellectuels acadiens de la fin des années 1960[15]. Ils brûleront symboliquement en 1966, lors du Ralliement de la jeunesse acadienne, les symboles nationaux et les manifestations étudiantes de 1968 se terminent par l'exode volontaire des leaders étudiants vers le Québec. Le film de Brault et Perrault sur ces événements se termine d'ailleurs par une réflexion significative d'une étudiante : « L'Acadie, c'est un détail. »

La tentative d'acadianiser les luttes

La négation de l'acadianité, sa référence au carcan, est toutefois de courte durée et réintroduite autour des années 1970 comme tentative d'articulation de la problématique sociale et politique. Autant la critique des nouveaux intellectuels avait été virulente, autant le discours de ceux-ci réinterprété

---

15. La plupart des ouvrages signalés ici ont été rédigés après les années 1970, toutefois leurs auteurs étaient tous actifs – généralement de la première génération de professeurs suite à la laïcisation de l'enseignement supérieur – comme définisseurs d'un nouveau sens avant les années 1970 et ils ont profondément marqué les protestations des jeunes Acadiens d'alors. On peut noter d'autre part que ces travaux ont eu un retentissement plus important en dehors de l'Acadie qu'à l'intérieur, comme quoi les thèmes soulevés ne correspondent plus à la nouvelle définition de l'acadianité qui apparaîtra après 1970. Cela est particulièrement vrai pour l'ouvrage de Roy (1978), qui est l'objet presque d'une conspiration du silence en Acadie.

après coup comme ethnique sera radical. Si on persiste à critiquer le nationalisme traditionnel, ce sera uniquement pour son insistance maladive à axer ses luttes vers le culturel, alors que le néonationalisme veut réintroduire la référence ethnique sous le signe de la globalité. L'Acadie n'est plus ce détail, ces loques héritées d'une époque révolue, mais bien la réalité sociale d'un peuple. Un travail important se réalise sur le plan de la réinterprétation du fait ethnique, l'oppression nationale devient la grille de lecture des problèmes du sous-développement régional ; le chômage, la dissolution de la petite production, l'exode rural, la direction politique régionale sont les nouveaux domaines de cette lecture.

Car le néonationalisme qui apparaît autour des années 1970 se veut engagé socialement et politiquement, et il ne sera pas sans causer une crise au sein des anciens critères de référence ethnique. Les questions de pouvoir politique et économique ainsi que de territorialité surgissent. La Société nationale des Acadiens, regroupant l'ensemble des Acadiens des Provinces maritimes, se scinde en 1972 en différentes unités provinciales à la suite de pressions des groupes néo-brunswickois plus préoccupés de questions régionales que de promotion culturelle. La fondation du Parti acadien, la même année, remet en question la participation des notables au pouvoir de Fredericton, caractéristique de l'époque du gouvernement Robichaud. Elle est aussi la conséquence directe d'une évaluation négative des tentatives gouvernementales de corriger les retards économiques par les programmes de développement régional et une critique du leadership traditionnel acadien dans sa capacité de résoudre ces problèmes. Le début des années 1970 voit naître une volonté d'acadianiser les conflits provoqués par la crise du milieu rural et actualisés par les politiques d'animation et de participation régionales. Les conseils régionaux d'aménagement (CRAN, CRANO, CRASE), créés au début des années 1960 pour intégrer les populations au programme de développement et dirigés par les notables traditionnels, subissent une transformation et veulent de plus en plus se donner une vocation de critiques et de défenseurs des milieux populaires (Allain *et al.*, 1977). Ce sera chez les animateurs de ces conseils que naîtra l'idée du Parti acadien et de *L'Acayen*, revue nationaliste liée à la défense des milieux populaires et de la petite production. Les comités de citoyens et la manifestation des chômeurs à Bathurst en 1972 sont marqués par cette volonté de relier luttes populaires et question nationale[16].

---

16. En plus de la revue *L'Acayen* (1972-1976), dont les différents numéros sont révélateurs de l'esprit de l'époque, le livre reportage de Godin (1972), le manifeste de fondation du Parti acadien (1972) et le film de Léonard Forest, *Un soleil pas comme ailleurs* (1972) abondent d'exemples de la redéfinition de l'acadianité – et de son mariage avec les luttes populaires. Les travaux

L'indétermination des protestations nationalitaires

La période a laissé place à un discours nouveau, souvent radical : participation populaire, lutte contre la dépendance, autonomie régionale, lutte contre le gigantisme, etc. Mais ce qui ne peut manquer de frapper l'observateur, c'est la référence de plus en plus symbolique à ces phénomènes. Après avoir acadianisé des conflits qui sont nés en dehors de la référence ethnique, le mouvement semble maintenir un discours face à des pratiques qui, elles, se sont évanouies. Autrement dit, les forces nationalistes acadiennes continuent à revendiquer au nom d'un mouvement populaire qui n'a pas de pratiques conflictuelles structurées. Ainsi, derrière un discours qui demeure revendicateur, est de plus en plus visible l'incapacité à définir clairement au nom de quoi et contre qui on se bat. C'est vraiment l'indétermination qui est la caractéristique centrale de l'évolution récente du mouvement. La Convention nationale d'octobre 1979 est révélatrice à ce sujet : la critique contre le statu quo est violente et unanime, la volonté de participer à un projet collectif aussi, mais au nom d'on ne sait quelle stratégie, dont on refuse de préciser le contenu et les modalités de réalisation.

Le mouvement semble bien malgré lui forcé de se cantonner dans des pratiques culturelles. Après près de dix ans de protestations nationalitaires, non seulement on n'a pas réussi à concrétiser certaines revendications, mais plutôt à en préciser davantage le contenu. Par exemple, les forces nationalistes tentent une mobilisation contre l'expropriation des résidants de Kouchibougouac. C'est un échec et on peine à faire déboucher la lutte sur un autre registre que celui d'un conflit entre un exproprié et l'État. Pourtant, l'expérience est le lieu d'une intense production littéraire, artistique ; chansons, poèmes, essais et même un film sont inspirés par la question (Chiasson, 1979). Ceux-ci ont un succès, on applaudit le génie créateur acadien comme pour masquer l'incapacité d'inscrire ses luttes dans une problématique de pouvoir. De tout cela une chose est claire, le discours nationalitaire est mobilisateur mais a de la difficulté à mobiliser pour autre chose que le culturel. Au grand désarroi des militants, on est capable de réunir des milliers d'individus dans des fêtes populaires, des festivals folkloriques, des frolics et des tintamarres ; on est capable de mobiliser pour venir se faire raconter son passé, pour écouter les monologues de la Sagouine, les chansons engagées

---

d'Even (1970) sur l'expérience de développement régional et l'analyse d'Allain et al. (1977, 1978) sur les conseils régionaux d'aménagement donnent des informations intéressantes sur les événements de l'époque.

de Calixte Duguay, etc., mais incapable de traduire ces pratiques culturelles dans le champ du politique et du social.

La dissolution du fait ethnique

La mise en situation de cette résurgence des protestations nationalitaires et des rapports sociaux peut être présentée de façon assez brève compte tenu du fait que les tendances contemporaines du capitalisme monopoliste sont l'objet d'études multiples et qu'à la différence de celles du XIXe siècle, elles s'inscrivent dans un vaste travail d'uniformisation du social, ce qui n'implique nullement la fin du développement inégal ou l'homogénéité culturelle, mais pose leur problématique autrement.

Forme régionale de reproduction sociale dont la caractéristique centrale était la désarticulation entre une société marchande anglo-saxonne orientée vers l'extérieur et une société de petits producteurs dirigée par une classe plus préoccupée de reproduction sociale que de direction économique, l'Acadie subit tardivement les effets de prolétarisation engendrés par le développement du capitalisme industriel canadien. Une première brèche de ce dispositif hégémonique régional s'ouvre toutefois autour des années 1930 sous les pressions du capital monopoliste américain qui enclenche un processus de réorganisation des circuits commerciaux et des techniques de transformation dans l'industrie de la pêche et du bois.

Loin de remettre en question l'exclusion ethnique, le processus amorcé par cette réorganisation – généralisation de la monnaie, affaiblissement du secteur de production domestique – permet dans un premier temps au groupe clérico-professionnel d'élargir son pouvoir en remplaçant dans certains secteurs les marchands liés à l'ancien commerce colonial dont le réaménagement provoque la disparition. Ainsi la participation de notables acadiens au patronage politique (Finn, 1972) tissera des liens nouveaux avec l'État, tandis que l'élaboration d'un réseau d'appareils coopératifs à la fin des années 1930 dans les interstices laissés vacants par la réorganisation économique – distribution des biens de consommation, crédit et plus marginalement commercialisation du poisson – assurera un nouveau lieu de pouvoir tout en contenant les pressions à la dissolution des formes de sociabilité communautaire que cette transition produit (Thériault, 1979). Mais tout cela se réalise sous le signe du conservatisme ; l'Acadie demeure marginalisée et l'intégration timide, le groupe clérico-professionnel étant plus soucieux de maintenir sa position au sein des rapports d'organisation du consentement d'une société de petits producteurs que d'agir en groupe relais.

Mais la brèche est créée et le groupe dominant ne réussira qu'à ralentir l'effritement de la société qui s'était structurée autour de l'ancien commerce colonial. Lorsque après la Seconde Guerre mondiale l'État, tant canadien que néo-brunswickois, intensifie, pour répondre aux nécessités de régulation du social exigées par le capitalisme monopoliste, son action sur la société civile, l'incapacité du groupe dominant à maintenir cette autonomie relative au niveau de la reproduction sociale deviendra de plus en plus évidente. Les mesures sociales, par exemple – principalement l'assurance-chômage –, auront comme effet de détruire rapidement le secteur de la production domestique, le revenu d'appoint que ce secteur procurait étant remplacé par ces sources de revenus. Assise du pouvoir du groupe clérico-professionnel, l'effondrement de cette production ne pourra être compensé par la faible réussite du projet coopératif. Plus globalement, l'intervention étatique donne naissance à une nouvelle catégorie sociale – travailleurs sociaux, fonctionnaires régionaux, nouveaux notables qui sont définis par un rapport différent avec la communauté, leur pouvoir n'émanant plus de celle-ci mais d'un lieu extérieur, soit l'État.

Le groupe clérico-professionnel tentera faiblement à la fin des années 1950 de s'ajuster à cette nouvelle réalité par la restauration des institutions nationales et l'élaboration d'un syncrétisme idéologique, mais il apparaît rapidement que les rapports sociaux sur lesquels il se fonde ont été jetés en dehors de l'histoire. La logique étatique provoque l'effondrement de l'Acadie comme lieu spécifique de gestion des contradictions sociétales. Le groupe clérico-professionnel devra assister sans broncher à la liquidation de ses appareils de socialisation transférés à l'État ; processus en grande partie revendiqué par les nouveaux notables acadiens.

Si on note une ébullition dans les régions acadiennes au début des années 1960, il faut bien voir que ce n'est plus l'acadianité qui fait bouger ces populations ; les unes sont dans un processus de prolétarisation, les autres dans un processus de mobilité sociale. Bref, une transition sociétale rapide qui brise l'ancien cadre de référence fait disparaître les anciennes catégories sociales pour en faire naître d'autres mais dont le principe référentiel n'est plus l'Acadie. L'acadianité comme principe de sens à l'intérieur d'une société n'a plus d'utilité, son pouvoir coercitif semble disparaître et est remplacé par la logique unificatrice du capitalisme d'état.

La dissolution du fait ethnique comme principal garant de l'ordre est vécue comme la fin d'une domination, une libération par les individus et principalement ceux intégrés à l'intérieur des nouvelles catégories sociales – particulièrement les nouveaux notables, les nouveaux intellectuels et les intellectuels potentiels, les étudiants. C'est effectivement une tentative d'intégration au nouvel ordre qui est caractéristique de la période du gouvernement Robichaud, une volonté de se démarquer par rapport au référent ethnique, celui-ci d'ailleurs ne devenant le propre que de luttes nostalgiques des anciennes catégories sociales en voie de dissolution.

Mais, comme on l'a vu, le rejet de la référence ethnique est de courte durée et réapparaît rapidement avec une force nouvelle autour des années 1970. On peut certes relier cette résurgence à l'échec du processus d'intégration et à la réaction d'une petite bourgeoisie locale qui tente de ranimer et réinterpréter la référence ethnique dans sa quête d'une place au sein d'une structure de pouvoir où elle est arrivée en retard. Il y a bien sûr de cela et les exemples ne manquent pas : échec des politiques de développement régional sur lesquelles on fondait des espérances de création d'un pouvoir économique acadien, défaite en 1970 du gouvernement Robichaud et démonstration de la faiblesse de la pénétration acadienne dans l'appareil politique provincial, sous-développement institutionnel des régions acadiennes, etc. Pourtant, cette petite bourgeoisie acadienne de laquelle devrait émaner le nouveau discours nationalitaire est en majorité réfractaire à un tel discours, elle maintient, à l'exception de quelques références symboliques, une politique d'alignement sur la société anglophone et de promotion individuelle, elle tente systématiquement de modérer les élans nationalistes du mouvement qui l'entoure. Au lieu qu'elle sécrète une idéologie nationalitaire, tout se passe au contraire comme si à l'intérieur du mouvement nationalitaire on tentait de trouver un discours qui la rallierait ; autrement dit, c'est le mouvement nationalitaire qui tente de convaincre cette catégorie sociale que sa faiblesse relative, ses échecs sont dus à son appartenance ethnique.

On peut toujours expliquer le phénomène comme celui d'une fausse conscience et avancer qu'objectivement, le mouvement défend les intérêts du groupe. Explication plausible en autant qu'on puisse à l'intérieur du mouvement extirper une certaine forme de projet, mais tel n'est pas le cas ; ce qui est caractéristique du mouvement, c'est son indétermination. Les écrits des différentes manifestations du mouvement – que ce soit les documents de la Société des Acadiens du Nouveau-Brunswick[17], du Parti acadien, les différentes interventions nationalistes, etc. – renferment la gamme la plus variée de propositions : d'un retour nostalgique à une forme idéalisée de passé à une entrée de plain-pied dans la société industrielle, d'une revendication d'autarcie

---

17. NDE : Aujourd'hui la Société des Acadiens et Acadiennes du Nouveau-Brunswick (SAANB).

régionale à de simples changements administratifs de l'appareil politique, d'une identification de la lutte nationale et de la lutte de la classe ouvrière à la volonté de ralliement derrière le Parti libéral, etc. Ce qu'il y a de plus étonnant, c'est que ces incohérences peuvent être soutenues par le même mouvement, se retrouver dans le même texte ou être soutenues par la même personne mais, plus encore, elles sont mobilisatrices[18].

La résurgence des protestations nationalitaires semble en effet découler d'une inflation du discours plus que de pratiques de classes. Ce sont d'ailleurs les jeunes scolarisés et les intellectuels qui forment le noyau central du mouvement, et qui tentent de réintroduire la référence ethnique dans les pratiques conflictuelles des classes. Situation provoquée, pour parler comme Louis Quéré, par « l'absence d'autonomie des intellectuels dans les conflits de classe [...] qui se cantonnent au rôle de soutien et d'amplificateur des mouvements nés en dehors d'eux » (Quéré, 1978 : 196). Autrement dit, ils chercheraient à acadianiser des conflits réels ou potentiels dont ils sont exclus ; acadianisation de conflits qu'ils sont eux-mêmes incapables de conflictualiser hormis dans le domaine culturel. Essayons de préciser le sens de cette volonté d'acadianiser ces luttes.

La recherche d'un nouveau sens

Nous avons souligné comment la dissolution des supports matériels de l'acadianité libérait les individus des contraintes ethniques pour les réintroduire dans une logique étatique. Mais l'État moderne tel qu'il se structure et confisque les anciennes formes de sociabilité semble être incapable de les remplacer par un dispositif cohérent d'organisation du consentement et a de la difficulté à produire un nouveau sens. La nécessité d'une régulation étatique et l'atomisation croissante des individus introduisent une crise superstructurelle permanente – telle que démontrée en Occident par la prolifération des agences du contrôle social –, une crise permanente de l'identité pour parler comme Henri Lefebvre (1978 : 58) ou encore plus généralement une quête du sens (Dulong, 1978 : 32).

---

18. Il n'existe pas d'analyse de l'idéologie des courants nationalistes contemporains ; Hautecœur (1976) ne fait que souligner la présence de ce nouveau discours, son étude s'intéresse à la période 1960-1970. L'étude de Ouellette (1978) sur le Parti acadien démontre bien la multiplicité des idéologies qu'on y retrouve. En plus des différents documents préparatoires à la Convention d'orientation de 1979, L'Action Nationale a publié en juin 1978 un numéro dans lequel elle laisse la parole aux jeunes nationalistes acadiens ; le texte est révélateur de l'ambiguïté du projet qu'on propose.

En même temps que se réalise ce décodage des appartenances sociales, l'État multiplie, par la prolifération des appareils d'organisation du consentement, les postes d'intellectuels. Producteurs du sens à l'intérieur d'une société, l'étatisation de leurs fonctions leur enlève leur autonomie relative ; ils doivent produire un discours qui n'émane plus des collectivités auxquelles ils appartiennent, mais d'un pouvoir étatique extérieur qui opère un continuel travail sur le social. Par rapport à l'ancien dispositif, ils ne partent pas du folklore pour l'adapter à la logique dominante mais, au contraire de cette dernière, pour continuellement nier et retravailler le folklore[19]. Il n'est donc pas étonnant qu'insérés dans un processus de prolétarisation, ces définisseurs de situation soient plus touchés par cette continuelle crise d'identité et tentent de ranimer un peu partout les anciennes formes de sociabilité ; ce qui répond au besoin général de recréer du sens et à une tentative du groupe de retrouver son autonomie relative.

Phénomène généralisé et non spécifique à l'Acadie, il est vécu toutefois avec plus d'acuité chez les groupes qui viennent de subir un processus rapide de transition des formes de sociabilité et de perte d'un cadre référentiel. Après l'euphorie que la libération des contraintes de l'ancien cadre permet, on assiste à une situation plus fortement ressentie de frontière, on se sent un peu orphelin d'un processus de socialisation qui ne fait plus sens mais qui, débarrassé de ses contraintes traditionnelles, est idéalisé et peut servir de projection et de modèle de société. Travail des intellectuels et des jeunes scolarisés, le projet est mobilisateur en autant qu'il tente de réarticuler un ensemble de pratiques en continuel processus de désarticulation par la destruction du social qu'opère l'État moderne.

Mais le référentiel utilisé pose problème, il se réfère à une société qui n'en est plus une, ou qui du moins est traversée de toutes parts par des logiques extérieures que ne réussit pas à camoufler l'excès avec lequel on exhume du passé les preuves de son existence en tant que groupe. En soi, la référence ethnique est nostalgique, elle conduit tout au plus à des revendications d'ordre culturel et à des manifestations de réminiscences folkloriques – ce sont les grandes réussites du mouvement – mais cela ne suffit pas à reproduire une cohérence sociétale. Les militants nationalitaires savent bien qu'ils doivent pénétrer les autres dimensions de la réalité sociale, d'où leur tentative d'acadianiser les luttes autour d'eux, de chercher des appuis

---

19. Pour ce qui est du rapport au folklore (défini ici dans le sens gramscien : la conception du monde des classes subalternes) et son articulation à l'idéologie dominante dans le dispositif hégémonique de la société marchande, voir Portelli (1974). Pour les nouveaux rapports qu'impose la logique de l'État, voir Dulong (1978).

tantôt dans la lutte des notables locaux qui tentent d'asseoir leur pouvoir régional, tantôt dans la lutte des petits producteurs en voie d'extinction, tantôt dans les luttes populaires contre la manipulation étatique.

L'indétermination du mouvement actuel en Acadie repose d'ailleurs sur l'incapacité à s'inscrire dans des conflits. Lorsqu'au début des années 1970, les efforts de développement régional ont provoqué une réaction des petits producteurs et des communautés que cette tentative de rationalisation voulait détruire, le mouvement a pu se greffer à ces protestations et semblait se diriger vers une forme de populisme régionaliste. Quand ces luttes se sont estompées, le mouvement est retourné à des préoccupations culturelles, tout en cherchant un peu partout de nouvelles ouvertures pour conflictualiser son projet. Les protestations nationalitaires demeurent essentiellement au niveau du verbe parce qu'aucune catégorie sociale n'a la volonté ou la possibilité de l'intégrer dans ces luttes.

Quand l'Acadie ne fait plus sens

Notre démarche met en rapport deux ordres de phénomènes : d'une part les protestations sociales ou plus spécifiquement celles se réclamant d'un mouvement nationalitaire ; d'autre part les mécanismes d'organisation du consentement et plus spécifiquement la dimension ethnique comme principal garant du sens, c'est-à-dire le fait ethnique. Nous avons au départ identifié deux périodes où le fait ethnique se transforme en protestations nationalitaires, autrement dit, où ce qui habituellement est principe d'ordre semble porter les germes du désordre.

Dans chacun des cas étudiés, il s'agit d'une réappropriation d'une ancienne cohérence, d'un retravail sur cette cohérence et d'une tentative de l'ériger en nouvel ordre. Ainsi la logique colonialiste et de classe ethnique propre à l'Acadie pré-1860 est remise en question par l'édification d'une société marchande et d'un État marchand au Nouveau-Brunswick. Des Acadiens se voient libérés des contraintes coercitives du fait ethnique et commencent un procès d'intégration à une nouvelle logique. Processus bloqué toutefois par la non-transformation des rapports coloniaux régionaux dans les zones acadiennes. La tentative de recréer une cohérence prend des directions diverses : lutte pour l'intégration, fuite des producteurs vers les centres marchands, luttes scolaires, mouvement de colonisation et d'autarcie agricole. Le mouvement est rapidement réarticulé dans une nouvelle cohérence par la direction qu'assure le groupe clérico-professionnel – nouvelle catégorie née de la période de transition – qui en s'appuyant sur la production domestique réussit à imposer une nouvelle structuration du pouvoir où elle s'érige en groupe dominant d'un mode de production de petits producteurs articulé au capitalisme colonial ; le fait ethnique ainsi redéfini redevient principe d'ordre.

Dans les années 1950, la pénétration du capitalisme monopoliste et la transformation de l'État et sa fonction de régulation du social remettent en question l'ensemble de la société marchande et l'Acadie comme lieu régional de reproduction sociale. S'ensuit une période d'effritement de l'ancien dispositif hégémonique et une tentative de le réarticuler à la logique étatique. Processus remis en question par l'incapacité structurelle que semble démontrer l'État moderne à assurer un principe de cohérence. Encore ici, la tentative de recréer un nouveau sens prend des directions diverses et est dirigée par la catégorie sociale qui a comme fonction de produire cette cohérence : les intellectuels.

Toutefois, ceux-ci ont perdu leur autonomie relative et ont peu de revendications précises autres que culturelles, ils doivent dépendre pour conflictualiser la recherche d'un nouveau sens de protestations qui naissent en dehors d'eux. Cette démarche permet effectivement de mettre à nu des rapports de domination qui, bien que réels, ne sont pas pour autant directement à la source des protestations nationalitaires. On pense ici plus spécifiquement aux critiques de la dépendance extérieure, à l'oppression nationale, à la non-représentativité des structures politiques, à la centralisation du pouvoir, à l'aliénation généralisée et à l'uniformisation engendrées par le capitalisme moderne, ensemble de problèmes que la quête du sens permet de dévoiler et qui sont autant d'obstacles à la réalisation d'un projet.

Mais la dissolution des supports matériels à l'Acadie traditionnelle rend problématique l'ancrage des protestations nationalitaires et des revendications socioéconomiques. Aucune catégorie sociale ne s'approprie le mouvement pour en faire l'objet d'un travail spécifique. L'Acadie n'étant plus un lieu de gestion des contradictions, il est difficile d'acadianiser les contradictions propres à l'État moderne. La mobilisation, mais aussi l'inflation du discours et l'indétermination qu'elles renferment sont signes d'une nécessité à recréer une cohérence, mais aussi d'une difficulté à dire au nom de qui ou de quoi elle se ferait. Entre le non-sens de l'État et la non-existence d'une catégorie sociale prête à instaurer une nouvelle domination ethnique se crée un vide que pourrait combler une protestation qui soit réellement populaire.

Bibliographie

ACHESON, Thomas William (1972), « The National Policy and the Industrialization of the Maritimes », *Acadiensis*, vol. 1, n° 2, p. 3-28.

ACHESON, Thomas William, (1977), « The Maritimes and "Empire Canada" », dans David Jay BERCUSON (dir.), *Canada and The Burden of Unity*, Toronto, Macmillan of Canada, p. 87-114.

ALLAIN, Greg, Serge CÔTÉ et John TIVENDELL (1977), « Évolutions asymétriques : le cas des conseils régionaux d'aménagement francophones et anglophones au Nouveau-Brunswick », *Revue de l'Université de Moncton*, vol. 10, n° 1, p. 64-86.

ALLAIN, Greg, Serge CÔTÉ et John TIVENDELL (1978), *Évaluation des conseils régionaux d'aménagement du Nouveau-Brunswick*, École des sciences sociales (Université de Moncton), inédit.

BAUDRY, René (1966), *Les Acadiens d'aujourd'hui : rapport de recherche pour la Commission royale d'enquête sur le bilinguisme et biculturalisme*, Ottawa, 2 volumes.

BLANCHARD, Jean-Pierre (dir.) (1978), « L'Acadie aux Acadiens », *L'Action Nationale*, vol. 67, n° 10 (juin), p. 789-794.

BOURQUE, Gilles, et Nicole LAURIN-FRENETTE (1970), « Classes sociales et idéologies nationalistes au Québec, 1760-1960 », *Socialisme québécois*, n° 20, p. 13-55.

BOURQUE, Gilles (1977), *L'État capitaliste et la question nationale*, Montréal, PUM.

CHIASSON, Herménégilde (1979), « Le conte du parc ensorcelé (L'Acadie terroriste) », *Possibles*, vol. 4, n° 1, p. 191-207.

CLARK, Andrew Hill, (1968), *Acadia : The Geography of Early Nova Scotia to 1760*, [Madison], University of Wisconsin Press.

CORMIER, Clément (1962), « Commentaires. L'état des recherches sur la culture acadienne », dans Fernand DUMONT et Yves MARTIN (dir.), *Situation de la recherche sur le Canada français*, Québec, PUL, p. 167-171.

DAIGLE, Euclide (1978), *Petite histoire d'une grande idée*, Moncton, Assomption.

DOFNY, Jacques, et Marcel RIOUX (1962), « Les classes sociales au Canada français », *Revue française de sociologie*, n° 3, p. 290-300.

DULONG, Renaud (1978), *Les régions, l'État et la société locale*, Paris, PUF.

EVEN, Alain (1970), « Le territoire pilote du Nouveau-Brunswick ou les blocages culturels au développement économique : contribution à une analyse socio-économique du développement », Thèse de doctorat, Rennes, Université de Rennes.

FANON, Frantz (1976), *Les damnés de la terre*, Paris, Maspero.

FINN, Jean-Guy (1972), « Développement et persistance du vote ethnique : les Acadiens du Nouveau-Brunswick », Mémoire de maîtrise, Ottawa, Université d'Ottawa.

FOSSAERT, Robert (1978), *La société, les appareils*, Paris, Seuil.

GODIN, Pierre (1972), *Les révoltés d'Acadie*, Montréal, La Presse.

GRIFFITHS, Naomi (1973), *The Acadians : Creation of a People*, Toronto, McGraw-Hill Ryerson.

HALARY, Charles (1978), « Le débat sur les relations entre conscience de classe et conscience nationale au Québec de 1960 à 1976 », *Anthropologie et sociétés*, vol. 2, n° 1, p. 149-165.

HARNECKER, Marta (1974), *Les concepts élémentaires du matérialisme historique*, Bruxelles, Contradictions.

HAUPT, Georges, Michël LÖWY et Claude WEILL (1974), *Les marxistes et la question nationale*, Montréal, L'étincelle.

HAUTECŒUR, Jean-Paul (1975), *L'Acadie du discours : pour une sociologie de la culture acadienne*, Québec, PUL.

INNIS, Harold Adams (1954), *The Cod Fisheries : The History of an International Economy*, Toronto, University of Toronto Press.

LAPIERRE, Jean-William (1978), *Conflit ethnique et lutte de classes dans la question acadienne*, Document présenté au Colloque international de l'Acadie, Moncton, 8 p.

LEBORGNE, Louis (1979), « Idéologie nationale ou idéologie de l'État national », *Pluriel*, n° 17, p. 89-97.

LEFEBVRE, Henri (1978), *De l'État : les contradictions de l'État moderne*, tome 3, Paris, Union Générale d'Éditions.

MacNUTT, William Stuart (1976), « The Politics of the Timber Trade in Colonial New Brunswick 1825-1840 », dans G. A. RAWLYK (dir.), *Historical Essays on the Atlantic Provinces*, Toronto, McClelland and Stewart Limited, p. 122-140.

MAILHOT, Raymond (1972), « Sir Pierre A. Landry, premier politicien acadien d'envergure au Nouveau-Brunswick », *Cahiers de la Société historique acadienne*, vol. 4, n° 6, p. 217-235.

MAILHOT, Raymond (1973), « Prise de conscience collective acadienne au Nouveau-Brunswick (1860-1891) et comportement de la majorité anglophone », Thèse de doctorat, Montréal, Université de Montréal.

MILLER, C. (1977), « The Restoration of Greater Nova-Scotia », dans David Jay BERCUSON (dir.), *Canada and the Burden of Unity*, Toronto, MacMillan of Canada, p. 44-59.

MONIÈRE, Denis (1979), *Les enjeux du référendum*, Montréal, Québec/Amérique.

NAIRN, Tom (1975), « The Modern Janus », *New Left Review*, vol. 94 (décembre), p. 3-29.

OUELLETTE, Roger (1978), « Analyse de l'idéologie du Parti acadien : de sa fondation à 1977 », Mémoire de maîtrise, Ottawa, Université d'Ottawa.

PARTI ACADIEN (1972), *Le Parti acadien*, Montréal, Parti pris.

PORTELLI, Hugues (1974), *Gramsci et la question religieuse*, Paris, Anthropos.

POULANTZAS, Nicos (1978), *L'État, le pouvoir, le socialisme*, Paris, PUF.

QUÉRÉ, Louis (1978), *Jeux interdits à la frontière : les mouvements nationalitaires*, Paris, Anthropos.

RAÎCHE, Victor (1962), « La population du nord et de l'est du Nouveau-Brunswick et son milieu géographique », Mémoire de maîtrise, Ottawa, Université d'Ottawa.

RAMEAU DE SAINT-PÈRE, François-Edme (1889), *Une colonie féodale en Amérique : l'Acadie (1604-1881)*, Paris, Plon.

REY, Pierre-Philippe (1976), *Capitalisme négrier : la marche des paysans vers le prolétariat*, Paris, Maspero.

RICHARD, Camille-Antoine (1969), « L'Acadie, une société à la recherche de son identité », *Revue de l'Université de Moncton*, vol. 2, n° 2, p. 52-59.

ROBICHAUD, Donat (1976), *Le grand Chipagan : histoire de Shippagan*, Beresford, à compte d'auteur.

ROY, Michel (1978), *L'Acadie perdue*, Montréal, Québec/Amérique.

RUMILLY, Robert (1955), *Histoire des Acadiens*, Montréal, Imprimerie Saint-Joseph, 2 tomes.

SAUNDERS, Stanley Alexander (1939), *Histoire économique des Provinces maritimes*, étude préparée pour la Commission royale des relations entre le dominion et les provinces, Ottawa.

SIROIS, Georges (1976), « Les Acadiens et la naissance du commerce du bois dans le nord-est du Nouveau-Brunswick, 1820-1840 », *Cahiers de la Société historique acadienne*, vol. 6, n° 4, p. 183-193.

THÉRIAULT, Joseph Yvon (1979), *Développement dépendant et pénétration coopérative*, Texte d'une communication présentée au Colloque des sciences sociales et du comportement sur le développement en Acadie, Université de Moncton, 26 p.

THÉRIAULT, Léon (1976), *Petit manuel d'histoire d'Acadie : 1755-1867*, Moncton, La Librairie Acadienne.

THÉRIAULT, Léon (1977), « Cheminement inverse des Acadiens et des anglophones des Maritimes (1763-1955) », *Mémoires de la Société royale du Canada*, 4ᵉ série, tome XV, p. 145-167.

THORBURN, Hugh G. (1961), *Politics in New Brunswick*, Toronto, University of Toronto Press.

TOURAINE, Alain (1976), *Les sociétés dépendantes*, Paris, Duculot.

TREMBLAY, Marc-Adélard (1973), « La société acadienne en devenir : l'impact de la technique sur la structure globale », dans Marc-Adélard TREMBLAY et Gerard Louis GOLD (dir.), *Communautés et culture. Éléments pour une ethnologie du Canada-Français*, Montréal, HRW, p. 95-112.

VERNEX, Jean-Claude (1978), *Les francophones du Nouveau-Brunswick. Géographie d'un groupe ethno-culturel minoritaire*, Paris, Honoré Champion.

« Faire de l'histoire » :
la perspective de jeunes historiens

JACQUES PAUL COUTURIER

Alors jeune historien, l'auteur de cette communication, donnée en 1984 lors d'un colloque portant sur les peuples du Canada et leurs contributions culturelles, propose un regard critique sur l'historiographie acadienne – celle d'autrefois, celle qui lui est contemporaine et celle dont il entrevoit les possibilités pour le futur. Texte-bilan à plusieurs titres, s'il rend hommage à ses devanciers et à ceux et celles qui ont accordé avant lui au « faire de l'histoire » en Acadie toute son importance, il engage néanmoins une réflexion qu'il souhaite exempte de toute complaisance. Il examine en effet les conditions sociales, culturelles et politiques qui ont présidé au développement de l'historiographie acadienne et, conscient des rapports étroits qui lient cette dernière au travail politique et symbolique d'affirmation nationale qui est le sien, l'état des lieux qu'il en propose identifie sans détour ce qu'il jugeait alors comme étant ses carences épistémologiques, son conformisme analytique, ses limites méthodologiques, ainsi que l'insuffisant raffinement de son écriture. Regrettant par ailleurs que l'historiographie puisse encore se soustraire à « l'exercice critique », il risque une série de propositions qui semblent offrir les meilleures garanties à un « faire de l'histoire » libéré des contraintes des lectures passéistes de l'histoire acadienne, un « faire de l'histoire » qui refuse toute « lecture utilitaire et mobilisatrice du passé acadien » et qui soit avant tout guidé par la rigueur et non le militantisme politique – bref, une historiographie véritablement scientifique qui seule serait susceptible d'ouvrir la connaissance historique de l'Acadie à la pluralité des interprétations de son passé.

Ce n'est pas sans appréhension que j'ai choisi de vous parler de la vision de l'historiographie acadienne que peut entretenir un jeune chercheur. Muni de mes lectures éparses et de mon inexpérience, j'ai pourtant voulu le faire, car je crois que les apprentis historiens d'aujourd'hui se doivent de faire valoir les options qu'ils considèrent importantes.

Parler de jeunes historiens ou, si vous préférez, d'étudiants des deuxième et troisième cycles en histoire, c'est, je crois, évoquer une réalité statistique, mais aussi un certain consensus sur les orientations souhaitables de l'historiographie acadienne. C'est pourquoi je dois reconnaître ma dette envers mes collègues étudiants. Les idées dont je vous ferai part dans le texte qui suit sont généralement celles de tout un groupe.

Également, je ne voudrais pas que l'on pense que je me réfère implicitement à l'existence d'un conflit entre historiens de générations différentes. Je crois plutôt qu'il s'agit d'une question de possibilités ; les jeunes chercheurs en histoire ont aujourd'hui un éventail plus large de moyens et d'options grâce justement au travail de ceux qui, dans bien des cas, étaient, et restent, leurs professeurs. Si je suis en mesure de vous présenter la vision d'un jeune chercheur, c'est largement à cause du travail pionnier de nombreux historiens de l'Acadie et des Acadiens. À titre d'exemple, mon premier contact véritable avec l'histoire acadienne s'est établi à travers la synthèse historique préparée sous les auspices de l'Université de Moncton (d'Entremont et al., 1976).

Rédiger des synthèses, enseigner, préparer du matériel didactique, mettre sur pied des structures de recherche ; nous sommes redevables à nos devanciers pour l'accomplissement de toutes ces tâches préliminaires, mais combien essentielles.

Une fois ces considérations établies, entrons dans le vif du sujet. On compte plusieurs réflexions critiques sur l'historiographie acadienne. Citons au passage les contributions, plus ou moins élaborées, mais toutes éclairantes, de Jean-Paul Hautecœur (1975 : 39-90), Léon Thériault (1973), Pierre Trépanier (1982) et Naomi Griffiths (1982). Pour ma part, je voudrais vous présenter quelques éléments d'une réflexion sur ce que j'entrevois comme étant les principaux défis qu'auront à relever les apprentis historiens d'aujourd'hui. Après vous avoir fait part de quelques considérations sur la place de l'historiographie dans la société acadienne, je tenterai de brosser un tableau de l'état de la production historique, avant de proposer quelques axes d'intervention pour les prochaines années.

Quelle est la place accordée à l'historiographie en Acadie, à la fois au sein du monde universitaire et de l'ensemble de la société? Je pense qu'il faut souligner la relative ancienneté du genre historique parmi les sciences humaines enseignées ici. Il n'est peut-être pas exagéré de parler d'une institution historiographique acadienne, compte tenu d'une longue tradition d'écriture et de l'étendue des assises universitaires (soit un programme d'enseignement supérieur, un centre d'études et une chaire d'études largement préoccupée par les questions d'histoire). Vous n'êtes également pas sans connaître la place et le rôle de l'histoire au sein de la société acadienne, en tant qu'activité intellectuelle, certes, mais aussi en tant que dépôt des valeurs nationales et guide des actions de la nation.

Ces éléments conjugués font qu'il s'est tissé, au fil des ans, une solide toile entre les fonctions de connaissance et de mobilisation de l'histoire. Je tenais à vous mettre en garde : mes propos porteront sur un objet mal défini, façonné à la fois par la passion et par la curiosité scientifique.

L'état de la production historiographique

Passons maintenant au bilan. Plusieurs se réjouissent devant une production historiographique relativement abondante. Livres, articles et recueils se succèdent à un rythme sans cesse croissant. Un bref coup d'œil à la bibliographie publiée semestriellement par la revue *Acadiensis* permet de s'en convaincre, puisque les études acadiennes y occupent une large part. Toutefois, je suis d'avis qu'il faut se garder de tout triomphalisme. Au contraire, un examen critique fait apparaître la fragilité scientifique et littéraire de nombre d'écrits[1]. Tout en étant certainement valable, le pari de la diffusion, qui semble être celui de l'historiographie acadienne actuellement, ne devrait cependant pas entraîner la négligence des activités de recherche et d'écriture.

Examinons quelques-unes des caractéristiques les plus en vue de cette production. Ce qui surprend d'abord, c'est la quasi-uniformité des approches analytiques. Elles restent éminemment traditionnelles, en ce sens que la structure narrative y est essentiellement politique et institutionnelle. Par exemple, même l'étude de Régis Brun (1982)[2], au propos pourtant révisionniste, n'échappe pas au découpage chronologique basé sur le temps politique.

Deuxième caractéristique : le cadre chronologique est souvent très étendu. En effet, on constate une grande propension à écrire l'histoire des « origines à nos jours ». S'agit-il de la version acadienne du concept de longue durée, popularisé par l'historien Fernand Braudel ? Si tel est le cas, on n'en a retenu que la dimension formelle, tout en se gardant de puiser dans son immense potentiel heuristique et méthodologique.

Troisièmement, je suis d'avis qu'on ne peut passer sous silence le peu de soin apporté au travail d'écriture et d'édition. Sans exiger de tous des qualités littéraires qui font manifestement défaut, le lecteur est au moins en droit d'attendre, de la part des auteurs, des directeurs de revues et des éditeurs, l'emploi d'une langue juste et correcte. A-t-on oublié que la

---

1. Voir par exemple la mise en garde de Griffiths (1982) sur la part artisanale dans certaines études du collectif *Les Acadiens des Maritimes* (Daigle, 1980).
2. Deux chapitres ont des intitulés politiques ou militaires, soit le chapitre II (La Conquête et la reconstruction de l'Acadie) et le chapitre III (La Révolution américaine et la « Province of New Brunswick », 1776-1825).

recherche du bien dit n'est pas sans rapport avec l'articulation adéquate de la connaissance, qu'elle permet, comme le rappelle l'historien Pierre Trépanier, de déboucher «sur une meilleure connaissance» (Trépanier, 1981 : 819)?

Enfin, il faut déplorer la rareté de l'exercice critique dans l'historiographie acadienne, exercice pourtant essentiel à la vie et au développement d'une discipline scientifique. L'activité critique ne devrait pas seulement s'exercer sur des ouvrages en vue, comme ce fut le cas lors de la parution de l'ouvrage sur les Acadiens dans la collection «Que sais-je?» (Lapierre et Roy, 1983)[3], mais aussi sur un grand nombre d'écrits qui méritent qu'on s'y attarde.

Ce n'est pas tout. Il se dégage un autre constat, plus troublant encore, de ce bref état de la recherche historique. De façon généralisée, la diffusion des recherches et la présentation des hypothèses d'interprétation du passé acadien prennent forme hors des forums scientifiques auxquels sont habituellement associés les historiens québécois et canadiens. À titre d'exemple, parmi toutes les conférences prononcées lors des congrès annuels de la Société historique du Canada ou de l'Institut d'histoire de l'Amérique française depuis 1980, une seule traite d'un sujet acadien[4]. Un autre indicateur est aussi concluant : au cours de la période 1980-1984, on ne compte que six articles ayant une thématique acadienne[5] parmi quatre des principales revues consacrées à l'histoire canadienne (*Canadian Historical Review*, *Revue d'histoire de l'Amérique française*, *Communications historiques - SHC*, *Acadiensis*).

Or je le répète : ce constat est troublant. Il serait triste, et surtout très dommageable, que l'historiographie acadienne soit condamnée à être élaborée en vase clos, confinée à ses institutions propres et à des tribunes occasionnelles et particulières...

Quelques propositions d'intervention

À partir de ce survol de la production historiographique, quelque peu noirci à dessein, je crois qu'il est possible d'identifier, pour les prochaines années, deux objectifs d'intervention : premièrement, la participation à la vie scien-

---

3. Voir aussi les critiques de Pichette (1983) et Daigle (1984).
4. Conférences portant sur un sujet acadien : à la Société historique du Canada, aucune ; à l'Institut d'histoire de l'Amérique française, une seule.
5. Deux contributions portent sur la pêche à Terre-Neuve au XVIIIe siècle ; deux sur l'intellectuel français Rameau de Saint-Père ; une sur les origines acadiennes de Moncton ; une sur les modèles de succession dans le comté de Kent au XIXe siècle.

tifique de la discipline, et deuxièmement, le développement, la consolidation de la recherche de niveau universitaire.

Il est impératif de réduire l'isolement scientifique de l'historiographie acadienne. Cette absence de dialogue nous frustre des importantes retombées qu'entraînerait la comparaison de l'expérience historique acadienne à d'autres expériences, tout comme elle nous prive de la contribution analytique et critique d'autres spécialistes. C'est pourquoi les historiens d'ici se doivent de raffermir les échanges scientifiques avec les autres historiographies, mais aussi avec les autres disciplines scientifiques. Pour ce faire, il faut affirmer et concrétiser, d'abord et surtout au moyen de l'écriture, la présence de l'historiographie acadienne dans des forums scientifiques reconnus.

Cette démarche, qui ne pourra qu'être des plus enrichissantes et des plus stimulantes, permettra également d'engager la réalisation d'un deuxième objectif : renouveler les procédures et élargir les bases de l'enquête historique. Pour ce faire, l'apprenti historien dispose d'une base solide. Soulignons simplement l'œuvre majeure d'Andrew Hill Clark (1968) sur la colonie acadienne de la Nouvelle-Écosse, la thèse de Jean Daigle (1975) sur le commerce Acadie–Nouvelle-Angleterre, ou encore les travaux de première importance de Léon Thériault (1976, 1980) sur l'Église catholique en Acadie.

Cependant, il faudra se garder de céder à l'empirisme et l'immobilisme. Il sera en effet toujours plus confortable de se limiter aux approches politiques ou institutionnelles balisées, plus rassurant de recourir aux sources journalistiques et épistolaires, généralement explicites et restreintes, et c'est encore une fois ce conservatisme qui risque d'étouffer la curiosité scientifique ce qui ne pourra qu'entretenir la menace de fossilisation qui pèse toujours sur le savoir historique sur l'Acadie.

Notons qu'au cours des dernières années, quelques études sont sorties des sentiers battus de l'histoire politique et institutionnelle ou de l'histoire des idées : on peut citer, à titre d'exemple pour le XIXe siècle, le mémoire de François Rioux (1979) sur les transformations conjoncturelles de la démographie et de la socioéconomie de Shediac entre 1851 et 1871, ou encore l'analyse de l'activité économique des fermiers pêcheurs de la frange côtière par Nicolas Landry (1983).

Mais là encore, gardons-nous de crier victoire. Plusieurs obstacles nous séparent encore d'une historiographie acadienne évoluant au même rythme que les autres historiographies, attentive aux expérimentations méthodologiques et disponible aux recherches de pointe. Voilà pourquoi j'emprunte à l'ouvrage publié sous la direction de Jacques Le Goff et Pierre Nora (1974) pour suggérer qu'il revient aux étudiants-historiens d'aujourd'hui de proposer de « nouveaux problèmes », de susciter de « nouvelles approches » et d'examiner de « nouveaux objets ».

Dans un texte sur l'historiographie acadienne, intitulé « L'École des Annales et l'histoire de l'Acadie » (1982), Griffiths propose d'étendre et d'approfondir le travail de documentation, si fondamental dans l'œuvre historienne. Je pense aussi que l'historiographie acadienne doit prendre un virage pointilliste. Développer le travail de documentation, c'est, en se référant au monde de la peinture, opter pour Seurat plutôt que pour Bouguereau. Avec temps, patience et technique, en procédant par petites touches, minutieusement, une représentation picturale possiblement nouvelle du passé acadien prendra progressivement forme. Prendre le parti du pointillisme signifie travailler à des études ponctuelles, fouillées, soutenues par une solide problématique et appuyées sur des données le plus souvent massives, dégagées d'un éventail de sources conventionnelles et non conventionnelles. Opter pour la manière pointilliste implique également, de la part de l'historien, l'aveu qu'il restera toujours une dimension impressionniste dans son travail.

En somme, c'est avant tout les aspects de recherche et d'analyse qu'il faut développer dans l'historiographie acadienne. Si j'insiste sur l'importance de ces éléments, c'est que j'ai parfois l'impression que le deuxième volet de la démarche historienne, l'interprétation, repose sur une documentation fragmentée et fragile.

Faut-il alors parler de tension entre la démarche de documentation et l'effort d'interprétation ? Je crois que oui. Cette tension tire son origine, en grande partie, de la fonction généralement dévolue à l'historiographie au sein de la société acadienne. Rappelons, à ce sujet, les conclusions de Hautecœur (1975 : 39-90) sur le projet de la Société historique acadienne, ou encore les réflexions de Griffiths (1982 : 117), dans son texte sur l'École des Annales et l'histoire de l'Acadie, sur la charge politique conférée à l'écriture de l'histoire en Acadie.

Pour ma part, il me semble que la tradition historiographique acadienne prend justement forme dans la mouvance de la dialectique idéologie-historiographie[6]. En effet, un large pan de l'interprétation historique, je

---

6. Pour une discussion des différentes dimensions que recouvre l'historiographie, voir Gagnon (1973). Voir aussi, du même auteur, l'analyse de la concrétisation de la fonction idéologique de l'historiographie (Gagnon, 1978).

pense ici au schéma nationaliste des fondateurs de la Société historique acadienne[7], à la construction néonationaliste[8] ou aux lectures antiélitistes plus récentes[9], porte la marque de la proximité, voire de la promiscuité, de l'histoire et du projet collectif.

Conséquemment, l'historiographie acadienne, à des degrés divers, semble relever d'un même cadre national englobant. C'est la nation, plutôt que la société, par exemple, qui est le creuset de l'histoire ; c'est le national qui détermine et balise le changement historique. Soyons plus précis : même dans les études qui s'inspirent d'autres cadres fondamentaux, que ce soit l'appartenance de classe ou la position sociale, on ne s'est pas départi du cadre national.

Ces histoires partagent une autre caractéristique : elles proposent une lecture utilitaire et mobilisatrice du passé acadien. Sans chercher à nier l'apport de l'histoire militante au monde des connaissances, je ne crois pas que l'on doive se satisfaire, en particulier sur le plan de l'épistémologie, d'une historiographie confinée aux seules histoires militantes. Je suis d'avis que cette proposition sera centrale dans l'intervention des étudiants-historiens d'aujourd'hui : nul scientisme aveugle, mais plutôt une volonté réaliste de mettre fin au monolithisme des interprétations, afin de déboucher sur une lecture plurielle des passés acadiens.

Comment pourrons-nous concrétiser ce projet ? En établissant un équilibre plus fécond entre les deux volets du travail de l'historien, c'est-à-dire en s'assurant de la profondeur, de l'étendue et de la complexité du travail de documentation. Griffiths nous a déjà donné la mesure de cet autre défi ; je prends la liberté de citer un extrait de son texte sur l'historiographie acadienne :

> C'est en reconnaissant que dans la conjoncture politique canadienne actuelle, s'adonner à l'histoire acadienne constitue un acte politique, qu'on voit la nécessité d'assurer que l'approche utilisée sera la plus complexe possible. L'abondance de détails provenant d'une méthode de documentation pratiquée par des chercheurs tels Goubert, Duby, Mandrou et d'autres rend possible une nouvelle

---

7. Ce courant est bien synthétisé dans le texte de présentation du premier numéro des *Cahiers de la Société historique acadienne* (Cormier, 1961). Voir aussi l'analyse critique de Hautecœur (1975 : 39-90).

8. De nombreux textes ont été publiés par son principal tenant, Thériault, autant en histoire que dans le domaine politique. Pour une vision synthétique de la construction néonationaliste, voir Thériault (1973, 1982). Même s'il est peut-être encore trop tôt pour analyser la démarche néonationaliste dans l'historiographie acadienne, l'intéressé pourra lire avec profit les travaux de Blain sur le cas québécois ; voir en particulier Blain (1974).

9. Voir Roy (1978, 1981) et Brun (1982).

synthèse de l'histoire acadienne sans parti pris idéologique inconscient. (Griffiths, 1982 : 118)

Voilà. Je crois que ces éléments, soit la participation à la vie scientifique, la diversification de l'enquête et de l'analyse, et la réduction de la tension entre les étapes de documentation et d'interprétation, constituent un programme d'intervention qui, malgré ses failles, illustre néanmoins assez bien la volonté de plusieurs jeunes historiens de faire de l'histoire « autrement ».

Je terminerai en posant une question. En tant que jeunes chercheurs, pourrons-nous trouver, au cours des prochaines années, le support institutionnel et sociétal indispensable à la concrétisation de ces projets ?

Bibliographie

BLAIN, Jean (1974), « Économie et société en Nouvelle-France, l'historiographie des années 1950-1960 : Guy Frégault et l'École de Montréal », *Revue d'histoire de l'Amérique française*, vol. 28, n° 2 (septembre), p. 163-186.

BRUN, Régis (1982), *De Grand Pré à Kouchibougouac. L'histoire d'un peuple exploité*, Moncton, Éditions d'Acadie.

CLARK, Andrew Hill (1968), *Acadia. The Geography of Early Nova Scotia to 1760*, Madison, University of Wisconsin Press.

CORMIER, Clément (1961), « Présentation », *Les Cahiers de la Société historique acadienne*, n° 1, p. 1-2.

DAIGLE, Jean (1975), « Nos amis les ennemis : relations commerciales de l'Acadie avec le Massachusetts, 1670-1711 », Thèse de doctorat, Orono, University of Maine.

DAIGLE, Jean (dir.) (1980), *Les Acadiens des Maritimes*, Moncton, Centre d'études acadiennes.

DAIGLE, Jean (1984), « Compte rendu », *Revue d'histoire de l'Amérique française*, vol. 38, n° 1 (été), p. 106-107.

ENTREMONT, Clarence J. (d'), Jean DAIGLE, Léon THÉRIAULT et Anselme CHIASSON (1976), *Petit manuel d'histoire d'Acadie*, Moncton, Librairie acadienne, Université de Moncton, 4 volumes.

GAGNON, Serge (1973), « La nature et le rôle de l'historiographie. Postulats pour une sociologie de la connaissance historique », *Revue d'histoire de l'Amérique française*, vol. 26, n° 4 (mars), p. 479-531.

GAGNON, Serge (1978), *Le Québec et ses historiens de 1840 à 1920. La Nouvelle-France de Garneau à Groulx*, Québec, Presses de l'Université Laval.

GRIFFITHS, Naomi (1982), « L'École des Annales et l'histoire de l'Acadie », *Études canadiennes/Canadian Studies*, n° 13, p. 113-118.

HAUTECŒUR, Jean-Paul (1975), *L'Acadie du discours : pour une sociologie de la culture acadienne*, Sainte-Foy, Presses de l'Université Laval.

LANDRY, Nicolas (1983), « L'influence des compagnies jersiaises sur le développe-ment de la Baie des Chaleurs au dix-neuvième siècle », Thèse de maîtrise, Moncton, Université de Moncton.

LAPIERRE, Jean-William, et Muriel ROY (1983), *Les Acadiens*, Paris, Presses univer-sitaires de France (Coll. « Que sais-je ? »).

LE GOFF, Jacques, et Pierre NORA (dir.) (1974), *Faire de l'histoire*, Paris, Gallimard, 3 volumes.

PICHETTE, Robert (1983), « L'Acadie mythique », *Égalité*, n° 10 (automne), p. 141-145.

RIOUX, François (1979), « Shediac, Nouveau-Brunswick : analyse socio-économique (1851-1871) », Thèse de maîtrise, Moncton, Université de Moncton.

ROY, Michel (1978), *L'Acadie perdue*, Montréal, Québec-Amérique.

ROY, Michel (1981), *L'Acadie. Des origines à nos jours. Essai de synthèse historique*, Montréal, Québec-Amérique.

THÉRIAULT, Léon (1973), « Pour une nouvelle orientation de l'histoire acadienne », *Revue de l'Université de Moncton*, vol. 6, n° 2, p. 115-124.

THÉRIAULT, Léon (1976), « Les missionnaires et leurs paroissiens dans le nord-est du Nouveau-Brunswick, 1766-1830 », *Revue de l'Université de Moncton*, vol. 9, n°s 1-3 (octobre), p. 31-51.

THÉRIAULT, Léon (1980), « L'acadianisation de l'Église catholique en Acadie, 1763-1953 », dans Jean Daigle (dir.), *Les Acadiens des Maritimes*, Moncton, Centre d'études acadiennes, p. 293-369.

THÉRIAULT, Léon (1982), « La question du pouvoir en Acadie », *Études canadiennes/ Canadian Studies*, n° 13, p. 119-151.

TRÉPANIER, Pierre (1981), « Histoire et littérature aux XIXe et XXe siècles. Plaidoyer pour l'histoire comme genre littéraire », *L'Action nationale*, vol. 70, n° 10 (juin), p. 819.

TRÉPANIER, Pierre (1982), « Clio en Acadie », *Acadiensis*, vol. 11, n° 2 (printemps), p. 95-103.

L'Acadie, ou le culte de l'histoire[1]

Patrick D. Clarke

Partant de l'hypothèse du lien étroit existant entre historiographie et nationalisme dans l'Acadie du XIXᵉ siècle et de ses implications dans la construction de l'identité nationale et des mémoires qu'elle a mobilisées – hier comme aujourd'hui –, ce texte propose une reconstruction des formes qu'y a prises l'écriture de l'histoire. Il rappelle tout d'abord « la singularité de l'Acadie » et toute l'ambiguïté de sa position géopolitique. Il montre ensuite comme elle fut prise entre deux puissances coloniales dont les conflits qui les opposèrent finirent par lui assurer paradoxalement les conditions d'une « survie » – certes « française de conception, française de composition », mais si différente de la « mère-patrie ». Rappelant ensuite tout ce que doit « la renaissance acadienne » à l'émergence d'une bourgeoisie nationale et aux transformations économiques, politiques et sociodémographiques qui en constituèrent les principaux facteurs, l'auteur périodise et reconstitue ensuite l'ensemble des conditions « idéologiques » et politico-institutionnelles qui marquèrent l'émergence de l'écriture de l'histoire en Acadie. De ses « écrits primitifs » à « l'historiographie de la maturation », l'auteur examine pour chaque période, les sources, les œuvres, les auteurs-phares et les thématiques de ces nouvelles écritures qui font irruption – et souvent non sans conflit des interprétations –, lesquelles sont forcément teintées par les affinités et par les adhésions nationales, voire ethnoculturelles. Totalement excentrées en ce qu'elles furent longtemps le fait d'étrangers, l'auteur insiste néanmoins sur l'originalité et les limites de ces nouvelles représentations savantes de l'historiographie dont il souligne combien elles furent partagées par le sentiment inquiet d'avoir à préserver un patrimoine historique et le rêve tenace de conformer leur projet aux exigences d'une modernité jugée parfois menaçante.

Il y a quelques années nous avons entrepris des recherches sur les rapports entre historiographie et nationalisme en Acadie au XIXᵉ siècle. Nous voudrions en brosser ici un portrait : hypothèse de base, grandes lignes de la démonstration, principales propositions, une mise au point succincte sur un ouvrage en projet.

---

1. Ce texte est une version corrigée d'un article qui a paru dans la *Revue de la Bibliothèque nationale* (Clarke, 1989).

L'historiographie : source originelle de la patrie ?

Depuis longtemps l'historiographie est considérée comme un élément essentiel de l'éclosion et de la propagation du nationalisme. Depuis moins longtemps, et grâce aux sciences sociales, nous voyons des modèles qui veulent fonder cette intuition, mettre en lumière des mécanismes d'articulation entre l'historiographie et le nationalisme, en examinant la place qu'occupe l'historiographie dans l'évolution des structures sociales et des traditions ; l'historiographie serait alors un intermédiaire entre des conditions structurales et des consciences collectives qui en sont le résultat. Depuis peu, ce paradigme s'est affiné et converti en heuristique : l'historiographie est inscrite dans un processus complexe où elle partage l'intérêt avec ce qu'on appelle mémoires et identités ; située à la jonction de deux cultures, orale et savante, elle s'insère entre les lieux communs de la société et les sentiments qui en ressortent ; métamorphosant les premiers, elle transforme, à son image, les seconds[2].

C'est dans le cadre de ces réflexions que nos recherches ont été engagées. Notre hypothèse est que l'historiographie a joué un rôle capital dans l'existence du nationalisme acadien. Nous avons voulu délimiter la part de l'historiographie dans un processus social et idéologique qui a imposé un sentiment nationalitaire. Il a fallu, par conséquent, préciser le contexte sociologique qui préfigurait et qui appelait l'historiographie ; il a fallu, également, démontrer comment cette mémoire d'historien, en modifiant ce contexte, a jeté les bases d'une nouvelle identité, celle de la nation. D'autre part, nous avons cherché à établir l'existence d'une logique singulière dans les rapports entre historiographie et nationalisme dans le cas qui nous occupe. Dans cette veine, nous accordons à l'historiographie un rôle de catalyseur ; en Acadie, elle a fait plus que simplement transfigurer ce qui la préfigure – ce qui est déjà beaucoup. Selon nous, elle aurait agi directement sur les phénomènes qui, en d'autres circonstances, devançant son appari-

---

2. Cette thèse, dans ses grandes lignes, a longue vie. Dans l'historiographie anglo-saxonne et germanique, elle se trouve dessinée dans les grandes synthèses pionnières de l'histoire, celles, par exemple, de Gooch (1913) et de Fueter (1914). Des nombreuses contributions aux fondements conceptuels de cette thèse encore fort prisée par les sciences sociales anglo-saxonnes, on verra celle de Hertz (1957), ainsi que l'ouvrage dirigé par Kamenka (1974). Quant aux travaux plus récents, on consultera entres autres Hobsbawm et Ranger (1983) et Lowenthal (1985). On pourra juger de l'évolution de ces théories pour ce qui est du cas canadien-français et québécois par référence à Dumont (1966) et Mathieu (1986). Enfin, pour ce qui est de l'emboîtement mémoire-histoire-identité dont il est question, nous souscrivons à l'opinion exprimée par Létourneau (1986) qui, par ailleurs, l'applique au cas acadien.

tion. Bref, l'historiographie aurait ouvert la marche vers la primauté d'un projet national. C'est que l'Acadie, en ce qui concerne l'évolution de ses structures sociales et de ses traditions, de ses mémoires et de ses identités, a une histoire remarquable.

Fondée et moulée dans les forges du régime colonial français, conquise et occupée par les Anglais, disloquée et jetée aux quatre vents par la Déportation, l'Acadie, entité achevée, disparut. Mais disparue, elle revivra : d'abord parce que ses fondements, la langue et la culture françaises, ont survécu, ensuite en raison de l'empire des phénomènes de fond, économiques et sociaux, qui vont former, de nouveau, les assises d'une société distincte, enfin parce que l'historiographie rappellera aux descendants des proscrits que les aïeuls s'étaient appelés Acadiens. C'est de tout cela qu'il sera question dans ce résumé de nos recherches, résumé qui ne donnera qu'un simple aperçu des variables sociologiques et des schémas d'explication du corpus historiographique que nous avons étudiés.

Notre démarche, comme une contredanse entre le passé et le récit qu'on fit de ce passé, forme un triptyque. Le premier volet met en relief tout ce qui a pu contribuer, hormis l'historiographie, à édifier, chez les habitants de l'Acadie puis chez les francophones des colonies maritimes, un semblant de conscience collective, c'est-à-dire historique. Nous avons cherché des indices de la formation, dans le cadre des régimes coloniaux, français et anglais, d'une société originale, des éléments de structure et de culture. Ensuite nous avons tenté de cerner l'avènement d'une bourgeoisie et le développement concomitant des idéologies, les principaux traits de la conjoncture d'effervescence qui vit apparaître l'historiographie. Un bilan concis du nationalisme acadien ferme cette partie de l'étude. Dans le deuxième volet, c'est du côté de l'historiographie que s'est dirigée notre attention. D'abord en direction des écrits primitifs, sources originelles de l'historiographie acadienne, ensuite en direction de l'historiographie proprement dite, celle qui était agissante, enfin, sur l'historiographie de la maturation, celle qui symbolisa la consolidation du nationalisme. Nous voulions ici montrer comment l'historiographie était en accord avec la société acadienne, comment, aussi, elle servit à définir une situation, une conjoncture et un avenir, donc à diriger les actions d'une élite et à rallier l'ensemble à un projet social. Dans le troisième volet, on brosse un tableau évocateur du dénouement : la création d'une nation. Il s'agit en particulier de mettre en évidence les contradictions fondamentales qui présidaient à l'avènement du nationalisme acadien et qui en découlaient. Ce sont là des éléments qui déterminèrent les limites de l'émancipation acadienne.

L'Acadie, une société singulière ?

L'Acadie, parce que américaine, partage avec tous les pays du Nouveau Monde deux traits fondamentaux : elle est extension de la cité européenne ; elle est produit d'une nouvelle réalité. C'est dans cette perspective qu'on peut retrouver l'originalité de chacun des rameaux du vieux continent. C'est sur ce deuxième point que nos recherches ont d'abord porté, les déterminismes géographiques en tête de liste. L'essentiel ici était de mesurer les conséquences de la position de l'Acadie dans le cadre des rapports coloniaux et internationaux en Atlantique du Nord au XVIIe siècle[3]. L'Acadie souffrait d'une géographie malencontreuse : fort éloignée de la France et même du Canada, elle était, au contraire, rapprochée de la Nouvelle-Angleterre. Située au sommet du *North Atlantic Triangle*, elle était, dès les débuts, un *no man's land*, étirée entre deux empires. Une géopolitique broyeuse définit donc son évolution : conquête et reconquête se succédèrent ; une lutte âpre entre la France et l'Angleterre se fit, pendant cent cinquante ans, sur le dos des habitants d'une colonie qui restera toujours l'enfant chétif de la mère patrie.

Les répercussions de la géographie *acadiensis*[4] ne finirent pas là. En marge du vaste hinterland du bassin des Grands Lacs et des Grands Bancs de Terre-Neuve, l'Acadie ne connut jamais une forte activité commerciale ; mais, sous le rapport de la richesse des terres, elle était unique. Dotée de surplus de denrées alimentaires, elle cherchait à les écouler au Massachusetts ; écartée des circuits commerciaux français, elle se procurait, chez les marchands de Boston, les produits manufacturés dont elle avait besoin. L'Acadie évoluait ainsi loin de la France, embringuée dans l'aire anglo-américaine – elle n'en sortirait jamais. Ce n'était là que le début d'une existence singulière ; mi-française, mi-anglaise, l'Acadie assurait sa survie.

Lorsque vint l'inévitable, la dernière conquête, cette tentative de se dérober à deux empires en querelle fut manifeste. Conquise dans des conditions qui ne se prêtaient pas à des compromis, l'Acadie ne connaîtra jamais d'état de grâce. Mais, comme au Canada un demi-siècle plus tard, la crise tarda à venir. À la défaite succéda l'occupation, mais l'Acadie resta longtemps française de fait – l'émigrant britannique ne fera son apparition qu'en

---

3. Pour l'Acadie de l'époque précédant la chute de l'empire français en Amérique, et particulièrement les liens qui rattachaient l'Acadie aux empires concurrents, voir Brebner (1927).
4. Pour l'étude de la géographie historique de l'Acadie, l'agriculture et le commerce, la colonisation et la démographie, on verra Clark (1968). Les rapports d'interdépendance entre l'Acadie et le Massachusetts sont étudiés dans Rawlyk (1973).

1749, quarante ans après la chute de Port-Royal. Entre-temps, il subsistait en ce pays un vacuum, un imbroglio juridique. L'Acadie était divisée en deux : l'arrière-pays à la France, et la région où habitait la vaste majorité des Acadiens à la Grande-Bretagne. Le pouvoir britannique, prenant exemple sur le Régime français, n'était que nominal : les habitants, comme auparavant, ne se laissaient pas conduire par le gouvernement. La Conquête n'avait pas changé grand-chose, du moins en apparence. Mais libérés enfin du poids d'une guerre qui n'en finissait plus, les Acadiens ne se faisaient pas prier pour voir à leurs affaires.

Les décennies précédant la Déportation furent celles de l'apogée de l'ancienne Acadie. Laissée en paix, la population doubla et redoubla pour atteindre, à la fin, le tiers de celle du Canada, soit 18 000 habitants. La population croissant, les aires de colonisation s'étendaient toujours d'avantage, les habitants se disséminaient sur tout le territoire. L'économie devenue plus forte, les routes sont consolidées, le commerce se développe. En un mot, la prospérité règne... l'ambiguïté aussi. La France n'avait pas renoncé à sa colonie ; la guerre mondiale recommencera. C'est dans ces circonstances que la particularité des Acadiens va le mieux s'exprimer. Fermiers, entourés de garnisons difficiles à approvisionner, ils commercent avec qui le veut, sans tenir compte des interdictions de part et d'autre. Sommés de se rendre en territoire français, enjoints de prêter main-forte aux expéditions françaises et canadiennes sur la péninsule néo-écossaise, ils s'esquivent. Pressés de se ranger du côté britannique, contraints de prêter serment au monarque protestant, ils répondent en pliant bagage. En tout temps les Acadiens optent pour la moins méchante des obligations, celle de la non-belligérance. Cherchant à protéger leurs intérêts, les habitants acquièrent un statut insolite : on les appellera les *Neutral French*. C'était reconnaître qu'on avait affaire à un peuple pas comme les autres, une reconnaissance que les Acadiens eux-mêmes tenaient pour essentielle à leur bien-être.

L'Acadie, parce que vraie colonie et non pas seulement, comme ailleurs, simple comptoir, était française – française de conception, française de composition. C'est dans le phénomène de déploiement de la civilisation française en Amérique que nous avons, en deuxième lieu, cherché des indices de la formation d'une société nouvelle. Deux matières ont retenu notre attention : la structure sociale et les mentalités, telles qu'elles étaient à l'origine, telles qu'elles sont devenues.

Sous l'angle de l'expansion coloniale, l'évolution de l'Acadie reflétait celle du premier siècle canadien. La nature du colonialisme français était en cause. Au fond, le tout se résume à l'éternelle opposition entre le comptoir et la colonie de peuplement, à la rivalité des compagnies mercantiles et aux retentissements des guerres religieuses qui sévissaient alors en métropole. Le résultat global fut que toute la Nouvelle-France est restée à l'état embryonnaire, comme figée par les excès de l'Ancien Régime. L'Acadie évoluait loin des préoccupations de la France, plus encore que le Canada. Pendant longtemps, elle n'eut pour gouvernement qu'une suite de marchands-aventuriers dont les intérêts financiers et les jalousies contrecarraient toutes les tentatives – peu nombreuses d'ailleurs – d'établir la colonie sur des bases plus solides. Aussi bien dire que, pendant soixante-dix ans, l'Acadie vivota, entre une vie végétative et la guerre civile. Lorsque enfin, en 1670, fut établi le gouvernement royal, cela n'eut d'autre effet que de souligner les contradictions qui régissaient cette colonie. L'État français, pourtant absolu, n'a jamais réussi à imposer sa volonté en Acadie – à vrai dire il ne s'y est jamais appliqué. Lointaine, entité négligeable dans l'économie impériale, peu peuplée, l'Acadie ne reçut jamais autre chose que des paroles en l'air. Elle quitta le giron de la France comme elle y était entrée, un siècle auparavant : dans l'indifférence.

Malgré tout, l'Acadie était française, ses faiblesses en sont la preuve. Et française, sa structure sociale, dans ses grandes lignes, ressemblait à celle de toute l'Amérique française : en théorie fort hiérarchique, en fait fort lâche. La mère patrie fit peu pour imposer la rigide hiérarchie sociale de l'Europe : on avait pour toute autorité un gouverneur, quelques fonctionnaires et une poignée de soldats. La seigneurie, beaucoup moins élaborée qu'au Canada, n'eut qu'une influence mineure : seigneurs, métayers et engagés veillaient à cela. L'Église, toujours présente, ne pesa guère dans la balance : pour tout effectif elle avait quelques missionnaires. Et les colons, disséminés sur un immense territoire et vivant de la traite, de la chasse et de la pêche, et de la culture du sol, faisaient la sourde oreille à tout rappel à l'ordre. Débarrassés des liens auxquels étaient assujettis leurs parents en France, les Acadiens, de génération en génération, s'affranchirent de la dépendance sociale. Isolés pendant de longues années, ils formulèrent de nouvelles aspirations : quelques-uns se fixèrent autour des riches marais du nord et, devenant des fermiers prospères, ils jetèrent les assises d'une proto-bourgeoisie ; plusieurs les suivirent. Dans l'ensemble, cependant, un égalitarisme social et économique était la caractéristique la plus importante de cette société, que d'aucuns ont vue comme une sorte de communisme primitif.

La question de l'héritage culturel et celle des mentalités aussi ne peuvent être négligées : ethnologues et linguistes ont depuis longtemps, dans le cas de l'Acadie, fouillé ce phénomène, apparemment riche de renseignements sur la culture populaire de la France ancienne. Pour l'historien, l'intérêt réside dans la possibilité d'une filiation entre des données culturelles originelles et le développement d'une conscience collective proprement acadienne. Les recherches, à cette fin, touchent aux origines des émigrants français et, à un moindre degré, à la chronologie de leur arrivée en Acadie. Peu nombreux au départ, ces Français seront originaires, en leur grande majorité, d'une seule et même région culturelle et géographique, le Centre-Ouest de la France. De plus, la quasi-totalité de l'immigration française en Acadie eut lieu avant 1650. On peut alors facilement conclure à l'homogénéité de ces gens, à la fois en matière d'alliances, de traditions et de culture matérielle; l'Acadien moyen aurait été, alors, d'un type particulier[5].

Il y a un terrain pourtant plus sûr pour évaluer les effets de la population sur l'évolution d'un sentiment d'appartenance: la démographie[6]. Au moment où l'Acadie passa au camp anglais, sa population n'atteignait pas les 2000 âmes. C'est dire quel était le déséquilibre des forces en présence et combien médiocre avait été l'immigration française en Acadie. En effet, plus des trois quarts de la population acadienne, à la fin du Régime français, étaient issus de la cinquantaine de familles que les seigneurs Razilly et d'Aulnay avaient amenées en cette colonie, ainsi que du petit nombre d'engagés et de soldats qui y avaient pris racine. La pénurie de colons en général et surtout celle de nouveaux contingents eurent pour effet une endogamie chronique: en quatre générations les Acadiens se sont tissés en une véritable tribu. Il ne serait pas trop téméraire de conclure qu'il y avait là une source fort décisive d'union, d'affinité et de communauté.

Un siècle de Régime français avait laissé un legs, même chancelant. Il y avait en Acadie une société qui se distinguait de maintes façons de celle de la mère patrie et même du Canada[7]. L'isolement, la fragilité de la présence

---

5. Cette thèse concernant les origines communes de la vaste majorité de la population acadienne, élaborée au XIXe siècle, doit sa renaissance à Massignon (1962), dont l'étude de registres lui fit dire – et ce, malgré la grande variété d'origines chez les Acadiens – que plus de la moitié de la population de l'Acadie, en 1671, était originaire du Centre-Ouest de la France et particulièrement du Poitou. Malheureusement, il n'existe pas pour l'Acadie d'étude définitive des origines des immigrants, et la perspective d'une telle recherche n'est pas bonne: la Déportation n'a pas ménagé les archives et les variations de l'orthographe des noms de famille sont extrêmes. Les conclusions qu'appelait la thèse des origines communes, celles d'ordre ethnographique – une communauté de valeurs d'origine régionale transportée en Acadie – ont été tirées par Maillet (1971), entre autres.
6. Pour plus de détails sur l'évolution démographique de l'Acadie, voir Roy (1975) et Hynes (1973).
7. Les particularités de la colonie acadienne vis-à-vis de l'ensemble de la Nouvelle-France ont été mises en évidence par Reid (1981). Quant à la formation d'une société typiquement acadienne, cette idée remonte loin, mais elle a une porte-parole avec Griffiths (1973, 1992).

étatique, la force de la présence anglaise, l'adaptation à de nouveaux modes de vie et la nature de la colonisation même en sont les causes. Quant au Régime anglais, s'il n'a pas, du moins pas immédiatement, imprimé à cette société une nouvelle façon de vivre, il a certainement fait au moins une chose imposant une nouvelle réalité, il mit en relief la précarité de la condition acadienne et, brutalement, il obligea les Acadiens à mesurer le schisme grandissant qui les séparait de la mère patrie et des conquérants. Lorsque vint la Déportation, l'Acadie fêtait cent cinquante ans de vie – ce n'était pas peu. Il n'est donc pas difficile d'admettre l'existence d'un ensemble d'éléments sociaux et culturels, propres à préparer l'avènement de l'historiographie. Les Acadiens avaient une mémoire, avaient une identité. Les assises d'une culture populaire, voire d'une conscience collective, avaient été jetées[8]. Et que dire de la dispersion elle-même, une aventure collective pas tout à fait banale!

La Renaissance acadienne

L'avènement du nationalisme acadien, comme partout, fut corollaire de la montée d'une nouvelle classe sociale, la bourgeoisie, corollaire aussi de l'empire des idéologies. L'historiographie aurait été impuissante sans ces éléments. L'étude de la transformation sociale et de ses causes est nécessaire à la compréhension du rôle de l'historiographie dans l'évolution des mémoires et des identités avec, à l'arrière-plan, les phénomènes de longue durée et de conjoncture, dans l'ordre économique, sociopolitique et démographique. Il fallait évaluer les conséquences de l'évolution des Maritimes – et, partant, de l'Acadie – avec l'imposition du modernisme dans cette partie du monde[9].

Rétablis dans les colonies maritimes, minoritaires et faibles désormais, les Acadiens restèrent longtemps dans l'ombre, à l'abri des courants sociaux et politiques qui brassaient leurs voisins. Finalement, l'histoire générale de la région vint les happer. Les premières décennies du XIXe siècle ont été, dans

---

8. Anglais et Français parlaient d'une voix pour témoigner de l'insubordination et de l'indépendance d'esprit des Acadiens – des signes, croyait-on, de la particularité de ce peuple. Deux spectateurs bien connus à cet égard, les gouverneurs Perrot et Philipps, s'accordaient pour dire que les Acadiens étaient tout simplement ingouvernables, tant ces derniers ne tenaient compte que de leurs propres intérêts. Voir, par exemple : Perrot au ministère, Archives nationales du Canada (Archives des colonies), C11D, Relation, 9 août 1686 ; Philipps to Board of Trade, 3 août 1734, dans Akins (1869 : 102).

9. Pour l'histoire des Maritimes dans cette période critique, on verra MacNutt (1965) et Whitelaw (1966).

les Maritimes comme dans les autres colonies de l'Amérique du Nord britannique, celles de la lutte contre l'oligarchie et le retard économique. Un réveil intellectuel vigoureux et de longues et âpres batailles finirent par donner à la région une grande autonomie politique et une certaine aisance économique. L'émancipation des Acadiens suivit celle de la population anglo-protestante, à son imitation. La Confédération, quant à elle, ne fera que renforcer le désir des Acadiens de participer pleinement à la vie des autres.

Les immenses transformations de cette période touchèrent aussi à l'économie et à la démographie[10]. Intimement liée à l'impuissance des Maritimes à se doter d'une économie industrielle concurrentielle, l'émigration était la représentation concrète du déclin de la région. Chez les Acadiens, cependant, cet exode vers les villes industrielles de la Nouvelle-Angleterre eut des conséquences plus heureuses. Le départ massif de la population anglophone, conjugué à la relative stabilité des Acadiens ainsi qu'à une migration intérieure de ceux-ci, eut pour effet de bouleverser les données démographiques. Inexorablement la population francophone se concentrait au nord et à l'est du Nouveau-Brunswick, en un immense croissant s'étendant depuis le Madawaska jusqu'à l'isthme de Chignectou. Ce n'était rien d'autre que la création d'un foyer ethnique et linguistique, une nouvelle Acadie. La diaspora acadienne s'était réenracinée. Ce rassemblement des Acadiens engendra non seulement un souffle de vigueur, mais, aussi, une modification radicale des rapports de force entre les deux ethnies. Sur le territoire de l'ancienne Acadie occidentale, les Acadiens allaient désormais agir comme une collectivité – une masse critique était enfin en place.

L'économie, plus que tout autre élément, contribua à faire disparaître le nivellement de la société acadienne[11]. Avec la présence croissante de l'économie de marché, elle-même une réponse à la politique britannique du laisser-faire puis au régime économique de la Confédération, la société acadienne s'éloignait de son régime de subsistance ; intégrés de plus en plus aux rouages de l'économie régionale, voire mondiale, les Acadiens, toujours davantage, dépendaient pour leur existence de la demande des matières premières – produits agricoles, produits de la mer et de la forêt. Ils furent désormais soumis aux variations d'une économie extérieure. La masse – malgré, à la longue, une légère amélioration du niveau de vie – resta pauvre, engrenée dans le sous-développement. À une minorité, cependant,

---

10. Pour l'évolution démographique, on trouvera une revue bibliographique dans Thorton (1985) ; pour les chiffres se rapportant aux Acadiens, voir Roy (1976).
11. L'histoire économique de la région peut être appréciée dans Saunders (1984).

cette nouvelle économie donna de nouvelles aspirations et les moyens de les réaliser. La bourgeoisie acadienne, son projet social aussi, dépendaient de l'entrée des Acadiens dans l'économie régionale. Avec ces contradictions sociales, l'Acadie devenait une société moderne.

Pour suivre le développement de cette bourgeoisie et de sa prééminence, il faut entrer aussi dans ce qui est propre à la société acadienne. Nous l'avons fait en étudiant le déroulement particulier des événements liés à l'avènement d'une classe dirigeante, puis en faisant l'analyse des idéologies qui s'y rattachaient.

Presque un siècle s'écoule avant que les descendants des anciens Acadiens commencent à réaffirmer leur caractère distinct. Un demi-siècle de grande effervescence suivra, que le nationalisme acadien couronnera. La longue période d'intervalle entre la Déportation et le renouveau se divise en deux parties : celle du retour et celle de l'enracinement. Rétablis dans les colonies maritimes, les Acadiens n'étaient en fait qu'échoués sur les terres les plus incultes et les plus reculées de la région. Disséminés en petits grappins isolés sur un immense territoire, pendant longtemps, les proscrits et leurs enfants n'ont connu autre chose que la pauvreté la plus abjecte assortie d'une ignorance quasi complète de ce qui les entourait. La société acadienne de cette époque, refoulée et bafouée, ressemblait, dans ses grandes lignes, à celle de l'Ancien Régime. Illettrés, ignorants et simples, les Acadiens vivaient sans trop se soucier du monde extérieur. Pour l'essentiel, isolés, chapeautés tout au plus d'une poignée de petits notables et de quelques missionnaires, les Acadiens composaient une véritable *folk society*[12]. C'était une société où la culture populaire qui avait survécu au naufrage de 1755 tenait lieu de représentations plus complexes ; une société où la décapitation sociale, au contraire du cas canadien, était complète. Avec l'ouverture pratiquée sur le monde, émancipée et partiellement intégrée à l'économie régionale, l'Acadie, dans les premières décennies du XIXe siècle, on l'a dit, devint accessible à une transformation en profondeur, avec une hiérarchisation sociale et une distribution inégale des ressources : en sont issus des hommes qui, instruits par des missionnaires et des instituteurs ambulants, tirant pleinement profit des premières institutions acadiennes, composeront la première génération de leaders. Une petite bourgeoisie acadienne – commerçants, membres des professions libérales et du clergé, hommes politiques d'envergure, magis-

---

12. Des témoignages fort intéressants sur la situation des Acadiens à cette époque sont ceux du révérend A. Brown (*Brown Papers*, British Museum) et du rapporteur des voyages épiscopaux de Mgr Plessis, évêque de Québec (Plessis, 1980).

trats et fonctionnaires – assurera, dans la seconde moitié du XIXᵉ siècle, l'instauration des idéologies, dont le nationalisme[13].

Les années 1860 font charnière dans l'histoire acadienne : se manifestèrent enfin des volontés de créer un destin acadien. Une élite indigène se préparait à prendre la relève de missionnaires français et de « Canadiens errants » qui, pendant un demi-siècle, avaient fait office de direction sociale. Après maintes tentatives manquées, le Collège Saint-Joseph est fondé, premier succès sur le plan de l'éducation supérieure, pépinière d'élite. Trois ans plus tard paraît le premier journal, *Le Moniteur Acadien*, porte-parole de l'ethnie, tuteur et agent de liaison des Acadiens. Des manifestations dans le domaine politique se font plus communes et plus vives, un semblant de système d'éducation est mis en place, des idées commencent à circuler. Viendront des écoles, d'autres journaux, séminaires et couvents, de grandes assises, une littérature acadienne. On lutte, de plus en plus intensément, dans les champs jugés essentiels : on s'en prend à l'empire de l'épiscopat anglo-irlandais, à l'inertie des Acadiens eux-mêmes et à l'antagonisme des gouvernements des Provinces maritimes.

La présence d'une bourgeoisie acadienne voulait dire aussi présence d'idéologies. Or, en Acadie, l'idéologie, bien davantage qu'ailleurs, est celle du nationalisme : l'existence précaire de l'ethnie et la faiblesse réelle de son élite faisaient en sorte que toute idéologie devait se rattacher à la survivance. Comme au Canada français, les combats d'idées portaient non pas sur le but, mais bien sur les moyens – libéraux et ultramontains s'entendaient sur la nécessité de la lutte contre la perte. La présence anglaise rendait vaine toute tentative de diriger les efforts collectifs vers d'autres fins, encore plus en Acadie que chez les Canadiens. Minoritaire et démunie, la collectivité acadienne devait être économe de ses forces. Chez les Acadiens, l'évolution sociale et idéologique du XIXᵉ siècle ne se fait pas sur un fond de déchirement entre un libéralisme bourgeois et un conservatisme clérical, mais sur une base d'unanimité. Au contraire de la situation qui existe au Bas-Canada puis au Québec, les tiraillements idéologiques entre les partis laïques et cléricaux sont étouffés dans l'œuf.

L'absence d'une forte concurrence idéologique n'était pas la seule particularité du cas acadien. Bien plus importantes en dernière analyse étaient l'origine de ces idéologies et la façon dont elles se sont imposées auprès de

---

13. Pour une revue, vieillie mais utile, du rétablissement acadien, voir Bernard (1935). Le *magnum opus* de l'étude de la renaissance acadienne, la seule synthèse socioéconomique de l'Acadie du XIXᵉ siècle, demeure la thèse de Mailhot (1973).

l'élite. L'Acadie fit, au chapitre des idéologies, ce que sa fragilité exigeait – elle les importa. Sur le terrain, ce fut d'abord l'œuvre de ceux qui, durant les longues années de la noirceur, avaient gardé allumé l'espoir d'une résurrection de l'Acadie – missionnaires et instituteurs canadiens, religieux français en exil. Ceux-ci, dans la chaire, au collège puis à l'école, dans la presse et dans les campagnes, propagèrent une vision calquée sur une réalité vécue ailleurs. Ils proposèrent, en somme, le modèle alors prépondérant au Bas-Canada, puis au Québec, la définition clérico-conservatrice de l'Église, de l'organisation sociale et de la situation commune à tous les francophones de l'Amérique du Nord britannique et du Canada – les «dominantes de la pensée canadienne-française» (Brunet, 1968 : 113-166), en d'autres termes. Il faut se garder d'exagérer l'impact de cette vision du monde sur l'ensemble de la population acadienne et sur le cours des événements en Acadie : le peuple était toujours connu pour sa propension à défier les idées qui ne collaient pas à sa réalité. Mais il est clair que la petite bourgeoisie acadienne y a puisé une part importante de sa conception de la destinée acadienne. En fait, l'avènement de la bourgeoisie acadienne coïncida avec l'apogée de la réaction contre les rouges au Canada français. L'idéologie antilibérale arriva en Acadie au moment même où les maux qu'elle était censée mater semblent omniprésents : la sécularisation, l'industrialisation et l'urbanisation – bref, le matérialisme anglo-protestant. Cette représentation du monde répondait parfaitement aux attentes d'une élite acadienne qui ne pouvait pas surseoir à son action nationale[14].

De longues décennies d'«enracinement dans le silence» avaient bâti une solide assiette de structures et d'aspirations ; il ne restait plus qu'à attendre une conjoncture favorable pour qu'on passe aux actes. La Confédération, peu prisée par les Acadiens, apporta ces nouvelles circonstances, à vrai dire une crise. Les premières décennies de ce nouveau régime ne dirent rien de bon aux Franco-Canadiens : les Acadiens de la Nouvelle-Écosse et de l'Île-du-Prince-Édouard firent les frais des nouvelles institutions qui, sciemment, ignoraient leur présence... C'était là une annonce de ce qui adviendrait dans l'Ouest et en Ontario. Mais en nouvelle Acadie, au Nouveau-Brunswick, c'était vraiment l'impasse : en pleine prise de conscience, l'élite acadienne voyait le spectre de la dissolution. Aux peurs de l'émigration et de l'assimilation s'ajoutaient les volontés formelles de l'État et de l'épiscopat anglo-

---

14. Pour une vue générale des idéologies du Canada français à cette époque et de la diversité des interprétations que les historiens en font, voir Bernard (1973). Pour les relations qui liaient Acadiens et Canadiens, essentiellement d'ordre idéologique, voir Spigelman (1975a).

irlandais de stopper la Renaissance acadienne. De longues et d'âpres batailles s'ensuivirent – sur le plan de l'éducation, sur celui de l'acadianisation de l'Église. Un duel mit aux prises le clergé acadien et les évêques irlandais. Ceux-ci bloquaient la promotion de prêtres acadiens dans l'appareil ecclésiastique ; ils fermèrent aussi le Collège Saint-Louis, siège de la relève, pour motif qu'il était « too Frenchy ». La loi scolaire de 1871 (*New Brunswick Common Schools Act*) mit le cadenas à l'école catholique, donc francophone ; miliciens et Acadiens s'affrontèrent. Les résultats des premiers recensements du dominion – qui montrèrent la forte croissance acadienne –, l'exacerbation de vieilles querelles religieuses et l'amplification des affrontements politiques eurent pour effet de provoquer la riposte[15]. L'élite acadienne, évoquant les liens qu'offrait le nouveau régime canadien, va chercher des réponses au Québec.

Faisant amende honorable pour avoir longtemps ignoré les Acadiens, la Société Saint-Jean-Baptiste réunit à Québec, dans le cadre de ses assises de 1880, une centaine de délégués acadiens venus de tous les lieux de la diaspora ; une commission leur était réservée. Pour la première fois depuis la Déportation, se plaisait-on à dire, les Acadiens étaient rassemblés. Et, réunis, ils se penchèrent sur leur sort, se promirent de se revoir et d'améliorer leur condition. On se reverra en effet six fois avant la Grande Guerre, au sein de ce qu'on appellera les Conventions nationales des Acadiens, des congrès qui réunissaient les membres de la classe dirigeante, parfois aussi des milliers de gens[16]. On mettra définitivement fin à plus d'un siècle d'ignorance mutuelle ; on y développera des stratégies d'action, une concertation qui remplacera les interventions ponctuelles et isolées. L'appel aux Acadiens à se réunir, lancé au mois de mai 1881, exposait parfaitement les attentes de l'élite acadienne.

> Depuis un siècle la population acadienne-française, enveloppée du sombre voile de l'ignorance, languissait péniblement [...]. Traitée avec mépris, considérée comme une race inférieure, froissée dans ses sentiments les plus chers, paralysée dans ses plus légitimes aspirations, elle courbait tristement son noble front sous le joug [...]. Mais dans ces dures et fâcheuses épreuves, jamais elle ne désespérera de la légitimité et de la sainteté de sa cause [...]. Frémissant au glorieux souvenir de l'invincible courage de ses valeureux ancêtres, et favorisé

---

15. Les importants chapitres des luttes scolaires et religieuses au Nouveau-Brunswick sont décrits dans Thériault (1980), Spigelman (1975b) et Savoie (1978).

16. On trouvera les comptes rendus de la « Fête nationale » et des congrès acadiens dans Chouinard (1881) et Robidoux (1907), ce dernier recueil ne contenant cependant que les rapports des trois premiers congrès.

par des circonstances providentiellement heureuses, [« ce petit peuple »] s'apprête à sortir de l'ornière [...] et réclame la place qui lui est due au sein de la nation. (Robidoux, 1907 : 8-9)

Les idéologies acadiennes, expressions de nouvelles préoccupations de l'élite, trouvèrent leur place, fort importante, dans les délibérations de ces assises, dans les rapports des diverses commissions également. Les obsessions de l'élite québécoise y sont étalées : l'agriculture et la colonisation, l'émigration, l'Église et la foi, l'éducation et le journalisme, le culte des ancêtres[17]. À tous ces points sont consacrées de longues heures de débat et, hors les assises, d'intenses périodes de réflexion. Au cours de ces congrès sont prises des décisions insignes dans tous ces domaines – décisions, toutefois, qui n'auront pas toujours des suites heureuses. Mais les résolutions les plus importantes étaient de l'ordre du symbolique, elles visaient à définir les formes d'une nation en gestation.

Primordial pour les Acadiens, à ce chapitre, était le choix d'une fête patronale – un choix qui devait consacrer une nouvelle nationalité. Pas Anglais, ils ne deviendraient pas Canadiens français, décidèrent les congressistes. Une même langue, une même foi, des mêmes origines et une lutte commune ne cacheraient pas une réalité plus foncière encore : « l'Acadien n'a d'autre histoire que la sienne propre et celle de la France » ; « La race, [...] la nation, c'est la famille agrandie ». La nationalité acadienne l'emporta donc ; il ne restait qu'à la « gréer » de tous ces symboles qui, partout, confèrent à la nation une existence manifeste. Les Acadiens donnèrent alors à leur pays drapeau, chant national, armoiries et devise. L'essentiel était de souligner que tout ce qui serait entrepris au nom de la survivance et du progrès le serait sous le signe de l'acadianité. La vision acadienne – née de la jonction de la mémoire nourrie de trois siècles d'histoire et de l'historiographie, une révélation de ce passé – était donc une vision nationale. À la conscience collective et aux structures socioéconomiques s'était, au cours des années depuis la Déportation, surimposée une lecture de cette histoire, une lecture dont dépendaient le présent et l'avenir. Pierre-Amand Landry, chef incontesté de la Renaissance, a dépeint cette nouvelle force.

> L'histoire nous enseigne que nos pères en arrivant sur les bords de l'Acadie possédaient toutes les qualités requises pour assurer le succès et le bonheur dans cette vie [...]. Et nous, leurs descendants, aurions-nous perdu ces belles qualités [...] ? Nous affirmons que non ; nous affirmons que nous sommes les

---

17. Pour une étude thématique et chiffrée du premier congrès et le modèle des autres, voir Richard (1960). On devra aussi voir le numéro spécial des *Cahiers de la Société historique acadienne* (vol. 12, n° 1) consacré en 1981 aux Conventions nationales, de même que Robichaud (1980).

héritiers de leurs vertus et de leur héroïsme. Avec ces dispositions naturelles et la connaissance de nos besoins, n'est-il point temps que nous fassions de plus grands efforts pour étudier notre condition présente et prendre avantage des ressources à notre disposition pour améliorer notre état? [...] Nous voulons [...] nous rappeler les malheurs de nos pères afin de mieux apprécier leurs triomphes, mieux sentir nos gloires, et par là, nous affermir dans nos légitimes aspirations pour l'avenir [...]. Nous voulons célébrer les faits historiques afin de les perpétuer. (Landry, cité dans Robidoux, 1907 : 29)

Le nationalisme acadien ne s'est pas borné à une prise de conscience seulement; il avait comme objectif le relèvement de la nation, c'est-à-dire des changements bien matériels. Pendant quelque quarante ans, jusqu'aux années 1920, l'élite acadienne, laïcs et clercs main dans la main, mena campagne dans tous les domaines jugés décisifs. Forte d'une activité journalistique de combat, de relations étroites et soutenues entre les chefs acadiens, et de l'aide d'«amis de l'Acadie» au Québec et en France, l'élite gagna des batailles pour l'occupation des terres inoccupées du «croissant» acadien, pour l'extension du système scolaire de langue française, pour des diocèses acadiens et pour un réveil intellectuel. Les longues années depuis la dispersion avaient apporté comme un démenti à l'histoire : les Acadiens sont revenus de la mort.

Il faut ajouter que le nationalisme correspondait aux intérêts perçus et réels d'une classe que l'historiographie éveilla à l'existence d'un destin, d'une raison plus forte que le seul bonheur, un destin auquel les idéologies ont assuré un monopole. La société acadienne, entrée dans la modernité, pouvait vivre avec plus de vigueur; mais sa fausse unanimité portait les germes d'une nouvelle forme de conflit, intra-ethnique cette fois.

L'historiographie, élément-clé de la Renaissance

L'Acadie, comme tous les pays du continent américain, entretient un rapport particulier à l'histoire : son passé est conservé puis compris à partir, d'abord, de l'écrit primitif – annales, chroniques et relations du Nouveau Monde – ensuite, seulement, de l'historiographie proprement dite. Cette historiographie construit alors un passé qui doit autant à la nature particulière de ce témoignage primitif qu'au contexte de l'historien. Il convient donc de se pencher sur ces deux genres.

L'historiographie acadienne a des racines qui remontent loin[18]. Aux témoignages des explorateurs européens succédèrent les écrits des premiers habitants de la colonie, puis les travaux de toute la gamme d'écrivailleurs

---

18. On trouvera une synthèse de l'ensemble de la littérature acadienne dans Maillet (1983).

du premier siècle de la Nouvelle-France – voyageurs, missionnaires, commerçants, fonctionnaires, gouvernants et envoyés. L'ensemble constitue un corpus littéraire et historiographique plus important qu'on ne le croit généralement. En fait, les primitifs acadiens font bonne figure dans la production littéraire de l'Amérique française du XVIIᵉ siècle ; ils se comparent même avantageusement aux écrits pionniers de la Nouvelle-Angleterre[19]. Pensons à ses têtes d'affiche, aux *Histoire de la Nouvelle-France* (1609) de Marc Lescarbot, *Voyages* (1613) de Samuel de Champlain et *Relation de la Nouvelle-France* (1616) du jésuite Pierre Biard – chacun fait œuvre de novateur dans la littérature américaine ; et dans chacun se trouvent dessinées, pour la première fois, les caractéristiques principales d'un genre. Ce fut en Acadie que virent le jour la chronique de la France en Amérique et les *Relations* des Jésuites.

Des écrits moins célèbres mais tout aussi importants marquent les cent cinquante ans qui séparent la fondation de la fin. Négociant, religieux, fonctionnaire et soldat laissèrent à la postérité un fonds documentaire qui donnera une solide assise à l'historiographie acadienne. Ils se firent renégat, délateur, apologiste, conteur et chroniqueur ; la petitesse et l'élévation, l'exactitude et le fantasmagorique se côtoyaient. La *Description géographique et historique* (1672) du vieux routier Nicolas Denys donna le pas à la *Nouvelle Relation de la Gaspésie* (1692) du récollet Chrestien Le Clercq et à la *Relation du voyage du Port Royal* (1708) du voyageur Diéreville ; ce ne sont là que les mieux connus. De la période anglaise vinrent également des témoignages importants, ceux des officiers Thomas Pichon (1760) et Louis Franquet (1924), notamment. Et de la Nouvelle-Angleterre, interlocutrice privilégiée de l'Acadie, de l'ancienne Nouvelle-Écosse aussi, vinrent les vues des concurrents : celle de John Winthrop (1790), gouverneur-historien du Massachusetts, celle de Sir William Alexander (1624), seigneur de la *New Scotland*, par exemple. Ce sont là des ouvrages pionniers de l'historiographie anglo-américaine. Lorsque parurent les premières histoires de ce continent, les travaux des Pierre Charlevoix (1744), William Douglass (1755), Jeremy Belknap (1794-1798) et Thomas Hutchinson (1764), l'Acadie y trouva une place plus que convenable, une place qui tenait compte du fait qu'elle était l'aînée des colonies de l'Amérique septentrionale.

De tout cela, retenons que l'Acadie, quand débuta la *New History* en Amérique (autour de 1800), s'était taillée, à même l'écrit primitif, une répu-

---

19. Pour les primitifs de la Nouvelle-France et de l'Acadie en particulier, voir Vachon (1968), Malchelosse (1954) et Webster (1933). Pour des études sur la littérature coloniale française et l'historiographie coloniale américaine, voir Chinard (1970) et Gay (1966).

tation qui dépassait son rang dans l'échelle des rapports coloniaux. C'est donc sur un tableau déjà chargé que les historiens de l'Acadie auront à faire leur marque. Et, de ce tableau, outre la chronique événementielle, on notera deux aspects : l'idylle et le drame. L'histoire de l'Acadie, depuis ses débuts, est celle de l'Éden et du martyre, du paradis trouvé et du paradis perdu[20].

L'historiographie acadienne, on ne peut trop le souligner, n'est acadienne que dans la mesure où elle porte sur l'Acadie – c'était vrai il y a longtemps, c'est encore vrai jusqu'à un certain point : l'Acadie est toile de fond à des préoccupations souvent fort éloignées des siennes. C'est pourquoi, après les origines lointaines de l'historiographie acadienne, nous devons encore envisager un champ apparemment aussi distant : un demi-siècle d'historiographie anglo-américaine[21]. C'est là que prit racine la conscience historique savante en Acadie.

Plusieurs tentatives d'écrire l'histoire de la Nouvelle-Écosse furent d'abord un échec – ces récits étaient mal apprêtés, le public mal préparé. En 1829, cette colonie reçut enfin sa consécration historiographique, *An Historical and Statistical Account of Nova Scotia* (Haliburton, 1829), qui marqua la prise de conscience d'un peuple en pleine émancipation coloniale ; c'était le premier ouvrage de Thomas C. Haliburton, un littérateur renommé. Cette histoire, par ailleurs un maillon d'une longue chaîne d'ouvrages statistiques (*Accounts*) consacrés à la promotion des colonies anglo-américaines du début du XIXe siècle, fit deux choses qui lui vouèrent longue vie : elle fournit un récit convenable du passé de la Nouvelle-Écosse – c'est-à-dire, en fait, de l'Acadie –, et elle peignit cette histoire en des couleurs épiques. La cassure de la vie idyllique des Acadiens, héritage de l'écrit primitif, par la soldatesque anglaise, la culpabilité de leurs chefs, et des allusions au fait que la Déportation eut pour motif des raisons pécuniaires, qu'on prit bien soin de cacher, voilà des éléments qui avaient tout pour plaire aux sensibilités américaines de cette époque. Il en sortira d'amers conflits d'historiens, et une historiographie dynamique.

Le tout démarra de façon plutôt insolite, en 1847, avec la publication du poème épique de Henry W. Longfellow, *Evangeline : A Tale of Acadia*[22]. Sur un

---

20. Ce thème, originaire des écrits primitifs, a trouvé sa représentation la plus complète chez l'abbé Raynal (1770) ; elle a tenu le haut du pavé jusqu'aux années 1960.

21. Pour une vue générale de l'historiographie anglo-canadienne du XIXe siècle, voir Windsor (1970) et Taylor (1989).

22. Parmi les nombreuses études consacrées à Longfellow, et particulièrement celles qui touchent à son *Evangeline*, voir Martin (1936) et Griffiths (1982). [NDE : Ce dernier texte est reproduit dans la présente anthologie.]

fonds provenant du récit de Haliburton, il composa une épopée centrée sur l'histoire tragique d'amants séparés et de familles brisées – l'une des plus imposantes contributions à un genre qui, au XIXe siècle, captivait l'élite lettrée des États-Unis. De réédition en traduction, *Evangeline* fit le tour du monde et, avec ce poème, l'histoire de l'Acadie. Il engendra une littérature abondante et variée, des sosies, des suites, des études, des débats, beaucoup d'intérêt pour un peuple qu'on croyait disparu. Ces vers seront, pendant des décennies, l'amorce de nombreux travaux d'histoire – ils seront même, par beaucoup, assimilés à la vérité ; ils seront aussi une source inépuisable d'inspiration et de détermination pour l'élite acadienne. Le troisième journal à voir le jour en Acadie, longtemps sa feuille de combat, s'appela, logiquement, *L'Évangéline*.

L'impact du barde américain sur l'élite lettrée des colonies et des Provinces maritimes fut considérablement plus important qu'on ne serait enclin à le croire. Pendant plus de cinquante ans, la Déportation, ses causes et ses suites, obsédèrent les historiens et leurs alliés. Dans les années 1860-1890, les trente ans qui séparent les timides débuts du réveil acadien de l'apogée du mouvement nationaliste qui le couronna parurent une longue suite d'histoires et de travaux connexes, des recueils de documents et de la polémique avec d'importantes contributions au métier d'historien canadien. Mentionnons *A History of Nova Scotia or Acadie* (1865-1867) de Beamish Murdoch[23], ouvrage monumental qui donna à l'historiographie acadienne ses lettres de noblesse, et la compilation *Selections from the Public Documents of Nova Scotia* (1869) de Thomas B. Akins, recueil qui se plaça au premier rang de l'archivistique canadienne. De toute part venaient des contributions à la réhabilitation des aïeuls des habitants anglais des Maritimes, fort malmenés par l'Amérique *jacksonian* et le Canada français revanchard ; c'est un genre qui aura cours au-delà de la Grande Guerre. La *History of Acadia* (1879) de James Hannay, première synthèse de langue anglaise de l'Acadie, couronna cette longue suite de travaux des apologistes de la Déportation. Mais ce n'est pas dans ces lieux que la bataille pour l'honneur des uns et la mémoire des autres se livra : les gros canons tonnèrent au sud et sur les bords du Saint-Laurent.

La Renaissance acadienne se manifesta, avec toute la force qu'on a dite, dans le lancement des Conventions nationales ; ce fut au cours des mêmes années que la longue lutte livrée contre l'empire des représentations idylliques et tragiques du passé acadien connut son apogée, et que, de l'autre côté, s'abattit, comme une trombe la riposte franco-canadienne. Dans la longue liste des combattants des deux camps, les noms de deux hommes

---

23. Voir Clarke (1991).

se détachent : Francis Parkman et l'abbé Henri-Raymond Casgrain. Ces compères avaient déjà croisé l'épée à plusieurs reprises : ils avaient deux conceptions fondamentalement opposées de l'histoire canadienne. Ils allaient s'affronter comme jamais auparavant sur le terrain de l'essence acadienne et de la Déportation. L'Américain – le meilleur publiciste de l'histoire canadienne au XIXᵉ siècle – fustigea sans vergogne les anciens Acadiens : ils eurent ce qu'ils méritaient. Les derniers volumes de l'épique *France and England in North America* (Parkman, 1865-1892)[24] réservèrent aux Acadiens un sort peu enviable, en effet. Les vues du « brahmane » firent les manchettes ; au Canada français on lui préparait une correction en règle.

Casgrain – le premier d'une suite d'historiens mus par la volonté de rectifier l'histoire acadienne – s'appliqua pendant dix ans. De sa plume coulèrent la version catholique et française de la dispersion et de l'exil, celle aussi de l'Acadie religieuse des missionnaires et des prêtres, à qui les apologistes de la Déportation avaient imputé la responsabilité de l'exil, et celle de la « Seconde Acadie » – le pays qui a survécu un temps à la razzia anglaise (Casgrain, 1894, 1897). Fonceur, il blâma sévèrement les auteurs de la Déportation ; chercheur, il publia une réplique au recueil d'Halifax, la « Collection de documents inédits sur le Canada & l'Amérique » (Casgrain, 1888-1890), une compilation des pièces qui étayaient ses thèses et qu'il avait récoltées aux archives de Londres et de Paris. Son ouvrage révisionniste, *Un pèlerinage au pays d'Évangéline* (Casgrain, 1887), édité et réédité, couronné par l'Académie française, eut des prolongements ; il restait, comme on dira, des *missing links*.

Un autre Canadien français, celui-là de souche acadienne, tourna la dernière page de ce long livre consacré à l'histoire acadienne au XIXᵉ siècle. D'Édouard Richard vint un véritable procès-verbal, une étude d'une minutie assommante, ce qui voulait être le dernier mot sur la Déportation et sur le récit qu'en firent Parkman et ses alliés. C'était, en effet, le procès de Parkman, du gouverneur Lawrence, auteur de la dispersion, et de ses acolytes ; l'Angleterre est disculpée, les Acadiens aussi, bien sûr. C'était, surtout, comme le laissait voir son titre – *Acadia : Missing Links of a Lost Chapter in American History*[25] –, la fin d'une époque où le Québec avait eu son mot à dire sur l'ancienne Acadie.

L'historiographie acadienne, après ses heures de gloire, s'effrita lentement ; elle ne revivrait des temps semblables que longtemps après. Elle avait

---

24. Voir en particulier le vol. 6 : *A Half Century of Conflict* (1892), et le vol. 7 : *Montcalm and Wolfe* (1884). Des nombreuses études portant sur divers aspects de la carrière acadienne de Parkman, on verra Wade (1942) et Jacobs (1960).

25. Édité par Henri d'Arles (1916-1921), ce livre a paru, en français, sous le titre *Acadie : reconstitution d'un chapitre perdu de l'histoire d'Amérique*.

servi de terrain de rencontre à des projets forts divergents : celui de l'Amérique du *Manifest Destiny*, celui des *Maritimers* désireux de passer l'éponge sur un passé par trop chargé d'obstacles, celui des Québécois avides d'expier la faute des ancêtres. Chez les Acadiens, les plus intéressés par tout cet engouement pour le passé de leur pays, les enjeux et leur effet étaient tout autres. L'histoire acadienne dépassait, pour ce qui est de ses implications sociales, la question de l'estime qu'on doit aux aïeuls ; pour les Acadiens, le passé contenait plus que des leçons sur la folie des empires – on y voyait l'espoir d'une survivance, la légitimité d'une cause. À tout le moins, un demi-siècle de présence aux palmarès historiographiques ne pouvait pas déjà décourager les indécis ; c'était beaucoup pour un peuple qui, quelques années auparavant, était au fond du trou noir de l'oubli historique. Mais il y a aussi des histoires qui font plus que d'autres ; il y a celles qui, paradigmatiques et engagées, viennent s'incorporer directement aux processus de transformations sociales et idéologiques.

Il n'y avait pas beaucoup de lettrés en Acadie dans ces années, encore moins d'historiens. Mais il y avait une élite qui cherchait conseil dans le passé et qui, ce faisant, définissait la condition acadienne à la lumière de cet enseignement. Elle disposa, de nouveau, d'historiographie étrangère, qui fut ici, de même que les idéologies canadiennes-françaises, comme toute faite pour l'Acadie.

La renommée qu'avait apportée l'historiographie anglo-saxonne ne pouvait à elle seule suffire à assurer les Acadiens de la légitimité de leur cause ; il leur fallait aussi une vision. L'engouement pour l'histoire de l'Acadie ne s'est pas limité au monde anglo-américain. En France aussi, le passé qu'avaient révélé Haliburton et ses successeurs eut un écho. En fait, de la France va venir ce que même les historiens canadiens n'avaient pas réussi, malgré la place accordée à l'Acadie dans les ouvrages d'histoire canadienne de François-Xavier Garneau (1845-1852), de Jean-Baptiste-Antoine Ferland (1861-1865) et d'autres : une grande synthèse du passé acadien, une synthèse complète qui fasse revivre le révolu et qui fasse le point sur l'actualité. Un homme fera ces deux choses, un petit notable de la commune de Gâtinais, dans la Loire, Edme Rameau de Saint-Père, intellectuel, seigneur à ses heures. Rameau de Saint-Père a joué un rôle unique dans le développement des sociétés francophones d'Amérique dans la deuxième moitié du XIXe siècle, au Canada, en Louisiane, chez les Franco-Américains et en Acadie[26]. Ses interventions, fort nombreuses, firent de lui l'inspirateur

---

26. Il n'existe toujours pas de biographie importante de Rameau de Saint-Père ; on verra, en attendant, Bruchési (1948, 1949).

des grandes campagnes engendrées par le choc des cultures au Canada et dans la Nouvelle-Angleterre : il s'est dévoué à la cause de la colonisation, à celle de l'immigration francophone et à celle de la sauvegarde des émigrants canadiens aux États-Unis. Il était en relation étroite avec une partie importante de l'intelligentsia de l'Amérique française, du clergé et des hommes politiques influents. Mais ce fut l'Acadie qui, toujours, tint une place à part dans son esprit ; et ce fut là que son influence fut la plus grande. Pour Rameau de Saint-Père, le passé acadien était exemplaire ; et le présent lui offrait l'opportunité de tester ses théories sociales et de constater les progrès accomplis par ses interventions.

Rameau de Saint-Père

Enrôlé dans la cause de la France impériale, obsédé par la réforme sociale catholique puis disciple de Frédéric Le Play, Rameau de Saint-Père, au cours de sa longue vie, suivit de près les évolutions de la France. Homme d'action, il participa à la colonisation algérienne, à la vie politique également ; homme de lettres, il chercha à expliquer les causes du mal français, puis adhéra à l'École historienne conservatrice et, comme ses compères, s'attacha à remémorer l'Ancien Régime[27]. Ce fut dans ces circonstances que Rameau de Saint-Père, désireux de voir ses compatriotes s'intéresser davantage à l'expansion coloniale, publia en 1859 *La France aux colonies*, un ouvrage qui relatait l'histoire de l'Amérique française, qui se voulait un témoignage d'affection pour ceux qui avaient su conserver, malgré tout, l'héritage de la patrie primitive. Les pages qu'il consacra à l'Acadie sont la première histoire de l'Acadie en langue française, à vrai dire la première synthèse de cette histoire. Son hommage aux Acadiens trahissait déjà son penchant pour ce peuple. Mais, surtout, sur un fonds d'études historiques largement appuyées sur des documents primaires et encadrées par une analyse poussée des réalités statistiques, Rameau de Saint-Père posait une interprétation téléologique de l'ensemble de l'histoire coloniale américaine.

L'Acadie, dans cet ensemble, tenait un rôle de vedette. Fidèles aux meilleures qualités de la vieille France, les Acadiens y démontraient la supériorité morale et intellectuelle des Français d'Amérique, encadrés qu'ils étaient par les forces matérielles et morales du seigneur et du prêtre, libérés des contraintes du Vieux Monde. Ils étaient sans pareil dans la colonisation du continent américain. Les Acadiens recevaient là, en somme, comme la

27. Rameau de Saint-Père a des analystes attentifs en la personne de Trépanier et Trépanier (1979, 1980), qui ont étudié son idéologie et sa vision de l'historiographie.

preuve de leur filiation française, puis la raison de croire en leur capacité, encore une fois, à s'en sortir. À vrai dire, l'exemplarité acadienne ne sera mise sous son meilleur jour que dans le *magnum opus* de Rameau de Saint-Père, à venir ; mais dans l'ouvrage premier, il innovait d'une manière encore plus frappante aux yeux du monde : l'histoire acadienne, disait-il, ne se termine pas en 1755. À sa relation de l'ancienne Acadie, il ajoutait une chronique de l'exil, du retour et du rétablissement. Chiffres à l'appui, il faisait état de la condition actuelle des Acadiens, puis faisait un rapport sur les perspectives d'avenir. Ce fut une révélation, même pour les Canadiens ; et les Acadiens pour la première fois avaient les éléments d'une prise de conscience réellement collective et historique[28]. On apprenait que l'Acadie existait au-delà des limites qu'on s'était imaginées, physiques et morales, et que, vivante, elle avait un avenir qui allait bien plus loin que le statu quo. Passée la conservation, d'autres devoirs l'attendaient. L'ouvrage de Rameau de Saint-Père était un amalgame fort réussi d'histoire et de manifeste, un assemblage soigneusement apprêté de consignes idéologiques. Et, fidèle à ses habitudes, Rameau de Saint-Père troqua la plume contre la canne de marche : il s'en alla en Acadie pour voir sur place ce qu'il pouvait faire pour faire revivre les pans les plus glorieux de l'Amérique coloniale française.

Rameau de Saint-Père visita l'Acadie à deux reprises (il fit, en fait, le tour d'une bonne partie de l'est du continent), en 1860 et en 1888 ; la première fois pour y faire reconnaissance, la seconde fois pour constater l'effet de ses actions. Mais avant même d'y mettre les pieds, il avait établi des observations pertinentes sur les mesures nécessaires pour « leur développement à venir », pour le « maintien de leur ensemble ». Dans son premier livre, il consacra de longues pages à énumérer les besoins de la nationalité acadienne. La vocation terrienne était soulignée : la « propriété du sol, cette base essentielle de la nationalité », était seule à pouvoir assurer « quelque avenir à cette race ». La pêche, le cabotage devaient céder le pas à l'occupation des terres intérieures, toujours en friche – question de damer le pion aux Anglais. L'instruction, répandue et chrétienne, suivait sur cette liste des obligations. Élever un petit nombre d'Acadiens au sacerdoce, aux professions libérales et commerciales, ferait « naître parmi eux des chefs et une direction raisonnée dans le réveil et le mouvement progressif de leur nationalité », les soustrairait aussi aux « spéculateurs et marchands anglais » ; le fait de s'être conservé en tant que peuple ne suffisait plus : il fallait « pro-

---

28. Pour une étude détaillée du rôle de Rameau de Saint-Père dans la construction d'une mémoire collective acadienne, voir Clarke (1993).

gresser, sous peine de se voir périr». Il fallait, alors, «éveiller un mouvement d'ensemble dans la nationalité acadienne en lui créant un avenir». Il faut un «signe de ralliement», «quelque lieu commun», «le concert d'une action commune vers le but commun de la résurrection de leur nationalité». Un journal doit paraître, une feuille où seraient exprimés les «premiers éléments d'un secours et d'un appui mutuels, et une force bien ordonnée dans l'action commune vers le progrès général». Avant tout, il avertit les Acadiens de la nécessité de fonder une société nationale (comme celle de la Saint-Jean-Baptiste des Canadiens français, dit-il), de choisir un patron, «emblème de leur union», une fête nationale aussi. Les Canadiens, qui «sortent eux-mêmes d'une si longue lutte», seraient les tuteurs tout désignés de l'apprentissage acadien.

La grande synthèse ne vint qu'en 1877, mais c'était là un moment d'effervescence en Acadie. Pascal Poirier, premier historien acadien, plus tard sénateur, astre de la Renaissance, était convaincu de l'importance de ce livre, avant même de le voir. Il prit des mesures pour assurer sa diffusion la plus large possible. Il ne fut pas déçu : *Une colonie féodale en Amérique. L'Acadie, 1604-1710* (Rameau de Saint-Père, 1877)[29], représentatif du glissement de son auteur vers la droite française, était marqué du sceau du catholicisme conservateur, de l'antimatérialisme, et d'une admiration sans bornes pour l'œuvre des «autorités morales vraies», le clergé et le seigneur (et la petite bourgeoisie moderne). Il serait difficile d'imaginer un scénario mieux adapté à la réalité intellectuelle de l'Acadie de l'époque. L'accent qu'il mit sur la vie traditionnelle des Acadiens était une bénédiction pour l'élite acadienne. À la première Convention nationale, on loua son œuvre, en réclamant la continuation du deuxième volume qui devait, en 1889, porter le récit jusqu'à 1881. «Si M. Rameau ne termine pas son histoire, s'exclama Poirier, personne d'entre nous ne peut continuer l'œuvre»; ce serait une «perte nationale» (Poirier, cité dans Robidoux, 1907 : 90-91). Ce qu'on voulait, en fait, c'était le récit de l'enracinement, du réveil, un aval donné au progrès accompli. Rameau de Saint-Père s'inclina : au tableau de la Déportation et du retour, il ajoute l'image d'un siècle de combat pour la survivance puis pour le progrès. Suivent des conseils qui portaient au cœur des bagarres qui marquaient le Nouveau-Brunswick de l'époque. Il approuvait et encourageait la résistance qu'on opposait au clergé irlandais, rappelait la nécessité de la colonisation et de la culture du sol, encensait l'œuvre de l'élite. Puis il aver-

---

29. Augmenté et réédité en 1889, sous le titre *Une colonie féodale en Amérique. L'Acadie, 1604-1881*.

tissait les Acadiens du danger matérialiste : le progrès, essentiel, ne doit pas faire oublier les assises catholiques de cette société.

C'était justement le dénuement de l'Acadie, sa conjoncture de mutation, qui donnèrent à Rameau de Saint-Père et à ses écrits tout leur effet. Pendant longtemps, il était le seul à pouvoir élaborer ce qui manquait le plus, une vision globale de l'Acadie, une vue qui liait l'histoire et ses enseignements à la situation réelle. La définition de la nation acadienne, les actions qu'il proposa, répondaient en tous points à la vision que détenait déjà, en germe, la petite élite acadienne. Et de plus, c'est essentiel, Rameau de Saint-Père légitima l'existence même de la nation acadienne : trois générations d'hommes et d'amour de la terre acadienne, avait-il soutenu, avaient produit parmi les Acadiens la notion de patrie – avant la Conquête ils étaient Acadiens, Acadiens et Français. Faisant son bilan des années 1650-1685, qu'il terminait sur un extrait d'*Evangeline*, il écrivit : « C'est au milieu des émotions de cette poésie primitive que germa et grandit parmi les Acadiens l'idée d'une patrie [...] » (Rameau de Saint-Père, 1877 : 147).

Voyageant à travers ce pays en 1860, il prépara le terrain pour quarante ans d'interventions. Une correspondance soutenue le maintint au cœur de toutes les transformations de la société acadienne au long des années cruciales de la Renaissance. Il intercéda à maintes reprises en faveur des Acadiens, au Canada et en France. Et il prit une part active à toutes les affaires tenues pour critiques par l'élite acadienne. La colonisation, l'éducation primaire, les collèges, la presse – autant de domaines où ce Français jouait au véritable *pater*, intercédant ici, recrutant là des « amis de l'Acadie », envoyant même une aide pécuniaire. Toujours, il donnait des conseils[30].

On ne saura jamais véritablement l'effet qu'eut Rameau de Saint-Père sur les Acadiens ; mais il n'est pas difficile de juger de l'importance que l'élite attribuait à son œuvre. Poirier parlait au nom de tous lorsqu'en 1874, il écrivit :

> La race acadienne est heureuse et fière d'avoir trouvé un homme qui se soit chargé de tirer son passé de la poussière où il était enseveli, et de lui donner sa place au soleil des nations. M. Rameau [...] a fait revivre ce petit peuple qui existait encore dans la mémoire des nations de l'Amérique par le retentissement de ses malheurs passés, mais qu'on croyait éteint, tant son présent est obscur et oublié. (Poirier, 1874 : 108)

---

30. Le Centre d'études acadiennes de l'Université de Moncton détient une partie importante de la correspondance volumineuse que Rameau de Saint-Père eut avec les dirigeants de la Renaissance acadienne. Un seul des nombreux exemples du rôle qu'il joua dans l'évolution de l'Acadie – dans ce cas-ci, la migration d'Acadiens de l'Île-du-Prince-Édouard vers le Nouveau-Brunswick – est présenté dans Gallant (1980).

De retour en Acadie en 1888, l'historien fut reçu en héros. Il n'est pas non plus difficile de constater l'impact qu'eut ce Français sur l'historiographie acadienne : ses thèses la nourrissent jusqu'aux années 1960 et, de nos jours, elles exercent encore, dans le domaine de l'historiographie coloniale, une influence non négligeable. On retiendra plus encore l'impulsion que l'œuvre de Rameau de Saint-Père donna à la fondation d'une historiographie acadienne indigène.

L'historiographie acadienne

L'historiographie proprement acadienne – c'est la réplique de ce qui se produisit au Canada – surgit du défi : celui de savoir ce que valent les peuples sans histoire. Sauf qu'en Acadie, la boutade de lord Durham n'est pas en cause. Ce fut plutôt Rameau de Saint-Père, ou, plus précisément, tout un ensemble d'historiens qui le suivirent. Parmi ceux-ci, on retrouve Célestin Moreau et son *Histoire de l'Acadie françoise* (1873), dont le premier volume était entièrement consacré à l'Acadie. Cet ouvrage, de lui-même, n'aura pas beaucoup d'écho avant le XXᵉ siècle : il était beaucoup trop dédié à la Guerre civile, aux déchirements entre les seigneurs d'Aulnay et Latour, sujet qui n'intéressait pas les Acadiens de son époque. Mais cet historien ajouta à l'urgence de répondre à une idée qui gagnait en force : les Acadiens seraient un peuple de métis, un mélange de Français et d'Amérindiens. C'en était trop : Poirier, barde des Acadiens, rédigea *Origine des Acadiens* (1874). C'était une histoire de l'Acadie antique, une étude diachronique de la grande famille acadienne, la réplique acadienne au seul reproche qui pût affaiblir, au jugement de l'élite canadienne du moins, la quête de légitimité historique et actuelle. Il s'expliqua :

> Il peut se rencontrer des peuples qui voient avec indifférence leurs ancêtres [...] mêlés aux sauvages [...] Mais le petit peuple acadien, auquel il ne reste [...] qu'une foi inaltérable [...] et que l'intégrité du sang français [...] garde religieusement ce précieux patrimoine [...]. (Poirier, 1874 : 109)

Deux décennies passeront avant l'envol de cette nouvelle historiographie acadienne. Mais dès les années 1890 une petite phalange prend la relève de la production étrangère : la Renaissance acadienne avait porté fruit – on avait le goût et les moyens de faire sa propre histoire. Poirier et deux collègues historiens, Philias Frédéric Bourgeois, prêtre, et Placide Gaudet, archiviste et généalogiste, sont les leaders de ce mouvement. Pendant trente ans ils rendirent hommage à la nation : aux « Moïse » de l'Acadie, à ceux qui l'avaient ranimée, ils offrirent des biographies ; à ceux que l'histoire, anglo-saxonne, avait malmenés, aux héros de l'Acadie, toujours des religieux, des *apologia* ; aux coutumes acadiennes, des essais ; à la langue française, un glossaire. Pour l'édification de la jeunesse, on fit des histoires scolaires ; puis, pour boucler la boucle, on présenta la version acadienne de la Déportation, désormais fonte de la nation. Aux recueils de documents d'autrui, on apposa sa propre compilation, la plus complète ; aux procès des auteurs de la dispersion, on ajouta son propre verdict, qui frayait un chemin entre deux extrêmes, celui qui cherchait à condamner la Nouvelle-Écosse et l'autre qui n'avait de reproches que pour Whitehall[31].

L'historiographie des Acadiens s'essouffla avant d'avoir donné sa pleine mesure. Il faudra attendre jusqu'aux années 1960 pour qu'elle revienne en force, avec la remontée – presque aussi spectaculaire que celle des années 1880 – du nationalisme dont elle sera le complément. Elle sera, alors, moderniste et pluraliste. Mais au XIXe siècle il est évident que la connaissance du passé, phénomène tout nouveau, servait à soutenir des projets bien de leur temps. Et il nous paraît plus important encore de constater à quel point l'histoire a été perçue comme la raison même de l'existence d'une nationalité acadienne. Le révérend Stanislas J. Doucet, l'un des nombreux militants du nationalisme acadien à cette époque, expliquant la faveur qu'il accordait au choix d'une fête nationale acadienne, exposa la cause de la distinction qu'on devait faire entre Acadien et Canadien :

> Si une même religion, une même langue et une même origine suffisaient pour effacer les traits caractéristiques des différentes nationalités, alors indubitablement les Acadiens et leurs frères du Canada ne formeraient qu'un seul et même peuple. Mais comme chacun le sait, un caractère national très distinct peut se former à la longue en dépit d'une identité de langue, de religion et d'origine. Voulez-vous savoir [...] ce qui fait que le petit peuple acadien se distingue de tous les peuples de la terre, sans même excepter le peuple canadien ? C'est parce que les circonstances qui se rattachent à son origine et qui ont entouré son existence sont différentes de celles qui ont formé le caractère national des autres peuples. Ouvrez son histoire et vous y trouverez le récit de ces circonstances. Ce sont les vicissitudes orageuses de son existence, jointes à son long isolement de la France et même du Cadada [*sic*], qui ont formé sa physionomie nationale et qui le font reconnaître comme un peuple distinct au milieu de tous les peuples qui l'entourent. (Doucet, cité dans Robidoux, 1907 : 47-48)

L'histoire, dans cette perspective, est l'égale de la sainte trinité des Franco-Canadiens : langue, foi et origines. Que dire de plus ?

---

31. Parmi les histoires et les études datant des débuts de l'historiographie acadienne, on notera Poirier (1898, 1928), Bourgeois (1896, 1903, 1910, 1913) et Gaudet (1906, 1922).

Ménager la chèvre et le chou

Lorsque sonna le xxᵉ siècle, on pouvait constater le bond fait par l'Acadie depuis cinquante ans : en tant que communauté, elle avait su ne pas disparaître, comme l'eût voulu la majorité. Mais le changement le plus remarquable était d'ordre mental : un peuple qui s'ignorait clamait désormais son existence au monde entier. D'éléments amorphes et de traditions informes, fusionnés et modifiés par une relation unifiée et complète du passé, était sortie une identité qui, bien qu'apparentée à la conscience qui l'avait précédée, s'en distinguait par son adhésion au nationalisme, idéologique, donc projecteur d'avenir. L'Acadie, ayant une réalité historique, une existence sociologique objective, une conscience de son être, s'était imposée, à elle-même comme aux autres. Cependant, l'identité acadienne, comme tout discours, dépendait de la solidité de ses assises dans la réalité. Ce discours, né de la rencontre de l'historiographie et d'un groupement social particulier, portait des contradictions de perception, de classe et d'ethnie. L'histoire, dans la mesure où elle servait les intérêts des uns, ne pouvait servir les intérêts de tous[32].

La réunion des images prônées par l'historiographie, celles d'une Acadie bigarrée, étirée entre le monde moderne et la vie antique, entre la préservation de la religiosité, de la modération et de l'amour du sol et les exigences du progrès, illustrait la volonté de l'élite acadienne de ménager la chèvre et le chou, l'antinomie entre le vécu et la volonté. Derrière tout ce chambardement de la vie acadienne se faufilaient deux contradictions sans résolution : l'une était la situation des Acadiens dans l'ensemble des Maritimes, minoritaires et marginaux ; l'autre divisait les Acadiens, écartés par des réalités et des aspirations divergentes.

Le nationalisme acadien ne pouvait pas manquer de provoquer la majorité et, mettant aux prises deux communautés linguistiques, ne pouvait qu'entraîner des divisions chez les Acadiens. L'identité acadienne, après tout, était formulée par la bourgeoisie acadienne ; et cette bourgeoisie avait un projet social clair. Son but, c'était le progrès, se rapprocher de l'économie régionale, accroître ses prises sur les leviers de l'État, profiter de la construction d'une nouvelle infrastructure économique. Or rien de tout cela ne pouvait se faire sans que l'ensemble de la société acadienne ne participe à ce dessein. La conservation de la masse acadienne était la condition du pouvoir de la bourgeoisie, qui imaginait un monde où elle serait comme la jonction

---

32. Pour un aperçu des contradictions qu'engendrait la rencontre du culte des traditions et les impératifs du progrès, surtout sur le plan culturel, voir Clarke (1994).

entre le petit Acadien et le monde anglophone. Le nationalisme acadien doit se concevoir à cette lumière. La contradiction fondamentale de la condition acadienne, celle qui régit les relations de tous les peuples minoritaires, se précisait : l'intégration intensifiée aux structures dominantes, nécessaire pour que l'Acadie progresse au goût de la bourgeoisie, comportait un corollaire inévitable – l'assimilation culturelle. La masse acadienne, de plus en plus coupée de la vie traditionnelle, trouvait souvent la voie de la moindre résistance, celle qui voulait dire se confondre, corps et âme, à la majorité.

À l'intérieur de l'élite acadienne aussi, il y avait des divergences : pierre angulaire de la nation imaginée, l'agriculturalisme était voué à l'échec. Certes, deux générations de curés-colonisateurs y ont consacré toutes leurs énergies, mais les résultats furent loin des espoirs. Les obstacles opposés par la nature et par les gouvernements provinciaux ainsi que la réalité ambiante – l'exode vers les villes et l'industrialisation – y étaient pour beaucoup ; mais, aussi, les dirigeants laïques n'y croyaient guère. La stratégie à suivre pour exercer un contrôle plus grand sur l'Église opposait encore ces deux éléments, le clergé obligeant la bourgeoisie à freiner ses élans. Et les difficultés économiques des Maritimes à la fin du siècle exacerbèrent les tensions qui séparaient la vieille garde de la garde montante.

On évitera toute conclusion trop tranchante. En fin de compte, le nationalisme – qui n'a certes pas provoqué une révolution dans les mœurs acadiennes – exprimait bien les aspirations assez généralement soutenues par les Acadiens, une volonté de libération nationale. Une forme d'identité acadienne existait bien avant l'avènement de la bourgeoisie ; elle avait survécu à la Déportation comme elle a survécu à l'avènement de l'historiographie[33]. Cela dit, l'historiographie acadienne a tout de même eu sa part dans la création d'une identité qui soutienne un projet nationaliste. Elle a servi à légitimer l'élite à ses propres yeux, à donner du poids à une bourgeoisie qui, de toute manière, n'était distanciée du peuple que d'une génération. Dans une société simple, où il n'y avait pas de crise des idéologies, où la religion constituait la principale source de cohésion sociale, l'historiographie pouvait fournir à la fois une vision d'ensemble pour l'élite lettrée et des images fortes pour la culture orale.

Particulièrement important est le fait que l'historiographie acadienne n'était pas, à vrai dire, issue des traditions et des structures sociales qui, dans d'autres sociétés, préparent son apparition ; elle ne provenait pas d'une

---

33. Pour une vue de la culture populaire de l'Acadie, passée et présente, voir entre autres Dupont (1977, 1979), Chiasson (1972) et Léger (1978).

couche de la société acadienne elle-même ; ce fut depuis l'extérieur qu'elle agît sur la société. Or sa puissance découlait du fait qu'elle s'insérait dans une société qui n'avait que l'ébauche d'une élite socioéconomique. Une *folk society* au seuil d'une transformation en profondeur est particulièrement accessible aux opérations de ce genre. L'historiographie, en Acadie, n'était pas un baume qui masquait la faillite du présent, un succédané aux révoltes de 1837-1838, comme elle l'avait été au Canada ; elle servait à faire voir que l'Acadie était de ce monde. L'historiographie acadienne, encore étrangère, jouera ce même rôle en plein XXe siècle. Et, au terme de ces interventions, elle aura gagné son pari, celui qui consistait à inculquer à l'ensemble de la société une interprétation quasi fictive du passé, une vue qui n'a d'yeux que pour la souffrance et le rachat de l'âme collective. La culture populaire acadienne, qui n'avait guère de place dans son répertoire pour les éléments qui faisaient le beau temps des historiens, a été matée, son discours ne se différencie guère du discours historique traditionnel[34]. Tous deux s'accordent : heureux les peuples sans histoire.

Bibliographie

AKINS, Thomas B. (1869) , *Selections from the Public Documents of the Province of Nova Scotia Published Under a Resolution of the House of Assembly Passed March 15, 1865*, Halifax, Charles Annand.

ALEXANDER, William (sir) (1624), *An Encouragement to Colonies*, Londres, William Stansby.

BELKNAP, Jeremy (1794-1798), *American Biography ; or an Historical Account of Those Persons who have been Distinguished in America as Adventurers, Statesmen, Philosophers, Divines, Warriors, Authors, and other Remarkable Characters*, Boston, Isaiah Thomas and Ebenezert T. Andrews, 2 volumes.

BERNARD, Antoine (1935), *Histoire de la survivance acadienne, 1755-1935*, Montréal, Clercs de Saint-Viateur.

BERNARD, Jean-Paul (dir.) (1973), *Les idéologies québécoises au 19ᵉ siècle*, Montréal, Éditions du Boréal Express.

BIARD, Pierre (1616), *Relation de la Nouvelle France de ses Terres, Naturel du Païs, & de ses Habitans, item, Du voyage des Peres Jesuites ausdictes contrées, & de ce qu'ils y ont faict jusques à leur prinse par les Anglois*, Lyon, chez Louys Muguet.

BOURGEOIS, Philias Frédéric (1896), *L'École aux apparitions mystérieuses*, Montréal, C.O. Beauchemin & fils.

---

34. Le mythe qu'est devenue l'Acadie est soigneusement entretenu, comme le démontre Hautecœur (1975).

BOURGEOIS, Philias Frédéric (1903), *Histoire du Canada en 200 leçons*, Montréal, Librairie Beauchemin.

BOURGEOIS, Philias Frédéric (1910), *Les anciens missionnaires de l'Acadie devant l'histoire*, Shediac, Presses du Moniteur Acadien.

BOURGEOIS, Philias Frédéric (1913), *Vie de l'abbé François-Xavier Lafrance, suivie d'Une courte notice biographique de l'abbé François-Xavier Cormier, premier prêtre né dans la paroisse de Memramcook*, Montréal, Librairie Beauchemin.

BREBNER, John Bartlet (1927), *New England's Outpost. Acadia before the Conquest of Canada*, New York, Columbia University Press.

BRUCHÉSI, Jean (1948), «Rameau de Saint-Père et les Français d'Amérique», *Les Cahiers des dix*, vol. 13, p. 225-248.

BRUCHÉSI, Jean (1949), «Les correspondants canadiens de Rameau de Saint-Père», *Les Cahiers des dix*, vol. 14, p. 87-114.

BRUNET, Michel (1968), *La présence anglaise et les Canadiens. Études sur l'histoire et la pensée des deux Canadas*, 2e éd., Montréal, Beauchemin.

CASGRAIN, Henri-Raymond (1887), *Un pèlerinage au pays d'Évangéline*, Québec, L.-J. Demers.

CASGRAIN, Henri-Raymond (1888-1890), «Collection de documents inédits sur le Canada & l'Amérique», *Le Canada-Français*, vol. 1-3, en appendices.

CASGRAIN, Henri-Raymond (1894), *Une seconde Acadie*, Québec, Imprimerie de L. J. Demers & Frère.

CASGRAIN, Henri-Raymond (1897), *Les Sulpiciens et les Prêtres des Missions-étrangères en Acadie (1676-1762)*, Québec, Pruneau & Kirouac.

CHAMPLAIN, Samuel de (1613), *Les Voyages du Sieur de Champlain Xaintongeois, Capitaine ordinaire pour le Roy, en la marine*, Paris, chez Jean Berjon, 2 parties.

CHARLEVOIX, Pierre [François-Xavier de] (1744), *Histoire et description générale de la Nouvelle France, avec le journal historique d'un voyage fait par ordre du Roi dans l'Amérique septentrionale*, Paris, chez la veuve Ganeau, 6 volumes.

CHIASSON, Anselme (1972), *Chéticamp. Histoire et traditions acadiennes*, 3e éd., Moncton, Éditions des Aboiteaux.

CHINARD, Gilbert (1970), *L'Amérique et le rêve exotique dans la littérature française au XVIIe et au XVIIIe siècle*, repro., Genève, Slatkine.

CHOUINARD, H.-J.-J.-B. (Honoré-Julien-Jean-Baptiste) (1881), *Fête nationale des Canadiens français célébrée à Québec en 1880*, Québec, Côté, 2 volumes.

CLARK, Andrew Hill (1968), *Acadia. The Geography of Early Nova Scotia to 1760*, Madison, University of Wisconsin Press.

CLARKE, Patrick D. (1989), «L'Acadie, ou le culte de l'histoire», *Revue de la Bibliothèque nationale*, n° 33, p. 6-16.

CLARKE, Patrick D. (1991), « Beamish Murdoch : Nova Scotia's National Historian », *Acadiensis*, vol. 21, n° 1, p. 85-109.

CLARKE, Patrick D. (1993), « Rameau de Saint-Père, Moïse de l'Acadie ? », *Journal of Canadian Studies/ Revue d'études canadiennes*, vol. 28, n° 2, p. 69-95.

CLARKE, Patrick D. (1994), « "Sur l'empremier", ou récit et mémoire en Acadie », dans Jocelyn LÉTOURNEAU et Roger BERNARD (dir.), *La question identitaire au Canada francophone. Récits, parcours, enjeux, hors-lieux*, Sainte-Foy, Presses de l'Université Laval, p. 3-44.

LE CLERCQ, Chrestien (1691), *Nouvelle Relation de la Gaspesie qui contient les Moeurs & la Religion des Sauvages Gaspesiens Porte-Croix, adorateurs du Soleil, & d'autres Peuples de l'Amerique Septentrionale, dite le Canada*, Paris, chez Amable Auroy.

DENYS, Nicolas (1672), *Description géographique et historique des costes de l'Amerique Septentrionale. Avec l'Histoire naturelle du Païs*, Paris, chez Claude Barbin.

DIÉREVILLE (1708), *Relation du voyage du Port Royal de l'Acadie, ou de la Nouvelle France, dans laquelle on voit un Détail des divers mouvemens de la Mer dans une Traversée de long cours ; la Description du Païs, les Occupations des François qui y sont établis, les Manières des différentes Nations Sauvages, leurs Superstitions & leurs Chasses ; avec une Dissertation exacte sur le Castor*, Rouen, chez Jean-Baptiste Besongne.

DOUGLASS, William (1755), *A Summary, Historical and Political, of the First Planting, Progressive Improvements, and Present State of the British Settlements in North America*, Londres, R. Baldwin, 2 volumes.

DUMONT, Fernand (1966), « Idéologie et conscience historique dans la société canadienne-française du XIXe siècle », dans Claude GALARNEAU et Elzéar LAVOIE (dir.), *France et Canada français du XVIe au XXe siècle*, Québec, Presses de l'Université Laval, p. 269-290.

DUPONT, Jean-Claude (1977), *Héritage d'Acadie*, Montréal, Leméac.

DUPONT, Jean-Claude (1979), *Histoire populaire de l'Acadie*, Montréal, Leméac.

FERLAND, Jean-Baptiste-Antoine (1861-1865), *Cours d'histoire du Canada*, Québec, Augustin Côté, 2 volumes.

FRANQUET, Louis (1924), « Iles Royale et St-Jean, 1751, Voyage du Sieur Franquet », *Rapport de l'Archiviste de la province de Québec pour 1923-1924*, Québec, Ls-A. Proulx, p. 112-140.

FUETER, Eduard (1914), *Histoire de l'historiographie moderne*, Paris, Alcan.

GALLANT, Cécile (1980), « L'engagement social de Georges-Antoine Belcourt, curé de Rustico, 1859-1869 », *Cahiers de la Société historique acadienne*, vol. 11, n° 4, p. 316-335.

GARNEAU, François-Xavier (1845-1852), *Histoire du Canada depuis sa découverte jusqu'à nos jours*, Québec, Imprimerie de N. Aubin, 4 volumes.

GAUDET, Placide (1906), « Acadian Genealogy and Notes », *Report of the Public Archives of Canada* [for the Year 1905], vol. 2, appendice A, 3e partie.

GAUDET, Placide (1922), *Le Grand Dérangement. Sur qui retombe la responsabilité de l'expulsion des Acadiens*, Ottawa, Ottawa Printing Company.

GAY, Peter (1966), *A Loss of Mastery. Puritan Historians in Colonial America*, Berkeley/Los Angeles, University of California Press.

GOOCH, George Peabody (1913), *History and Historians in the Nineteenth-Century*, 2ᵉ édition, Londres, Longmans.

GRIFFITHS, Naomi E. S. (1973), *The Acadians : Creation of a People*, Toronto/New York, McGrawHill/Ryerson.

GRIFFITHS, Naomi E. S. (1982), « Longfellow's "Evangeline" : The Birth and Acceptance of a Legend », *Acadiensis*, vol. 11, n° 2 (printemps), p. 28-41.

GRIFFITHS, Naomi E. S. (1992), *The Contexts of Acadian History, 1686-1784*, Montréal/Kingston, Centre d'études canadiennes.

HALIBURTON, Thomas C. (1829), *An Historical and Statistical Account of Nova-Scotia in two volumes. Illustrated by a map of the province and several engravings*, Halifax, J. Howe.

HANNAY, James (1879), *History of Acadia from Its First Discovery to Its Surrender to England by the Treaty of Paris*, Saint John, J. A. MacMillan.

HAUTECŒUR, Jean-Paul (1975), *L'Acadie du discours : pour une sociologie de la culture acadienne*, Sainte-Foy, Presses de l'Université Laval.

HERTZ, Friedrich Otto (1957), *Nationality in History and Politics. A Psychology and Sociology of National Sentiment*, Londres, Routledge & Kegan Paul.

HOBSBAWM, Eric J., et Terence O. RANGER (1983), *The Invention of Tradition*, Cambridge, Cambridge University Press.

HUTCHINSON, Thomas (1764), *The History of the Colony and Province of Massachusetts-Bay from 1628 to 1749*, Boston, [s.é.], 2 volumes.

HYNES, Gisa (1973), « Some Aspects of the Demography of Port Royal, 1650-1755 », *Acadiensis*, vol. 3, n° 1, p. 3-17.

JACOBS, Wilbur R. (dir.) (1960), *Letters of Francis Parkman*, Norman, University of Oklahoma Press, 2 volumes.

KAMENKA, Eugene (dir.) (1974), *Nationalism. The Nature and Evolution of an Idea*, 2ᵉ édition, Canberra, Australian National University Press.

LÉGER, Lauraine (1978), *Les sanctions populaires en Acadie*, Montréal, Leméac.

LESCARBOT, Marc (1609), *Histoire de la Nouvelle-France, contenant les navigations, découvertes, et habitations faites par les François ès Indes Occidentales & Nouvelle-France souz l'avoeu et authorité de noz Roys Tres-Chrétiens, et les diverses fortunes d'iceux en l'execution de ces choses, depuis cent ans jusques à hui*, Paris, chez Jean Millot.

LÉTOURNEAU, Jocelyn (1986), « Historiens, sociogrammes et histoire : l'interaction complexe entre mémoire collective, mémoire individuelle, passé construit et passé vécu », dans Jacques MATHIEU (dir.), *Étude de la construction de la mémoire* collective des Québécois au XXe siècle. Approches multidisciplinaires, Québec, CÉLAT, p. 99-108.

LONGFELLOW, Henry Wadsworth (1847), Evangeline: A Tale of Acadia, Boston, [s.é.].

LOWENTHAL, David (1985), The Past is a Foreign Country, Cambridge, Cambridge University Press.

MacNUTT, William Stewart (1965), The Atlantic Provinces. The Emergence of Colonial Society, 1712-1857, Toronto, McClelland and Stewart.

MAILHOT, Raymond (1973), « Prise de conscience collective acadienne au Nouveau-Brunswick (1860-1891) et comportement de la majorité anglophone », Thèse de doctorat, Montréal, Université de Montréal.

MAILLET, Antonine (1971), Rabelais et les traditions populaires en Acadie, Québec, Presses de l'Université Laval.

MAILLET, Marguerite (1983), Histoire de la littérature acadienne. De rêve en rêve, Moncton, Éditions d'Acadie.

MALCHELOSSE, Gérard (1954), « La bibliothèque acadienne », Les Cahiers des dix, vol. 19, p. 263-286.

MARTIN, Ernest (1936), L'Évangéline de Longfellow et la suite merveilleuse d'un poème, Paris, Hachette.

MASSIGNON, Geneviève (1962), Les parlers français d'Acadie, Paris, Klincksieck, 2 volumes.

MATHIEU, Jacques (dir.) (1986), Étude de la construction de la mémoire collective des Québécois au XXe siècle. Approches multidisciplinaires, Québec, CÉLAT.

MOREAU, Célestin (1873), Histoire de l'Acadie françoise (Amérique septentrionale) de 1598 à 1755, Paris, [s.é.].

MURDOCH, Beamish (1865-1867), A History of Nova-Scotia, or Acadie, Halifax, J. Barnes, 3 volumes.

PARKMAN, Francis (1865-1892), France and England in North America, Boston, Little, Brown and Company, 7 volumes.

PICHON, Thomas (1760), Lettres et Mémoires pour servir à l'histoire Naturelle, Civile et Politique du Cap-Breton, depuis son établissement jusqu'à la reprise de possession de cette Isle par les Anglois en 1758, La Haye, chez Pierre Gosse.

PLESSIS, Joseph-Octave (1980), Cahiers de la Société historique acadienne, « Le journal des visites pastorales en Acadie de Mgr Joseph-Octave Plessis (Évêque de Québec) en Acadien, 1811, 1812, 1815 », vol. 11, n°s 1-3 (mars-juin-septembre).

POIRIER, Pascal (1874), Origine des Acadiens, Montréal, Eusèbe Senécal.

POIRIER, Pascal (1898), Le Père Lefebvre et l'Acadie, Montréal, C.O. Beauchemin & fils.

POIRIER, Pascal (1928), *Le parler franco-acadien et ses origines*, Québec, Imprimerie Franciscaine Missionnaire.

RAMEAU DE SAINT-PÈRE, Edme (1859), *La France aux colonies. Études sur le développement de la race française hors de l'Europe*, Paris, A. Jouby.

RAMEAU DE SAINT-PÈRE, Edme (1877), *Une colonie féodale en Amérique. L'Acadie, 1604-1710*, Paris, Didier.

RAYNAL, (abbé) [Guillaume Thomas François Raynal] (1770), *Histoire philosophique et politique des établissements et du commerce des Européens dans les deux Indes*, Amsterdam, [s.é.], 6 volumes.

RAWLYK, George A. (1973), *Nova Scotia's Massachusetts. A Study of Massachusetts-Nova Scotia Relations, 1630-1784*, Montréal/Kingston, McGill-Queen's University Press.

REID, John G. (1981), *Acadia, Maine, and New Scotland. Marginal Colonies in the Seventeenth Century*, Toronto, University of Toronto Press.

RICHARD, Camille-Antoine (1960), « L'idéologie de la première convention nationale acadienne », Mémoire de maîtrise, Québec, Université Laval.

ROBICHAUD, D. (1980), « Le nationalisme acadien au XIXe siècle », Mémoire de maîtrise, Toronto, University of Toronto.

ROBIDOUX, Ferdinand J. (1907), *Conventions nationales des Acadiens. Recueil des travaux et délibérations des six premières conventions*, Shediac, Imprimerie du Moniteur Acadien.

ROY, Raymond (1975), « La croissance démographique en Acadie de 1671 à 1763 », Mémoire de maîtrise, Montréal, Université de Montréal.

ROY, Thérèse B. (1976), *Population totale et population acadienne des Provinces maritimes de 1871 à 1971*, Moncton, Centre d'études acadiennes.

SAUNDERS, Stanley Alexander (1984), *The Economic History of the Maritime Provinces*, 2e édition, Fredericton, Acadiensis Press.

SAVOIE, Alexandre J. (1978), *Un siècle de revendications scolaires au Nouveau-Brunswick, 1871-1971*, vol. 1 : *Du français au compte-gouttes, 1871-1936*, Edmundston, [s.é.].

SPIGELMAN, Martin S. (1975a), « The Acadian Renaissance and the Development of Acadian-Canadian Relations, 1864-1912. "Des frères trop longtemps séparés" », Thèse de doctorat, Halifax, Dalhousie University.

SPIGELMAN, Martin S. (1975b), « Race et religion. Les Acadiens et la hiérarchie catholique irlandaise du Nouveau-Brunswick », *Revue d'histoire de l'Amérique française*, vol. 29, n° 1, p. 69-85

TAYLOR, Martin Brook (1989), *Promoters, Patriots and Partisans. Historiography in Nineteenth-Century English Canada*, Toronto, University of Toronto Press.

THÉRIAULT, Léon (1980), « L'acadianisation de l'Église catholique en Acadie, 1763-1953 », dans Jean DAIGLE (dir.), *Les Acadiens des Maritimes. Études thématiques*, Moncton, Centre d'études acadiennes, p. 293-369.

THORTON, P.A. (1985), « The Problem of Out-Migration from Atlantic Canada, 1871-1921 : A New Look », *Acadiensis*, vol. 15, n° 1, p. 3-34.

TRÉPANIER, Pierre, et L. TRÉPANIER (1979), « Rameau de Saint-Père et le métier d'historien », *Revue d'histoire de l'Amérique française*, vol. 33, n° 3, p. 331-355.

TRÉPANIER, Pierre, et L. TRÉPANIER (1980), « Rameau de Saint-Père et l'histoire de la colonisation française en Amérique », *Acadiensis*, vol. 9, n° 2, p. 40-55.

VACHON, G.-A. (1968), « Primitifs canadiens », *Études françaises*, vol. 4, n° 1, p. 57-65.

WADE, Mason (1942), *Francis Parkman. Heroic Historian*, New York, Viking Press.

WEBSTER, J. Clarence (1933), « The Classics of Acadia », *Report of the Annual Meeting* [Journal of the Canadian Historical Association], vol. 12, n° 1, p. 5-12.

WHITELAW, William Menzies (1966), *The Maritimes and Canada before Confederation*, 2ᵉ édition, Toronto, Oxford University Press.

WINDSOR, K.N. (1970), « Les ouvrages historiques au Canada jusqu'à 1920 », dans Carl F. KLINCK (dir.), *Histoire littéraire du Canada. Littérature canadienne de langue anglaise*, Québec, Presses de l'Université Laval, p. 259-307.

WINTHROP, John (1790), *A Journal of the Transactions and Occurrences in the Settlement of Massachusetts and the other New England Colonies, from the year 1630 to 1644*, Hartford, [s.é.].

L'émergence et le nationalisme

Roger Ouellette

C'est au Parti acadien, parti politique exceptionnel à bien des égards dans l'histoire contemporaine du Nouveau-Brunswick – par sa composition, son projet, son idéologie –, que ce texte est consacré. Ce parti, qui voit le jour en 1972, aura été le produit de la désaffection de la jeunesse acadienne à l'égard des discours culturels et politiques traditionnels, de la crise d'autorité qui frappe les élites en raison de leur incapacité à assumer une modernité qu'elles jugent trop audacieuse, des nouvelles revendications culturelles et linguistiques et de l'effervescence ouvrière exacerbée par la crise économique et la montée du chômage. L'auteur rappelle tout d'abord les conditions qui mèneront à la création du Parti acadien ainsi que les réactions que soulève une organisation politique dont la nouveauté du projet la distingue radicalement de l'action politique menée jusque-là par les formations traditionnelles – particulièrement sur la question acadienne. Remontant ensuite en amont du nationalisme acadien, il en rappelle les sources historiques et, s'arrêtant à la conjoncture qui vit la naissance du Parti acadien, il montre, d'une part, ce que le projet politique autonomiste pouvait signifier de rupture avec les revendications acadiennes telles qu'elles avaient été portées jusque-là par les élites traditionnelles et, d'autre part, les conflits que ce même projet a pu entraîner tant sur la scène politique provinciale qu'au sein des membres du Parti acadien bientôt divisés entre le nationalisme ethnique, libéral ou conservateur, la social-démocratie et un socialisme marxiste.

L'émergence

Le contexte

Les décennies 1960 et 1970 voient le développement d'un nouveau discours en Acadie, celui de jeunes intellectuels qui s'opposent à l'élite traditionnelle issue des collèges classiques (Hautecœur, 1975 : 22-23). En 1960, l'establishment acadien veut renouveler son discours et « concilier neutralisme traditionnel et engagement moderne ». C'est vers les cousins du Québec que les regards se tournent. Mais en 1960, le Québec est en train de vivre sa Révolution tranquille. L'époque de la Grande Noirceur du régime Duplessis est révolue. « On comprend alors combien ce virage dans les orientations de la société québécoise put faire frémir l'élite traditionnelle » (Hautecœur, 1975 : 158).

Cette élite voit d'un mauvais œil la Révolution tranquille québécoise. Elle, traditionnelle, s'emploie à calquer son discours nationaliste sur celui de la société canadienne. Elle adopte l'idéologie fédéraliste, la trouvant davantage sécurisante que l'idéologie indépendantiste qui constitue une menace pour les valeurs traditionnelles de l'Acadie (Ibid. : 166-167). Il en va tout autrement pour certains jeunes intellectuels acadiens qui y trouvent une source d'inspiration (Ibid. : 167).

Face à une désaffection des jeunes intellectuels, la Société nationale des Acadiens[1] lance en 1966 l'idée d'un Ralliement de la jeunesse acadienne, dans le but de les sensibiliser à la cause nationale. Il s'agit à la fois d'une entreprise de séduction et de recrutement auprès des jeunes susceptibles d'assurer une relève à l'élite traditionnelle. Sur ce plan, le ralliement sera un échec. Cependant, cette rencontre permettra aux jeunes de critiquer sévèrement le discours et le comportement de leurs aînés (Ibid. : 204). De plus, c'est aussi pour eux l'occasion de briser le monolithisme idéologique du discours officiel (Ibid. : 314). Cette critique de la société et de l'élite traditionnelle, amorcée en 1966, aura très rapidement des répercussions.

En 1968, un premier conflit éclate. Une grève des étudiants de l'Université de Moncton qui protestent contre une hausse des frais de scolarité prend de l'ampleur, pour déboucher sur une critique de la société globale néo-brunswickoise[2]. Le débat se déplace et les étudiants s'attaquent à l'unilinguisme anglais de la ville de Moncton. Ils exigent l'application immédiate des recommandations du Rapport Laurendeau-Dunton qui prône l'instauration au Canada du bilinguisme et du biculturalisme par la reconnaissance de deux nations ainsi que de l'anglais et du français comme langue officielle.

En 1969, les manifestations reprennent à l'université. Cette fois-ci, elles sont dirigées contre les institutions acadiennes. L'Université de Moncton sera au centre de la critique et des revendications des étudiantsqui occupent le pavillon central et qui demandent la démission du recteur et du conseil exécutif. Les positions vont rapidement se durcir. Nous assistons à un affrontement entre l'*establishment* acadien et les jeunes intellectuels, qui sera suivi d'une période de répression.

---

1. NDE : La Société nationale l'Assomption a été fondée en 1881, pour devenir en 1957 la Société nationale des Acadiens. Cette société se nomme désormais la Société nationale de l'Acadie depuis 1992.

2. Pour un compte rendu exhaustif de ces événements, voir le chapitre III de Ouellette (1982).

Le Département de sociologie de l'Université de Moncton, d'où émane, selon l'élite traditionnelle, la critique et la contestation des institutions acadiennes, sera fermé, et ses professeurs et ses étudiants renvoyés (Ouellette, 1982 : 267). La purge s'étendra aux membres du personnel de l'Office national du film, de Radio-Canada et de L'Évangéline, suspectés de collusion avec les contestataires, ainsi qu'à certains « étrangers » œuvrant à l'université (Ibid. : 257). Décidée à en finir avec ses opposants, la vieille garde tentera de débusquer les contestataires dans tous leurs lieux de retranchement. Pendant ce temps, L'Évangéline, dans un éditorial anonyme du 24 juin 1970, reproche vivement aux gouvernements de subventionner les activités des détracteurs du discours de l'élite traditionnelle (cité dans Hautecœur, 1975 : 191).

La marge de manœuvre des jeunes intellectuels acadiens est très étroite. D'une part, ils vivent dans une communauté dirigée d'une main de fer par une élite qui accepte mal le pluralisme. D'autre part, ils font partie de la société globale néo-brunswickoise, dont la scène politique et l'appareil étatique sont dominés par les anglophones. De plus, avec la centralisation administrative découlant du programme Chances égales pour tous du gouvernement Robichaud, instauré au moment de l'accroissement de l'urbanisation, les jeunes Acadiens ne peuvent plus prétendre, comme leurs aînés, fonctionner en marge des anglophones. L'époque de l'isolement et de l'autonomie est révolue. Les jeunes Acadiens sont dorénavant dans l'obligation de côtoyer les anglophones et d'entrer en compétition avec eux. Dans cette perspective, la mise sur pied d'un parti politique devient, dans l'esprit de certains, une nécessité.

La nécessité d'un parti acadien

Si l'Université de Moncton a été le centre de vives contestations, ce n'est pas de là que sera lancée l'idée de la création d'un parti politique acadien. Le projet émanera plutôt du Collège de Bathurst. Le nord-est du Nouveau-Brunswick est, au début des années 1970, durement touché par la crise économique et le chômage. Cette situation difficile est à l'origine d'importantes manifestations de chômeurs qui débouchent sur des confrontations violentes avec les forces de l'ordre. C'est dans ce climat de revendication sociale que naît, en 1970, le projet d'un parti politique acadien. Véhiculée tout d'abord par André Dumont, cette idée sera développée durant l'année 1971 par un comité de sept personnes : André Dumont, Jacques Fortin, Euclide Chiasson, Arthur-William Landry, Donald Poirier, Lorio Roy et Armand Roy (Godin, 1983 : 34). Grâce au travail de ce groupe de jeunes intellectuels regroupés principalement autour du Collège de Bathurst, ce projet fait rapidement son chemin et, dès le 6 février 1972, le Parti acadien est mis sur pied. Un exécutif provisoire est formé, dirigé par Euclide Chiasson, un jeune professeur de philosophie. Il a pour mandat l'organisation d'un congrès de fondation du parti dans les prochains mois. Le 11 novembre 1972, le Parti acadien voit officiellement le jour à Bathurst et Euclide Chiasson en devient le premier président et chef. Il aura comme successeurs Jean-Pierre Lanteigne en 1975, Donatien Gaudet en 1979 et Louise Blanchard en 1981.

Les fondateurs du Parti acadien veulent offrir à la communauté acadienne une alternative aux deux partis politiques traditionnels, le Parti libéral et le Parti conservateur, qu'ils considèrent comme étant aux mains des anglophones et de l'*establishment*. Le nouveau parti sera donc spécifiquement dédié à la communauté acadienne et aux travailleurs.

La nécessité de créer le Parti acadien est aussi pour ses fondateurs un constat d'échec de la politique de bonne entente prônée par l'élite traditionnelle. Le régime de Louis Robichaud (1960-1970) symbolise pour eux cet échec, d'où, dans leur esprit, l'obligation d'envisager d'autres avenues. Le chef du Parti acadien, Euclide Chiasson, dans une critique sévère à l'endroit du régime Robichaud, exprime le sentiment de révolte qui anime la lutte des jeunes intellectuels contre les institutions acadiennes et la société globale néo-brunswickoise (Godin, 1972 : 73). Cette attaque virulente contre le premier ministre Robichaud, qui est pour l'élite traditionnelle le symbole, voire la preuve tangible de la bonne entente entre les deux communautés, peut être interprétée comme une condamnation et un rejet sans équivoque de l'*establishment* acadien et de sa vision des choses.

Voilà, pour certains jeunes Acadiens, des motifs plus que suffisants pour mettre sur pied une formation politique qui sera le catalyseur de l'opposition à l'ordre établi et le définisseur d'un nouveau projet de société.

Les réactions

L'arrivée sur la scène politique d'un nouvel acteur prêt à en découdre avec l'ordre établi ne passe pas inaperçue. Les réactions iront de l'expectative à la condamnation pure et simple.

Pour l'ex-premier ministre du Nouveau-Brunswick, Louis Robichaud, le Parti acadien est voué à l'échec. Il ajoute que ses fondateurs « perdront leur temps, leur argent et leurs efforts et ils seront bientôt désillusionnés[3] ».

---

3. *L'Évangéline*, 9 février 1972, p. 3.

Le quotidien *L'Évangéline* ne lui est guère plus favorable. Pour l'éditorialiste Claude Bourque, le Parti acadien « rêve en couleurs ». Et il précise qu'il « ne peut pas accepter comme valable et saine l'alternative politique que propose le Parti acadien[4] ». Même son de cloche dans la page éditoriale du *Moncton Transcript*. Pour ce journal, le nouveau parti n'a pas sa raison d'être, dans une province où les francophones sont minoritaires. Le Parti acadien pourrait avoir pour effet de diminuer l'élan de tout le peuple acadien au lieu de faire avancer sa cause. L'éditorial conclut que des mesures équitables de bilinguisme et un effort pour mettre fin au chômage dans le nord de la province pourraient laisser le Parti acadien sans circonscription[5].

La syndicaliste acadienne Mathilda Blanchard ne prédit pas non plus un avenir radieux au Parti acadien. Selon elle, « avec un nom comme Parti acadien, ils ne dépasseront jamais le campus du Collège de Bathurst ». Somme toute, pour celle qui a été le leader des manifestations de chômeurs du Nord-Est au début des années 1970, « les membres du Parti acadien sont un groupe d'idéalistes qui n'ont pas vraiment les pieds à terre[6] ».

Le premier ministre Richard Hatfield tient pour sa part des propos plus nuancés à l'endroit des fondateurs du Parti acadien. Selon lui, « leur succès ou leur faillite sera déterminé par la démocratie[7] ».

Le lieutenant francophone du premier ministre Hatfield, ministre des Finances de l'époque, adopte lui aussi une position modérée. Selon Jean-Maurice Simard, un parti politique acadien ne peut résoudre les problèmes de la minorité francophone du Nouveau-Brunswick. La seule solution, c'est de faire participer celle-ci à l'intérieur des deux principaux partis politiques – le Parti libéral et le Parti conservateur – afin de permettre par exemple la nomination d'un plus grand nombre de ministres francophones au sein du Cabinet provincial. Le ministre Simard ajoute que la situation acadienne ne peut se comparer à celle du Québec, où les francophones sont majoritaires. Un parti nationaliste francophone ne pourra jamais à son avis prendre le pouvoir au Nouveau-Brunswick, même si tous les francophones lui donnaient leur appui[8].

De son côté, la Société des Acadiens du Nouveau-Brunswick[9] semble plus compréhensive. Pour Hector Cormier, son secrétaire général, la créa-

---

4. *L'Évangéline*, 23 novembre 1972, p. 6.
5. *The Moncton Transcript*, 8 février 1972, p. 9.
6. *L'Évangéline*, 23 novembre 1972, p. 6.
7. *L'Évangéline*, 9 février 1972, p. 3.
8. *The Moncton Transcript*, 29 janvier 1972, p. 14.
9. NDE : Aujourd'hui la Société des Acadiens et Acadiennes du Nouveau-Brunswick (SAANB).

tion du Parti acadien traduit un « certain malaise » dans la province, une réaction à ce que les Acadiens obtiennent des partis existants. De plus, il note que ce peuple est très peu représenté dans les rangs de la haute fonction publique provinciale[10].

Pour leur part, le Nouveau Parti démocratique (NPD) et le Parti libéral s'inquiètent de l'arrivée sur la scène politique provinciale d'un parti « ethnique ». Selon le chef du NPD, Albert Richardson, la formation du Parti acadien aura pour principal inconvénient la rupture des liens entre les deux communautés linguistiques de la province. Il ne serait pas approprié, à son avis, de se regrouper dans notre société en partis ethniques[11]. De son côté, le chef du Parti libéral, Robert Higgins, se dit heureux d'apprendre que le chef du Parti acadien, Euclide Chiasson, n'a pas l'intention de former un parti politique sur une base ethnique[12].

À l'extérieur du Nouveau-Brunswick, le Parti québécois voit d'un bon œil la création du Parti acadien. Le journal péquiste *Montréal-Matin* soutient qu'il était temps « que les Acadiens élargissent leurs cadres d'action et sortent des salles paroissiales, des cadres académiques et des pèlerinages de vie française, pour se lancer à la conquête des charges publiques[13] ». Toutefois, René Lévesque, chef du Parti québécois, bien que favorable à la cause acadienne, commente de la manière suivante les propos pessimistes de l'ex-premier ministre Robichaud sur les chances de succès du Parti acadien : « Qui vivra verra... bien que l'émiettement et le conditionnement terrible de la population acadienne risquent fort, hélas, de donner raison au cynique vétéran libéral[14] ».

L'entrée en scène du Parti acadien sur l'échiquier politique du Nouveau-Brunswick provoque donc surtout des réactions négatives. Les plus virulentes viennent de l'*establishment* anglophone et de l'élite traditionnelle, ceux-là mêmes qui constituent les principales cibles des critiques du Parti acadien. L'attitude de Mathilda Blanchard est cependant plus difficile à comprendre. Ses liens reconnus avec le Parti conservateur et son côté populiste peuvent peut-être expliquer sa réaction à l'égard d'un nouveau tiers parti fondé par un groupe de jeunes intellectuels du Collège de Bathurst. Cela n'empêchera toutefois pas sa fille, Louise Blanchard, de devenir la chef du Parti acadien au début des années 1980 et, conséquemment, la première

---

10. *The Moncton Transcript*, 8 février 1972, p. 1.
11. *The Moncton Transcript*, 8 février 1972, p. 9.
12. *L'Évangéline*, 9 février 1972, p. 3.
13. *L'Évangéline*, 23 novembre 1972, p. 6.
14. *L'Évangéline*, 9 juin 1972, p. 5.

Acadienne à accéder à un tel poste. Son fils, Michel Blanchard, briguera également à plusieurs reprises les suffrages sous la bannière du Parti acadien.

D'autre part, l'appréhension du NPD et du Parti libéral à l'endroit du Parti acadien est tout à fait compréhensible. Le NPD ne peut que s'inquiéter de voir arriver sur la scène politique un autre tiers parti dont le discours politique est marqué par un net penchant pour les questions de justice sociale. Le Parti libéral doit dorénavant rivaliser avec un parti politique dont l'électorat privilégié est la communauté acadienne, risquant ainsi de miner l'appui indéfectible que celle-ci accorde aux libéraux depuis le début du XXe siècle.

L'attitude modérée du Parti conservateur peut s'expliquer de plusieurs manières. Au contraire du Parti libéral, ce parti est très peu implanté dans la communauté acadienne. Le fractionnement du vote acadien par la présence du Parti acadien peut lui être favorable. D'ailleurs, comme nous le verrons plus loin, le gouvernement Hatfield facilitera, à l'occasion des élections provinciales de 1974, la reconnaissance officielle du Parti acadien.

Le nationalisme

Le nationalisme a toujours suscité l'intérêt et la passion en Acadie : il en allait de la survie et de l'épanouissement de la communauté acadienne en tant que collectivité. C'est pourquoi divers groupes ont, à un moment ou un autre de l'histoire, défendu des thèses nationalistes. Le discours du Parti acadien s'inscrit dans ce courant, dont l'origine remonte à la fin du XIXe siècle.

Le poids du passé

C'est à Memramcook, en 1881, qu'a lieu la première Convention nationale acadienne. Les « définisseurs » du discours nationaliste sont à cette époque des membres du clergé et des professionnels, issus pour la plupart des collèges classiques. L'idéologie qu'ils formulent valorise le passé, le religieux et la vie rurale, reflétant en cela les valeurs de la société de l'époque.

La valorisation du passé est un moyen d'accepter « la situation pénible du présent et de surmonter les obstacles difficiles de l'avenir » (Richard, 1966 : 7). Les événements de la Déportation prennent dans cette perspective une dimension historique particulière. « C'est ainsi que la conjoncture historique a forcé en quelque sorte les leaders acadiens à privilégier le passé, à le glorifier, à le déifier » (Ibid. : 6).

La religion occupe une place importante dans le discours nationaliste de l'élite traditionnelle. Le passé « martyr » du peuple acadien s'y prête très bien. C'est dans l'au-delà et le divin que les Acadiens vont rechercher le réconfort et la sécurité. C'est d'ailleurs sous le prétexte de la distinction d'un patron religieux que s'opérera la différenciation entre le nationalisme acadien et le nationalisme canadien-français ou québécois. À l'instigation de Richard, les délégués du congrès de 1881 rejetteront saint Jean-Baptiste comme patron et choisiront plutôt la Vierge Marie. Certains slogans nationaux tels que « Dieu et langue à l'école » et « la langue gardienne de la foi » seront également adoptés à cette occasion.

Cette distinction entre les nationalismes acadien et canadien-français, ce courant « séparatiste » dont Richard est le « porte-drapeau » (Roy, 1978 : 145), trouve sans doute son origine dans l'ouvrage *Une colonie féodale en Amérique*, écrit en 1877 par un auteur français, Edme Rameau de Saint-Père. Celui-ci est le premier à introduire dans l'historiographie acadienne le mot *renaissance* et à prédire pour le peuple acadien un destin « glorieux », « séparé » du peuple canadien-français. Une bonne part des énergies de l'élite traditionnelle acadienne sera par la suite drainée vers la réalisation de cet idéal. Ce nationalisme ne peut être qu'intrinsèquement conservateur, puisqu'il est « conçu comme un moyen d'assurer le mode de vie d'alors, de conserver la cohésion du groupe, ses valeurs et ses institutions, de consacrer en quelque sorte l'ordre établi » (Richard, 1966 : 9).

Le nationalisme sera très vivant de 1881 à 1937 et une dizaine de congrès nationaux contribueront à son animation. Mais de 1937 à 1955, c'est le silence. « Le nationalisme acadien entrait dans une nouvelle phase : on allait être amené graduellement à se remettre en question, à redéfinir ses positions, à chercher de nouvelles formules, d'où une crise de conscience qui caractérisa cette longue période » (*Ibid.* : 11). L'ancien nationalisme ne correspond plus à la nouvelle société qui prend place peu à peu. L'ère agricole cède de plus en plus le pas à l'industrialisation. C'est alors que le nationalisme acadien passe par une « crise de croissance nationale » (*Ibid.* : 12). Il faudra attendre les années 1960 avant qu'il y ait rupture avec le nationalisme traditionnel.

Les tentatives de renouveau

Les années 1960 sont marquées par la montée d'une nouvelle génération de jeunes intellectuels qui entreprennent la redéfinition du nationalisme acadien. Le Ralliement de la jeunesse acadienne de 1966 sera « la première tentative significative de reformuler le nationalisme acadien » (Hautecœur, 1971 : 261). Ce ralliement a pour objectif le rassemblement de la jeunesse francophone des Provinces maritimes et même du Canada, afin de jeter les bases d'un organisme pouvant concurrencer la vieille Société nationale des Acadiens.

Cette première tentative de rupture avec le nationalisme traditionnel ne sera pas entièrement couronnée de succès. Les jeunes s'attaquent à l'aspect le plus visible du nationalisme traditionnel – les symboles religieux. C'est ainsi que l'assemblée du ralliement recommande la folklorisation des signes patriotiques tels que le drapeau, l'hymne, la patronne et la fête nationale, et leur rejet en tant que symboles d'identité nationale. Toutefois, l'essence du nationalisme traditionnel – l'Acadie, le peuple acadien – demeure intacte (Ibid. : 262).

N'arrivant pas à formuler un discours nationaliste cohérent et percutant, les jeunes intellectuels dénoncent le nationalisme de l'élite traditionnelle, sans toutefois proposer une alternative. La jeunesse acadienne n'a pas encore atteint ce stade dans le développement de sa pensée. Mais le ralliement de 1966 n'est pas pour autant un échec : il permettra à ces jeunes de prendre conscience des problèmes auxquels l'Acadie est confrontée. De plus, ils prennent ainsi part pour la première fois au débat politique. Ils n'ont pas de programme politique structuré, mais ils sont habités par un sentiment de révolte et remettent en question tant les institutions de l'élite traditionnelle acadienne que celles des anglophones. La période 1967-1969 est marquée par plusieurs contestations. Il y a tout d'abord les événements de l'Université de Moncton : une grève des étudiants contre une augmentation des frais de scolarité débouche sur un conflit ouvert avec l'administration de l'université. Véritable fief de l'élite traditionnelle, celle-ci procède à une purge des éléments indésirables, étudiants et professeurs. Il y a ensuite la crise du bilinguisme dans la ville de Moncton, marquée par une lutte contre le maire Jones qui refuse de reconnaître les droits de la minorité acadienne de sa municipalité. Les jeunes vivent aussi durant cette période une crise d'identité. Sont-ils Acadiens, Canadiens, Canadiens français ou même anglophones ? Ils ne le savent plus très bien.

Au cours des années 1970, les intellectuels acadiens précisent le contenu de leur néonationalisme. Ils dénoncent la politique de bonne entente prônée par l'élite traditionnelle et parlent de territoire acadien, d'annexion au Québec, d'indépendance, etc. Ils renvoient dos à dos les élites acadiennes et anglophones, rejettent le nationalisme juridico-culturel de l'élite traditionnelle et penchent de plus en plus en faveur d'un nationalisme autonomiste (Hautecœur, 1971 : 264). Cependant, les aspects socioéconomique et politique ne sont pas au centre de leur problématique. Le néonationalisme des jeunes reste davantage influencé par le courant séparatiste de l'idéologie traditionnelle, qui sépare les destins de l'Acadie et du Québec. Quel discours développera le Parti acadien face à ces deux courants ?

La contribution du Parti acadien

Il faut tout d'abord répéter que ce n'est pas la question nationale qui a suscité la fondation du Parti acadien. À cet égard, il était même réticent face à l'idée de soutenir la création d'un territoire autonome acadien[15].

Lors du congrès de décembre 1973, Euclide Chiasson réaffirme que le Parti acadien n'est pas un parti nationaliste[16]. Le parti veut ainsi éviter le piège du nationalisme juridico-culturel et mettre l'accent sur la question sociale. Au congrès de novembre 1975, la question nationale revient sur le tapis, et il y a tentative de concilier le national et le social par le truchement du socialisme. Le Parti acadien adopte alors le principe de l'autonomie territoriale qui s'inscrit dans la perspective globale de l'orientation socialiste que le parti entend dorénavant suivre (APA, 1975 : 4-5). Cette tentative de réconciliation fera long feu. Au congrès de novembre 1976, l'exécutif provincial recommande en pratique le rejet du projet d'autonomie territoriale (APA, 1976 : 2-3). C'est alors qu'éclate une lutte entre les partisans du socialisme et les tenants du réformisme et du nationalisme. Il s'agit d'une querelle de factions entre gauchistes et sociodémocrates : la majorité des membres du parti demandent alors la tenue d'un congrès d'orientation pour le printemps 1977, afin de trancher le débat. Les tenants du socialisme, conscients de leur infériorité numérique, quitteront en bloc le Parti acadien quelques jours avant le congrès. Leur appartenance à la Ligue communiste (marxiste-léniniste) du Canada les aura conduits à utiliser la ligne de pensée de celle-ci pour analyser et critiquer le nationalisme autonomiste du Parti acadien (APA, 1977 : 7).

Lors du congrès d'orientation du printemps 1977, le parti veut donc réconcilier le national et le social et opte définitivement pour le nationalisme autonomiste. Le Parti acadien est dorénavant conscient que la question nationale ne saurait être séparée du domaine social. En conséquence, il se prononce en faveur de la création d'une province acadienne. Ce choix politique est dicté par quatre raisons principales : contrer l'union des provinces maritimes ; poursuivre les revendications du passé ; promouvoir la décentralisation et un pou-

---

15. L'Évangéline, 30 novembre 1973, p. 3.
16. L'Évangéline, 3 décembre 1973, p. 3

voir local effectif; refléter la réalité des deux communautés linguistiques du Nouveau-Brunswick (APA, 1978 : 2-3). Ce projet de création d'une province acadienne constitue en quelque sorte une réaction à la domination socio-économique et politique de la communauté acadienne par les anglophones. Il répond aussi à la menace d'assimilation des Acadiens, qui pourrait prendre des proportions alarmantes advenant une union des Provinces maritimes.

Pour réaliser son projet de province acadienne, le Parti acadien s'est donné plusieurs objectifs. Il lui faut d'abord faire prendre conscience à la population acadienne de l'existence d'un territoire acadien qu'il lui appartient de gérer et de mettre en valeur. Les gouvernements du Nouveau-Brunswick et du Canada devraient fournir davantage de données sur le territoire acadien, et il faut que la fonction publique reconnaisse la notion d'acadianité. Le parti revendique le renforcement des effectifs francophones au sein de l'ensemble de la fonction publique, de même que la décentralisation des pouvoirs vers les régions acadiennes. Quant à la création proprement dite de la province acadienne, le Parti acadien, dans l'hypothèse de son élection, s'engage à organiser une consultation populaire auprès du peuple acadien (APA, 1979 : 6-7). En définitive, pour le parti, « il y a bien un *territoire acadien*, avec ses habitants et ses ressources, mais ce territoire n'est pas géré par des Acadiens ; il ne jouit d'aucune reconnaissance juridique ou constitutionnelle » (*Ibid.* : 2). Le travail que doit accomplir le Parti acadien pour réaliser la province acadienne est donc gigantesque. Les élections provinciales lui fourniront l'occasion de sensibiliser son électorat à ses idées.

Bibliographie

APA : Archives du Parti acadien (1975), « Un pays à construire », feuilles polycopiées, 16 novembre.

APA : Archives du Parti acadien (1976), « Le Parti acadien vous informe », feuilles polycopiées, novembre.

APA : Archives du Parti acadien (1977), « Le Parti acadien ou le socialisme », Manifeste d'un groupe de sécessionnistes du Parti acadien présenté à la presse le 25 avril.

APA : Archives du Parti acadien (1978), « Mémoire présenté à la Commission Pépin-Robarts », feuilles polycopiées, janvier.

APA : Archives du Parti acadien (1979), « La province acadienne – Dimension politique », congrès du Parti acadien, Programme proposé et adopté, feuilles polycopiées, avril.

Godin, Pierre (1972), *Les révoltés d'Acadie*, Montréal, Éditions québécoises.

GODIN, Rita (1983), «Le développement d'un tiers parti : le Parti acadien de son origine à 1982», Mémoire de maîtrise, Québec, Université Laval.

HAUTECŒUR, Jean-Paul (1971), «Variations et invariance de l'Acadie dans le néo-nationalisme acadien», *Recherches sociographiques*, vol. 12, n° 3 (septembre-décembre), p. 259-270.

HAUTECŒUR, Jean-Paul (1975), *L'Acadie du discours*, Québec, Presses de l'Université Laval.

OUELLETTE, Lise (1982), «Les luttes étudiantes à l'Université de Moncton : production ou reproduction de la société acadienne», Mémoire de maîtrise, Montréal, Université de Montréal.

RICHARD, Camille-Antoine (1966), «Nationalisme et néo-nationalisme : de la prise de conscience à la crise de croissance», Ralliement de la jeunesse acadienne, feuilles polycopiées (Centre d'études acadiennes, fonds Société nationale des Acadiens, 41.35-5.

ROY, Michel (1978), *L'Acadie perdue*, Montréal, Éditions Québec/Amérique.

Connaissance et politique :
quelques réflexions sur le développement de la sociologie en Acadie

Mourad Ali-Khodja

Écrit quelque quinze années après les événements de 1968-1969, ce texte propose une réflexion sur les rapports entre connaissance et politique dans l'Acadie du Nouveau-Brunswick et s'intéresse particulièrement à la place et au rôle qu'a joué la sociologie durant cette période et à ses transformations. Science alors récemment implantée, elle connut vers la fin des années 1960 un essor notable. S'appuyant sur des études pionnières, l'auteur montre comment, à la faveur du mouvement autonomiste et des transformations du champ sociétal acadien, seront jetées les bases à la « nationalisation » ou à l'« indigénisation » des discours de connaissance en Acadie. Par ailleurs, analysant les conditions qui ont présidé à la suspension des programmes du Département de sociologie et au licenciement des membres de son corps professoral en 1969, l'auteur considère que ce « coup d'arrêt » porté à la pratique sociologique ne visait pas autre chose que la neutralisation d'une science qui portait sur la réalité acadienne un regard radicalement nouveau totalement en porte-à-faux avec les discours privilégiés par les élites traditionnelles qui y voyaient un danger pour l'ordre social communautaire. Enfin, considérant que cette mise en échec de la sociologie dépasse de loin les événements qui l'ont provoquée, l'auteur souligne son inquiétude quant au rôle désormais dévolu aux sciences sociales en général et à la sociologie en particulier.

> *L'action scientifique ou gouvernementale est toujours élitaire, elle rencontre la culture silencieuse du nombre comme un obstacle, une neutralisation ou un dysfonctionnement de ses projets. Ce qui en est perceptible, c'est donc une « inertie » des masses par rapport à la croisade d'une élite. C'est une limite. Le « progrès » des clercs ou des responsables s'arrête sur les bords d'une mer. Cette frontière mobile sépare les hommes au pouvoir et « les autres ».*
>
> Michel de CERTEAU, *La culture au pluriel*

Les raisons d'une démarche

De la prolifération des mots, du bouillonnement des idées, de l'invention de pratiques nouvelles, on n'aura gardé des événements des années 1968 et

1969 que leur dimension spectaculaire parce que inédite dans leur forme d'expression (*sit-in*, occupation, etc.). Gestes infantiles d'une jeunesse en colère, iconoclaste et subversive croyait-on. *L'Acadie l'Acadie ?!?*, peinture réaliste et admirable d'une jeunesse révoltée qui nourrissait par ses actes autant l'espoir d'une vie à inventer que le désespoir et la rage d'avoir à crier une appartenance, aura, à bien des égards, contribué à renforcer l'image survalorisée de ces faits. Nous sommes donc placés devant la nécessité d'accomplir un geste de rupture «avec le système de sens que cet événement [a eu] à charge d'ébranler» (Barthes, 1968 : 111). Par ailleurs, ces événements nous auront livré une polygraphie riche et complexe autant à leur amont qu'à leur aval. En définitive, ces faits ne sont-ils pas dans la restitution qui les a arrachés au temps, autres que ce que la pratique sociale les avait faits, autres que ce que les individus les avaient voulus? J'y reviendrai.

Mais il y a aussi les analyses qui depuis ont été publiées sur la période et sur celle qui a suivi. Dans leur grande majorité, ces textes retiennent de l'événement la formation et la trajectoire ascendante d'une nouvelle classe : une nouvelle petite bourgeoisie dont l'idéologie politique sera constituée par la redéfinition du discours nationaliste traditionnel en une sorte de nationalisme radical exigeant une redistribution du pouvoir et dont les étapes le mèneront, pour simplifier, d'un projet «révolutionnaire» à une démarche «intégrationniste», en passant par une pratique et une pensée d'inspiration autonomiste, sans oublier l'îlot marxiste-léniniste qui un temps abritera les militants dissidents du Parti acadien.

Cependant, du point de vue qui est le mien, et compte tenu de la rupture qu'il me fallait établir afin d'accéder à un autre registre d'explication de ces événements, je porterai un regard sur une question moins évidente et non moins importante de cette période de la fin des années 1960 et que je formulerai comme suit : dans les conditions économiques, politiques, sociales, culturelles et symboliques de l'époque ayant permis de jeter les bases d'une réflexion sociologique autonome, que peut-on dire, d'une part, des rapports qui s'établiront entre connaissance et politique et, d'autre part, quelles conséquences ces rapports ont pu avoir quant à l'établissement d'une discipline sociologique durable? En forçant les mots, ne peut-on pas risquer une esquisse de la conjoncture épistémologique? Question ardue et considérable dont mon texte, on s'en doute bien, n'abordera que certains aspects.

Les réponses que je proposerai introduisent, je le crois, une interrogation non orthodoxe sur les événements en question, car elles n'ont pas la prétention de produire une explication univoque de ces événements, mais elles n'interpellent parmi les écritures multiples[1] que voit naître cette période que l'une des plus significatives d'entre elles : le discours sociologique. Cela dit, tant de textes écrits qui dans leur pertinence même ne soulèvent que le coup d'arrêt qui mettra fin à l'établissement de la discipline sociologique[2] : le licenciement de quatre professeurs, l'expulsion des étudiants impliqués, ainsi que la fermeture du département. Invoquer et rappeler ces faits bruts sans plus ne nous éclaire nullement sur leur signification, ils ne sont qu'un aboutissement. De surcroît, s'arrêter à ces seuls faits renforce l'image combien surfaite et biaisée du sociologue barbu, chevelu, troquant à l'occasion ses concepts pour des grenades et donc toujours/déjà potentiellement terroriste ! Il me faut résolument emprunter d'autres avenues. Jean-Paul Hautecœur avait, par la force des choses, soulevé et traité cette question et, plus près de nous, seuls Michel Roy (1978, 1981), Joseph Yvon Thériault (1981) et Murielle Belliveau (1984) abordent explicitement le problème de la constitution de discours de connaissance autonomes en Acadie, le rôle et la place de la figure de l'intellectuel moderne qui surgit dans cette période. Autant reconnaître la difficulté de mon projet.

Position du problème

Les quelques réflexions que je formule ici n'ont qu'une valeur relative dans la mesure où elles ne visent qu'une mise à l'épreuve d'une démarche par ailleurs plus vaste. Ces réflexions s'articuleront autour des deux hypothèses qui suivent.

En tenant compte des transformations de la structure sociale survenues dans les années 1960 articulées autour des interventions de l'État dans l'espace néo-brunswickois, on assiste aux effets suivants :

1) Une régionalisation de l'espace social acadien qui désamorcera peu à peu un mouvement social en faisait éclater ses revendications et son projet social en pratiques de résistances multiples, les inscrivant progressivement dans une logique inéluctable de gestion politico-administrative de l'ethnicité. En d'autres termes, la dilution rapide du contenu critique des

---

1. C'est Hautecœur qui, dans un texte postérieur à *L'Acadie du discours*, parle de « multiplication des écritures » dans « Du totémisme nationalitaire au fétichisme nationaliste, au meurtre sacrificiel : une interprétation du nationalisme acadien », texte d'une conférence prononcée lors du Colloque international sur l'Acadie, tenu à l'Université de Moncton en mai 1978. [NDE : Ce texte est reproduit dans la présente anthologie.]
2. Il faut toutefois signaler la recherche qu'a menée Ouellette (1982).

catégories nationalitaires entraînera leur réinscription dans la logique intégrative de l'État.

2) La production dans une période extrêmement courte de modes de pensée nouveaux qui procéderont à ce que je pourrais appeler la nationalisation des discours en sciences sociales. Je m'explique. J'entends, par nationalisation, le processus par lequel l'Acadie sera constituée en tant qu'objet sociologique selon des procédures scientifiquement admises à l'intérieur de cadres institutionnels donnés dans des conditions économiques, sociales et politiques données. Je m'intéresserai à cette deuxième dimension pour en envisager l'aspect épistémologique dans ses rapports avec le politique, ou plus précisément le pouvoir, et ses prolongements actuels. Je n'ai nulle autre prétention que d'actualiser une réflexion qu'avait inaugurée Hautecœur (1971, 1975, 1976, 1977)[3] en cernant les paramètres essentiels qui structuraient alors le champ de la connaissance sociologique.

On voit ici la nature des enjeux que soulève le problème. J'essaierai malgré tout de jeter un regard nouveau non seulement sur les faits proprement dits, mais surtout sur la capacité de cerner et de comprendre des pratiques de connaissance, lesquelles, toujours selon des modalités spécifiques, produisent théoriquement ces faits. Les caractéristiques de ces derniers ne sont évidemment jamais réductibles à celles des premières. Aussi, selon les conditions qui président à leur émergence, la spécificité de leur démarche – positions épistémologiques, choix théoriques, types d'objets privilégiés, etc. – et les pratiques de connaissance n'épousent pas le moule vivant des faits. En portant les faits sociaux dans les espaces de l'objectivité scientifique, espaces toujours habités par le pouvoir, les pratiques de connaissance s'inscrivent en principe dans un mouvement contraire au réel, n'en suivent pas pour ainsi dire les méandres, et la seule garante de leur souveraine trajectoire demeure l'autonomie fragile qui socialement les instaure.

S'il existe dans le champ scientifique une discipline dont la constitution, l'affirmation et le développement ont toujours été problématiques, c'est bien la sociologie. Non comme peut la percevoir la vision vulgaire que j'évoquais il y a un instant, mais pour les raisons intrinsèques qui fondent sa raison d'être. En regard des éléments qui structurent sa pratique, sa vocation essentielle demeure l'objectivation des conditions de production des rapports sociaux, la mise à jour des mécanismes cachés qui les sous-tendent et de la dynamique sociale qui les fait exister. On peut comprendre qu'elle

---

3. Ainsi que le texte cité en note 1.

a pour effet de placer les acteurs sociaux et, en particulier, tous les tenants du pouvoir en état de désenchantement, comme le rappelle Bourdieu :

> À travers le sociologue, agent historiquement situé, sujet social socialement déterminé, l'histoire, c'est-à-dire la société dans laquelle elle se survit, se retourne un moment sur soi, se réfléchit ; et, par lui, tous les agents sociaux peuvent savoir un peu mieux ce qu'ils sont, et ce qu'ils font. Mais cette tâche est précisément la dernière qu'aient envie de confier au sociologue tous ceux qui ont partie liée avec la méconnaissance, la dénégation, le refus de savoir, et qui sont prêts à reconnaître comme scientifiques, en toute bonne foi, toutes les formes de discours qui ne parlent pas du monde social ou qui en parlent sur un mode tel qu'ils n'en parlent pas. (Bourdieu, 1982 : 29)

On comprendra que les conditions d'autonomie du discours sociologique demeurent constamment (re)mises en question, et ce, d'autant que sa constitution est récente. Dans des conditions normales de développement du discours sociologique s'établissent donc des rapports implicites, explicites et, dans tous les cas, nécessaires entre connaissance et politique (Fournier et Maheu, 1975). En Acadie, et compte tenu des conditions socio-historiques qui ont produit la minorisation de cette société dans un ensemble sociétal plus vaste, ces rapports feront de la connaissance et de l'institution (Ouellette, 1982 : 49-52) qui l'abrite le lieu par excellence de condensation des conflits et des oppositions sociaux, de leur traitement, de leur déplacement, de leur résolution comme de leur irrésolution. L'Université sera également voulue comme miroir tranquille de l'unité de la société et de ses membres, perpétuellement réconciliés, et ce, quelles que soient les appartenances de classe et la constellation des positions sociales des acteurs sociaux. Ces rapports prendront des proportions proprement problématiques brisant en permanence l'exigence d'autonomie qui caractérise toute démarche rigoureuse. Les conséquences de cet état de choses seront nombreuses et les effets les plus notables impliqueront l'éclatement du champ de connaissance nouvellement constitué avec, à plus long terme, de grandes difficultés à une réélaboration et un développement de la sociologie.

De l'idéologie à l'idéologie

Penchons-nous à présent sur la conjoncture qui a vu naître et s'élaborer les éléments de ce qui aurait pu se constituer comme discipline sociologique durable et mesurons ensuite les conséquences.

Dans un article, aujourd'hui classique, dont l'objet était de dresser un bilan des études acadiennes, Marc-Adélard Tremblay avouait devant l'envergure de la tâche une quasi-impossibilité d'atteindre complètement ses objectifs. Il invoquait alors, et non sans raison, l'extrême dispersion de la « nation acadienne » (Tremblay, 1962 : 146) au plan géopolitique et il constatait une pénurie de travaux à caractère scientifique. « Nous sommes, ajoutait-il, à la période des premiers balbutiements. » Il notait par ailleurs dans son évaluation des travaux deux sources d'inspiration : « [...] les premiers d'inspiration idéologique plus ou moins consciente et affichée ; les seconds à caractère plus scientifique où les explications sont élaborées à partir de faits d'observation recueillis scientifiquement » (Ibid. : 156).

Si cette observation, voilà vingt-deux ans, valait dans sa simplicité son pesant d'objectivité, je crains qu'aujourd'hui elle ne soit insuffisante pour quiconque essaie d'interpréter ou de comprendre la production sociologique en Acadie depuis cette date. Est-il besoin de rappeler que ce texte date de la période au cours de laquelle, ici et ailleurs, des questionnements et des réponses nouveaux mûriront et surgiront, brouillant et l'apparente sérénité de la scène politique néo-brunswickoise et la certitude tenace et combien réelle qu'avait l'élite traditionnelle de détenir la vérité. Décennie cruciale dont le mouvement des étudiants en exprimera toute l'ampleur. Il reviendra à Hautecœur d'avoir magistralement montré à la fois les lieux de rupture, l'immense travail de déconstruction du mythe Acadie, mais dans le même temps sa réinstauration. Ce double mouvement exige qu'on aborde l'observation de Tremblay sous un autre angle, en soulignant ce que ne pouvait prévoir son jugement quant à ses conceptions du travail scientifique.

Cette phrase de Tremblay, anthropologue combien familier des communautés acadiennes[4], m'intéresse au plus haut point. C'est, d'une part, une preuve tangible de l'hypothèse que j'essaie d'expliciter, mais aussi elle indique, si je puis dire, un ratage quant à la conception qu'a l'auteur du rapport existant entre l'idéologie et la science. Le ratage en question ne lui permettant pas de comprendre que dans le temps justement où commencent à s'élaborer des démarches rigoureuses, elles ne se constituent pour ainsi dire que dans ce qu'il appelle l'idéologie, à la seule réserve près que je n'identifie pas l'idéologie et ses manifestations à l'erreur et que, d'autre part, je ne crois pas, et ce, quelle que soit l'irréductibilité du champ scientifique au champ social, à la capacité d'une discipline de s'autofonder sans rapport aucun avec le milieu sociohistorique qui la porte. La ligne de démarcation – l'idéologique versus le scientifique – que Tremblay établissait alors a fait place à des formes complexes de différenciation des discours de connais-

---

4. Voir ses articles les plus importants sur l'Acadie dans Tremblay et Gold (1973).

sance selon une évolution non linéaire et encore moins progressive. Nous en verrons plus loin les raisons. Ces discours seront induits par les modifications et les transformations des rapports sociaux et surtout des conditions d'élaboration et de structuration d'une nouvelle objectivité sociale, mais non moins idéologique que la précédente. Le résultat en sera le processus complexe de l'indigénisation de la sociologie.

La difficile indigénisation

Il reviendra à Camille-Antoine Richard (1960, 1964, 1969a, 1969b[5]) d'amorcer une réflexion qui tirait sa force et sa raison d'être à la fois des exigences rigoureuses de la pratique sociologique, mais aussi des impératifs de l'action idéologique et politique. Par son rôle tant universitaire que politique (Hautecœur, 1975 : 195-245), il inaugure un nouveau rapport avec l'Acadie. Ces réflexions jetaient les bases d'une nationalisation de la sociologie. Toute sa pratique sera tournée vers un projet d'émancipation constamment nourri de ses analyses concernant la crise ouverte de la culture. Premier professeur au Département de sociologie, il écrira quelques mots après les événements de 1969 :

> L'Université, de par la nature même de ses fonctions de réflexion, de créativité et de transmission de la connaissance, constitue en notre époque en quête de finalité un instrument privilégié de participation dans un projet de reconstruction d'une culture. (Richard, 1969b : 36)[6]

Quand et comment reconnaît-on qu'une discipline a une base nationale ?

> la sociologie a une base nationale lorsqu'elle s'institutionnalise autour d'un enseignant académique et d'activités de recherches regroupés dans des instituts reconnus comme tels : lorsqu'elle permet la production de résultats de recherche tant théoriques qu'empiriques qui prennent en compte les problèmes de la société dans laquelle elle émerge. (Saint-Pierre, 1980)

Je parlais peu avant de la fulgurante mais difficile maturation de la sociologie acadienne à la fin des années 1960. Le fait est indéniable. Dans un rapport de la Canadian Sociology and Anthropology Association datant de

---

5. NDE : Ce texte de Richard (1969b) est reproduit dans la présente anthologie.
6. Par ailleurs, le lecteur pourra consulter un texte datant de septembre 1965, mais rarement cité, dans lequel l'importance des sciences humaines et leur dimension critique sont clairement affirmées : Rachel P. Richard et Camille-Antoine Richard (1965), « Économie d'abondance et aliénation de l'homme », *Revue économique*, vol. 3, n° 2, p. 22-25.

septembre 1970 et portant sur l'état de ces disciplines, il est noté l'importance du département de sociologie. Quelque 70 étudiants étaient inscrits au baccalauréat et 9 étudiants, au programme de maîtrise (Connor et Curtis, 1970 : 81-83). Il faut par ailleurs relever les nombreuses activités de recherche des professeurs du département dont les publications sont un signe probant (Hautecœur, 1975 : 277).

À ce point de ma démonstration, je trouve utile de présenter brièvement le contenu d'une recherche ou plus précisément les préalables théoriques d'une réflexion menée par un sociologue alors membre de l'Université de Moncton. J'expliquerai ensuite les raisons qui ont guidé mon choix.

Un exemple : Alain Even

Alain Even (1970) produira dans cette conjoncture une analyse qui ne sera pas sans avoir des prolongements dans la pratique, puisqu'il inspirera un moment la réflexion des autonomistes acadiens. Des concepts nouveaux apparaissent et deviennent les outils privilégiés de la connaissance des Acadiens : domination, dépendance, paupérisation, socialisme, autogestion, autonomie, indépendance (Hautecœur, 1975 : 277, 293-303).

Quelle est la thèse de Even ? Empruntant une démarche théorique d'un éclectisme irritant pour justifier son approche non quantitative du développement, il voulait démontrer :

> que les blocages socio-culturels sont la principale entrave au développement économique. En effet, il nous semble qu'en cette matière l'explication économique est insuffisante. Aucune des variables socio-culturelles ne devra être négligée afin de déterminer en toute connaissance de cause les véritables blocages qui ont freiné et freinent encore le développement de la région, qu'il s'agisse de phénomènes naturels, historiques, culturels, sociaux ou économiques. (Even, 1970 : 29)

Je ne m'attarderai pas ici à rendre compte des problèmes qu'a étudiés Even : il suffira de préciser que sa thèse constitue une monographie exhaustive à deux niveaux ; d'une part, celle d'une région du Nouveau-Brunswick, d'autre part, de la province et de sa place dans l'ensemble canadien. Inutile d'affirmer que les données recueillies et analysées par l'auteur révélaient l'extrême pauvreté et le profond dénuement des populations acadiennes.

En tant qu'il amorçait une sorte de rupture dans l'analyse de la société acadienne, il me paraît plus intéressant de discuter de son approche théorique et de ses incidences. Il envisage la société acadienne comme une société traditionnelle ; reprenant l'analyse faite par Raymond Barre des pays du tiers-monde, il opère un glissement et applique cette approche à la société acadienne.

> Les structures sociales vont apparaître déséquilibrées et désarticulées, les institutions politiques inadaptées, les mentalités font que les hommes sont peu tournés vers l'avenir, l'innovation et le progrès, mais vivent en référence à un passé dont les schémas ne peuvent que freiner le changement. (*Ibid.* : 14)

Ajoutant que le concept de développement s'entend autant dans son sens économique que social, il précise : « [...] le changement économique doit s'accompagner d'une mutation culturelle allant aussi dans le sens d'un progrès » (*Ibid.* : 15).

Il ajoute et inscrit la notion de développement et de non-développement dans une perspective mondiale, en associant les régions qu'il analyse à une réalité internationale : les pays de l'hémisphère sud. Subrepticement s'introduit une analyse en termes de domination économico-culturelle, celle-ci trouvant sa source dans les rapports interethniques :

> autre approche plus sociologique, l'explication de certains phénomènes par une rivalité ethnique qui ressemble par bien des aspects à une lutte des classes. De même que l'on a pu dire que les pays sous-développés du 20e siècle ressemblaient étrangement à la classe prolétaire du 19e siècle, même certains groupes ethniques ont de véritables rapports de classe entre eux. L'analyse marxiste de la lutte des classes pourra nous aider à mieux saisir cette société dont l'élément déterminant semble être l'inégalité ethnique. (*Ibid.* : 33)

Le concept de lutte de classe situe le problème de la domination sur deux plans : rapports interethniques et rapports intra-ethniques. Les premiers semblent déterminants pour l'auteur ; quant aux seconds, son analyse permet d'appréhender le processus de différenciation sociale à l'œuvre dans le groupe acadien et la culture est loin d'être envisagée comme un ensemble homogène, puisqu'il montre clairement le pouvoir des élites traditionnelles leur incombant la responsabilité des blocages qu'il étudie (*Ibid.* : 191).

Even ne limite plus les problèmes à l'éclosion de valeurs nouvelles ou du moins il les appelle en escomptant un dépassement de la domination, domination d'une culture par une autre. Si la domination a des causes historique, démographique, économique et politique, son dépassement est lié à une réflexion sur la culture :

> C'est autour du concept de culture qu'il faut regrouper l'analyse. Si la domination politique ou économique est possible, c'est qu'une culture est dominée par l'autre et que de ce fait le fossé qui les sépare ne peut que se creuser, étant donné la déstructuration culturelle qui en résulte. (*Ibid.* : 430)

Even ne voit pas cette déstructuration comme une fatalité, mais en invoquant le concept de domination, il appelle du même coup et implicitement à la résistance à la domination :

> Si nous avons voulu montrer qu'une société pouvait vivre d'une culture freinant le développement, il nous resterait à montrer que cette résistance culturelle peut être dans certains cas le refus d'une certaine colonisation. (Ibid. : 432)

L'opération de délocalisation dans la définition des mécanismes de l'identité est sans aucun doute le caractère le plus original de cette recherche. Par les concepts qu'il privilégie – à cet égard l'introduction de la grille marxiste sera significative –, l'Acadie apparaît comme le maillon d'une chaîne plus vaste. Aussi, il fait éclater l'unicité d'une société, nie en quelque sorte la singularité mythique qu'énonçait une idéologie en crise afin d'affirmer une spécificité culturelle dont la production trouvait son fondement autant dans un état de la structure sociale que dans les pratiques qui la façonnaient.

Sociologie ou politique ?

Ne cherchant pas ici à mesurer la pertinence ou la justesse des analyses faites à l'époque, pas plus d'ailleurs qu'il ne s'agit d'approuver ou de désapprouver ces recherches, pourquoi avoir choisi cet exemple ? Il y a sans doute le refus d'assumer malgré la portée considérable de ses travaux la figure quasi mythique de Hautecœur. Pour d'autres raisons, tout aussi subjectives, je n'ai pas retenu Richard, lui qui, plus que tout autre, fut un pionnier, celui qui jeta les bases d'une réflexion rigoureuse sur les rapports entre politique et connaissance. Toutefois, son engagement se situa si près de sa réflexion qu'il fut en quelque sorte l'intellectuel organique (Belliveau, 1984 : 138-182 ; surtout 171-176) d'un mouvement en formation. Plus modestement, Even m'apparaît comme le type même de ce qu'on peut appeler « le peintre de l'identité[7] » acadienne. En établissant, si je puis dire, la preuve chiffrée de la domination anglophone, il livrait à la fois un travail scientifique d'objectivation, mais, en même temps, il donnait aux néonationalistes la légitimité pleine et entière de leur pratique. Sa thèse, dont la recherche a été réalisée en majeure partie en 1967, fait l'objet d'une appropriation politique et idéologique par les militants autonomistes. Dans un livre publié en 1972, qui constituait en quelque sorte le manifeste du Parti acadien, on peut lire :

---

7. J'emprunte cette formule à Alain Touraine (1981), *Le pays contre l'État*, Paris, Seuil, p. 65.

Nous devons scruter et analyser notre condition économique, sociale, psychologique et culturelle pour mieux savoir qui nous sommes. Quand nous le sau-
rons, nous pourrons agir avec efficacité. La plus grande partie des pages qui
suivent sont inspirées de l'ouvrage admirable du Professeur A. Even. (Chiasson
et al., 1972 : 49)

On ne peut également s'empêcher de citer la conclusion du mémoire de
l'Association des professeurs de l'Université de Moncton, dont l'un des
signataires était Even. Ce passage indique à lui seul, on ne peut plus clairement, l'articulation faite par les auteurs du rapport entre les conditions
théoriques d'analyse d'une réalité et celles de la transformation sociale.

Si la présente étude nous a permis de « sociographier » les profondes inégalités
entre les deux entités ethniques de la province, sa principale vertu est, à notre
sens, son ouverture, c'est-à-dire qu'elle découvre de riches perspectives de
recherches. C'est précipités par l'urgence de l'action que nous l'avons commencée, et c'est avec la volonté de continuer à participer à cette action que nous
entendons la poursuivre. (Even, Hautecœur et Ravault, 1968 : 47)

On connaît la suite[8]...

Les sanctions répressives que l'on sait mettront fin à cette démarche,
dont les artisans ne furent point des apprentis sorciers ; sans doute ont-ils
été sanctionnés pour avoir été, dans le contexte qui fut le leur, le plus simplement du monde des... sociologues ayant interrogé le pouvoir et ses fondements et, ce faisant, mis à jour ses ruses et démystifié ses stratégies. À
cet égard, nous ne pouvons pas ne pas poser une question importante, pour
laquelle je n'aurai qu'une réponse provisoire. Posons la question et risquons
la réponse. Connaissant les conditions économiques, politiques et sociales
de la période concernée, a-t-on procédé à la fermeture du département de
sociologie, avec tout ce que cela impliquait, en raison du seul engagement
politique de ses professeurs et de ses étudiants ? Je ne le crois pas.

Je pense que cette décision fut prise afin d'arrêter et de neutraliser une
pratique nouvelle qui instaurait un nouveau regard sur la réalité. Ces sociologues ont, quoiqu'on dise, su nourrir et entretenir par leurs recherches et
leurs interventions un mouvement social fragile. Ils ont été ces « agents de
l'historicité » dont parle Alain Touraine. Mais je n'ai pas l'illusion de croire
qu'il revient aux travaux sociologiques de Richard, Even et Hautecœur
d'avoir produit véritablement l'Acadie. Un mouvement social les portait.

J'invoquais dans l'introduction de ce texte les formes de subordination de la connaissance à la politique dans le contexte d'alors. La rupture

---

8. Voir les éditions du *Devoir* des 2, 3, 5, 7, 9, 19 et 24 avril 1969.

qu'introduisait le discours sociologique allait redéfinir le rapport en le posant sous d'autres termes, mais avec plus d'acuité. La leçon magistrale que nous livre cette période sur les rapports entre sociologie et politique au-delà des spécificités de la réalité acadienne mérite d'être soulevée. Posant un « regard hérétique » sur le social, les recherches de ces sociologues « exerceront une efficace politique qu'eux-mêmes n'auront pas voulu » (Bourdieu, 1982 : 19).

Les voies de la normalisation

Envisageons à présent les prolongements de ce « coup d'arrêt » à la sociologie. Les conséquences, nous le verrons dans un instant, seront nombreuses et pas seulement pour la sociologie, mais elles toucheront, je le crois, les sciences sociales dans leur ensemble. Toutefois, il faut se garder d'imputer un peu trop hâtivement à cette période les maux et les carences que rencontre actuellement la discipline sociologique. Compte tenu de la crise de la culture en général et des formes du savoir en particulier qui prévaut présentement, on assiste à un profond bouleversement des grands systèmes d'explication philosophiques et théoriques qui ont longtemps nourri les sciences sociales, les privant brusquement des certitudes qui furent les leurs. De ce fait, les paradigmes sociologiques ébranlés, le métier de sociologue se redéfinit et, avec lui, ses sources d'inspiration changent, des espaces sociaux nouveaux émergent, dessinant des objets nouveaux et inattendus (entre autres les femmes, les minorités), induisent des démarches méthodologiques moins traditionnelles, bref, les frontières de la sociologie jusqu'alors, pour son plus grand bien, étaient ouvertes ; aujourd'hui, elle doit inventer et occuper de nouveaux territoires. Et plus concrètement, il ne faut pas oublier non plus les formes diverses et nouvelles de valorisations/dévalorisations économiques, politiques, sociales et culturelles qui façonnent maintenant la production et la consommation de la sociologie. Cependant, des indices probants permettent d'établir certaines tendances propres dans le champ des sciences sociales et de la sociologie.

1) Au plan institutionnel, le coup d'arrêt visait à priver les discours de connaissance de toute capacité critique. Ce fut donc dans un premier temps le silence. La légitimité des discours de connaissance comme les discours légitimes ne jouiraient plus de l'autonomie qui leur est nécessaire.

2) La marginalisation de la sociologie fut immédiatement colmatée en réinstaurant un programme en 1970. Deux professeurs y enseigneront et sept cours y seront dispensés (Lafrenière, 1971 : 146). Les voies de la normali-

sation étaient ainsi ouvertes. Cependant, il est intéressant de noter que hors de l'Université, le silence ne régna pas. Articulées autour des luttes économiques, politiques et sociales, de nouvelles pratiques émergeront, alliant connaissance et action politique à un noyau de militants regroupés au sein de la revue L'Acayen, et ce, de 1971 à 1976.

3) Le traumatisme institutionnel qu'engendrera la fermeture du département se traduira à son tour en traumatisme de l'organisation, dans la mesure où le département, désigné comme artisan d'un désordre, n'avait plus qu'à produire des comportements normalisés.

Cependant, ces mesures auront pour conséquence de dépasser le cadre de la sociologie et je pense, à la lumière de nombreux faits survenus depuis, qu'elles ont instauré au sein de l'institution des formes assez rigides de l'expression sociale et politique, entraînant l'étanchéité des sciences sociales à la dynamique sociale, mais aussi une certaine autocensure. Cela explique d'ailleurs l'étonnement de Michel Bastarache quant au rôle insuffisant que joue l'Université « dans l'analyse des questions économiques et sociales » ou celui de Pierre Trépanier quant à l'absence des sociologues dans l'ouvrage collectif Les Acadiens des Maritimes[9].

4) Une autre dimension mérite d'être soulignée, qui n'est toutefois pas directement liée à la fermeture du département, mais j'y vois malgré tout un rapport. C'est celle de la composition ethnique du personnel enseignant. Je vois principalement deux aspects à cette question nécessairement délicate, d'autant que l'auteur de ces lignes n'est pas lui-même Acadien. Le premier aspect nous renvoie à la période qui a précédé la fermeture du département. Je ne reviendrai pas sur les manifestations qui accompagnèrent le renvoi des professeurs, manifestations que Richard (1969b : 37) a alors déplorées. Toutefois, je me permettrai de déplorer que le rapport de la Commission Lafrenière[10] ait posé ce problème sans nuance aucune. On peut y lire :

La faible proportion de professeurs autochtones ne manque pas de surprendre. Dans ce domaine la situation est de nature à influencer considérablement la valeur de la contribution à la communauté francophone du Nouveau-Brunswick. (Lafrenière, 1971 : 207)

---

9. Respectivement Michel Bastarache (1979), « L'avenir politique des Acadiens », Le Devoir, 10 juillet, et Pierre Trépanier (1982), « Clio en Acadie », Acadiensis, vol. 11, n° 2, p. 98.

10. NDE : La Commission Lafrenière avait pour mandat de réviser les programmes de l'enseignement classique.

Ces considérations ont une incidence directe sur les faits que nous connaissons. Elles sont irrecevables, car ne sont-elles pas *a posteriori* la meilleure des justifications du licenciement des quatre professeurs et, de surcroît, la dénégation des nombreuses recherches que ceux-ci avaient réalisées, recherches dont on peut difficilement nier l'ancrage? En ne le nuançant pas, ou si peu, la commission couvrait d'un voile un problème réel et ne permettait pas de l'appréhender à sa juste mesure. Pour la période plus récente, le problème reste entier. Bien que l'on doive tendre absolument vers l'indigénisation du personnel enseignant au département, il faut en toute objectivité admettre que ce problème est loin de toucher le seul département de sociologie. Il concerne les sciences sociales, mais aussi l'Université dans son ensemble[11].

Dans la conjoncture actuelle, quel est le paysage qu'offrent les sciences sociales? D'un point de vue général, le relatif éclatement des objets sociaux a induit des préoccupations intéressantes comme la question des femmes ou des personnes âgées. Cependant, en rapport avec l'analyse de la question nationale, l'orientation actuelle a suivi de près la régionalisation dont je parlais précédemment. Quant au moment présent, qui est celui d'une crise importante des pratiques politiques, l'extrême affaiblissement des pratiques autonomistes et la quasi-disparition du Parti acadien de la scène électorale, ainsi que le rôle grandissant de l'État comme agent central dans la gestion de l'ethnicité, ont fait se dessiner les tendances suivantes : déplacement notable de l'analyse autonome vers des formes plus traditionnelles d'appréhension de la réalité nationale, formes compatibles avec l'occupation par l'État de l'espace identitaire. Les marges sont quant à elles occupées par une production autonome critique qui conserve dans l'ensemble la distanciation nécessaire à l'analyse des faits sociaux[12].

Ces premières productions, comme les secondes, sont évidemment liées dans leurs similitudes – n'interpellent-elles pas la même réalité? –, elles ne se comprennent que par leurs profondes différences, par les variations et les degrés d'autonomie vis-à-vis du pouvoir. Les unes normalisent, massifiant et uniformisant les pratiques ; les autres, toujours à distance du pou-

---

11. Pour une approche objective et sociologique des problèmes du « colonialisme académique » et des universités en régions périphériques, le lecteur consultera R. Perrotta Bengolea et Akinsola Akiwowo (1974), « Les problèmes dans les régions périphériques », *Revue internationale des sciences sociales*, vol. 26, n° 3, p. 450-467.

12. Chronologiquement et à l'exception des livres de Roy (1978, 1981), je n'ai retenu que les thèses suivantes : Mailhot (1973), Gauvin (1976), R. Ouellette (1978), Vernex (1978), Thériault (1981), L. Ouellette (1982), Belliveau (1984).

voir, mais dans le pouvoir, attentives aux résistances qu'il suscite comme aux consentements qu'il induit, mais toujours témoins lucides de la société qui s'invente. Est-il besoin de dire que ces dernières sont minoritaires ?

Conclusion

Sur le point de conclure, ajoutons que ces quelques réflexions ne sont aucunement inspirées par la nostalgie de ce que fut cette période. Le lieu d'où je parle pourrait laisser croire qu'un tel sentiment anime ma démarche. Il n'en est rien. Seule la volonté d'exhiber une réalité que les tenants du pouvoir ont transmué en tabou est, entre toutes motivations, celle qui a guidé mon interrogation. Trop de questions restent ouvertes, les unes délibérément, compte tenu des difficultés qu'elles comportent, les autres dans les réponses qu'elles ont reçues, actualisant sans doute et dans le temps même où s'écrivent ces lignes, les problèmes qu'il y a un instant je soulevais. J'aurais souhaité donner une forme plus achevée, plus complète à ces réflexions, mais déjà je me surprends à interroger le regard que je viens de poser sur cette réalité. Au début du texte, je me demandais si, dans la restitution qui les avait arrachés au temps, les faits analysés n'avaient pas été autres que ce que la pratique les avait faits. Cela revenait à douter de la capacité du sociologue d'embrasser de son seul regard (positiviste) l'ensemble des pratiques, de pénétrer leur sens, de les contenir une fois pour toutes et, tel un arpenteur, de consciencieusement les mesurer. Ce doute est nécessaire car il est peut-être la condition de cette « démarche autoréflexive », à laquelle invite Marcel Fournier (1983 : 421), pour quiconque porte un regard sur les problèmes inhérents à l'identité collective. Ce doute n'aide-t-il pas à situer le sociologue à la limite qu'il ne peut jamais franchir en raison de sa culture, sa classe et par-dessus tout sa condition d'intellectuel ? Alors le regard scientifique apparaît pour ce qu'il est véritablement, « l'effet d'un rapport de classes » (Certeau, 1980 : 239)[13]. Je demande donc au lecteur de lire ces lignes comme le paradoxe qui découpe la limite que moi-même je ne pouvais franchir.

Au moment d'achever ce texte, il ne me reste plus qu'à rappeler avec Michel de Certeau qu'un groupe ethnique ne se définit pas parce qu'il est constitué en « objet de savoir », mais parce qu'il « se donne pour objectif et pour tâche d'exister » :

---

13. Cette question est également traitée en profondeur par Marcel Fournier (1979), « Discours sur la culture et intérêts sociaux », *Sociologie et sociétés*, vol. 11, n° 1, p. 65-83.

Une unité sociale n'existe que lorsqu'elle prend le risque d'exister. Ce qui constitue une ethnie, ce n'est pas le fait qu'un ethnologue ou un sociologue peut définir quelque part le Breton comme l'objet de son intérêt d'un savoir. Cet « objet » est d'ailleurs constamment « évanouissant » car l'a priori de la méthode ethnologique « supprime » l'acte par lequel les Bretons se font Bretons et parlent en leur nom, comme le langage de leur volonté de vivre, les éléments culturels analysés par l'observateur. (Ibid. : 148)[14]

Le lecteur pourra, dans cette citation, faire les substitutions qui s'imposent...

Bibliographie

BARTHES, Roland (1968) « L'écriture de l'événement », *Communications*, n° 12, p. 108-112.

BELLIVEAU, Murielle (1984), « Pour une sociologie de la poésie acadienne : analyse structuraliste-génétique de *Cri de terre* de Raymond LeBlanc », mémoire de maîtrise, Montréal, Université de Montréal.

BOURDIEU, Pierre (1982), *Leçon sur la leçon*, Paris, Éditions de Minuit.

CERTEAU, Michel de (1980), *La culture au pluriel*, Paris, Christian Bourgois.

CHIASSON, Euclide *et al.* (1972), *Le Parti acadien*, Montréal, Éditions Parti pris.

CONNOR, Desmond M., et James E. CURTIS (1970), *Sociology and Anthropology in Canada. Some Characteristics of the Disciplines and their Current University Programs*, Montréal, Canadian Sociology and Anthropology Association.

EVEN, Alain (1970), « Le territoire-pilote du Nouveau-Brunswick ou les blocages culturels au développement économique : contribution à une analyse socio-économique du développement », thèse de doctorat, Rennes, Université de Rennes.

EVEN, Alain, Jean-Paul HAUTECŒUR et René-Jean RAVAULT (1968), « Mémoire de l'Association des professeurs », *Revue de l'Université de Moncton*, vol. 1, n° 1, p. 42-50.

FOURNIER, Marcel (1983), « Une collectivité sans qualités », *Recherches sociographiques*, vol. 24, n° 3, p. 413-421.

---

14. Par ces questions, on jette un éclairage nouveau sur les réflexions de ce texte concernant la « nouvelle objectivation sociale » qui s'instaure en Acadie dans les années 1970. À leur lumière, il eût été intéressant d'opérer un retour en arrière et de soumettre à nouveau la démarche de Even à une nouvelle lecture. Nous y aurions fatalement décelé, face au réel analysé, des décalages, des écarts, des zones d'ombre, bref, tous les signes cachés d'une limite que lui aussi n'a pu franchir...

FOURNIER, Marcel, et Louis MAHEU (1975), « Nationalismes et nationalisation du champ scientifique québécois », *Sociologie et sociétés*, vol. 7, n° 2 (novembre), p. 89-113.

GAUVIN, Monique (1976), « Le mouvement coopératif acadien : fondements idéologiques. Histoire et composition sociale actuelle », mémoire de maîtrise, Montréal, Université de Montréal.

HAUTECŒUR, Jean-Paul (1971), « Variations et invariance de l'Acadie dans le néo-nationalisme acadien », *Recherches sociographiques*, vol. 12, n° 3, p. 259-270.

HAUTECŒUR, Jean-Paul (1975), *L'Acadie du discours : pour une sociologie de la culture acadienne*, Québec, Presses de l'Université Laval.

HAUTECŒUR, Jean-Paul (1976), « Nationalisme et développement en Acadie », *Recherches sociographiques*, vol. 17, n° 2, p. 167-168.

HAUTECŒUR, Jean-Paul (1977) « Les métamorphoses de l'Acadie-nature », *Revue de l'Université de Moncton*, vol. 10, n° 1, p. 11-26.

LAFRENIÈRE, Alphonse (1971), *Commission de planification académique de l'Université de Moncton*, Moncton, Université de Moncton, 2 volumes.

MAILHOT, Raymond (1973), « Prise de conscience collective acadienne au Nouveau-Brunswick (1860-1891) et comportement de la majorité anglophone », thèse de doctorat, Montréal, Université de Montréal.

OUELLETTE, Lise (1982), « Les luttes étudiantes à l'Université de Moncton : production ou reproduction de la société acadienne », mémoire de maîtrise, Montréal, Université de Montréal.

OUELLETTE, Roger (1978), « Analyse de l'idéologie du Parti acadien, de sa fondation à 1977 », thèse de doctorat, Ottawa, Université d'Ottawa.

RICHARD, Camille-Antoine (1960), « L'idéologie de la première convention nationale acadienne », mémoire de maîtrise, Québec, Université Laval.

RICHARD, Camille-Antoine (1964), « Connaissons notre milieu : plaidoyer en faveur de la recherche en sciences sociales », *Revue économique*, vol. 2, n° 2, p. 15-17.

RICHARD, Camille-Antoine (1969a), « L'Acadie, une société à la recherche de son identité », *Revue de l'Université de Moncton*, vol. 2, n° 2, p. 52-59.

RICHARD, Camille-Antoine (1969b) « La récupération d'un passé ambigu », *Liberté*, vol. 11, n° 65, p. 27-48.

ROY, Michel (1978), *L'Acadie perdue*, Montréal, Québec-Amérique.

ROY, Michel (1981), *L'Acadie. Des origines à nos jours. Essai de synthèse historique*, Montréal, Québec-Amérique.

SAINT-PIERRE, Céline (1980), « Internationalisation de la sociologie ou résurgence des sociologies nationales », *Sociologie et sociétés*, vol. 12, n° 2, p. 7-19.

THÉRIAULT, Joseph Yvon (1981), « Acadie coopérative et développement acadien : contribution à une sociologie d'un développement périphérique et à ses formes de résistance», thèse de doctorat, Paris, École des hautes études en sciences sociales (EHESS).

TREMBLAY, Marc-Adélard (1962), «L'état des recherches sur la culture acadienne», *Recherches sociographiques*, vol. 3, n°s 1-2 (janvier-août), p. 145-167.

TREMBLAY, Marc-Adélard, et Gerald L. GOLD (dir.) (1973), *Communautés et cultures. Éléments pour une ethnologie du Canada français*, Montréal, HRW.

VERNEX, Jean-Claude (1978), «Les francophones du Nouveau-Brunswick, géographie d'un groupe ethnoculturel minoritaire», thèse de doctorat, Lyon, Université de Lyon.

Le Rapport Laforest-Roy :
la négation d'un déracinement

Monique Gauvin

Dans ce texte paru en 1983, l'auteure, sociologue et militante politique, propose une inter-
prétation de l'une des affaires politico-judiciaires les plus marquantes de l'Acadie contempo-
raine. Cette «affaire» fut déclenchée par l'expropriation en 1969 des terres de quelque
260 familles vivant à Kouchibouguac, dans le comté de Kent au Nouveau-Brunswick, et
aux fins de l'établissement d'un parc fédéral qui portera le même nom. Prenant prétexte de
la publication du rapport de la Commission Laforest-Roy dont le mandat avait consisté
à «faire la lumière sur toute l'affaire», et en se situant au-delà de toute lecture juridico-
financière, elle place résolument son interprétation sur le registre historique et politique et
établit ainsi un rapport direct de cette «affaire» avec les aspirations nationales acadiennes.
La mobilisation et les revendications des expropriés soutenus par des intellectuels, des artistes
et des militants d'organisations populaires constituent pour l'auteure la justification de cette
lecture politique de l'expropriation des terres et de la «dimension nationale» de cette «affaire».
Par ailleurs, l'auteure cherche à mettre en évidence tous les enjeux – historiques, financiers,
économiques, juridiques, politiques et culturels – que recouvre l'expropriation, mais non
sans déconstruire minutieusement toutes les représentations – parfois explicites, parfois
implicites – sous-jacentes au rapport de la commission royale d'enquête, insistant ainsi sur
la part historique de cette expropriation qui, de son point de vue, symbolise un autre «déra-
cinement» du peuple acadien.

Aucun savoir n'est neutre. Comme toute science, la sociologie est un outil qui libère ou opprime. En reconnaissant, en démasquant – derrière les idéologies de classe – l'ensemble des mécanismes de la production éco-nomique, sociale, symbolique, le sociologue se situe nécessairement dans la lutte de classes. Il prend toujours position – explicitement ou implici-tement – quant aux idéologies de classe qui masquent la réalité. (Ziegler, 1980 : 14)

Mais l'important n'a pas été dit. L'important ne pourrait pas se dire avec les mots. L'important, c'est que Kouchibougouac est un territoire occupé et tout territoire occupé est un territoire à reprendre. Et ça se fera. Et on nous demandera de quel droit ça s'est fait. De quel droit? Ouvrez le code de loi et montrez-nous l'article qui interdit à quelqu'un de se défendre quand on passe le bulldozer dans sa chambre à coucher.

Ceux qui ont patenté le complot n'ont pas pris note de notre patience de deux cents ans et que cette patience va nous servir aujourd'hui comme elle nous a toujours servis. Notre lutte peut paraître effacée, elle peut paraître inutile mais, comme pour toutes les collectivités exploitées, elle se vit dans le silence, dans l'émotion et la vengeance. Ils viendront nous chercher jusque dans nos derniers retranchements, dans nos derniers forts, dans nos chambres de motel en plein jour, à coups de bottes comme des chiens. Nous savons bien nous autres, et ça depuis longtemps, qu'il faut se méfier des chiens qui n'jappent pas parce que ce sont ceux-là qui vont mordre.

Parce que nous avons appris à fixer l'ennemi avec une grande méfiance et que nous savons où frapper. Reste à savoir quand et comment, mais le coup portera et on l'entendra jusqu'au tcheur du pays. (Chiasson, 1979)

Le contexte dans lequel intervient le Rapport Laforest-Roy

Nous sommes au printemps de 1980. Un climat de terreur règne à Kouchibougouac. La province est bien décidée à faire sortir Jackie Vautour du parc. Un fort contingent de la Gendarmerie royale du Canada est concentré à Richibouctou. La police harcèle bon nombre d'expropriés, effectue des descentes dans leurs maisons, fouille les voitures qui circulent dans la région du parc. On cherche les coupables, les séditieux, les fauteurs de trouble...

De l'autre côté, les expropriés de Kouchibougouac poursuivent la lutte. Leurs revendications sont les suivantes : le retour aux terres pour les expropriés qui le désirent ; la fin de toute menace d'éviction pour les familles qui se trouvent dans le parc ; la fin de toute répression et de toute provocation policière, ainsi que la fermeture du parc jusqu'à ce que le problème soit réglé à l'avantage des expropriés ; la libération de deux expropriés qui sont emprisonnés et le retrait des accusations portées contre sept autres expropriés. Les divers niveaux de gouvernement sont dans l'eau chaude. De nombreux secteurs de la population reconnaissent la justesse des revendications des expropriés et un vaste mouvement se développe. À l'automne, 1500 personnes se réunissaient au parc Kouchibougouac en signe de solidarité avec les expropriés. Au printemps, des réunions d'appui attirent plusieurs centaines de personnes dans les localités de Campbellton, Petit-Rocher, Shippagan et Shediac. On voulait que justice soit faite.

Qu'arrive-t-il alors ? Les divers niveaux de gouvernement s'aperçoivent que la répression ne suffit pas à écraser une lutte qui dure maintenant depuis plus de douze ans. Ils se trouvent devant un mouvement de résistance qui pose le problème dans sa dimension la plus fondamentale : l'existence même du parc, sa légitimité en tant que parc qui devait engendrer un immense développement économique pour les expropriés et pour la région. La pression politique est tellement forte que le gouvernement se doit de démontrer qu'il va faire quelque chose. Et c'est au journal *L'Évangéline* qu'il reviendra de nous apprendre que le gouvernement va instituer une commission d'enquête qui fera la lumière sur toute l'affaire. Les instances gouvernementales, nous dit-on, ont fait appel à des spécialistes, des universitaires qui sauront présenter une analyse «objective» et «impartiale» des faits et faire les recommandations appropriées.

Évaluation d'ensemble du Rapport Laforest-Roy

«Dans les pages qui suivent, nous avons donc essayé de décrire l'affaire d'une manière aussi lucide et impartiale que possible» (Laforest et Roy, 1981 : 8). C'est précisément à ce souci présumé d'«impartialité» que nous nous sommes attardée. Cela nous a amenée à rechercher la logique interne du rapport, le jugement d'ensemble qu'il pose sur le problème des expropriés de Kouchibougouac. Ce fut loin d'être facile, car le rapport comporte un amas de détails parsemé de jugements qui n'aboutissent jamais à une synthèse. Nous avons, malgré tout, tenté de dégager l'analyse globale que fait le rapport de la situation.

Selon les commissaires, les divers niveaux de gouvernement ont fait une «grave erreur» en expropriant quelque 260 familles dans la région où se trouve maintenant le parc Kouchibougouac. Cette erreur (sur laquelle toutefois il n'est pas possible de revenir, car l'expropriation était légale) et ses conséquences néfastes sont principalement attribuables au «contexte de l'époque», «au manque de prévoyance», à l'absence d'un «plan concerté» et à des «lacunes administratives». Toutefois, lorsque les instances gouvernementales ont «pris conscience du problème», elles ont tout fait pour amortir le choc de l'expropriation et répondre aux besoins des expropriés. Selon le rapport, des millions et des millions de dollars furent dépensés en programmes pour pallier le choc de l'expropriation, mais chaque nouveau programme a entraîné de nouveaux griefs et ces mesures n'ont pas eu le succès escompté. Ce manque de succès serait principalement attribuable à l'esprit de confrontation des leaders des expropriés et de ceux qui les ont influencés. En effet, les expropriés, tout au long de la lutte, auraient été manipulés par une minorité dans leurs propres rangs (Jackie Vautour et le comité des expropriés), minorité dont les revendications seraient non représentatives de la volonté des expropriés. Mais il y a plus. Les commissaires reprendront à leur compte «l'opinion générale» qui veut que «ce groupe reçoi[ve] l'appui et les encouragements d'agitateurs avoués dont l'unique but est de mettre le gouvernement dans l'embarras et qui ne désirent rien de mieux que d'attiser les troubles» (Ibid. : 6). Ces agitateurs seraient principalement concentrés au Conseil régional d'aménagement du Sud-Est (CRASE). Ils n'auraient fait que critiquer les programmes gouvernementaux et entretenir l'esprit de confrontation. Notons qu'à la lecture du rapport (plus précisément au chapitre IX), on en vient à se demander si on lit bien un rapport d'enquête ou un rapport de police. Les auteurs cherchent minutieusement les antécédents de ces «agitateurs avoués», de manière à démontrer que le complot part de l'Université de Moncton, pour aboutir au CRASE puis à l'Office national du film (ONF), avec le film *Kouchibougouac*[1].

Quant aux expropriés, ils seraient divisés, car la grande majorité est en désaccord avec les revendications de la minorité et ils ne cherchent que «la paix et la sécurité».

Ce tableau se complète par une analyse de l'impact socioéconomique de la venue du parc Kouchibougouac. Selon les conclusions de cette analyse, les objectifs poursuivis par les divers paliers du gouvernement lors de la création du parc ont été atteints.

> Le parc joue un rôle social, économique et récréatif dans la région. Il contribue à la protection de la nature. Il répond d'une façon remarquable aux objectifs des parcs nationaux. De plus, son impact économique sur toute la région a été très positif. L'abandonner, ce serait renoncer aux progrès réalisés au cours des récentes années. Entre autres avantages, Il procure aux expropriés eux-mêmes un nombre important d'emplois qui n'existeraient pas autrement. (Ibid. : 112)

Et on ajoute que «son abandon porterait un dur coup aux marchands et autres commerçants qui sont au service des «touristes» (Ibid. : 112). De plus, le gouvernement devrait «continuer à aménager le parc». Il faut «encourager les investissements de capitaux», car «vu toutes les protestations qui se sont élevées, il n'est pas surprenant que les investissements privés aient été lents à venir dans le milieu, bien que l'on constate maintenant des signes prometteurs de croissance» (Ibid. : 114). Voilà donc le portrait qui nous est tracé du problème de Kouchibougouac.

À notre avis, le rapport s'éloigne de beaucoup d'une quelconque impartialité. En fait, il reproduit subtilement la vision gouvernementale du problème des expropriés et constitue une vaste entreprise de justification des actions faites par les divers niveaux de gouvernement à l'égard des expro-

---

1 *Kouchibougouac* (1978), réalisation : Collectif de l'équipe de production, [s.l.], Office national du film, vidéocassette VHS, 75 min.

priés. Dans cette perspective, il s'inscrit dans la stratégie gouvernementale qui consiste à mettre en place les arguments idéologiques qui permettront d'écraser, par tous les moyens possibles, le mouvement de résistance tout en ayant, cette fois, l'appui du public. Mais, pour arriver à cela, il fallait à tout prix justifier l'existence même du parc. Or cette justification s'inscrit dans l'idéologie du développement régional des années 1960 telle que formulée en vertu de la loi de l'aménagement rural et du développement agricole (loi ARDA). Voyons brièvement ce que signifiait ce type de développement pour les populations des régions rurales concernées.

La lutte aux disparités régionales dans les années 1960

C'est en vertu de la loi ARDA, au début des années 1960, que le gouvernement fédéral instaure au pays un vaste plan de développement régional. En effet, on se rendait compte que le développement industriel, depuis le début du siècle, et durant l'après-guerre en particulier, avait laissé dans son sillage des « poches de pauvreté », des zones grises concentrées principalement dans les régions rurales. On allait donc faire la guerre à la pauvreté et tenter de niveler ces disparités rendues fort gênantes dans une société dite développée.

L'axe central de cette idéologie du développement consistera à concentrer les populations autour de grands centres industriels. Cette concentration devait d'ailleurs être accompagnée d'investissements massifs dans les régions à bas revenus et à taux élevé de chômage. Au Nouveau-Brunswick, ce sera le cas, par exemple, de McCain dans le Nord-Ouest et de la Brunswick Mining and Smelting dans le Nord-Est. Bref, on assiste à l'instauration, à coup de subventions, de grandes entreprises monopolistes. L'intégration des régions rurales à l'économie de marché devait sortir celles-ci de la pauvreté.

Mais que faire du comté de Kent, ce comté aux ressources considérées comme limitées ? On eut l'idée, en haut lieu, d'y entreprendre un développement touristique dont l'axe principal serait l'instauration d'un parc national. Comme le dit le Rapport Laforest-Roy : « Pour ce qui est de la province, les retombées économiques, la création d'emplois et l'expansion de l'industrie du tourisme étaient de première importance » (Ibid. : 99). Mais le projet allait plus loin : « la province [...] entrevoyait le parc comme un stimulant pour l'industrie du tourisme qui, espérait-elle, pourrait relancer toute l'économie de la région » (Ibid. : 10). Ces objectifs s'inscrivaient en fait dans la perspective de la loi ARDA.

Les campagnes politiques se feront donc autour de cette vision idyllique d'une vie meilleure dans un paysage de motels, de restaurants et de terrains de golf verdoyants. La région portant maintenant le nom de Kouchibougouac fut manifestement considérée par les deux niveaux de gouvernement comme la plus rentable politiquement et la moins coûteuse financièrement.

Kouchibougouac : un cas d'intégration de ruraux à l'économie de marché

À partir des faits décrits dans le rapport, on constate que le gouvernement avait catégorisé les expropriés : des gens pauvres, peu instruits, vivant en bonne partie d'une économie d'autosubsistance. Et, de toute façon, ils étaient voués à quitter la région. Bref, ils étaient l'incarnation vivante « d'une vie rurale en dégénérescence[2] » (Ibid. : 19-20). Ces gens inorganisés offriraient peu de résistance. On allait donc forcer 260 familles à céder leurs terres et bâtiments pour un prix aussi bas que 3 $ l'arpent dans certains cas et 6500 $ en moyenne. Tout cela en disant aux habitants qu'ils auraient une vie meilleure, des emplois, etc. S'ils s'obstinaient, c'était « à prendre ou à laisser » (Ibid. : 37). Comme ils n'avaient pas d'argent pour aller en appel, « l'offre devint le prix » (Ibid. : 30).

Mais voyons de plus près comment le Rapport Laforest-Roy justifie le fait que le gouvernement ait initialement offert une somme aussi dérisoire. Si le prix était bas, c'était qu'il « n'y avait pas de marché dans le sens ordinaire du terme » (Ibid. : 29). Les terres et leurs bâtisses n'ayant pas de valeur, « rien ne les obligeait à se montrer généreux ». Ce qui était requis, selon la loi, « c'était une compensation pour valeur marchande et en autant qu'on aurait pu discerner quelque chose qui ressemblait à un marché à Kouchibougouac, la valeur commerciale aurait prévalu [...] » (Ibid. : 32). Ainsi, le gouvernement n'était pas tenu par la loi de faire preuve de générosité.

On se retrouve ici avec la logique implacable du capital : ce qui n'a pas de valeur sur le marché ne vaut rien. En d'autres mots, les biens de ces petits pêcheurs, fermiers, chômeurs, assistés sociaux ne valaient rien. On pouvait donc les déposséder en bonne conscience sans être traité de voleur. Car un voleur, dans la logique capitaliste, c'est celui qui vole « la valeur d'un autre ». Or comme dans cette perspective les biens des expropriés n'avaient pas de valeur, eh bien, on ne les avait pas volés ! Voilà comment on réussit à justifier la dépossession et le déracinement de 260 familles majoritairement acadiennes. Mais poursuivons la lecture du rapport :

---

2. Notons que la description que l'on fait est caractéristique du mode de vie d'un très grand nombre de localités du nord-est, du nord-ouest et du sud-est de la province dans les années 1960.

En résumé nous pensons que beaucoup de résidents étaient effrayés et avec raison, mais nous ne croyons pas qu'il y ait eu intention de les malmener, ni de la part du gouvernement, ni de la part des fonctionnaires en particulier. [...] La grande erreur au départ, ce fut un manque inconvenable de prévoyance avant le déclenchement de cette foudroyante opération. (Ibid. : 38)

Or il ne s'agit pas ici d'un accident de parcours ou d'un manque de prévoyance. C'est que cette logique était à la base même d'un plan de développement conçu dans le sens du développement du capital et, par conséquent, du développement inégal. Ce développement ne pouvait profiter qu'à ceux qui occupaient une bonne place sur le marché. On avait dit à ces ruraux que c'était précisément leur intégration sur le marché qui allait les sortir de la pauvreté. Mais sur le marché, ils partaient perdants ; ce qui signifie, entre autres, qu'ils n'avaient aucun intérêt objectif à quitter leurs terres. Ils n'avaient rien à gagner et, au contraire, tout à perdre. Et les commissaires, à un moment donné, sont bien obligés de l'avouer : « À tout événement, une meilleure prévision à l'étape de la planification aurait révélé l'improbabilité que les expropriés eux-mêmes puissent tirer avantage du développement du Parc » (Ibid. : 47). « L'un des aspects les plus décevants en ce qui a trait aux emplois espérés fut le manque de développement à l'extérieur du parc. Pour les expropriés, les emplois attendus et les retombées ne se sont pas produits » (Ibid. : 47). Et c'est précisément ce que les expropriés ont compris dès le début de l'expropriation. Et cela, ils n'avaient pas besoin d'agents extérieurs pour le comprendre. Ils étaient bien capables de s'en rendre compte eux-mêmes. Mais comme le gouvernement les a toujours pris pour des gens ignares, « incapables de comprendre l'ampleur d'une expropriation », ce même gouvernement n'a jamais compris comment ils ont pu avoir le front de riposter. Toutefois, les expropriés sont allés plus loin dans leur prise de conscience. Ils ont pu constater, à partir de leur propre expérience concrète, que la loi du capital n'a rien à voir avec la justice.

Le mandat de la commission : les expropriés d'abord ou un parc à tout prix ?

On constate qu'une part importante du mandat de la commission sera, en fait, de justifier l'existence du parc et la conception du développement qui a inspiré sa création. L'analyse socioéconomique que l'on retrouve au chapitre X vise à démontrer que si le parc n'a pas profité directement aux expropriés, il a profité à la région dans son ensemble. Donc, s'il ne rejoint pas « l'intérêt particulier », il satisfait « l'intérêt général ». Les chiffres présentés dans ce chapitre sont extraits d'une analyse socioéconomique commanditée par les commissaires. Or ces chiffres sont plus que douteux[3] (*Ibid.* : 100). Par exemple, si on dit que la moyenne du revenu a augmenté dans le comté de Kent et que ce serait attribuable en bonne partie au parc, il faudrait bien qu'on le prouve et qu'on ait des statistiques beaucoup plus convaincantes. Si la construction des infrastructures du parc a bien créé quelques emplois saisonniers, qu'arrivera-t-il lorsque le parc sera terminé? Et le manque de développement à l'extérieur du parc serait-il dû « aux protestations » ou au fait que le développement touristique qui devait transformer la région ne s'est pas réellement produit?

Le grand coupable : le mouvement de résistance

Si, dans la perspective du Rapport Laforest-Roy, la source du problème des expropriés ne réside pas dans la logique même du « développement » qu'ils ont eu à subir, où réside-t-elle? Pour les commissaires, les problèmes sociaux éprouvés deviennent la conséquence de l'absence d'un « plan concerté » et de « mesures administratives appropriées ».

> Les propos qui précèdent font ressortir le manque regrettable d'un plan concerté. Il y avait beaucoup de programmes destinés à faire face à des problèmes particuliers mais qui comportaient aussi beaucoup de brèches. Ce n'est pas étonnant. Aucune structure efficace n'existait pour développer un plan d'ensemble. (*Ibid.* : 26)

Ce qui avait manqué, c'était donc une planification adéquate. Le rapport nous apprend pourtant que plusieurs études avaient été faites sur le parc avant sa création. Entre autres, en 1968, un relevé de quelque 145 familles du parc « avait donné une bonne idée de la situation des gens et de leurs attentes par rapport à un changement » (*Ibid.* : 19). Une étude de rentabilité, en 1969, « reconnaissait qu'il y aurait d'importants problèmes sociaux mais évaluait les coûts et les bénéfices du projet sans en tenir compte » (*Ibid.* : 19). Donc, ce qu'on n'avait pas prévu, ce n'était pas les conséquences sociales de l'établissement du parc, mais bien la résistance que les expropriés opposeraient à la dépossession et au déracinement en luttant avec acharnement pour la défense de leurs droits.

C'est précisément l'organisation de la résistance qui sera la cible principale du Rapport Laforest-Roy. Mais que va-t-on reprocher à ce mouvement

---

3. Le lecteur aurait été mieux informé si l'analyse en question avait été incluse dans son entier, en annexe.

de résistance ? Attardons-nous pour le moment à la vision que se font les commissaires du comité des expropriés.

Au sujet du comité des expropriés

« Trop souvent une partie de l'histoire reçoit de l'attention : celle par exemple d'une minorité d'expropriés en quête d'un objectif particulier – objectif qui ne fait pas l'affaire de la majorité » (Ibid. : 112). Mais cette phrase qui apparaît dans les recommandations du rapport ressemble étonnamment à ce que les fonctionnaires du gouvernement disaient il y a plus de dix ans, soit en 1971.

« Il existe un doute sérieux à la suite des récents événements dans la région à savoir si les délégués actuels choisis par les résidents sont vraiment représentatifs de la population en général[4]. » C'était au moment où le comité des expropriés luttait avec acharnement pour un programme de relogement convenable et des compensations adéquates pour les biens fonciers et les pertes de revenus. La représentativité du comité était donc mise en doute au moment où les revendications avaient pour caractéristique de rejoindre les intérêts de la « grande majorité des expropriés ». On peut donc constater que le gouvernement a toujours été prompt à utiliser l'argument de la « non-représentativité » pour nier les droits des expropriés. Somme toute, c'est une tactique bien connue.

L'argumentation sur laquelle se fonde principalement la Commission Laforest-Roy pour alléguer la non-représentativité du comité des expropriés et de Jackie Vautour est quelque peu différente de celle des fonctionnaires en 1971. Selon les commissaires, la revendication du retour aux terres est non valable parce que non représentative de la volonté de la majorité des expropriés. Mais est-ce là le fond de la question ? La question n'est-elle pas de savoir si les expropriés, après avoir été brutalement dépossédés, ont la liberté démocratique de choisir d'y retourner et, si oui, à quelles conditions ? D'autant plus qu'ils n'ont pas eu le droit de choisir les conditions dans lesquelles ils accepteraient de partir. Comme le disent les commissaires eux-mêmes : « Nous croyons que beaucoup de résidents se trouvaient dans une position de ne pas pouvoir exercer ce genre de jugement libre et éclairé que devrait leur faciliter une société soucieuse du traitement équitable de ses citoyens » (Ibid. : 24).

Or la commission, avant même le début de l'enquête, avait tranché la question, car elle acceptait la prémisse gouvernementale selon laquelle le

---

4. Extrait d'un procès-verbal du comité interministériel, cité dans Laforest et Roy (1981 : 88).

parc est «légalement» la propriété du gouvernement fédéral. Jackie Vautour devient alors un «violateur de propriété foncière» (Ibid. : 83). Voilà le violé qui devient le violateur. On l'accuse d'oser s'en prendre à la «propriété privée» d'autrui. Mais ce qui ressort des arguments de la commission pour refuser ce droit, c'est la crainte, si on laissait cette minorité d'expropriés retourner sur leurs terres, de voir un grand nombre d'expropriés (peut-être un trop grand nombre) choisir d'y retourner.

Concernant le rôle des animateurs du CRASE

Voyons maintenant comment la commission évalue le rôle des animateurs du CRASE. C'est ici que l'hystérie des commissaires est à son comble ; ils prendront d'ailleurs à leur compte «la tactique du discrédit». D'une part, dans l'ensemble du rapport, on prend des gants pour traiter des hauts fonctionnaires sans pouvoir, des petits fonctionnaires dont «la santé n'a pu tenir le coup» (Ibid. : 38), de la haute administration à Fredericton qui a été trop lente à réagir, et ce, tout en s'efforçant de montrer «les efforts considérables et compréhensifs du gouvernement pour corriger la situation» (Ibid. : 82). D'autre part, les animateurs du CRASE qui ont fait l'affront au gouvernement de se ranger du côté des expropriés seront traités d'une tout autre façon. Alors qu'il n'y a pas de véritables «coupables» au sein des gouvernements, il n'en sera pas de même pour le personnel du CRASE. On fait leur petite histoire, on scrute minutieusement leur passé d'agitateurs, de contestataires, de fauteurs de trouble. Mais, fait assez cocasse, on évitera soigneusement de mentionner le passé, par exemple, d'un membre du personnel du CRASE qui, au début des années 1970, s'est fait dire par des expropriés qu'il était un traître et un vendu. Il propageait la version gouvernementale. Cet individu démissionna du CRASE, mais il a su par la suite investir judicieusement dans l'industrie touristique. On évitera aussi de scruter le passé de ces spéculateurs qui prenaient avantage de la situation.

Alors que l'on examine très minutieusement les compensations que les expropriés ont pu recevoir, on ne nous apprend rien sur les montants payés à ces spéculateurs ; rien non plus sur leurs liens avec la haute administration. On ne nomme pas non plus ces marchands qui ont profité de la carte de crédit des expropriés lorsqu'ils se sont relogés, et des sommes qui ont été ainsi accumulées. Quels étaient les liens de ces gens avec les divers paliers des pouvoirs en place ? Bref, on a deux poids deux mesures dans l'exercice de la plus pure «impartialité».

Voyons de plus près ce que l'on reproche à ces animateurs. Les auteurs laisseront souvent entendre dans le rapport que ces animateurs contestataires ont dépassé leur mandat d'animateur. « Le travail du CRASE auprès des expropriés était loin de s'arrêter à l'animation. Il les a toujours aidés dans ce qu'un membre influent de son personnel, M. Gilles Thériault, décrit comme la conceptualisation de leurs griefs » (*Ibid.* : 92). « M. Jackie Vautour fut embauché pour faire de l'animation sociale. Personne ne peut dire qu'il ne s'est pas consacré de tout cœur à son travail [...]. Quant à savoir s'il a accompli précisément ce à quoi le gouvernement s'attendait, c'est autre chose » (*Ibid.* : 58). Mais quel devait être le rôle de ces animateurs sociaux au sens où l'entendait le gouvernement en 1969 ?

Dans la première partie du rapport, on nous dit qu'un service d'orientation avait été mis sur pied « dans l'intention d'aider les gens à s'adapter à leur nouvelle situation » (*Ibid.* : 24). Le programme d'animation sociale, lui, devait « aider les gens à résoudre leurs problèmes particuliers » (*Ibid.* : 24). Bref, le mandat au départ n'était surtout pas d'aider les expropriés à « conceptualiser leur grief ». Les animateurs devaient être la courroie de transmission des volontés gouvernementales.

Mais voilà, ces animateurs se sont retrouvés face à une importante contradiction. Celle-ci peut se formuler comme suit : ou ils se rangeaient du côté des autorités gouvernementales, mais à ce moment-là ils trahissaient les intérêts des expropriés, ou ils se rangeaient du côté des expropriés, mais à ce moment-là ils entraient en contradiction avec l'État. Et c'est à partir du moment où certains animateurs ont été perçus comme entrant en contradiction avec l'État qu'ils ont été étiquetés comme agitateurs, comme fauteurs de trouble. « Cependant, ceux qui les ont vus à l'œuvre de près, par exemple, de jeunes membres du personnel, d'anciens membres du bureau du CRASE et ceux contre qui leurs activités étaient dirigées racontent une autre histoire – une histoire d'agitation et de manipulation » (*Ibid.* : 49). Cette perception sera largement partagée par les commissaires.

Dans cette perspective, les animateurs seront aussi considérés comme ayant entretenu l'esprit de confrontation à l'égard des autorités gouvernementales. Mais quelles étaient les caractéristiques des rapports que les expropriés eux-mêmes entretenaient avec l'État ? Ces derniers, de par la dépossession dont ils étaient les victimes, voyaient leurs intérêts de classe entrer en contradiction avec ceux du pouvoir en place. Ce ne sont donc pas les animateurs, comme le laissent entendre les commissaires, qui entretenaient l'esprit de confrontation. Cette confrontation était inscrite dans le type même de rapport social et économique que l'État entretenait avec les expropriés. Dans cette perspective, n'est-ce pas l'État qui créait et reproduisait (entre autres dans ses programmes de «cataplasmes») la confrontation?

Finalement, les commissaires nous diront que:

> Si Parcs Canada ne jouit que de peu de crédibilité parmi beaucoup de pêcheurs, M. Vautour, son Comité et le CRASE ne jouissent d'aucune fiabilité auprès de Parcs Canada. [...] De même les expropriés doivent faire preuve de coopération et se trouver de nouveaux porte-parole. (Ibid.: 75)

Était-ce une coïncidence si les fonds du CRASE furent coupés en juin 1980, soit un mois après la mise sur pied de la commission?

Les responsables de la violence: les opprimés ou les oppresseurs?

Une autre caractéristique de l'approche choisie par les commissaires, c'est d'attribuer au camp des expropriés la responsabilité des actes de violence, tout en justifiant constamment les actions du pouvoir. Or n'est-ce pas tout l'appareil de répression du pouvoir que les expropriés ont dû affronter dans la lutte pour leurs droits: les tribunaux, les chiens policiers, l'escouade antiémeute? Et d'ailleurs, le pouvoir n'a-t-il pas vu chaque droit accordé comme une concession qui ne faisait qu'engendrer d'autres griefs? «Quelques opposants disent par ailleurs qu'en cédant invariablement aux réclamations, le gouvernement a entretenu l'esprit de revendication chez les expropriés – le syndrome du pommier» (Ibid.: 7). Ce sont donc les concessions qui engendrent les griefs et non les programmes insuffisants, les compensations non payées, les procédures qui traînent, les droits de pêche menacés, le peu d'emplois donnés à d'autres pour des raisons politiques, etc. Cela permet effectivement aux autorités gouvernementales de propager dans l'opinion publique l'idée que les expropriés souffrent du «syndrome du pommier»: ils ont eu des millions et ils ne sont toujours pas satisfaits; ils en veulent toujours plus... C'est d'ailleurs un point de vue largement véhiculé par les commissaires.

Ce petit détour idéologique permet de justifier le fait que l'État a eu recours à ses forces répressives pour empêcher ces gens d'en demander toujours trop. Chose étrange, les commissaires n'incluent pas, dans l'évaluation des coûts du parc, les millions de dollars dépensés par les ministères fédéral et provincial de la Justice successifs afin de contrer les revendications des expropriés. Toutefois, la commission dépensera beaucoup d'argent et d'énergie à décrier les gestes de désespoir de ceux qui criaient justice. Bref, le procédé consiste à transformer la victime en criminel et à faire du criminel, la victime. Et cela toujours dans la plus pure «impartialité».

Le mouvement de solidarité et le rôle des médias

La commission, dans son entreprise idéologique pour justifier l'intervention gouvernementale dans l'affaire Kouchibougouac, éprouvait un problème de taille. Comment venir à bout de ce vaste mouvement de solidarité à la cause des expropriés qui s'est développé et maintenu pendant plus de douze ans ? La seule solution de rechange était ici de démontrer que le public avait été « mal informé » et que l'appui venait principalement « de l'extérieur ». Et bien oui, cette minorité d'agitateurs a commencé par créer, de toutes pièces, « une cause acadienne » :

> Avec ce genre d'organisation et la présentation plutôt biaisée des faits par les médias, de façon soutenue, il n'est guère surprenant que l'affaire de Kouchibougouac soit devenue une cause célèbre pour les Acadiens et qu'un certain nombre se représentent l'expropriation comme une deuxième Déportation des Acadiens, une idée que M. Vautour a souvent évoquée dans des entrevues. (Ibid. : 93)

Puis ils sont allés chercher l'appui de différents groupes invités à « grossir les rangs » lors des manifestations ; c'est ainsi que « le nombre d'expropriés contestataires » apparaissait « beaucoup plus grand qu'il ne l'était en réalité » (Ibid. : 93). Mais il y a plus : « Auprès des médias, les expropriés, par l'entremise du CRASE et de M. Vautour, ont vite découvert comment prendre l'initiative. À cause de cela, les médias ont souvent eu tendance à refléter davantage la position des comités de citoyens et du CRASE » (Ibid. : 50). Bref, ils ont même réussi à faire en sorte que les médias penchent du côté des expropriés.

Ce genre d'interprétation des faits ne peut que nous laisser perplexe. Comment un mouvement de masse comme celui qu'a engendré l'affaire Kouchibougouac a-t-il pu se développer et prendre une telle ampleur quand les acteurs principaux, soit les expropriés eux-mêmes, en étaient, au dire des commissaires, pratiquement exclus, et quand les revendications, au dire des divers niveaux de gouvernement, ont toujours reflété les intérêts d'une minorité ? Comment une lutte aux bases si fragiles a-t-elle pu s'étendre sur plus d'une décennie ?

Et concernant le rôle de la presse, des réseaux de télévision, etc. Une analyse de contenu qui ait quelque valeur sociologique ne nous démontrerait-elle pas que les médias, tout au long de la lutte, ont principalement reflété les points de vue des gouvernements, des hommes d'affaires regroupés dans les associations touristiques et des enquêteurs dits « impartiaux » ? D'ailleurs, les commissaires déplorent le fait que Radio-Canada ait diffusé le film *Kouchibougouac* à la télévision. Toutefois, ils ne précisent pas quand ce film a été produit et pourquoi il n'a pas été diffusé sur les ondes plus tôt.

L'histoire nous montre que c'est autour de la lutte pour reconquérir un territoire perdu que le peuple acadien s'est structuré comme entité culturelle, linguistique et sociale distincte. L'enfance de ce peuple fut donc marquée du sceau de la « dépossession ». Or le soutien principalement acadien à la lutte des expropriés ne nous montre-t-il pas qu'un peuple n'oublie pas si facilement ses racines, quels que soient les mécanismes que l'on mette en œuvre pour les lui faire oublier ?

Pour conclure, nous nous contenterons de citer une phrase du Rapport Laforest-Roy qui nous a particulièrement frappée : « À tout événement, quand une affaire a été réexaminée par un arbitre impartial, elle devrait être tenue pour réglée » (Ibid. : 73). C'est fort probablement la vision que les autorités gouvernementales ont maintenant du problème des expropriés de Kouchibougouac. Toutefois, il ne faut jamais sous-estimer l'immense capacité de résistance d'un peuple qui se refuse à vendre son âme.

Bibliographie

CHIASSON, Herménégilde (1979), « Kouchibougouac », Texte ronéo.

LAFOREST, Gérard-V., et Muriel K. ROY (1981), *Rapport de la Commission spéciale d'enquête sur le parc national de Kouchibouguac*, Ottawa, Parcs Canada.

ZIEGLER, Jean (1980), *Retournez les fusils ! Manuel de sociologie d'opposition*, Paris, Seuil (Coll. « Politique »).

Regard sur l'antibilinguisme[1]

Marc L. Johnson

Publié en 1985 par un jeune sociologue dans la foulée de la crise sociolinguistique aiguë qui avait secoué le Nouveau-Brunswick, ce texte s'arrête sur les divisions profondes qui réapparaissent alors entre les populations francophone et anglophone. Revendiquant sans réserve le caractère engagé de sa démarche, l'auteur propose une radiographie de l'«antibilinguisme» tel que les grands médias écrits anglophones en ont été les vecteurs, relayant en quelque sorte les franges les plus radicales des opposants à l'égalité des deux communautés linguistiques. Soumettant l'argumentaire anglophone à un examen minutieux, il parvient à montrer comment ce dernier puise à des discours sociaux dont les registres – économique, social, financier, politique, culturel – ne font que redonner, d'une part, une inquiétante légitimité aux préjugés les plus éculés sur la nécessité de maintenir coûte que coûte le statu quo sociolinguistique – celui qui consacre en définitive le pouvoir de la langue anglaise, majoritaire, sur la langue française, minoritaire – et, d'autre part, à clôturer l'espace démocratique et à le soupçonner d'être porteur de tous les dangers – notamment du complot des francophones à l'égard des anglophones. Si cette lecture à chaud de l'antibilinguisme nous contraint à ne pas perdre de vue tout ce qu'il doit à l'histoire et au partage inégal des communautés dans lequel il trouve sa raison d'être, il ne montre pas moins les frontières floues que revêtent les formes du pouvoir ainsi que les atermoiements et les positions troubles prises par les leaders politiques – tant francophones qu'anglophones – sur la question sociolinguistique et dont l'action s'est parfois inscrite dans le projet jamais avoué du maintien des choses en l'état.

Aujourd'hui, la question du bilinguisme au Nouveau-Brunswick est soulevée avec force, que ce soit par les tentatives d'assurer et de préciser la démarche vers l'égalité des deux communautés linguistiques officielles, ou que ce soit par la réaction négative que suscite cette démarche chez la majorité anglophone. Cette question remonte loin dans notre histoire, mais plus récemment, quelques événements ont conduit à la situation actuelle:

---

1. La conception et la réalisation de la présente recherche s'inscrivent dans le prolongement de la réflexion engagée et des activités organisées par le projet Éducation à la solidarité internationale – Semaine contre le racisme et l'oppression des cultures. Je tiens à remercier ceux et celles dont la collaboration a permis de réaliser ce document. Je demeure toutefois responsable des erreurs ou oublis qui auraient pu se glisser dans le texte.

l'adoption de la loi 88 en 1981, reconnaissant le principe de l'égalité des deux communautés linguistiques officielles de la province ; la décision de hisser le drapeau acadien en 1984 sur les édifices gouvernementaux ; après son dépôt en 1982, la discussion du Rapport Bastarache[2] au moyen d'une consultation publique entamée en mars 1984. Une effervescence collective s'est ensuite développée au cours de l'automne 1984, s'exprimant notamment aux réunions d'information organisées par le comité consultatif et dans la presse anglophone.

Tout semble indiquer que cette réaction vive se poursuivra en 1985 et notamment pendant les audiences publiques. L'enjeu de ces dernières devient ainsi très grand et il importe de ne pas laisser cette conjoncture évoluer à nos dépens. C'est dans ce contexte que je vous propose cette étude, qui se veut un outil pour nourrir les interventions en faveur du bilinguisme. Elle révèle la structure et les composantes de l'argumentation antibilinguisme, telle qu'elle s'exprime dans la presse anglophone de la province. L'étude critique effectuée sur les deux plus importants journaux de la province, le *Times and Transcript* (TT) de Moncton et le *Telegraph Journal* (TJ) de Saint John[3], démontre en outre que le traitement fait par la presse de cette question n'est pas sans parti pris et qu'il alimente l'antibilinguisme de la majorité anglophone.

Cette étude est donc une tentative pour dégager les éléments principaux de l'argumentation employée pour contrecarrer, dénigrer ou esquiver une démarche vers l'égalité des deux communautés linguistiques officielles du Nouveau-Brunswick. Dans l'exposé qui suit, ces arguments sont regroupés en deux catégories. Les premiers sont les principaux arguments qui participent, me semble-t-il, à l'attitude générale des intervenants contre le bilinguisme. Viennent ensuite les arguments de second ordre qui se présentent à l'appui de l'argumentation principale. Cette seconde catégorie regroupe également les arguments-chocs, donc plus radicaux, qui n'apparaissent

---

2. J'utiliserai la dénomination Rapport Bastarache pour désigner le document *Vers l'égalité des langues officielles au Nouveau-Brunswick : rapport du groupe d'étude sur les langues officielles* (Nouveau-Brunswick, 1982), dont Michel Bastarache a assumé la rédaction.

3. Toute référence ultérieure aux propos publiés dans l'un ou l'autre de ces deux journaux sera indiquée par le sigle du journal suivi de sa date de parution, le tout entre parenthèses. La période étudiée s'étend du 1er août 1984 jusqu'au 15 janvier 1985 pour les deux journaux. Environ 200 articles, éditoriaux, chroniques et lettres à l'éditeur ont été analysés pour en dégager les arguments avancés et le mode de présentation de cette information par la presse. Somme toute, l'envergure de la documentation étudiée ne permet pas une analyse exhaustive qui épuise le sujet, mais peut éclairer celles et ceux qui voudront approfondir la question et développer une argumentation militante.

qu'occasionnellement, et les solutions de rechange proposées. Une dernière partie est consacrée au rôle de la presse dans la question du bilinguisme et, plus précisément, à la façon dont il met en scène l'information, c'est-à-dire comment il la produit et la présente. Une analyse de ce dernier aspect permet de dégager les positions idéologiques des deux journaux.

Les principaux arguments

Cette première partie est consacrée à l'étude des plus importants arguments employés par les anglophones pour remettre en cause le bilinguisme. Il s'agit, semble-t-il, de raisonnements répétés et assimilés comme des stéréotypes, et utilisés par une majorité d'anglophones. Ils sont en quelque sorte le canevas à partir duquel est tissé tout le discours antibilinguisme. Leur généralisation est telle que les journalistes eux-mêmes, sans interroger la traditionnelle éthique de l'objectivité, les présentent comme des faits objectifs.

Les arguments qui semblent se dégager sont les suivants : les coûts déraisonnables qu'occasionne l'implantation du bilinguisme ; les emplois qu'il fera perdre aux anglophones ; le non-respect des droits de la majorité sur les minorités ; l'attitude autoritaire et non démocratique du gouvernement sur cette question ; la division qu'occasionne la remise en cause par le gouvernement de l'harmonie préexistante entre les deux communautés linguistiques officielles ; finalement, la stratégie organisée, voire le complot que fomente un groupe de francophones pour s'assurer de la mainmise sur la province du Nouveau-Brunswick.

« How much ? »

La question des coûts vient en premier lieu : « Combien nous a coûté et combien va nous coûter l'implantation du bilinguisme ? » Selon ma recension, cette question résume assez bien les préoccupations des anglophones ; c'est d'ailleurs celle qui revient le plus fréquemment. Il est évidemment question des dépenses déjà engagées, qui seraient « cachées » par les gouvernements provincial et fédéral, mais également des coûts qu'occasionnerait la mise en application des recommandations du Rapport Bastarache (Nouveau-Brunswick, 1982 : 57-121). Certains estiment les « coûts cachés » à plusieurs milliards de dollars (TT : 1984-12-05). Plus précisément, on se demande quel est le montant des dépenses que le gouvernement a engagées afin d'organiser la consultation en cours. Cela a d'ailleurs fait l'objet de plusieurs interventions au cours des réunions d'information dans les villes anglophones. À cet

effet, le *Telegraph Journal* titrait à la une de sa livraison du 9 janvier 1985 :
« Language Hearings Price Tag : $500,000 ». La valeur informationnelle de ce
tirage confirme avec force les craintes de personnes hostiles au bilinguisme.
Sous prétexte de révéler des informations inconnues du public, ce *scoop* revêt,
compte tenu de la situation, des proportions alarmantes. Cela n'est d'ailleurs
pas sans nourrir l'argumentation antibilinguisme.

Par ailleurs, plusieurs villes, comme Saint-Jean (TJ : 1984-10-22), Bathurst
(TJ : 1984-11-30) et Moncton (TT : 1984-11-13) s'interrogent et se lancent
dans l'estimation de la part de leur budget municipal qui sera ainsi engloutie.
« Can we afford bilinguism ? » se demandent-elles. On avance généralement
que l'investissement versé dans une politique de bilinguisme priverait des
mêmes fonds les programmes sociaux et économiques primordiaux tels
que les services sociaux, la lutte contre le chômage, les maternelles (!), la
formation professionnelle, etc. Du coup, les inégalités économiques existantes s'en trouveraient accrues.

Bref, le point de vue qui s'exprime dans la remise en cause des coûts du
bilinguisme est celui du contribuable. Les fonds versés dans un programme
de bilinguisation seraient soutirés directement des poches des contribuables
néo-brunswickois. On ne s'interroge donc à peu près pas sur les sources
gouvernementales qui financeraient un tel programme, sans considérer que
les fonds fédéraux, par exemple, qui alimenteraient la bourse de ce programme, lesquels sont évidemment perçus dans l'ensemble de la population
acadienne.

Dans l'ensemble, les arguments avançant la question des coûts tendent
à être les mêmes que ceux dégagés dans la population néo-brunswickoise
par les analystes qui ont produit le Rapport Bastarache (Nouveau-Brunswick,
1982 : 68, 99, 101, 103, 105...).

Plus de bilinguisme, moins de jobs

Le deuxième argument le plus utilisé, assez proche du premier parce qu'aussi
économique, est celui de la perte progressive d'emplois pour les unilingues
anglophones dans les fonctions publiques provinciale et fédérale et dans le
secteur privé. Cet argument est avancé avec fougue par Len Poore (TT :
1984-10-18, 1984-10-26, 1984-11-16, 1984-12-14, 1984-12-17 ; TJ : 1984-10-19,
1984-11-01, 1984-11-17), illustre représentant de l'Association for English-
Speaking Canadians of New Brunswick, mais également par de nombreux
intervenants. Il s'agit d'un argument qui constitue dans le débat un enjeu
de taille, compte tenu de la situation économique précaire que connaît une

large part de la population. On avance que les jeunes anglophones doivent de plus en plus, sinon tous, quitter la province et se rendre dans l'Ouest pour se trouver du travail, puisque tous les nouveaux emplois et ceux qui sont renouvelés dans la fonction publique sont réservés aux francophones, parce qu'ils sont bilingues. La verve de Poore à cet égard semble avoir une grande incidence sur les gens éprouvés par le chômage, les conduisant à imputer aux Acadiens leurs problèmes économiques.

Mais la fonction publique ne serait pas le seul catalyseur du taux de chômage plus élevé (!) chez les anglophones, car le secteur privé aurait lui aussi tendance à n'embaucher que des francophones, puisqu'il affiche davantage ses postes en exigeant des candidats une bonne connaissance des deux langues. Le Rapport Bastarache avait déjà relevé cet argument et l'avait traduit par la parabole du « maître-nageur bilingue, mais qui ne sait pas nager », ou encore « qu'il n'est pas nécessaire qu'un pompier soit bilingue puisque les feux ne s'éteignent pas mieux en français qu'en anglais » (Nouveau-Brunswick, 1982 : 67).

La réaction s'élève d'ailleurs contre la recommandation du Rapport Bastarache voulant qu'un bureau des langues officielles veille au respect d'une politique d'embauche bilinguiste dans les municipalités devant assurer un service à la langue minoritaire. On soupçonne que le complot bilinguiste aille même jusqu'à sélectionner les employés des municipalités. En somme, les anglophones se plaignent d'être *squeezed out*, d'être exclus du marché du travail, de la province, et certains vont même jusqu'à comparer leur sort à celui des Acadiens de la Déportation.

« Let the Majority Rule »

Le troisième argument majeur qui ressort de la lecture des documents est celui qui revendique le droit pour la majorité de conserver le pouvoir. Ce raisonnement part d'un simple calcul des proportions : les anglophones comptent pour deux tiers du Nouveau-Brunswick et les Acadiens comptent pour un tiers, donc la démocratie permet que la majorité l'emporte. Le fondement de cet argument est aussi simple que cela, mais prend des formes variées.

La première consiste à dire que l'anglais est la langue universelle (TJ : 1985-01-11). Étant ainsi légitimée, comment pourrait-on encore prétendre faire un usage officiel d'une autre langue ? Ou encore : « The market place determines what language is spoken » (TJ : 1984-12-15). On procède encore par calcul économique de rentabilité pour évaluer la nécessité ou non de reconnaître une langue. C'est notamment ainsi qu'on arrive à refuser l'implication d'un organe législatif dans la gestion d'une question linguistique qui devrait plutôt relever des lois du marché. Si la communauté linguistique francophone est victime de disparités, c'est parce qu'il doit en être ainsi, puisque le marché est une instance de justice entre compétiteurs égaux.

Mais de toute façon, le bilinguisme doit être un faux problème, puisque tous les francophones sont bilingues. Pourquoi investir pour offrir des services en français alors que tous les francophones sont aptes à fonctionner en anglais ? Et pourquoi serait-il nécessaire, de surcroît, que les anglophones deviennent bilingues ? Voilà d'autres arguments qui se basent sur le concept de « démocratie par la majorité ».

L'anglais est donc la langue majoritaire et le français la langue minoritaire (TJ : 1984-12-20). Mais elle n'est pas la seule. Un lecteur rappelle qu'il existe 36 nationalités au Nouveau-Brunswick (TJ : 1984-10-20) et que si les francophones prétendent à devenir un groupe officiel, alors le même droit devrait être accordé aux autres communautés, moyennant une bonne part de nos contributions fiscales. Voilà comment, du concept de majorité, on glisse à l'argument des coûts injustifiables qu'occasionnerait l'implantation du bilinguisme. Par ailleurs, l'argument du multiculturalisme ne remet nullement en cause la prépondérance et l'officialité de l'usage de l'anglais. Celle-ci demeure la langue véhiculaire. Un lecteur l'illustre d'ailleurs à merveille en indiquant que les francophones devraient faire comme son ami originaire de Norvège qui a appris l'anglais et qui s'en trouve parfaitement satisfait (TJ : 1985-01-10).

Le concept de majorité s'appuie en outre sur l'histoire. Il semble permis de creuser la mémoire collective et de rappeler que les Français ont été battus sur les Plaines d'Abraham (TJ : 1984-12-21) et qu'ils sont chanceux d'avoir eu le droit de demeurer sur les territoires conquis et d'y pratiquer leur culture et leur langue traditionnelles (TJ : 1985-01-07). Mais si les conquis ne sont pas satisfaits de leur sort, il est également permis de leur suggérer de regagner leur mère patrie, la France. Cette référence à l'histoire est évidemment peu raisonnée mais une autre le semble moins : on rappelle que Louis J. Robichaud a été défait parce que la Loi sur les langues officielles du Nouveau-Brunswick, qu'il avait initiée, ne faisait pas l'affaire de la majorité (TJ : 1985-01-07) et qu'il serait à propos aujourd'hui de l'abolir (TJ : 1985-01-10). Bref, l'argument de la majorité souveraine peut emprunter à peu près n'importe quel raisonnement.

Autoritarisme

Le quatrième argument majeur employé accuse le gouvernement provincial d'agir avec autoritarisme, c'est-à-dire en ne respectant pas les règles de la démocratie. Cet argument découle évidemment du précédent, puisque la démocratie dont il s'agit est celle de la majorité. Les qualificatifs qui illustrent cet argument sont éloquents : antidémocratique, irrespectueux, immoral, arbitraire, traître, tyrannique, dictatorial, communiste, fasciste, hitlérien ; bref, la démarche gouvernementale pour le bilinguisme viole les droits de la majorité, certains la considèrent même comme la pire atrocité de l'histoire du Nouveau-Brunswick (TJ : 1985-01-10). Inutile de dire que la conscience historique des tenants de cette position est bien restreinte.

La formule la plus courante est que « the government is trying to ram French down our throats », y compris dans les comptes rendus journalistiques. On reproche au gouvernement de vouloir obliger les citoyens du Nouveau-Brunswick à apprendre une autre langue qui, comme on l'a vu, est considérée superflue. Certains estiment plus sobrement que l'égalité devrait exister, voire être favorisée par le gouvernement, mais qu'il est en toute circonstance interdit de l'imposer.

Cet argument s'applique à tout ce qui a déjà été mis en place par le gouvernement provincial et le gouvernement fédéral, mais également pour ce que nous réservent les recommandations du Rapport Bastarache. On estime notamment que le commissaire aux langues officielles acquerrait une autorité dictatoriale non seulement dans la fonction publique, mais également dans la vie privée des gens. Cela en raison de la politique d'embauche bilinguiste imposée aux municipalités et à certains services publics. En raison également de l'obligation pour certaines institutions d'afficher dans les deux langues.

Une version plus modérée de cet argument consiste à dire que le gouvernement « is going too far too fast ». Celui-ci apparaît fréquemment dans les articles et lettres d'opinion. Cette affirmation ne remet pas en cause directement le principe du bilinguisme, mais son appréciation est contestable à plus d'un titre si on jette un rapide coup d'œil au portrait que dresse le Rapport Bastarache de la situation linguistique et socioéconomique de la communauté francophone du Nouveau-Brunswick (Nouveau-Brunswick, 1982 : 31-56). D'autres études produites au cours des dernières années confirment d'ailleurs ce diagnostic qu'on n'a pas avancé très rapidement ni très loin en ce qui concerne l'implantation du bilinguisme[4]. Cet argument anglophone tire sans doute sa raison d'être du fait de la relative inconscience parmi la population des disparités sociolinguistiques de la communauté francophone et que l'information qui est aujourd'hui produite par le Rapport Bastarache a une incidence explosive. Il est en effet difficile de penser que le processus de consultation initié par le gouvernement Hatfield soit trop précipité, puisqu'il y a eu une période d'inertie de deux ans avant que le Rapport Bastarache soit lancé sur la place publique.

Len Poore est encore ici à l'avant-scène pour défendre cet argument. Il a souvent l'occasion de le dire dans ses lettres à l'éditeur ou encore quand il a l'audience de la presse. Il soutient notamment que le gouvernement n'accepte pas de l'entendre et qu'il s'entête dans son autoritarisme. Pour cela, ajoute-t-il, il est aujourd'hui nécessaire de défaire un gouvernement dont l'exécutif agit de manière irresponsable et dont les députés d'arrière-ban restent indifférents (TT : 1984-12-08). Plusieurs autres intervenants acquiescent d'ailleurs à cet argument, puisqu'ils sont plusieurs à réclamer la démission des élus qui ne respectent pas le désir de la « majorité » (TT : 1984-11-02).

Enfin, on peut ajouter que les propos tenus par Aurèle Thériault de la Société des Acadiens du Nouveau-Brunswick (SANB)[5] (TJ : 1984-10-19) alimentent en quelque sorte cette argumentation : il indique en effet que le premier ministre Hatfield « a deux paroles », puisque d'un côté il incite la population à participer à la consultation, alors que, d'un autre, il indique vouloir déjà procéder à certains changements. Quoique partant de points de vue différents, il paraît évident que cette intervention va dans le même sens que celle des anglophones.

Dans tous les cas, c'est l'attitude autoritaire du gouvernement provincial qui est remise en cause. Est considérée comme autoritaire la démarche bilinguiste du gouvernement, parce qu'elle défend un capital culturel minoritaire. Ce n'est donc pas réellement la démarche autoritariste qui est remise en question, mais simplement son contenu. Car ne peut-on pas dire que l'autoritarisme est le pendant d'un fonctionnement démocratique par la majorité ? En effet, le concept d'autoritarisme s'applique à un fonctionnement unilatéral d'un pouvoir politique, dans son intérêt propre d'abord ; par exemple lorsque la volonté « démocratique » de la majorité s'exerce à l'encontre des besoins légitimes des minorités. Cela n'est-il pas aux anti-

---

4. Voir le rapport de la Commission Laurendeau-Dunton (Canada, 1967-1970), ainsi que le rapport préparé par Baudry (1966) pour cette commission ; voir aussi Finn et Elliot (1979), FFHQ (1977) et Foucher (1984).

5. Aujourd'hui la Société de l'Acadie du Nouveau-Brunswick (SANB).

podes de l'attitude d'un gouvernement qui légifère pour garantir les droits des minorités ? Dans ce sens, l'emploi de la notion d'autoritarisme ou de ses équivalents cités ci-dessus apparaît véritablement idéologique.

Le bilinguisme divise

Le cinquième argument important qui se dégage de la littérature étudiée est celui de la division qui vient briser l'harmonie préexistante entre les deux communautés linguistiques officielles. Dire que le projet de réforme que propose le Rapport Bastarache divise, c'est dire que les deux communautés linguistiques officielles y réagissent agressivement. En est-il ainsi ? On avance que l'harmonie existait bel et bien, que les francophones étaient satisfaits de leur sort, ce qui suppose implicitement qu'ils vivaient dans un état de relative égalité. Ce raisonnement est simpliste et occulte la réalité. Si les conflits ouverts n'existaient pas quotidiennement, cela ne signifie nullement qu'il n'y a pas une situation d'inégalité objective. Mais la hargne de certains anglophones, manifestée au cours des réunions d'informations, est interprétée par de nombreux intervenants comme une situation d'émotivité collective de part et d'autre (TT : 1984-12-01 ; TJ : 1984-12-01).

Nombreux sont ceux qui ont formulé ce raisonnement pour contrevenir à la poursuite du processus de consultation publique. Parmi eux, des politiciens influents comme Gary McCauley (TT : 1984-12-22), Louis J. Robichaud (TJ : 1984-12-08), Raymond Frenette (TT : 1984-12-03), George Little (TT : 1984-12-04), les éditorialistes du *Times and Transcript* (TT : 1984-12-05), les chroniqueurs Don Hoyt (TJ : 1984-12-31) et Dalton Camp (TT : 1984-12-26). Chacune de ces personnes tient donc des propos supposant que la situation actuelle est harmonieuse et qu'il ne faut pas l'exacerber par des positions extrémistes. On soutient que le processus engagé divise et crée de la haine plutôt que d'unir les deux communautés.

Le coprésident du comité consultatif, Horace Hanson, a lui-même déclaré que les processus de consultation et de réforme de la législation divisaient la province parce qu'ils suscitaient trop d'émotions chez le public (TT : 1984-12-01 ; TJ : 1984-12-01). Est-ce parce qu'un groupe linguistique majoritaire réagit violemment à un projet de reconnaissance des droits d'une minorité que cette reconnaissance doit être suspendue ? Quoi qu'il en soit, de nombreuses personnes estiment que cette division est un acquis et que si elle est poursuivie, elle conduira à la séparation des communautés.

Complot francophone

Enfin, le dernier argument principal sur l'attitude générale antibilinguisme est celui qui suppose un complot francophone dans la province. C'est sans doute le plus radical parmi ceux relevés jusqu'ici, mais, aussi étonnant que cela puisse paraître, il est partagé par de nombreux intervenants. Le terme complot n'est pas toujours employé, mais il me semble désigner correctement les propos que je regroupe sous cette rubrique.

Autant la SANB que le gouvernement provincial, voire l'ancien gouvernement Trudeau, seraient complices de ce complot. Mais le chef de file du clan serait Jean-Maurice Simard. Celui-ci subit dans les différentes lettres maintes injures, par exemple « Simard and other misfits » (TJ : 1984-12-05). On lui reproche d'organiser la conquête sournoise du pouvoir provincial pour une clique de francophones. Il y aurait notamment une « French connection » (TJ : 1984-12-20) autour de Jean-Maurice Simard, Fernand Dubé et Jean Gauvin qui tenterait, sous le nez du gouvernement conservateur, d'organiser cette prise de pouvoir. Une preuve qui confirme ce complot est la rencontre entre Jean-Maurice Simard et Michel Blanchard, en prison, au cours de laquelle fut décernée à ce dernier une médaille du bicentenaire (TJ : 1984-11-01 ; TT : 1984-10-25). Ce geste est désapprouvé par la population anglophone, mais également par la population francophone, ce qui confirmerait que le complot est fomenté par une clique restreinte.

Mais cette tentative de minoriser la majorité anglophone date de bien plus longtemps que Simard ; elle a commencé avec le gouvernement Robichaud et son adoption de la loi initiale sur les langues officielles (TJ : 1985-01-10). Et elle se poursuit depuis. Le commissaire aux langues officielles et son bureau sont composés des éléments de ce projet. Le groupe d'étude sur les langues officielles qui a conçu le Rapport Bastarache est également majoritairement composé de francophones. Et le comble est que le comité chargé d'effectuer la consultation publique fut lui aussi composé en majorité de francophones. Tout semble alors concorder pour soutenir l'accusation. D'ailleurs, ce fut fait par nul autre que le coprésident anglophone démissionnaire, Horace Hanson. Il a déclaré en partant que le comité qu'il coprésidait faisait l'objet de manipulations (TJ : 1984-12-01 ; TT : 1984-12-01). Il n'a pas voulu préciser qui exerçait cette manipulation, mais le public, la presse aidant, a conclu qu'il devait s'agir de Bernard Poirier, commissaire aux langues officielles, membre du groupe d'étude qui a rédigé le rapport et consultant pour le comité chargé d'effectuer la consultation. On lui reproche ainsi de se placer en position de conflit d'intérêts (TJ : 1985-01-10). Et la supposition selon laquelle le Rapport Bastarache accorderait une autorité dictatoriale au commissaire aux langues officielles permet de renforcer l'idée du conflit d'intérêt.

La SANB est évidemment incluse dans le complot, mais dans une moindre mesure que les francophones conservateurs. L'influent chroniqueur du *Telegraph Journal*, Don Hoyt, la range parmi « les organisations qui nous encouragent à nous haïr » (TJ : 1984-08-02). Il faut toutefois noter qu'il s'est par la suite rétracté. Quoi qu'il en soit, on considère généralement que le bilinguisme est un terme employé par le gouvernement et la communauté francophone pour désigner la francisation de la province. Dans ce sens, on précise que le gouvernement fournit des fonds pour élaborer la position des francophones, on entend par là le Rapport Bastarache, alors que les anglophones doivent s'organiser par leurs propres moyens pour se défendre (TJ : 1984-12-20). L'Association for English-Speaking Canadians of New Brunswick abonde évidemment dans ce sens et se demande pourquoi elle ne peut profiter des mêmes avantages que la SANB.

Voilà qui complète la présentation des arguments principaux présentés pour contrevenir à une politique bilinguiste. Comme je l'ai déjà précisé, la fréquence de parution de ces arguments à travers les articles, éditoriaux, chroniques et lettres à l'éditeur nous permet de dire qu'il s'agit d'idées relativement généralisées chez les intervenants. À plusieurs occasions, les journalistes les prennent à leur compte lorsqu'ils introduisent les propos des informateurs ou encore en appréciant certains événements. C'est dans ce sens que l'on peut parler d'attitude générale.

Les « autres dangers » du bilinguisme et la solution...

La deuxième catégorie d'arguments se caractérise par une fréquence de parution moindre que ceux précédemment exposés. Ils viennent le plus souvent appuyer une argumentation de base, telle qu'exposé ci-dessus.

Ces arguments sont les suivants : le débat actuel n'oppose que les extrémistes des deux communautés, qui ne défendent donc pas leurs « vrais intérêts » mutuels et respectifs ; le concept de dualité en est un qui cache un autre objectif, celui de la séparation ; les membres de la communauté anglophone qui désirent s'exprimer sur la question subissent une pression qui agit comme une censure, car ils sont automatiquement traités de bigots ; le Rapport Bastarache ne devrait pas faire l'objet d'une consultation publique, mais devrait être carrément rejeté car il est biaisé, voire non scientifique ; on s'appuie sur les propos tenus par des notables tels que Hanson, Frenette,

Robichaud ou Little, qui argumentent contre le processus actuel de bilinguisation ; la bilinguisation n'est pas seulement l'arme d'un complot francophone acadien, mais également celle d'un complot québécois ; enfin, quelques solutions de rechange sont avancées pour remplacer celles proposées par le Rapport Bastarache ; le bilinguisme scolaire, un référendum, un débat à l'assemblée législative.

Le premier argument consiste à dire que le débat actuel ne reflète pas réellement les positions des communautés dans leur ensemble, mais qu'il s'agit plutôt de celui d'extrémistes qui s'en servent comme d'une tribune pour s'exprimer. Les tenants de cet argument ont une prétention à la modération et se plaignent de ne pas avoir la même audience dans les médias que ces extrémistes. Les membres de l'Association for English-Speaking Canadians of New Brunswick et leurs sympathisants sont classés dans cette catégorie des extrémistes, mais également le Rapport Bastarache et tous les porte-parole de la communauté francophone. Cela revient donc à dire que les revendications pour un bilinguisme « amélioré », telles qu'elles sont notamment présentées dans le Rapport Bastarache, relèvent de l'exagération politique. Cet argument est particulièrement employé par les commentateurs politiques, ceux qui veulent faire figure de neutralité, notamment les journalistes (TJ : 1984-10-17), éditorialistes (TT : 1984-12-13) et politiciens (TT : 1984-12-22). À l'appui de cet argument, on utilise souvent le témoignage d'une profonde amitié et de l'harmonie qui existent entre les observateurs anglophones et la « grande majorité » des Acadiens (TT : 1984-12-21). Cela prouverait donc l'extrémisme des porte-parole acadiens, par rapport à leur base modérée.

Le deuxième argument que je relève est celui qui reproche au concept de dualité de cacher, volontairement ou pas, un projet de séparation. On sait que le concept de la dualité est la clé du programme bilinguiste proposé par le Rapport Bastarache. S'il est attaqué comme étant un outil subversif à long terme, les fondements mêmes du rapport s'en trouvent ébranlés. C'est effectivement ce qui semble se produire considérant les déclarations du premier ministre Hatfield soutenant que son gouvernement rejette d'entrée de jeu le concept de dualité pour l'ensemble de sa fonction publique (TT : 1985-01-05 ; TJ : 1985-01-05) et, plus récemment, sa déclaration selon laquelle le Rapport Bastarache est déjà désuet.

Selon Michel Bastarache[6], une ambivalence de sens s'est développée autour de ce concept. Parmi la majorité anglophone, la dualité est considérée

---

6. Propos tenus par Michel Bastarache à la radio de Radio-Canada Atlantique (CBAFT), dans le cadre des actualités des 28 et 29 janvier 1985.

comme une formule de duplication de tous les services gouvernementaux, ce qui occasionnerait évidemment une dépense exorbitante. Mais
selon le rapport, il s'agirait plutôt d'une redéfinition plus fonctionnelle des
divisions administratives, selon des critères linguistiques plutôt que géographiques. Ainsi, des unités de travail linguistiquement homogènes pourraient
être formées, à partir du personnel existant, pour répondre aux besoins linguistiquement différenciés des populations. Mais cette distinction de sens
n'est pas claire chez les intervenants dont j'ai analysé les propos.

Un troisième argument soulevé est celui de la censure imposée aux intervenants antibilinguisme par le gouvernement et les médias. On réclame le
droit de s'exprimer librement, le plus souvent au nom de la majorité anglophone, sans être traités de bigots ou de *rednecks* (TT : 1984-12-07, 1984-12-27,
1985-01-08, 1985-01-14 ; TJ : 1985-01-10). Sans vraiment parler de censure,
il semble effectivement que le gouvernement conservateur ne reprenne pas
à son compte l'argumentation exprimée par une majorité d'intervenants
anglophones, prétextant qu'il s'agit d'un langage extrémiste. Mais on ne
peut pas dire que ces intervenants soient privés de leur droit de s'exprimer,
comme en font foi les documents qui ont servi à la présente analyse. La
proportion des arguments antibilinguisme est de loin supérieure à celle des
arguments probilinguisme. Par contre, les arguments les plus radicaux,
ceux qui paraissent d'ailleurs le plus fréquemment, sont souvent considérés
comme émanant de bigots et de *rednecks* par les intervenants qui prétendent
être modérés (TJ : 1984-12-31 ; TT : 1985-01-06).

L'argument suivant s'attaque directement au Rapport Bastarache, niant
sa validité en raison du biais francophone qui le guide et même en raison
de sa non-scientificité. La composition majoritairement francophone du
groupe d'étude qui l'a produit est évidemment retenue pour appuyer cet
argument. On l'accuse d'exprimer uniquement le point de vue francophone,
grâce aux fonds du gouvernement provincial (TT : 1984-10-26). Cet argument va toutefois plus loin en soupçonnant que les études qui lui ont servi
de matière première ne reposent pas sur des critères scientifiques. On cite
par exemple le fait que seulement 77 personnes furent interviewées pour
l'analyse des attitudes, alors que la province compte plus de 630 000 habitants. Cette appréciation néglige évidemment les théories d'échantillonage
ainsi que les autres sources qui ont servi à complémenter ce matériau.
Certains vont même jusqu'à soupçonner que les entretiens ont été fabriqués
de toutes pièces (TJ : 1984-11-27) !

Le cinquième élément de cette argumentation est la référence faite à différentes personnalités afin de justifier certains propos contre le bilinguisme.

On prend assez souvent en exemple Horace Hanson, qui a démissionné de la coprésidence en criant à la manipulation du comité par des forces francophones. Depuis ce geste, Hanson est louangé pour son intégrité, depuis toujours connue, et sa perspicacité dans cette affaire de bilinguisme. On cite également Raymond Frenette du Parti libéral pour ses propositions positives en faveur de la suspension du processus de consultation publique. Cela est notamment fréquent chez les journalistes. George Little du Nouveau Parti démocratique est également cité pour sa position semblable, de même que le sénateur Louis J. Robichaud.

Un sixième argument se dégage, qui cette fois est beaucoup plus radical. Il accuse le gouvernement québécois de tramer un complot visant à diviser la province du Nouveau-Brunswick, pour ensuite annexer sa région francophone et enfin se séparer du Canada (TT : 1984-10-05). Jean-Maurice Simard serait le principal agent de ce complot au Nouveau-Brunswick. Ce raisonnement explique notamment certains slogans lancés aux réunions d'information et dans quelques lettres d'opinion, tels que « Go back to Québec ». Que dire de cet argument sinon qu'il s'apparente indéniablement à la xénophobie ?

Des solutions de rechange

Les arguments suivants sont des solutions de rechange à celles du Rapport Bastarache pour le bilinguisme. La première consiste à implanter uniquement des programmes d'immersion dans les écoles, afin que tous les anglophones deviennent bilingues et qu'ils cessent d'être défavorisés sur le marché du travail (!) (TT : 1984-11-16). Cette solution apparaît surtout dans les raisonnements où sont remis en cause les coûts qu'occasionnerait la dualité dans la fonction publique ou encore où on se plaint de perdre des emplois à la faveur des francophones bilingues. Cette solution revient à dire qu'il ne faut pas effectuer de changements structurels qui permettraient une égalité globale des deux communautés linguistiques officielles, mais simplement se limiter à des réformes linguistiques qui permettraient à la majorité de s'adapter aux droits légitimes de la minorité.

La deuxième solution qui se dégage est celle qui préconise un référendum sur la question du bilinguisme (TT : 1984-12-14 ; TJ : 1985-01-07). Cela permettrait à l'ensemble de la population du Nouveau-Brunswick de se prononcer sur la nécessité ou non de favoriser une marche vers l'égalité des deux communautés linguistiques officielles. Cette solution nous ramène au concept de démocratie par la majorité, ce qui, on l'a dit, est peu compatible avec l'idée d'une égalité des communautés. Il est par ailleurs permis de contester la valeur « démocratique » d'une démarche référendaire : celle-ci limite la participation démocratique à un choix entre un oui et un non pour régler une question dont la problématique ne peut se limiter à un choix bipolaire.

Soutenue par Raymond Frenette, la troisième solution suggère de saisir à nouveau l'Assemblée législative du Nouveau-Brunswick (TT : 1985-01-05). Approuvé par quelques observateurs de la scène politique (TJ : 1984-12-31), il propose en effet que la consultation publique cède la place à un débat au sein du comité de modification des lois. Cela permettrait d'éviter de soulever la colère de la population et de se placer dans le cadre véritablement autorisé à légiférer. Ce sont là les principales solutions qui sont proposées comme solutions de rechange. Il faut toutefois noter que la proposition d'abandonner complètement la question du bilinguisme, après avoir abrogé la loi sur les langues officielles de 1968, figure encore plus souvent dans le corpus étudié que les précédentes.

De l'antibilinguisme à la paranoïa

Découlant logiquement des précédents, les arguments suivants sont beaucoup plus tranchants quant à l'idée de mettre un terme à la politique bilinguiste au Nouveau-Brunswick.

Le premier, par exemple, consiste à inciter les anglophones de la province à se révolter contre le complot français qui secoue le Nouveau-Brunswick loyaliste. Les vaincus des Plaines d'Abraham (TJ : 1984-12-21), c'est-à-dire les Français, n'ont jamais accepté leur défaite et ils fomentent aujourd'hui un projet qui changera le cours de l'histoire (TT : 1984-11-08, 1984-12-08). Le général de Gaulle est venu lancer cette campagne au Québec et elle se propage maintenant au Nouveau-Brunswick. Trudeau, Simard et même Hatfield sont complices. Il va sans dire que ces propos en rappelle d'autres des Corbett et Jones... Et si le complot français ne fait pas suffisamment peur, l'épouvantail communiste est brandi (TT : 1984-12-26, 1985-01-06). Ce qui ne serait pas sans rapport avec le complot français, puisque les communistes ont déjà investi l'État français !

Un deuxième argument consiste à dire que le gouvernement du Nouveau-Brunswick ne devrait pas essayer de niveler les clivages entre les communautés anglophone et francophone. Cette dernière n'est-elle pas responsable de sa propre situation ? Les Acadiens n'ont-ils pas en effet laissé consciemment leurs concitoyens anglophones travailler durement afin de bâtir cette province, alors qu'ils se complaisaient à fêter et à s'amuser (TJ : 1985-01-10) depuis des siècles ? D'ailleurs, les propos de Bernard Poirier indiquant que les Acadiens avaient plus le sens de la fête que les anglophones viennent renforcer cette théorie (TT : 1985-01-04).

Un troisième argument frappe encore plus durement Poirier, en l'accusant d'être incompétent en tant que commissaire aux langues officielles, puisqu'il fait des erreurs impardonnables quand il parle en anglais. D'une argumentation s'attaquant à une politique de bilinguisme, on passe au harcèlement envers la personne qui incarne le bilinguisme dans la province, et ce, en raison de sa fonction et de son origine ethnique.

Un dernier argument, qui va dans le même sens, consiste à nier l'existence même de la langue française, puisqu'elle serait une langue en voie d'extinction (TT : 1985-01-08). Cet argument complète celui exaltant la langue anglaise pour son universalité et son « sens des affaires ». Il conduit à dire que tout effort pour reconnaître le droit de parler français ou la participation de la langue française à l'identité culturelle acadienne constitue un acte qui va contre le sens de l'histoire.

En terminant, il faut toutefois noter que ces derniers arguments ne sont pas partagés, ou du moins exprimés, par la majorité des intervenants, mais qu'ils apparaissent à quelques reprises.

[...]

Conclusion

En guise de conclusion, j'aimerais apporter quelques remarques pour préciser et éclairer le travail d'analyse qui précède.

Premièrement, je voudrais insister sur le fait que ce travail visait à mettre en perspective les différentes dimensions de l'argumentation antibilinguisme qui figure dans la presse anglophone. Ainsi, l'exposé qui précède ne présente pas les arguments pour le bilinguisme qui sont avancés par les éléments anglophones du Nouveau-Brunswick. Ceux-là sont effectivement présents dans le corpus que j'ai étudié. Leur analyse pourrait faire l'objet d'une autre étude. Toutefois, il faut indiquer que leur impact est considérablement pondéré par l'ensemble de la présentation que fait la presse de cette question. Positions pour ou contre le bilinguisme se côtoient donc et, conséquemment, leur importance respective est accrue ou diminuée par leur coexistence. Il m'a semblé que dans cette relation, les arguments probilinguisme ont subi une contamination par la proximité et le volume des arguments antibilinguisme. Cela joue donc en faveur de l'argumentation antibilinguisme.

Par ailleurs, si je me suis limité à cette argumentation comme objet d'étude, c'est par nécessité de délimiter la recherche. J'ai voulu par ce choix tenter de cerner les forces subjectives qui vont à l'encontre d'une démarche vers l'égalité des communautés francophone et anglophone du Nouveau-Brunswick (à l'encontre également du respect des droits de toutes les composantes de notre société, par exemple les peuples amérindiens).

Je voudrais faire remarquer que mon travail comporte certaines limites. D'abord parce que la période de temps est arbitrairement délimitée et exclut ainsi d'autres propos d'intervenants qui auraient pu complémenter ce tableau. Le corpus également est limité à deux journaux, mais plus encore à la seule presse quotidienne, ce qui écarte des opinions et des arguments plus articulés et approfondis qui auraient pu paraître dans des revues ou autres types de documents. Enfin, mon travail a surtout été axé sur l'analyse des thèmes contenus dans les différents documents du corpus, laissant une appréciation assez marginale de la mise en scène comme telle de l'information. J'en ai quand même tenu compte, mais un regard plus approfondi aurait sans doute été plus révélateur du traitement de la question par la presse.

En terminant, je voudrais signaler une dernière limite à ce travail, qui est celle de ne pas pouvoir définir les sujets de l'argumentation, c'est-à-dire les origines et appartenances sociales des intervenants qui furent enregistrés dans mon corpus. Il eût été possible de signaler les noms des signataires, encore que cela n'est pas une preuve de leur authenticité, ou encore leur adresse ou leur affiliation à des organisations. Cela n'aurait pas été très révélateur, à moins qu'on ne connaisse à la longue les noms des intervenants qui reviennent régulièrement. J'ai toutefois essayé d'indiquer si les arguments relevés provenaient systématiquement des membres autodéclarés de l'Association for English-Speaking Canadians of New Brunswick. Une enquête de terrain pour connaître l'identité des intervenants antibilinguisme serait certainement la bienvenue pour complémenter ce travail.

Bibliographie

BAUDRY, René (1966), *Les Acadiens d'aujourd'hui : rapport de recherche préparé pour la Commission royale d'enquête sur le bilinguisme et le biculturalisme*, Moncton, [s.é.], 2 volumes.

BEAUD, Paul (1984), *La société de connivence. Media, médiations et classes sociales*, Paris, Aubier (Coll. « Res. Babel »).

CANADA (1967-1970), *Commission royale d'enquête sur le bilinguisme et le biculturalisme*, Ottawa, Imprimeur de la Reine, 6 volumes.

FFHQ : FÉDÉRATION DES FRANCOPHONES HORS QUÉBEC (1977), *Les héritiers de Lord Durham*, vol. 1 : *Les francophones hors Québec prennent la parole* ; vol. 2 : *Qui sommes-nous ?*, Ottawa, Fédération des francophones hors Québec.

FINN, Jean-Guy, et G. Forbes ELLIOT (1978), *Rapport du Comité sur l'organisation et les frontières des districts scolaires du Nouveau-Brunswick*, Fredericton, [Le Comité].

FOUCHER, Pierre (dir.) (1984), *Les communautés linguistiques du Nouveau-Brunswick : égales en droit et en dignité : une étude des facteurs sociaux, politiques et juridiques contribuant à la protection de certaines minorités ethniques d'Europe, et de leur application au Nouveau-Brunswick*, Petit-Rocher, Conférence permanente des institutions acadiennes, 3 volumes.

NOUVEAU-BRUNSWICK (1982), *Vers l'égalité des langues officielles au Nouveau-Brunswick : rapport du groupe d'étude sur les langues officielles*, Fredericton, Gouvernement du Nouveau-Brunswick, Direction des langues officielles.

Dualisme et égalité
dans la constitution nouvelle[1]

Michel Bastarache

L'article traite des problèmes rattachés aux distinctions entre la reconnaissance des droits individuels préconisée par le gouvernement libéral fédéral et celle des droits collectifs mise de l'avant par le Parti québécois et montre que ces distinctions, qui se situent bien au-delà des termes employés, procèdent « d'une différente conception de la société, de ses besoins, et du rôle de l'État ». Partant du constat qu'il est difficile de comprendre la portée du concept de dualisme en l'appliquant au contexte canadien coast to coast, Michel Bastarache insiste sur la nécessité de l'interpréter au-delà de la simple dualité linguistique et de l'étendre à « la reconnaissance des communautés nationales distinctes de façon à leur assurer un statut juridique, une sécurité culturelle et une représentativité véritables ». Pour l'auteur, deux éléments sont importants : la sécurité culturelle et la représentation politique des deux communautés nationales. Réduire le dualisme à une conception binaire, francophones/anglophones, Québécois/Canadiens, revient à exclure du processus les Acadiens et les autres minorités qui ne peuvent s'inscrire dans de telles dichotomies. L'auteur avance également que la région de l'Atlantique doit cesser de se concevoir comme une région strictement anglophone et doit prendre acte de la présence de sa population francophone. Par ailleurs, pour que les Acadiens réussissent à faire connaître leurs revendications, ils doivent participer activement à la construction de la nation canadienne ; ce qui suppose que les différents paliers de gouvernements (national, régional et municipal), interprètent le concept de dualisme de façon à représenter la diversité culturelle des différents groupes canadiens. Enfin, l'auteur plaide pour un partage équitable des pouvoirs et appelle à trouver des mécanismes qui permettraient aux régions de jouer le rôle qui leur revient tout en devenant des acteurs de leur propre avenir.

Malgré l'empressement du premier ministre du Nouveau-Brunswick à aborder publiquement le problème de la réforme constitutionnelle, malgré la création de comités sur la Constitution par plusieurs assemblées législatives, malgré les quelques réunions publiques tenues au Nouveau-Brunswick par la Fédération des francophones hors Québec à la suite du lancement de *Pour ne plus être... sans pays* (1979), malgré les audiences publiques de la

---

1. Il existe une version anglaise de cet article, « Dualism and Equality in the New Constitution », publié en 1981 dans le vol. 30 du *UNB Law Journal*.

420 LECTURES DE L'ACADIE

Commission de l'unité canadienne, il serait erroné de croire que cette importante question a été réellement abordée dans les Provinces atlantiques. Même le débat référendaire, qui a donné lieu à une multitude d'articles détaillés dans la presse québécoise et les revues spécialisées, n'a été à l'origine d'aucune prise de conscience importante ; il est certain que le rôle effacé des médias dans les Provinces atlantiques sur ce plan y est pour quelque chose, mais ne faut-il pas s'inquiéter plus encore de l'apparent manque de prévoyance, d'engagement et de vision de ses partis politiques ? En définitive, personne ne s'est encore penché avec sérieux sur l'impact des diverses réformes possibles sur les communautés des Provinces atlantiques et personne n'a su exercer pour celles-ci une influence sur le débat en cours.

Nous désirons pour notre part aborder le problème sous le seul angle du dualisme de la société canadienne et des Provinces atlantiques. Nous verrons que ce problème, qui est à l'origine de la crise actuelle, est probablement celui qui fera le succès ou l'échec de la réforme entreprise. Nous verrons aussi que la façon dont on traitera cet aspect de la réalité canadienne aura un impact sérieux sur la vie dans les Provinces atlantiques dans l'avenir. Nous analyserons donc en premier lieu le concept de dualisme, pour ensuite aborder les exigences du dualisme et son incidence sur le partage des compétences dans la Constitution à établir.

Le concept de dualisme

Nous sommes de plus en plus habitués à voir les commentateurs politiques établir les distinctions entre l'approche du Parti libéral du Canada, qui préconise une reconnaissance constitutionnelle des droits fondamentaux et linguistiques des citoyens canadiens, et celle du Parti québécois, qui préconise la reconnaissance du droit collectif des Québécois à choisir un régime politique qui consacre leur statut d'égalité. Outre le fait que la première approche s'appuie sur la reconnaissance de droits individuels et que la deuxième favorise les droits collectifs, celles-ci se distinguent aussi par le fait qu'elles tiennent compte de deux communautés différentes à la base, d'une part les francophones et anglophones de tout le Canada, d'autre part les Canadiens et les Québécois. La première approche tend aussi à établir une préférence au niveau de la reconnaissance de communautés linguistiques, la deuxième retenant une définition sociologique plus large des communautés « nationales ». Ces distinctions ne sont pas le résultat d'une confusion des termes, mais bien d'une différente conception de la société, de ses besoins et du rôle de l'État. La Commission de l'unité canadienne a pourtant cru qu'il était urgent de clarifier le vocabulaire du débat; elle nous a de ce fait permis d'établir la distinction fondamentale entre le dualisme culturel, «qui s'appuie sur l'évidence démographique et sur un certain nombre de concepts historiques, juridiques et politiques comme les deux peuples fondateurs, le pacte confédératif, les deux nations et le principe d'égalité» (Commission de l'unité canadienne, 1979a: 10), et le dualisme politique, qui tient compte de la spécificité du Québec au sein de la fédération canadienne (Commission de l'unité canadienne, 1979b; recommandation 33).

Sans retracer l'histoire de l'acte confédératif ou analyser les données démographiques et sociales qui permettent de conclure à l'existence de deux communautés nationales aujourd'hui, il peut être utile d'établir ici en quoi les définitions du dualisme déjà données correspondent ou non à la perception de celui-ci qui prévaut dans les Provinces atlantiques. De prime abord, il faut souligner le fait que les Acadiens et les anglophones y ont depuis toujours développé une personnalité collective distincte, laquelle n'était pas fondée exclusivement sur les critères d'appartenance linguistique. L'immigration de personnes de toutes origines au xxe siècle n'a pas non plus changé la configuration sociolinguistique des Provinces atlantiques et posé, comme ce fut le cas dans l'Ouest, un nouveau défi au fédéralisme canadien; de là sans doute l'indifférence manifestée face à la politique de multiculturalisme du gouvernement fédéral. Acadiens et anglophones dans les Provinces atlantiques considèrent, semble-t-il, que l'intégration des immigrants s'est faite sans transformer les caractéristiques essentielles des deux communautés originales[2] ou même leur homogénéité. Il y a donc, dans les Provinces atlantiques, conscience d'une société biculturelle au niveau national, d'une part, et d'une collectivité québécoise bien particulière, d'autre part, les francophones des Provinces atlantiques étant perçus et se considérant comme différents des Québécois francophones.

Il est clair que ce ne sont pas les Provinces atlantiques qui demandent une réforme constitutionnelle en profondeur, la réforme étant fondamentale non pas pour ceux qui ont des problèmes économiques particuliers, semble-t-il, mais pour ceux qui ont suffisamment de pouvoir pour exiger d'être entendus, afin de trouver les moyens de s'affirmer de façon plus autonome sur le plan économique ou sur le plan culturel. C'est peut-être pour cette raison que, nonobstant l'image que l'on se fait de la structure de la société, on a, chez les anglophones des Provinces atlantiques, énormément de mal

---

2. Autres que les Amérindiens, bien entendu.

à accepter que le dualisme vienne transformer les rapports sociaux et politiques existants. D'une part, les francophones n'exercent pas une grande influence politique ou économique dans les Provinces atlantiques, d'autre part, le problème québécois est vu comme un problème qui ne se pose que sur le plan des rapports d'État à État ou de gouvernement à gouvernement.

Nous aimerions pour notre part souligner que les Acadiens et autres francophones hors Québec, tout en reconnaissant la spécificité du Québec et le bien-fondé de ses interventions visant à obtenir un plus large degré d'autonomie, croient majoritairement que le Canada sera viable comme État fédéral s'il est capable d'accepter de traduire dans ses lois et ses institutions le dualisme culturel dont nous avons parlé. Mais ce dualisme ne peut pas être limité à la reconnaissance constitutionnelle de droits linguistiques ; il doit s'étendre à la reconnaissance de communautés nationales distinctes de façon à leur assurer un statut juridique, une sécurité culturelle et une représentativité véritables. Si nous cherchons au niveau du partage des pouvoirs seulement une solution à ce problème, nous acceptons que les Québécois s'identifient exclusivement à leur gouvernement provincial et considèrent de plus en plus le gouvernement d'Ottawa comme un gouvernement étranger ; nous acceptons que les minorités nationales contestent de plus en plus la légitimité des gouvernements qui ignorent leurs intérêts collectifs et assistent sans mot dire à leur assimilation. Si nous tentons de limiter le dualisme à l'octroi de garanties linguistiques, nous ignorons le fait que les Québécois, même bien représentés dans les institutions fédérales, dénoncent toujours leur infériorité économique et l'impossibilité pour eux de modifier substantiellement les orientations des politiques fédérales. Ce serait donc une erreur de croire qu'il y a un dualisme véritable et susceptible de fournir aux Québécois un statut d'égalité du seul fait que le gouvernement fédéral assure une redistribution de la richesse nationale, à plus forte raison si cela se fait de façon unilatérale.

C'est la crise d'identité, posée en termes de dualisme, qui est à l'origine de la crise constitutionnelle, et non les revendications des provinces de l'Ouest au chapitre du contrôle des ressources naturelles. Toute analyse réaliste de la situation actuelle doit en tenir compte. Voyons donc quelles sont les exigences du dualisme.

Les exigences du dualisme canadien

La signification profonde du dualisme canadien a été scrutée par les auteurs de toutes les études sur la Constitution ; nous croyons, pour notre part, qu'elle se résume à deux principes fondamentaux, la sécurité culturelle et la représentation politique des deux communautés nationales.

La sécurité culturelle, c'est l'engagement de l'État à protéger la langue et la culture des deux communautés nationales et à leur fournir les moyens essentiels à leur développement économique, social et culturel. Cela étant dit, il faut souligner qu'il n'y a d'accord au Canada ni sur les moyens à mettre en œuvre pour assurer cette sécurité culturelle, ni sur l'objectif qui consiste à assurer d'abord la sécurité de l'individu ou celle de la collectivité (et encore faut-il que l'on sache définir la collectivité de la même façon...). Or le malaise qui résulte de la confrontation entre l'option péquiste, qui voit la communauté québécoise traiter d'égal à égal avec le Canada, et l'option fédéraliste, qui voudrait concilier les intérêts de la nation canadienne et de la province de Québec en élargissant les protections individuelles et en réaménageant le partage des pouvoirs entre Ottawa et les provinces, n'est pas le seul à troubler la scène politique; il y a aussi, nous semble-t-il, deux idées du fédéralisme qui s'opposent et dont nous avons vu des manifestations récemment dans les décisions de Léon Dion et de Jean-Paul L'Allier d'adhérer au camp du Oui dans la campagne référendaire. L'un et l'autre des opposants au *Livre beige* du Parti libéral du Québec n'acceptent pas que le Québec soit dominé par le gouvernement d'Ottawa, même s'il devait y avoir délégation importante d'exercice des pouvoirs fédéraux. M. L'Allier déclare:

> En matière culturelle plus particulièrement, un droit de veto, direct ou par une Chambre des provinces, ne suffira pas. Comme sur un chantier, il ne pourra et ne devra y avoir qu'un architecte de l'utilisation des fonds et des ressources publiques. Alors la complémentarité sera possible...
>
> Dire oui au référendum, c'est aussi dire oui à une démarche irréversible en quête d'une égalité réelle entre les deux majorités ou peuples fondateurs du Canada; c'est dire non à un pays qui, pour se construire, exigera jour après jour le démantèlement des régionalismes et des communautés culturelles en niant la légitimité des volontés de faire collectives[3].

Pourtant, ces réactions résultent de la publication d'un document qui pose déjà pour le Parti libéral du Canada des problèmes très importants; ce dernier avait avancé sa propre philosophie fédéraliste avec la publication du projet de loi C-60, philosophie qui s'inspirait plus encore de l'individualisme et niait toute reconnaissance particulière au Québec en qualité de communauté nationale. Chez les francophones hors Québec, il y a aussi eu une évolution importante qui s'est traduite dans la publication d'un projet de

---

3. Jean-Paul L'Allier, *Le Devoir*, 2 avril 1980, p. 8.

réforme constitutionnelle qui fait une place importante au dualisme culturel, mais qui met surtout l'accent sur la reconnaissance de communautés locales et régionales qui ont des intérêts spécifiques et qui doivent de ce fait disposer d'un pouvoir d'initiative leur permettant d'exercer certains pouvoirs de façon autonome, pouvoirs dont l'importance varierait avec le degré de concentration de la population et leur possibilité réelle d'exercice. Cela signifie que la sécurité culturelle, c'est une manifestation de l'égalité de statut des francophones et anglophones du Canada ; de là la question de savoir s'il faut assurer la sécurité des individus ou des collectivités, comment il faut mesurer l'étendue de cette sécurité, comment il faut évaluer les moyens de la mettre en œuvre et choisir les mécanismes pour en assurer l'application efficace.

Dans les Provinces atlantiques, seul le gouvernement du Nouveau-Brunswick a jusqu'à ce jour accepté d'envisager le problème de la reconnaissance et de l'égalité des deux grandes communautés nationales. Les Acadiens du Nouveau-Brunswick ont cependant maintes fois dénoncé leur gouvernement en raison de la distance qui sépare ses intentions de ses réalisations ; qu'il nous suffise d'établir que la reconnaissance accordée est individuelle et limitée au statut linguistique au Nouveau-Brunswick, que les mesures de mise en œuvre sont généralement inefficaces et insuffisantes, que l'engagement de l'État ne s'étend pas à proprement parler aux moyens jugés essentiels par les Acadiens pour enrayer l'assimilation et assurer le développement économique et social de leurs communautés. Les Provinces atlantiques fonctionnent donc sur le plan politique comme une région homogène de langue anglaise, quitte à faire place à quelques exceptions pour assurer le fonctionnement du système lorsqu'il y a contestation. Cette situation reflète largement celle qui prévaut à l'échelle nationale, à cette différence près que le gouvernement central a fait des efforts plus réels pour intégrer les francophones à la fonction publique et leur donner des moyens de développement social (par le truchement des programmes du Secrétariat d'État et la régionalisation de Radio-Canada notamment). La structure du pouvoir reste cependant intacte à tous les niveaux, si bien que les expressions de désaccord de la minorité s'expriment dorénavant dans des revendications territoriales et collectives.

Il apparaît manifeste que seule la reconnaissance de droits collectifs des communautés nationales peut répondre aux attentes réelles de celles-ci. Cela exclut en particulier toute solution qui ne serait pas respectueuse du désir d'autonomie plus grand du Québec s'exprimant comme une communauté nationale spécifique. Pour traduire cette réalité en termes positifs, nous dirions que la sécurité culturelle appelle une reconnaissance de l'égalité juridique des communautés nationales et l'engagement de tous les gouvernements à prendre des mesures positives pour en assurer le développement. Pour nous, cela indique la nécessité d'une charte des droits linguistiques précise et contraignante pour tous les gouvernements, une charte rédigée de façon juste et réaliste, une charte aussi précise que celle proposée par la Fédération des francophones hors Québec. La charte doit être appuyée par un mécanisme de mise en œuvre très efficace de façon à assurer que justice sera faite de façon impartiale et expéditive, sans que la partie lésée soit pénalisée économiquement et socialement parce qu'elle réclame le respect de ses droits. Mais il faut être aujourd'hui assez conscients de notre réalité pour voir que les droits linguistiques, y compris les droits scolaires, ne sont que l'exigence la plus apparente de l'égalité recherchée. Il faut trouver aussi le moyen d'assurer aux communautés nationales les moyens de se développer comme elles l'entendent culturellement, socialement, voire économiquement, et de se protéger contre l'assimilation ; cela se traduit par le devoir des autorités publiques de faire des gestes positifs non seulement pour prévenir la discrimination, mais pour créer des institutions favorisant les communautés nationales et développer un climat socioculturel propice à leur développement harmonieux. Ce thème est évidemment susceptible de diverses interprétations selon les contextes d'application ; au plan national, il signifie que nonobstant la reconnaissance constitutionnelle de droits fondamentaux, la collectivité québécoise représentée par son État devra disposer d'un contrôle très grand sur les politiques qui l'affectent directement[4], alors que sur le plan des Provinces atlantiques, il signifie que des mécanismes nouveaux devront être trouvés pour assurer un pouvoir local et régional respectueux des collectivités dont il est question ici. Que l'on songe à un regroupement politique ou non dans la région atlantique, il paraît essentiel d'y traduire au niveau institutionnel les exigences du dualisme d'une manière convaincante pour enrayer l'assimilation. La déconcentration gouvernementale, la décentralisation et la reformulation des structures régionales du pouvoir sont essentielles pour faire justice aux deux communautés nationales et créer un climat de sécurité, seul capable de favoriser l'unité et l'égalité souhaitées.

Mais le dualisme canadien, c'est bien plus que la sécurité des communautés nationales, c'est leur participation au pouvoir, leur association dans

---

4. Nous reviendrons sur le partage des pouvoirs au point suivant. Il convient cependant de redire ici le lien étroit entre le contrôle du Québec sur sa fiscalité et son économie et la possibilité pour lui de poursuivre un projet de société distincte.

la construction de la nation canadienne. C'est sur ce plan que l'égalité est difficile à traduire dans les faits. On sait déjà que le Parti québécois suggère que la souveraineté-association est la seule option qui puisse faire éclater le statut minoritaire qu'est condamné à vivre le Québec dans le régime fédéral. On sait aussi que c'est sur ce plan que les rapports du Parti libéral du Québec et de la Commission de l'unité canadienne ont rencontré la plus vive opposition. Ces rapports cherchent à établir la substance de l'équilibre fédératif au niveau du partage des compétences et ne semblent pas avoir réussi à proposer la création d'institutions politiques dualistes viables. Edward McWhinney souligne que les anglophones perçoivent le conseil fédéral proposé par le Parti libéral du Québec comme une « chambre de l'obstruction[5] », alors que de nombreux francophones y voient encore le Québec minoritaire, même au sein du comité dualiste qui cherche, au niveau du conseil, à consacrer la dualité canadienne chaque fois que cette dimension est affectée par les initiatives du gouvernement central[6]. Or il est clair que situer le dualisme uniquement au niveau du partage des compétences, c'est, nous l'avons dit, renoncer à voir les Québécois accepter le gouvernement d'Ottawa comme le leur. Mais consacrer l'égalité parfaite des francophones et anglophones sur le plan institutionnel semble tout aussi impossible. Le problème en est donc un d'équilibre dans les deux cas.

C'est au niveau de la Chambre haute que la presque totalité des groupes d'étude sur la Constitution ont prévu les changements susceptibles de donner une réalité à la représentation des deux communautés nationales. C'est aussi au niveau de la Chambre haute qu'ils ont essayé de situer les mécanismes de contrôle devant limiter l'exercice des pouvoirs spéciaux du gouvernement central, tels le pouvoir de dépenser, le pouvoir d'urgence et le pouvoir déclaratoire. Il est donc difficile d'évaluer les divers rapports sous le seul angle du dualisme. Le projet de loi C-60 prévoyait une chambre législative disposant de pouvoirs très limités qui serait composée de représentants des provinces et de représentants appointés par le gouvernement central ; la chambre assure un certain respect du dualisme par l'exercice d'un vote doublement majoritaire sur les questions à caractère culturel. La Commission de l'unité canadienne a proposé la création d'une chambre de la fédération qui ne serait pas d'abord législative et qui exercerait un droit de veto sur certaines nominations et un droit de veto suspensif pour la législation qui intéresse les

---

5. Edward McWhinney, *Le Devoir*, 29 février 1980, p. 9, et *Toronto Star*, 10 janvier 1980, p. A8 ; Francis Fox, *Le Devoir*, 4 février 1980, p. 5.

6. Woerhling et Vandycke, *Le Devoir*, 25 février 1980, p. 7 ; Lise Bissonnette, *Le Devoir*, 12 janvier 1980, p. 4 ; Robert Décary, *Le Devoir*, 15 janvier 1980, p. 5.

provinces ; la chambre se prononcerait à une majorité des deux tiers pour le maintien du pouvoir d'urgence et des programmes à frais partagés dans des domaines de juridiction provinciale. Le Québec y tiendrait 20 % des sièges. Le dualisme serait reflété au niveau de la composition de la Cour suprême. Le rapport du Parti libéral du Québec situe le dualisme au niveau d'un comité du conseil fédéral ; mais soulignons avant de décrire celui-ci que le conseil n'est pas une chambre législative, mais un forum où se rencontrent les représentants des gouvernements provinciaux pour conseiller le gouvernement central et exercer un droit de veto sur certaines décisions. Sur le plan de sa composition, le conseil fédéral est fait de délégués des gouvernements provinciaux qui ne sont pas nécessairement des élus et qui votent en bloc suivant les instructions de leur gouvernement ; le comité dualiste serait fait d'un nombre égal de francophones et d'anglophones, 20 % des premiers étant des francophones hors Québec, et se prononcerait sur les questions ayant une incidence culturelle. Or les francophones hors Québec n'ont pas de sièges garantis pour remplir les sièges réservés au comité ; ils n'ont pas de contrôle sur le choix de leurs représentants ; ils n'ont aucune liberté quant à l'exercice de leur droit de vote ; les matières sur lesquelles ils devront se prononcer ne sont pas définies ! La Fédération des francophones hors Québec a pour sa part poussé à la limite le concept du dualisme au sein du régime fédéral en optant pour une Chambre haute dualiste dotée de pouvoirs très larges. La création d'une telle chambre vise à établir un équilibre culturel dans l'exercice du pouvoir fédéral et à limiter le déséquilibre des pouvoirs fédéral et provinciaux résultant de l'exercice des pouvoirs spéciaux tels le pouvoir de dépenser et le pouvoir d'urgence.

Si toutes ces solutions sont encore inacceptables, il faut s'en inspirer pour trouver un moyen plus apte à traduire la nécessité d'amener le gouvernement central à composer avec les deux grandes communautés nationales régulièrement et à s'assurer que ses politiques respectent les valeurs et priorités de chacune, et la nécessité de donner aux provinces un mécanisme par lequel elles peuvent obliger le gouvernement central à respecter dans la pratique le partage des compétences prévu par la Constitution. En ce qui concerne la composition de la Chambre haute, il est nécessaire d'accepter l'élection des membres pour prévenir les difficultés de la formule du Parti libéral du Québec, nonobstant le fait que le gouvernement est responsable au Canada. Il est aussi essentiel d'assurer une représentation francophone efficace, d'une part, et une représentation québécoise efficace, d'autre part. De là la nécessité de deux cartes superposées visant à créer une chambre reflétant le dualisme culturel du Canada mais aussi sa composition régionale. Il me paraît essentiel d'assurer sinon l'égalité de représentation, le veto à chaque communauté, et notamment au Québec sans les francophones hors Québec, sur certaines questions fondamentales dont les questions à caractère culturel, lesquelles devront être explicitées dans la Constitution. Or cette chambre devra avoir des pouvoirs très vastes par comparaison à ceux du Sénat actuel ; elle ne serait autrement qu'une façade qui masquerait la réalité d'un gouvernement central reflétant les intérêts de la majorité. Ces pouvoirs pourraient être les suivants :

1. un droit de véto suspensif de 90 jours sur tout projet de loi de la Chambre des communes ;
2. le pouvoir d'initier des projets de loi, sauf s'ils prévoient des dépenses publiques ;
3. le pouvoir d'élire son président à chaque session ;
4. le pouvoir de nommer :
   a. les juges de la Cour suprême du Canada ;
   b. les commissaires de la commission chargée de la Charte canadienne des droits et libertés ;
5. le pouvoir de ratifier la nomination de :
   a. tous les hauts fonctionnaires de l'État (sous-ministres et sous-ministres adjoints) ;
   b. tous les chefs et directeurs des agences gouvernementales et des sociétés d'État ;
   c. tous les ambassadeurs du Canada à l'étranger ;
   d. tous les juges nommés par le gouvernement fédéral ;
6. le pouvoir de ratifier tous les traités conclus par le Canada avec d'autres États ou des organismes internationaux ;
7. le pouvoir de ratifier tous les programmes à frais partagés entre le gouvernement fédéral et les provinces ;
8. le pouvoir de ratifier toute déclaration à l'effet qu'un ouvrage est à l'avantage général du Canada ;
9. le pouvoir de ratifier toute déclaration à l'effet qu'il existe un état de guerre ou d'insurrection réel ou appréhendé ;
10. un pouvoir d'enquêter et de déposer ses rapports devant elle pour être débattus.

Dans la région atlantique, il n'y a certes pas eu d'empressement à prendre position face aux divers projets de réforme proposés. Malgré son désir d'appuyer la réforme constitutionnelle, le Nouveau-Brunswick a cru bon de proposer le maintien du Sénat canadien dans sa forme actuelle. Cette attitude reflète à mon avis la superficialité de la politique constitutionnelle du gouvernement du Nouveau-Brunswick qui fait preuve de courage et d'ouverture d'esprit dans ses déclarations de principe et de manque d'engagement et d'ouverture dans ses prises de décision. Plus récemment, il y a eu une prise de conscience des gouvernements des Provinces atlantiques face au problème du contrôle des ressources naturelles, mais aucune confrontation et aucun événement extérieur ne sont venus forcer ceux-ci à faire preuve d'imagination sur le plan de la réforme institutionnelle. Il est triste de constater que l'adhésion à une réforme institutionnelle véritable devra probablement être imposée à la région atlantique ; pourtant, l'expérience vécue au niveau politique sur le plan interne pointe dans cette direction. Il pourrait en être autrement, notamment dans le cas du Nouveau-Brunswick, qui est aux prises avec des tensions culturelles et sociales très importantes depuis 1965, quoique celles-ci ne se soient pas encore manifestées avec force sur le plan électoral. En effet, le Nouveau-Brunswick devrait en ce moment être en train d'expérimenter diverses formules de gouvernement régional ou de déconcentration de façon à contrer le sentiment d'aliénation et de rejet qui ne cesse de croître dans les régions acadiennes. Ces expériences fourniraient à n'en pas douter un champ d'expérimentation qui lui permettrait d'évoluer sur le plan socioculturel et d'exercer le leadership qu'on attend de lui à l'échelle nationale.

Déjà, la Fédération des francophones hors Québec avait recommandé dans les premières pages de son projet constitutionnel que l'on entreprenne au plus tôt une étude en profondeur du problème du dualisme au sein des lois et des institutions du Nouveau-Brunswick. Elle avait aussi fait allusion aux forces extérieures qui pourraient dans un avenir rapproché déclencher un mouvement en faveur de l'union des provinces maritimes, mouvement qui devrait lui aussi composer avec la réalité du dualisme dans les Provinces atlantiques. Il est grand temps qu'on y pense ailleurs que chez les Acadiens, nous semble-t-il, car l'indifférence et le manque d'ouverture dont nous sommes témoins ici ne peuvent que contribuer à l'éclatement du fédéralisme canadien et à l'affrontement ethnique dans les Maritimes mêmes.

L'incidence du dualisme sur le partage des compétences dans la nouvelle Constitution du Canada

Nous avons déjà indiqué en traitant de la Chambre haute qu'il est essentiel de limiter les pouvoirs spéciaux du gouvernement central parce que leur exercice risque de rendre inefficace le partage des pouvoirs prévu dans la

Constitution. Le fédéralisme canadien doit aussi, pour survivre, être mieux adapté à la réalité culturelle du Québec et aux régionalismes très forts qui caractérisent le pays ; cela se fera notamment par une plus grande décentralisation des pouvoirs et une plus grande précision dans l'attribution de ceux-ci, de même que par l'octroi des pouvoirs résiduels aux provinces et l'enchâssement du principe de la péréquation dans la Constitution. Il est impossible de traiter ici de tous les aspects du partage des pouvoirs, aussi limiterons-nous notre analyse à ceux qui touchent de très près au dualisme de la société canadienne, notamment en ce qui concerne les compétences en matière culturelle, en matière de communications et en matière de sécurité du revenu et de services sociaux[7]. Avant d'aborder ceux-ci, il est cependant important d'aborder deux questions reliées qui ont fait l'objet d'analyses dans divers rapports, soit celle de l'asymétrie du fédéralisme de demain et celle de la délégation des pouvoirs législatifs et du droit de se retirer avec compensation de tout programme à frais partagés.

Les besoins actuels, et en particulier ceux du Québec, exigent que la Constitution nouvelle soit très décentralisée sur le plan social et culturel. Le Canada n'est pas un pays homogène socialement, culturellement ou politiquement. Mais si les intérêts culturels du Québec sont évidents, il ne le sont pas plus que la disproportion énorme entre les possibilités effectives des grandes et des petites provinces d'assumer des champs de compétence nouveaux. De là la nécessité d'une certaine asymétrie dans le partage des compétences. La Commission de l'unité canadienne a suggéré que celle-ci se traduise par un statut distinctif *de facto* pour certaines provinces, statut qui résulterait de décisions individuelles des provinces de ne pas participer à des programmes à frais partagés ou de déléguer certains pouvoirs au gouvernement central. Il n'y a cependant pas d'empêchement absolu à ce qu'une certaine asymétrie soit reconnue *de jure*, comme c'est le cas dans l'Acte de l'Amérique du Nord britannique de 1867 en fait (quoique cette possibilité constitue pour plusieurs une reformulation du statut particulier dont on a débattu au cours des années 1960). On avait autrefois protesté que dans cette éventualité, tous les députés n'auraient pas le même statut pour discuter de tous les projets de loi à Ottawa, que la fonction parlementaire serait dévalorisée ; ce ne sont cependant pas là des objections suffisamment sérieuses. En effet, il ne semble possible de faire place à la décentralisation

---

7. Les questions relatives à l'unification du droit de la famille aux compétences en matière de travail sont aussi importantes à ce chapitre ; sur ce plan nous favorisons la solution envisagée par le rapport de la commission constitutionnelle du Parti libéral du Québec.

que dans l'éventualité où l'asymétrie est possible, et nous croyons fermement à la nécessité de la décentralisation. Voyons donc comment celle-ci peut s'opérer dans les domaines à forte incidence culturelle.

Le domaine culturel

S'il y a aujourd'hui des difficultés importantes à établir un consensus sur le partage des compétences dans le domaine culturel, c'est que celui-ci est dorénavant lié à la notion d'identité nationale. Le projet québécois de préserver le patrimoine français en Amérique se heurte en fait au projet d'Ottawa de protéger le caractère national du pays contre l'envahissement culturel américain et d'assurer l'unité nationale. Que le contentieux culturel oppose exclusivement le Québec et Ottawa constitue une difficulté additionnelle, car si les provinces dites anglaises acceptent de bon cœur la coopération culturelle dirigée par le ministère des Affaires extérieures, la politique d'aide aux communautés ethnoculturelles et aux arts du Secrétariat d'État, les programmes spéciaux du ministère des Affaires indiennes et du Nord canadien, la réglementation des droits d'auteur, les interventions fédérales liées à l'application des tarifs douaniers et de la Loi de l'impôt sur le revenu, elles ne comprennent pas l'attitude du Québec qui, même si les politiques nationales ne sont plus inspirées par une quelconque doctrine du *melting pot*, ne se sent guère plus d'affinités émotives et intellectuelles qu'autrefois avec la majorité et aspire de ce fait à prendre le contrôle des domaines susmentionnés.

Il faut sans doute regarder aux objectifs culturels nationaux et provinciaux pour décider des compétences à établir dans l'avenir. Il semble cependant que nous devions éprouver là même le problème fondamental que pose le dualisme à la fédération canadienne, celui de l'affrontement de deux projets de société. Le Canada d'un océan à l'autre, multiculturel et bilingue sur le plan officiel est-il compatible avec le Québec français qu'imaginent les nationalistes québécois? D'une part, le gouvernement national veut développer une identité canadienne distincte en favorisant les échanges culturels entre les Canadiens de toutes les régions, en offrant à ceux-ci la possibilité d'accéder à des moyens de production de grande envergure, qui seuls permettront une concurrence efficace avec les industries culturelles étrangères, en créant des rapports culturels avec l'étranger, en évitant les dédoublements coûteux. Il veut encore donner au pays des standards nationaux et de ce fait créer des installations culturelles de qualité même dans les régions pauvres, favoriser la mobilité des artistes et éducateurs, permettre à tous de bénéficier d'institutions nationales de grande envergure (Galerie nationale du Canada[8], Office national du film, etc.). Il veut favoriser le développement du bilinguisme, particulièrement en éducation, la protection des groupes minoritaires de langue officielle, la recherche, parce que ce sont là des objectifs nationaux. D'autre part, le gouvernement du Québec, qui voit la culture derrière toutes les manifestations sociales, se veut le seul artisan des politiques culturelles qui façonneront la société québécoise de demain. Les objectifs du Québec sont donc aussi, en fait, des objectifs nationaux.

Du point de vue des Provinces atlantiques, où les équipements culturels sont déjà très inadéquats et les possibilités de financement très limitées, le problème du partage des compétences doit être analysé sous l'angle de l'égalité des chances dans le domaine culturel. La décentralisation peut vouloir dire l'absence de services, une qualité inférieure, faute de moyens, l'absence de tournées d'artistes étrangers et de troupes nationales (ballets, opéra, etc.), une dépendance accrue par rapport aux productions américaines. Pour les Acadiens, la décentralisation peut aussi vouloir dire que l'inégalité sera plus profonde encore ; l'on pourrait douter de l'existence de l'École de droit de Moncton, du Centre communautaire de Fredericton, de centres culturels sous un régime où les provinces auraient seules accès aux pouvoirs culturels, elles qui manquent totalement de vision dans ce domaine et qui sont pressées par une multitude de problèmes qu'elles jugent plus importants.

Ces constatations nous amènent à poser encore ici le problème du dualisme politique ; le Québec peut-il concilier son projet de société et son association culturelle avec les autres provinces ? Les autres provinces peuvent-elles et veulent-elles se donner une véritable politique de développement culturel ? La réponse à mon sens ne peut dépendre que de la flexibilité du fédéralisme canadien, de la possibilité pour lui de survivre dans une société très diversifiée. L'asymétrie proposée par la Commission de l'unité canadienne s'impose ici et suggère un partage des compétences favorisant surtout les provinces. On peut songer sous ce rapport à une compétence concurrente avec primauté des provinces sur certains points, à une compétence exclusive des provinces avec possibilité de délégation de pouvoirs sur d'autres. Mais il est difficile d'imaginer un système qui éliminera les conflits, l'objectif du Québec étant le contrôle exclusif sur ce domaine, l'objectif du Canada étant l'unité, c'est-à-dire les échanges entre régions et l'établissement de stan-

---

8. NDE : La Galerie nationale du Canada est devenue officiellement le Musée des beaux-arts du Canada en 1984.

dards nationaux surtout. Il reste que le Canada a bien plus à perdre en s'obstinant à créer une culture nationale artificielle qu'en favorisant lui-même l'évolution particulière de la société québécoise. Il devrait néanmoins retenir le minimum essentiel à l'exercice de son rôle à l'échelle nationale (les Archives du Canada, la Bibliothèque du Parlement, etc.), ainsi que des pouvoirs particuliers lui permettant de venir en aide aux groupes minoritaires de langue officielle et d'administrer, à la suite d'une délégation de pouvoirs, certaines institutions nationales, réalisant de ce fait une sorte de péréquation des services culturels en dehors du Québec.

Les communications

Le besoin de communications améliorées est à l'origine même du Canada, aussi n'est-il pas surprenant de voir une forte centralisation des pouvoirs dans ce domaine. La discussion que nous voulons amorcer ici porte cependant sur les moyens de communication nouveaux, la télédiffusion et la télédistribution notamment, plutôt que sur les moyens de transport.

Le pouvoir fédéral exclusif s'est établi par interprétation judiciaire dans ce domaine, celle-ci s'étendant progressivement à la radio, à la télévision, à la câblodistribution et bientôt à la télévision payante. En fait, les seuls tempéraments à l'exclusivisme du pouvoir fédéral viennent de la décision en 1978 de la Cour suprême du Canada dans l'Arrêt Kellogg[9], qui reconnaissait au Québec le droit de réglementer la publicité destinée aux enfants, et des accommodements consentis aux provinces dans le domaine de la télévision éducative et des communications téléphoniques[10].

L'importance culturelle, sociale et économique des médias électroniques est aujourd'hui évidente et les changements technologiques attendus dans les prochaines années avec l'avènement de la fibre optique a durci les positions du fédéral et des provinces. Le fédéral désire un contrôle national pour « affirmer le patrimoine culturel, politique, social et économique du Canada[11] », promouvoir le bilinguisme et la diversité culturelle, développer les valeurs sociales du Canada. En plus d'exprimer l'identité canadienne, le gouvernement central désire certainement promouvoir l'égalité de services au Canada et protéger certains intérêts financiers canadiens. Sensibles au

---

9. *Procureur général du Québec c. Kellogg's Co. of Canada* (1978), 83 DLR (3d), 314.

10. Encore que le gouvernement fédéral ait établi son pouvoir exclusif sur Bell Canada et BC Telephone et qu'il aspire à l'étendre à tout le système avec l'avènement des relais par satellites.

11. Projet de loi C-24 (1978).

reflet des médias sur le développement social et les attitudes politiques, les provinces ne peuvent plus se permettre d'être écartées du pouvoir dans ce domaine. Québec exige le contrôle du contenu culturel des émissions, les provinces de l'Ouest désirent utiliser ce moyen privilégié pour le développement des régions éloignées, l'Ontario veut participer aux choix qui façonneront la société électronique de demain et redonner sa place à la concurrence dans ce domaine.

L'équilibre ne sera pas très facile à atteindre. Il faut, d'une part, voir la nécessité de la centralisation dans l'octroi des fréquences et le maintien des connexions interprovinciales et internationales, reconnaître le désir d'Ottawa d'éviter une balkanisation des moyens de production qui faciliterait l'envahissement culturel américain, risquerait d'augmenter les tensions régionales et menacerait les régions les plus faibles. Il faut, d'autre part, constater l'importance pour les provinces, et principalement le Québec, d'avoir accès au plus important véhicule de valeurs culturelles qui soit. Mais comment établir dans le contexte politique canadien une réglementation à deux paliers, et à qui donner priorité ? Ici encore il semble préférable de songer à une certaine diversité ou asymétrie. Il est préférable d'établir la diversité sur le plan juridique, plutôt que sur le plan administratif, et de réaliser la normalisation désirable au plan national au moyen d'accords interprovinciaux ; la priorité des pouvoirs fédéraux ne devra s'imposer que sur le plan de l'administration du faisceau des fréquences, l'orientation du développement culturel, social et économique étant surtout du ressort des provinces, sous réserve du devoir d'Ottawa d'assurer l'accessibilité aux services dans leur langue maternelle aux minorités de langue officielle partout au Canada.

Si l'on relie ce débat à la situation particulière des Provinces atlantiques, on ne peut manquer de souligner la difficulté de créer des moyens de production provinciaux de qualité et ouverts sur le monde dans ce domaine. Il faut cependant souligner que le système actuel a très mal rempli son mandat d'unification en créant par ses politiques centralisatrices un sentiment d'aliénation dans les régions éloignées du Canada central et enlevé de ce fait toute crédibilité à l'argument à l'effet que le contrôle provincial favoriserait la partisanerie et la dissension. Il faut donc penser à un pouvoir partagé et à une primauté des pouvoirs provinciaux en matière de programmation et de réglementation technique interprovinciale ; les Provinces atlantiques trouveront leur place dans le système suivant leurs propres priorités et leur désir de faire appel à la délégation de pouvoirs de manière plus ou moins fréquente.

La sécurité du revenu et les services sociaux

L'échec de la Charte de Victoria (1971) est dû à l'impossibilité du Québec et du gouvernement fédéral d'en arriver à une entente dans le domaine social. Ce seul fait devrait être suffisant pour dissiper l'idée que les difficultés qui ont surgi dans la période d'après-guerre sont disparues à la faveur d'un régime de fédéralisme coopératif acceptable ; pourtant, nombre d'auteurs anglo-canadiens croient que le régime actuel est idéal étant donné la souplesse que lui ont donné les nombreux arrangements administratifs qui le caractérisent. À notre sens, cette difficulté reflète l'incompatibilité de l'approche pragmatique des anglophones et de l'approche institutionnelle des Québécois, hostiles à l'unilatéralisme d'Ottawa et à l'indéfini que représente l'exercice du pouvoir fédéral de dépenser et de faire des lois pour le bon gouvernement du Canada.

Pour Québec, l'intégration des programmes sociaux et des programmes de sécurité du revenu est essentielle ; elle doit être accompagnée par une décision de placer tous ces services dans les mains du gouvernement le plus près de la population, le provincial. Pour Ottawa, il est nécessaire d'enrayer la pauvreté et de compenser les inégalités dans la distribution des revenus par un programme universel, au moins au niveau des services minimaux, et d'assurer la transférabilité des prestations. Il est aussi utile de souligner que les dépenses sociales du gouvernement central peuvent représenter jusqu'à 50 points d'impôt et qu'elles sont essentielles à sa politique fiscale !

Dans les Provinces atlantiques, on affirme généralement que l'infériorité économique et technologique des petites provinces fera en sorte que le niveau de services actuel sera difficilement maintenu s'il y a décentralisation des pouvoirs dans ce domaine, même advenant la mise en place d'un système par lequel les provinces bénéficieraient de subventions directes ou de crédits d'impôts. Cette constatation n'explique cependant pas à elle seule l'insensibilité de la région face aux exigences du Québec dans ce domaine ; pour saisir la pleine signification de cette attitude, il faut se référer à ce manque de vision globale de la société et d'analyse des agents de changement sociaux qui y prévalent, à la manière de voir ces services de façon désincarnée dans ses administrations provinciales.

La solution au problème actuel offre de multiples possibilités, notamment le programme fédéral avec possibilité de non-participation des provinces, le programme national défini par Ottawa et géré par les provinces, le programme national sujet à l'approbation des provinces, le programme provincial répondant à certaines normes minimales, les accords fiscaux, etc. Faut-il ici aussi établir un système uniforme ? Certainement non ; il est déjà largement dissemblable d'une province à l'autre suite à des arrangements administratifs. Faut-il établir des normes nationales, un régime universel et global pour protéger les régions faibles ? Cela n'est pas non plus essentiel, d'autres moyens ayant été trouvés dans d'autres fédérations pour favoriser la péréquation. Il me paraît essentiel de reconnaître le bien-fondé de l'approche du Québec en ce domaine et de favoriser une répartition des compétences clairement favorable aux provinces ; il faut cesser de considérer les petites provinces comme des invalides si l'on veut établir une fédération qui a un sens véritable.

Si le dualisme politique est dominant à ce chapitre, nous croyons qu'il faut souligner que le dualisme culturel doit aussi y avoir une place. En effet, les francophones hors Québec et les Acadiens ont généralement été très mal servis par les services sociaux centralisés et ils ont raison de réclamer des services personnalisés et de ce fait adaptés à leurs caractéristiques linguistiques et culturelles.

Le thème de cet exposé pose de façon claire la question qui est au centre du débat actuel en mettant le Canada devant la nécessité de traduire en termes concrets le dualisme de sa structure sociale. Il m'apparaît évident que le fédéralisme n'est viable que si cette condition est remplie, sans ambiguïté, sous toutes ses facettes. La population des Provinces atlantiques doit prendre conscience du retard qu'elle a pris dans la reconnaissance de cette réalité et faire un pas dans la direction du compromis essentiel à la survie du pays en mettant de l'avant ses propres propositions constitutionnelles et en prenant chez elle les mesures qui s'imposent sur le plan de la reconnaissance des Acadiens. La réalité historique, l'incidence économique des problèmes socioculturels seront omniprésents dans la renégociation du lien fédéral, mais il ne faut pas oublier qu'il est aussi temps de poser clairement le problème du sous-développement des Provinces atlantiques et de leur isolement du pouvoir central. Une nouvelle fédération est essentielle ; souhaitons que les Provinces atlantiques sauront sortir de leur torpeur et faire preuve d'ouverture d'esprit.

Bibliographie

ALBERTA (1978), *L'harmonie dans la diversité : un nouveau fédéralisme pour le Canada*, Edmonton, Gouvernement de l'Alberta.

ASSOCIATION DU BARREAU CANADIEN (1978), *Vers un Canada nouveau*, Fondation du Barreau canadien.

ASSOCIATION CANADIENNE D'ÉDUCATION DE LANGUE FRANÇAISE (1979), *La Constitution canadienne et les droits des francophones*, [s.l.], [s.n.].

BEAUDOIN, Gérald A. (1979), « La philosophie constitutionnelle du Rapport Pépin-Robarts », *Revue du Barreau canadien*, vol. 57, n° 3 (septembre), p. 428.

BERGERON, Gérard (1979), « Une solution "super-fédéraliste" à la crise canadienne : un Canadian Commonwealth Canadien », *Revue du Barreau canadien*, vol. 57, n° 4 (décembre), p. 609.

BYERS, R. B., et Robert W. REFORD (dir.) (1979), *Le défi canadien : la viabilité de la Confédération*, Toronto, Institut canadien des affaires internationales.

CANADA (1971), *Conférence constitutionelle : délibérations*, Ottawa, Information Canada.

CANADA (1978a), *La Constitution canadienne et sa modification*, Ottawa, Bureau des relations fédérales-provinciales.

CANADA (1978b), *Projet de loi sur la réforme constitutionnelle*, Ottawa, Gouvernement du Canada.

CHARBONNEAU, Jean-Pierre, et Gilbert PAQUETTE (1978), *L'option*, Montréal, Éditions de l'Homme.

COLAS, Émile (1978), *La troisième voie : une nouvelle Constitution*, Montréal, Éditions de l'Homme.

COMMISSION DE L'UNITÉ CANADIENNE (1979a), *Définir pour choisir*, Ottawa, Commission de l'unité canadienne.

COMMISSION DE L'UNITÉ CANADIENNE (1979b), *Se retrouver : observations et recommandations*, Ottawa, Commission de l'unité canadienne.

CONFÉRENCE FÉDÉRALE-PROVINCIALE DES PREMIERS MINISTRES (1978), *Conférence fédérale-provinciale des premiers ministres*, Ottawa, Secrétariat des conférences intergouvernementales, 3 volumes.

CORRY, J. A. (1978), « The Uses of a Constitution », dans LAW SOCIETY OF UPPER CANADA, *The Constitution and the Future of Canada*, Toronto, Richard De Boo Limited.

DÉCARY, Robert (1979), « La cour suprême et la dualité canadienne », *Revue du Barreau canadien*, vol. 57, n° 4 (décembre), p. 702.

DUPRÉ, J. Stefan, et Paul C. WEILER (1979), « A Sense of Proportion and a Sense of Priorities Reflection on the Report of the Task Force on Canadian Unity », *Revue du Barreau canadien*, vol. 57, n° 3 (septembre), p. 446.

FÉDÉRATION DES FRANCOPHONES HORS QUÉBEC (1979), *Pour ne plus être... sans pays*, Ottawa, Fédération des francophones hors Québec.

FÉDÉRATION DES GROUPES ETHNIQUES DU QUÉBEC (1977), *La Fédération des groupes ethniques face aux problèmes du Canada*, Montréal, Fédération des groupes ethniques du Québec Inc.

FORSEY, Eugene A. (1979), «The Third Option», *Revue du Barreau canadien*, vol. 57, n° 3, p. 472.

HOGG, P. W. (1978), «Constitutional Power over Language», dans LAW SOCIETY OF UPPER CANADA, *The Constitution and the Future of Canada*, Toronto, Richard De Boo Limited.

JOY, Richard J. (1978), *Les minorités des langues officielles au Canada*, Montréal, Institut de recherches C. D. Howe.

KERR, Robert W. (1979), «The Language Provisions of the Constitutional Amendment Bill 1978», *Revue du Barreau canadien*, vol. 57, n° 4 (décembre), p. 640.

LAFOREST, Gérard V. (1979), «Towards a New Canada: The Canadian Bar Association's Report on the Constitution», *Revue du Barreau canadien*, vol. 57, n° 3 (septembre), p. 493.

LAMY, Paul (1978), «Personality vs. Territoriality in Language Status Planning: The Canadian Case», 5th *International Congress of Applied Linguistic*, Montréal.

LANG, Otto E. (1978), *La réforme constitutionnelle: la Cour suprême du Canada*, Ottawa, Centre d'information sur l'unité canadienne.

L'ÉCUYER, Gilbert (1978), *La Cour suprême du Canada et le partage des compétences 1949-1978*, [Québec], Éditeur officiel du Québec.

LEDERMAN, W. R. (1975), «Unity and Diversity in Canadian Federalism: Ideals and Methods of-Moderation», *Revue du Barreau canadien*, vol. 53, n° 3 (septembre) p. 599.

LEDERMAN, W. R. (1978), «Constitutional Amendment and Canadian Unity», dans LAW SOCIETY OF UPPER CANADA, *The Constitution and the Future of Canada*, Toronto, Richard De Boo Limited.

LÉVESQUE, René (1968), *Option Québec*, Montréal, Éditions de l'Homme.

LYSYK, K. (1979), «Constitutional Reform and the Introductory Clause of Section 91: Residual and Emergency Law Making Authority», *Revue du Barreau canadien*, vol. 57, n° 3 (septembre), p. 531.

MARX, Herbert (1967), «Language Rights in the Canadian Constitution», *Revue juridique Thémis*, vol. 2, p. 239-286.

MCCONNELL, W. H. (1979), «The House of the Federation: A Critical Evaluation», *Revue du Barreau canadien*, vol. 57, n° 3 (septembre), p. 513.

MORRIS, G. L. (1978), «Québec and Sovereignty: The Interface Between International Law», dans LAW SOCIETY OF UPPER CANADA, *The Constitution and the Future of Canada*, Toronto, Richard De Boo Limited, p. 47-64.

PARTI LIBÉRAL DU QUÉBEC (1979), *Choisir le Québec et le Canada*, Montréal, le Parti libéral du Québec.

PARTI LIBÉRAL DU QUÉBEC (1980), *Une nouvelle fédération canadienne*, Montréal, le Parti libéral du Québec.

PARTI QUÉBÉCOIS (1979), *D'égal à égal : manifeste et propositions concernant la souveraineté-association*, Montréal, Parti québécois.

PATENAUDE, Pierre (1978a), « The Right to Flourish », dans LAW SOCIETY OF UPPER CANADA, *The Constitution and the Future of Canada*, Toronto, Richard De Boo Limited.

PATENAUDE, Pierre (1978b), « Les constitutions et le vouloir-vivre collectif des Acadiens », Discours prononcé aux assises annuelles de la Société des Acadiens du Nouveau-Brunswick, Fredericton.

PATENAUDE, Pierre (1979), « La protection linguistique au Nouveau-Brunswick canadienne, un exemple à ne pas suivre pour une nouvelle Constitution », *Revue du Barreau canadien*, vol. 57, n° 4 (décembre), p. 657

QUÉBEC (1979), *La nouvelle entente Québec-Canada : proposition du gouvernement du Québec pour une entente d'égal à égal : la souveraineté-association*, Québec, Éditeur officiel.

ROBERTS, Stanley C. (1978), *Rapport sur la conférence Alternatives Canada tenue à Banff du 27 au 29 mars 1978*, Calgary, Canada West Foundation.

SMILEY, Donald V. (1976), *Canada in Question : Federalism in the Seventies*, 2ᵉ édition, Toronto, McGraw-Hill Ryerson.

SOBERMAN, D. A. (1978), « The Parti Québécois and Sovereignty Association », dans LAW SOCIETY OF UPPER CANADA, *The Constitution and the Future of Canada*, Toronto, Richard De Boo Limited.

TRUDEAU, Pierre Elliott (1978), *A Time for Action Toward the Renewal of the Canadian Federation*, Ottawa, Gouvernement du Canada.

TRUDEAU, Pierre Elliott (1978), *Le temps d'agir : jalons du renouvellement de la fédération canadienne*, Ottawa, Gouvernement du Canada.

YALDEN, Maxwell F. (1978), *Présentation du commissaire aux langues officielles*, Ottawa, [s.é.].

Les Acadiens sont-ils des « semi-lingues » : réflexions sur quelques théories concernant le bilinguisme

RODRIGUE LANDRY

Initialement écrit au début des années 1980 comme une réflexion préliminaire à une recherche multidisciplinaire sur le bilinguisme qui réunissait des chercheurs de l'Université de Moncton et de l'Université Laval, l'article présente un intérêt certain du fait de la remise en question radicale des problématiques dominantes servant à définir les compétences bilingues. Son auteur insiste d'emblée sur la différence des effets cognitifs et linguistiques du bilinguisme selon qu'il est pratiqué par des personnes vivant en milieu majoritaire ou minoritaire. Évoquant des théories contradictoires élaborées dans les années 1950 et 1960 par des chercheurs issus de différents courants de la linguistique et de la psychologie sociale – notamment celles qui mettaient l'accent sur les effets nocifs du bilinguisme (interférences, difficultés d'expression, développement d'un vocabulaire approximatif dans les deux langues, rendement scolaire inférieur) et celles qui étaient reliées à ses aspects positifs (flexibilité mentale, capacité d'adaptation élevée, etc.) –, l'auteur montre que ces contradictions résident dans les limites des outils de mesure du bilinguisme, lesquels ne tiennent pas compte de facteurs externes pouvant expliquer les différences performatives des individus. Insistant sur le fait que la dimension contextuelle fait figure de parent pauvre dans la plupart des recherches sur le sujet, Landry souligne avec force l'importance de développer des concepts plus adéquats pour l'analyse du milieu minoritaire. Quant au semi-linguisme des Acadiens, l'auteur remet en question les normes servant à le définir et propose de lier différents facteurs permettant de penser les conditions d'une vitalité linguistique des groupes minoritaires sans s'en tenir aux éléments exclusivement linguistiques. Enfin, l'approche multidisciplinaire qu'il privilégie lui semble la plus pertinente pour appréhender le bilinguisme dans toute sa complexité.

Récemment, le directeur du Centre international de recherches sur le bilinguisme (CIRB)[1] à l'Université Laval lançait lors d'une visite à l'Université de Moncton l'idée d'une recherche conjointe entre les deux universités sur les caractéristiques linguistiques des gens vivant en milieu bilingue aux

---

1. NDE : Le CIRB se nomme aujourd'hui le Centre international de recherches sur les activités langagières (CIRAL).

Maritimes et plus précisément au Nouveau-Brunswick[2]. Cette recherche se voudrait multidisciplinaire et s'intéresserait à la fois aux comportements linguistiques du groupe minoritaire (les Acadiens) et du groupe majoritaire. Les données recueillies sur les facteurs extérieurs (sociologiques, démographiques, juridiques, politiques...) ainsi qu'intérieurs (psychologiques, linguistiques) et sur des comportements langagiers devraient en plus être intégrées et analysées à l'intérieur d'un schème théorique assez glogal et cohérent. La valeur d'un tel projet ainsi que l'importance des subventions qui pourront être accordées dépendront non seulement de l'envergure du projet (étude assez exhaustive des nombreuses variables reliées aux comportements linguistiques de toute une communauté biculturelle et bilingue), mais également de la contribution scientifique et théorique de cette recherche multidisciplinaire.

Réunir sous un même toit les méthodes, les philosophies et les orientations propres aux différentes disciplines pouvant contribuer à la matérialisation d'un tel projet pourrait être un véritable tour de force. Un simple embryon de théorie globale sur les comportements langagiers en milieu bilingue serait une contribution importante sur le plan scientifique. Sur le plan pratique, les retombées d'un tel projet pourraient avoir des implications importantes pour des prises de décision conscientes et éclairées concernant l'avenir de la langue et de la culture de l'Acadie, voire de l'avenir sociopolitique économique. De plus, un tel projet serait l'occasion pour plusieurs chercheurs du milieu d'intégrer leurs intérêts et leur compétence respectifs dans un but collectif. Cela permettrait d'atteindre le double objectif de l'émancipation du chercheur dans sa discipline et d'un enrichissement inévitable par les échanges d'idées, de techniques et de connaissances avec d'autres chercheurs dans des domaines de recherches connexes ou éloignés, sans oublier les échanges possibles de compétences entre deux milieux universitaires différents.

Dans ce texte, nous nous proposons d'amorcer une discussion sur certains facteurs à considérer advenant la mise en chantier de ce projet conjoint. Les idées qui y seront exposées ne sont pas d'ordre pragmatique. Elles ne sont pas émises dans le but de faciliter l'évolution du projet ou de donner une direction précise à l'étude. Ces facteurs, d'ailleurs, devront être considérés surtout lors de rencontres futures entre le personnel du CIRB et les

---

2. Depuis la rédaction de cet article, le projet mentionné a connu certains développements qui ne sont pas nécessairement reflétés dans notre étude sur le bilinguisme. De plus, les hypothèses émises et discutées sur les théories concernant le bilinguisme n'engagent que la responsabilité de l'auteur.

chercheurs intéressés de l'Université de Moncton. L'auteur de cet article voudrait surtout proposer des réflexions d'ordre théorique qui se dégagent des recherches déjà entreprises dans le domaine du bilinguisme, des théories déjà existantes et certaines connaissances acquises par lui-même au cours de ses recherches pendant les dernières années. L'intérêt de l'auteur s'est limité surtout à l'étude des effets du bilinguisme sur le développement linguistique et cognitif de l'individu, particulièrement en milieu minoritaire. Le présent article n'est pas une recension de textes publiés, mais plutôt une synthèse de ce qui semble faire l'objet d'un certain consensus entre les chercheurs sur l'effet du bilinguisme en milieu minoritaire et majoritaire. Cette distinction entre milieu minoritaire et milieu majoritaire s'avère très importante puisqu'elle permet de nuancer plusieurs affirmations concernant les effets cognitifs et linguistiques du bilinguisme. Nous traiterons surtout d'hypothèses récentes qui découlent des travaux de Wallace Lambert et de James Cummins. Mais devant la complexité du phénomène étudié, apparaît la nécessité d'une théorie multidimensionnelle afin d'expliquer les nombreux effets attribuables au bilinguisme et au biculturalisme. Nous exposerons alors la théorie de Howard Giles, Richard Y. Bourhis et Donald M. Taylor (1977), qui pourrait être un point d'appui important si le projet multidisciplinaire mentionné ci-dessus se concrétisait. Cette théorie de Giles, Bourhis et Taylor est d'autant plus importante qu'elle touche aux multiples aspects des comportements linguistiques d'une communauté et que, de ce fait, elle fait appel à la plupart des disciplines de recherches mentionnées ci-dessus. Ces discussions théoriques pourront alors nous éclairer sur la question posée dans le titre de cet article : les Acadiens sont-ils des « semi-lingues » ? Il est à souhaiter que la lecture de ces quelques données empiriques et exposés théoriques pourra susciter chez quelques-uns un intérêt pour la problématique du bilinguisme et peut-être encourager la contribution de quelques chercheurs à ce projet de recherche d'envergure sur la situation linguistique aux Provinces maritimes.

Bilinguisme : fléau ou bénédiction

Les recherches sur les effets du bilinguisme sont arrivées à des conclusions assez contradictoires. On peut toutefois expliquer ces discordances, en considérant l'aspect historique de ces recherches.

Avant 1960, de nombreux chercheurs ont attribué au bilinguisme des effets surtout négatifs sur le développement intellectuel, linguistique, social et affectif de la personne. Souvent, les conclusions de ces chercheurs provenaient soit de spéculation, soit de constatations empiriques, certaines d'entre elles étant influencées par les attitudes sociopolitiques de l'époque (McLaughlin, 1978). On peut toutefois tracer un portrait-robot de l'individu bilingue tel que perçu par de nombreux auteurs avant 1960. On impute alors au bilinguisme une série d'effets négatifs. D'abord, le bilingue éprouverait certaines difficultés de la parole et de la communication, par exemple des problèmes d'articulation, de prononciation et de rythme, et même certains symptômes cliniques comme le bégaiement et l'enrouement. Le vocabulaire actif et passif du bilingue, dans une langue comme dans l'autre, était estimé considérablement inférieur à celui d'un unilingue. Ce manque de facilité d'expression inciterait alors le bilingue à faire un usage exagéré de gestes. Un phénomène bien connu en Acadie est celui de l'interférence linguistique : emprunts lexicaux et sémantiques, structures syntaxiques « bâtardes », passage d'une langue à l'autre. L'interférence linguistique a été très souvent attribuée au bilinguisme, puisqu'elle est très fréquente dans les milieux bilingues (Weinreich, 1953).

D'autres effets négatifs du bilinguisme ont été reliés au fonctionnement cognitif. La plupart des recherches antérieures à 1960 comparant des sujets bilingues et unilingues ont démontré un rendement scolaire inférieur chez les groupes bilingues, surtout dans les matières scolaires à forte composante linguistique. Généralement, les sujets bilingues obtenaient des résultats inférieurs dans les tests de quotient intellectuel. Cependant, ces tests mesuraient plutôt l'intelligence dite verbale. Les résultats des tests non verbaux étaient d'ordinaire plus près des normes unilingues ou équivalentes. Certains affirmaient que si l'individu bilingue souffrait de problèmes d'organisation linguistique, il devait, par le fait même, avoir des problèmes d'ordre logique, donc une pensée confuse. Sur le plan de la personnalité, certains affirmaient que le bilingue manquait d'originalité. L'individu bilingue était perçu comme étant insécure et ayant très peu d'initiative personnelle. Il avait en plus des problèmes d'identité. Ne pouvant s'identifier de façon stable à l'une ou l'autre de ses cultures, il pouvait souffrir d'instabilité émotive et son état d'anomie pouvait mener à une assimilation précoce. Les recherches et les textes publiés sur les effets négatifs du bilinguisme sont trop nombreux pour que des références à des études précises soient mentionnées, mais le lecteur intéressé se reportera à la documentation suivante : Jensen (1962), Arsenian (1945), Darcy (1953), Peal et Lambert (1962), Balkan (1970), Cummins (1976) et McLaughlin (1978).

L'étude de Peal et Lambert (1962) semble être le point tournant vers une nouvelle vague de recherches qui commencèrent à attribuer au bilinguisme tout un éventail d'effets positifs sur les plans cognitifs et linguistiques. On parle, par exemple, d'une plus grande flexibilité mentale chez les bilingues, d'une plus grande originalité dans des tests de pensée divergente (souvent associée à la créativité) et d'une adaptation plus facile aux transformations linguistiques. Certaines recherches ont démontré un développement précoce des enfants bilingues dans des tâches de développement conceptuel, dans la reconnaissance de la nature arbitraire du langage et dans l'attention aux aspects sémantiques du langage. Les enfants bilingues ont également manifesté une plus grande sensibilité aux messages non verbaux (expressions de visage) que des groupes témoins unilingues. Le lecteur peut trouver un compte rendu de ces recherches plus récentes dans Cummins (1976, 1978), Lambert (1977, 1978) et Landry (1978), et pour une excellente description de l'évolution historique de la recherche sur les effets du bilinguisme, il pourra consulter Iiams (1976).

Plusieurs recherches de nature plus expérimentale ont démontré que l'individu bilingue pouvait comprendre des messages mixtes ou répétés dans deux langues aussi facilement que le sujet unilingue dans sa langue (Kolers, 1968 ; Landry, 1974, 1976, 1978 ; McCormack, 1976a, 1976b). De plus, les données récentes sur les expériences d'immersion totale (enfants recevant toute leur instruction scolaire dans une langue seconde) sont très positives, ces enfants ayant un niveau élevé de capacité linguistique et un très bon rendement scolaire dans les deux langues (Lambert et Tucker, 1972 ; Swain, 1974, 1978).

Ainsi, comment peut-on expliquer les résultats contradictoires de recherches antérieures à 1960 et cette vague récente de données positives sur le fonctionnement des individus bilingues ? Comment peut-on attribuer au bilinguisme des effets qui varient selon les individus et les contextes ?

Les recherches récentes et antérieures souffrent d'une faiblesse sur le plan d'une définition opérationnelle du bilinguisme. Qui est bilingue ? Quel est le seuil de compétence linguistique dans les deux langues respectives pour que l'on puisse identifier une personne comme étant bilingue ? Si certaines recherches ont, par des mesures indirectes, évalué le niveau de bilinguisme des sujets, d'autres ont choisi leur échantillon d'après le jugement des enseignants ou même d'après le nom de famille de l'élève. Le problème de définition est donc étroitement relié au problème de la mesure du niveau de bilinguisme. Les auteurs ne sont toujours pas d'accord avec la mesure idéale du niveau de bilinguisme ou avec ce qui constitue un bilinguisme équilibré ou fonctionnel. Les recherches, surtout avant 1960, ont très peu défini le bilinguisme et ont rarement précisé leurs critères de sélection des individus bilingues. On trouve également dans les recherches antérieures de nombreuses failles méthodologiques, tel que le contrôle inadéquat des variables connexes au bilinguisme (niveau socioéconomique, quotient intellectuel, éducation des parents, langue d'enseignement, langue de testage, l'âge des sujets, etc.). Les recherches antérieures à 1960, très nombreuses aux États-Unis, ont pratiquement sans exception toujours utilisé des échantillons de sujets bilingues provenant de groupes ethniques minoritaires. Ces groupes minoritaires étaient typiquement de niveau socioéconomique inférieur à la classe moyenne, vivant parfois dans des bidonvilles, et ne bénéficiaient pas de stimulation normale ou d'enseignement dans leur langue maternelle. Le rendement scolaire inférieur des élèves provenant de ces groupes ethniques était-il dû au fait d'être bilingue ou aux effets bien connus des variables socioéconomiques sur le rendement scolaire ? Les problèmes d'identité étaient-ils dus au fait d'être bilingue ou au statut inférieur du groupe ethnique et à la politique assimilatrice ou *melting pot* des Américains ? Les emprunts linguistiques étaient-ils dus à la coexistence de deux langues chez l'individu ou à la différence de statut social entre le groupe majoritaire et le groupe minoritaire ?

D'ailleurs, le problème d'emprunt linguistique semble être à sens unique. C'est toujours le groupe minoritaire qui emprunte au groupe majoritaire ou dominant (Haugen, 1977). On appelle interférence les emprunts faits par le groupe ethnique minoritaire ; par contre, les quelques emprunts faits par le groupe majoritaire sont signes de « culture », sinon de snobisme. L'interférence linguistique est-elle donc un problème d'ordre sociopolitique ? Dans les études qui ont analysé de près l'acquisition simultanée ou successive de la langue maternelle et de la langue seconde, l'interférence d'une langue avec l'autre dans le processus d'apprentissage semble être un problème minime (McLaughlin, 1978). Le problème le plus aigu semble être d'ordre sociolinguistique et reflète l'influence de la langue dominante sur la langue du groupe minoritaire (Haugen, 1977).

Fléau ou bénédiction ? Les recherches semblent constater l'un et l'autre. Avant 1960, pratiquement toutes les recherches imputaient au bilinguisme des conséquences néfastes. Après 1960, les chercheurs semblaient vouloir contredire les conclusions plutôt pessimistes de leurs prédécesseurs et ont de leur côté reconnu au bilinguisme de nombreuses qualités. Mais même si le vent a changé de direction, il serait illusoire d'attribuer au bilinguisme de façon prématurée toute une série d'avantages sur les plans cognitifs et linguistiques. Comme plusieurs effets négatifs du bilinguisme peuvent être expliqués par des variables concomitantes à l'idiosyncrasie d'un groupe ou d'une population, plutôt que par le seul fait d'être bilingue, la découverte de conséquences inverses pourrait également s'expliquer par une concaténation de variables connexes. Il semble important de pouvoir dorénavant discerner avec précision les conditions accompagnant le bilinguisme qui sont susceptibles d'influencer le développement de la personne, dans une direction soit positive, soit négative. Les résultats contradictoires des recherches semblent justement avoir incité les chercheurs à déceler les conditions du bilinguisme qui sont favorables ou défavorables au développement de la personne (Genesee, 1977). Dans cette ligne de pensée, quelques hypothèses ont été émises récemment (Lambert, 1975, 1977, 1978 ; Cummins, 1976, 1978, 1979a) et portent notamment sur le statut minoritaire par rapport au statut majoritaire de la population bilingue.

Bilinguisme additif et bilinguisme soustractif

Lambert (1975) distingua deux types de bilinguisme, l'un « additif » et l'autre « soustractif ». Dans certains cas, devenir bilingue est un processus additif. L'individu du groupe ethnique majoritaire qui réussit à maîtriser la langue du groupe minoritaire ajoute à sa formation linguistique et à sa culture, la plupart du temps, sans rien perdre de sa propre culture et sans effets négatifs pour le développement de sa langue majoritaire. Étant toujours membre à part entière du groupe majoritaire, il y a peu de pression sur l'individu pour nier ou abandonner sa culture d'origine. Dans son milieu, sa langue maternelle demeure toujours la plus prestigieuse et celle qui mène à la réussite sociale. Il se manifeste également très peu d'interférence linguistique chez les bilingues du groupe ethnique majoritaire. Un exemple typique de bilinguisme additif se fonde sur la population toujours grandissante d'enfants anglophones au Canada qui sont « immersés » dans des programmes scolaires entièrement français, et ce, dès la maternelle ou la première année. Ces expériences d'immersion totale ont été très positives, les enfants atteignant un haut niveau dans leur langue seconde, sans retard apparent dans leur langue maternelle, et obtenant par ailleurs d'aussi bons résultats scolaires que les élèves instruits dans leur langue maternelle (Lambert et Tucker, 1972 ; Swain, 1974, 1978). On considère les programmes d'immersion comme un enseignement bilingue « supérieur » (Fishman, 1976). Ces programmes existent, en effet, partout dans le monde selon Fishman (en France, en Allemagne, en Amérique latine, en Union soviétique, dans les pays arabes, en Italie, en Belgique et dans certaines parties de l'Afrique et de l'Asie), mais surtout pour les enfants « socialement favorisés ». Toujours selon Fishman, ces programmes d'immersion constituent probablement le moyen idéal de promouvoir les avantages scolaires et sociaux de l'éducation bilingue.

Dans d'autres circonstances, toutefois, le bilinguisme peut être un processus de nature soustractive. La plus grande partie des bilingues proviennent de groupes ethniques minoritaires et, pour ceux-ci, devenir bilingue est rarement une question de libre choix. Le contact avec une langue seconde en milieu minoritaire est une menace continuelle à l'identité ethnique (Taylor, 1977) et la langue maternelle de ce groupe ethnique porte inévitablement les stigmates d'une lutte acharnée pour sa survivance ou doit subir le sort de l'assimilation (Haugen, 1977). Les parents de langue minoritaire sont souvent devant le dilemme de promouvoir leur langue maternelle ou de la supprimer en échange de ce qu'ils pensent être la meilleure éducation et le maximum de chances de réussite sociale pour leurs enfants (Christian, 1976). Mais comme il sera discuté plus loin, il est fort plausible que ce dilemme provienne d'un rationalisme illusoire.

Dans des situations minoritaires, très souvent on constate plutôt le semi-linguisme que le bilinguisme ; l'individu ne développe adéquatement aucune de ses deux langues (Skutnabb-Kangas et Toukomaa, 1976 ; Toukomaa et Skutnabb-Kangas, 1977). Des statistiques descriptives sur les caractéristiques linguistiques des diplômés d'une polyvalente francophone en Acadie (Landry, 1979) attestent la nature soustractive du bilinguisme pour la minorité acadienne. On constate, par exemple, une utilisation croissante de l'anglais avec l'âge, à la fois en dehors du foyer et dans le milieu familial. La quantité et la qualité du français parlé à la maison est également en relation avec le niveau scolaire des élèves et des mesures de maîtrise de la langue. Il n'est pas clair toutefois jusqu'à quel point ces variables sont reliées à un phénomène linguistique plutôt qu'à des facteurs socioéconomiques. Nous reviendrons à quelques reprises sur cette étude de la nature « soustractive » du bilinguisme en Acadie.

Langue maternelle et seuils de compétence linguistique

Cummins (1976, 1978, 1979a) s'est intéressé à cette controverse sur les effets du bilinguisme. Les hypothèses émises par Cummins ont été influencées par les notions de bilinguisme additif et soustractif décrites par Lambert (1975). Selon Cummins (1976), la plupart des recherches qui ont décrit les effets positifs du bilinguisme semblaient avoir comme sujets des éléments d'une population bénéficiant d'un bilinguisme additif. Par contre, les recherches ayant démontré des effets plutôt négatifs reliés au bilinguisme auraient étudié des populations dont le bilinguisme était surtout de nature soustractive.

Cummins (1976, 1978, 1979a) a émis deux hypothèses visant à expliquer les effets linguistiques et cognitifs du bilinguisme. Quoique de nombreuses recherches semblent appuyer ces hypothèses par des analyses « post hoc », on n'a encore entrepris aucune recherche dans le but explicite de vérifier ces hypothèses. Il serait donc à propos de les interpréter comme des hypothèses de travail plutôt que des conclusions définitives (Landry, 1979). Les deux hypothèses sont les suivantes : l'hypothèse des seuils de compétence linguistique (the threshold hypothesis) et l'hypothèse de l'interdépendance du développement linguistique (the developmental interdependance hypothesis). Selon la première hypothèse, seuls les individus atteignant un double seuil de compétence linguistique pourraient bénéficier des avantages cognitifs du bilinguisme. Les individus qui atteindraient un seuil de compétence linguistique adéquat dans une seule de leurs deux langues ne pourraient profiter d'avantages cognitifs, mais ne subiraient cependant aucun désavantage cognitif en raison de leur bilinguisme. Les individus n'ayant atteint les seuils de compétence requis dans ni l'une ni l'autre de leurs langues (semi-linguisme) connaîtraient, par contre, certains désavantages cognitifs. Le terme semi-linguisme, il faut le préciser, est un facteur relié aux aspects cognitifs du langage, c'est-à-dire la capacité de se servir de la langue comme outil de pensée et d'abstraction (Cummins, 1978, 1979a, 1979b ; Skutnabb-Kangas et Toukomaa, 1979), plutôt qu'à l'aspect plus superficiel de la conversation ou l'habileté de se « débrouiller » dans une langue. Il n'existe toutefois aucune définition opérationnelle ni du terme semi-linguisme ni du « seuil de compétence » requis pour éviter les conséquences négatives du bilinguisme. Selon Cummins, le développement d'un double seuil de compétence linguistique serait associé à un type de bilinguisme additif, tandis que le semi-linguisme se trouverait dans des situations de bilinguisme soustractif.

L'hypothèse de l'interdépendance du développement linguistique stipule que le niveau de compétence que peut atteindre l'individu bilingue dans sa langue seconde est limité par la compétence acquise en langue maternelle. Selon l'hypothèse, l'enfant dont le contact avec la langue seconde interfère avec le développement de sa langue maternelle ne développera pas non plus un haut niveau de compétence dans sa langue seconde. Puisque les conditions de bilinguisme soustractif ont pour effet de contrecarrer le développement de la langue maternelle, c'est un peu la maîtrise globale du langage (de nature autant cognitive que linguistique) qui se trouve à être affectée

(Cummins, 1979b) et le résultat est que l'individu ne développe adéquatement aucune des deux langues. Selon Cummins (1979b), cette maîtrise globale (*cognitive/academic language proficiency*), est étroitement reliée à l'intelligence verbale ou à la capacité d'utiliser le langage comme outil de pensée.

Plusieurs recherches appuyant a posteriori les hypothèses ci-dessus sont reprises par Cummins (1979a). Il cite, par exemple, une recherche en contexte canadien (Hébert, 1976), où des Franco-Manitobains ayant choisi d'être éduqués entièrement dans leur langue seconde (l'anglais) ou à mi-temps en français et à mi-temps en anglais ne sont pas plus compétents dans leur langue seconde que ceux qui ont été éduqués entièrement dans leur langue maternelle. Par contre, ces derniers étaient beaucoup plus compétents en français que ceux qui avaient fait leurs études entièrement ou partiellement en anglais. La base la plus solide en langue maternelle aurait permis aux élèves éduqués en français d'apprendre de façon plus efficace leur langue seconde et donc d'égaler leurs condisciples éduqués entièrement dans leur langue seconde. Pour ces derniers, le processus soustractif du bilinguisme s'exerçait de façon bien plus évidente. En effet, comme il sera discuté plus tard, la scolarité en langue maternelle semble être une condition sine qua non pour éviter les effets du bilinguisme soustractif. Même, selon Cummins (1978, 1979a), dans un contexte soustractif, il serait opportun de pratiquer une politique de « discrimination positive » et de retarder tout contact formel avec la langue seconde, du moins jusqu'à ce que soit établie une base solide en langue maternelle. D'autres recherches en Suède (Skutnabb-Kangas et Toukomaa, 1976 ; Toukomaa et Skutnabb-Kangas, 1977 ; Toukomaa et Lasonen, 1979) appuient les hypothèses de Cummins. Ces derniers ont démontré que le semi-linguisme était de règle chez les immigrés finlandais exposés de façon précoce à la langue suédoise et instruits entièrement dans celle-ci. L'hypothèse de l'interdépendance du développement linguistique était appuyée par le fait que les enfants ayant immigré après l'âge scolaire pouvaient apprendre de façon plus efficace le suédois et conservaient davantage le finlandais comme langue maternelle que les enfants d'immigrés finlandais nés en Suède ou ayant déménagé avant l'âge scolaire. Le développement adéquat de la langue maternelle dans un contexte stimulant exempt d'influences soustractives semble être un préalable au développement adéquat de la langue seconde. Cette situation des immigrés finlandais en Suède ressemble beaucoup à la condition acadienne avant l'obtention de la garantie d'éducation en langue maternelle. Mais d'autres influences soustractives sont toujours vécues par les Acadiens, comme il en sera fait mention plus loin dans la description de la théorie de Giles, Bourhis et Taylor (1977).

Landry (1979) a examiné certaines caractéristiques linguistiques des diplômés d'une polyvalente francophone en Acadie, à la lumière des hypothèses de Cummins. Certains symptômes étaient clairement des indications de l'influence soustractive du bilinguisme en milieu minoritaire, surtout en ce qui concerne l'utilisation croissante de la langue seconde. Le rendement linguistique de ces élèves francophones bilingues se situait au-dessous de la moyenne de groupes contrôles unilingues français et anglais, mais, dans leur rendement, les sujets se rapprochaient considérablement des unilingues francophones, plutôt que des unilingues anglophones. À cause de la nature « post hoc » de cette recherche et du manque de contrôle des variables connexes au bilinguisme (niveau socioéconomique et intellectuel), on n'a pu conclure sans équivoque à une tendance vers le semi-linguisme chez ces élèves acadiens.

La notion de semi-linguisme a été vivement critiquée par des sociolinguistes (Brent-Palmer, 1979 ; Canale et Mougeon, 1978) qui soutiennent que les tests de rendement linguistique utilisés étaient injustes envers ces sujets. Les tests utilisés sont toujours conçus selon la langue standard. Or souvent les bilingues en milieu minoritaire n'ont pas pour langue maternelle la langue standard, mais plutôt une variante de cette langue sociomaternelle (dialecte) qui leur est propre (Haugen, 1977). Cette langue sociomaternelle peut être aussi structurée et efficace comme norme communicative que la langue standard (Labov, 1969 ; Canale et Mougeon, 1978 ; Papen, 1979 ; Roy, 1979 ; Haugen, 1977). La langue maternelle de la plupart des Acadiens du Sud-Est, par exemple, est-elle le français standard, l'*acayen* ou le *chiac* (Papen, 1979 ; Pelletier, 1979 ; Roy, 1979) ? Pour ces derniers, les tests de rendement linguistique en français et en anglais étaient-ils administrés dans leur deuxième et troisième langues (Landry, 1979) ? Un rendement diminué dans les deux langues standard est-il une indication de semi-linguisme (Brent-Palmer, 1979) ?

Ce sont là des problèmes à résoudre. Mais certaines questions persistent. Même si l'on veut reconnaître que le code sociomaternel est aussi structuré et possède tous les éléments linguistiques d'une langue standard reconnue (on pourrait, semble-t-il, écrire une grammaire du *chiac*), il n'en demeure pas moins que pour réussir en société et pour faire des études supérieures, les codes standard s'imposent, ainsi que leurs implications pédagogiques (Landry, 1979). Il faudrait, par exemple, réussir à enseigner le code standard, mais sans dénigrer le code sociomaternel des élèves qui est la base de leur vraie identité (Christian, 1976). Il faudrait même valoriser davantage la langue sociomaternelle « non standard » des élèves, mais en définissant clairement son rôle. Certaines pratiques pédagogiques dans ce sens ont été suggérées par Canale et Mougeon (1978), Mougeon et Beniak (1979) et Guisset (1978). L'élève serait conscient des limites de sa langue sociomaternelle, mais reconnaîtrait que de nombreux peuples même francophones ont leur code « non standard », qui a une valeur et un statut. Le code standard proposé par l'école le serait dans le but d'une communication plus universelle. L'élève éprouvant des difficultés dans l'apprentissage du code standard n'aurait pas le sentiment indu d'être un incompétent dans sa propre langue maternelle, mais il aurait plutôt l'impression d'apprendre une variante de sa langue maternelle, comme nous l'avons déjà souligné :

> Ce changement de perspective de la part des élèves « francophones » en milieu minoritaire pourrait avoir des effets très positifs sur l'apprentissage du code standard nécessaire à une éducation adéquate dans notre société. Comme il faut pouvoir s'aimer soi-même avant d'aimer les autres, il faut peut-être que l'élève puisse accepter et valoriser sa propre langue socio-maternelle avant de pouvoir valoriser l'apprentissage d'une autre langue, qui est pour lui le français standard. (Landry, 1979 : 20)

Ceux qui veulent à tout prix imposer la « norme rhétorique » en faisant abstraction de la « norme communicative » prédominant chez un peuple, ou en la dénigrant, selon Haugen (1977), ne sont pas conscients d'un phénomène sociolinguistique réel et vivant. L'insistance aveugle sur la norme rhétorique rigide des académiciens est peut-être le meilleur moyen d'encourager le rejet total de la langue maternelle, bien loin de promouvoir sa survivance.

Vitalité ethnolinguistique : un phénomène complexe

Nous avons fait un tour rapide des recherches sur les effets du bilinguisme. Les conclusions contradictoires de ces recherches peuvent être expliquées en partie par les différences entre les groupes ethniques bilingues étudiés (Cummins, 1976). Une distinction intéressante pour faciliter l'interprétation des résultats discordants est celle proposée par Lambert (1975) entre le bilinguisme « additif » et le bilinguisme « soustractif ». Cummins (1976, 1978, 1979a) semble avoir été inspiré par cette dichotomie lorsqu'il a formulé les hypothèses des seuils de compétence linguistique et de l'interdépendance du développement linguistique. Il semblerait que le double seuil de compétence requis pour bénéficier des avantages cognitifs du bilinguisme soit plus probable dans des situations de bilinguisme additif. Le bilinguisme soustractif pourrait même être à la source d'occurrences plus fréquentes de cas de semi-linguisme et donc de désavantages sur les plans linguistique et cognitif. Mais si avantageuse que puisse être cette distinction entre bilinguisme additif et bilinguisme soustractif, il n'en demeure pas moins que ces deux situations sont loin d'être les mêmes face aux différents groupes ethniques et à leurs divers milieux. La nature soustractive du bilinguisme, par exemple, peut dépendre de nombreux facteurs autant sur le plan politique que sociologique ou démographique. Il faudrait pouvoir identifier les variables de l'environnement qui sont aptes à contribuer davantage à la nature additive ou soustractive d'une situation de bilinguisme. Sans une analyse approfondie de ces facteurs, les notions de bilinguisme additif et soustractif risquent de demeurer stagnantes.

Nous allons maintenant présenter, dans cette dernière section du présent article, une brève description d'une ébauche théorique de Giles, Bourhis et Taylor (1977) qui pourrait, justement, offrir un certain dynamisme aux notions de bilinguisme additif et soustractif.

Giles, Bourhis et Taylor (1977) essaient d'identifier de façon cohérente la multitude des facteurs qui peuvent déterminer ce qu'ils appellent la vitalité ethnolinguistique, c'est-à-dire la survivance et le développement de la langue pour une communauté ethnique donnée. Une application de ce schème théorique à la situation acadienne pourrait permettre d'estimer avec plus de précision le niveau soustractif du bilinguisme en Acadie et de concevoir les moyens de le rendre plus additif. Ce pourrait être un bon diagnostic du niveau de vitalité ethnolinguistique des différentes communautés acadiennes. La diversité des variables impliquées dans ce modèle nécessite une approche multidisciplinaire. Il est probable, d'ailleurs, que la théorie de Giles, Bourhis et Taylor soit un des principaux points d'appui lors de la formulation du projet conjoint discuté ci-dessus entre le CIRB et l'Université de Moncton.

La discussion qui suit n'a pas pour fin de faire une analyse de la valeur scientifique de la théorie de Giles, Bourhis et Taylor, mais plutôt d'illustrer la nature multidimensionnelle du phénomène du bilinguisme et d'y faire valoir le besoin d'une approche multidisciplinaire. La discussion sera brève et sélective, le lecteur étant renvoyé à Giles, Bourhis et Taylor (1977) pour une analyse plus détaillée de l'ébauche théorique. Toutefois, il est intéressant pour le lecteur de se situer dans ce schème par rapport à sa discipline et à ses intérêts et d'entrevoir comment il pourrait contribuer à une étude multidisciplinaire de la vitalité ethnolinguistique des Acadiens.

L'énoncé théorique de Giles, Bourhis et Taylor (1977) s'insère dans une tentative de comprendre à la fois les caractéristiques psycholinguistiques et sociolinguistiques d'un groupe ethnique donné et la nature des relations intergroupes ethniques dans certaines situations de contacts. C'est une tentative de discerner les différentes variables situationnelles qui peuvent déterminer si, par exemple, une collectivité ethnique va s'affirmer et s'émanciper ou graduellement disparaître.

Giles, Bourhis et Taylor (1977) présentent leur schème théorique en trois parties. Une première partie fait une description taxonomique des facteurs reliés à la vitalité ethnolinguistique d'une collectivité. Une deuxième partie intègre la théorie de Henri Tajfel sur les relations intergroupes et celles de Giles sur l'accommodation de la langue aux différentes situations de contact en contexte bilingue. La troisième partie est une tentative de synthèse des facteurs décrits dans les deux premières sections. Le tout constitue le chapitre final d'un ouvrage dirigé par Giles, *Language, Ethnicity and Intergroup Relations*. Ce dernier chapitre est une tentative d'intégration des données présentées par plusieurs auteurs dans les chapitres précédents du livre. La présentation qui suit s'intéresse davantage à la première section de l'exposé théorique de Giles, Bourhis et Taylor, soit celle qui touche aux facteurs reliés à la vitalité ethnolinguistique. Nous ferons quand même mention de certains principes théoriques énoncés dans les deux autres sections du chapitre. Ces dernières sections sont d'un intérêt particulier à ceux qui s'intéressent davantage aux relations intergroupes ethniques et à la psychologie sociale de groupes ethniques.

La vitalité ethnolinguistique est définie comme ce qui détermine le comportement d'une collectivité distincte et active dans des situations de contact intergroupe. Un haut niveau de vitalité ethnolinguistique est relié à la survivance et à l'émancipation d'un groupe ethnique comme entité distincte, tandis que l'inverse est le symptôme d'un danger croissant de disparition du groupe ethnique comme collectivité. La langue est perçue comme facteur déterminant de la survivance ou de la disparition d'une collectivité ethnique.

La taxonomie proposée pour représenter la structure qui influence la vitalité d'un groupe ethnique regroupe trois facteurs principaux : le statut du groupe, les variables démographiques et les variables reliées au support institutionnel. Évidemment, tous ces facteurs sont en continuelle interaction et il est encore incertain de savoir lequel de ces facteurs, avec les variables qui en découlent, fait pencher la balance de la vitalité ethnolinguistique d'un groupe. Au stade où en est rendu l'étude de ce phénomène, on peut même concevoir une taxonomie qui serait différente de celle proposée par Giles, Bourhis et Taylor. Mais celle-ci représente un début intéressant dans l'identification des facteurs les plus déterminants en ce qui a trait à la vitalité d'un groupe ethnique.

Les variables reliées au statut d'un groupe ethnique sont celles qui influencent le prestige du groupe relativement aux autres groupes en contact. Plus élevé est le prestige ou le statut du groupe, plus sa vitalité ethnolinguistique est assurée. Les variables démographiques sont celles reliées au nombre d'individus ou de membres de la collectivité et à leur distribution dans un territoire. La survivance d'un groupe ethnique exige un minimum de population et une distribution de celle-ci qui permet une résistance à l'assimilation. Le support institutionnel est en étroite relation avec le statut du groupe et sa situation démographique, et est définie par la quantité et la qualité de représentation du groupe linguistique dans les différentes institutions d'une communauté, région ou nation. Plus il y a d'institutions dans lesquelles le groupe linguistique est adéquatement représenté ou autonome, plus la vitalité ethnolinguistique de ce groupe est assurée.

Le statut d'un groupe ethnique

En ce qui concerne le statut ou le prestige d'un groupe ethnique, Giles, Bourhis et Taylor ont identifié quatre variables : le statut économique, le statut social, le statut sociohistorique et le statut linguistique. Un statut élevé dans chacune de ces variables devrait concorder avec une croissance de la vitalité ethnolinguistique. Le statut économique est reflété par le degré de contrôle exercé par un groupe ethnique sur sa destinée économique. Les communautés juives sont souvent perçues, par exemple, comme des groupes qui ont assuré une survivance de leur culture par un contrôle étroit de leur économie. Le statut social est souvent en corrélation avec le statut économique et représente le niveau d'estime qu'éprouvent les membres d'un groupe ethnique pour leur position sociale. Par exemple, bien que les Québécois soient majoritaires dans leur milieu, ceux-ci ont eu tendance à évaluer de façon plus positive la position sociale de l'anglophone que celle de leur groupe ethnique (Lambert, 1967, 1971). Le statut sociohistorique se définit par le rôle que certains événements historiques peuvent jouer comme catalyseur, comme symbole de solidarité ou encore comme agent de répression. La dispersion des Acadiens en 1755 fut certainement un élément important ayant contribué au statut affaibli des francophones aux Provinces maritimes. Aujourd'hui, elle sert également comme symbole de solidarité et de volonté de survivance des Acadiens. Le type et le nombre d'événements historiques importants rapprochent ou éloignent un groupe ethnique, physiquement ou psychologiquement, déterminant les chances de survivance d'une collectivité comme entité. Finalement, le statut linguistique représente le prestige interne et externe de la langue du groupe ethnique. Par exemple, les Québécois et les francophones hors Québec bénéficient sûrement du fait que le français soit l'une des langues ayant le plus de prestige sur le plan international dans les domaines technologiques, culturels et économiques. La vitalité d'un groupe ethnique dépend beaucoup du statut de sa langue à l'intérieur de sa communauté comme à l'extérieur.

Les variables démographiques

Giles, Bourhis et Taylor distinguent huit variables reliées au facteur démographique qui permettent de déterminer le niveau de vitalité ethnolinguistique. Ces huit variables se subdivisent sous deux rubriques, soit celles qui sont reliées au facteur de distribution de la population et celles qui déterminent le nombre de membres faisant partie du groupe ethnique.

La première variable concernant la distribution démographique d'un groupe ethnique est la notion de territoire. Il fut démontré, par exemple, que les groupes de minorités linguistiques formés majoritairement d'immigrants connaissaient un taux d'assimilation plus élevé que les minorités linguistiques demeurant dans leur pays natal. Les tendances séparatistes du Québec et l'idée d'une province acadienne sont sûrement des manifestations ayant pour but d'assurer une plus grande vitalité ethnolinguistique. Un deuxième facteur de distribution démographique est la concentration géographique des membres du groupe ethnique. La concentration d'une collectivité ethnolinguistique est plus favorable à la survivance linguistique que la dispersion en de nombreux petits groupes isolés. Une plus grande concentration de tous les Acadiens des provinces de l'Atlantique, par exemple, rendrait moins laborieuse la promotion de la culture acadienne. Le dernier facteur démographique lié à la distribution du groupe ethnique est la proportion de celui-ci par rapport à l'ensemble de la population ou par rapport au groupe ethnique dominant. Un groupe ethnique représentant 50 % d'une population peut mieux assurer sa survivance comme groupe ethnolinguistique qu'un autre qui représenterait une proportion moindre.

En plus des variables de distribution, le facteur démographique dans le schème théorique de Giles, Bourhis et Taylor comprend cinq autres variables liées au nombre d'individus faisant partie d'un groupe ethnique : le nombre absolu, le taux de naissance, la proportion de mariages mixtes, l'immigration et l'émigration.

Le nombre absolu représente simplement l'importance de la population en chiffres absolus. Tous les autres facteurs étant égaux, l'assimilation d'un groupe ethnique par un groupe dominant se ferait en fonction du nombre de membres dans le groupe minoritaire. Pour des groupes en contact, le taux de naissance peut être un moyen d'assurer la survivance d'une collectivité ethnique. La revanche des berceaux chez les Canadiens français illustre bien ce phénomène. Avoir des familles nombreuses était perçu comme un moyen de modifier les rapports de force entre la majorité anglophone et la minorité francophone. La langue adoptée par les enfants de mariages mixtes étant le plus souvent celle du groupe majoritaire, un taux élevé de mariages mixtes tourne donc au détriment de la vitalité ethnolinguistique du groupe minoritaire.

L'immigration est un autre facteur démographique pouvant affecter le niveau de vitalité linguistique. Par exemple, si la majorité des immigrants dans une région appartiennent au groupe ethnolinguistique majoritaire ou adoptent la langue du groupe dominant, le groupe minoritaire s'y trouve proportionnellement diminué dans sa situation démographique. L'émigration peut également contibuer à affaiblir la vitalité ethnolinguisque d'une population. Des facteurs sociaux, et surtout d'ordre économique, peuvent forcer, par exemple, une proportion considérable d'une collectivité à déménager vers d'autres régions où ils seront plus facilement assimilés au groupe dominant. De nombreux Acadiens qui ont déménagé en Ontario, dans l'Ouest canadien et dans les États de la Nouvelle-Angleterre aux États-Unis sont souvent assimilés à la langue majoritaire dès la deuxième génération. La dispersion des Acadiens en 1755 pourrait, à l'extrême, être perçue comme une émigration massive forcée par le pouvoir militaire et politique de la majorité anglophone.

Le support institutionnel

Le troisième facteur principal de la vitalité ethnolinguistique, selon le schème de Giles, Bourhis et Taylor, est celui du support institutionnel. Ce facteur dépend a priori du type et du nombre d'institutions importantes dans une communauté ou nation. La représentation d'un groupe ethnique dans ces institutions peut être informelle (groupes de pressions) ou plus formelle (nombre de représentants à l'assemblée législative). Giles, Bourhis et Taylor mentionnent six secteurs institutionnels où la participation active d'un groupe ethnique est nécessaire pour assurer sa survivance ethnolinguistique. Ces six secteurs sont : les médias de masse, l'éducation, les services gouvernementaux, l'industrie, la religion et la culture. Plus les groupes minoritaires sont représentés à l'intérieur de ces secteurs, plus ceux-ci peuvent devenir autonomes dans la distribution de services institutionnalisés et plus les chances de survivance linguistique sont assurées. En ce qui concerne le développement de la langue dans ses aspects cognitifs-académiques (Cummins, 1979b), l'éducation dans la langue maternelle du groupe ethnique est probablement un facteur primordial (Christian, 1976).

Il serait trop long de discuter ici chacune des variables du schème de Giles, Bourhis et Taylor en rapport avec la situation acadienne. Plusieurs études sur le peuple acadien déjà effectuées dans les domaines sociologiques, économiques, historiques et démographiques peuvent fournir des informations sur les variables du schème théorique (voir Daigle, 1980). Ce sont toutefois des recherches isolées. Comme le soulignent Giles, Bourhis et Taylor, c'est l'effet combiné de toutes les variables qu'il faut étudier pour pouvoir estimer la vitalité ethnolinguistique relative d'un groupe ethnique. Il serait intéressant, par exemple, d'étudier le taux d'assimilation de différentes régions acadiennes par rapport à leur position respective sur un continuum de vitalité ethnolinguistique. Ce genre d'étude pourrait aboutir à l'identification des variables selon leur degré d'impact sur la vitalité d'un groupe ethnique. Les éducateurs pourraient s'intéresser au niveau du développement linguistique (c'est-à-dire les seuils de compétence ; voir Cummins, 1976, 1978, 1979a) en rapport avec certaines variables du schème théorique. Les linguistes pourraient s'intéresser à différentes qualités de la langue et à leur relation avec différents facteurs de vitalité ethnolinguistique. De nombreuses recherches pourraient étudier l'effet des différents services institutionnalisés de même que celui de la législation sur l'amélioration du statut d'un groupe ethnique. Il serait intéressant également d'étudier la perception qu'ont les individus de leur vitalité ethnolinguistique. Correspond-elle à la réalité objective ? Comme le font remarquer Giles, Bourhis et Taylor, il se peut que l'évaluation subjective d'un groupe ethnique de sa propre vitalité soit aussi importante que la réalité objective. Quel rapport existe-t-il entre cette évaluation subjective et les groupes de pression, les médias de masse, les manifestations culturelles ? L'évaluation subjective est-elle en relation avec certains comportements linguistiques, voire certaines manifestations d'un groupe en faveur de sa survivance ethnolinguistique ?

Autres dimensions de la théorie de Giles, Bourhis et Taylor

Après avoir présenté cette taxonomie des facteurs de vitalité ethnolinguistique, Giles, Bourhis et Taylor intègrent ceux-ci aux théories psychosociales de Tajfel (1974) sur les relations intergroupes, et de Giles (1973, 1977) sur les conséquences des styles de langue parlée et de l'accommodation convergente et divergente lors de contacts entre des individus de deux groupes ethniques différents. Particulièrement intéressants sont la série de principes psychosociaux reliés à la théorie de Tajfel. Ces principes constituent la séquence suivante : catégorisation sociale, identité sociale, comparaison sociale, distinction psychologique, alternative cognitive et stratégies de groupe pour des changements sociaux.

Toute entité ethnique cherche à se définir, à s'identifier comme groupe. C'est ce que la psychologie sociale appelle la catégorisation sociale (p. ex. : Noirs vs Blancs, Anglais vs Français, Acadien vs Brayon, etc.). Une des bases les plus puissantes de la catégorisation sociale est le langage. Le fait de parler une langue différente est souvent suffisant en soi pour la catégorisation d'un groupe ethnique. L'identité sociale, c'est un peu le concept de soi. Un groupe ethnique s'identifie de façon positive ou négative, et ce, toujours en comparaison avec un autre groupe ethnique. Cette autoévaluation de son groupe ethnique se reflète souvent par les sentiments envers sa langue et son utilisation. Plusieurs groupes ethniques minoritaires s'identifient de façon négative relativement au groupe dominant (Taylor, Bassili et Aboud, 1973). Habituellement, les gens s'identifient davantage à ceux qui parlent la même langue qu'à ceux qui partagent certaines traditions culturelles ou qui habitent la même région géographique sans parler la même langue (voir Giles *et al.*, 1979 ; Taylor, Bassili et Aboud, 1973). Il existe certaines exceptions et il serait intéressant de voir si la langue est la dimension la plus importante pour l'identité acadienne ou si ce facteur doit être secondé par d'autres facteurs déterminants. Il se peut que différentes régions « acadiennes » utilisent différents critères pour se définir comme Acadiens. En plus, le fait qu'il existe des Québécois, des Brayons, des Français et des Acadiens qui partagent tous la même langue d'origine exige que d'autres facteurs que la langue soient à la base de l'identité assumée. L'identité ethnique, selon Giles, Bourhis et Taylor (1977), peut être un concept multidimensionnel.

L'identité ethnique se concrétise par comparaison à un autre groupe ethnique. Cette comparaison sociale se poursuit et peut s'élargir à d'autres caractéristiques non linguistiques comme la possession de biens matériels, le pouvoir politique, le prestige social, la possibilité de réussite sociale, etc.

Ces comparaisons sociales ont un effet sur la dimension appelée « distinction psychologique ». L'interaction de la catégorisation, de l'identité et des comparaisons sociales peut amener certains individus à vouloir s'assimiler au groupe dominant afin d'éviter de s'identifier à l'image négative de leur groupe ethnique ou d'éviter de chercher davantage à affirmer leur identité ethnique, pensant atteindre ainsi une plus grande distinction psychologique. Quoiqu'on pourrait trouver des exemples de convergence assimilatrice en Acadie, on y trouve également des comportements linguistiques qui visent à afficher le caractère distinctif de la culture acadienne. Par exemple, à l'Université de Moncton, les revendications des étudiants pour obtenir des manuels francophones est un exemple de recherche du caractère distinct de la culture acadienne. Les manifestations culturelles, les *frolics*, les revendications pour des postes de radio et de télévision francophones, ou encore le simple fait d'exiger une téléphoniste francophone ou bilingue, sont tous des comportements linguistiques qui démontrent une tendance d'affirmation de son identité distincte.

L'orientation des comportements linguistiques vers l'assimilation ou vers une affirmation de son caractère distinct dépend, selon Giles, Bourhis et Taylor, du niveau de conscience qu'a le groupe ethnique de l'existence d'alternative cognitive. En d'autres mots, la promotion de la dimension « distinction psychologique » dépend de la manière dont le groupe ethnique perçoit la stabilité et la légitimité de sa situation. La situation d'un groupe ethnique sera perçue comme stable lorsqu'on ne peut entrevoir aucun changement possible et comme légitime si conforme à ce qui est considéré être juste et équitable. Une identité ethnique négative peut être silencieusement acceptée si aucune alternative cognitive ne semble être réalisable. Une solution possible peut alors être une convergence graduelle vers le groupe dominant. Ce recours serait plus probable chez les groupes ayant un bas niveau de vitalité ethnolinguistique. Les groupes ayant un plus haut niveau de vitalité ethnolinguistique mais également un statut relativement inférieur sont plus susceptibles d'entrevoir des choix cognitifs, donc de percevoir leur situation comme instable et illégitime. Ces groupes vont blâmer leur statut inférieur sur les mesures répressives du groupe majoritaire et vont chercher à atteindre un statut social plus positif par l'entremise d'actions collectives.

Ces actions collectives sont ce que Giles, Bourhis et Taylor (1977) et Tajfel (1974) appellent les stratégies de groupe pour changements sociaux, et plusieurs de ces stratégies sont discutées dans leurs articles. Les quatre types de stratégies présentées forment un continuum vers une plus grande distinction ethnique. Une première stratégie, assumée par les groupes ayant un bas niveau de vitalité ethnolinguistique, est l'assimilation. C'est une stratégie pénible (sentiment d'anomie culturelle, manque de loyauté ethnique) et bien sûr insatisfaisante puisqu'elle met fin à tout espoir d'identité distincte.

Une deuxième stratégie est la réinterprétation des caractéristiques négatives dans une orientation plus positive. C'est ce que reflète par exemple chez les Afro-Américains le slogan «Black is beautiful» ou encore toute la revitalisation du *Black English* (Labov, 1969). Chez les Acadiens, la plus grande acceptation des dialectes dans la littérature (*La Sagouine* d'Antonine Maillet) et dans la chanson (groupe 1755) peut être perçue comme un exemple de cette stratégie. Le Village historique acadien, qui transforme les symboles de la pauvreté en un riche héritage culturel, en serait une autre manifestation.

Un troisième type de stratégie de groupe est la créativité sociale. Cette stratégie fait état de la créativité du groupe ethnique minoritaire, parfois malgré certaines restrictions ou sanctions, dans la recherche de nouvelles dimensions lui permettant de se comparer favorablement au groupe dominant. Chez les Acadiens, la renaissance de la culture au moyen de la littérature, de l'art et de la musique, la recherche entreprise par certains organismes en vue d'établir une structure économique acadienne, la dualité du ministère de l'Éducation, ainsi que la Convention d'orientation nationale pourraient être signalées comme des indices de créativité sociale chez un groupe ethnique minoritaire.

La compétition de groupe est le dernier type de stratégie de groupe présentée par Giles, Bourhis et Taylor. Seuls les groupes minoritaires ayant atteint un haut niveau de vitalité ethnolinguistique sont susceptibles de s'engager dans des compétitions directes avec le groupe dominant. Les nombreuses revendications pour les droits linguistiques auprès de différents ministères, les demandes pour une plus grande part de postes de radio et de télévision francophones, la dualité linguistique acquise récemment par l'association des commissaires d'école et par les collèges communautaires, et même le désir manifesté de participation au débat constitutionnel au niveau fédéral sont encore des indices que les Acadiens, comme groupe ethnique, ont au moins atteint le début du stade de la compétition directe comme stratégie de changement social.

Nous avons mentionné surtout les types de stratégies sociales qui seraient utilisés par un groupe ethnique minoritaire. Mais le tout n'est pas si simple puisque toute stratégie utilisée par un groupe ethnique peut être suivie d'une contre-réaction par l'autre groupe. Toute théorie psychosociale pouvant expliquer ces phénomènes se devra d'être dynamique et flexible.

Conclusion

Il peut sembler au lecteur que la dernière section de l'article fut une digression par rapport au reste de la présentation sur les effets du bilinguisme. Mais le tout est interrelié par un seul et même objectif : présenter une vue d'ensemble des effets du bilinguisme. Au début de l'article, nous avons fait mention d'un projet conjoint possible entre le CIRB et l'Université de Moncton. Si ce projet, toujours au stade de la planification, se veut multidisciplinaire, c'est parce que la nature multidimensionnelle du phénomène du bilinguisme l'exige.

En raison des intérêts de l'auteur, la discussion a débuté par une analyse des effets du bilinguisme sur le développement linguistique, cognitif, affectif et social de la personne. La plupart des recherches paraissaient sous-estimer la complexité du problème, ayant comparé des groupes bilingues et unilingues simplement à partir de mesures cognitives, linguistiques ou autres. Très souvent, on négligeait même de définir le bilinguisme ou de prendre en considération le niveau de bilinguisme des sujets. Les premières recherches avaient démontré ce qui semblait être des effets surtout néfastes du bilinguisme. Ce n'est qu'après la recherche de Peal et Lambert (1962) que plusieurs auteurs ont présenté des données empiriques appuyant plusieurs aspects positifs du bilinguisme, plusieurs de celles-ci étant en contradiction directe avec les résultats des recherches antérieures. En effet, plusieurs des conclusions pessimistes pouvaient être expliquées par des failles méthodologiques des recherches. On pouvait dans bien des cas démontrer que les enfants bilingues étaient inférieurs aux enfants unilingues sur une diversité de variables, mais ces effets étaient-ils dus au bilinguisme comme tel ou aux autres facteurs situationnels qui accompagnaient leur bilinguisme (statut minoritaire, niveau socioéconomique inférieur, aucune éducation formelle en langue première, etc.) ?

Les résultats contradictoires des recherches ont incité les auteurs à chercher à identifier les conditions du bilinguisme susceptibles de produire des effets positifs ou négatifs, plutôt que de conclure à des effets généralisables à la situation globale du bilinguisme. Comme il fut mentionné, le travail dans cette direction est très récent et le champ est ouvert à de nombreuses recherches. Il semble toutefois que la recherche des variables situationnelles du bilinguisme qui sont favorables ou défavorables à certains aspects du développement humain devrait s'insérer dans un cadre théorique cohérent et relativement exhaustif.

Les notions de bilinguisme additif et de bilinguisme soustractif sont déjà très pertinentes pour cette nouvelle orientation des recherches, mais cette dichotomie risque d'être réduite dans ses capacités heuristiques si elle n'est pas inscrite dans un schème théorique qui puisse conduire à un raffinement de cette dichotomie. Des notions englobantes comme additif et soustractif doivent acquérir un certain dynamisme. Quoique Giles, Bourhis et Taylor (1977) n'aient pas présenté leur exposé théorique dans ce sens de façon explicite, leur schème semble offrir une affinité avec les notions d'additif et de soustractif. Cummins a également offert des hypothèses intéressantes sur les effets cognitifs et linguistiques du bilinguisme. Celles-ci restent à vérifier. Si les effets positifs du bilinguisme et le développement d'un double seuil de compétence linguistique semblent être reliés à un type de bilinguisme additif et si les effets négatifs du bilinguisme et le semilinguisme sont reliés au bilinguisme soustractif, il importe de pouvoir préciser les variables qui sont à l'origine de ces conditions dites additives ou soustractives. À présent, il n'existe aucune définition opérationnelle de ces termes. Encore ici, le schème théorique de Giles, Bourhis et Taylor, dans la mesure où il reposerait sur des concepts opérationnels, offrirait un modèle dynamique très prometteur dans le but d'identifier les variables sociolinguistiques qui sont à l'origine des formes dites additives et soustractives du bilinguisme. Comme a pu le constater le lecteur, la diversité des variables associées à la vitalité linguistique d'un groupe ethnique suggère qu'une approche multidisciplinaire serait la plus productive. Tel que souligné, également, le schème théorique de Giles, Bourhis et Taylor peut être un guide pour l'étude de bien des problèmes ethniques, autres que ceux des effets du bilinguisme sur le développement de la personne.

Quant à la question soulevée par le titre de l'article : les Acadiens sont-ils des semi-lingues ? le lecteur aura pu également constater qu'une réponse concluante ne peut être donnée à cette question. Le semi-linguisme, selon les hypothèses de Cummins, est associé au bilinguisme dans des situations soustractives et plus typiquement chez des groupes ethniques minoritaires. Il a été démontré par Landry (1979) que le bilinguisme chez des diplômés d'une polyvalente du sud-est du Nouveau-Brunswick était associé à des éléments soustractifs. Par contre, ce niveau soustractif du bilinguisme peut être considéré comme étant moins accentué que, par exemple, celui des immigrants finlandais en Suède, qui était lié au semi-linguisme par certains auteurs (Toukomaa et Lasonen, 1979). Les immigrants finlandais, en plus de vivre dans une société dominante suédoise, ne bénéficiaient pas d'une éducation ni d'une promotion active par le milieu dans leur langue maternelle. Les Acadiens ont toujours un statut inférieur dans la société dominante anglophone, mais ont acquis par leurs « stratégies de groupe » certains éléments qui pourraient éventuellement conduire à une forme de bilinguisme plus additive.

Les données sur la compétence linguistique de l'échantillon étudié par Landry (1979) ont démontré un début de tendance vers le semi-linguisme (dans le sens d'être en-dessous des groupes contrôles unilingues), mais cette tendance n'est surtout pas généralisable pour tous les sujets et, en plus, l'étude souffre de validité externe à cause du manque de contrôle des variables situationnelles. (Nous faisons abstraction, pour le moment, du problème de la langue sociomaternelle des sujets, soit le *chiac* ou *franglais*, qui pourrait susciter d'autres doutes sur la validité des tests utilisés.) Quant à savoir si le bilinguisme en Acadie est synonyme de semi-linguisme pour un grand nombre d'individus, cela demande à être étudié. Le schème théorique de Giles pourrait permettre de contrôler certaines variables pouvant expliquer les différences de compétence linguistique des Acadiens, même d'une région à l'autre.

L'Acadie, en effet, pourrait être un endroit idéal pour une étude approfondie de toute la question controversée du semi-linguisme. Le type dit soustractif du bilinguisme en Acadie reste à être défini et celui-ci peut varier d'une région à l'autre.

Il reste à démontrer de façon expérimentale que le bilinguisme, même dans des situations soustractives, peut être une cause de semi-linguisme. En d'autres mots, il n'est pas encore prouvé que l'individu unilingue de même situation socioéconomique (statut social et niveau d'éducation des parents), de même potentiel intellectuel et recevant la même stimulation de sa langue maternelle, ne serait pas moins « semi-lingue » que l'enfant exposé à deux langues. D'ailleurs, chez l'individu bilingue, pour éviter les ambiguïtés sémantiques, il faudrait plutôt parler de « double semi-linguisme » (Skutnabb-Kangas et Toukomaa, 1976). Bien sûr, toutes les variables situationnelles associées au bilinguisme soustractif peuvent être des causes de semi-linguisme, mais si, une fois l'influence de celles-ci enlevée ou diminuée, le semi-linguisme n'est plus, il semble logique de dire que le bilinguisme comme tel n'en était pas la cause. Peut-être faudrait-il relier le phénomème à des situations socioéconomiques ? Il faudrait situer la question du semi-linguisme dans les variables situationnelles, ce qui explique la digression faite dans le présent article pour inclure les facteurs de vitalité ethnolinguistique dans une discussion des effets du bilinguisme sur la personne.

Bibliographie

ARSENIAN, Seth (1945), « Bilingualism in the post-war world », *Psychological Bulletin*, n° 42, p. 65-86.

BALKAN, Lewis (1970), *Les effets du bilinguisme français-anglais sur les aptitudes intellectuelles*, Bruxelles, AIMAV.

BRENT-PALMER, Cora (1979), « A sociolinguistic assessment of the notion "immigrant semi-lingualism" from a social conflict perspective », *Working Papers in Bilingualism*, n° 17, p. 135-180.

CANALE, Michael, et Raymond MOUGEON (1978), « Problèmes posés par la mesure de rendement en français des élèves franco-ontariens », *Working Papers in Bilingualism*, n° 16, p. 92-110.

CHRISTIAN, Chester C., Jr. (1976), « Social and psychological implications of bilingual literacy », dans António SIMÕES Jr. (dir.), *The Bilingual Child*, New York, Academic Press, p. 17-40.

CUMMINS, James (1976), « The influence of bilingualism on cognitive growth : A synthesis of research findings and explanatory hypotheses », *Working Papers on Bilingualism/Travaux de recherches sur le bilinguisme*, n° 9, p. 1-43.

CUMMINS, James (1978), « Educational implications of mother tongue maintenance in minority-language groups », *Canadian Modern Language Review*, n° 34, p. 395-416.

CUMMINS, James (1979a), « Linguistic interdependence and the educational development of bilingual children », *Review of Educational Research*, n° 49, p. 222-251.

CUMMINS, James (1979b), « Cognitive/academic language proficiency, linguistic interdependence, the optimal age question and some other matters », *Working Papers on Bilingualism*, n° 19, p. 197-205.

DAIGLE, Jean (dir.) (1980), *Les Acadiens des Maritimes*, Moncton, Centre d'études acadiennes.

DARCY, N. T. (1953), « A review of the literature on the effects of bilingualism upon the measurement of intelligence », *Journal of Genetic Psychology*, n° 82, p. 21-57.

FISHMAN, Joshua A. (1976), « Bilingual education and the future of language teaching and language learning in the United States », dans António SIMÕES Jr. (dir.), *The Bilingual Child*, New York, Academic Press, p. 229-235.

GENESEE, Fred (1977), « Summary and discussion », dans Peter A. HORNBY (dir.), *Bilingualism : Psychological, Social and Educational Implications*, New York, Academic Press, p. 147-164.

GILES, Howard (1973), « Accent mobility : A model and some data », *Anthropological Linguistics*, n° 15, p. 87-105.

GILES, Howard (1977), « Social psychology and applied linguistics : Towards an integrative approach. ITL », Review of Applied Linguistics, p. 27-40.

GILES, Howard, Richard Y. BOURHIS et Donald M. TAYLOR (1977), « Toward a theory of language in ethnic group relations », dans Howard GILES (dir.), Language, Ethnicity and Intergroup Relations, New York, Academic Press, p. 307-348.

GILES, Howard, Donald M. TAYLOR, Wallace E. LAMBERT et G. ALBERT (1979), « Dimensions of ethnic identity : An example from Northern Maine », Journal of Social Psychology, n° 100, p. 11-19.

GUISSET, Marcel (1978), « Une étude de l'attitude des professeurs de français langue maternelle face aux caractéristiques linguistiques des étudiants acadiens de l'élémentaire au secondaire », Mémoire de maîtrise, Moncton, Université de Moncton.

HAUGEN, Einer (1977), « Norm and deviation in bilingual communities », dans Peter A. HORNBY (dir.), Bilingualism : Psychological, Social, and Educational Implications, New York, Academic Press, p. 91-102.

HÉBERT, Raymond, M. BILODEAU, D. FOIDART, R. LÉGER, C. SAINDON, G. SCHAUBROECK et Y. LAURENCELLE (1976), Rendement académique et langue d'enseignement chez les élèves franco-manitobains, Saint-Boniface (Manitoba), Centre de recherches du Collège universitaire de Saint-Boniface.

IIAMS, Thomas M. (1976), « Assessing the scholastic achievement and cognitive development of bilingual and monolingual children », dans António SIMÕES Jr. (dir.), The Bilingual Child, New York, Academic Press, p. 253-265.

JENSEN, J. Vernon (1962), « Effects of childhood bilingualism », Elementary English, n° 39 (février-avril), p. 132-143, 358-366.

KOLERS, Paul A. (1968), « Bilingualism and information processing », Scientific American, n° 218 (mars), p. 78-86.

LABOV, William (1969), « The logic of non-standard English », Georgetown Monographs in Languages and Linguistics, n° 22, p. 1-45.

LAMBERT, Wallace E. (1967), « A social psychology of bilingualism », Journal of Social Issues, n° 23, p. 91-109.

LAMBERT, Wallace E. (1971), « A social psychology of bilingualism », dans Wilfrid Howell Whiteley (dir.), Language Use and Social Change, Londres, Oxford University Press.

LAMBERT, Wallace E. (1975), « Culture and language as factors in learning and education », Aaron WOLFGANG (dir.), Education of Immigrant Students, Toronto, Ontario Institute for Studies in Education, p. 55-83.

LAMBERT, Wallace E. (1977), « The effects of bilingualism on the individual : Cognitive and sociocultural consequences », dans Peter A. HORNBY (dir.),

Bilingualism : Psychological, Social, and Educational Implications, New York, Academic Press, p. 15-27.

LAMBERT, Wallace E. (1978), «Cognitive and socio-cultural consequences of bilingualism», *The Canadian Modern Language Review*, vol. 34, n° 3 (février), p. 537-547.

LAMBERT, Wallace E., et G. Richard TUCKER (1972), *Bilingual education of children : The St-Lambert Experiment*, Rowley, Newbury House.

LANDRY, Rodrigue J. (1974), «Coding theory, memory, and bilingualism», inédit, Madison, University of Wisconsin.

LANDRY, Rodrigue J. (1976), «The effects of between and within-language repetitions on free recall and semantic clustering», thèse de doctorat inédite, University of Wisconsin, Madison.

LANDRY, Rodrigue J. (1978), «Le bilinguisme : le facteur répétition», *Revue canadienne des langues vivantes/Canadian Modern Language Review*, n° 34, p. 548-576.

LANDRY, Rodrigue J. (1979), «Caractéristiques linguistiques des diplômés d'une polyvalente francophone dans un milieu minoritaire», *Revue de l'Association canadienne d'éducation de langue française*, vol. 8, n° 2, p. 8-29.

McCORMACK, P. D. (1976a), «Language as an attribute of memory», *Canadian Journal of Psychology*, n° 30, p. 238-248.

McCORMACK, P. D. (1976b), «Bilingual linguistic memory : The independence-interdependence issue revisited», dans Peter A. HORNBY (dir.), *Bilingualism : Psychological and Social Implications*, New York, Academic Press, p. 57-66.

McLAUGHLIN, Barry (1978), *Second Language Acquisition in Childhood*, Hillsdale (N.J.), Lawrence Erlbaum Associates.

MOUGEON, Raymond, et Édouard BENIAK (1979), «Recherches linguistiques appliquées à l'enseignement du français langue maternelle en Ontario», *Revue des sciences de l'éducation*, vol. 5, n° 1, p. 87-105.

PAPEN, Robert (1979), «Études comparatives en bilinguisme», Conférence à l'Université de Moncton, octobre.

PEAL, Elizabeth, et Wallace E. LAMBERT (1962), «The relation of bilingualism to intelligence», *Psychological Monographs : General and Applied*, vol. 27, n° 76, p. 1-23.

PELLETIER, Irène (1979), «L'effet du langage socio-maternel et du langage standard sur la retention chez les élèves de première année», Mémoire de maîtrise, Moncton, Université de Moncton.

ROY, Marie-Marthe (1979), «Les conjonctions anglaises but et so dans le français de Moncton», Mémoire de maîtrise, Montréal, Université du Québec à Montréal.

SKUTNABB-KANGAS, Tove, et Pertti TOUKOMAA (1976), *Teaching migrant children's mother tongue and learning the language of the host country in the context of the socio-*

cultural situation of the migrant family, Helsinki, The Finnish National Commission for UNESCO.

SKUTNABB-KANGAS, Tove, et Pertti TOUKOMAA (1979), « Semi-lingualism and middle-class bias : A reply to Cota Brent-Palmer », *Working Papers on Bilingualism*, n° 19, p. 182-196.

SWAIN, Merril (1974), « French immersion programs across Canada : Research findings », *Canadian Modern Language Review*, n° 31, p. 116-129.

SWAIN, Merrill (1978), « French immersion : Early, late or partial ? », *Canadian Modern Language Review*, n° 34, p. 577-585.

TAJFEL, Henri (1974), « Social identity and intergroup behaviour », *Social Science Information*, n° 13, p. 65-93.

TAYLOR, Donald M. (1977), « Bilingualism and intergroup relations », dans Peter A. HORNBY (dir.), *Bilingualism : Psychological, Social, and Education Implications*, New York, Academic Press, p. 67-75.

TAYLOR, Donald M., J. BASSILI et F. E. ABOUD (1973), « Dimensions of ethnic identity an example from Quebec », *Journal of Social Psychology*, n° 89, p. 185-192.

TOUKOMAA, Pertti, et Kove LASONEN (1979), « On the literacy of Finnish immigrant pupils in Sweden », *Research reports*, n° 86, Department of Education, University of Jyvaskyla.

TOUKOMAA, Pertti, et Tove SKUTNABB-KANGAS (1977), *The intensive teaching of the mother tongue to migrant children of the pre-school age and children in the lower level of comprehensive school*, Helsinki, The Finnish National Commission for UNESCO.

WEINREICH, Uriel (1953), *Languages in Contact*, La Haye, Mouton.

L'insécurité linguistique comme entrave à l'apprentissage du français[1]

Annette Boudreau et Lise Dubois

S'inspirant des premières études sur l'insécurité linguistique – de l'Américain William Labov au Belge Michel Francard – les auteures examinent le phénomène par rapport à la situation acadienne du Nouveau-Brunswick. Elles montrent que les Acadiens vivant dans les régions où les francophones sont minoritaires ont cultivé une image mythique du français parlé «ailleurs» et ont développé des sentiments d'insécurité linguistique qui permettent d'expliquer certains comportements langagiers (peur de prendre la parole, conscience exacerbée de leurs propres pratiques, censure, hypercorrection, etc.). À partir d'une enquête sociolinguistique réalisée auprès des finissants de six polyvalentes de la province, les auteures ont montré comment les adolescents entretiennent des représentations ambivalentes à l'égard de leur langue, ambivalence propre aux locuteurs vivant en situation diglossique. Elles expliquent que les représentations diglossiques caractérisées par la surévaluation et la dévalorisation de la langue dominée sont liées aux conditions de sous-développement économique et culturel vécues par les Acadiens depuis la colonisation. Ce premier texte sur l'analyse des représentations linguistiques en Acadie montre la nécessité d'explorer la source des différentes idéologies linguistiques qui marquent l'imaginaire des francophones minoritaires. Afin d'atténuer les effets de l'insécurité linguistique, les auteures proposent d'agir sur les représentations tout en montrant que la situation ne saurait s'améliorer sans un projet d'aménagement linguistique qui tienne compte des spécificités acadiennes. Selon ces dernières, il est impératif d'intervenir sur le statut du français en Acadie (enchâssement du projet de loi 88 dans la Constitution canadienne) et sur le code lui-même (instrumentaliser le français acadien et légitimer son usage), ce qui supposerait la création d'un office de la langue française au Nouveau-Brunswick.

Les rapports aussi multiples que complexes que peut entretenir une communauté linguistique dite minoritaire avec sa ou ses langues sont étudiés depuis près d'un quart de siècle sous différents éclairages. Dans cet article, nous voulons jeter quelque lumière sur un aspect de ces rapports, soit le

---

1. Cette recherche a bénéficié d'une subvention du Centre de recherche en linguistique appliquée (CRLA) de l'Université de Moncton et s'inscrit dans le cadre du projet Plurilinguisme et attitudes linguistiques (PLURAL), dont l'objectif principal est de réaliser une étude comparative portant sur les attitudes linguistiques en Acadie et en Wallonie. Le projet PLURAL réunit actuellement le CRLA et le groupe de recherche VALIBEL de l'Université Louvain-la-Neuve.

sentiment d'insécurité linguistique qu'engendrent le contact des langues et le contact des groupes, et en examiner les manifestations par l'analyse du discours. Nous présenterons les résultats partiels d'une enquête socio-linguistique menée en 1989 auprès de jeunes du niveau secondaire provenant de deux régions de l'Acadie du Nouveau-Brunswick. L'article se divise en quatre parties : d'abord, un bref exposé de la problématique de l'insécurité linguistique, puis un survol de la situation de l'Acadie ; viendront ensuite les données sociolinguistiques et, enfin, des extraits d'entrevues.

Problématique de l'insécurité linguistique

William Labov est le premier chercheur à avoir tenté de mesurer l'insécurité linguistique, qu'il attribue aux tensions qui existent entre les classes sociales. En effet, grâce à ses études sur le parler new-yorkais, Labov (1976) a découvert que la petite bourgeoisie est la classe la plus encline au sentiment d'insécurité linguistique et la plus sensible aux marques de prestige dans les façons de parler.

Selon Labov, l'insécurité linguistique se manifeste de plusieurs façons. D'abord, dans les échanges linguistiques où le style devient plus recherché, les petits bourgeois adaptent consciemment leur prononciation à celle de la classe supérieure, à un point tel que les résultats de ces efforts d'adaptation dépassent parfois les performances de la classe qu'ils cherchent à égaler. Ensuite, les locuteurs de cette classe ont non seulement une attitude négative envers leur façon de parler, mais ils évaluent mal leur propre discours. En effet, dans des tests d'autoévaluation, la plupart des locuteurs de la petite bourgeoisie déclarent employer des variantes « plus basses que celles qu'ils produisent en fait » (Labov, 1976 : 199). Labov a toutefois limité ses recherches sur l'insécurité linguistique à l'aspect phonologique du langage lié aux classes sociales.

Pour Pierre Bourdieu (1982), l'insécurité linguistique est également le résultat de la lutte entre les classes sociales au sein d'une société qui se caractérise par les rapports de domination-subordination entre les classes. D'une part, il y a la classe dominante, qui possède non seulement le capital économique mais aussi le capital linguistique, c'est-à-dire la compétence dans la langue considérée par tous comme étant légitime ; d'autre part, il y a la classe dominée, considérée comme telle non seulement parce qu'elle détient moins de biens, mais aussi parce qu'elle ne possède pas le même degré de compétence en langue légitime. Les locuteurs de la classe dominée sont, selon Bourdieu, maintenus en état de domination par rapport à la langue légitime et sont même complices de cette domination puisqu'ils reconnaissent sa légitimité. Bourdieu a donné le nom de « domination symbolique » à ce phénomène.

Dans un échange linguistique où le rapport de force entre les locuteurs penche clairement du côté d'un des protagonistes, soutient Bourdieu, le dominé exerce une certaine autocensure sur ce qu'il dit, il change de niveau de langue, s'hypercorrige ou peut même se taire. Par conséquent, dans sa quête d'avancement social, le locuteur de la classe dominée cherchera à imiter celui de la classe supérieure. Conscient de l'écart entre son parler et celui de l'autre, ce locuteur éprouvera un sentiment d'insécurité linguistique, indépendamment de sa performance.

Comme l'insécurité linguistique peut se manifester dans les rapports entre groupes sociaux de statuts différents, elle peut également se manifester dans les rapports entre groupes de différentes régions et entre groupes ethniques. Une recherche de type empirique menée en France par une équipe de chercheurs (Gueunier *et al.*, 1983) a démontré que des groupes de locuteurs francophones provenant de différentes régions de la France (Tours, Lille, Limoges et Saint-Denis-de-la-Réunion) peuvent effectivement éprouver des sentiments d'insécurité linguistique. Ces chercheurs se sont largement inspirés de la méthode labovienne, c'est-à-dire qu'ils ont effectué leur recherche en se fondant sur une variable phonologique. Ils ont comparé les performances réelles de quatre populations régionales quant à la production et à la perception d'un phonème dans le but de dégager le sentiment de sécurité ou d'insécurité. Toute discordance entre la performance, l'évaluation et l'autoévaluation leur permettait de conclure que la population en question éprouvait un sentiment d'insécurité linguistique, alors que la concordance entre ces trois paramètres les ont amenés à conclure que la population connaissait un sentiment de sécurité linguistique.

Les deux populations où les chercheurs ont découvert un sentiment d'insécurité linguistique plus profonde sont celles de Lille et de Saint-Denis-de-la-Réunion, alors que la population de Tours est relativement sûre d'elle-même linguistiquement. Or les auteurs attribuent un rapport de causalité entre l'importance de l'insécurité linguistique et l'exposition au dialecte régional ou au créole, soit la situation de diglossie. En effet, Lille et Saint-Denis-de-la-Réunion sont deux villes qui vivent une situation diglossique. En d'autres termes, la dépréciation des pratiques linguistiques dans ces villes serait d'autant plus forte qu'est maintenue la pratique du dialecte régional. C'est là la principale contribution de cette étude à la problématique de l'insécurité linguistique.

La dernière étude empirique qui servira à poser la problématique de l'insécurité linguistique est celle de Michel Francard (1989), menée en Belgique. L'objectif premier de Francard était de vérifier le rapport de causalité entre l'insécurité linguistique et la diglossie, ce qu'avaient suggéré Gueunier *et al.* (1983). Le milieu diglossique où il effectua sa recherche est un village du sud de la Belgique, où le français est en contact avec le wallon, dialecte de la région issu de la famille wallo-lorraine.

Au terme de son étude, Francard a conclu que la diglossie jouait certes un rôle dans l'insécurité linguistique, mais que c'était l'école qui génère l'insécurité en développant à la fois la perception des variétés linguistiques et leur dépréciation au profit d'un modèle mythique et inaccessible.

En ce qui a trait à notre étude, nous avons retenu les points suivants :

- L'insécurité linguistique naît dans un premier groupe lorsque celui-ci est en contact avec un second groupe dont la façon de parler est considérée comme étant la « bonne » façon, qu'elle provienne de la classe socialement dominante, comme chez Labov (1976) et Bourdieu (1982), ou des locuteurs d'autres villes qui ont la réputation de bien parler, comme chez Gueunier *et al.* (1983), ou des locuteurs fictifs d'une norme fictive que l'on enseigne aux participants, comme chez Francard (1989).
- La diglossie est un facteur qui vient complexifier la situation ; non seulement les locuteurs sont conscients de l'existence d'une langue légitime, mais ils sont exposés à un dialecte souvent dévalorisé. De plus, en situation de diglossie, les deux langues en contact ou les deux variétés de langues en contact se partagent les différentes fonctions du langage, et ce partage constitue souvent une source de conflit.
- L'institution scolaire semble jouer également un rôle important dans la génération de sentiments d'insécurité linguistique : plus on est scolarisé et plus s'affine la conscience d'un marché linguistique où doit se parler la langue considérée comme légitime, tantôt perçue comme inaccessible, tantôt jugée difficile à atteindre.
- L'insécurité linguistique n'est qu'une manifestation parmi plusieurs de la minorisation d'un groupe.

L'Acadie du Nouveau-Brunswick,
terrain propice à l'insécurité linguistique?

Le terme *diglossie* s'applique bien à la situation linguistique du Nouveau-Brunswick, puisque, dans cette province, l'anglais et le français se côtoient, et les tensions sociales entre les deux communautés linguistiques sont loin d'être résolues. Comme le souligne Louise Péronnet, la langue française « n'a pas droit de cité en dehors de certains domaines très limités, l'école et la maison. On ne saurait trop insister sur l'effet négatif du sentiment de culpabilité et d'impuissance qui est créé par cette situation diglossique » (Péronnet, 1990 : 239).

Les Acadiens et Acadiennes ne peuvent faire autrement qu'être conscients de l'existence d'une langue qui jouit d'une légitimité et d'un prestige supérieurs à la leur. De plus, la situation diglossique dans laquelle ils vivent, bien qu'à des degrés différents selon les régions, ne permet pas à leur langue d'être utilisée dans toutes les fonctions.

Dans une étude faite pour le Centre de recherche sur les minorités ethniques de l'Université Carleton, Brian McKee (1984) analyse le cas de l'Acadie du Nouveau-Brunswick dans la perspective du modèle de colonialisme interne. Ce modèle sert à expliquer la situation vécue partout dans le monde par un grand nombre de groupes ethniques qui sont dominés en raison de leur ethnie ou de leur race. Ce qui distingue ce modèle, c'est qu'il illustre les rapports de force asymétriques entre deux groupes ethniques qui occupent le même territoire. Dans une situation de colonialisme interne, la domination par un groupe est souvent le résultat d'un développement économique inégal, suivi d'une répartition et d'une accumulation inégales des ressources. Les caractéristiques d'une telle situation sont les suivantes : les dominants détiennent le monopole des activités commerciales et économiques ; l'ensemble de l'activité économique des régions périphériques, principalement occupées par la minorité, repose sur une seule industrie ; les régions dominées connaissent un taux élevé de migration et une mauvaise qualité de services ; les régions dominées sont sujettes à des pratiques discriminatoires. Enfin, le groupe dominé est marginalisé sur les plans géographique, social, économique et politique.

Sur le plan géographique, pour des raisons historiques, la population acadienne a jusqu'à récemment occupé un territoire bien délimité où se trouvent les terres les plus pauvres en ressources naturelles au Canada. La rareté des ressources naturelles de cette région n'a pas attiré les capitaux, ni entraîné leur accumulation comme cela s'est produit dans les régions anglophones de la province.

Sur le plan économique, les régions acadiennes sont peu industrialisées, ce qui conduit à moins d'emplois et à plus de chômage. Le recensement de 1981 a révélé que le taux de chômage chez les francophones dépassait systématiquement le taux de chômage moyen de la province. Comme le prédit le modèle de colonialisme interne, la proportion de francophones qui occupent des postes supérieurs est significativement plus faible que la proportion d'anglophones. L'inégalité d'accès aux emplois entraîne des disparités salariales : en 1981, le revenu annuel moyen des anglophones unilingues se situait à 9176,25 $, alors que le revenu annuel moyen des francophones unilingues s'établissait à 5319,96 $ (Tremblay, 1987 : 9).

Sur le plan social, l'Acadie a connu des périodes difficiles où les habitants ont dû émigrer pour survivre. Par exemple, de 1961 à 1966, dans les comtés francophones du Nouveau-Brunswick, près de la moitié de la population masculine âgée de 20 à 24 ans a dû quitter sa région natale. Dans certains comtés, cette proportion s'élève aux deux tiers.

Finalement, les Acadiens et Acadiennes ont été exclus du processus politique pendant deux siècles. Ils se sont politisés à la fin du XIXe siècle mais, bien que leur situation se soit considérablement améliorée, la pleine égalité politique des francophones et des anglophones n'est pas encore acquise. Cette inégalité saute aux yeux quand on se penche sur la proportion de fonctionnaires francophones qui travaillent à la haute direction de la fonction publique où, estiment certains, réside le véritable pouvoir. En 1985, alors que la proportion de francophones dans la fonction publique était passée à 31,5 % (Tremblay, 1987 : 19-20), ce qui représentait encore un léger déséquilibre en faveur de la majorité anglophone, les Acadiens n'occupaient que 4,1 % des postes supérieurs.

Ce qui précède n'est qu'un résumé de la thèse de McKee, mais il est évident que les Acadiens et les Acadiennes constituent un groupe dominé par un autre, constitué principalement d'anglophones, avec lequel il partage un territoire où deux langues différentes sont en concurrence. Le fait que deux langues soient en contact et soient utilisées à des fins différentes donne lieu à une situation diglossique qui, selon certains chercheurs, mène à l'insécurité linguistique.

Si l'Acadie du Nouveau-Brunswick présente dans son ensemble un caractère diglossique, la situation est encore plus complexe dans le sud-est du Nouveau-Brunswick. En effet les Acadiens et Acadiennes de cette région vivent une situation de triglossie (Youssi, 1983), puisque leur pratique langagière oscille entre deux langues de prestige, soit l'anglais et le français normatif, d'une part, et le vernaculaire de la région, d'autre part, que l'on pourrait définir comme un continuum linguistique qui s'étend du chiac au français normatif avec plusieurs variations langagières reliant ces deux pôles.

Par contre, dans le nord-est de la province, les francophones sont majoritaires. Même s'ils habitent dans une province officiellement bilingue, dominée linguistiquement et politiquement par les anglophones, les péninsulaires francophones, dans leur quotidien, vivent en français. Le français déborde les cadres de l'école et de la famille pour se retrouver dans les autres sphères de la vie communautaire.

En tenant compte des paramètres théoriques esquissés dans la première partie de cet exposé et de la situation globale de l'Acadie du Nouveau-Brunswick décrite dans la deuxième, nous avons formulé notre hypothèse de travail : il existe un lien de causalité entre, d'une part, la minorisation d'une collectivité sur plusieurs plans et son exposition à une situation diglossique où sa langue ou sa variété de langue est dévalorisée et, d'autre part, le sentiment d'insécurité linguistique. Selon cette hypothèse, le sentiment d'insécurité linguistique serait plus prononcé dans les régions où les francophones sont minoritaires que dans les régions où ils sont majoritaires.

Enquête sociolinguistique

Effectuée à l'automne 1989, l'enquête comportait deux volets : le premier consistait en un questionnaire composé de 95 questions auxquelles ont répondu 295 témoins, tous des finissants et finissantes provenant de six polyvalentes francophones de la province, trois situées dans le Nord-Est, et trois dans le Sud-Est ; le second volet était constitué d'une enquête orale au cours de laquelle on interrogea 24 témoins provenant des deux régions. Ces entrevues ont servi de fondements à l'analyse du discours qui suivra cette brève présentation des données touchant de plus près le phénomène de l'insécurité linguistique.

Quatre questions du questionnaire portaient sur les modèles de parole à imiter ou à ne pas imiter : nous demandions aux témoins s'ils croyaient qu'il existe des modèles de locuteur francophone à imiter ou à ne pas imiter. Nous avons ensuite procédé au regroupement des réponses sous deux rubriques : « nous » si le modèle désigné par le témoin était sa parole, « autres » si le modèle correspondait à la parole de l'autre. À la question « Existe-t-il selon vous au Canada un ou des endroits où l'on parle mieux le français qu'ailleurs ? », 27 % des personnes provenant du Nord-Est ont désigné leur région comme étant un endroit au Canada où l'on parle mieux le français qu'ailleurs, alors que seulement 4,5 % des personnes du Sud-Est ont désigné leur région.

Nous avons aussi demandé aux témoins s'ils croyaient qu'il existe *en Acadie* un ou des endroits où l'on parle *mieux* le français qu'ailleurs. Les témoins du Nord-Est, se comparant aux autres régions de l'Acadie, déclarèrent avec une forte majorité (90,6 %) que c'est dans *leur* région que l'on parle le *mieux* en Acadie. Les répondants du Sud-Est ont répondu, également avec une forte majorité (97,5 %), que c'est dans les *autres* régions de l'Acadie que l'on parle le *mieux* le français.

À la question « Existe-t-il selon vous *au Canada* un ou des endroits où l'on parle le français *moins bien* qu'ailleurs ? », 11,1 % des témoins du Nord-Est ont désigné leur région comme étant un endroit où l'on parle le français moins bien qu'ailleurs, alors que 47,6 % des témoins du Sud-Est nomment la leur.

Enfin, lorsqu'on réduit le champ de comparaison à l'Acadie (« Existe-t-il *en Acadie* un ou des endroits où l'on parle le français *moins bien* qu'ailleurs ? »), les répondants du Nord-Est répondent à 64,9 % qu'il s'agit d'une région autre que la leur, alors que 90,7 % des témoins du Sud-Est répondent qu'il s'agit de leur région.

Les résultats de l'enquête nous permettent d'affirmer que les témoins des deux régions cibles ont une conscience linguistique manifeste, qui est révélée par leur tendance à priser la norme, qui, sans pour autant être clairement définie, existe bel et bien dans la perception d'un modèle à imiter. Les témoins du Sud-Est disent se sentir inférieurs aux autres locuteurs francophones, alors que les gens du Nord-Est disent se sentir au moins égaux aux autres locuteurs francophones en général et supérieurs aux autres locuteurs francophones de l'Acadie.

À partir de ces résultats, il nous est apparu intéressant de faire l'analyse du discours oral des 27 élèves qui avaient au préalable répondu au questionnaire à l'écrit. Nous avons voulu étudier les rapports que ces derniers établissent avec la langue qui leur est proposée comme modèle soit par l'école, soit par les médias, rapports qui devaient être en partie liés au sentiment d'insécurité linguistique relevé dans la première partie de l'enquête.

Analyse du discours

Si nous avons accordé une place importante à la langue orale, c'est que, depuis Labov, s'est établie une sociolinguistique de la parole :

> On s'aperçoit de plus en plus que le fondement de la connaissance intersubjective en linguistique ne se trouve pas ailleurs que dans la parole, le langage en tant qu'il est utilisé quotidiennement par les membres de l'ordre social, en tant

que moyen de communication grâce auquel ils discutent avec leurs femmes, plaisantent avec leurs amis et trompent leurs adversaires. (Labov, 1976 : 37)

Donc, pour examiner les représentations langagières, l'analyse de la langue orale sera privilégiée puisque, contrairement à celle de l'écrit, elle a l'avantage de donner une place aux ratés, aux répétitions, aux hésitations, aux reprises, aux bafouillages qui sont autant de lieux de signifiance permettant de lire en filigrane le non-dit. Les ruptures dans l'enchaînement syntaxique, les « oublis » de mots peuvent être les indices de l'embrouillement de la pensée, de la confusion des idées et des lacunes lexicales, mais ils peuvent aussi être révélateurs d'une insécurité linguistique ou d'un « complexe d'infériorité » (Dumont, 1990) par rapport à une norme perçue. Toute représentation repose sur l'idée subjective que l'on se fait de la chose représentée, cette représentation est influencée par l'image que renvoie à l'individu le milieu où il évolue. Henri Boyer (1989) affirme qu'en situation d'inégalité linguistique, soit entre deux langues, soit entre deux variétés d'une même langue, on constate à la fois un dénigrement et une idéalisation du vernaculaire.

Dans le discours, le sentiment d'insécurité linguistique n'est pas toujours exprimé de la même façon par les individus. Il y a ceux où il se manifeste uniquement par le « dire », c'est-à-dire qu'ils vont juger négativement leur langue, vont souvent dire qu'ils parlent mal mais, par ailleurs, vont s'exprimer avec beaucoup d'aisance. Ils dévaluent leur langue et leur performance linguistique, mais ne souffrent pas d'insécurité linguistique et n'ont pas l'intention de changer leur façon de parler. Par ailleurs, il y a ceux qui, dans le discours, disent manquer de confiance en eux sur le plan linguistique, évaluent négativement leur performance langagière et se sentent envahis par un sentiment d'infériorité ; pourtant leur production langagière est tout à fait comparable à celle d'autres individus dont ils admirent la performance. Ils souffrent d'insécurité linguistique, mais celle-ci n'est pas reflétée dans leur production langagière. Finalement, il y a ceux qui sont véritablement bloqués par ce sentiment d'insécurité linguistique, sentiment qui se manifeste tant dans la production linguistique que dans le discours lui-même. Cette situation est surtout répandue dans le Sud-Est, où le témoin doit vivre en milieu triglossique.

Image de la langue

En écoutant les propos des élèves, nous avons pu constater la conscience linguistique aiguë que possèdent la très grande majorité des témoins, ce qui n'est pas étonnant puisque, en Acadie, les citoyens et les citoyennes grandissent dans un univers où les discussions linguistiques foisonnent ; l'interrogation métalinguistique y est donc chose courante.

À la question « Est-ce que la langue française est importante pour toi ? », la quasi-totalité des témoins ont répondu affirmativement, tout en justifiant leurs réponses ; certains ont expliqué leur attachement à la langue par des raisons sentimentales :

1. « Faut la garder notre langue, c'est notre culture ; nos... nos ancêtres, c'est ce langue-là qu'y parlaient... /pis euh/ on a reçu ça de des Français de France[2]... » (p. 75)[3].

2. « C'est notre langue à nous autres ; on devrait pas prendre celle des autres » (p. 34).

3. « Je trouve que si t'es né avec ça [la langue] tu sais... c'est important parce que c'est mes origines » (p. 68).

4. « C'est la langue de nos ancêtres » (p. 113).

5. « C'est important là... beaucoup d'ancêtres qui se sont battus pour juste avoir notre langue... » (p. 119).

D'autres évoquent des raisons esthétiques pour expliquer leur attachement :

6. « C'est une belle langue ; i y a beaucoup de façons de s'exprimer ; i y a des beaux mots ; on dirait c'est comme plus ou moins romantique, la langue française... i y a quand même la France, Paris pis ça c'est quand même français pis c'est beau le Québec... » (p. 4).

7. « C'est une langue plus poétique, plus riche... moi je classerais la langue française avec la littérature pis la langue anglaise plus avec le domaine des affaires » (p. 29).

8. « Le français est plus compliqué mais plus beau » (p. 30).

---

2. Note sur les conventions de transcriptions linguistiques : les barres obliques indiquent les pauses, les parenthèses apportent des précisions sur le contexte situationnel ou tout renseignement nécessaire à la compréhension de la séquence enregistrée. Les X (xxx) indiquent un passage incompréhensible, la majuscule à la fin des mots indique que cette lettre particulière (exemple : pluS) est prononcée. On fera la même utilisation des majuscules pour une notation non ambiguë des e caducs (exemples : jE me dEmande, je mE demande). Ces conventions ont été établies par la banque de données VALIBEL et par le Centre de recherche en linguistique appliquée. Elles sont largement convergentes avec celles en vigueur dans d'autres centres.

3. Les numéros des pages renvoient aux transcriptions de certains passages traitant des stéréotypes langagiers tirés des corpus oraux.

À la suite des explications, on enchaîne souvent très vite dans la même phrase pour dire que le français est une langue difficile et surtout pour faire la comparaison avec l'anglais qui, lui, est une langue plus facile.

9. « Le français est plus compliqué, mais en fin de compte, c'est ça qui fait sa beauté » (p. 29).
10. « Le français, c'est plus difficile » (p. 37).
11. « Le français, c'est plus compliqué... pis l'orthographe eux autres [il parle des Anglais], y ont pas d'orthographe vraiment comme / juste un s au pluriel pis euh c'est fini là, nous autres on a toutes sortes de règles » (p. 50).
12. [Parlant du français] « Y a des *grands* mots pas possible, pis les Anglais, les petits mots, ça va vite ! » (p. 8).
13. « En anglais, y a moins de règles de grammaire / pis en français ben on dirait qui faut toujours toutes les règles de grammaire pis [faut] toujours tu watch ça » (p. 19).
14. « Moi, je trouve que la langue anglaise est beaucoup plus facile que la langue française... en français, y a beaucoup plus de mots pour dire une affaire qu'en anglais » (p. 115).

Et l'on pourrait continuer ainsi l'énumération, car la grande majorité des témoins ont répondu dans le même sens, venant ainsi appuyer les mythes répandus, au Canada français, de l'anglais langue facile, de l'anglais langue au lexique inférieur en nombre au français alors que dans la réalité, il n'en est rien (Yaguello, 1988). Et ce qui se révèle plus significatif, c'est le fait que la langue anglaise prend place dans le tableau (et quelle place !) sans qu'on l'y ait invitée. Bien que, dans la question de départ, on ne faisait guère allusion à l'anglais, la presque totalité des témoins ont senti le besoin de la faire apparaître dans le décor, discrètement, comme si le français devenait boiteux dans sa solitude. D'après les réponses données, on pourrait presque croire que les deux langues sont inextricablement liées dans l'imaginaire des jeunes interviewés et cela, indépendamment des régions (aussi bien dans le Nord-Est que dans le Sud-Est). Ils sont donc très conscients de vivre dans une société diglossique où l'on attribue différentes fonctions soit à deux langues distinctes, soit à deux variétés d'une même langue. L'anglais reste la clé qui ouvre toutes les portes ; un des témoins ne nous dit-il pas que :

15. «La langue anglaise, c'est la langue universelle» (p. 18).

16. «La langue anglaise, c'est la langue la plus importante... surtout pour les échanges économiques... pour les affaires» (p. 108).

17. «Il faut l'anglais pour les emplois et tout et tout *après* l'université» (p. 98).

Tout le poids que la langue anglaise exerce sur le milieu est illustré dans une image, qui parle par elle-même, exprimée par un témoin du Nord-Est:

18. «Les Anglais sont beaucoup pesants» (p. 11), image reprise par quelques témoins d'ailleurs, ce qui pourrait être l'indice de la fréquence d'utilisation de l'expression dans le milieu.

À la suite des propos de ces élèves, qui ne peuvent parler de la langue sans parler à la fois du français et de l'anglais, nous ne pouvons qu'admettre ces paroles de Robert Lafont, qui prennent tout leur sens dans le milieu acadien: «La faculté métalinguistique qui est en l'homme et qui lui permet de réfléchir à son langage à tout instant de production langagière, en situation diglossique devient réflexion sur la diglossie même» (Lafont, cité dans Boyer, 1990: 109).

La «pesanteur», euphémisme chargé de signifiance, se veut l'illustration imaginaire du rapport de force non équivoque existant en Acadie.

Autoévaluation de sa langue

Lorsqu'arrive l'instant de réfléchir à sa propre langue, à sa production langagière, les finissants et les finissantes sont assez sévères à l'égard de leur performance et dans leurs jugements, et ils ont tendance à dénigrer la langue acadienne telle qu'elle est parlée dans les différentes régions. Or le sociolinguiste Rafael Ninyoles a démontré que:

l'idéalisation et le dénigrement du vernaculaire étaient la double face des préjugés dominants à l'intérieur d'une communauté en situation diglossique et contribuaient donc au processus de substitution (ou assimilation). (Ninyoles, cité dans Boyer, 1992: 107)

Lafont, poursuivant la réflexion sur ces représentations où la langue dominée est à la fois dévalorisée et surévaluée, parle de l'«occultation du réel» en Occitan. Pouvons-nous nous risquer à faire des comparaisons avec ce qui se passe en Acadie? N'avons-nous pas ici un discours mythique, idéalisateur, qui chante les mérites de la langue de «chez nous», et cet autre discours, tout aussi présent mais plus discret, qui se pare de la légitimité pédagogique (il faut apprendre à « bien » parler) pour dévaloriser les langues régionales et ainsi accentuer davantage les stigmates que les Acadiens et les Acadiennes doivent déjà porter lorsqu'il s'agit de leur langue ? Qu'en disent les élèves ? Que disent-ils de leur langue ? Comment répondent-ils à la question : « Est-ce que tu parles bien le français ? »

19. « On a du bon français mais c'est quand même : y a de l'acadien là-dedans, pis les Acadiens ont un français des fois *pas trop haut* » (p. 5).
20. « J'aimerais avoir un français plus parfait ; on est porté à avoir des expressions *de la région* pis on peut dire des mots franglais » (p. 4).
21. « Non, moi, j'ai des expressions de *par icitte* » (p. 16).
22. « Je parle avec mon *petit* acadien » (p. 31).
23. « Non, c'est tout le temps des *mots de travers*, c'est jamais des mots de *bon* français » (p. 34).
24. « On parle *mal* le français là, chiac, on parle half français half anglais » (p. 41).
25. « Oui le français acadien. »
26. « Nous autres, on est des chiacs, so c'est *touT* des *petits* mots là pour nous autres... » (p. 43).
27. « Je trouve que j'ai un accent là, comme le *chiac* » (p. 45).
28. « Ben pas comparé à la majorité des / des autres francophones du Canada... » (p. 64).

Les mots parlent par eux-mêmes. L'autodépréciation dont font preuve plusieurs adolescents et adolescentes témoigne, hors de tout doute, qu'ils ont développé un complexe par rapport à la langue acadienne, qui les enferme dans un univers, du moins imaginaire, où la « petitesse » domine : « un français *pas trop haut* » (énoncé 19), des « expressions de *par icitte* » (énoncé 21), « des expressions *de la région* » (énoncé 20), voilà qui dit tout l'« ici » frappé d'anathème, l'« ici » encore et toujours lieu de perdition langagière comparé à l'ailleurs, toujours supérieur. Particulièrement frappante est l'image de l'énoncé 22, « mon *petit* acadien », et de l'énoncé 26, « des *petits* mots là pour nous autres ». Remarquons l'épithète *petit* faisant corps avec l'espace géographique même des témoins « nous autres » (énoncé 26), « nous autres, on est des chiacs, so c'est *tout* des *petits* mots ». Le sujet *nous* est lié à la petitesse, et cette petitesse est négativement connotée. On en arrive à énoncer l'équation suivante : *ici*, on parle *mal* le français. Soulignons que cette autodépréciation est surtout présente dans le Sud-Est. En effet, sur 12 élèves qui provenaient du Sud-Est, un seul dit bien parler le français, alors que, issus du Nord-Est, 10 élèves sur 15 disent bien parler, quoique souvent, dans la suite de la conversation, ces mêmes élèves, qui se disent satisfaits de leur langue, ont des propos qui viennent contredire leurs énoncés antérieurs, affirmant, par exemple, qu'ils se sentent inférieurs en parlant à des gens qui parlent «mieux» qu'eux. Une finissante habitant le Sud-Est, parlant d'une conversation qu'elle avait eue avec une Québécoise, dira : «Je me sentais un peu bas.» Une autre de la même région ajoutera : «Je me sens vraiment consciente de la façon que je parle pis j'essaie beaucoup / je sais on dirait je peux moins concentrer sur qu'est-ce je leur dis parce que j'essaie de concentrer sur la manière...» Dans ce dernier exemple, l'insécurité linguistique se manifeste non seulement dans le discours mais dans la production linguistique elle-même : les propositions sont inachevées, les mots s'enchaînent mal. La forme vient corroborer le propos.

Insécurité linguistique et diglossie (triglossie?) nous paraissent donc intimement liées. Le lien entre les deux nous avait d'ailleurs été démontré dans les résultats de la première partie de l'enquête. Mais qu'en est-il des conséquences de cette insécurité linguistique, et quelles en sont les répercussions sur l'apprentissage du français, langue minoritaire?

L'insécurité linguistique est l'un des facteurs importants, à notre avis, qui peut nuire à l'apprentissage d'une langue en milieu scolaire, surtout aux niveaux secondaire et universitaire, là où la conscience linguistique est le plus développée[4]. Nous donnons à «apprentissage» un sens élargi qui comprend les cours de grammaire, de littérature, les ateliers d'écriture, les cours d'expression orale et écrite donnés dans plusieurs universités canadiennes.

Tout d'abord, sur le plan psychologique, à l'intériorisation d'un sentiment d'inadéquation linguistique vient se greffer un sentiment d'incapacité qui peut se traduire par une attitude de démission devant ce qui est considéré comme trop difficile ou inaccessible. Ce sentiment se traduit aussi, sur le plan de l'expression orale et écrite pratique, par une difficulté à donner un rendement qui soit à la mesure des capacités des individus concernés.

Or nous savons qu'insécurité linguistique n'est pas synonyme d'incompétence langagière, mais ce sentiment d'insécurité se développe de l'intérieur en référence à une norme idéalisée qui vient interférer dans l'intuition spontanée du discours du locuteur naïf. Cette insécurité se manifeste par

---

4. Il pourrait y avoir une relation de cause à effet entre la scolarisation d'un individu et son degré d'insécurité linguistique, c'est-à-dire que plus la personne serait éduquée, par le fait même consciente de ses usages linguistiques et d'une norme, plus elle souffrirait d'insécurité linguistique, ce qui viendrait appuyer la thèse de Francard (1989) selon laquelle un certain enseignement prodigué à l'école contribue à accentuer le sentiment d'insécurité linguistique.

toute une gamme de comportements à l'oral, pouvant varier de l'hésitation, à l'hypercorrection, au retrait progressif du discours qui amène les gens à se murer dans le silence ou encore à parler l'« autre » langue, celle qui ne se présente pas comme menaçante pour le locuteur. Car toute « faute » dans la langue seconde est facilement excusée alors que ce n'est pas le cas dans la langue maternelle. Cette insécurité porterait-elle l'individu à s'angliciser ? À la suite d'autres études descriptives, nous serons plus en mesure de répondre à cette question mais pour l'instant, nous proposerons quelques solutions au problème.

Quelques propositions de solutions

Agir sur les attitudes

« L'un des objectifs essentiels de l'enseignement du français, c'est la mise en place, chez tous les enfants, d'un sentiment de *sécurité linguistique*, sans lequel aucune réussite sociale n'est possible » (Charmeux, 1989 : 9 ; nous soulignons). Pour parvenir à cette situation, il faudrait d'abord transformer les attitudes qui ont cours à l'égard de la langue sociomaternelle des Acadiens. Il serait essentiel de redonner à la langue régionale la place qui lui revient dans la société, de cesser de la dévaloriser, d'enseigner la notion de registres de langues, de situer les différentes variétés acadiennes en relation avec les autres français et de ne plus faire porter par l'individu seul le poids d'une responsabilité par rapport à la langue et à sa qualité.

Aménager la langue en Acadie du Nouveau-Brunswick

Le code. Jean-Claude Corbeil, dans sa conférence inaugurale prononcée au symposium portant sur l'aménagement linguistique en Acadie du Nouveau-Brunswick en mai 1990, disait qu'il fallait :

> instrumentaliser l'usage de la langue acadienne, c'est-à-dire créer et publier les instruments de référence dont les locuteurs ont besoin pour régler, au jour le jour, leurs problèmes de langue et, surtout, de vocabulaire. On ne peut pas laisser toute une communauté dans l'insécurité linguistique. (Corbeil, 1991 : 28)

En agissant sur le code, nous pourrions sécuriser toute une population par rapport à un lexique dont l'usage est souvent controversé. Certains termes seraient recoiffés de la légitimité qui leur revient. Il faudrait en quelque sorte créer un office de la langue française en Acadie qui soit à sa mesure et qui réponde à ses besoins.

Le statut. En plus d'agir sur le code, il faut bien sûr agir sur le statut de la langue. Or les opinions controversées sur le statut de la langue française au Nouveau-Brunswick font les manchettes depuis une vingtaine d'années. Les Acadiens et Acadiennes n'ont pas encore obtenu l'enchâssement dans la Constitution canadienne de la *Loi reconnaissant l'égalité des deux communautés linguistiques officielles au Nouveau-Brunswick* (« Loi 88 »), et ce, malgré les promesses répétées des politiciens[5]. Tant et aussi longtemps que l'on ne reconnaîtra pas officiellement le peuple acadien du Nouveau-Brunswick comme un peuple égal au peuple anglophone, en droit et en fait, il sera difficile pour lui de s'affirmer pleinement.

Bibliographie

BOURDIEU, Pierre (1982), *Ce que parler veut dire*, Paris, Fayard.

BOYER, Henri (1990), « Matériaux pour une approche des représentations sociolinguistiques », *Langue française*, n° 85, p. 102-124.

CHARMEUX, Éveline (1989), *Le bon français et les autres*, [Toulouse], Éditions Milan.

CORBEIL, Jean-Claude (1991), « L'aménagement linguistique en Acadie du Nouveau-Brunswick », dans Catherine PHLIPPONNEAU (dir.), *Vers un aménagement de l'Acadie du Nouveau-Brunswick*, Moncton, CRLA (Université de Moncton), p. 19-28.

DUMONT, Pierre (1990), *Le français langue africaine*, Paris, L'Harmattan.

FRANCARD, Michel (1989), « Insécurité linguistique en situation de diglossie : le cas de l'Ardenne belge », *Revue québécoise de linguistique théorique et appliquée*, vol. 8, n° 2, p. 133-163.

GILES, H., R. Y. BOURHIS et D. M. TAYLOR (1977), « Towards a Theory of Language in Ethnic Group Relations », *Language, Ethnicity and Intergroup Relations*, Londres, Academic Press, p. 307-348.

GILES, H., et P. JOHNSON (1981), « The Role of Language in Ethnic Group Relations », *Intergroup Behaviour*, Oxford, Basil Blackwell Publisher, p. 199-244.

GUEUNIER, Nicole, Émile GENOUVRIER et Abdelhamid KHOMSI (1983), « Les Français devant la norme », *La norme linguistique*, Paris / Québec, Le Robert / Le Conseil de la langue française (Coll. « L'ordre des mots »), p. 763-787.

LABOV, William (1976), *Sociolinguistique*, Paris, Les Éditions de minuit.

McKEE, Brian (1984), *Ethnic Maintenance in the Periphery : The Case of Acadia*, Ottawa, Center for Research on Ethnic Minorities, Carleton University.

---

5. NDE : Cette loi a été enchâssée dans la Constitution canadienne en 1993.

PÉRONNET, Louise (1990), « Aménagement linguistique en Acadie », *Revue québécoise de linguistique*, vol. 9, n° 3 (novembre), p. 223-257.

TREMBLAY, Daniel (dir.) (1987), *Les enjeux juridiques et sociopolitiques des conflits linguistiques au Nouveau-Brunswick*, Québec, CIRB (Université Laval).

YOUSSI, Abderrahim (1983), « La triglossie dans la typologie linguistique », *La linguistique*, vol. 19, n° 2, p. 71-83.

YAGUELLO, Marina (1988), *Catalogue des idées reçues sur la langue*, Paris, Éditions du Seuil (Coll. « Point Virgule »).

Les femmes acadiennes
du Nouveau-Brunswick :
féminité, sous-développement et ethnicité[1]

ISABELLE MCKEE-ALLAIN ET HUGUETTE CLAVETTE

Cet article se situe résolument dans le courant des études féministes qui a suscité de nombreux articles en Amérique du Nord à partir des années 1970. Ayant formé un collectif de recherche sur la situation de la femme au Nouveau-Brunswick, les auteures ont regroupé différentes données relatives à la démographie, à l'éducation et à la famille, ainsi que celles reliées au marché du travail afin de fournir les bases à une étude plus approfondie qui reposerait sur les prémisses qu'«oppression des femmes, oppression des groupes ethniques minoritaires et développement inégal du capital dans les sociétés capitalistes avancées» sont intimement liées. S'appuyant sur les données de Statistique Canada de 1976, elles dressent dans un premier temps le portrait des Acadiennes. Ces dernières, moins scolarisées que les femmes anglophones et que les hommes des deux langues officielles, participent moins au marché du travail formel que les autres Canadiennes et gagnent la moitié moins que ce que gagnent les hommes au Nouveau-Brunswick. Les auteures analysent ensuite les raisons de ce «retard» en montrant que les Acadiennes auraient à concilier leur rôle traditionnel de productrice d'ethnicité tout en cherchant à s'adapter aux structures familiales et économiques alors en transition. Elles en concluent que l'industrialisation ne «crée pas une inégalité pour les femmes, mais accentue une inégalité socioéconomique déjà existante». Selon elles, il serait réducteur d'étudier la situation des femmes acadiennes uniquement en fonction de leur participation au monde du travail compte tenu de la situation socioéconomique dans laquelle elles évoluent. Elles concluent en exhortant à penser de nouveaux paramètres afin d'étudier les Acadiennes en tenant compte de la spécificité de leur condition.

En 1981, nous décidions de former avec deux autres professeures de l'Université de Moncton un collectif de recherche sur la situation des femmes acadiennes. Le but du collectif était de cerner et d'analyser des problèmes

---

1. Ce texte a fait l'objet d'une communication prononcée le 17 mars 1983 dans le cadre d'un colloque de la Faculté des sciences sociales de l'Université de Moncton. Les auteures sont sociologues et membres d'un collectif de recherche de l'Institut d'études et d'apprentissage féminin (IEAF). Elles ont, à ce dernier titre, bénéficié d'une subvention du Secrétariat d'État.

vécus par les femmes du milieu et de publier ses recherches dans des publications à grande diffusion.

Dans un premier temps, notre objectif était de tracer un portrait socio-économique des femmes du Nouveau-Brunswick. La publication qui en résulta consistait en une série de tableaux statistiques commentés, suivant le modèle d'un récent ouvrage québécois (Messier, 1981).

Afin de constituer ce répertoire de statistiques sur les femmes du Nouveau-Brunswick, nous nous sommes principalement appuyées sur les données des divers recensements canadiens et sur certaines enquêtes annuelles de Statistique Canada. Il faut souligner le peu de données disponibles sur les femmes acadiennes, car les variables sexe et langue maternelle sont rarement combinées. De façon plus générale, il faut noter la pénurie de données ventilées par sexe au Nouveau-Brunswick. Certaines variables, telles la scolarité et l'état civil, essentielles pour cerner la situation des femmes, ne sont disponibles que dans les données des recensements canadiens.

C'est pourquoi notre répertoire se divise en deux grandes parties : (1) les caractéristiques sociales (démographie, éducation, famille), dont les données sont principalement tirées du recensement de 1976 ; (2) le marché du travail (taux d'activité, syndicalisation, revenus), dont les données plus récentes (1981) proviennent des diverses enquêtes de Statistique Canada. Peu de données selon la variable ethnique sont disponibles dans cette série.

Nous vous présentons, en première partie, quelques faits saillants qui se dégagent de notre recherche. Nous poserons par la suite les jalons d'une problématique plus théorique, liant féminité, sous-développement et ethnicité.

Caractéristiques sociales

Démographie et géographie

Les femmes constituent la moitié de la population néo-brunswickoise (49,9 %) en 1976. Les données par groupes d'âge, d'abord, démontrent qu'au Nouveau-Brunswick, aussi bien chez les femmes que chez les hommes, la proportion âgée de moins de quinze ans est légèrement supérieure à celle dans l'ensemble canadien. Quant à l'état civil, si la majorité des citoyens, tous sexes confondus, sont mariées, cependant les proportions de veuves, de séparées et de divorcées sont plus élevées chez les femmes et, au Nouveau-Brunswick, elles sont plus élevées chez les femmes anglophones que chez les femmes francophones (15,3 % et 11,1 % respectivement).

Il se dégage de la variable géographique les traits suivants : un tiers seulement (33,3 %) des francophones habitent des agglomérations de 5000 habitants et plus, alors que près de la moitié (47,8 %) des anglophones se retrouvent dans ces villes. En outre, pour les deux groupes, plus de femmes que d'hommes habitent ce milieu urbain.

Éducation

Notons que les données portent sur la population âgée de quinze ans et plus, ne fréquentant pas l'école à plein temps (90 % de la population de quinze ans et plus).

Une première constatation se dégage : le niveau d'éducation est moins élevé au Nouveau-Brunswick que dans l'ensemble canadien, sauf pour une catégorie où les proportions chez les femmes néo-brunswickoises et canadiennes sont équivalentes. Il s'agit des études postsecondaires mais non universitaires (p. ex. : école d'infirmière, école normale, collège communautaire) Au Nouveau-Brunswick, des différences se dégagent selon le sexe : en général, les femmes sont plus instruites que les hommes, si on regroupe études collégiales et universitaires dans la même catégorie. Elles ont une proportion plus faible, n'ayant terminé que huit ans ou moins de scolarité (33,2 % et 40,3 %), plus forte, ayant terminé de neuf à treize ans (41,9 % et 35,8 %) et plus forte avec des études collégiales ou universitaires (24,9 % et 23,9 %).

Si l'on compare les données par langue maternelle au Nouveau-Brunswick, les anglophones sont en général plus instruits que les francophones : chez les femmes de la province, 44,8 % des francophones et 23,5 % des anglophones n'ont terminé que huit années ou moins, alors que 19,2 % et 28,9 % respectivement ont fait des études collégiales ou universitaires. Ces mêmes traits se dégagent chez les hommes, selon la langue maternelle.

Famille

Cette section nous a paru pertinente, non pour perpétuer l'image traditionnelle de la femme au foyer ou de la femme seule responsable du milieu familial, mais pertinente pour autant qu'elle décrive une réalité encore bien actuelle.

Les tableaux sur la structure familiale révèlent que le nombre de familles biparentales (époux-épouse) est beaucoup plus élevé que le nombre de familles monoparentales, mais en comparant les données de 1971 à celles de 1976, on constate une augmentation plus rapide du taux de familles monoparentales. La proportion de ce type de famille augmente également avec le degré d'urbanisation du milieu.

Quant au nombre moyen d'enfants par famille, il est plus élevé au Nouveau-Brunswick qu'au Canada (1,8 et 1,6 respectivement), plus élevé dans les familles monoparentales que les familles biparentales (2,0 et 1,8 au Nouveau-Brunswick) et plus élevé en milieu rural (1,9, comparativement à 1,6 dans les régions urbaines de 5000 habitants et plus du Nouveau-Brunswick).

Le marché du travail

TAUX D'ACTIVITÉ. En 1981, 44 % des femmes du Nouveau-Brunswick de quinze ans et plus participaient au marché du travail formel, soit en occupant un emploi ou en étant en chômage. Ce taux est beaucoup plus bas que celui de la moyenne nationale qui se situe à 51,6 %. L'écart entre les femmes néo-brunswickoises et les femmes canadiennes s'agrandit depuis les années 1940, mais c'est surtout depuis 1970 que les Néo-Brunswickoises accusent un retard par rapport au travail rémunéré.

DONNÉES ETHNIQUES ET RÉGIONALES. Le taux de participation au marché du travail est beaucoup plus bas dans les comtés à forte composante aca-dienne, et ce, tant chez les hommes que chez les femmes. L'écart entre les femmes des régions acadiennes et anglophones est cependant moins grand que celui entre les hommes francophones et anglophones.

Sachant que les régions acadiennes sont dans l'ensemble plus rurales, nous pourrions associer le faible taux d'activité à leur faible taux d'urbani-sation. Cependant, de façon générale, pour un même taux d'urbanisation, les comtés anglophones ont un taux de participation au marché du travail plus élevé que les comtés acadiens. On note cette tendance tant chez les femmes que chez les hommes.

SYNDICALISATION. Si, en 1980, 35 % des travailleurs du Nouveau-Brunswick étaient syndiqués, seulement 23,8 % des travailleuses étaient membres d'un syndicat. Le taux de syndicalisation chez les femmes est cependant en pro-gression constante depuis dix ans. Il était de 15,8 % en 1970.

La très grande majorité (90 %) des travailleuses ont un emploi dans le secteur tertiaire (commerce et services).

GAINS ET REVENUS. En 1979, les hommes gagnaient en moyenne le double du revenu des femmes au Nouveau-Brunswick. Les gains moyens des hommes se situaient à 12 170 $, tandis que ceux des femmes étaient de 6036 $. Les gains moyens des femmes canadiennes étaient de 7673 $ pour cette même année.

En somme, ces faits saillants nous fournissent un bref aperçu des données que nous avons rassemblées. Le document comporte des tableaux plus détaillés pour chacune des catégories présentées ici.

Il faut rappeler que l'objectif principal visé par le collectif de recherche n'était pas de présenter une analyse de ces données statistiques, mais de fournir un outil aux personnes cherchant de l'information quantitative sur les femmes. Chacune et chacun peut utiliser ces tableaux statistiques en délimitant son propre cadre d'analyse : notre contribution aura été, du moins dans une première étape, de regrouper des données éparpillées et disparates.

Nous prévoyons actualiser nos données basées sur le recensement de 1976 avec celles de 1981, et pour un certain nombre de variables, vérifier s'il y a eu des changements ou non dans la situation.

Problématique théorique

À partir de ces quelques faits saillants, nous proposons nos jalons d'analyse pour tenter d'approfondir les liens entre la condition des femmes, le sous-développement régional et l'ethnicité. Nos prémisses fondamentales sont basées sur le fait qu'il y a oppression des femmes, oppression des groupes ethniques minoritaires et développement inégal du capital dans les sociétés capitalistes avancées. Dans le cas qui nous nous intéresse, il s'agit en fait de trois cadres d'analyse distincts, et très peu d'études canadiennes, à notre connaissance, ont tenté de faire des liens entre ces trois formes d'oppression spécifiques. Un article de Danielle Juteau-Lee et Barbara Roberts (1981) fait exception, en abordant les liens entre féminité, ethnicité et classes sociales.

Ce que nous proposons comme démarche, c'est d'abord d'examiner d'un point de vue féministe l'incidence du passage d'une économie traditionnelle à une économie industrielle. Nous abordons ensuite l'importance du contexte de sous-développement au Nouveau-Brunswick. Et, en conclusion, nous tentons de situer le fait ethnique pour cerner l'ensemble de la spécificité des femmes acadiennes.

D'une économie traditionnelle
à une économie industrielle : perspective féministe

Une revue de la littérature féministe qui aborde la question de transition entre une économie traditionnelle et une économie industrialisée dans les sociétés occidentales nous permet de dégager une constante : l'incidence majeure de l'industrialisation sur la structure familiale et sur le « travail » des femmes. Le travail domestique est désormais séparé de la production marchande et les femmes sont dépendantes financièrement des hommes. Mais des nuances théoriques s'ajoutent à ce diagnostic, nuances que nous tenterons d'expliciter davantage.

Ainsi, on retrouve chez certaines auteures une survalorisation du rôle de la femme dans la société traditionnelle et, parallèlement, une tendance à définir le passage à la société industrielle en termes de rupture. Ann Oakley (1976), dans son analyse de la société britannique en pleine révolution industrielle, attribue à ces changements d'ordre économique la responsabilité de la création du rôle moderne de ménagère (*housewife*). Dans la société préindustrielle, les tâches domestiques de même que les travaux dits productifs auraient été partagés en parts égales.

La publication de la Fédération des femmes canadiennes-françaises intitulée *Femmes et francophones : double infériorité* abonde dans le même sens :

> À l'époque où la survivance des familles francophones était basée sur une économie familiale de subsistance, l'interdépendance et la complémentarité des tâches des hommes et des femmes plaçaient ces dernières dans une certaine position de « pouvoir » [...]. Femmes et enfants avaient un rôle indispensable à jouer. (*Fédération des femmes canadiennes-françaises*, 1981 : 12)

> Avec le développement de la technologie et l'industrialisation, le rôle familial des femmes s'est modifié [...]. Dans l'Est, la commercialisation de la pêche rendait moins nécessaire [...] le maintien d'une agriculture de subsistance qui était généralement assumée par les femmes. (Ibid. : 5)

Nancyellen Sealy (1979), qui elle aussi étudie le statut des femmes dans le contexte de minorité ethnique, attribue aux femmes acadiennes d'un village du nord-est du Nouveau-Brunswick un statut de *prestige* dans la société traditionnelle. Tout en reconnaissant une certaine subordination des femmes par rapport aux hommes, la valorisation de leur rôle de mère-épouse leur accordait du prestige (que d'ailleurs des femmes anglophones d'un village semblable de Terre-Neuve ne partageaient pas, pour des raisons culturelles). Le processus de développement amorcé dans le Nord-Est par les programmes gouvernementaux aurait eu pour effet de provoquer une ambiguïté par rapport au statut des femmes acadiennes, ayant perdu la base de leur statut traditionnel et n'ayant pas acquis la base du statut moderne (moins qualifiées, moins bien rémunérées, etc.).

D'autres travaux, par contre, tout en reconnaissant les changements énormes provoqués par l'industrialisation, mettent moins l'accent sur un « âge d'or » féminin préindustriel en termes d'égalité entre les sexes, de pouvoir ou de prestige pour les femmes. Andrée Michel résume bien ce courant, en décrivant l'industrialisation comme un phénomène d'accentuation d'inégalités déjà existantes.

> C'est l'apogée [...] de l'idéologie de la femme au foyer, car tout le monde y gagnait ou croyait y gagner : les patrons qui se créent une main-d'œuvre de réserve, les petits propriétaires qui y trouvent une main-d'œuvre gratuite sous forme d'aide familiale, les ouvriers qui redoutent la concurrence. (Michel, 1979 : 59)

Le collectif Clio souligne lui aussi une inégalité dans la société traditionnelle du Québec. Tout en reconnaissant « que les affaires familiales, économiques et politiques ont souvent tendance à s'entremêler. Femmes et hommes s'en mêlent », elles ajoutent :

> Néanmoins, cette société considère que la communauté familiale ne saurait être cogérée. Il lui faut un chef et ce chef, celui qui détient l'autorité, c'est l'homme, le mari, le père de famille... Et c'est parce qu'il est chef de la communauté et inscrit comme propriétaire des biens familiaux qu'il accède aux droits politiques lors de l'instauration du parlementarisme. (Collectif Clio, 1982 : 130)

Les changements du XIXe siècle transformeront la physionomie du Québec, où « femmes, hommes et enfants doivent apprendre à devenir des rouages du nouveau système économique qui s'implante » (*Ibid.* : 141). Les femmes devront vivre dans une société où elles sont à la fois exclues et indispensables, gardiennes de la race en même temps qu'une réserve de main-d'œuvre selon les besoins du marché. Nous reviendrons sur ce caractère d'ambiguïté pour les Canadiennes françaises, mais retenons pour le moment l'aspect d'inégalité dans la société traditionnelle, où pourtant la famille constituait le noyau de la production et de la société en général.

Cette même thèse est reprise dans l'article de Patricia Connelly et Martha Macdonald (1983), article auquel nous nous référerons aussi pour nos jalons d'analyse sur le sous-développement. Quoique entraînant des modifications majeures dans la répartition des tâches selon le sexe, le passage à la société industrielle n'implique pas le postulat selon lequel les femmes jouissaient d'un pouvoir dans le contexte traditionnel. Les auteures soutiennent de plus que dans les classes populaires, en milieu «développé», les femmes ont toujours contribué au revenu familial, soit en intensifiant leur travail domestique à la maison, en gagnant de l'argent par l'économie informelle ou en gagnant un revenu sur le marché du travail. Des conditions économiques spécifiques détermineraient leur contribution financière.

Ce dernier courant, tel qu'illustré par Michel (1979), le collectif Clio (1982) et Connelly et MacDonald (1983), pour ne mentionner que quelques auteurs, nous semble plus juste dans son analyse du passage à la société capitaliste. Malgré les changements majeurs que cela suppose, le passage à l'industrialisation ne crée pas une inégalité pour les femmes, mais accentue une inégalité socioéconomique déjà existante. Les changements ne leur enlèvent pas de pouvoir puisqu'elles n'en avaient pas dans la société traditionnelle.

Nous avançons de plus la thèse selon laquelle une des caractéristiques d'une société sous-développée est la perpétuation de ce passage entre la structure familiale traditionnelle et la structure «moderne» ou capitaliste, et que dans le cas d'une minorité ethnique, telle que la société acadienne, s'ajoute une autre dimension : les femmes sont à la fois exclues du système économique et indispensables à ce dernier, mais leur exclusion est justifiée par des mécanismes culturels. On perpétue encore l'idéologie de «gardienne de la race», ce qui, d'après nous, n'est pas l'équivalent de prestige ou de pouvoir, mais symptomatique d'un milieu sous-développé.

Le sous-développement du Nouveau-Brunswick

Tout comme l'ensemble des Provinces maritimes, le Nouveau-Brunswick se caractérise par une économie dépendante par rapport au capitalisme canadien et nord-américain en général. Sans reprendre de façon détaillée l'analyse du sous-développement, nous pouvons cerner quelques jalons permettant de situer l'ampleur de ce phénomène chez nous.

D'abord, le secteur manufacturier de la province est très faible, peu diversifié et largement contrôlé de l'extérieur.

- En 1976, même si le Nouveau-Brunswick compte environ 3 % de la population canadienne, son secteur manufacturier ne représente que 1,7 % de l'emploi, 1,8 % des livraisons totales et 1,5 % de la valeur ajoutée de l'industrie manufacturière canadienne.
- Par ailleurs, les 34 000 emplois industriels représentaient à peine 15 % de l'emploi total de la province pour cette même année.

- L'industrie manufacturière dépend presque exclusivement de l'extraction des matières premières et est largement orientée vers l'exportation des produits semi-finis. Trois industries – le papier, le bois et les aliments et boissons – comprennent à eux seuls 70% de la valeur ajoutée et 65% de la main-d'œuvre industrielle de la province.

- En ce qui concerne le contrôle, deux grandes familles néo-brunswickoises se sont taillé une place de choix dans l'univers du capital monopoliste. Les familles Irving et McCain emploient respectivement 13% et 4% de la main-d'œuvre industrielle au Nouveau-Brunswick. Pour le reste, le contrôle autochtone du secteur manufacturier se résume à une trentaine de moyennes entreprises (100 à 500 employés), les autres propriétaires néo-brunswickois étant cantonnés dans les petites entreprises de moins de 100 employés.

- Il faut noter que les Acadiens sont nettement sous-représentés parmi les propriétaires d'entreprises. Le petit nombre d'Acadiens qui possèdent une entreprise moyenne dominante dans un secteur n'ont eu accès à cette position que depuis les années 1950. C'est donc un phénomène marginal et relativement nouveau (Clavette, 1982 : 28-35, 206-209).

Les emplois au Nouveau-Brunswick sont donc concentrés principalement dans le secteur des services. Le taux de chômage est très élevé et la province agit comme réserve de main-d'œuvre lorsqu'il y a demande à l'extérieur de la province. Nous reviendrons sur cet aspect.

Le Nouveau-Brunswick se caractérise également par l'importance de sa population rurale. Ici aussi les données ethniques sont révélatrices, comme le démontraient quelques faits saillants cités plus tôt. Un tiers seulement des francophones habitent des agglomérations de 5000 habitants et plus, alors que près de la moitié des anglophones se retrouvent dans ces villes. Dans les sept comtés acadiens, 53% de la population vit dans des localités rurales de moins de 1000 habitants.

La compréhension des changements qui surviennent dans l'économie rurale est donc primordiale au Nouveau-Brunswick et plus particulièrement pour les régions acadiennes. Les communautés de ces régions rurales étaient traditionnellement fondées sur l'agriculture de subsistance, la pêche côtière et l'exploitation de petits lots boisés. Il s'agissait de la petite production indépendante.

Nous nous inscrivons dans le courant d'analyse qui lie sous-développement et subordination de la petite production indépendante au mode de production dominant : « *Underdevelopment is generally characterized by a pro-*

longed survival of the independent mode, alongside a capitalist mode, and integrated into a world economy dominated by the capitalist mode» (Connelly et MacDonald, 1983 : 52). Le maintien de la petite production rurale et sa transformation partielle, telle que décrite par Connelly et MacDonald pour la Nouvelle-Écosse, s'appliquent selon nous aux communautés rurales du Nouveau-Brunswick.

Comme le démontre Henry Veltmeyer (1978), la survivance des formes précapitalistes de production maintient une réserve de main-d'œuvre qui exerce une pression à la baisse sur les salaires tant régionaux que canadiens, compte tenu de la mobilité de cette main-d'œuvre.

Cette réserve de main-d'œuvre se manifeste par une émigration assez importante de la population. De 1961 à 1966, le Nouveau-Brunswick observe une perte migratoire de 33 400 personnes, puis de 27 500 personnes entre 1966 et 1971. Nous savons que ces flux de population sont particulièrement élevés dans les comtés acadiens. Ce n'est qu'à partir de 1971 que la migration nette est positive au Nouveau-Brunswick (Gertler et Crowley, 1977 : 5). Nous observons entre autres de nombreux retours d'Acadiens depuis le début de la crise économique actuelle au Canada et aux États-Unis.

Une autre caractéristique apparentée à la réserve de main-d'œuvre est le taux élevé d'emplois saisonniers qui variaient de 12 % à 39 % en 1971 selon les comtés (Landry, 1980 : 33).

La subordination de la petite production marchande, la concentration et centralisation du capital à un pôle et la concentration d'une réserve de main-d'œuvre à un autre, tels sont les mécanismes fondamentaux du sous-développement qui expliquent selon nous le développement de l'ensemble de l'économie du Nouveau-Brunswick.

Le travail salarié des femmes du Nouveau-Brunswick s'inscrit dans ce cadre général de sous-développement. Dans ce contexte, nous observons que l'écart entre le travail salarié des femmes et celui des hommes est moins grand que pour l'ensemble canadien, même si l'on y observe les mêmes tendances. Le travail salarié des hommes néo-brunswickois n'a pas suivi celui des hommes canadiens, vu le maintien et la subordination de la petite production indépendante.

Depuis l'industrialisation ou l'avènement généralisé du salariat, les femmes ont toujours constitué une réserve de main-d'œuvre à bon marché et elles ont toujours répondu à toute offre de travail salarié qui leur était accessible. Mais elles ne sont pas les seules réserves disponibles et le secteur manufacturier, entre autres l'industrie lourde, n'a jamais absorbé la réserve de main-d'œuvre féminine.

La littérature féministe prouve que les femmes ont toujours travaillé à un taux inférieur à leur subsistance, et leur travail domestique a permis au salaire familial d'être constamment en dessous du coût réel de subsistance de la famille.

Dans une économie sous-développée, le maintien de formes précapitalistes de production retient une main-d'œuvre que le marché est incapable d'absorber. Le travail domestique des femmes contribue au maintien de cette réserve de main-d'œuvre et continue de retenir le coût de la reproduction de la force de travail à un taux inférieur à son coût réel.

Dans le processus de sous-développement, le travail salarié des femmes est essentiel à la perpétuation et subordination de la petite production indépendante et a été utilisé pour maintenir des taux de salaire très bas dans l'ensemble de l'économie régionale (Connelly et MacDonald, 1983 : 67).

Nous avançons l'hypothèse que la différence entre le travail salarié des femmes néo-brunswickoises et celui des femmes canadiennes s'explique pour une large part par les mécanismes du sous-développement. Les femmes néo-brunswickoises participent moins au marché du travail formel que les femmes canadiennes parce que ce marché est tout simplement moins ouvert. Compte tenu de l'économie peu diversifiée, elles se dirigent plus systématiquement vers les ghettos d'emplois féminins. Elles sont moins syndiquées et ont évidemment moins de revenus.

Nous estimons que les régions acadiennes constituent une zone sous-développée dans une région sous-développée ; nous formulons l'hypothèse que les conséquences décrites plus haut sont donc accentuées pour les Acadiennes.

Mais cette thèse du sous-développement économique, quoique très éclairante, est insuffisante selon nous pour cerner dans sa totalité la spécificité des femmes acadiennes. Même si le taux d'urbanisation ne reflète pas dans sa totalité le taux de développement industriel, il demeure révélateur qu'à un taux d'urbanisation égal, les femmes acadiennes participent moins au marché du travail que les femmes anglophones.

Conclusion

Les Acadiennes manifestent plusieurs symptômes du sous-développement, non seulement comme résidantes du Nouveau-Brunswick, mais comme femmes francophones dans ce territoire sous-développé. Nos données statistiques, malgré leur état encore très descriptif, nous ont permis de constater qu'elles ont un niveau d'éducation inférieur aux femmes anglophones, qu'elles sont plus rurales, qu'elles ont une moyenne d'enfants plus élevée. Et bien sûr, même dans des comtés équivalents en termes d'urbanisation, elles ont un taux de participation au marché du travail inférieur à celui des femmes anglophones.

Serait-ce parce que, étant à la fois exclues du système économique et indispensables à ce dernier, dans un milieu sous-développé, ces caractéristiques sont davantage accentuées par des mécanismes culturels ou ethniques? Qu'en plus d'être confrontées à des structures économiques et familiales en pleine transition, les Acadiennes auraient à concilier l'idéologie de « gardienne de la race »?

En ce qui nous concerne, il est insuffisant d'appréhender l'univers des femmes acadiennes uniquement en fonction de leur articulation au mode de production par leur participation au monde du travail salarié. Sans vouloir dichotomiser le privé et le public en termes d'univers distincts et opposés, il est primordial d'articuler travail domestique et travail salarié parce que, comme le soulignent Juteau-Lee et Roberts, « un ensemble d'activités (à part le "maternage"), dans la sphère privée créent et maintiennent les frontières ethniques » (1981 : 19).

Si tel était le cas, les Acadiennes n'auraient-elles pas le défi de redéfinir un nouveau modèle de développement? Nous le proposons comme piste de réflexion, conscientes de tout le pain sur la planche qui nous attend.

Bibliographie

CLAVETTE, Huguette (1982), « La structure et la bourgeoisie industrielles du Nouveau-Brunswick en 1976 », Mémoire de maîtrise, Montréal, Université du Québec à Montréal.

COLLECTIF CLIO (1982), L'histoire des femmes au Québec depuis quatre siècles, Montréal, Les Quinze.

CONNELLY, Patricia, et Martha MACDONALD (1983), « Women's Work : Domestic and Wage Labour in a Nova Scotia Community », Studies in Political Economy, n° 10 (hiver), p. 45-73.

GERTLER, Leonard O., et Ronald W. CROWLEY (1977), Changing Canadian Cities : The Next 25 Years, Toronto, McClelland and Stewart.

FÉDÉRATION DES FEMMES CANADIENNES-FRANÇAISES (1981), Femmes et francophones : double infériorité, [Ottawa], La Fédération.

JUTEAU-LEE, Danielle, et Barbara ROBERTS (1981), « Ethnicity and Feminity : (d') après nos expériences », Canadian Ethnic Studies/Études ethniques au Canada, vol. 13, n° 1, p. 1-24.

LANDRY, Dollard (1980) « Le développement en Acadie et la contribution du MEER », *Revue de l'Université de Moncton*, vol. 13, n°s 1-2, p. 25-39.

MESSIER, Suzanne (1981), *Chiffres en main : statistiques sur les Québécoises*, Québec, Conseil du statut de la femme.

MICHEL, Andrée (1979), *Le féminisme*, Paris, PUF.

OAKLEY, Ann (1976), *Woman's Work : The Housewife, Past and Present*, New York, Vintage Books.

SEALY, Nancyellen (1979), « Acadian Woman : Economic Development, Ethnicity and the Status of Women », dans Jean Leonard ELLIOTT (dir.), *Two Nations, Many Cultures : Ethnic Groups in Canada*, Scarborough, Prentice-Hall, p. 123-135.

VELTMEYER, Henry (1978), « The Capitalist Underdevelopment of Atlantic Canada », dans Robert J. BRYM et R. James SACOUMAN (dir.), *Underdevelopment and Social Movements in Atlantic Canada*, Toronto, New Hogtown Press, p. 17-35.

Les tentatives de développement dans le nord-est du Nouveau-Brunswick

Maurice Beaudin et Donald J. Savoie

Écrit en une conjoncture d'évaluation des politiques fédérales canadiennes de développement régional mises en œuvre depuis plus d'un quart de siècle, le texte décrit la situation de la région du nord-est du Nouveau-Brunswick – région à prédominance acadienne –, qui fit justement l'objet de nombreuses initiatives de développement économique et social et dont les retombées furent jugées alors largement insuffisantes. Délaissant une lecture strictement économétrique des interventions de l'État, les auteurs reviennent dans un premier temps sur les conditions historiques qui ont présidé à la création de la province du Nouveau-Brunswick en 1784 et sur les dispositifs que le colonialisme anglais mit alors en place aux fins de l'exploitation des ressources naturelles, ce qui eut pour effet de marginaliser la population acadienne qui sera en définitive tenue à l'écart d'un processus d'industrialisation qui s'effectue en général à son détriment. Prenant par ailleurs en considération les indicateurs démographiques, linguistiques, économiques et sociaux, ils analysent ensuite les disparités très importantes qui sépareront désormais la région du nord-est, pauvre et dépendante et qui dispose néanmoins de ressources naturelles considérables. Ils procèdent enfin à une analyse minutieuse des diverses ententes fédérales-provinciales mises en œuvre de 1963 à 1989 dans la région du nord-est. Soulignant leurs retombées, notamment aux niveaux de l'emploi, des revenus, de l'éducation ou des infrastructures dont elle a bénéficié, les auteurs n'en rappellent pas moins la précarité et la fragilité de cette région qu'accentue alors la crise que traversaient les ressources naturelles.

Écrit en une conjoncture d'évaluation des politiques fédérales canadiennes de développement régional mises en œuvre depuis plus d'un quart de siècle, ce texte décrit la situation de la région du nord-est du Nouveau-Brunswick – région à prédominance acadienne –, qui fit justement l'objet de nombreuses initiatives de développement économique et social et dont les retombées furent jugées alors largement insuffisantes. Délaissant une lecture strictement économétrique des interventions de l'État, les auteurs reviennent dans un premier temps sur les conditions historiques qui ont présidé à la création de la province du Nouveau-Brunswick en 1784 et sur les dispositifs que le colonialisme anglais mit alors en place aux fins de l'exploitation des ressources naturelles, ce qui eut pour effet de marginaliser la population acadienne qui sera en définitive tenue à l'écart d'un processus d'industrialisation qui s'effectue en général à son détriment. Prenant par ailleurs en considération les indicateurs démographiques, linguistiques, économiques et sociaux, ils analysent ensuite les disparités très importantes qui sépareront désormais la région du nord-est, pauvre et dépendante et qui dispose néanmoins de ressources naturelles considérables. Ils procèdent enfin à une analyse minutieuse des diverses ententes fédérales-provinciales mises en œuvre de 1963 à 1989 dans la région du Nord-Est. Soulignant leurs retombées notamment aux niveaux de l'emploi, des revenus, de l'éducation ou des infrastructures dont elle a bénéficiées, les auteurs n'en rappellent pas moins la précarité et la fragilité de cette région qu'accentue alors la crise que traversaient les ressources naturelles.

Introduction

Les études effectuées sur le développement régional au Canada ont porté principalement sur les efforts déployés en vue de réduire les disparités régionales entre les provinces et sur les ententes politico-administratives conclues entre le gouvernement fédéral et les gouvernements provinciaux. On s'est peu intéressé aux régions sous-provinciales, même si des sommes considérables ont été affectées au développement de ces régions[1].

Le présent texte traite des efforts de développement dont a bénéficié le nord-est du Nouveau-Brunswick et tente d'établir certains liens avec la performance économique de cette région au cours de la période d'application des ententes de développement. Nous nous proposons également d'évaluer, le plus objectivement possible, les répercussions que ces efforts ont eu sur la région, en plus d'élaborer certaines suggestions pour le futur.

Région à forte prédominance francophone, désignée dès 1966 pour l'application d'ententes fédérales-provinciales, le Nord-Est se présente comme le modèle d'intervention gouvernementale au Canada. Les deux ententes spécifiques à la région, le Fonds de développement économique rural (FODER) et l'Entente auxiliaire sur le Nord-Est, y auront injecté plus de 250 millions de dollars sur une période de moins de vingt ans. Ces sommes ne tiennent pas compte des montants affectés dans la région par le biais de certaines ententes sectorielles élaborées pour l'ensemble de la province. La

---

1. Il suffit de penser, entre autres, au Cap-Breton, à la Gaspésie, à la zone interlacs au Manitoba et au nord-est du Nouveau-Brunswick.

diversité des projets réalisés pour promouvoir le développement économique du Nord-Est dépasse l'entendement ; il y en a eu dans à peu près tous les domaines.

Mais dans quelle mesure cette intervention de l'État a-t-elle influé sur le processus de développement interne de la région ? Les quelques études effectuées à cet égard sont assez peu révélatrices, en ce sens qu'elles s'attardent uniquement à décrire la situation sans pour autant examiner la problématique du développement dans cette région (voir Société d'aménagement régional, 1984 ; Canada, 1982). Nous nous proposons donc d'examiner les efforts consentis à promouvoir le développement du nord-est du Nouveau-Brunswick, d'essayer d'évaluer les répercussions de ces efforts et de proposer ainsi des mesures correctives, si nécessaire, en vue d'ajuster toute stratégie éventuelle visant à influer positivement sur son développement.

Après avoir consacré une première section à l'héritage de l'histoire, nous passerons en revue les efforts de développement dans le Nord-Est. Nous verrons plus précisément les prédispositions relatives aux ententes spécifiques pour la région, l'élaboration de ces ententes, de même que leurs répercussions sur le plan social et économique. Nous nous attarderons ensuite à décrire les mécanismes de croissance dans une région périphérique comme le Nord-Est, tout en identifiant les principales lacunes en matière de développement. Nous élaborerons finalement une stratégie globale d'intervention qui a pour objectif principal de relever le dynamisme entrepreneurial de la région grâce à un encadrement plus approprié et à une implication des entités économiques dominantes.

Rétrospective

Les premières tentatives de colonisation au Canada étant plus intenses le long du Saint-Laurent et dans la baie Française (baie de Fundy), elles n'auront que peu d'impact sur le peuplement de la partie nord du Nouveau-Brunswick avant le milieu du XVIIIe siècle[2]. La période entourant le Grand Dérangement, à partir de 1755, pousse de nombreux Acadiens à trouver refuge dans des régions inhospitalières et éloignées afin de se soustraire le plus possible au conquérant britannique. À ce phénomène d'exode, conjugué au retour de nombreux déportés suite au traité de Paris de 1763, correspond

---

2. Plusieurs groupements d'Acadiens (incluant sans doute plusieurs Canadiens français) sont néanmoins présents le long des côtes du Nord-Est à cette époque. En 1760, on en dénombre près de 1000 dans la région de Restigouche, 200 près de Miramichi et environ 150 dans la région de Caraquet (Brun, 1970 : 265).

le premier mouvement de peuplement dans le nord-est du Nouveau-Brunswick. Plutôt qu'un véritable lieu d'attraction, cette région n'offre ainsi qu'un refuge aux premiers arrivants acadiens.

Le traité de Paris, suivi peu après de l'indépendance américaine (1776), stimule également l'émigration de sujets britanniques vers la Nouvelle-Écosse, laquelle englobe alors tout le territoire du Nouveau-Brunswick actuel. L'arrivée de quelque 13 000 loyalistes dans la région de Saint-Jean mène à la création de la province du Nouveau-Brunswick en 1784 (Thorburn, 1961 : 2 ; Wright, 1955 : 167).

À partir de cette époque, les richesses forestières de la province sont mises à profit par les Britanniques qui accordent une protection tarifaire aux produits du bois en provenance du Nouveau-Brunswick. Les chantiers de la Miramichi (région de Chatham-Newcastle) figurent dès lors parmi les plus importants des Maritimes (Cooney, 1896 : 90-146). Ce n'est cependant qu'après le grand feu de Miramichi (1825) que des entrepreneurs forestiers exploitent de nouvelles terres à bois plus au nord ; le long de la Restigouche (Campbellton-Dalhousie), de la Nepisiguit (région de Bathurst) et de la Tabusintac (région de la Péninsule acadienne). Cela contribue davantage à l'arrivée d'immigrants britanniques dans le nord de la province, d'autant plus que les famines en Irlande contribuent à l'exode massif d'Irlandais vers l'Amérique. Ces derniers représentent 71 % de tous les immigrants débarqués au Nouveau-Brunswick entre 1812 et 1850. Bon nombre d'entre eux s'installent dans le nord de la province, plus particulièrement dans la région de la Miramichi, mais également dans la région de Bathurst. Les Écossais préféreront, quant à eux, la région de la Restigouche. Dans le Nord-Est, la configuration spatiale des deux ethnies colonisatrices est dès lors nettement établie : les anglophones ont tendance à se regrouper en petits centres tandis que les francophones, par leur genre d'occupation mixte, demeurent typiquement des ruraux (Krueger et Koegler, 1975 : 12).

En plus de l'exploitation forestière, les pêcheries constituent une autre activité économique importante dans le Nord-Est à cette époque. Après la Conquête (traité de Paris), des compagnies anglo-normandes, désireuses de répondre à une demande mondiale croissante pour le poisson salé et séché, exploitent des opérations de pêche en Gaspésie. À partir des années 1830, les Robins et Fruing établissent des succursales du côté sud de la baie des Chaleurs, principalement le long des côtes de la Péninsule acadienne (Landry, 1982 : 2-8).

Mais les Acadiens du Nord-Est n'exercent aucun contrôle sur la production et la commercialisation des produits primaires (poissons et produits du bois). Qui plus est, ils fournissent une main-d'œuvre à très bon marché aux entrepreneurs forestiers (*lumber lords*), ainsi qu'aux compagnies jersiaises. Par le système de troc qu'elles préconisent, c'est-à-dire en payant les pêcheurs en jetons uniquement échangeables à leurs magasins, ces dernières sont en mesure de profiter au maximum des ressources de la région, en fixant à volonté les prix du poisson et ceux des marchandises en magasin. Cette approche mercantiliste contribue davantage à marginaliser la population francophone qui, repliée sur elle-même, continue à pratiquer plusieurs activités (pêche, coupe du bois et agriculture) afin d'assurer sa survivance. Selon l'historien Raymond Mailhot (1976), «l'apparition première de l'industrialisation ne rejoint pas les francophones. Ils sont dès lors marginaux face au grand commerce, aux sources de capitaux et à l'économie qui en découle[3]. »

À partir de la deuxième moitié du XIXe siècle, l'économie jusqu'alors florissante des Maritimes entre dans une longue période de transition. Les chantiers maritimes, piliers économiques de la province, atteignent un sommet en 1864 pour ensuite décliner très rapidement à la suite de la révolution dans les transports maritimes et terrestres (bateaux à vapeur et chemin de fer). Pour l'économiste Saunders, c'est la fin d'une époque florissante et le début d'une longue restructuration pour les Maritimes (Saunders, 1984 [1939]). La dégradation du commerce au Nouveau-Brunswick s'accentue davantage après la Confédération, notamment durant les périodes de crise qui sévissent au Canada entre 1873 et 1896.

Au recensement de 1871, le Nouveau-Brunswick compte 285 000 habitants, dont la grande majorité (84 %) est d'origine anglaise. Les deux comtés du Nord-Est, Gloucester et Restigouche, regroupent alors 8,5 % de la population provinciale. Les effectifs sont cependant trois fois plus nombreux dans Gloucester où les francophones représentent d'ailleurs la majorité (67 %). Les difficultés économiques s'aggravent à partir de cette période et on assiste à un renversement de la tendance au chapitre de la migration au Nouveau-Brunswick. Mais ces problèmes ne semblent pas encore affecter directement les Acadiens de la province qui sont, dit-on, «inscrits dans une société traditionnelle basée sur un régime d'auto-subsistance et, pour cette raison, les difficultés de la majorité anglophone les ébranlent peu» (Mailhot, 1976 : 60). L'émigration des anglophones vers le centre du pays et les États américains de la Nouvelle-Angleterre contribue forcément à affaiblir la majorité absolue de ces derniers dans la province, d'autant plus que les francophones, restés

---

3. Mailhot (1976) décrit bien cette époque ; consulter également Landry (1982).

sur leurs terres, continuent à s'accroître de façon soutenue. Ces derniers atteignent 84 % des effectifs dans Gloucester en 1911 alors qu'ils deviennent majoritaires dans Restigouche dès le début des années 1900. Cette progression numérique des francophones dans le Nord-Est se concrétise par une colonisation de l'arrière-pays, peuplement d'ailleurs fortement encouragé par le clergé qui voit dans ce mouvement un moyen de soustraire les habitants du littoral de l'emprise des compagnies jersiaises.

La pêche commerciale au homard prend rapidement de l'ampleur dans le Nord-Est au tournant des années 1900. Déjà, en 1882, on dénombre plus d'une vingtaine d'homarderies de Petit-Rocher à Miscou (Robichaud, 1976 : 211). Le fait qu'elles soient toutes dirigées par des entrepreneurs anglophones démontre la faible capacité d'entreprendre chez l'élément francophone du Nord-Est à cette époque, et ce, en dépit du peu de capital requis pour ouvrir et exploiter ces conserveries. Les Acadiens s'adonnent cependant vite à cette nouvelle activité comme en témoigne l'évolution du nombre de pêcheurs au cours de ces années : de 1925 à 1936, leur nombre passe de 8900 à 14 200 au Nouveau-Brunswick, soit une hausse spectaculaire d'environ 60 %. La pêche devient en quelque sorte une activité refuge pour les Acadiens du Nord-Est qui se ressentent de plus en plus du marasme économique associé aux activités traditionnelles.

Dans le domaine forestier, la naissance d'une nouvelle activité à partir des années 1920, celle de la fabrication de pâtes et papiers, n'absorbe qu'en partie les nombreuses pertes d'emploi encourues dans les autres activités forestières. Hautement intensive en capital, cette nouvelle industrie contribue néanmoins à stimuler l'économie des centres d'implantation, au point même de renverser la tendance migratoire[4]. Mais les retombées de cette nouvelle industrie, située dans les centres à prédominance anglophone et contrôlée exclusivement par l'élément anglophone, ne bénéficient que très partiellement à l'économie acadienne. Sous le double poids d'un accroissement naturel important de leurs effectifs et des difficultés grandissantes associées aux activités traditionnelles (pêche, agriculture et coupe du bois), l'émigration des francophones prend de l'ampleur dans la région, pour atteindre des proportions épidémiques à l'issue de la Seconde Guerre mondiale. Cette ouverture sur l'extérieur des jeunes éléments de la société acadienne ne pouvait qu'amplifier un phénomène d'exode déjà amorcé.

---

4. Les centres où s'implantent des usines de pâtes et papiers au cours des années 1920 (Bathurst, Edmundston, Atholville et Dalhousie) connaissent toutes un essor démographique important, tandis que ceux uniquement axés sur le bois de sciage (Chatham et Newcastle, par exemple) voient leurs effectifs stagner ou même décroître d'après les recensements du Canada.

Dans les quatre comtés où les francophones sont majoritaires en 1931 (Madawaska, Gloucester, Kent et Restigouche), les déficits migratoires s'établissent en moyenne à 8,3 %, 15,6 % et 16,2 % de leurs effectifs globaux au cours des décennies 1930, 1940 et 1950 respectivement. En moyenne, les comtés à majorité anglophone n'enregistrent des pertes que durant les décennies 1940 (-5,6 %) et 1950 (-2,9 %)[5]. Grâce à un accroissement naturel élevé, les francophones réussissent tout de même à accroître leur densité ethnique dans les deux comtés du Nord-Est au terme de cette période : de 82 % à 85 % dans Gloucester et de 62 % à 68 % dans Restigouche.

Conditions socioéconomiques peu favorables à la croissance

En dépit d'une certaine industrialisation axée sur l'industrie papetière, ainsi qu'un regain d'activité de l'industrie des pêches à la suite de l'avènement, à partir des années 1940, de la congélation dans le transport des denrées périssables, le Nord-Est ne connaît pas la croissance enregistrée dans le sud de la province au cours des années d'après-guerre. La découverte d'importants dépôts miniers dans la région de Bathurst vers la fin des années 1950 soulève néanmoins une forte attente. Bien que fort prometteuse pour le relèvement économique de la région, cette nouvelle activité nécessitera encore quelques années avant de générer des bénéfices substantiels dans la région, qui seront cependant moindres que prévu.

Plusieurs facteurs, pour la plupart interdépendants, sont responsables du faible rendement économique de la région, en particulier dans le cas de Gloucester. Dans ce dernier comté, un peuplement largement rural ne contribue en rien à l'efficacité économique résultant de la concentration des facteurs de production. La structure démographique et celle de l'emploi sont également responsables de cette faible croissance économique dans le Nord-Est. Ici encore, Gloucester est particulièrement touché. Avec un taux de dépendance des jeunes dépassant 90 % en 1961, ce comté présente alors une population extrêmement jeune comparativement à son comté voisin de Restigouche ou encore à l'ensemble des autres comtés de la province. En plus d'avoir des conséquences immédiates au niveau social, notamment dans les secteurs de l'éducation et de la santé, le poids démographique des jeunes dans ce comté représente également un problème différé au niveau de l'emploi, problème qui se fera jour à mesure que ces

---

5. Ces taux représentent le solde net migratoire par rapport à l'effectif moyen du comté entre les deux dates de recensement (voir Vernex, 1978 : 206).

cohortes atteindront l'âge actif. Ce phénomène est d'autant plus sérieux que la situation de l'emploi dans les régions rurales du Nord-Est est déjà fort précaire en 1961. En dépit d'une population active proportionnellement réduite, on y observe un taux d'activité passablement moins élevé qu'ailleurs : 43 % pour Gloucester contre 46,6 % pour Restigouche et 49,3 % en moyenne pour le reste de la province. La structure de l'emploi est également responsable d'une productivité moindre dans le Nord-Est. Dans Gloucester, un travailleur sur trois est affecté à l'une des activités primaires, lesquelles connaissent pour la plupart de sérieuses difficultés structurelles, notamment l'exploitation forestière et la pêche. En outre, les services étant toujours moins répandus dans la région que dans la province en général, le secteur tertiaire y est conséquemment moins développé. On observe malgré tout une croissance remarquable de ce secteur dans le Nord-Est après la Seconde Guerre mondiale, bien que le niveau de tertiarisation de l'emploi demeure toujours plus élevé dans le reste de la province[6].

Ces quelques données nous laissent entrevoir l'existence de disparités importantes entre le nord et le sud du Nouveau-Brunswick au tournant des années 1960. La prépondérance économique du Sud en 1961 est en effet plus que gênante : avec 15 % des effectifs provinciaux, le comté de Saint-Jean est responsable à lui seul de 40 % du produit intérieur brut (PIB) généré dans la province. À titre de comparaison, Gloucester génère alors 7 % du PIB provincial avec pourtant 11,1 % de la population néo-brunswickoise. Les chiffres pour Restigouche sont nettement mieux équilibrés : 6,9 % des effectifs provinciaux contre 7 % du PIB. Cette meilleure performance dans Restigouche provient d'une plus haute valeur ajoutée enregistrée par l'industrie des pâtes et papiers ainsi que d'un secteur tertiaire plus développé en raison notamment d'un taux d'urbanisation plus élevé[7].

Au niveau des indicateurs de l'emploi et des revenus, la situation du Nord-Est est toujours aussi peu enviable en 1961 : Gloucester affiche alors un taux de chômage trois fois supérieur à celui observé pour le reste de la province (15,1 % contre 4,5 %). Le comté de Restigouche affiche un taux intermédiaire de l'ordre de 10 %. Finalement, au chapitre du revenu, indicateur des plus significatif, l'écart entre le Nord-Est et le reste de la province est très prononcé, voire inacceptable lorsque comparé à l'échelle du pays.

---

6. D'après les recensements de Statistique Canada de 1941 à 1961, les emplois tertiaires passent de 23 % à 41 % de la main-d'œuvre totale dans Gloucester, et de 36 % à 52 % dans Restigouche. Cette performance n'a toutefois pu refermer l'écart avec le restant de la province où 57 % des travailleurs sont concentrés dans les activités tertiaires en 1961.

7. Données tirées du recensement de 1961 (Statistique Canada).

Il va sans dire qu'avec un revenu total par habitant inférieur à 70 % de la moyenne canadienne, le Nouveau-Brunswick affiche une piètre performance au niveau économique. Et que dire alors de Gloucester avec 45,5 % de la moyenne nationale?

Peut-être autant que le clivage linguistique, la nature spatiale de la population semble figurer à la base des disparités intraprovinciales au Nouveau-Brunswick. Il appert qu'au début des années 1960, les régions rurales de la province sont nettement défavorisées par rapport aux milieux urbanisés. En plus d'une structure de l'emploi plus favorable dans les régions urbaines, le système fiscal en vigueur constitue un véritable fardeau pour les petites entreprises des régions rurales. Le taux d'imposition relevant alors des municipalités et des comtés, ces derniers doivent assurer les infrastructures et services essentiels à leurs populations, ce qui les contraint à taxer lourdement les entreprises de la région. C'est du moins ce que conclut en 1963 le rapport de la Commission Byrne, chargée d'étudier cette question du financement et de la taxation municipale au Nouveau-Brunswick (Byrne, 1963). Abondant dans le même sens, une firme indépendante ayant étudié la région à l'époque mentionne également cette aberration du système fiscal en vigueur: «*Clearly, a taxation system that tends to drive an area's productive resources out of production is the antithesis of what is needed to promote income, employment and economic growth*» (Lockwood Survey Corporation, 1965 : 166). Un tel système s'avère évidemment impuissant à corriger la situation déjà précaire des services de santé et d'éducation dans les régions rurales, lesquelles regroupent la grande majorité de la population du Nord-Est, particulièrement les francophones. Dans un comté aussi rural que Gloucester, rien d'étonnant à ce que quatre adultes sur cinq n'aient pas atteint leur neuvième année de scolarité en 1961! Rien de surprenant non plus d'y retrouver deux fois plus d'adultes «fonctionnellement illettrés» qu'en moyenne dans la province (30 % contre 19 %). Notons cependant que le système fiscal ne saurait en lui-même être responsable du retard de la population du Nord-Est (francophone surtout) au chapitre de l'éducation. Le fond du problème semble plutôt résider dans le système d'éducation du Nouveau-Brunswick qui est longtemps resté indifférent aux besoins des francophones de la province en matière d'enseignement[8].

---

8. Plusieurs historiens s'accordent sur ce point; voir entre autres Thorburn (1961), de même que Rumilly (1955), qui consacre un chapitre entier dans son deuxième volume à l'évolution de l'enseignement chez les francophones du Nouveau-Brunswick. Il mentionne d'ailleurs l'hostilité avec laquelle l'élite anglophone accueille les tentatives d'organisation scolaire de la minorité.

De telles lacunes sur le plan administratif, jumelées à un manque d'infrastructures physiques dans pratiquement tous les domaines, atténuent considérablement la diffusion du développement dans le Nord-Est, celui-ci n'étant l'apanage que de quelques grandes entreprises extérieures. De plus, l'esprit d'initiative, gêné il va sans dire par le faible niveau d'éducation, ne pourra se développer que beaucoup plus tardivement dans les communautés francophones de la région, et encore, de façon scrupuleuse et peu généralisée. Certains attribuent ce retard entrepreneurial aux bonnes vertus de la religion catholique. Les membres du clergé, en prônant sans cesse et souvent du poids de leur autorité une idéologie « peu compatible avec l'évolution technique et économique du monde nord-américain », ont contribué à maintenir la population à l'écart du monde extérieur, en dehors des « fausses valeurs du monde urbain et industrialisé » (Vernex, 1978 : 188).

Tout cela conduit à l'évidence : au début des années 1960, la région du Nord-Est du Nouveau-Brunswick, pourtant dotée de ressources considérables, n'a pas les outils nécessaires à son développement et devient inévitablement de plus en plus dépendante à l'égard des gouvernements. C'est à cette époque qu'est mis en œuvre le programme Chances égales pour tous du gouvernement Robichaud, en même temps que sont formulées les différentes ententes fédérales-provinciales en matière de développement économique et social.

Efforts de développement : ampleur et répercussions

Dès le début des années 1960, la Loi sur l'aménagement rural et le développement agricole (ARDA) donne lieu à des travaux de recherche sur les problèmes et les perspectives économiques du nord du Nouveau-Brunswick. Ces travaux ont notamment pour but d'étudier la possibilité de formuler des plans d'ensemble de développement rural.

Une première étude financée en vertu de cette loi ARDA est réalisée par Hugh Whalen à la demande des autorités provinciales en 1963 (Whalen, 1964). Elle a pour objectif principal de déterminer si le Nord-Est de la province peut être considéré comme zone d'aménagement rural dans le cadre du programme ARDA. Le Rapport Whalen arrive à la conclusion que, pour être efficace, toute initiative de développement pour la région doit viser l'amélioration des possibilités d'emploi dans les secteurs non agricoles. Considérant également la faible productivité des activités primaires traditionnelles, c'est dans le secteur de l'exploitation minière et surtout de la transformation du minerai qu'on relève les meilleures perspectives de croissance (Whalen, 1964 : 127-135). Somme toute, ce rapport est assez pessimiste à l'égard d'un éventuel développement économique dans le Nord-Est et envisage plutôt, comme solution possible, de relever le niveau d'éducation et de formation de la population, lequel est tellement bas, soutient-il, que le développement ne peut qu'en être restreint dans tous les secteurs, particulièrement dans celui de la transformation. Bref, il ressort de cette étude que le Nord-Est souffre de léthargie généralisée et qu'il faut d'abord améliorer le niveau d'instruction de la population active afin d'augmenter leur mobilité ainsi que leurs chances d'emploi.

À la suite du Rapport Whalen, une autre firme, la Hunting Survey Corporation, est mandatée par la province en vue d'effectuer une nouvelle étude sur la région. Tout comme l'avait démontré le rapport précédent, cette étude conclut que la région a de graves problèmes d'adaptation et plus particulièrement de graves lacunes au chapitre de l'éducation et de la formation.

En 1963, la province désigne la région de Mactaquac, près de Fredericton, aux fins d'aménagement rural et de développement agricole. Voyant dans le Fonds de développement économique rural (FODER) que veut introduire le fédéral une source de financement possible pour le développement de cette région, la province espère faire adopter des mesures spéciales pour le bassin de Mactaquac, où l'on vient d'aménager un important complexe hydroélectrique. Mais le gouvernement fédéral s'engage alors à ne financer cette région désignée qu'à la condition que les autorités provinciales s'intéressent également au développement dans le nord de la province.

En juin 1965 est mis sur pied un groupe de travail composé d'une poignée de représentants gouvernementaux mais appuyé par divers ministères fédéraux et provinciaux, et qui a pour mandat précis d'élaborer un plan d'action intégré pour le nord-est du Nouveau-Brunswick. Les services d'experts-conseils de la firme Dyname de Montréal sont retenus (Dyname Corporation, 1965). Les limites du territoire désigné, telles que préconisées auparavant par les associations régionales, intègrent alors les comtés de Gloucester et de Restigouche, ainsi que la paroisse civile d'Alnwick du comté de Northumberland. En même temps, le gouvernement provincial charge la Société d'aménagement régional (SAR), au début 1966, de préparer un plan de développement économique global et intégré pour le Nord-Est de la province en lui recommandant d'examiner les études antérieures sur la région[9].

---

9. Une bonne partie du travail préparatoire est accomplie par une firme de Toronto (voir Project Planning Associates, 1966).

L'Entente FODER

L'Entente sur le développement rural du Nord-Est est finalement signée en septembre 1966 et son plan d'ensemble a pour but fondamental d'élever la moyenne des revenus et d'améliorer les conditions de vie des résidants de la région (Canada, 1966 : appendice B). En regard au développement économique, la stratégie repose en grande partie sur le potentiel minier de la région de Bathurst, notamment par l'effet multiplicateur de cette industrie sur les autres secteurs d'activité. Trois contraintes majeures se doivent cependant d'être atténuées selon les auteurs du plan. D'abord, le gros de la population sous-employée ou en chômage se concentre dans la partie est de la région, tandis que la plupart des nouveaux emplois doivent être créés dans la partie ouest (région de Bathurst-Belledune). De plus, étant donné le niveau d'instruction très bas de la population, bon nombre de personnes qui cherchent un emploi ne sont pas à même de pouvoir bénéficier des programmes de formation technique et professionnelle prévus dans l'entente. Enfin, les domaines primaires de l'agriculture et des pêches renferment un trop grand nombre de travailleurs qui sont forcément sous-employés et en retirent un maigre revenu. En rationalisant ces opérations, on croit pouvoir libérer ces personnes et leur permettre de trouver du travail plus productif ailleurs (Canada, 1966 : 19).

Dans l'espoir de provoquer le plus grand effet social et économique possible, les auteurs du plan sont également d'avis qu'il faut concentrer les investissements dans les collectivités viables. On envisage donc d'accorder la priorité à certains centres aux fins d'investissements publics et d'encourager les ruraux à s'établir dans ces centres désignés où les possibilités d'emploi s'avèrent définitivement meilleures[10]. On décide également d'apporter des améliorations importantes au réseau de transport dans la région, notamment aux routes d'accès aux ressources.

Mais en s'attribuant près de 70 % des fonds de l'entente, le domaine de l'éducation est largement favorisé. Ces fonds sont principalement destinés au fusionnement de la centaine de districts scolaires existants et à la construction d'écoles secondaires là où les besoins sont les plus pressants. Un vaste programme de formation technique et professionnelle et d'éducation permanente est également envisagé.

---

10. Les centres apparaissant alors comme ceux étant les plus susceptibles de demeurer viables à long terme sont évidemment ceux de Bathurst, Campbellton et Dalhousie, en plus des trois petits centres de la Péninsule acadienne, soit Caraquet, Tracadie et Shippagan (Canada, 1966 : 20-21).

Malgré ce ferme engagement de la part des deux paliers de gouvernement, il paraît évident que la situation économique de la région ne peut être
transformée du jour au lendemain. L'optimisme entourant la création de
nouveaux emplois par le secteur privé s'est avéré nettement exagéré du fait
de retombées beaucoup plus faibles que prévues du secteur minier et du
marasme toujours persistant des activités traditionnelles. Ces faibles résultats au niveau de l'emploi, en plus de sérieux problèmes d'ordre pratique,
compromettent sérieusement le programme de mobilité de l'entente, lequel
ne réussit qu'à relocaliser 150 familles rurales sur une possibilité de 3000 à
4000. Au niveau de l'entente en général, le manque de coordination entre
les différents paliers décisionnels et le peu de pouvoirs attribués aux représentants locaux nuisent passablement à la mise en œuvre des programmes.
Il devient donc évident, au début des années 1970, qu'il faut modifier le plan,
ainsi que la structure de mise en œuvre des programmes.

La modification de l'entente, en 1972, ajoute environ 89 millions de
dollars aux 68 millions déjà engagés (Canada, 1972). Un nouveau comité
directeur composé de représentants du ministère de l'Expansion économique régionale (MEER) et de la SAR est formé. Ce comité est doté de pouvoirs nécessaires à la bonne mise en œuvre des programmes et peut
dorénavant lancer de nouvelles initiatives sans avoir à obtenir l'autorisation
du Conseil du trésor.

En plus d'apporter des changements appropriés aux programmes de
formation et d'adaptation sociale déjà entrepris, un programme d'expansion
économique est élaboré en vue de favoriser l'expansion du secteur de la
transformation des ressources naturelles. On met sur pied un programme
d'aide à la petite entreprise et des commissions industrielles régionales
voient le jour dans chacune des sous-régions du Nord-Est. Pour compléter
le travail de ces commissions, on établit un sous-programme de recherche
visant à déterminer les endroits qui offrent les meilleures possibilités de
développement. Dans l'optique du MEER à l'époque, on vise à identifier les
possibilités industrielles et à doter la région d'infrastructures nécessaires
en vue d'attirer les investissements extérieurs. Un important programme
d'urbanisation a également pour objectif de doter certains centres en infrastructures urbaines et industrielles suffisantes.

Entre-temps, le MEER modifie considérablement son orientation en
délaissant le point central de sa stratégie axée sur les pôles de croissance
pour une politique plus appropriée aux circonstances économiques changeantes des années 1970. Ce changement de cap aboutit à la signature de
l'Entente-cadre de développement Canada/Nouveau-Brunswick en 1974

(Canada, 1974). De cette entente générale découleront une série d'ententes auxiliaires dont une spécifiquement pour le Nord-Est.

Les dix ans d'existence du FODER n'auront pu atténuer de façon significative les disparités économiques entre le nord et le sud de la province, et ce, en dépit d'une croissance observée tant à l'échelle du pays qu'à l'échelle provinciale au cours de cette période. Bien sûr, le Nord-Est a maintenant de meilleures écoles et de meilleures infrastructures, telles que des routes, des parcs industriels, des réseaux d'adduction d'eau et d'égout, etc., mais cette région accuse toujours un retard considérable au chapitre des emplois et des revenus.

En matière d'aide au développement, il appert également que le sud de la province est nettement favorisé par les autorités provinciales. Des dépenses visiblement exagérées de la part du gouvernement provincial dans le sud de la province, notamment par le biais des ententes auxiliaires, finissent par soulever un débat politique nord-sud suite à la décision de ce dernier de construire sa première centrale nucléaire dans la région de Saint-Jean. Cette décision fait d'ailleurs suite à plusieurs projets d'envergure pour le sud de la province, dont une usine d'automobiles subventionnée en partie par le MEER. Cette apathie du gouvernement du Nouveau-Brunswick à l'égard des disparités économiques intraprovinciales amène le gouvernement fédéral, par le biais du MEER et des députés fédéraux concernés, à intervenir davantage en faveur du nord de la province.

Une entente auxiliaire spécifique pour le Nord-Est

L'élaboration de l'Entente auxiliaire pour le Nord-Est débute par un examen de l'Entente FODER existante devant expirer en 1976. Cet examen confirme que les perspectives économiques de la région ne sont pas prometteuses et que, sans intervention gouvernementale, l'écart entre le Nord-Est et le reste de la province va s'accentuer. Pour ce qui est des futurs programmes à mettre en œuvre, le MEER et la province conviennent que l'accent doit être mis sur la création directe d'emplois plutôt que sur la mise en place d'infrastructures diverses.

La tenue d'audiences publiques dans le Nord-Est afin de donner aux habitants de la région l'occasion d'exprimer leurs points de vue soulève un vif intérêt de la population. De cette consultation populaire ressort un sentiment d'isolement et, dans certains cas, d'hostilité envers les organismes politico-administratifs du gouvernement provincial. Les représentants fédéraux du MEER, en poste à Fredericton, sont également accusés d'être indifférents aux difficultés économiques du Nord-Est. Plusieurs résidants s'indignent du fait que l'on dépense deux fois plus dans le sud que dans le nord alors qu'on ne cesse de leur promettre une plus grande priorité. Bon nombre de mémoires soumis déplorent également le fait que les décision-naires soient « physiquement » et « mentalement » éloignés du Nord-Est (voir Savoie, 1981 : 76-85). On voudrait que les futurs efforts de développement régional soient axés sur les régions rurales et, par conséquent, le secteur des ressources naturelles. Les études entreprises dans le processus d'éla-boration de l'Entente auxiliaire pour le Nord-Est ne vont aucunement dans ce sens cependant. Les analyses révèlent que, sans pour autant se désinté-resser complètement du secteur des ressources, il faut miser surtout sur le secteur industriel urbain si l'on veut relever le niveau de vie et les possibilités d'emploi.

Les efforts du MEER en vue d'amener tous les ministères et organismes intéressés, tant à Ottawa que dans la région, à mettre leurs compétences en commun en vue d'élaborer des projets et d'établir des consultations entre ses représentants provinciaux et les autres ministères fédéraux, s'avèrent infructueux. Si deux organismes fédéraux ayant des bureaux dans la région (Société centrale d'hypothèque et de logement et ministère de la Main-d'œuvre et de l'Immigration) ont déjà participé à des travaux d'analyse, la plupart des organismes fédéraux sont peu enclins à proposer des projets de développement, voire à faire orienter certaines de leurs ressources et de leurs activités vers le Nord-Est, sous prétexte qu'ils manquent de ressources financières et qu'ils ont leurs propres priorités. Même son de cloche du côté des ministères provinciaux : d'une part, les principaux ministères concernés sont occupés à mettre en œuvre leurs propres ententes auxiliaires, secto-rielles, et sont peu intéressés à contribuer à un programme qui, en plus de ne relever d'aucun ministère particulier, n'a pas de but fonctionnel précis ; d'autre part, la grande majorité des ministres n'encouragent pas leurs fonc-tionnaires à participer à l'élaboration de l'entente proposée. Voyant l'indif-férence du cabinet provincial, le MEER menace de transférer à une autre province les quelque 70 millions prévus pour la région, advenant le refus de ce dernier de collaborer à l'établissement de l'entente. Il incombe fina-lement à une poignée de fonctionnaires du MEER et de la province (per-sonnel du secrétariat du Cabinet et de la SAR) d'élaborer l'Entente auxiliaire pour le Nord-Est (Savoie, 1981 : 79-84).

L'entente quinquennale finalement proposée pour la région, la plus importante entente auxiliaire jamais signée au Nouveau-Brunswick, com-prend six programmes dont les coûts s'élèvent à 95,5 millions de dollars. La contribution financière du gouvernement fédéral varie selon les programmes mais s'établit en moyenne à 70 % du coût total approuvé (Canada, 1977).

L'Entente auxiliaire pour le Nord-Est accorde une attention particulière au développement économique proprement dit. En effet, au cœur de l'entente figurent deux programmes, Développement industriel et Infrastructures urbaines-industrielles, auxquels sont destinés plus de la moitié des crédits prévus. Le premier programme renferme le plus important projet de l'entente, soit celui de l'usine de zinc à Belledune[11]. Pour ce qui est du deuxième programme, Infrastructures urbaines-industrielles, ses principaux projets concernent le développement des centres-villes, principalement ceux de Bathurst et de Campbellton, l'établissement de systèmes d'adduction d'eau et d'égout et le développement de sites industriels. Après l'abandon du projet de l'usine de zinc, une réallocation des fonds favorise entre autres le programme Mise en valeur des ressources, notamment le sous-programme de gestion des ressources, lequel voit ainsi ses crédits alloués grimper de 8 à 25 millions de dollars. Ce sous-programme a pour objectif de créer des emplois grâce à une meilleure gestion et une meilleure utilisation des ressources renouvelables, et vise aussi à exploiter le potentiel touristique de la région. C'est par le biais de ce sous-programme que seront concrétisés certains projets d'envergure, notamment dans le domaine touristique[12]. Un autre programme, Perfectionnement des ressources humaines, aura pour but de former suffisamment de travailleurs qualifiés afin de répondre à la demande de main-d'œuvre du côté industriel. L'établissement de l'Institut de technologie du Nord-Est à Bathurst se verra accorder 10 millions des 13 millions de dollars prévus pour ce programme.

Contribution directe de l'aide au développement

Au terme de ses dix années d'expérience (1966-1976), l'Entente FODER aura investi plus de 150 millions de dollars dans le Nord-Est, dont plus de la

---

11. Au coût de 330 millions de dollars, le complexe minier de Belledune devait recevoir 25 millions des deux paliers de gouvernement, dont 12 millions par le biais du programme fédéral de développement industriel régional (PDIR) et 13 millions de l'Entente auxiliaire pour le Nord-Est. On sait maintenant que le projet a avorté, à la suite du refus d'engagement du principal intéressé, la compagnie Noranda, en raison d'une conjoncture internationale nettement défavorable.

12. Mentionnons, entre autres, le Centre marin de Shippagan, le Centre d'interprétation des produits miniers à Petit-Rocher, la Place du Festival du saumon à Campbellton, l'aménagement d'Eel River Bar près de Dalhousie, des agrandissements et nouvelles installations au Village historique acadien ainsi qu'au parc Sugarloaf, etc.

moitié pour le relèvement du niveau d'instruction des résidants de la région, tandis qu'une vingtaine de millions seulement iront pour au développement économique. L'Entente auxiliaire sur le Nord-Est viendra ajouter 13 millions de dollars au perfectionnement des ressources humaines, alors que plus de 73 millions de dollars seront canalisés vers des programmes à caractère économique, notamment pour la construction d'infrastructures industrielles, urbaines et touristiques. Les quelque 400 projets approuvés sous cette entente témoignent néanmoins d'une forte diversité quant à la nature des projets entrepris, de même qu'au niveau des formes d'aide octroyées.

D'autres programmes importants ont été mis en œuvre dans le Nord-Est en dehors des ententes décrites plus haut. Étant donné la portée provinciale de ces ententes, il devient néanmoins assez difficile, voire pratiquement impossible d'évaluer leur ampleur sur la région qui nous préoccupe. Certaines ententes sectorielles, notamment celles sur le développement industriel, les pêches, l'agriculture, les forêts, les mines, le tourisme, etc., ont plus ou moins bénéficié à la région du Nord-Est. L'industrie papetière, en particulier, a pu profiter de l'Entente auxiliaire sur les pâtes et papiers (1980-1984) dans la mesure où deux usines de la région (NBIP à Dalhousie et Fraser à Atholville) recevront globalement une trentaine de millions de dollars pour moderniser leurs installations. L'usine de la Consolidated Bathurst à Bathurst pourra également bénéficier de quelque 25 millions de dollars à partir de sa propre entente auxiliaire.

L'un des objectifs de l'Entente auxiliaire sur le Nord-Est était justement d'offrir à cette région « en retard » des programmes complémentaires à ceux mis en place pour l'ensemble de la province par le biais des ententes sectorielles. Cette soi-disant complémentarité paraît quelque peu illusoire cependant, puisque l'orientation des fonds destinés aux diverses ententes sectorielles n'est pas tellement favorable au Nord-Est[13].

C'est finalement par le biais des ententes auxiliaires sur les routes que l'apport à la région sera le plus visible. Le débat politique fédéral-provincial concernant la route 11 a marqué l'élaboration de ces ententes qui soulèvent

---

13. Par exemple, entre 1974 et 1980, la répartition géographique des dépenses de certaines ententes sectorielles se fait nettement au détriment du Nord-Est. En vertu de l'Entente auxiliaire sur le développement agricole, on ne dépense que 400 000 et 300 000 dollars respectivement dans les comtés de Gloucester et de Restigouche, comparativement à près de 1 million dans Kent, 1,6 million dans Carleton-Charlotte, 1,2 million dans Fundy-Royal et 2,4 millions dans York-Sunbury. Sous l'Entente auxiliaire sur le développement industriel, 1,8 et 1 million sont respectivement alloués à Gloucester et Restigouche, contre 4,5 millions à la région de Moncton, 3,8 millions à Madawaska-Victoria et 3,4 millions à York-Sunbury (Canada, [s.d.]).

toujours la controverse en ce qui concerne la responsabilité de chacun des paliers gouvernementaux. Le gouvernement provincial a toujours soutenu que la route 11, qui longe les côtes nord et est de la province, devrait être d'aussi bonne qualité que la route transcanadienne qui traverse le Nouveau-Brunswick du nord-ouest au sud-est. Il soutient également que le gouvernement fédéral devrait en financer en grande partie la construction, tout comme il l'a fait dans le cas de la route transcanadienne, ce à quoi s'opposent catégoriquement le MEER et bon nombre de politiciens fédéraux. Le MEER accepte néanmoins de signer, à partir de 1974-1975, une série d'ententes auxiliaires d'un an pour la construction de routes au Nouveau-Brunswick. La route 11 est principalement visée, ainsi que des périphériques autour de Moncton et Saint-Jean. Soit dit en passant, les centres de Moncton et Saint-Jean ont également bénéficié de leur propre entente auxiliaire, signée en 1975 au coût de 44,7 millions de dollars et financée à 70 % par le MEER.

Lorsque vient le temps d'élaborer une entente à plus long terme avec la province, le MEER constate le peu de priorité qu'accorde cette dernière aux routes dans le nord de la province et propose un programme compensatoire afin d'assurer le parachèvement de la route 11. Deux autres ententes, l'une en 1982 et l'autre en 1984, totalisant une nouvelle injection de 100 millions de dollars, seront malgré tout nécessaires afin d'assurer le parachèvement des travaux. Signalons toutefois qu'une réaffectation des fonds de la dernière entente (1984-1989) au profit de certains projets dans le sud de la province pourrait compromettre l'achèvement des travaux sur la route 11 au terme de cette entente.

Le programme Chances égales pour tous

Le programme Chances égales pour tous est instauré sous le gouvernement libéral de Louis Robichaud à partir du milieu des années 1960. Ce programme vise à restructurer de fond en comble le système d'éducation et d'administration locale de la province. Nous ne nous attarderons pas à décrire ici l'impact de ce programme sur les régions à faible croissance. Soulignons néanmoins que les ententes spécifiques pour le Nord-Est, en finançant de nouvelles écoles dans la région, ont contribué à alléger le trésor provincial, lequel a pu mettre en œuvre beaucoup plus rapidement son programme d'égalité des chances[14].

---

14. Pour une description plus détaillée du programme en question, consulter entre autres Stanley (1984).

La région au terme de ces ententes de développement

Quoiqu'il soit difficile de mesurer l'apport pour le Nord-Est des différents ententes et programmes précédemment discutés, on ne peut nier leur impact sur l'évolution sociale et économique de la région. Sans prétendre vouloir mesurer cet apport, nous pouvons néanmoins évaluer de façon objective l'évolution des disparités entre la région et l'extérieur à partir d'une série d'indicateurs pour lesquels les sources de données sont à la fois disponibles et homogènes. Il va sans dire que toute interprétation issue de tels indicateurs doit tenir compte de l'interdépendance de multiples facteurs (historiques, linguistiques, culturels, démographiques, géographiques, etc.), ainsi que de l'évolution conjoncturelle aux niveaux national et international au cours de cet intervalle.

Évolution démographique et situation de l'emploi et des revenus

Les populations des deux comtés du Nord-Est évoluent de façon différente au cours des années 1960 et 1970. Dans Restigouche, la poussée démographique des dernières décennies semble vouloir s'estomper à partir de la fin des années 1950 et semble même connaître un renversement à partir de la décennie 1970. Il semble qu'un mouvement migratoire nettement défavorable, plutôt qu'un accroissement naturel déficitaire, soit responsable de cette stagnation[15].

L'aspect rural urbain de la population s'avère particulièrement intéressant dans l'analyse démographique du Nord-Est. À partir des années 1970, en dépit des efforts de planification de l'Entente FODER en vue de renforcer les principaux centres urbains de la région, de dimensions déjà fort modestes d'ailleurs, ces derniers enregistrent des déficits au niveau de leurs soldes migratoires et commencent à décroître en termes d'effectifs. Par contre, la plupart des petits centres voient leurs effectifs augmenter au cours de la même période[16].

---

15. Les données sur le bilan migratoire laissent voir une situation nettement plus défavorable dans le cas de Restigouche. Ce dernier comté aurait enregistré un solde net migratoire de -5 % à -10 % entre 1961 et 1966, d'environ -5 % pour les périodes 1966-1971 et 1971-1976, et, finalement, de -3 % entre 1976 et 1981. Dans Gloucester, ce taux passait de -4 % entre 1961 et 1966 à -1,5 % de 1966 à 1971, pour finalement connaître un surplus migratoire à partir des périodes 1971-1976 (+1,1 %) et 1976-1981 (+1,5 %). (D'après SAR, [s.d.] ; Poulin, 1982 ; statistiques de l'état civil, Fredericton ; recensement du Canada de 1981, cat. 93-940.)
16. Les centres de Bathurst, Campbellton et Dalhousie cumulent des pertes globales de 2800 personnes, soit 8,4 % de leurs effectifs globaux, entre 1971 et 1981. Les petits centres de la

Au niveau de la structure par âge, les différences structurelles de population entre le Nord-Est et le restant de la province s'atténuent considérablement au cours des décennies 1960 et 1970, même si, en 1981, les jeunes dans Gloucester demeurent toujours proportionnellement plus nombreux qu'ailleurs. Ce déplacement vers le haut des jeunes cohortes des années d'après-guerre se fait grandement sentir au niveau de l'emploi à partir de la fin des années 1960, et se poursuivra encore plus intensément durant les années 1970. En effet, le taux de croissance des actifs (15-64 ans) dépasse largement celui de la population totale dans le Nord-Est entre 1961 et 1981. Dans Gloucester, la population en âge de travailler progresse de 69 %, contre 30 % pour l'ensemble de la population. Dans Restigouche, en dépit d'une stagnation des effectifs globaux (-0,1 %), ce comté voit sa population en âge de travailler augmenter de 25,7 %.

Cette croissance accélérée des actifs engendre également une participation accrue au marché du travail, laquelle se reflète dans le taux d'activité de la population active. Ce taux progresse nettement plus vite dans Gloucester, lequel se rapproche du même coup très près de la moyenne provinciale. Mentionnons cependant que l'augmentation des actifs n'est pas responsable à elle seule de l'amélioration du taux d'activité durant cette période. Il appert que l'extension des services dans tous les domaines, ainsi que l'expansion des activités de transformation du poisson, deux secteurs où la main-d'œuvre féminine est largement sollicitée en raison notamment des bas niveaux de salaires alors offerts à ce groupe de travailleurs, contribuent largement au gonflement de la main-d'œuvre. Le fait que le taux d'activité des femmes dans Gloucester dépasse la moyenne provinciale en 1981 est très significatif à cet égard[17].

L'évolution de l'emploi dans la région nous conduit à des observations semblables. Si plus de 3000 emplois primaires sont perdus dans l'agriculture, les forêts et les pêches au Nord-Est entre 1961 et 1971, le développement de nouvelles activités et l'expansion de certaines autres réussissent à en créer plus de 11 000, dont près de 50 % dans le secteur tertiaire[18]. Les autres activités créatrices d'emploi se retrouvent, par ordre décroissant, dans les

---

Péninsule acadienne (Caraquet, Tracadie et Shippagan) enregistrent quant à eux une croissance de 20 % de leurs effectifs. (D'après les données des recensements.)

17. Le taux d'activité des femmes double en vingt ans dans Gloucester : de 23,2 % en 1961 à 46,3 % en 1981. Ce taux n'atteint que 44,8 % pour l'ensemble de la province en 1981. (D'après les recensements de 1961, cat. 92-525 ; 1981, cat. 93-940.)

18. Les chiffres concernant la création d'emplois sont obtenus en comparant le nombre de travailleurs dans chacune des branches d'activités pour les trois années de recensement : soit en 1961, cat. 94-551 ; 1971, cat. 94-741 ; 1981, cat. 932-940.

secteurs manufacturier, de l'extraction minière (presque exclusivement dans Gloucester) et de la construction. Ce dernier a pu profiter, entre autres, des investissements publics en infrastructures de toutes sortes.

La rationalisation imposée aux activités primaires autres que minières au cours des années 1960 contribue quelque peu à leur expansion au cours de la décennie 1970. Les activités de transformation rattachées à ces secteurs primaires, celui des pêches notamment, connaîtront elles aussi des gains d'emplois. Mais ce sont avant tout les activités tertiaires qui enregistrent la plus forte expansion durant cette décennie, avec plus de 60 % des emplois nouvellement créés. Cette évolution sectorielle de l'emploi s'est maintenue tout au long des années 1970 également. Notons cependant que la grande majorité (au moins 80 %) de ces nouveaux emplois tertiaires sont concentrés dans deux branches d'activités seulement : commerce et services sociaux, culturels, commerciaux et personnels. Bref, on peut dire que la plupart de ces nouveaux emplois dans le tertiaire sont de nature induite, c'est-à-dire répondant plutôt à la demande interne de biens et services, cette demande étant soutenue par l'expansion du flux monétaire dans la région. Ces emplois sont généralement peu qualifiés et peu rémunérés, et dépendent grandement de l'apport externe en fonds publics qui deviennent de plus en plus importants dans la région.

Pour ce qui est des nouveaux emplois primaires et manufacturiers, ils sont fortement reliés aux activités de la base économique proprement dite, donc fortement dépendants de la demande extérieure pour les produits bruts et semi-transformés de la région. Par conséquent, bon nombre d'entre eux sont de nature saisonnière et relativement peu rémunérés en raison du faible niveau de qualification requis. Une exception s'applique toutefois aux secteurs minier et des pâtes et papiers, lesquels offrent des salaires plutôt élevés et des emplois sur une base annuelle. C'est d'ailleurs l'une des raisons pour lesquelles on a autant misé sur le secteur minier pour le développement industriel de la région.

Malgré une performance remarquable au niveau de la création d'emplois dans la région au cours des années 1960, performance qui se reflète par une diminution significative du taux de chômage vers la fin de la décennie, le taux de sans-emploi remonte à partir des années 1970 à la suite des difficultés de la base économique, laquelle est fortement ébranlée par une demande mondiale fléchissante pour les produits bruts et semi-transformés de la région. Les activités induites, soutenues artificiellement par l'apport des transferts publics, sont moins durement affectées, mais leur croissance s'en ressent tout de même.

En plus d'une conjoncture économique défavorable, des changements importants apportés à la Loi sur l'assurance-chômage en 1971 contribuent également à grossir les rangs des chômeurs, en particulier dans les régions à fortes activités saisonnières. Une réglementation beaucoup plus souple incite nombre de gens jusqu'alors inactifs (la population active féminine, notamment) à faire partie de la main-d'œuvre, ne serait-ce que pour travailler les quelques semaines requises pour la qualification au chômage. Cela explique en partie la croissance des effectifs dans les régions rurales de la province à partir de cette période. Dans Gloucester, par exemple, le solde migratoire est renversé pour la première fois depuis des décennies.

Au chapitre des revenus, on peut certainement parler de rattrapage au Nord-Est au cours des années 1960 et 1970. Que ce soit au niveau du revenu tiré d'un emploi, ou encore du revenu total par habitant, la position relative de la région à l'égard des standards nationaux s'est nettement améliorée, sans pour autant voir l'écart entre le Nord-Est et le reste de la province s'atténuer de façon satisfaisante. Cette amélioration du niveau de vie de la région se concrétise toutefois en une dépendance accrue envers les transferts, notamment à l'égard des paiements d'assurance-chômage qui atteignent des proportions inquiétantes dans Gloucester.

Dans le domaine de l'éducation, les progrès réalisés au Nord-Est à la suite de l'application des programmes de développement sont nettement visibles en 1981. Les efforts en matière d'éducation n'ont pas été vains, bien que l'écart avec la moyenne provinciale demeure toujours important.

Ces quelques indicateurs, s'ils rendent compte d'une amélioration considérable du niveau de vie des résidents du Nord-Est au cours des deux dernières décennies, font néanmoins ressortir une économie qui, bien que plus diversifiée qu'auparavant, demeure toujours précaire puisque fortement sensible aux moindres soubresauts de la conjoncture internationale. Les ententes de développement spécifiques pour le Nord-Est auront doté la région d'infrastructures indispensables à son développement, mais ces dernières, si elles constituent une condition essentielle au développement, n'assurent pas systématiquement la croissance.

Au Nord-Est comme ailleurs, les infrastructures physiques ne contribuent pas directement à la création de biens et services ; ils représentent plutôt des outils pour les ressources productives de la région, lesquelles se doivent d'être judicieusement orientées afin d'être en mesure de profiter des avantages comparatifs et de demeurer compétitives sur les marchés extérieurs. Quoique les efforts de rationalisation et de modernisation aient contribué à maintenir la compétitivité des entreprises de la base économique au Nord-Est, il demeure qu'on a bien mis l'accent sur la diversification de la production ainsi que sur le degré de transformation. En d'autres termes, le système d'organisation économique n'est pas tellement mieux structuré dans les années 1980 qu'il ne l'était dans les années 1960, la philosophie de base étant toujours axée sur l'exportation de ressources naturelles à l'état brut ou semi-fini. Les seuls paramètres ayant changé constituent les techniques plus sophistiquées d'exploitation et de transformation. Avec l'épuisement progressif des ressources, on se doit d'envisager une diversification accrue, de même qu'une transformation plus poussée des produits primaires, si l'on ne veut pas se retrouver, à plus ou moins longue échéance, dans un point de non-retour. Les problèmes actuels du secteur de la transformation, problèmes découlant surtout de l'aspect limité de la ressource, laissent entrevoir cette échéance dans un proche avenir. Le niveau optimal de production est déjà atteint dans le secteur de la transformation du poisson. De même dans l'industrie forestière, la production actuelle n'est maintenue que par des programmes très coûteux de reboisement forestier ainsi que par l'emploi progressif de technologies de pointe[19]. Le secteur minier, avec ses ressources non renouvelables, est encore moins à l'abri de ces contraintes physiques et dépendra de l'utilisation de procédés plus efficaces dans la récupération des métaux pour assurer la rentabilité de ses opérations[20]. Tout compte fait, la base économique du Nord-Est a atteint sa maturité et ne saurait par conséquent créer de nouveaux emplois. On s'attend plutôt à ce qu'elle diminue ses effectifs ouvriers au profit d'une capitalisation accrue du système productif.

---

19. Entre 1972 et 1989, 176 millions de dollars en provenance des fonds publics seront investis pour le reboisement et l'aménagement forestier au Nouveau-Brunswick. De leur côté, les trois usines de pâtes et papiers du Nord-Est recevront 55 millions de dollars pour moderniser leur système de production au cours des années 1980. (Chiffres obtenus des différentes ententes auxiliaires inhérentes à ces secteurs d'activité.)

20. Par exemple, faute de meilleurs procédés de récupération, la compagnie Heath Steele Mines Ltd., sise sur un gisement à moins forte teneur dans la région de Bathurst, se voyait contrainte d'abandonner ses opérations, entraînant la perte de 600 emplois. Le gouvernement provincial, par le biais d'une entente auxiliaire avec le gouvernement fédéral, tente actuellement d'atténuer ce problème en créant une usine expérimentale à Chatham en vue d'améliorer les techniques de récupération du métal (voir Canada, 1983).

Bibliographie

BRUN, Régis (1970), « Les papiers Amherst », *Cahiers de la Société historique acadienne*, vol. 3, n° 7 (avril-juin), p. 256-319.

BYRNE, Edward G. (1963), *Rapport de la Commission royale sur la Finance et la Taxation municipale au Nouveau-Brunswick*, Fredericton.

CANADA ([s.d.]), *Federal Commitments Under DREE Programs by Federal Electoral District*, Ottawa, ministère de l'Expansion économique régionale.

CANADA (1966), *Entente fédérale-provinciale sur le développement rural, région du nord-est du Nouveau-Brunswick*, Ottawa, ministère des Forêts et du Développement rural.

CANADA (1972), *Entente fédérale-provinciale sur le développement rural de la région nord-est du Nouveau-Brunswick, modifiée le 5 septembre 1972*, Ottawa, ministère de l'Expansion économique régionale.

CANADA (1974), *Entente-cadre de développement Canada/Nouveau-Brunswick*, Ottawa, ministère de l'Expansion économique régionale, avril.

CANADA (1977), *Entente auxiliaire Canada/Nouveau-Brunswick sur le Nord-Est*, Ottawa, ministère de l'Expansion économique régionale, juin.

CANADA (1982), *Évaluation de l'Entente auxiliaire sur le Nord-Est. Rapport intérimaire*, Ottawa, ministère de l'Expansion économique régionale, juillet.

CANADA (1983), *Entente Canada/Nouveau-Brunswick sur l'usine pilote de grillage, de sulfatation et de lessivage*, [Ottawa].

COONEY, Robert (1896), *A Compendious History of the Northern Part of New Brunswick and of the District of Gaspé*, Chatham, D.G. Smith.

DYNAME CORPORATION (1965), *Northern New Brunswick Project*, Fredericton, 4 volumes.

KRUEGER, Ralph R., et John KOEGLER (1975), *Regional Development in Northeast New Brunswick*, Toronto, McClelland and Stewart (« A Canadian Studies Foundation / Canadian Association of Geographers Project »).

LANDRY, Nicholas (1982), « Aspects socio-économiques des régions côtières de la Péninsule acadienne, 1850-1900 », Thèse de maîtrise, Moncton, Université de Moncton.

LOCKWOOD SURVEY CORPORATION LIMITED (1965), *A Report on the Rural Development Pilot Research Region – Northern New Brunswick*, préparé pour ARDA, Fredericton.

MAILHOT, Raymond (1976), « Quelques éléments d'histoire économique de la prise de conscience acadienne, 1850-1891 », *Cahiers de la Société historique acadienne*, vol. 6, n° 2 (juin), p. 49-74.

POULIN, P. (1982), *Estimation des migrations au Nouveau-Brunswick par comté*, Conférence permanente des institutions acadiennes, Petit-Rocher.

PROJECT PLANNING ASSOCIATES (1966), *Gloucester-Restigouche Regional Development Program Implementation*, Fredericton, avril.

ROBICHAUD, Donat (1976), *Le Grand Shippagan*, Beresford, [s.é.].

RUMILLY, Robert (1955), *Histoire des Acadiens*, Montréal, Presses de l'Université St-Joseph, 2 volumes.

SAUNDERS, S.A. (1984 [1939]), *The Economic History of the Maritime Provinces*, Fredericton, Acadiensis Press.

SAVOIE, Donald J. (1981), *Federal-Provincial Collaboration : The Canada/New Brunswick General Development Agreement*, McGill-Queen's University Press, Montréal.

SOCIÉTÉ D'AMÉNAGEMENT RÉGIONAL (SAR) ([s.d.]), *The Shifting Age Structure in Northeastern New Brunswick*, Fredericton.

SOCIÉTÉ D'AMÉNAGEMENT RÉGIONAL (SAR) (1984), *The Need to Continue : A Report to the Canada/New Brunswick Northeast Subsidiary Agreement*, Fredericton.

STANLEY, Della (1984), *Louis Robichaud, A Decade of Power*, Halifax, Nimbus Publishing.

THORBURN, Hugh G. (1961), *Politics in New Brunswick*, Toronto, University of Toronto Press.

VERNEX, Jean-Claude (1978), « Les francophones du Nouveau-Brunswick », Thèse de doctorat, Lyon, Université de Lyon II.

WHALEN, Hugh (1964), *Northern New Brunswick – Physical, Economic and Social Characteristics*, Fredericton.

WRIGHT, Ester Clark (1955), *The Loyalists of New Brunswick*, Fredericton, [s.é.].

Le développement régional, l'État et la participation de la population : la vie courte et mouvementée des Conseils régionaux d'aménagement du Nouveau-Brunswick (1964-1980)[1]

Greg Allain et Serge Côté

Dans une conjoncture qui fut celle de la mise en œuvre des politiques de développement écono-mique et social amorcées dès le début des années 1960 par les gouvernements fédéral et pro-vincial du Nouveau-Brunswick et des formes de mobilisation populaire que ces dernières entraînèrent, ce texte, paru en 1984, propose une reconstitution minutieuse de celles-ci et de celles-là, mais non sans prendre en considération l'ensemble des facteurs sociologiques qui en ont déterminé les expressions et les conséquences. Privilégiant la problématique du dévelop-pement régional dont les auteurs rappellent, dans le contexte, le caractère alors encore théori-quement « imprécis », ils montrent bien toutes les difficultés que posent les politiques de modernisation économique et sociale, inspirées alors par une « philosophie de la participa-tion ». Examinant de près l'expression que prend cette dernière dans les conseils régionaux d'aménagement des différentes régions francophones du Nouveau-Brunswick et au gré des conjonctures, ils analysent les logiques étatiques fédérale et provinciale à l'œuvre et la nature des revendications en regard des clivages de classe, tout en montrant comment leurs enjeux les plus importants renvoient à la fois aux stratégies étatiques visant à généraliser l'implantation du capitalisme dans les régions qui y sont encore réfractaires et les résistances multiples que ces dernières suscitent parmi des catégories socioprofessionnelles nouvelles. La radicalisation de ces mouvements n'aura été, selon les auteurs, qu'une forme limite par laquelle le pouvoir étatique sera parvenu en définitive à leur imposer les conditions d'un « nouveau consensus ».

Les interventions de l'État touchant les régions sont généralement mar-quées de flottements et d'ambiguïtés[2]. Nous essaierons de voir, à propos des Conseils régionaux d'aménagement (CRA) du Nouveau-Brunswick

---

1. Le présent texte a fait l'objet d'une communication au 18ᵉ Congrès annuel de l'Association des sociologues et anthropologues de l'Atlantique, tenu à la Dalhousie University, Halifax, Nouvelle-Écosse, du 11 au 13 mars 1983. Une version plus longue et incorporant des données quelque peu différentes a été publiée dans un numéro spécial des *Cahiers du GRIDEQ* (Allain et Côté, 1984).
2. C'est la conclusion à laquelle arrive Robert (1978).

jusqu'à quel point l'existence de ces organismes de «participation» s'est intégrée aux politiques gouvernementales en matière de développement régional, et nous examinerons les tergiversations qui ont caractérisé les orientations de l'État.

Cette analyse ne prétend pas épuiser tous les aspects de la question régionale. Étant donné le caractère encore imprécis de la problématique régionale, il ne faudra pas s'attendre à ce que notre contribution aboutisse à des conclusions définitives. En ce sens, elle aura davantage le caractère d'un essai que celui d'une étude exhaustive. En effet, les problèmes régionaux présentent parfois à l'examen des analystes une complexité désarmante[3]. Les diagnostics posés sont d'ailleurs souvent contradictoires, selon que l'accent est mis sur un facteur ou sur un autre. Pour emprunter un exemple à la province voisine, des interprétations tout à fait divergentes de la récente réforme municipale au Québec (création des municipalités régionales de comté) ont été proposées. Ainsi, pour certaines personnes, il s'agit d'un premier pas dans la voie d'une véritable remise de pouvoirs importants aux collectivités locales[4], alors que pour d'autres, l'opération semble tendre au contraire à renforcer le pouvoir central du gouvernement québécois (Dionne, 1981:4). Dans un autre ordre d'idées, la réforme est tantôt présentée comme un regain d'intérêt de la part de l'État pour les régions (Bécotte, 1981), tantôt interprétée comme une mise en veilleuse de la question régionale (on relègue aux oubliettes la réduction des inégalités régionales)[5].

Malgré ces difficultés, nous entendons aborder la question régionale à partir d'une expérience particulière, celle des CRA du Nouveau-Brunswick. Il nous semble que la mise en perspective de cette expérience est susceptible d'éclairer plusieurs traits que partagent jusqu'à un certain point l'ensemble des organismes régionaux de «participation». Dans un premier temps, nous présenterons des éléments d'information sur la genèse des CRA et une analyse de leur évolution par rapport à la participation. Dans un deuxième temps, nous centrerons notre attention sur l'État et ses régions, examinant d'abord les métamorphoses caméléonesques des politiques de développement régional à travers les années, et ensuite les divers avatars de la fameuse notion de participation.

---

3. Sur l'ambiguïté théorique de la question régionale, voir Côté et Lévesque (1982), notamment p. 55-56.

4. Sans y souscrire personnellement, Bourassa (1981) discute cette hypothèse.

5. Danielle Lafontaine, «Le nouvel éloignement des régions», Le Devoir, 4 février 1982, p. 24.

Les conseils régionaux d'aménagement du Nouveau-Brunswick

Entre 1964 et 1972, cinq CRA ont été mis en place au Nouveau-Brunswick[6]. Trois d'entre eux devaient œuvrer en milieu francophone et deux en milieu anglophone. Ces cinq CRA ont déjà fait l'objet d'une étude par les auteurs du présent article (Allain, Côté et Tivendell, 1978)[7]. Même si la comparaison entre les CRA anglophones et les CRA francophones présente un intérêt certain, les illustrations de la situation néo-brunswickoise seront puisées uniquement dans l'évolution des CRA francophones, parce que ceux-ci eurent relativement plus de ressources à leur disposition, engagèrent des actions plus significatives et connurent l'évolution la plus remarquable[8].

La part des acteurs régionaux et des gouvernements dans la genèse des CRA néo-brunswickois

Si l'action gouvernementale, comme on le verra, a été tout à fait détermi- nante dans la genèse des CRA néo-brunswickois, il n'en reste pas moins que les initiatives de certains acteurs régionaux ont occupé une place impor- tante dans la constitution des CRA. Dans le Nord-Est (région du futur CRAN), on retrouvait dès 1953 des groupes d'étude qui se penchaient sur les problèmes régionaux. Ces groupes avaient été constitués à l'instigation de personnes ou d'organismes tels que les agronomes du district, la Fédération acadienne des caisses populaires et des coopératives, l'Associa- tion d'éducation des adultes du diocèse de Bathurst et le Service d'éducation permanente du Collège de Bathurst.

Dans le Nord-Ouest, plusieurs sessions d'étude ont été tenues au fil des ans. En mars 1961, des hommes d'affaires et des industriels de la région, de concert avec la Chambre de commerce, s'étaient réunis au Collège Saint-

---

6. Dans l'ordre de leur fondation : Conseil régional d'aménagement du Nord (CRAN), 1964 ; Northern Regional Development Council (NRDC), 1965 ; Conseil régional d'aménagement du Nord-Ouest (CRANO), 1965 ; Conseil régional d'aménagement du Sud-Est (CRASE), 1966 ; South Central Development Council (SCDC), 1972.

7. On trouvera dans Allain, Côté et Tivendell (1978 : 27-38) un compte rendu de la méthodo- logie utilisée. Les données proviennent d'entrevues structurées avec des informateurs-clés et d'une analyse documentaire relativement exhaustive. Une mise à jour du matériel au moyen des deux mêmes techniques a été opérée en 1982.

8. Voir Allain, Côté et Tivendell (1977). Pour ne retenir que l'indicateur budgétaire, disons qu'au cours des années 1970, les trois CRA francophones disposaient chacun en moyenne d'un budget annuel de 71 000 $, alors que les deux CRA anglophones se voyaient chacun accorder en moyenne la somme de 27 000 $ annuellement.

Louis pour y discuter, avec des professeurs de cette institution, des problèmes et des perspectives économiques du Nord-Ouest. On procéda même à la création d'un Conseil d'orientation économique en octobre 1963.

Dans le Sud-Est, c'est la Fédération agricole française de l'archidiocèse de Moncton qui a été, au début des années 1960, le pivot des discussions et des cercles d'étude sur l'avenir de la région.

Dans les trois régions francophones du Nouveau-Brunswick, les CRA n'ont donc pas fait leur apparition subitement au milieu des années 1960. La voie avait déjà été préparée par une certaine effervescence régionale durant les années antérieures. Il importe cependant de bien mettre en évidence le fait que les acteurs qui avaient ainsi déblayé le terrain appartenaient à ce qu'il est convenu d'appeler les élites traditionnelles de leur territoire : ils se rattachaient tous, pour l'essentiel, soit à la petite bourgeoisie instruite de leur milieu (clergé, enseignants, membres des professions libérales), soit au cercle des hommes d'affaires locaux (membres des chambres de commerce, dirigeants de coopératives)[9]. C'est ce groupe social composite qui a réclamé et obtenu la mise sur pied des CRA. Ce groupe social, par ses seules ressources, n'aurait pas pu de lui-même procurer un financement stable et suffisant aux CRA. Pour rendre possible l'opération, il fallait l'indispensable contribution de l'État. Celui-ci allait venir, dans le cas du Nouveau-Brunswick, de l'impulsion donnée par le gouvernement fédéral dans le cadre du programme Aménagement rural et développement agricole (ARDA).

Le gouvernement du Nouveau-Brunswick s'est réellement soucié des disparités régionales pendant les années 1960. Par exemple, le premier ministre Robichaud a réussi à cette époque à mettre en œuvre son programme Chances égales pour tous qui, par des modifications substantielles à la structure de l'impôt foncier, a permis une péréquation des ressources fiscales entre les régions riches et les régions pauvres du territoire. Cependant, même si le gouvernement d'alors était sensible à ce type de préoccupation sociale, on ne peut pas dire qu'il ait élaboré, durant ces années, une philosophie particulière quant à la participation de la population à la planification du développement régional[10]. Il a tout simplement

---

9. Ces hommes d'affaires se recrutaient essentiellement dans le milieu de la petite et moyenne entreprise industrielle et commerciale. Les gens de la grande entreprise n'ont été présents ni dans les cercles d'étude, ni dans les CRA. Cela est attesté, pour la période précédant 1970 du moins, dans le texte de Bourassa (1969).

10. Ce fait est confirmé par McCrorie (1969), qui a produit l'une des études les plus complètes concernant le programme ARDA. Voir en particulier la p. 91, où l'auteur discute le rôle de la

repris à son compte les orientations formulées dans le cadre du programme fédéral ARDA.

Si telle était la situation au milieu des années 1960, à la fin de la décennie toutefois, le gouvernement du Nouveau-Brunswick a examiné sérieusement la possibilité d'adopter une philosophie explicite de la « participation ». Vers la fin du dernier mandat du premier ministre libéral Robichaud, on peut retracer deux événements qui auraient pu constituer le fondement d'une reconnaissance officielle de la « participation » par l'État néo-brunswickois. D'une part, en mars 1970, le gouvernement dépose un livre blanc sur le développement social, qui inclut des considérations sur la « participation » des citoyens et les structures propres à en assurer l'exercice. D'autre part, en juillet 1970, le gouvernement crée un comité d'étude sur le développement social. Mais lorsque ce dernier remet son rapport (Nouveau-Brunswick, 1971) en septembre 1971, les libéraux ne sont plus au pouvoir depuis un an et le nouveau gouvernement conservateur du premier ministre Hatfield choisit de ne pas donner suite aux diverses recommandations portant sur la « participation ».

Du côté fédéral, on retrouve la fameuse loi ARDA. Alarmé par l'état de décomposition du monde rural à la fin des années 1950 et, en particulier, par les « disparités dont les effets sont allés en s'aggravant au cours de la période de dépression de 1957 à 1961 » (OCDE, 1974 : 35), le gouvernement fédéral élabore une intervention qui prend la forme du programme ARDA. Essentiellement, on cherche à agir sur les « poches de pauvreté » agricoles où sévit un fort taux de chômage.

Rapidement, le mandat de l'ARDA est étendu des zones strictement agricoles aux zones rurales en général et l'on finit par dépenser quantité d'argent dans des programmes d'adaptation sociale et de mobilité de la main-d'œuvre[11].

Société d'aménagement régional (SAR), société de la couronne néo-brunswickoise responsable de la mise en œuvre des projets conjoints avec le gouvernement fédéral.

11. Les ententes du Fonds de développement économique rural (FODER), qui ont prolongé les ententes de l'ARDA, ont continué de consacrer, dans le Nord-Est, une partie importante de leurs fonds à l'« adaptation sociale » : la première, de 1966 à 1972, y réservait les trois quarts de son budget de 37 millions de dollars ; en dépit de l'échec reconnu de cette stratégie, la deuxième entente du FODER (1972-1977) attribue 80 % de son budget de 121 millions de dollars au « perfectionnement des ressources humaines » (voir Beaudin, 1984-1985). Avec une proportion si faible des budgets allant au développement économique (17 % dans chacune des deux ententes) et surtout à la création d'emplois (1,2 % dans la première, 2,2 % dans la seconde), on ne sera pas surpris par la suite si les taux de chômage demeurent incroyablement élevés et s'il y a une hémorragie des forces vives du milieu, qui doivent le quitter pour aller se

Ce programme de « sauvetage » des régions rurales avait ceci de particulier qu'il favorisait la mise sur pied et le financement d'organismes de « participation de la population ». Dans chaque région où les fonds de l'ARDA ont été mis à contribution, on retrouvait toujours les mêmes éléments dictés par le programme lui-même : nécessité d'identifier les problèmes économiques et sociaux de la région, conception d'un plan de développement socioéconomique global, nécessité de faire participer la population au processus de planification. C'est précisément pour répondre à ce dernier objectif que les CRA ont été mis en place au Nouveau-Brunswick. Leur naissance est donc directement liée au programme ARDA.

Bien sûr, ce programme ne constituait pas, dans l'esprit de ses concepteurs fédéraux, une intervention directe et exclusive du gouvernement central. Il était nécessaire, pour que les crédits prévus au programme puissent être engagés, que l'accord du gouvernement provincial soit obtenu. Aussi, le gouvernement fédéral a-t-il cherché à conclure des « ententes ARDA » avec chacun des gouvernements provinciaux. C'est en 1962 qu'Ottawa signait une telle entente avec Fredericton. Il est donc permis d'affirmer que la mise en place des CRA à partir de 1964 s'est réalisée avec l'assentiment du gouvernement du Nouveau-Brunswick. Ce dernier détenait effectivement un droit de veto sur l'implantation de ces organismes de « participation » et, malgré le fait que le programme ARDA comportait une invitation à susciter la naissance de tels organismes, Fredericton n'était pas obligé de les accepter. S'il l'a fait, c'est qu'il souscrivait à la philosophe de l'ARDA sur ce point.

L'évolution des CRA et la question de la « participation »

Les CRA, en fidèles émanations du programme ARDA[12], se sont tous donnés comme objectifs de départ de cerner les problèmes régionaux, de produire un plan de développement d'ensemble, de regrouper les diverses forces socioéconomiques et de servir d'intermédiaires entre la population et les instances gouvernementales. Les CRA se sont dotés de comités locaux et ont réussi à rejoindre pratiquement toutes les localités de leurs territoires

---

trouver du travail ailleurs, que ce soit de façon hebdomadaire (voir Poulin, Landry et Legresley, 1976) ou plus permanente (d'aucuns parlent de « fuite des diplômés » ; voir Lapointe et Thériault, 1980 : 48-49).

12. Sur le plan financier, seul le CRAN était subventionné sur le fonds d'une entente fédérale-provinciale (entente FODER pour le Nord-Est). Cependant, même si les montants accordés au CRASE et au CRANO venaient du trésor provincial, ces deux CRA n'en partageaient pas moins entièrement la philosophie ARDA.

respectifs. À cette époque, les CRA aussi bien que leurs comités locaux regroupaient principalement, en plus d'un certain nombre de petits producteurs indépendants, les élites traditionnelles de leur région : membres des professions libérales, petits hommes d'affaires, cols blancs, représentants des municipalités. C'est ce groupe dit de l'«élite» qui dominait nettement au sein des CRA.

Qu'il nous soit permis d'avancer que c'est très exactement ce genre de «participation de la population» que visait le programme ARDA : une formule de participation très encadrée, en harmonie avec les objectifs gouvernementaux de modernisation des activités primaires et d'adaptation sociale pour les régions en difficulté (formation et mobilité de main-d'œuvre), misant sur une alliance avec un ensemble le plus large possible des forces conservatrices au plan local et régional. Ce sont les élites traditionnelles ayant réclamé la création des CRA qui y occupaient le plus grand nombre de sièges, et ce, avec la bénédiction des gouvernements qui se trouvaient justement à encourager ce type de participation. D'autres couches sociales pouvaient être représentées au sein des CRA, du moment que l'hégémonie pouvait être assurée par les éléments conservateurs. Cette rencontre des forces locales traditionnelles et des objectifs technocratiques des gouvernements était censée provoquer le développement des régions.

À l'usage, toutefois, certains éléments de ce modèle idéal de «participation» ont provoqué un grippage de la belle machine conçue par les gouvernements. D'une part, les comités locaux, à la suite d'un processus d'animation sociale calqué sur ce qui s'était pratiqué au Québec dans le cadre du Bureau d'aménagement de l'est du Québec (BAEQ) (Dionne, 1983), en sont venus à comprendre plus que des membres de l'«élite». Dans certains cas, au lieu de notables respectueux des règles du jeu, on a vu apparaître au sein de ces comités des éléments plus «populaires» (assistés sociaux, petits agriculteurs, bûcherons), ce qui a entraîné la formulation de revendications incompatibles avec les objectifs technocratiques de départ. Ainsi, dans bien des localités, la population s'opposait à tout plan de fermeture de villages, alors que le personnel rémunéré de certains CRA faisait, dans l'ensemble de la région, l'avancement de cette politique émanant des gouvernements[13].

---

13. Parmi les localités menacées de fermeture pendant les années 1960, signalons Alcida, Free Grant et Nicholas-Denys, dans le Nord-Est, et Notre-Dame-de-Lourdes, dans le Nord-Ouest. À la suite de l'opposition farouche des résidants, cependant, la fermeture «officielle» n'a jamais eu lieu. Dans le Sud-Est, au début des années 1970, par contre, pas moins de huit communautés ont été non seulement fermées, mais on est allé jusqu'à en annihiler matériellement les traces au bulldozer, pour faire place nette au «très beau» parc national de Kouchibougouac...

D'autre part, la démarche la plus irréaliste entreprise par les CRA a été celle de l'élaboration d'un plan global de développement de leurs régions respectives. La population a été invitée à travailler à l'étude de sa propre situation et à la formulation de propositions de développement : ces propositions lui revenaient sous forme de schémas sectoriels et étaient destinées à être intégrées dans un plan d'ensemble. De plus, on incitait les groupes, les individus et les municipalités à présenter à l'ARDA des projets concrets de développement.

Mais ce processus de planification et d'animation avait mobilisé bien des énergies : les enquêtes du CRAN dans le Nord-Est peuvent ici servir d'exemple. Après une première enquête socioéconomique sur la pauvreté dans le comté de Restigouche-Sud, le CRAN met en branle en 1968 une enquête-participation à l'échelle de tout le territoire-pilote, au cours de laquelle un groupe de 2000 bénévoles provenant de 37 comités locaux interrogera en entrevue 10 146 chefs de famille et 8919 mères de famille[14] (Even, 1970 : 419). Selon un analyste ayant participé lui-même à cette enquête, il s'agissait d'une « véritable mobilisation générale » (Ibid. : 420). Si elle révèle des choses déjà connues, en les étayant de statistiques impressionnantes – pauvreté de la population régionale, niveau très bas de scolarité, carence des élites –, l'enquête affirme avec force les aspirations à la dignité et à la liberté des gens du Nord-Est, qui optent massivement pour « vivre ici », c'est-à-dire avant tout en milieu rural (Ibid. : 422). Or c'est précisément à cette volonté « passéiste » (à leurs yeux) que les technocrates gouvernementaux en veulent : selon leurs critères économiques, le développement ne se fera qu'en milieu urbain, et il faut coûte que coûte inciter les pauvres ruraux (dont les villages se vident de toute façon par l'émigration à l'extérieur) à déménager en ville. Les gens ordinaires ne s'y trompent pas, qui rebaptisent les plans d'aménagement des fonctionnaires des plans de déménagement[15].

---

14. Quand on pense que la population totale du Nord-Est s'établissait en 1966 à 119 000 habitants, on peut reconnaître l'ampleur de la tâche réalisée.

15. Malgré une résistance acharnée des populations cibles, qui ont causé l'échec retentissant du programme de mobilité de la première entente FODER (1966-1972) (à peine 150 familles des quelque 4000 escomptées ont déménagé dans les centres urbains du Nord-Est), les gouvernements sont revenus à la charge en consacrant 35 millions de dollars, soit 30 % des sommes affectées à la deuxième entente FODER (1972-1977), au Sous-programme urbanisme, dont le but avoué était d'attirer les ruraux dans les villes. Ce dernier programme semble avoir échoué à son tour, si l'on en croit les statistiques du recensement de 1981 qui dénotent une diminution de la population des principales villes du Nord-Est, ainsi qu'une diminution de la population urbaine en général dans cette région.

Comme le disait un des informateurs rejoints par l'enquête du CRAN : « *We may be ignorant, but we are not stupid*[16] » (*Ibid.* : 423).

Ce sont clairement ici deux visions du monde qui s'affrontent : celle de la rationalité économique prévoyant la création d'emplois et d'aménités en milieu urbain, au terme de l'inéluctable logique de la concentration spatiale en régime capitaliste, et celle des ruraux attachés à leur lopin de terre et à leur style de vie, même si tous deux sont en voie d'effritement. Malgré tout ce que les experts (universitaires[17] ou autres) en disent, la deuxième position n'est pas a priori plus irrationnelle que la première, particulièrement dans la conjoncture économique ralentie que nous connaissons.

Si nous revenons maintenant au type de « planification mobilisante » menée par les CRA à la fin des années 1960 (qu'on se rappelle l'enquête-participation du CRAN, tout en précisant que le CRANO et, à un moindre degré, le CRASE, agissaient pareillement dans leurs milieux), on pourra

---

16. Pour une analyse du rôle critique du CRAN à l'endroit des deux ententes FODER pour le Nord-Est, voir le rapport de Benoît et Landry (1975 : 30-44). L'enjeu de la lutte menée dans le Nord-Est comporte une dimension nationalitaire, puisque les deux ententes FODER étaient perçues par plusieurs comme une stratégie visant à faciliter l'exode de la main-d'œuvre acadienne du Nord-Est vers les centres urbains (majoritairement anglophones) du Sud de la province. Cette interprétation se fondait sur le fait que la majeure partie des fonds FODER dans le Nord-Est n'allaient pas à la création d'emplois, mais à l'éducation et à l'« adaptation sociale », alors que depuis 1969, le ministère de l'Expansion économique régionale (MEER) et la province du Nouveau-Brunswick investissaient massivement dans l'infrastructure routière et urbaine et la création d'emplois à Moncton et Saint-Jean.

17. Nous faisons ici allusion aux thèses de Clark (1978 : 29-97), où il consacre trois chapitres au nord-est du Nouveau-Brunswick. Sans préconiser le déménagement forcé des ruraux pour leur permettre d'accéder aux meilleures « chances de vie » présentes dans les grands centres urbains du pays, l'auteur déplore que les valeurs et la culture traditionnelles des ruraux les amènent à résister aux incitations à la mobilité, résistance accentuée selon lui par les paiements de transfert rendant plus tolérables l'existence en milieu rural (*Ibid.* : 162-163). Pourtant, Clark avait auparavant noté que l'habitat rural offrait tout de même certains avantages indéniables au plan de la qualité de vie et du coût très bas du loyer (*Ibid.* : 60, 70). Le paradoxe s'accroît lorsque l'auteur reconnaît que ceux qui ont effectivement émigré en ville n'ont aucunement amélioré leur sort, que ce soit en termes d'emplois, de revenus ou de logement (*Ibid.* : 60-65, 77-87). Peut-on alors reprocher aux ruraux leur attachement à la terre et leur réticence à aller s'entasser dans des ghettos urbains ? La thèse de Clark en est une d'inspiration culturaliste et technocratique. Elle veut que les véritables blocages au développement ne soient pas structuraux mais culturels, voire psychologiques (c'est d'ailleurs en partie la thèse défendue par Even, sauf qu'on pourrait invoquer à la défense de ce dernier qu'il écrivait au cours des années 1960, alors que la célèbre théorie de la modernisation expliquant le sous-développement par des retards culturels était encore le paradigme dominant). On trouvera une ébauche d'analyse plus « structurale » du nord-est du Nouveau-Brunswick dans Côté (1978 : 17-24).

comprendre que la déception a été grande, car ni l'exercice de planification ni la conception de nombreux projets n'ont donné de résultats tangibles. Seul un très petit nombre de projets concrets ont pu être financés. Les plans régionaux, lorsqu'ils ont réussi à être produits, comme dans le cas du CRANO, ont été relégués aux oubliettes : le gouvernement du Nouveau-Brunswick ne savait absolument pas quoi en faire[18] !

Cinq ou six ans après leur fondation, les CRA du Nouveau-Brunswick sont entrés en crise l'un après l'autre. Les frustrations éprouvées dans le processus de planification ont amené la désaffection d'un certain nombre de personnes. De plus, l'animation qui avait été nécessaire pour susciter la mise en place des nombreux comités locaux a produit des fruits inattendus : la mobilisation des éléments les plus populaires de ces comités locaux a abouti à l'expulsion des notables dans deux des trois CRA. Cette tendance s'est manifestée de façon irréversible à l'assemblée annuelle du CRAN en 1970 et à celle du CRANO en 1971, alors qu'on a assisté à un renouvellement complet du conseil d'administration des deux organismes. Même si elle ne s'est pas concrétisée par un bouleversement identique de son conseil d'administration, une évolution semblable s'est dessinée au CRASE à la suite de l'arrivée de nouveaux permanents gagnés aux causes populaires de leur région.

Ces changements dans le recrutement des membres et le personnel des CRA allaient inaugurer une ère nouvelle. Pour les gouvernements qui finançaient ces organismes, la mutation des CRA leur est apparue sans doute comme un virage à 180 degrés. À partir de ce moment, les CRA ont pris largement leurs distances par rapport aux objectifs gouvernementaux. Deux périodes sont à distinguer dans ce changement de cap. Dans un premier temps, soit jusqu'à la fin de l'année 1972 environ, les CRA se sont engagés résolument du côté des défavorisés, appuyant les causes populaires, les groupes de base, cherchant à obtenir une plus grande participation des Acadiens les plus démunis, le tout à travers une série de confrontations directes avec les autorités provinciales à propos de problèmes régionaux critiques.

On peut mentionner à titre d'exemples le rôle majeur joué par le CRAN dans l'organisation de la marche contre le chômage à Bathurst en janvier

---

18. Les causes de l'échec de cette planification, par ailleurs vivement souhaitée et encouragée par les gouvernements, mériteraient une étude approfondie. Une des raisons qui rendent difficile la planification du développement des régions est le régime de «libre entreprise» inhérent au capitalisme comme système économique. Même un plan aussi technocratique que celui du BAEQ au Québec n'a jamais été appliqué intégralement ; c'est donc dire que le plan «technocratique-populaire» n'avait pas beaucoup de chances...

1972[19], la participation continue du CRASE aux manifestations faisant suite à l'expropriation de 250 familles pour la création du parc national de Kouchibouguac dans le comté de Kent[20], et l'appui explicite du CRANO à la Marche des assistés sociaux (MAS), organisation militante regroupant des assistés sociaux du Madawaska. Au cours de ces événements, les médias de masse ont été largement utilisés. La diffusion la plus large possible d'une information orientée vers la base constituait d'ailleurs l'un des objectifs de cette période. Les CRA se voyaient alors comme des chiens de garde, surveillant les moindres faits et gestes du gouvernement pour les soumettre à une critique radicale et immédiate.

Dans un deuxième temps, soit de 1973 à 1980, les CRA se sont fixés de nouveaux objectifs et de nouvelles priorités, mais n'en ont pas moins cessé pour autant de fonctionner en gardant soigneusement leurs distances par rapport aux visées gouvernementales. L'engagement aux côtés des défavorisés est demeuré, mais désormais les efforts étaient concentrés sur les petits producteurs indépendants (agriculteurs, pêcheurs côtiers, propriétaires de lots boisés). De plus, on s'est orienté vers un travail avec des groupes souvent plus restreints[21], travail qu'on voulait plus en profondeur que celui effectué

19. La manifestation, qui a mobilisé des milliers de personnes, poursuivait un double objectif: d'une part, protester contre le taux de chômage particulièrement élevé dans le Nord-Est cet hiver-là (quelque 2000 mises à pied avaient eu lieu au cours des trois mois précédents dans le secteur des mines et celui des pâtes et papiers), d'autre part, revendiquer la réouverture du bureau régional de la Commission d'assurance-chômage, situé jusque-là à Bathurst, et qui devait être transféré à Moncton. Les manifestants ont eu gain de cause à propos du deuxième grief: le bureau régional de Bathurst a été effectivement rouvert. Quant au premier grief, cependant, si la population canadienne tout entière a été sensibilisée par les médias à la situation tragique du Nord-Est, cela n'a réglé en rien la réalité fondamentale du chômage massif dans la région. Certains observateurs ont toutefois cru que cette action du CRAN et d'autres semblables n'ont pas été complètement étrangères au fait que la deuxième entente FODER (1972-1977) s'est vue attribuer un budget plus que trois fois supérieur à celui de la première (121 millions de dollars en 1966, contre 37 millions en 1972). Pour une analyse assez fidèle des actions spectaculaires du CRAN de 1970 à 1972, ainsi que de l'évolution qui y a mené, voir le reportage de Pierre Gariépy («Le C.R.A.N., étonnant porte-parole», *La Presse*, 30 mars 1972 [dans le cadre d'une série de quatre articles de fond sur l'Acadie]). Le contexte tumultueux de l'époque est bien rendu également dans le livre-reportage de Godin (1972: 35-98), ainsi que dans le film de Léonard Forest, *Un soleil pas comme ailleurs* (ONF, 1972).

20. Toute une littérature s'est développée sur les conflits sociaux entourant le parc Kouchibougouac. Une des premières analyses est celle d'Allain (1975), suivi du texte de la Commission Laforest-Roy (Laforest et Roy, 1981). Ce rapport a suscité à son tour plusieurs analyses critiques dont celles d'Allain (1982), Gauvin (1983) et Ali-Khodja (1983). [NDE: Le texte de Gauvin est reproduit dans la présente anthologie.]

21. Le passage d'une approche ancrée sur l'ensemble du territoire à une approche carrément sectorielle en 1973 s'explique aussi par les «ravages» causés dans les rangs des partisans du

au cours de la période « populiste » précédente, qui ne semblait pas avoir entraîné de changements majeurs dans les interventions gouvernementales en matière de développement régional. D'ailleurs, les nouvelles ententes-cadres de développement signées à partir de 1973 devaient imposer une technocratisation du contenu et du fonctionnement des programmes de développement régional, qui allait réduire la participation effective aux processus de planification à un cercle restreint d'initiés composés presque exclusivement de fonctionnaires fédéraux et provinciaux[22].

Parmi les objectifs poursuivis par les CRA après 1973 dans le travail auprès des petits producteurs, on pouvait compter la formation, l'organisation et la recherche. La formation ne s'est jamais limitée à l'aspect professionnel et a toujours favorisé la dimension sociopolitique. Bien qu'une diversité d'expériences puisse être recensée, la tendance principale de l'organisation a été nettement celle de susciter la naissance d'associations ou de syndicats militants, revendicateurs autant vis-à-vis des grandes entreprises que vis-à-vis des gouvernements : l'exemple à retenir ici est le long travail d'organisation du CRAN et du CRASE auprès des quelque 1500 pêcheurs de la côte est du Nouveau-Brunswick, qui a culminé en 1977 avec la formation de l'Union des pêcheurs des Maritimes et en 1984 avec la reconnaissance officielle du syndicat par les autorités gouvernementales[23]. (On pourrait ajouter l'appui du CRAN au Syndicat forestier du Nord, mis sur pied au début des années 1970 par le NRDC, et qui regroupait quelque 2000 propriétaires de lots boisés du Nord-Est.) Quant à la dimension « recherche », la pratique des CRA, à partir de 1973, a tâché de la lier étroitement aux activités de formation et d'organisation. Le tout s'est concrétisé de façon typique dans la mise sur pied de divers organismes sectoriels, dont le gros des énergies était consacré à des activités de formation, d'organisation et de recherche auprès de petits producteurs indépendants. En 1973, c'est la création du Centre de promotion rurale (CPR), dans le Nord-Est, qui a œuvré pendant trois ans dans le domaine de l'agriculture[24] ; en 1975, c'était au tour

---

CRAN par les programmes fédéraux de création d'emplois à court terme, notamment les projets d'initiatives locales, établis en 1971-1972 : au dire de certains informateurs, la base du CRAN aurait été littéralement sapée par ce programme, dont l'effet récupérateur auprès des groupes populaires a été signalé par divers analystes. Voir par exemple Sansfaçon et Vandelac ([s.d.]).

22. Ce qui n'a pas manqué, entre autres effets, de bureaucratiser la fonction publique et le gouvernement de la province, jusque-là plutôt artisanaux ; voir Savoie (1981a, 1981b).

23. Pour un historique détaillé des dix années d'efforts ayant mené à cette reconnaissance, voir Chouinard (1982) et Allain (1984).

24. Organisme qui a fait d'ailleurs l'objet d'une évaluation largement favorable, moins d'un an après sa création ; voir Gauvin et Pâquet (1974). Le CPR était financé en grande partie sur le

du Centre de formation au développement (CFD), voué au secteur des pêches, organisme financé conjointement par le CRAN et le CRASE sur leurs budgets respectifs et qui a fonctionné jusqu'en 1979. Enfin, on a lancé en 1976 un autre organisme sectoriel, dans le secteur de la forêt cette fois, le Centre de formation et de recherche du Nord-Est.

Si l'on jette à nouveau un regard sur les orientations plus radicales prises par les CRA après 1970-1971, on peut facilement constater qu'elles n'ont jamais été entérinées officiellement par les gouvernements. À plusieurs reprises, le gouvernement du Nouveau-Brunswick s'est interrogé sur la valeur des CRA. En 1970, le CRAN s'est vu retirer tout financement pendant quelques mois. Le rétablissement de ses subventions n'a été dû qu'au changement de gouvernement qui a eu lieu cette année-là au Nouveau-Brunswick : le nouveau premier ministre Hatfield s'était engagé publiquement pendant sa campagne électorale à rétablir le financement du CRAN s'il était élu ! Lors de la création d'une commission d'enquête sur l'agriculture en 1974, le gouvernement a confié à cette commission, entre autres choses, le mandat de faire des recommandations sur l'avenir de la collectivité rurale du Nouveau-Brunswick. La commission a procédé à une évaluation des CRA[25] et a présenté des recommandations précises à leur sujet. La principale recommandation était formulée comme suit :

> QUE le gouvernement du Nouveau-Brunswick reconnaisse officiellement les conseils régionaux d'aménagement et appuie la tendance récente en faveur du développement économique communautaire sur une base sectorielle, surtout dans les domaines de l'agriculture, de la pêche, des forêts et du tourisme, qui sont reconnus comme ayant un impact important sur l'économie rurale. (Nouveau-Brunswick, 1977 : 42)

L'occasion était belle pour Fredericton de confirmer les CRA dans leur nouveau rôle auprès des petits producteurs dans les diverses régions du Nouveau-Brunswick. Le gouvernement, toutefois, n'en a rien fait, ce qui prouve bien qu'il ne faisait que tolérer l'existence des CRA et qu'il n'était pas prêt à leur accorder quelque légitimité que ce soit. Depuis plusieurs années, les budgets étaient gelés à leur montant antérieur ou n'avaient

---

budget de la deuxième entente FODER affecté à l'« expansion économique ». Notons au passage qu'un second organisme œuvrant dans le même secteur, mais dans le Sud-Est cette fois, le Centre de promotion agricole (CPA), a dû fermer ses portes après seulement six mois, à la suite d'un conflit non résolu avec le bailleur de fonds gouvernemental.

25. Les auteurs ont été associés à cette évaluation à titre de consultants. Le rapport d'évaluation des consultants a été remis à l'été 1976 et la commission a retenu presque intégralement les recommandations faites au moment de produire son rapport final l'année suivante.

connu que de très légères augmentations. Les CRA n'avaient véritablement pas le vent dans les voiles.

Cette situation s'est poursuivie jusqu'en juin 1980, au moment où le premier ministre Hatfield a annoncé que son gouvernement avait décidé de cesser tout soutien financier aux CRA[26]. Étant donné que les CRA dépendaient quasi totalement des fonds publics, cette décision signifiait concrètement leur mort à brève échéance. Les raisons invoquées par le premier ministre étaient doubles. D'une part, il affirmait que les CRA avaient dépassé leur mandat. Le gouvernement n'avait pas à payer pour la mise sur pied d'unions de producteurs agricoles ou de syndicats de pêcheurs : il appartenait aux centrales syndicales, tels la National Farmers Union ou le Congrès du travail du Canada, de prendre en charge ces activités et d'en défrayer les coûts. D'autre part, le premier ministre arrivait à la conclusion que les CRA n'avaient plus de rôle à jouer maintenant que la majeure partie du territoire était municipalisée[27] et que la province était dotée d'un réseau de commissions industrielles et de commissions d'urbanisme, ce qui n'était pas le cas vers le milieu des années 1960, au moment de la création des CRA[28].

Les arguments du premier ministre signifiaient manifestement que le gouvernement opposait une fin de non-recevoir aux objectifs nouveaux que s'étaient donnés les CRA après 1972 et qu'il privilégiait d'autres structures

---

26. Selon divers informateurs, Richard Hatfield aurait résisté jusqu'à la fin devant les pressions nombreuses exercées par des hommes politiques tant provinciaux que fédéraux, tant libéraux que de son propre parti (et pas des moindres), et d'hommes d'affaires des régions concernées, qui tous réclamaient la mise à mort des CRA ; le premier ministre aurait tenu tête à ces pressions, estimant que les CRA pouvaient être utiles comme « soupapes ». Mais il semble que la goutte d'eau qui a fait déborder le vase a été le « miniscandale » surgi à propos d'un membre du personnel du CRASE, dont on dit qu'il était « payé pour organiser la confrontation avec le gouvernement » lors des conflits houleux de l'automne 1979 et du printemps 1980 ; voir la « Chronologie des événements entourant la création du parc national Kouchibouguac » (Anonyme, 1982).

27. Effectivement, à la suite du programme Chances égales pour tous, mis de l'avant par le gouvernement Robichaud, 20 nouvelles municipalités avaient vu le jour entre 1966 et 1968 dans le Nord-Est (3 autres s'ajouteront dans les années 1970), 7 dans le Sud-Est (et une autre par la suite) et 10 dans le Nord-Ouest (plus une par la suite) (chiffres compilés à partir du « Répertoire municipal 1981 », *Le journal municipal du Nouveau-Brunswick*, vol. 37, n° 2 [juillet-décembre 1981], p. 12-40). C'est donc dire qu'en l'espace de quelques années seulement, les régions francophones se voyaient dotées d'une quarantaine de nouvelles municipalités, là où n'existait avant qu'une poignée de villes et de cités.

28. Un informateur dit dans ce sens que les CRA ont péri en bonne partie à cause de la « balkanisation » du territoire et des groupes, à la suite de l'émergence de ces nouveaux organismes gouvernementaux et de ceux mis sur pied par les CRA eux-mêmes (organismes sectoriels, syndicats de petits producteurs).

que les CRA pour atteindre ses objectifs de « participation de la population ». De toute façon, il était inexact de prétendre que le rôle des CRA était devenu superflu du seul fait de l'existence d'autres organismes, si l'on s'en tenait aux objectifs des CRA. Ni les conseils municipaux, ni les commissions industrielles, ni les commissions d'urbanisme n'accordaient ou n'étaient susceptibles d'accorder un appui quelconque aux regroupements de petits producteurs. Si l'existence des CRA était vue comme inutile, c'était pour de tout autres raisons. Nous avançons l'hypothèse que si les conseils municipaux, les commissions industrielles et les commissions d'urbanisme étaient présentés comme solution de remplacement aux CRA, c'est essentiellement parce que les CRA n'étaient plus l'instrument adéquat pour réaliser l'alliance recherchée avec les forces conservatrices, les élites locales et régionales, alors que les trois autres types d'organismes avaient émergé comme de nouveaux lieux où cette alliance était possible.

Les alliances avec les forces locales sont susceptibles de prendre des formes changeantes selon les époques et les conjonctures. Dans un premier temps, on observe une volonté étatique, au milieu des années 1960, de travailler à l'échelle des fédérale-provinciale, dans le cadre de la loi FODER, sur le développement rural de la région du Nord-Est, région comprise entre Saint-Quentin et Néguac. Plus tard, au cours des années 1970, le plan d'action privilégié est celui de la « microrégion ». Sur le même territoire que celui couvert par l'entente FODER, on met en place trois commissions industrielles et trois commissions d'urbanisme. Ce n'est pas le moment d'examiner les raisons du passage de l'État de la perspective des « grandes régions » à celle des « microrégions »[29]. Cependant, nous pouvons affirmer que quelle que soit la perspective adoptée, il est primordial que l'alliance avec les forces conservatrices puisse être réalisée. En somme, il s'agit de trouver au sein de la société locale des appuis – à la limite, peu importe de quels groupes sociaux ils puissent venir – au type de développement que favorise la logique économique dominante fondée sur l'accumulation du capital : notamment, concentration de l'activité économique, centralisation du capital, mise au point des moyens de soumettre la petite production aux besoins du capital[30], création et entretien d'une réserve de main-d'œuvre bon marché disposant d'un minimum de formation et acceptant de se

---

29. Au dire d'un observateur, toutes ces nouvelles structures, liées de très près aux municipalités, risquent fort de sonner le glas de la planification économique « régionale » et de marquer un retour à l'esprit de clocher.
30. Cette soumission de la petite production se donne habituellement comme une volonté de « modernisation ».

déplacer. Toutes les fois que cette alliance ne peut se concrétiser et, plus particulièrement, lorsque les organismes de «participation de la population» adoptent des stratégies carrément anticapitalistes ou, plus fréquemment, de simple résistance à la logique capitaliste[31], l'État déclare forfait[32]. Telle nous semble la raison fondamentale qui permet d'expliquer comment, au fil d'une histoire chaotique et après de nombreuses hésitations, l'État en est venu à se cantonner dans la désaffection pour les CRA du Nouveau-Brunswick et à leur retirer tout appui financier.

L'État et ses régions

Les politiques régionales, aussi bien celles de Fredericton que celles d'Ottawa, ont subi des transformations profondes depuis vingt ans. Ces transformations témoignent des difficultés des gouvernements à avoir prise sur cet objet coriace et incertain qu'est le développement régional. De façon générale, il y a plutôt convergence qu'opposition entre les tentatives du gouvernement fédéral et celles du gouvernement du Nouveau-Brunswick.

---

31. On peut donner comme exemple d'une stratégie anticapitaliste la participation des CRA dans la mise en place et le soutien de syndicats et d'organisations militantes de petits producteurs. Quant aux actions de résistance à la logique capitaliste, elles ont été nombreuses et toutes les luttes s'opposant aux déplacements de population en sont des illustrations, que ces déplacements se situent dans le cadre d'opérations de développement touristique (parc Kouchibouguac) ou de rationalisation technocratique des services publics (tentatives de fermeture, par exemple, des villages de Notre-Dame-de-Lourdes dans le Nord-Ouest et de Nicolas-Denys dans le Nord-Est). Un animateur du CRASE affirmait que les CRA luttaient contre les expropriations violentes (Kouchibouguac), mais aussi contre les expropriations «courantes», quotidiennes (nuisant à cause de la détérioration de leurs conditions de vie, aux petits producteurs indépendants des secteurs de la pêche, de la forêt et de l'agriculture). Dans un texte antérieur (Allain et Côté, 1979), nous avions commencé à analyser cette détérioration des conditions de vie, qui aura contribué à susciter une orientation et un leadership particuliers, qui établiront la spécificité des CRA francophones par rapport à leurs homologues anglophones.

32. La position défendue ici assimile l'État à un gestionnaire du capital. Même s'il existe toute une tradition d'analyse de l'État qui va dans ce sens, il faut éviter de conclure hâtivement et de façon mécanique. Si le cadre de notre article le permettait, il serait souhaitable de discuter plus à fond cette position et de l'étayer solidement. Mentionnons au moins que, dans plusieurs cas, des luttes populaires réussissent à infléchir l'action de l'État dans un sens différent. De plus, on peut relever quantité d'exemples qui démontrent que même quand la logique capitaliste finit par triompher, c'est souvent après un long processus d'essais et d'erreurs dans lequel l'État avance à l'aveuglette et improvise de longs et coûteux tâtonnements.

Le coup du caméléon :
l'évolution des conceptions du développement régional

Pour la période que nous avons considérée, on assiste dans un premier temps, de la part des gouvernements, à une volonté de planifier l'ensemble des activités socioéconomiques d'un territoire en vue d'en arriver au développement régional. C'est un objectif qui fait son apparition au début des années 1960. Il est à l'œuvre dans le programme ARDA et il est intégralement accepté par le gouvernement du Nouveau-Brunswick lorsque ce dernier signe avec Ottawa l'entente ARDA de 1962. Cet objectif s'accompagne d'une philosophie de la participation (sur laquelle nous reviendrons) qui se verra accentuée avec la loi FODER de 1966. La planification du développement régional selon le modèle ARDA s'avère un échec. Les raisons conjoncturelles en sont sans doute différentes dans chaque province, mais il y a fort à parier que ces échecs dépendent d'une même cause structurelle qui tient au régime de la «libre entreprise[33]». Le cadre du présent article ne permet toutefois pas d'en faire une véritable analyse. Après cet échec, les gouvernements essaieront d'autres formules.

C'est ainsi que, dans un deuxième temps, on s'embarque à Ottawa en 1969 dans l'aventure du ministère de l'Expansion économique régionale (MEER). Le MEER est l'agent du gouvernement fédéral en matière de développement régional : après une première période où on offre des subventions à l'industrie, aux infrastructures urbaines et aux programmes de développement rural et d'adaptation sociale, à partir de 1973, c'est sous l'égide d'ententes-cadres de développement d'une durée de cinq ans, signées conjointement par Ottawa et les provinces, que devront désormais se faire les opérations de développement. Les principales sommes y seront affectées aux infrastructures (routes, ports, parcs industriels, équipements récréotouristiques, entre autres), ainsi qu'aux principaux secteurs économiques (forêt, mines, agriculture)[34]. Pour réaliser ces diverses interventions, le MEER applique une stratégie spatiale fondée sur la théorie des pôles de croissance.

---

33. Certains auteurs ajoutent qu'en plus des obstacles posés à la planification par les forces de l'économie de marché, le carcan juridictionnel de la Constitution canadienne (sans parler du pouvoir inégal d'Ottawa et des provinces) dresse des difficultés supplémentaires à toute entreprise réelle de planification économique. Voir Gagnon et Martin (1973 : 493) et Tellier (1982 : 57, 62).

34. Le programme de subventions à l'industrie continue d'exister après 1973, mais à l'extérieur des ententes-cadres. Sur la faillite générale de ce programme, voir Allain (1983).

Avec la fin des années 1970 et le début des années 1980, les choses changent à nouveau. On peut parler d'une troisième étape dans l'évolution des
conceptions du développement régional. Malgré tous les efforts consentis,
vingt ans plus tard, ce sont les mêmes régions qui continuent à tirer de
l'arrière : comme si leur développement ne voulait pas se laisser engendrer !
Non que rien n'ait changé : on dit même que certaines régions périphériques
sont en train de rattraper une partie de leur retard. Cependant, les programmes des gouvernements, surtout du gouvernement fédéral, sont criti-
qués. Lorsqu'on en fait le bilan, on s'aperçoit qu'ils n'ont pas donné les
résultats promis. Il se passe bien quelque chose, mais on ne peut le qualifier
de développement régional. Des inégalités subsistent :

> La politique de développement régional mise directement en œuvre par le
> M.E.E.R. paraît, en soi, d'une portée relativement limitée, par comparaison avec
> ce que l'on observe dans de nombreux autres pays de l'O.C.D.E., et susceptible
> de n'avoir qu'un effet marginal sur les disparités entre régions [...]. L'une des
> conclusions auxquelles l'on est parvenu est que, étant donné la vigueur des
> mécanismes de marché, le développement des régions semble devoir encore
> refléter surtout leur richesse en ressources[35]. (OCDE, 1980 : 6)

Mais la récession de la fin des années 1960 s'étant encore aggravée, et
le centre industriel du Canada étant lui-même en difficulté (l'Ontario), à
cause notamment de la compétition accrue sur les marchés mondiaux à la
suite de la nouvelle division internationale du travail, le contexte est à la
crise et des décisions politiques majeures s'imposent. Le gouvernement ne
peut plus se permettre de financer indéfiniment des programmes « non ren-
tables », « inefficaces », qui ne règlent pas les problèmes. Le peu de perspective d'ensemble ayant pu présider aux politiques de développement paraît
céder la place au début des années 1980 à une stratégie du cas par cas. On
ne parle même plus de créer des emplois, on se considère chanceux si on
réussit, à grands frais, à en sauver : c'est la justification pour la centaine de
millions « engloutis » dans la « restructuration » de l'industrie de la pêche
de la côte Est du Canada[36] et de la cinquantaine de millions de dollars affectés
à la modernisation des trois usines de pâtes et papiers du Nord-Est du
Nouveau-Brunswick.

Les actions du gouvernement fédéral vont également dans le sens d'un
étalement et d'un émiettement de la question du développement économique des régions. Au début de 1982, Ottawa annonce que les ententes-

---

35. Voir aussi Swan et Kovacs (1981 : 2).
36. Parmi les points de vue sceptiques sur cette intervention, voir Williams (1984).

cadres de développement ne seront pas renouvelées à leur échéance. Les fonds fédéraux seront désormais distribués directement aux bénéficiaires sans passer par les provinces. Un des buts évidents de l'opération est de rendre plus visibles les actions fédérales destinées aux régions et, par conséquent, d'en tirer un plus grand capital politique. À l'heure de la crise constitutionnelle et dans le cadre de sa nouvelle offensive centralisatrice, Ottawa fait flèche de tout bois.

Par ailleurs, le ministère de l'Expansion économique régionale est aboli et ses services sont regroupés avec celui de l'Industrie et du Commerce dans une nouvelle entité appelée le ministère de l'Expansion industrielle régionale (MEIR). Cette nouvelle structure administrative est relativement jeune et n'a pas encore apporté de résultats qui se prêteraient à une évaluation serrée[37]. Cependant, les divers renseignements que l'on peut rassembler sur les plans de relance mis au point depuis cette réorganisation laissent croire que les interventions se réaliseront là aussi en fonction des projets issus de l'initiative du milieu. Le «dynamisme» n'étant pas aussi fort dans tous les milieux, la nouvelle politique sous ce rapport risque de consacrer les écarts régionaux existants et d'encourager même l'apparition de nouvelles disparités[38].

---

37. Une analyse institutionnelle de toute cette restructuration fédérale, des diverses forces y ayant présidé ainsi que d'un pronostic sombre pour le développement des régions se trouve dans Savoie (1984).

38. Il est significatif que pour la première fois dans l'histoire des politiques de développement régional, des villes comme Toronto et Calgary, qui ne font certes pas figure de parents pauvres, deviennent admissibles à des subventions d'aide à l'industrie (bien sûr, à des conditions moins favorables que celles accordées à l'Est du Québec ou au Nord-Est du Nouveau-Brunswick, mais le fait est révélateur : la lutte aux disparités, qui a été le grand leitmotiv des années 1960 et 1970, paraît avoir été reléguée aux oubliettes...). Il faut cependant reconnaître que des inégalités – entre régions ou entre personnes ou classes sociales – ont été créées à la suite de programmes gouvernementaux de développement régional : un exemple de création d'inégalités entre personnes, dans le Nord-Est, est fourni par Beaudin (1984-1985). Un autre exemple de création d'inégalités entre régions serait l'aide généreuse fournie par le MEER et d'autres agences gouvernementales à la famille McCain : en 1980, un analyste chiffrait cette aide à 26 millions de dollars, et ce chiffre était tenu pour conservateur (voir Murphy, 1984 : 214). Parmi les «fruits» de cet appui de l'État, on pourrait signaler la création d'un secteur agroalimentaire dans la province (et la quasi-disparition de la ferme familiale) et la fabrication, en agriculture, de l'hégémonie économique du Nord-Ouest (comtés de Carleton, Victoria et Madawaska) sur les autres régions de la province : en 1951, les diverses régions du Nouveau-Brunswick (y compris le Nord-Est et Sud-Est) étaient relativement égales par rapport à la production agricole. En 1981, le Nord-Ouest devançait de loin les autres régions (voir Murphy, 1984 : 40-44).

L'État et la « participation »

La « participation » est un mythe qui a la vie dure, nous l'avons vu. Cependant, il ne s'agit pas que d'un mythe : c'est une technique éprouvée de gestion des conflits sociaux. Même si ses formes changent, elle n'est pas vraiment mise en cause dans la transformation des définitions que l'État a données au développement régional. Qu'il s'agisse de l'époque de la croyance au développement planifié, de l'époque des pôles de croissance et de la déconcentration administrative ou de l'époque de l'initiative locale et du financement par projet, la « participation » au sens où nous l'avons définie plus haut est toujours la bienvenue. Seule condition à son exercice : que le regroupement des acteurs socioéconomiques donne toujours la majorité (pouvant aller jusqu'à la totalité) des voix aux forces conservatrices et jamais plus (ou jamais pour très longtemps !) que la minorité des voix aux forces progressistes. Lorsque cette condition a cessé d'être respectée pour les CRA du Nouveau-Brunswick, l'existence de ces derniers a commencé à être mise en question par l'État. Le processus de remise en question a certes duré fort longtemps (exactement dix ans dans le cas du CRAN, ce qui montre que l'État est parfois tissé de contradictions), mais on ne peut expliquer autrement comment il se fait que les CRA néo-brunswickois n'ont jamais eu le vent dans les voiles depuis le moment de leur virage populiste au début des années 1970 jusqu'à leur disparition en 1980. Les CRA ont d'ailleurs toujours été parfaitement conscients du fait qu'ils n'étaient que tolérés et que leur appui financier pouvait être à tout moment compromis. De toute façon, lorsque le gouvernement du Nouveau-Brunswick s'est décidé à couper les fonds aux CRA, ce n'était absolument pas parce qu'il se désengageait d'une politique de « participation ». Au contraire, c'est précisément parce qu'il jugeait que la « participation » était d'ores et déjà réalisée par d'autres organismes (et mieux réalisée que par les CRA) qu'il a décidé de leur retirer tout appui financier.

Au fond, la « participation » telle que la souhaite l'État se veut avant tout « instrumentale » (un moyen pour atteindre d'autres fins), comme le notent deux analystes à propos de l'expérience du Bureau d'aménagement de l'Est du Québec (BAEQ) :

> L'idéologie de la participation véhiculée à travers cette expérience, et qui sera reprise pour d'autres programmes, était en fait un appel à la concertation qui ne visait pas tant à mettre en place les éléments nécessaires pour que naisse un pouvoir régional démocratique qu'à créer les bases minimales pour imposer un nouveau consensus. (Hamel et Léonard, 1982 : 99)

Puisque, au contraire, les CRA du Nouveau-Brunswick ont assez tôt redéfini leur rôle dans le sens d'une autonomisation de l'action de certaines couches populaires rurales, cela allait évidemment à l'encontre de leur intégration, par le mécanisme de la « participation », au type de développement favorisé par l'État et la logique économique dominante.

Nous avons montré ailleurs (Allain et Côté, 1984) que les Conseils régionaux de développement (CRD) du Québec n'avaient pas dans l'ensemble connu la radicalisation de leurs homologues néo-brunswickois. Pourquoi l'expérience de ces derniers a-t-elle été si unique? Il ne convient pas ici d'explorer à fond les différences entre les deux groupes de conseils ; qu'il nous suffise d'avancer deux hypothèses. Le caractère populaire et plus progressiste à la fois des membres et des actions des CRA du Nouveau-Brunswick par rapport aux CRD du Québec (plus élitistes et plus conservateurs) peut s'expliquer par deux considérations, soit la faiblesse relative des notables locaux et la faiblesse relative de l'État provincial au Nouveau-Brunswick. En effet, l'expulsion des notables des postes de commande du CRAN en 1970 et du CRANO en 1971 a permis les transformations structurelles et idéologiques qui ont rendu possible l'adoption de nouvelles orientations par les CRA. Un tel putsch aurait été impensable dans les CRD du début des années 1970 au Québec. Les élites locales auraient au moins offert une résistance plus farouche et se seraient sans doute opposées victorieusement à leur éviction. Quant à notre seconde hypothèse, elle veut que la faiblesse de l'État au Nouveau-Brunswick ait pu paver la voie à une évolution originale de ses CRA. Le Nouveau-Brunswick, moins gros, moins fortuné, moins technocratique, n'a jamais mis sur pied de structure analogue à l'Office de planification et de développement du Québec (OPDQ), qui paraît avoir tenu les CRD québécois en laisse depuis sa création. Ayant une marge de manœuvre beaucoup plus grande que leurs homologues du Québec, les CRA néo-brunswickois ont pu jusqu'à un certain point agir à leur guise et se montrer plus fidèles à l'évolution des enjeux du développement dans leurs régions respectives.

Conclusion

Il est permis d'affirmer en terminant que le cadre régional offre de multiples possibilités à l'exercice de la « participation » et de la concertation, ce qui n'assure pas pour autant que tout ira pour le mieux dans le meilleur des mondes. On peut même parler à ce propos du paradoxe de la « participation ». Alors que la « participation » se présente comme un moyen de faire participer « la population » à la construction de son avenir, on peut remarquer que les CRA du Nouveau-Brunswick n'ont jamais pu influencer profondément le développement de leurs territoires. Nous y voyons deux raisons : d'une part, les CRA étaient des organismes essentiellement consultatifs et, d'autre part, ils ne réunissaient que des agents économiques et sociaux relativement démunis de pouvoir. La « participation » apparaît ici comme le forum des sans-pouvoir ; à d'autres paliers de l'échelle sociale, là où le pouvoir réside – dans la grande entreprise, par exemple –, la « participation » en tant qu'exercice de concertation des partenaires sociaux n'a pas sa place. On peut donc retrouver à la limite des cas où, par exemple dans les CRA, le pouvoir et la participation sont pratiquement antithétiques et où l'abondance de l'un implique quasi nécessairement la rareté de l'autre !

L'expérience des CRA du Nouveau-Brunswick montre aussi que la « participation » en région peut faire face, du point de vue de l'État, à certaines limites. Sans que cela soit un cas fréquent, il arrive que la machine ait des ratés et que l'alliance recherchée avec les forces conservatrices de la société régionale ne puisse se réaliser, ainsi que nous l'avons vu. Dans une telle situation, les organes de « participation » sont tôt ou tard désavoués par l'État. Le fait que les organismes de « participation » puissent aussi se retourner contre l'État constitue un accident de parcours qui est plus susceptible de survenir dans un cadre régional qu'à l'échelle nationale. Les organismes nationaux, en raison même de leur proximité plus grande avec l'appareil étatique, sont soumis à une surveillance plus étroite et ont moins de chances de se rebiffer. L'éloignement – géographique, mais surtout politique – par rapport aux centres du pouvoir semble comporter pour celui-ci des risques plus élevés... du moins pour un temps.

Bibliographie

ALI-KHODJA, Mourad (1983), « Économie et politique de la vérité : à propos de la Commission Laforest-Roy », *Revue de l'Université de Moncton*, vol. 16, nᵒˢ 2-3 (avril-décembre), p. 57-77.

ALLAIN, Greg (1975), « La crise de Kouchibougouac et ses retombées à St-Louis-de-Kent : portrait sociologique d'une relocalisation », *Revue de l'Université de Moncton*, vol. 8, nᵒ 1 (janvier), p. 21-40.

ALLAIN, Greg (1982), « L'affaire Kouchibougouac : bilan du *Rapport de la Commission spéciale d'enquête sur le Parc national Kouchibougouac* », *Égalité*, nᵒ 7 (automne), p. 51-95.

ALLAIN, Greg (1983), « Une goutte d'eau dans l'océan : regard critique sur le programme des subventions au développement régional du M.E.E.R. dans les

Provinces atlantiques, 1969-1979 », *Revue de l'Université de Moncton*, vol. 16, nᵒˢ 2-3 (avril-décembre), p. 77-110.

ALLAIN, Greg (1984), « Dix ans de lutte pour la reconnaissance syndicale de l'U.P.M. enfin couronnées de succès ! Entrevue avec Gilles Thériault », *Le Papier*, nᵒ 2 (avril), p. 6-7.

ALLAIN, Greg, et Serge CÔTÉ (1979), *Enracinement de classe et stratégies différentielles face aux enjeux du développement économique régional : l'hétéromorphisme des conseils régionaux d'aménagement francophones et anglophones du Nouveau-Brunswick*, Moncton/ Rimouski, texte inédit.

ALLAIN, Greg, et Serge CÔTÉ (1984) « L'État et les organismes régionaux de "participation" au Québec et au Nouveau-Brunswick », *Cahiers du GRIDEQ*, « Région, régionalisme et développement régional », nᵒ 14, p. 171-209.

ALLAIN, Greg, Serge CÔTÉ et John TIVENDELL (1977), « Évolutions asymétriques : le cas des conseils régionaux d'aménagement francophones et anglophones au Nouveau-Brunswick », *Revue de l'Université de Moncton*, vol. 10, nᵒ 1 (janvier), p. 63-87.

ALLAIN, Greg, Serge CÔTÉ et John TIVENDELL (1978), *Évaluation des conseils régionaux d'aménagement du Nouveau-Brunswick*, Moncton, École des sciences sociales (Université de Moncton).

ANONYME (1982), « Chronologie des événements entourant la création du parc national Kouchibouguac », *Égalité*, nᵒ 7 (automne), p. 190-191.

BEAUDIN, Maurice (1984-1985), « L'aide au développement régional dans le Nord-Est : ampleur et répercussions », *Égalité*, nᵒ 13-14 (automne-hiver), p. 153-174.

BÉCOTTE, Yves (1981), « L'aménagement du territoire et les perspectives de décentralisation », dans *L'impact des lois 90 (zonage agricole) et 125 (aménagement-urbanisme) dans l'est du Québec*, Rimouski, UQAR-GRIDEQ (coll. « Documents généraux du GRIDEQ », nᵒ 9), p. 73-95.

BENOÎT, Carmelle, et Romain LANDRY (1975), *Évaluation du Projet Coopération des localités rurales de la paroisse civile de Beresford N.-B. : un pays à défaire ou à construire*, [s.l.], [s.é.].

BOURASSA, Guy (1969), *Étude sur la participation et la planification régionales*, Ottawa, Conseil canadien de l'aménagement rural.

BOURASSA, Guy (1981), « La démocratie municipale : déblocage ou impasse ? », *Possibles*, vol. 5, nᵒ 2, p. 39-48.

CLARK, Samuel Delbert (1978), *The New Urban Poor*, Toronto, McGraw-Hill.

CHOUINARD, Omer (1982), « La lutte pour le droit à la syndicalisation et le projet de loi 94 », *Égalité*, vol. 3, nᵒ 5 (printemps), p. 39-59

CÔTÉ, Serge (1978), « Les voies de la monopolisation : le cas de l'usine de papier de Bathurst », Thèse de doctorat, Montréal, Université de Montréal.

CÔTÉ, Serge, et Benoît LÉVESQUE (1982), « L'envers de la médaille : le sous-développement régional », *Interventions économiques pour une alternative sociale*, « La question régionale », n° 8 (printemps), p. 55-79.

DIONNE, Hugues (1981), « Le zonage agricole (loi 90), l'aménagement du territoire (loi 125) et le développement régional », dans *L'impact des lois 90 (zonage agricole) et 125 (aménagement-urbanisme) dans l'Est du Québec*, Rimouski, UQAR-GRIDEQ (coll. « Documents généraux du GRIDEQ », n° 9).

DIONNE, Hugues (1983), « Le BAEQ : une entreprise d'éducation à la "rationalité" », dans *Aménagement intégré des ressources et luttes en milieu rural*, Rimouski, UQAR-GRIDEQ (Coll. « Les Cahiers du GRIDEQ », n° 11), p. 33-52.

EVEN, Alain (1970), « Le territoire-pilote du Nouveau-Brunswick ou les blocages culturels au développement économique : contribution à une analyse socio-économique du développement », Thèse de doctorat, Rennes, Université de Rennes.

GAGNON, Gabriel, et Luc MARTIN (1973), « Le Québec des années 80 », dans Gabriel GAGNON et Luc MARTIN (dir.), *Québec 1960-1980, la crise du développement : matériaux pour une sociologie de la planification et de la participation*, Montréal, Hurtubise HMH.

GAUVIN, Monique (1983), « Le rapport Laforest-Roy : la négation d'un déracinement », *Égalité*, n° 8 (hiver), p. 73-91.

GAUVIN, Monique, et Pierre PÂQUET (1974), *Le Centre de promotion rurale : évaluation des activités de formation*, Montréal, Institut canadien d'éducation des adultes.

GODIN, Pierre (1972), *Les révoltés d'Acadie*, [s.l.], Éditions Québécoises.

HAMEL, Pierre, et Jean-François LÉONARD (1982), « Aménagement du territoire et participation populaire au Québec depuis 1960 », dans Jacques LÉVEILLÉE (dir.), *L'aménagement du territoire au Québec : du rêve au compromis*, Montréal, Nouvelle optique, p. 90-115.

LAFOREST, Gérard-V., et Muriel K. ROY (1981), *Rapport de la Commission spéciale d'enquête sur le parc national de Kouchibouguac*, Ottawa, Parcs Canada.

LAPOINTE, Jean, et Joseph Yvon THÉRIAULT (1980), *Connaissance de la Péninsule. Deuxième document d'une analyse sociologique régionale préparée pour la Commission d'aménagement et de planification de la Péninsule acadienne*, Ottawa.

McCRORIE, James N. (1969), *L'A.R.D.A. : une expérience de planification de développement*, Ottawa, Conseil canadien de l'aménagement rural.

MURPHY, Tom (1984) « The Structural Transformation of New Brunswick Agriculture from 1951 to 1981 », Mémoire de maîtrise, Fredericton, University of New Brunswick.

NOUVEAU-BRUNSWICK (1971), *Participation et développement, rapport du comité d'étude du Nouveau-Brunswick sur le développement social*, 3 tomes, Fredericton.

NOUVEAU-BRUNSWICK (1977), *Rapport sur l'étude sur les ressources agricoles (rapport Parks)*, Fredericton.

OCDE (1974), Réévaluation des politiques régionales dans les pays de l'O.C.D.E., Paris, OCDE.

OCDE (1980), *Les politiques régionales au Canada*, Paris, OCDE.

POULIN, Pierre, Dollard LANDRY et Gérard LEGRESLEY (1976), *Le phénomène du navettage des gens du Nouveau-Brunswick vers la ville de Saint-Jean*, Bathurst, ministère de l'Expansion économique régionale.

ROBERT, Lionel (1978), « L'espace et l'État : politiques et mouvements urbains et régionaux au Québec », *Critères*, n° 23, p. 231-258.

SANSFAÇON, Jean-Robert, et Louise VANDELAC ([s.d.]), *Perspectives Jeunesse : le programme cool d'un gouvernement too much. Une analyse critique des politiques jeunesses et des programmes communautaires fédéraux*, Montréal, Agence de presse libre du Québec.

SAVOIE, Donald J. (1981a) « The General Development Agreement Approach and the Bureaucratization of Provincial Governments in the Atlantic Provinces », *Administration publique du Canada*, vol. 24, n° 1 (printemps), p. 116-131.

SAVOIE, Donald J. (1981b), *Federal-Provincial Collaboration : The Canada-New Brunswick General Development Agreement*, Montréal, McGill/Queen's University Press.

SAVOIE, Donald J. (1984), « The Toppling of DREE and Prospects for Regional Economic Development », *Canadian Public Policy*, vol. 10, n° 3 (septembre), p. 328-337.

SWAN, Neil M., et Paul J.E. KOVACS (1981), *Une théorie des disparités interrégionales appliquée à Terre-Neuve*, Ottawa, Conseil économique du Canada (Approvisionnement et services).

TELLIER, Luc-Normand (1982) « Les dimensions économiques de l'aménagement du territoire au Québec », dans Jacques LÉVEILLÉE (dir.), *L'aménagement du territoire au Québec : du rêve au compromis*, Montréal, Nouvelle Optique, p. 43-62.

WILLIAMS, Rick (1984) « The Restructuring That Wasn't : The Scandal at National Sea », *New Maritimes*, vol. 2, n° 7 (avril), p. 4-8.

Une poésie qui est un acte

RAOUL BOUDREAU

Ce texte rappelle le contexte socioculturel particulier dans lequel a pris naissance la poésie acadienne contemporaine au début des années 1970. La vague nationaliste québécoise, l'élection de Louis J. Robichaud comme premier ministre du Nouveau-Brunswick, la création de l'Université de Moncton, le succès de La Sagouine d'Antonine Maillet sont autant de facteurs qui contribuent à l'émergence de cette nouvelle forme d'expression collective. Associée à une prise de conscience identitaire, la poésie acadienne a été à ses débuts intimement liée aux revendications nationalistes et a joué un rôle catalyseur dans l'avènement de l'Acadie moderne. Raymond Guy LeBlanc, Guy Arsenault et Herménégilde Chiasson sont en quelque sorte les fondateurs de cette poésie agissante qui redéfinit la conscience collective en assumant l'aliénation du passé et en formulant pour l'avenir un rêve de libération. Dans les années 1980, Gérald Leblanc s'impose comme le principal animateur de la poésie monctonienne et lui imprime une facture postmoderne où se mélangent les influences françaises, américaines et québécoises. Délaissant progressivement la veine nationaliste, la poésie acadienne est marquée par une très grande liberté de thèmes et de manières et elle évolue en accueillant aussi bien l'écriture des femmes que le fantastique, la banalité du quotidien en même temps que la provocation et la violence. Elle tente de maintenir une personnalité propre à l'extrême frontière de la francité et de l'américanité en misant sur les avantages de cette position unique mais risquée, dont sa langue porte avant tout les marques.

En l'espace d'une vingtaine d'années, la poésie acadienne a fait des progrès remarquables. Au début des années 1960, on ne comptait que quelques publications épisodiques, à tel point qu'il était difficile de parler d'une poésie acadienne. Aujourd'hui, les publications se succèdent à un rythme régulier et soutenu ; elles entretiennent une parenté thématique reconnaissable et elles sont assurées par un groupe d'écrivains qui, tout en conservant leur individualité, ont conscience de partager un idéal et des objectifs collectifs. La question si souvent ressassée de l'existence de la poésie acadienne, voire de la littérature acadienne, est définitivement une chose du passé.

On ne peut mieux mesurer cet essor qu'en prenant acte de sa présence, encore modeste, mais désormais réelle dans la francophonie internationale. Certes, pour la majorité des Européens, tous les francophones du Canada sont des Québécois, mais il reste que la poésie acadienne a été exposée et commentée dans des revues littéraires et des colloques en France et en Belgique, que les poètes acadiens ont déclamé leurs textes dans ces régions de même qu'en Suisse, en Afrique, en Louisiane... Cette reconnaissance extérieure, absolument indispensable à son développement, avait bien sûr commencé au Québec, où les interventions orales et écrites, privées et publiques des poètes acadiens ne se comptent plus.

Mais cela ne veut pas dire qu'il n'y a plus de progrès à faire même en Acadie. Ici comme ailleurs, la poésie est le plaisir de quelques *happy fews* et la majorité reste à conquérir à cette cause. Une anthologie est le meilleur moyen d'y parvenir, puisque non seulement elle sert à mettre en appétit en présentant des hors-d'œuvre, mais elle peut aussi situer les œuvres les unes par rapport aux autres, guider le lecteur sur le sentier de la découverte de poètes nouveaux.

La présente anthologie porte sur la poésie acadienne récente, c'est-à-dire celle qui date de la période dite de la Renaissance acadienne. Elle délaisse donc volontairement les trois premiers poètes acadiens des années 1950, dont la poésie, religieuse, ou patriotique, ou les deux, reste conformiste par la forme et par le fond. Cette poésie propose une vision théocentrique du monde et elle présente l'Acadie et les Acadiens comme le peuple élu de Dieu qui, par son indéfectible attachement à sa foi catholique malgré ses souffrances et ses misères, doit servir d'exemple aux peuples de la terre. Elle incite le plus souvent à la prière et à l'action de grâce, jamais à la révolte. Ces poètes, les Eddy Boudreau, Napoléon Landry et François-Moïse Lanteigne, ont donc davantage servi de repoussoirs que de modèles aux jeunes poètes qui, à la fin des années 1960, allaient donner un élan irrésistible à ce qu'on a appelé la Renaissance acadienne.

Ronald Després agit en quelque sorte comme un précurseur de ce mouvement avec trois recueils publiés entre 1958 et 1968, même si ceux-ci restent très éloignés de la thématique de revendication nationaliste. C'est plutôt par sa facture tout à fait moderne, mettant en relief la création simultanée d'une image et d'une formule de langage, que cette poésie marque un tournant dans la poésie acadienne et demeure encore aujourd'hui une de ses plus grandes réussites par la maîtrise du vers et du rythme, la justesse et la variété des images, la richesse et l'originalité de la création langagière. Seul poète de l'Acadie à publier à son époque, son œuvre n'en trouvera pas moins un accueil chaleureux au Québec où il gagne d'emblée sa place chez les poètes «canadiens-français». La poésie de Ronald Després refera surface dans l'effervescence du début des années 1970, alors que les Éditions d'Acadie regroupent ses meilleurs poèmes dans un recueil intitulé *Paysages en contrebande... à la frontière du songe* (1974). Elle sert d'inspiration et d'exemple aux jeunes poètes, non pas par ses contenus, mais par la preuve qu'elle apporte qu'on peut être Acadien et poète moderne.

Cependant, un poète isolé ne peut à lui seul constituer une poésie nationale. C'est pourquoi il faut situer au début des années 1970 la véritable naissance de la poésie acadienne, alors que se forme spontanément un groupe d'écrivains partageant des thèmes communs, des idéaux et assurant par leur émulation réciproque des publications régulières et nombreuses. Cette xième « renaissance acadienne », comme le dit Michel Roy, a été une période déterminante non seulement pour la littérature acadienne, mais pour tous les aspects de l'histoire de l'Acadie. Tout un ensemble de facteurs concomitants allaient permettre la cristallisation et l'expression d'aspirations collectives refoulées depuis longtemps. Certes, la vague nationaliste québécoise déborde sur l'Acadie au moment même où la fierté acadienne est gonflée par l'élection de Louis Robichaud comme premier ministre du Nouveau-Brunswick ; l'Université de Moncton est fondée et, grâce à elle, l'Acadie sort brusquement du folklore du XIXe siècle pour découvrir d'un seul coup le marxisme, la lutte des classes, les rapports de force et la contestation étudiante. Sur un plan plus littéraire, *La Sagouine* d'Antonine Maillet commence son périple à travers le monde, des revues québécoises comme *Liberté* et *Écrits du Canada français* consacrent des numéros spéciaux à l'Acadie et à la poésie acadienne ; une vaste enquête sur la poésie en Acadie révèle une multitude de poètes cachés ; les Éditions d'Acadie sont fondées et commencent à publier.

La poésie qui naît dans ce contexte fébrile et survolté est, bien plus que la québécoise, « un cri pour ne pas mourir », comme l'a écrit Jean Royer. L'urgence de la prise de parole, la simple existence d'une poésie en Acadie restent les « messages » les plus importants de ces textes, au-delà même de leurs contenus effectifs. Trois des premiers recueils publiés par les Éditions d'Acadie sont exemplaires de ce courant de revendication nationaliste : *Cri de terre* de Raymond Guy LeBlanc (1972), *Acadie Rock* de Guy Arsenault (1973) et *Mourir à Scoudouc* d'Herménégilde Chiasson (1974). Raymond Guy LeBlanc, dans une œuvre forte et claire, dénonce les conditions inacceptables d'existence de son peuple. C'est à la fois un regard sans complaisance jeté sur lui-même et une parole dure comme l'acier :

> *Je suis acadien*
> *Ce qui signifie*
> *Multiplié fourré dispersé acheté aliéné vendu révolté*
> *Homme déchiré vers l'avenir*

> « Je suis acadien »

Mais c'est aussi un formidable élan vers la libération et la reconquête de soi :

Navire fantôme je suis remonté à la surface des fleuves
Vers la plénitude des marées humaines

Et j'ai lancé la foule aux paroles d'avenir

« Cri de terre »

Guy Arsenault, encore élève à l'école secondaire, découvre dans son recueil les formes élémentaires de la poésie : la nomination, l'énumération et la juxtaposition. Il se réapproprie en les nommant tous les éléments de la culture acadienne que le mépris et la honte avaient relégués dans une *backyard* de l'histoire. Il s'en fait un trésor et une fierté en mettant au premier plan l'objet suprême de notre honte : le *chiac*. Il opère un véritable renversement de perspective très efficacement subversif par l'humour discret et le ton moqueur qui imprègnent son recueil :

bosses de maringouin
pelure de banane
bouchon de bouteille
bête à cosse
bois de popsicle
bête à patate

… comme si tout' l monde se connaissait

« Tableau de back yard »

Il faut reconnaître en Herménégilde Chiasson le troisième poète fondateur de la poésie acadienne moderne. Il réussit le tour de force d'allier le réel et l'irréel, la violence de la dénonciation, de la révolte et la tendresse fluide du rêve nostalgique. Il s'en dégage une beauté toute particulière qui nous berce et nous déchire tout à la fois :

Acadie, mon trop bel amour violé, toi que je ne prendrais jamais dans des draps blancs, les draps que tu as déchirés pour t'en faire des drapeaux blancs comme des champs de neige que tu as vendus comme tes vieux poteaux de clôtures, tes vieilles granges, tes vieilles légendes, tes vieilles chimères […]

« Rouge »

Si ces trois poètes ont tellement marqué la poésie acadienne, c'est qu'ils ont su être à la hauteur de la conjoncture historique dans laquelle ils se sont trouvés ; ils ont su faire mentir le préjugé commun qui veut que la poésie engagée soit une poésie inférieure. Au contraire, l'élan nationaliste les a inspirés, les a poussés au summum de leur art et leur a fait trouver des accents inoubliables : l'écriture incisive de LeBlanc, le sarcasme narquois d'Arsenault, la douleur jazzée de Chiasson. Leur poésie n'est pas une activité solitaire : elle est l'incandescence du feu qui couve dans la classe la plus politisée et la plus militante des Acadiens ; elle s'ajuste spontanément à des aspirations collectives. Elle est à coup sûr un acte et un événement, voire un acte fondateur de la nation et de sa littérature, du moins tel qu'on redécouvre ces notions à l'époque.

Pour une fois, l'Acadien tire un avantage de sa position d'exploité. Son activité poétique ne souffre pas le moindre soupçon d'illégitimité, d'individualisme ou de gratuité, ce mal qui ronge à un moment ou l'autre une bonne part de l'art contemporain. Voilà ce qui le distingue radicalement de l'artiste dilettante. Il a une cause urgente à défendre, une culture à sauver du naufrage et à laquelle il s'identifie, et prendre la plume, c'est avant toute chose affirmer cela. Tout le reste – tout ce qui reste aux autres – n'est que littérature.

Néanmoins, les poètes acadiens de la Renaissance ont ressenti très fortement cette responsabilité collective attachée à leurs écrits, à tel point qu'ils en ont été parfois paralysés. LeBlanc et Arsenault sont restés seize ans sans publier de recueil. Chiasson, dix ans. Mais ils eurent heureusement des émules qui ont plus qu'assuré la relève. Avec Calixte Duguay, les chansons se fondent aux poèmes dans des images simples mais fortes, d'un patriotisme viscéral, à la fois plein de tendresse et déchiré par les plaies vives de l'aliénation :

Dire mon Acadie
Comme on dit ma Chine
Comme on dira un jour
Peut-être
Mon Kébec
Et sentir dans ses entrailles
Palpiter
Comme une envie de pain de pays
Et des frissons d'appartenance

« Avoir un pays »

Chez Ulysse Landry, la douleur prend la forme de la provocation et de la violence :

nous avons trop cité
les exploits de nos pères

nous avons trop pleuré
les malheurs de l'histoire
et pourtant
malgré les archiprêtres de notre honte
nous insistons pour mourir
martyrs

« Crier à tue-tête contre le silence de demain »

Léonard Forest publie aussi deux recueils au cours des années 1970 : *Saisons antérieures* (1973) et *Comme en Florence* (1979). Dans le premier surtout, la réalité acadienne n'est pas moins présente que chez ses contemporains, mais elle est plus discrète et s'estompe derrière le riche écran de symboles qui manifeste une culture poétique davantage enracinée dans la tradition. Cependant, le mystère de sa poésie lui redonne comme force différée ce qu'il lui fait perdre de clarté immédiate. Avec Ronald Després, Forest est sans doute celui des poètes acadiens chez qui on reconnaît plus volontiers l'influence des poètes français, comme en témoigne ce clin d'œil à Ronsard :

parmi la semaine morose
que nulle espérance n'arrose,
nos désirs privés de soleil
n'attendent que l'heure sacrée
où l'émoi d'une joie pourprée
flambera, au matin pareil.

« Antipsaumes II »

ou encore les vers rimés d'« Itinéraires » :

tu m'imagines aspirant à la rime,
ivre déjà des mots qui sonnent
choc, au bout du vers et qui tonnent
l'évidence avecque l'éclat du crime.

C'est sans doute Gérald Leblanc qui réalise le mieux la jonction entre les poètes des années 1970 et ceux des années 1980. Déjà présent dans les pages de la revue *L'Acayen* à l'époque la plus militante du nationalisme acadien, il est aujourd'hui le principal animateur de la vie poétique monctonienne et en même temps le plus prolifique de nos poètes, avec quatre recueils de 1981 à 1988. Leblanc incarne certes le poète engagé et il porte à son paroxysme le cri de révolte contre tous les oppresseurs : l'impérialisme américain, les patrons anglo-saxons, l'*establishment* acadien. Mais Leblanc montre aussi aux poètes acadiens le chemin vers le postmodernisme et l'éclatement de toutes les règles :

[...] *vos mots reviennent dans le silence. «on se reverra, on se rêvera.» je rêve dans votre bouche, je rêve dans votre corps. parce que l'amour vous ressemble. parce que can talmak ulak. parce que le courant passe. parce que la saison avance. parce que la terre tourne. parce que nous tournons avec.*

«Le Silence de janvier»

Déjà, au cours des années 1970, on a souvent souligné l'absence de tradition littéraire en Acadie et la grande liberté de création qui en découle :

> Il n'existe pas de patrimoine littéraire en Acadie ; la littérature est un projet. Paradoxalement, l'écrivain acadien se trouve ainsi placé de plein-pied [sic] avec l'universalité.
>
> [...]
> Les valeurs d'une œuvre ne peuvent pas être confrontées ici à des modèles, mais doivent être déduites de leur singularité même. (Masson, 1974 : 167)

Ignorant presque tout de la métrique du vers français dont ils ne se préoccupent guère, les poètes acadiens bouleversent, parfois même inconsciemment, les règles de leur art. En ce qui concerne la langue, ils se donnent la liberté d'écrire, à un moment ou l'autre, en bon français, en mauvais français, en *chiac* ou même en anglais.

Le fait d'être tard venus à la littérature et d'y arriver les mains vides ne comporte donc pas que des désavantages. L'ouverture aux influences externes, la distance prise spontanément par rapport aux canons littéraires ont permis aux poètes acadiens d'entrer dans le postmodernisme comme s'ils l'avaient inventé.

Au tournant des années 1980, la poésie acadienne a accompli un virage marquant. Délaissant les thèmes nationalistes, elle est aujourd'hui traversée par les grands courants de la littérature mondiale : écriture de femmes, rejet de toute contrainte d'ordre rationnel ou esthétique, prosaïsme minimaliste, fantastique, onirisme. Si la littérature acadienne est toujours une littérature régionale – mais ce mot aujourd'hui n'a rien de péjoratif –, elle n'est plus régionaliste. Le *label* acadien n'est plus donné d'emblée dans des contenus à saveur plus ou moins folklorique, mais il doit être découvert dans une manière bien particulière de transformer l'écriture. La transition n'est cependant pas si facile : pour certains écrivains comme Chiasson, l'état second provoqué par la prise de conscience du début des années 1970 est un paradis perdu ; pour beaucoup de lecteurs, à l'intérieur et à l'extérieur, l'image de l'Acadien pleurnichant est rassurante, et l'exotisme est si rentable littérairement...

Cependant, les jeunes poètes acadiens ont fait leur choix et ils ne regardent pas en arrière. Autour de l'omniprésent Gérald Leblanc, soutenus par le retour remarqué des Guy Arsenault, Raymond Guy LeBlanc et Herménégilde Chiasson, ils semblent décidés à exploiter toujours davantage la liberté particulière de leur situation d'écrivains. Leur poésie, comme une bonne part de la poésie moderne, circule dans l'infraréalité d'un quotidien volontiers banal dont on tentera de restituer d'infimes mouvements, l'esquisse d'un geste, l'amorce ténue d'une sensation, par exemple chez Roméo Savoie :

> tu prends mon bras à deux mains
> tu te serres très fort pour ne pas avoir peur
> et moi je fais semblant

« La foule »

Tout à l'opposé, on remarquera un goût prononcé pour le fantastique et l'onirique, notamment chez Dyane Léger dont l'univers quotidien bascule soudain dans l'imaginaire le plus débridé, où se mélangent les voitures et les poissons rouges, Saint-Paul-de-Kent et Mexico, l'Enfant-Jésus et les patates frites. Cette poésie fait exploser le langage dans un feu d'artifice qui en disperse les effets le plus loin possible. Quant à Rose Després, la fascination de ses textes provient d'un jeu constant entre le continu et le discontinu :

> Souvenances géographiques, les régions de mon cœur s'étendént jusqu'aux ruelles excitées...
>
> Les enfants...bavardage lingala...les ondes à la première personne du pluriel, mes notions en prison et nos échanges radioactifs gonflent entre nous un miroitement illégal.

« Au port astral »

Chez Louis Comeau aussi, l'émotion passe malgré un langage à la limite de l'éclatement :

> M'apprenant la seule chose vraiment nécessaire, LA DOULEUR, sans éclats, une brûlure, une coupure, une fracture, une facture, la boisson, le poisson, la passion, en prison.

« À mon père »

La provocation qui consiste à refuser les conventions de la poésie traditionnelle s'accompagne du refus des convenances et de l'euphémisme dans le discours érotique qui tourne parfois à la scatologie et où fleurit l'expression littérale. Provocation et violence sont aussi des thèmes de la culture planétaire contemporaine qui trouvent leur écho dans la poésie acadienne.

En phase avec les courants mondiaux de la littérature, l'Acadie a vu éclore dans les années 1980 plusieurs écrivaines qui assurent plus de la moitié de la production poétique et qui ont grandement façonné la poésie d'ici. Les

Dyane Léger, Huguette Legaré, Rose Després, France Daigle, Anne Cloutier, Huguette Bourgeois, sans avoir recours au militantisme féminin, donnent à l'écriture une empreinte particulière, éloignée des modèles littéraires consacrés auxquels on leur a toujours dit de toute façon qu'elles ne pouvaient aspirer.

L'Amérique occupe une place privilégiée dans la poésie acadienne actuelle. Non seulement elle suscite des références culturelles, mais elle inspire des rythmes, une découpe syntaxique, des enchaînements syncopés, formant un hybride original de *beat* américain traduit en mots français. *Géographie de la nuit rouge* de Gérald Leblanc en offre de nombreux exemples.

Par rapport à cette réalité envahissante de l'Amérique, l'Acadien occupe encore une fois une position spéciale. Contrairement aux Canadiens anglais, il ne craint pas d'y perdre son identité : il est précisément un démenti à l'uniformisation américaine. Contrairement au Québécois, l'Amérique ne présente pour l'Acadien bilingue aucun problème de communication et, comme le Québécois, il l'accueille comme une manière de se distinguer de la francité européenne. L'Acadien joue de sa francité pour résister à l'Amérique et il joue de son américanité pour résister à l'hégémonie de la culture française. Certes, cela ne va pas sans risques dont l'avenir nous dira l'ampleur.

Si la poésie acadienne est définitivement sortie du régionalisme au cours des années 1980, elle s'est aussi beaucoup diversifiée. En dehors des quelques caractéristiques communes que nous avons voulu dégager, elle sait faire place à des œuvres originales et parfois même à contre-courant. D'aucuns apprécieront le charme quelque peu suranné des recueils de Robert Pichette ; d'autres, l'écriture inclassable de France Daigle, ni roman, ni poésie, mais certes narrative et poétique ; d'autres encore, l'expérience de Roméo Savoie dont l'écriture s'inspire de ses propres tableaux. L'Acadie n'est pas aussi monolithique qu'on le croit puisqu'elle peut aussi compter au rang de ses poètes un Maurice Raymond, maître de la langue française au point de s'y tailler des images neuves, qu'il déplie dans la rigueur et la sobriété, sur 20 ou 30 vers, sans le moindre accroc, tel un funambule sur la corde raide. Si, en plein postmodernisme, la poésie acadienne peut nous offrir une telle surprise d'une poésie classiquement mallarméenne dans la recherche de l'absolu poétique, que ne nous réserve-t-elle pas pour l'avenir ?

La poésie d'ici a également su s'ouvrir aux étrangers établis chez nous et s'enrichir de leur apport. Huguette Légaré, Gérard Étienne, Henri-Dominique Paratte, Roseann Runte ont partagé avec les poètes acadiens un point de vue sur le monde et un travail d'écriture : ils en font désormais partie.

Après à peine vingt années d'existence, il est certes trop tôt pour faire un bilan, et surtout pour porter des jugements, d'autant plus qu'il s'agit d'une contre-littérature inventant un nouveau code auquel il serait vain d'appliquer des critères anciens. Ce n'est pas par ses auteurs individuels mais plutôt par son ensemble que la poésie acadienne est aujourd'hui importante. Elle est unique en ce sens qu'aucune autre n'a eu un tel impact sur le tissu même de la conscience collective d'un peuple ; aucune autre n'a été chargée d'une telle responsabilité ; aucune autre n'a joui d'une telle liberté dans l'élaboration d'un projet littéraire qui se confondait avec un projet d'existence.

D'un certain point de vue, la poésie acadienne semble en bonne santé. L'institution littéraire s'est consolidée avec l'ajout de deux ou trois maisons d'édition. La littérature acadienne est enseignée à l'université ici comme ailleurs. L'Association des écrivains acadiens en est au 15ᵉ numéro de sa revue de création littéraire et elle fait de nombreux échanges avec l'Union nationale des écrivains québécois. Les poètes acadiens publient dans les revues québécoises *La Nouvelle Barre du jour*, *Lèvres urbaines*, *Estuaire*, ce qui n'est que la manifestation extérieure des nombreux contacts que les poètes d'ici entretiennent avec les plus avant-gardistes des écrivains québécois regroupés autour de Yolande Villemaire et de Claude Beausoleil. Mais surtout, le nombre des publications augmente constamment : entre 1980 et 1990, on aura publié plus de 30 recueils de poésie acadienne. Ce chiffre peut paraître modeste, mais il est considérable si l'on tient compte du fait que le seul quotidien francophone des Maritimes n'a jamais vendu plus de 15 000 exemplaires, ce qui donne une idée du nombre de lecteurs et d'écrivains potentiels.

Toutefois, les choses deviennent de plus en plus complexes. Les rapports ne sont plus univoques entre la société acadienne et sa poésie. Plusieurs possibilités s'offrent à l'une et à l'autre, et l'avenir, s'il n'est pas menacé, est imprévisible. Ce qui ne fait pas de doute, c'est que la parole prise au début des années 1970 n'a jamais été perdue et qu'elle continue de s'étendre.

Bibliographie

MASSON, Alain (1974), « Étranglement Étalement », *Si que*, *Revue de l'Université de Moncton*, vol. 7, n° 2, p. 165-195.

Les collectivités sans État
et les relations internationales :
l'exemple du peuple acadien des Maritimes[1]

Michel A. Saint-Louis

Cherchant à situer la place qu'occupe « le peuple acadien des Maritimes au plan international », politologue, l'auteur de ce texte privilégie une perspective juridico-politique qui le mène tout d'abord à une discussion des concepts-clés nation, peuple, droits, groupes minoritaires et collectivité sans État comme formes possibles du vivre-ensemble. Après avoir rappelé en quoi le « peuple acadien des Maritimes » constitue historiquement et politiquement, et du point de vue de la définition qu'il s'est donnée, une « collectivité sans État », l'auteur dresse ensuite un bilan des institutions acadiennes contemporaines et de leurs implications. Soulignant la vocation de ces dernières, il montre comment, à des degrés divers, leurs actions les rendent aujourd'hui aptes – au-delà de la région où elles œuvrent et des relations qu'elles entretiennent avec les instances politiques provinciales et fédérales – à s'inscrire aussi dans l'espace international et à établir des relations avec des États dans des champs de compétence multiples – qu'il s'agisse de la langue, d'accords de coopération ou de francophonie par exemple. Enfin, l'auteur envisage également tout l'intérêt qu'auraient ces mêmes institutions acadiennes à occuper aussi une place parmi les organisations non gouvernementales dont on sait aujourd'hui le poids qu'elles peuvent avoir et la consolidation dont le « peuple acadien des Maritimes » pourrait tirer d'une présence internationale accrue.

Introduction

N'est-ce pas un truisme de dire que le peuple acadien des Maritimes forme une collectivité sans État? L'affirmer paraît trop évident. L'important n'est pas tellement la démonstration à faire. L'important réside surtout dans le choix de la notion elle-même, qui exprime un état d'être. On ne le sait que trop : dans la vie des peuples, certains mots ont une valeur qui va bien au-delà de leur simple signification. Ils expriment une sorte de symbolisme

---

1. Cet article a été conçu en grande partie à partir d'une étude effectuée pour le compte de la Société nationale de l'Acadie (SNA). L'auteur profite de cette occasion pour remercier les responsables de cet organisme de lui avoir témoigné leur confiance.

empreint de souvenirs et d'espérance. Ce sont des mots qui interpellent, font appel à notre réflexion, et qui produisent dans la conscience collective un choc, dont les ondes s'estompent graduellement mais semblent ne jamais disparaître tout à fait. La notion de collectivité sans État concernant le peuple acadien en est une, qui excelle, quand il s'agit de situer cette communauté sur le plan international en cette fin de siècle ou d'envisager les voies et moyens par lesquels elle pourra dans les temps à venir assurer une promotion constante dans la francophonie et ailleurs. Nous en faisons, dans cette étude, un terme clé autour duquel s'articulent toutes nos considérations au sujet du devenir du peuple acadien au plan international.

On se doit de souligner, tout d'abord, que les collectivités sans État ont toujours occupé une place importante dans la politique étrangère des États. Le principe des nationalités auquel il faut rattacher ce concept a alimenté, au XIXe siècle, en Europe, bien des querelles entre les grandes puissances de cette partie du monde. La Première Guerre mondiale de même que la Deuxième n'y furent pas totalement étrangères. Il n'est pas étonnant, dès lors, qu'à diverses reprises elles aient été liées au droit international public[2]. Aussi, leur rôle d'acteur dans un système international de plus en plus en mutation ne peut plus être ignoré.

On ne peut non plus oublier que, depuis l'implosion de la Russie soviétique et l'éclatement du bloc de l'Est, les collectivités sans État ont refait surface en nombre incroyable. Le regain d'importance que l'actualité leur confère est proportionnel à l'ampleur des problèmes qu'elles soulèvent actuellement dans l'ancienne Yougoslavie, dans l'Europe centrale et balkanique et dans les territoires de l'ancien État soviétique[3]. Aussi, force est de

---

2. Le principe des nationalités est l'expression d'un idéal démocratique et libéral défendu dans la société internationale en vue de garantir la protection des minorités ethniques, religieuses, linguistiques, etc. La première forme d'internationalisation de cette protection a été établie, de la façon la plus simple, à partir du XVIIe siècle sur la base de traités bilatéraux (traités de Vienne en 1606, de Westphalie en 1648, d'Oliva en 1660) et multilatéraux (traités de Vienne en 1815, de Paris en 1856, de Berlin en 1878, etc.). Ce sont surtout les traités de paix de 1919-1920 qui l'ont consacré dans le droit positif. Un véritable régime international de protection des minorités a été institué dans le cadre de la Société des Nations (SDN). Plus tard, au sein de l'Organisation des Nations Unies (ONU), de nombreux documents ont été votés par l'Assemblée générale traitant de la protection des minorités : la Convention pour la répression et la prévention du crime de génocide (1951), la Convention sur l'élimination de toutes les formes de discrimination raciale (1965), le Pacte international relatif aux droits civils et économiques (1965). On doit aussi ajouter la convention de l'Organisation des Nations Unies pour l'éducation, la science et la culture (UNESCO) concernant la lutte contre la discrimination dans le domaine de l'enseignement.

3. Depuis l'éclatement du bloc de l'Est, le tableau des nouvelles collectivités sans État est impressionnant. On en compte presque partout à travers le vaste territoire de l'ex-Russie

constater que, de tout temps d'ailleurs, leur promotion sur le plan international n'a jamais été un phénomène spontané ou isolé. Il a fallu, d'abord, qu'elles se manifestent et s'organisent fortement sur le plan intérieur. Leur engagement ou leur rayonnement sur le plan international est à ce prix. L'exemple qu'offre en ce sens le peuple acadien des Maritimes est éloquent et sera au centre de cette étude. Il convient donc, dans un premier temps, pour mettre en évidence ce modèle, de préciser la portée de ce concept. L'exemple proprement dit du peuple acadien sera traité ensuite dans une seconde partie.

La portée du concept de collectivités sans État

Le concept de collectivités sans État est d'une portée assez vaste. Aussi, en nous inspirant en grande partie de l'expérience du peuple acadien, nous lui donnons, dans le cadre de cette étude, le sens et la valeur suivants.

Le sens de cette notion

Nous avons envisagé une collectivité sans État, au sens le plus large, comme une communauté organisée, consciente d'elle-même, numériquement inférieure au reste de la population, distincte de celle-ci, soit par l'ethnie, la langue, la religion, les traditions en général, et susceptible, en tant que telle, d'être l'objet d'une reconnaissance, tantôt par les États où elles vivent, tantôt par la communauté internationale et, parfois, par les deux en même temps. Nous pouvons les assimiler, suivant le cas, à un groupe minoritaire ou à une minorité en général, à un peuple sans État ou à un peuple en lutte et, finalement, à une nation, mais à une nation debout dans le sens de la tradition révolutionnaire française[4]. Toutes ces notions peuvent, sur le plan

---

soviétique. Chose nouvelle, les Russes, qui peuplent la plupart des anciennes républiques en dehors de l'ex-République socialiste fédérative soviétique de Russie (RSFSR), forment maintenant de nombreuses minorités ethniques et commencent à se plaindre d'oppression. Dans l'ex-Yougoslavie, le tableau est encore plus sombre. La dispersion des enclaves ethniques minoritaires en Croatie, en Bosnie, en Serbie, etc., rend de plus en plus difficile la recherche d'une solution à ce douloureux conflit. Soulignons aussi que le problème des collectivités sans État n'existe pas qu'en Europe. Çà et là, dans le monde, en Asie, en Afrique, etc., il se pose parfois d'une façon dramatique à la conscience de l'humanité.

4. L'éminent juriste français Léon Duguit écrivait dans ce sens : « La Nation est une personne avec les attributs de la personnalité, la conscience et la volonté. La personne nation est, en réalité, distincte de l'État ; elle lui est antérieure. L'État ne peut exister que là où il y a une nation et la nation peut subsister même quand l'État n'existe plus ou n'existe pas encore » (Duguit, 1927 : 607).

juridique[5], revêtir entre elles de très légères différences, mais sur le plan politique ou sociologique, elles recouvrent la même réalité sociale. Elles s'emploient seulement chacune dans des contextes particuliers pour exprimer une sensibilité ou une situation différente.

Les minorités

Comme collectivités sans État, les groupes minoritaires se définissent par l'oppression qu'ils ont subie à un moment quelconque de leur histoire et contre laquelle ils n'ont jamais cessé de se battre. C'est un fait reconnu que là où il n'y a pas d'oppression, il n'existe pas en fait de «vraies minorités». On est seulement en présence de groupes ethniques particuliers, autonomes parfois, avec des caractéristiques propres. C'est le cas des Bretons, des Basques, des Alsaciens en France, des Gallois et des Écossais en Grande-Bretagne. Nous pouvons en dire autant des groupes ukrainiens en Saskatchewan ou des Italiens en Ontario ou au Québec.

Mentionnons que cette oppression des peuples minoritaires est aussi vieille que le temps. La forme la mieux connue date surtout de la naissance de l'État princier ou moderne et fut d'abord d'ordre religieux. La vieille règle de l'époque, «*Cujus regio, ejus religio*», ne pouvait s'appliquer que dans la mesure où la population sur toute l'étendue du territoire de l'État épousait la religion du prince. Or ce ne fut pas toujours le cas. Aux XVIe et XVIIe siècles, en Europe, la persécution des minorités religieuses, sur cette base, avait atteint son paroxysme, en France particulièrement. La Saint-Barthélemy, orchestrée par Catherine de Médicis, en fut un exemple parmi d'autres. De nos jours, à quelques exceptions près, dans les pays occidentaux, les conflits religieux se sont en général estompés. Déjà, au début du siècle, Ernest Renan pouvait constater :

> La religion est devenue chose individuelle, elle regarde la conscience de chacun... Elle garde toujours une importance dans le for intérieur de chacun, mais elle

---

5. Dans un article paru dans Le Monde diplomatique, Jean Yangoumalé a voulu établir la différence entre les deux concepts, peuple et minorité. C'est ainsi qu'il écrit: «C'est par le statut auquel ils aspirent que les peuples se distinguent des minorités nationales. En d'autres termes, le statut de liberté revendiqué constitue le véritable critère de distinction entre ces deux entités. Les populations dont les revendications menacent l'intégrité territoriale de l'État (indépendance ou rattachement à un État préexistant) constituent des peuples (au sens juridique de ce mot). Les populations qui aspirent à un statut de liberté ne mettant pas en cause l'intégrité territoriale de l'État (droit collectif ou autonomie interne) constituent des minorités nationales» (Yangoumalé, 1992 : 15).

est sortie presqu'entièrement [sic] des frontières qui traçaient les limites des peuples. (Renan, 1947 : 889)

Plus tard, dans cette même partie du monde, la domination s'étendit aux domaines économique, politique, linguistique, etc. Pour remédier à toutes ces formes d'oppression, le principe des nationalités de même que son corollaire, « le droit des peuples à disposer d'eux-mêmes », apparurent dans la société internationale. Repris par la Société des Nations (SDN) et l'Organisation des Nations Unies (ONU), ils ont été à la base de la création de nombreux États dans le monde.

Malgré le bon vouloir de créer des États qui coïncident avec les groupes ethniques, l'homogénéité recherchée le plus souvent fut vaine à cause de l'enchevêtrement et la dispersion des communautés ethniques à l'intérieur et à l'extérieur des limites territoriales des États[6]. À cause de cet état de choses, et de nos jours encore, de nombreuses minorités demeurent encore étouffées et soumises à la domination des groupes ethniques majoritaires. De telles situations sont souvent dangereuses, car elles culminent parfois vers des génocides dont les plus atroces furent ceux des Arméniens (1884-1896 ; 1905-1916) et ceux des Juifs au cours de la Seconde Guerre mondiale. On aurait pu penser à la solution du fédéralisme pour protéger les minorités. Malheureusement, la création des États fédéraux n'a jamais répondu uniquement à ces considérations, sauf dans le cas de la Suisse[7]. Quoi qu'il en soit, il est matériellement impossible dans la pratique de faire toujours coïncider États et ethnies. La preuve en est que, dans le monde, « on a évalué entre 5000 et 7000 le nombre de groupes ethniques différents, alors que la société internationale comprend quelque 180 États » (de Senarclens, 1992 : 122). La question à poser est de savoir quel doit être leur comportement face à une telle situation.

L'organisation des groupes ethniques minoritaires en État souverain n'est pas inéluctable. L'histoire récente connaît la cohabitation heureuse de divers groupes ethniques dans un même État sans que le groupe minoritaire ne tombe sous l'oppression du groupe ethnique majoritaire. Cela n'est pas possible naturellement que dans le cadre juridique de l'organisation des États

---

6. La Belgique a été le premier État en Europe qui fut créé en 1830 sur la base du principe de nationalité. Mais en fait, la Belgique recouvre divers groupes ethniques distincts. Il en va de même pour les États créés au lendemain de la Première Guerre mondiale : la Yougoslavie, la Tchécoslovaquie, la Pologne, etc.

7. La Fédération suisse est divisée en cantons et demi-cantons. Chaque canton possède une langue officielle : allemand, français, italien. Et chacun de ces cantons forme des groupes linguistiques de très forte majorité.

de droit. Et même à l'intérieur de ces États, la vigilance est de rigueur. Car aux temps de troubles et de difficultés, les nostalgiques de la domination peuvent se réveiller et proférer des menaces. Aux groupes minoritaires, dès lors, d'être toujours conscients de la fragilité de l'égalité des droits obtenus, de l'oppression qui les guette et du combat sans cesse à mener. La notion de peuple sans État, dans ces conditions, prend tout son sens. Elle se définit comme un peuple en lutte.

Un peuple en lutte

Un peuple en lutte est celui qui s'organise face à l'oppression. Il se donne des institutions de défense dans tous les domaines de la vie économique, sociale et culturelle, même quand l'oppression manifeste des signes de recul certains. Il est évident que ces institutions ont toujours un caractère collectif ou national et sont conçues comme des armes du combat égalitaire.

À signaler qu'il ne peut s'agir, ici, que de peuples en lutte qui choisissent de mener leur combat dans le cadre de la légalité. Le modèle qui nous intéresse ici s'inscrit seulement dans ce cadre.

Cela dit, contre l'oppression économique, les peuples en lutte ont à cœur de créer leurs propres institutions économiques pour éviter la domination économique du groupe majoritaire. La performance dans ce domaine est recherchée, car ces institutions doivent faire la preuve de leur réussite. Mieux encore, l'excellence à atteindre dans ce domaine devient un leitmotiv pour faire mentir les stéréotypes créés pour justifier la domination. Dans les sociétés industrielles surtout, on sait généralement que le succès économique est un gage de confiance, de respect et de promotion sociale.

Contre l'oppression politique, en deuxième lieu, les peuples en lutte se dotent d'institutions[8] qui ont cette fois un caractère de vrais groupes de pression. De telles institutions sont organisées sur toute l'étendue du territoire où réside le groupe minoritaire. Leur rôle est de porter sur la place publique les problèmes auxquels il est confronté, de dénoncer les injustices dont il souffre et de défendre ses droits légitimes. La députation du groupe minoritaire, si elle existe, en est une qui peut jouer aussi le même rôle que les autres institutions. Mais ce rôle est plus discret, cela s'entend, quand il existe une branche de cette députation qui exerce le pouvoir au sein du parti majoritaire ou gouvernemental.

---

8. L'ensemble de ces institutions fait partie de l'organisation des peuples sans État. Leur permanence et leur dynamisme témoignent du niveau de combativité de ces groupes.

Contre l'oppression culturelle et linguistique, finalement, les institutions envisagées sont tout aussi nombreuses et efficaces. Leur rôle de promotion et de défense de la culture et de la langue nationales n'en est pas moins important. Le fait culturel, qu'elles sont censées encourager, dynamise les couches populaires et les portent à mettre en œuvre elles-mêmes de nombreux projets dans ce domaine. Car, on ne peut l'oublier, chez les peuples en lutte, le folklore, les fêtes populaires, le théâtre, etc., ne sont pas que de simples manifestations culturelles, il s'agit aussi d'une façon de s'affirmer et de rester soi-même.

Une nation debout

André Hauriou, faisant la synthèse des conceptions objective et subjective[9] de la nation, définit cette notion comme «un groupement humain dans lequel les individus se sentent unis les uns aux autres par des liens à la fois matériels et spirituels et se conçoivent comme différents des individus qui composent les autres groupements nationaux» (Hauriou, 1964: 72). Une définition générale qui concilie les deux écoles de pensée et à laquelle nous nous rattachons pour concevoir notre concept d'une nation debout. Dans le cadre de cette étude, nous considérons une nation debout comme une communauté ethnique qui se souvient de l'oppression dont elle a été l'objet et qui, ayant pris conscience des injustices du passé et de son unité comme peuple, se forge un destin commun.

C'est de même une nation organisée, solidaire, où le vouloir vivre collectif, une histoire commune, une volonté commune, inébranlable, d'exister comme peuple, se manifestent sans cesse par de grands projets communs.

C'est aussi une nation ouverte aux autres cultures et aux autres peuples, plus particulièrement aux peuples en lutte dans le monde, auxquels elle ne lésine point à offrir son soutien moral et matériel. C'est de même une nation sereine, réfléchie, qui n'a pas honte d'elle-même, de sa culture et qui tient à rester ce qu'elle est, sans refuser l'apport enrichissant d'autres cultures.

---

9. Il n'est pas facile de définir la notion de nation. Aussi, on peut faire état de deux conceptions : objective et subjective. La conception objective, pour définir la nation, tient compte d'éléments de fait, à savoir la communauté de langue, de race, de religion, etc., tandis que la conception subjective fait appel essentiellement au sentiment du vouloir vivre collectif des individus. La première conception est surtout allemande et la seconde est italienne et française. Un des grands maîtres de l'école subjective est Renan. Pour lui, une nation est une âme, un principe spirituel... Une nation est une grande solidarité... Elle suppose un passé ; elle se résume pourtant dans le présent par un fait tangible : le consentement, le désir clairement exprimé de vivre ensemble (voir le *Grand Robert*, 1985, t. VI : 122).

C'est encore une nation forte qui s'interroge, qui encourage l'esprit critique, condamne le sectarisme et n'a pas peur de s'ouvrir aux grands courants de la pensée contemporaine.

C'est finalement une nation aguerrie, rompue aux différents combats de la vie sociale et politique, attentive à ses remous, et capable d'utiliser tous les mécanismes de mobilisation sociale pour résister à l'assimilation et renforcer les droits de la communauté. Finalement, peuple et nation, les deux notions se complètent harmonieusement. Le philosophe José Echeverria écrivait en ce sens :

> La nation comme le peuple sont des communautés humaines caractérisées par la participation à un même passé et par la volonté de se construire un futur. Dans le cas de la nation, l'accent est mis sur l'origine commune. Dans le cas du peuple, il est mis sur la volonté d'un futur. La légitimation, pour la nation, est rétrospective, pour le peuple, elle est prospective. Aussi, la nation tend à se reproduire, à répéter dans le présent son passé. En revanche, le peuple tend au changement. Il tend à s'inventer un destin qu'il choisit librement et affirme dans des décisions... (Echeverria, cité dans Jouve, 1986 : 8)

La valeur de la notion de collectivité sans État

La notion de collectivité sans État a une valeur certaine sur le plan politico-juridique. Mettant en évidence les handicaps ou les difficultés majeures qu'éprouve parfois le groupe ethnique minoritaire à constituer son propre État, elle fait appel à sa responsabilité face à une telle situation. Il est normal, dès lors, qu'en de telles circonstances, il essaie de se faire valoir tant sur le plan interne qu'externe, de façon à atteindre le statut de personne morale de droit public.

Sur le plan interne

La collectivité sans État voudra avant tout faire prévaloir ses droits collectifs et, dans certains cas, quand les conditions objectives sont réunies, ses droits à l'autonomie.

Les droits collectifs ne peuvent être envisagés sans rapport avec les droits individuels proprement dits. Faut-il se rappeler que ces derniers sont les premiers à être revendiqués par les groupes ethniques minoritaires, à savoir la liberté et l'égalité.

L'exercice du droit à la liberté est défendu pour leur assurer la pratique de leur culte et l'usage de leur langue, tandis que le droit à l'égalité leur confère les mêmes droits civils et politiques que les groupes ethniques majoritaires. Mais les minorités se rendent toujours compte que l'exercice des droits individuels est insuffisant à assurer la protection de leur culture et la conservation de l'usage de leur langue. Les États assimilationnistes, d'ailleurs, s'accommodent facilement des droits individuels pour encourager la fusion de la minorité dans la majorité. D'où la raison pour laquelle, à une deuxième étape, les groupes ethniques majoritaires revendiquent toujours la reconnaissance des droits collectifs en faveur de leur communauté. Ceux-ci ont pour effet de les aider à maintenir leur caractère distinct du reste de la population et à rechercher l'égalité de traitement[10]. Ce qui exige de l'État, assurément, certaines prestations en leur faveur.

À une dernière étape, il y a l'autonomie, qui est la réalisation la plus complète des revendications minoritaires. Elle consiste pour l'État à reconnaître à la minorité, dans une région donnée, un statut de personne morale de droit public et d'octroyer à ses mandataires certaines compétences lui permettant d'atteindre ses fins. L'autonomie peut offrir toute une gamme de pratiques à travers le monde. Elle varie d'un État à l'autre selon l'homogénéité ethnique du territoire régional et des techniques juridiques de décentralisation utilisées[11].

Sur le plan externe

Les peuples sans État ont toujours eu intérêt à se faire valoir sur le plan externe. À l'heure où les relations internationales se trouvent amplifiées par les relations transnationales[12], la place qu'ils ont à y revendiquer est de plus en plus importante. Aussi, les moyens employés pour y arriver sont multiples.

---

10. Diverses techniques constitutionnelles sont recherchées par les États pour trouver des solutions plus ou moins acceptables à l'oppression linguistique. On en compte généralement deux. Il y a, d'une part, les solutions territoriales qui sont envisagées quand des groupes ethniques linguistiques sont concentrés dans l'État sur un même territoire, tandis que les solutions personnelles sont appliquées quand ceux-ci, au contraire, sont dispersés à travers le territoire de l'État. La première solution limite l'usage de la langue des minorités à leur territoire, par exemple en Suisse, en Belgique. La seconde s'applique partout dans le pays où il existe des membres des minorités, par exemple au Canada. (Voir à ce sujet Donneur, 1975.)

11. À côté de l'autodétermination ou du *self-government*, on peut aussi prévoir la création de régions ou de territoires administratifs dans le cadre de la décentralisation.

12. Les relations transnationales sont des relations qui s'établissent directement de peuple à peuple en dehors de la volonté des États, tandis que les relations internationales sont établies surtout entre les États eux-mêmes.

Ils peuvent chercher à acquérir une certaine personnalité internationale en développant, par l'intermédiaire de leurs propres organes, des relations privilégiées avec d'autres peuples et d'autres États. Avec ceux-ci, des liens spéciaux sont recherchés qui peuvent aboutir à la signature d'ententes ou de protocoles d'accord. Avec ceux-là, il s'agit de les créer ou de les intensifier. Ces accords avec les gouvernements ont d'autant plus d'effets juridiques qu'ils postulent des obligations de part et d'autre. Finalement, toutes ces relations permettent aux peuples sans État d'arracher sur le plan international une certaine reconnaissance comme nation, reconnaissance bien connue en droit international depuis la Deuxième Guerre mondiale. Calculée par les Alliés d'une façon expresse en faveur de la Pologne et de la Tchécoslovaquie pour faire jouer à « leurs comités nationaux » un rôle dans la poursuite des hostilités contre l'Allemagne, la pratique est désormais entrée dans l'histoire « bien que la nation comme telle ne p[uisse] être considérée comme sujet de droit » (Rousseau, 1953 : 302). Même indirecte ou *de facto*, à la suite de signature d'ententes, cette forme de reconnaissance n'en a pas moins une grande valeur sur le plan politique.

L'exemple du peuple acadien des Maritimes

Aucun doute à ce sujet : les Acadiens des Maritimes forment bien une collectivité sans État. Tout compte fait, de nombreuses raisons forcent à croire qu'elle ne pourra facilement se constituer en État[13]. Des motifs suffisants pour que, voulant s'affirmer en tant que peuple ou entité nationale distincte au Canada, elle s'organise, tant soit peu, avec les apparences d'une collectivité étatique. De toute évidence, elle ne s'est pas trompée.

La communauté a son drapeau, ses fêtes et son hymne nationaux, son journal, ses écoles qu'elle gère elle-même, son université, ses institutions financières et coopératives. Elle a de plus ses organisations de base, la Société des Acadiens et Acadiennes du Nouveau-Brunswick (SAANB), la Fédération des Acadiens de la Nouvelle-Écosse (FANE), la Société Saint-Thomas-d'Aquin (SSTA) de l'Île-du-Prince-Édouard et la Fédération des francophones de Terre-Neuve et du Labrador (FFTNL), conçues par leurs structures pour défendre en permanence les droits de chacune de leur communauté respective. Ces organisations agissent tantôt comme agents

---

13. Il est très difficile de fixer d'une façon précise les frontières du territoire acadien. Ce qui est indiscutable, c'est que le peuple acadien est dispersé à travers les Provinces maritimes. Au Nouveau-Brunswick, où vit la plus grande partie du peuple acadien, la question a été parfois posée sans trop retenir l'attention.

d'animation et d'impulsion, tantôt comme groupes de pression. Au Nouveau-Brunswick particulièrement, où l'on retrouve le noyau fort de cette communauté à cause du nombre important des Acadiens qui y vivent[14], de grands combats ont pu être menés avec succès sous la direction de la SAANB[15]. Et le bilan, en peu de temps, s'est révélé très positif. On se doit de souligner la reconnaissance officielle par l'Assemblée législative du Nouveau-Brunswick du drapeau national acadien qui flotte maintenant sur l'édifice du Palais législatif à côté de ceux de la province et du Canada. Vient ensuite la loi provinciale du Nouveau-Brunswick sur l'égalité des deux communautés linguistiques[16], francophone et anglophone, enchâssée par la suite dans la Constitution canadienne pour la rendre plus forte. Tout cela n'a pas été facile. Il a fallu de nombreuses années de lutte pour aboutir à ces résultats. Au point qu'à l'heure actuelle, son statut de groupe minoritaire officiellement reconnu et la plupart de ses revendications satisfaites, la communauté acadienne a pu se hisser au rang d'un peuple ou d'une nation organisée dans le vrai sens politique et juridique du terme. Dès lors, on peut penser que de tels dynamismes ne pouvaient se limiter uniquement à l'intérieur de l'Acadie. Ils se prolongent naturellement au-delà de ses frontières et la place au cœur même de la communauté internationale. De nombreuses relations ont pu être tissées çà et là et, surtout, au sein de la francophonie. Elles traduisent la nécessité pour la communauté acadienne de se faire connaître à l'extérieur en tant qu'entité nationale distincte et de mieux y faire entendre sa voix. La Société nationale de l'Acadie (SNA)[17], qui regroupe les intérêts des quatre communautés acadiennes des provinces de l'Atlantique, a été officiellement mandatée au colloque de Memramcook en 1986 pour être le maître d'œuvre de cette politique et l'agent qui doit s'occuper

---

14. La population acadienne du Nouveau-Brunswick représente à elle seule plus de 80 % de la population acadienne des Maritimes.

15. Au Nouveau-Brunswick, particulièrement, on peut mettre à l'actif de la SAANB les grandes victoires du peuple acadien : l'officialisation du drapeau acadien, la loi sur l'égalité des deux peuples, francophone et anglophone, et son enchâssement dans la Constitution canadienne, etc.

16. La Loi reconnaissant l'égalité des deux communautés linguistiques officielles au Nouveau-Brunswick, sanctionnée le 17 juillet 1981, stipule à son article 1 : « Reconnaissant le caractère unique du Nouveau-Brunswick, la communauté linguistique française et la communauté linguistique anglaise sont officiellement reconnues dans le contexte d'une seule province à toutes fins auxquelles s'étend l'autorité de la législature du Nouveau-Brunswick ; l'égalité de statut et l'égalité des droits et privilèges de ces deux communautés sont affirmées. »

17. Même si la SNA représente les intérêts de l'ensemble des Acadiens de la région de l'Atlantique, ce sont en fait les Acadiens du Nouveau-Brunswick, nettement en plus grand nombre, qui la contrôlent. À noter que le siège de la SNA a toujours été au Nouveau-Brunswick.

en permanence de ces relations. Quel en a été le bilan d'une part et que peut-elle faire encore dans ce domaine?

Le bilan de la politique extérieure du peuple acadien sous l'égide de la SNA

Le bilan de la politique extérieure du peuple acadien peut être envisagé sur deux plans : à l'égard des gouvernements, d'une part, et à l'égard des groupes privés, d'autre part.

Le bilan à l'égard des gouvernements

En ce qui concerne les gouvernements, les années 1960 marquent le début de la grande percée du peuple acadien sur la scène internationale. Cela n'aurait pas été possible, il faut bien l'avouer, sans la politique de compréhension et d'amitié du général de Gaulle à l'endroit du Canada français. Grâce à cette politique, le temps des grandes retrouvailles arrive enfin. Le déménagement à Moncton, en 1964, du consulat de France de Halifax marque le point de départ d'une nouvelle ère dans les relations entre le gouvernement français et l'Acadie. Dès lors, les «rencontres» vont se multiplier allégrement entre les deux peuples. Elles constitueront le type même de relations encouragé entre les deux parties et qui sera finalement institutionnalisé.

La première rencontre France-Acadie remonte au mois de janvier 1968. Elle fit beaucoup de bruit tant l'événement parut d'importance. La première délégation de la SNA à Paris est composée de respectueux notables acadiens reçus en grande pompe par le général de Gaulle lui-même. Toute une politique de coopération France-Acadie fut mise sur pied à ce moment précis et le gouvernement français se montra fort généreux[18]. Les délégués de la SNA revinrent en Acadie comblés des largesses de la France. Depuis, la coopération France-Acadie n'a cessé de se développer dans de nombreux domaines, au gré des besoins de l'Acadie. En même temps, les missions se succèdent. Tous les ans, les deux parties se rencontrent pour réexaminer les projets de coopération ou pour les reconduire.

---

18. À l'occasion de ce voyage, 55 bourses d'études furent accordées à l'Acadie. L'envoi de 30 coopérants français en terre acadienne a aussi été prévu. En cette même occasion, un don de près de 20 000 volumes fut fait à l'Université de Moncton, aux collèges et aux écoles acadiennes, sans oublier celui de 21 978 $ du général de Gaulle à la SNA.

La coopération France-Acadie a suscité un réel intérêt des deux côtés de l'Atlantique. Régulièrement, de nouvelles avenues de coopération sont envisagées. La création d'un service culturel au consulat de France à Moncton est le signe tangible des bonnes intentions de la France, qui tient à privilégier le secteur culturel de sa coopération. De même, les deux dernières visites du président Mitterand en terre acadienne, celle du premier ministre Maurois et de nombreux autres dignitaires français sont la preuve que l'engouement des milieux politiques français en faveur de l'Acadie n'a pas baissé.

Finalement, ce qui est important et qu'il faut souligner sur un plan purement juridique, c'est que ces rencontres France-Acadie aboutissent le plus souvent à des ententes, sortes de protocoles d'accord signés en bonne et due forme par les deux parties. Mieux, il ne suffisait pas seulement au gouvernement français de reconnaître et de soutenir la présence de l'Acadie sur la scène internationale, il a entraîné la même reconnaissance de la part du gouvernement fédéral canadien en obtenant que le relevé des conclusions des missions France-Acadie soit annexé au rapport de la Commission mixte France-Canada[19]. En clair, la France reconnaît le peuple acadien des Maritimes comme peuple distinct des autres peuples canadiens et s'engage par son action à l'assister sur le plan international.

La SNA entretient aussi de bonnes relations avec la Communauté française de Belgique. Les deux parties se sont rencontrées plusieurs fois. Des accords de coopération ont été conclus dans le domaine culturel. Des programmes d'échange sont prévus. On constate cependant que les relations Belgique-Acadie ne sont pas aussi intenses que les relations France-Acadie. Elles n'ont pas suscité, naturellement, les mêmes enthousiasmes. Quoi qu'il en soit, elles ont tout de même le mérite d'exister.

Les relations de la SNA avec le gouvernement du Québec méritent aussi d'être signalées. En 1979, imitant la France, ce dernier ouvre un bureau à Moncton pour s'occuper notamment des relations Québec-Acadie. À côté des ententes passées avec les gouvernements des Provinces maritimes, il en existe aussi qui sont conclues avec les groupes communautaires francophones. À un certain moment, il était question de l'ouverture à Québec d'un bureau de l'Acadie qui devait être financé en grande partie par le gouvernement du Québec. Ce projet, même s'il a été concrétisé, n'a pas fait long feu. Il a duré à peine un an.

---

19. La Commission mixte France-Canada s'occupe de la coopération bilatérale entre les deux pays dans les domaines scientifique, économique et culturel. La Commission se réunit maintenant tous les trois ans.

Le bilan à l'égard des groupes privés

Du côté des groupes privés, là aussi, le peuple acadien n'est pas resté inactif. Au sein de la francophonie, un petit réseau de relations transnationales est en train de se former. Sans grande importance pour le moment, il est appelé, sans nul doute, à se développer dans l'avenir.

Là encore, c'est en France qu'a commencé à se développer ce genre de relations. Des associations sont créées de part et d'autre de l'Atlantique pour les alimenter. Les amitiés France-Acadie, dont le siège est à Paris, se dévouent à faire connaître l'Acadie en France. Elles publient depuis 1977 une revue trimestrielle et un bulletin d'information. De même, sous son égide, est fondé en 1978 un prix littéraire annuel France-Acadie, dont le but est de faire connaître les œuvres littéraires acadiennes. À Moncton, parallèlement, a été créée l'Association France-Canada, qui fait connaître aux Acadiens les différentes facettes de la vie culturelle française. Dans la même veine, il faut aussi souligner la Fondation franco-acadienne pour la jeunesse. Son rôle est d'encourager les échanges réciproques des jeunes entre les deux pays. Depuis un certain temps, ces échanges se sont multipliés et connaissent un vrai succès dans les deux sens. On ne peut aussi oublier l'Université de Moncton, qui entretient de bonnes relations avec les autres universités francophones. L'existence de l'Association des universités partiellement ou entièrement de langue française (AUPELF), dont elle est membre, a facilité ce rapprochement. Soulignons que c'est avec l'Université de Poitiers que les relations sont les meilleures, puisque, depuis 1983, un programme de bourses et d'échanges d'étudiants fonctionne entre les deux établissements dans les deux sens. En 1992, une convention de coopération est signée et officialise les relations entre les deux institutions[20].

Les relations de la SNA avec le Conseil pour le développement du français en Louisiane (CODOFIL) ne doivent pas être oubliées. Certes, ces relations sont encore timides et les échanges très peu développés entre les deux organismes. Il n'empêche que le protocole d'entente SNA-CODOFIL, signé au printemps 1989, constitue un cadre pour de nombreux accords futurs. Toutes ces relations, en fin de compte, sont appelées à connaître un riche développement après le Congrès mondial acadien qui se tiendra en terre d'Acadie au cours du mois d'août 1994. Malgré tout, peut-on dire que la SNA a atteint tous ses buts dans le cadre de la mission qui lui a été confiée? Il lui reste encore, certainement, de nouvelles pistes à explorer en vue du développement de ses relations extérieures.

---

20. Pour plus d'information concernant ces relations, voir l'ouvrage de Pichette (1994).

Les nouvelles pistes à explorer par la communauté acadienne

La SNA, sur le plan de ses activités internationales, ne pouvait faire davantage, bien qu'il lui reste beaucoup à entreprendre pour parachever sa mission. Il y a lieu de souligner que la faiblesse des sources de son financement constitue pour elle un handicap majeur qu'il lui faudra surmonter. Ainsi, toutes les nouvelles pistes à explorer en vue du développement des relations de l'Acadie dans la francophonie doivent être envisagées en tenant compte de cet obstacle. Nous en retenons seulement deux : celle de voir, tout d'abord, la SNA se constituer en organisation non gouvernementale (ONG) opérant principalement sur le plan international[21] et celle consistant à faire d'elle la principale responsable de l'organisation des Congrès mondiaux acadiens.

Se constituer en ONG

Il n'est pas aisé de définir les ONG, tant sont variées leur finalité, leurs fonctions et leur structure. La diversité des terminologies employées à leur égard illustre les imprécisions auxquelles on se heurte parfois : associations internationales, organisations non gouvernementales, organisations transnationales, associations internationales transnationales... autant d'expressions utilisées pour désigner des entités dont la plasticité institutionnelle, fonctionnelle et territoriale rend malaisée la recherche d'une définition positive synthétique, opine Mario Bettati (Bettati et Dupuy, 1986 : 8). Nous pouvons évoquer trois critères cumulatifs pour cerner leur statut :

a) Le caractère privé de leur constitution

Les ONG doivent être le produit d'une initiative privée. Elles ne doivent avoir aucun caractère de service public ou, mieux, n'avoir aucune origine gouvernementale. En cela, elles diffèrent absolument des organisations intergouvernementales (OIG) dont la constitution résulte d'accords intergouvernementaux. Les statuts qui sont à la base de leur création doivent être totalement conformes aux normes juridiques de l'État de siège. Au Canada,

---

21. De la façon qu'elle fonctionne maintenant, on ne peut considérer la SNA comme une organisation non gouvernementale dans le vrai sens du terme. Certes, elle constitue un organisme privé sans but lucratif. Mais elle n'opère pas encore sur le plan international dans de véritables programmes de solidarité et de développement internationaux.

ils sont enregistrés, au niveau provincial, auprès du ministère qui s'occupe des affaires corporatives et, au niveau fédéral, auprès du ministère du Revenu du Canada[22].

b) Le caractère bénévole de leurs activités

Les fonctions exercées par les ONG doivent être remplies à titre purement gratuit; le bénévolat est la marque principale de leur action. Il n'empêche qu'une partie infime de leur budget est réservée aux frais de fonctionnement de leur administration.

c) Le caractère international de leurs objectifs

L'extranéité des buts ou des fins constitue un des critères fondamentaux des ONG. Il est généralement reconnu qu'elles exercent une activité internationale d'intérêt général «en dehors de toute préoccupation d'ordre exclusivement national» (Bettati et Dupuy, 1986: 9). Les courants de solidarité transnationale, qui naissent de ces activités, sont divers et peuvent être envisagés selon différents domaines (idéologiques, religieux, culturels, humanitaires, etc.). Les activités qui nous intéressent plus particulièrement ici concernent surtout le développement international qui permettrait à la SNA de se joindre à la grande famille des ONG canadiennes œuvrant dans le même secteur, telles Développement et Paix, Service universitaire canadien outre-mer (SUCO), OXFAM-Québec, OXFAM-Nouveau-Brunswick, etc. Ces trois critères réunis, on se trouve en présence d'une ONG en bonne et due forme. Rien n'empêche, donc, la SNA de se doter, si elle le veut bien, d'un tel statut juridique. Les avantages qu'elle en tirerait sont nombreux.

En premier lieu, l'un de ces avantages serait de jouer un rôle de consultante, voire d'opératrice, au sein de la francophonie institutionnelle, représentée principalement par l'Agence de coopération culturelle et technique (ACCT), qui est la principale responsable de la mise en œuvre de la politique de développement de cette communauté et qui se charge d'exécuter les décisions des Sommets des chefs d'État et gouvernement.

Ce rôle de consultante pourrait être joué auprès du Conseil consultatif

---

22. Cet enregistrement auprès des deux ministères à la fois n'a pas le même sens pour chacun. Au niveau provincial, une règle veut que toute société constituée en personne morale doive se faire enregistrer auprès du ministère qui s'occupe des affaires corporatives. L'enregistrement au ministère du Revenu du Canada vise à se faire reconnaître de préférence le statut d'organisation non gouvernementale sans but lucratif.

de l'ACCT, qui regroupe les organismes du monde associatif francophone. La seule exigence envers ces organismes, pour devenir membre du Conseil, est d'avoir un caractère international. Ce rôle n'est pas moindre dans la mesure où il placerait la SNA au cœur de la francophonie et la mettrait en position de remplir un rôle d'opératrice.

Quant à ce dernier, il consisterait à faire de la SNA l'exécutrice de certains programmes de développement que lui confierait l'ACCT. Une telle situation la mettrait en contact direct avec les gouvernements, les organismes et les secteurs de la population intéressés. Mieux encore, ce serait l'occasion de mettre à profit les secteurs dynamiques de l'économie acadienne et d'en faire la promotion sur la scène internationale. Ce faisant, l'Acadie deviendrait pour la francophonie un des centres d'expertise, dont le savoir-faire en matière de pêcherie, de foresterie, de coopératives, etc., pourrait être partagé avec les membres les plus défavorisés. À souligner que la SNA peut aussi agir dans le même sens au sein de la francophonie en dehors de l'ACCT. Dans ce cas, c'est l'Agence canadienne de développement international (ACDI) qui deviendrait sa principale partenaire.

Il ne peut être nullement question pour la SNA de tirer un avantage financier quelconque de ces opérations. Comme ONG, les fonds qu'elle recueillera dans le cadre des projets de développement doivent servir principalement à ces activités sur le plan international. Une partie infime des fonds recueillis pourrait servir aux dépenses administratives. De plus, les ONG sont reconnues pour être passées maîtres dans les campagnes de financement auprès du public. Aucun doute que la SNA pourra exploiter les mêmes créneaux. Ces nouvelles sources financières, en s'ajoutant aux anciennes, renforceront certainement les ressources de la SNA et lui permettront d'avoir une présence plus active sur la scène internationale.

La SNA comme principale responsable du Congrès mondial acadien

Il y a bien longtemps que, dans la communauté, on parlait d'un grand rassemblement de la diaspora acadienne. Finalement, il aura bien lieu cet été. Un événement d'importance qui fera date dans l'histoire du peuple acadien. Un événement qui, s'il est bien exploité, marquera un nouveau départ dans le devenir de la communauté. Faut-il donc que le Congrès mondial acadien soit tout d'abord institutionnalisé?

Un peuple sans État est avant tout un peuple en lutte, nous l'avons bien vu. Il se donne des institutions non par plaisir, mais toujours pour survivre dans la dignité. À l'instar du peuple juif, avant la création de l'État d'Israël, et du peuple palestinien, le peuple acadien se doit de vivre en symbiose parfaite avec sa diaspora. Seule l'institutionnalisation du Congrès mondial acadien pourra lui permettre d'atteindre ce but. Cela veut dire qu'il doit devenir une institution permanente parmi les autres se réunissant à date fixe en un lieu quelconque de l'Acadie. Compte tenu du caractère symbolique et exceptionnel de l'événement et de la préparation qu'il nécessite, les congrès devraient être suffisamment espacés afin de permettre aux responsables de remplir les missions qui leur auront été assignées au cours du congrès précédent[23]. Sans cette institutionnalisation, le Congrès mondial acadien perdrait tout le dynamisme qu'on est en droit d'attendre de lui.

Il faudra ensuite que la SNA devienne la principale organisatrice du Congrès mondial acadien et soit considérée comme son secrétariat permanent. La rationalisation des institutions communautaires est à ce prix. C'est d'ailleurs dans ses fonctions normales d'agent extérieur de la communauté qu'une telle fonction lui revient. Il est tout à fait naturel que, ce faisant, les organisations intérieures régionales lui prêtent leur concours en vue du succès de telles rencontres. Il demeure que, pour respecter une certaine logique institutionnelle, la SNA devra rester le seul maître d'œuvre dans la préparation du Congrès mondial acadien. Ce dernier perdrait sinon tout son sens et se réduirait à une opération touristique.

Il faudra finalement fixer de vrais rôles au Congrès mondial acadien, qui devraient être les suivants :

1) Un rôle de rassembleur du peuple acadien. Grâce à lui, un pont serait jeté entre les Acadiens de l'intérieur et ceux de l'extérieur, et des liens permanents seraient maintenus entre eux par divers moyens.
2) Celui de développer des sentiments d'appartenance chez tous les Acadiens par toutes sortes de projets.
3) Celui d'être un créneau spécial de collecte de fonds pour la SNA.

Conclusion

Au terme de cette étude, nous pouvons dire que le constat est plausible. La question des peuples sans État a refait subitement surface dans la communauté internationale. Les réponses qu'elle suscite ne peuvent être générales ni leurs solutions globales. Elles dépendront nécessairement de chaque cas en particulier, de l'environnement sociopolitique des collectivités étatiques et des échos qu'elles auront de la société internationale. Somme toute, il est

---

23. Un Congrès mondial acadien à tous les quatre ans semble l'idéal.

prévisible que le principe du droit des peuples à disposer d'eux-mêmes ne pourra pas toujours leur être appliqué. Sa consécration juridique sera de plus en plus difficile. Dès lors, l'organisation du peuple acadien des Maritimes comme collectivité sans État ne peut-il pas, à ce sujet, servir d'exemple dans le monde ? Faut-il pour cela que les victoires qui jalonnent sa route au fil de ses luttes ne l'assoupissent pas et ne la condamnent pas à l'inaction ? Il lui reste encore un long chemin à parcourir. L'organisation intérieure devra se poursuivre de manière alerte. Quant à l'organisation extérieure à travers la SNA, elle s'essoufflera bien vite si elle ne se donne pas de nouvelles pistes d'exploration et de nouveaux objectifs. Le Congrès mondial acadien, comme nous l'avons déjà signalé, en est une, qui, si elle est bien exploitée, pourrait ouvrir à la communauté des horizons radieux. Mieux encore, la piste consistant, pour la SNA, à devenir une ONG œuvrant dans le cadre de la francophonie institutionnelle dynamiserait à coup sûr ses relations sur la scène internationale. Elle aurait pour effet, il faut bien le souligner encore une fois, non seulement de mettre le savoir-faire acadien au service des peuples de la francophonie, mais surtout de lui donner un rôle important au sein de cet ensemble. La reconnaissance internationale que tout cela entraînerait ne ferait que renforcer le rôle d'acteur de la communauté acadienne au sein du système international. À ce moment seulement, quelle belle route aura-t-elle parcouru ! À coup sûr, elle n'aura pas besoin de se voiler la face. Elle sera fière d'offrir à la communauté internationale son propre modèle de collectivité sans État dont s'inspireront de nombreux peuples pour se libérer des mêmes oppressions.

Bibliographie

BETTATI, Mario, et Pierre-Marie DUPUY (dir.) (1986), *Les ONG et le droit international*, Paris, Economica.

DONNEUR, André P. (1975), « La solution territoriale au problème de multilinguisme », dans Jean-Guy SAVARD et de Richard VIGNEAULT (dir.), *États multilingues, problèmes et solutions*, Québec, Les Presses de l'Université Laval, p. 209-227.

DUGUIT, Léon (1927), *Traité de droit constitutionnel*, t. I : *La règle de droit. Le problème de l'État*, Paris, Librairie Fontemoing.

HAURIOU, André (1964), « L'élément humain de l'État », dans *Encyclopédie française*, t. X, 1964, p. 72.

JOUVE, Edmond (1986), *Le droit des peuples*, Paris, Presses universitaires de France (Coll. « Que sais-je ? »).

PICHETTE, Robert (1994), *L'Acadie par bonheur retrouvée, de Gaulle et l'Acadie*, Moncton, Éditions d'Acadie.

RENAN, Ernest (1947), *Œuvres complètes*, t. I : *Qu'est-ce qu'une nation ?*, Paris, Calmann-Lévy.

ROUSSEAU, Charles (1953), *Droit international public*, Paris, Recueil Syrey, n° 366.

DE SENARCLENS, Pierre (1992), *La politique internationale*, Paris, Armand Colin.

YANGOUMALÉ, Jean (1992), « Qu'est-ce qu'une minorité nationale ? », *Le Monde diplomatique*, janvier, p. 15.

ESSAI

Réflexions sur les savoirs
en milieu minoritaire

MOURAD ALI-KHODJA ET ANNETTE BOUDREAU

Introduction

Au seuil de ces réflexions sur l'émergence des savoirs modernes en Acadie, il était difficile de ne pas penser à Milan Kundera qui évoque les « petites nations » dont l'« existence *est* question[1] », ou à François Paré et à son analyse des « *petites* littératures » et à leur « *culture de l'exiguïté* »[2]. Autant dire d'emblée qu'elles ont trouvé dans ces pensées leur première inspiration. Cherchant à rendre raison du précieux travail qu'ont effectué au tournant des années 1960 les sciences humaines et sociales, et en une période qu'on a déjà qualifiée de « révolution tranquille acadienne », on a trouvé dans les textes que cette anthologie a retenus le prétexte à une interrogation sur les savoirs en milieu minoritaire. En reconstituant les moments les plus significatifs de leur émergence et en examinant les limites dans lesquelles on a apprécié – hier comme aujourd'hui – la place et le rôle qui furent les leurs dans la modernité acadienne, ces réflexions n'ont d'autre but que de penser leur statut qui demeure à bien des égards questionné. Avant de justifier plus avant ces réflexions, rappelons préalablement ce que recouvrent les notions de « petites nations » et de « culture de l'exiguïté ».

Si la notion de « petites nations » n'a pas ici à être démontrée, dans la mesure où l'autorité littéraire de l'auteur suffirait elle-même à attester de sa pertinence, il est tout de même bon de rappeler quelques-uns des traits que Kundera attribue aux réalités qu'elles recouvrent[3]. Écrivant de ces « petites

---

1. Milan Kundera, *Les testaments trahis*, Paris, Gallimard, 1993.
2. François Paré, *Les littératures de l'exiguïté*, Ottawa, Éditions Le Nordir, 1992.
3. Toutes les citations renvoient à son essai *Les testaments trahis*, op. cit., p. 225-231.

nations » que leur « évolution est en contrepoint à celle des grandes », il rappelle « l'intensité de leur vie culturelle » et souligne la proximité familiale des liens que tissent leurs citoyens – comme « dans une cité grecque antique ». Toutefois, les « petites nations », c'est aussi l'oubli, voire l'enfermement, car « dans l'intimité chaleureuse [...] tout le monde y surveille tout le monde ». Pour qui connaît les travaux de François Paré, cette caractérisation des « petites nations » fait écho à ce que ce dernier nomme les « cultures de l'exiguïté » ; à leurs « *petites* littératures » et surtout à leurs savoirs au statut fragile, livrés au doute permanent quant à leur existence. Placées en dehors de l'Histoire et exclues du Logos par le fait de ne pas s'inscrire dans la filiation légitime des Grandes Œuvres, elles n'existent que sur le mode du manque – manque de style, manque de raffinement, manque de légitimité –, sans parler du vide dont leur ancrage institutionnel souffre systématiquement. Engagées dans la quête difficile de leur reconnaissance, elles poursuivent dans « l'urgence » et la « résistance » leur travail de façon à atténuer les forces de l'indifférence. Enfin, outre le « mimétisme des discours hégémoniques » auquel les auteurs en général se commettent, l'impératif communautaire finit par soustraire l'espace minoritaire à toute capacité critique. Il revient cependant aux « cultures de l'exiguïté » et à leurs savoirs de s'engager malgré tout dans l'affirmation du « refus de disparaître », en s'extirpant des marges dans lesquelles on les a confinés, mais non sans privilégier dans le même temps cette « pensée de l'exiguïté » qui seule peut leur permettre d'accéder à « l'universalité du savoir » avec ce que cela implique de refus du « repli identitaire » et d'ouverture à la « diversité de l'Autre ».

Ces premiers jalons théoriques en appellent d'autres qui tiennent cette fois leur justification de l'intérêt auquel ces réflexions portent à la dimension historique des savoirs dont on sait qu'elle est une voie d'accès privilégiée à l'intelligence des rapports connaissance et sociétés, et, a fortiori dans le contexte acadien, en raison des conditions particulièrement difficiles de l'émergence des sciences humaines et sociales. Par ailleurs, comprendre la spécificité de ces sciences requiert un retour sur un moment dont l'importance semble avoir été quelque peu minimisée, voire oubliée. Un oubli qui fait écho à ce que Pierre Bourdieu a appelé « l'amnésie de la genèse » et sur laquelle nous reviendrons plus avant.

Position du problème

En regard de la définition qu'en donne Milan Kundera, l'Acadie n'est-elle pas à sa manière une « petite nation[4] » ? En effet, toute personne un tant soit peu informée sur son histoire ne sait-elle pas que ce peuple est passé « par l'antichambre de la mort[5] », que son « existence a été perpétuellement menacée » et qu'il a été « confronté à l'arrogante ignorance des grands[6] » ? Considérant pour notre part les sciences humaines et sociales de l'Acadie du Nouveau-Brunswick comme des *écritures de l'exiguïté*[7], on comprendra tout l'intérêt qu'il y a à mobiliser ces auteurs. Ils permettent en effet de donner une *autre* compréhension des « petites nations », de leurs littératures et, par extension, des savoirs qu'elles abritent ainsi que du travail précieux que ces derniers y ont accompli et y accomplissent encore. À vrai dire, et par-delà le seul terrain de la science, de telles pensées rendent aussi possible le prjetde leur redonner toute la reconnaissance qui leur est due, alors que par

---

4. Différenciant le groupe ethnique de la « petite nation », Joseph Yvon Thériault écrit : « Tout autre est l'expérience des petites nations, qui comme les grandes, *ont la prétention de puiser dans leur propre histoire le sens à donner à leur présence au monde*. Ce qui différencie la petite nation de l'ethnie n'est pas le nombre ni la capacité institutionnelle mais *une représentation différente de leur rapport au monde*. Par exemple, les communautés amérindiennes sont des petites nations mais non la communauté italo-américaine ou italo-canadienne », « Le désir d'être grand » dans Jacques L. Boucher et Joseph Yvon Thériault (dir.), *Petites sociétés et minorités nationales. Enjeux politiques et perspectives comparées*, Montréal, Presses de l'Université du Québec, 2005, p. 74. C'est nous qui soulignons.

5. L'année 1604 marque la création de l'Acadie avec le premier établissement français en Amérique du Nord. Entre le traité d'Utrecht qui cédait en 1713 l'Acadie historique aux Anglais et celui de Paris qui, en 1763, consacrait la suprématie anglaise en Amérique du Nord, les Acadiens, refusant de prêter serment à la reine d'Angleterre, connurent en 1755 la déportation vers la France, l'Angleterre et les États-Unis. Cet événement, qu'on appela ensuite « Grand Dérangement », constitue avec le poème épique *Évangéline* de l'Américain Henry Wadsworth Longfellow (1847), les moments fondateurs de l'histoire de l'Acadie. Par ailleurs, le « Grand Dérangement » marqua également l'éclatement de l'Acadie historique et amorça le processus de la minorisation des Acadiens et de leur dispersion dans les Provinces maritimes. Notons que c'est avec la Première Convention nationale acadienne qui a lieu en 1881 que s'ouvre la période dite de la Renaissance acadienne. C'est à l'Acadie du Nouveau-Brunswick, dont la concentration de la population acadienne et francophone est la plus élevée, que notre texte sera consacré.

6. Milan Kundera, *Les testaments trahis*, op. cit. p. 225.

7. C'est ce que l'un de nous a essayé de montrer dans les deux textes suivants : Mourad Ali-Khodja, « La sociologie à l'épreuve de l'exiguïté : périodisation et analyse comparative des travaux portant sur l'Acadie du Nouveau-Brunswick », dans Martin Pâquet et Stéphane Savard, (dir.), *Balises et références. Acadies, francophonies*, Québec, Presses de l'Université Laval, 2007, p. 175-213 ; et Mourad Ali-Khodja, « Pour une science sociale de l'exiguïté : bilans et enjeux de la connaissance en milieu minoritaire », *Francophonies d'Amérique*, n° 15, 2003, p. 7-23.

contraste, elles font systématiquement l'objet en Acadie – hier comme aujourd'hui – d'un étrange effacement qui demande justement à être élucidé. Ajoutons à ces arguments que si la littérature moderne acadienne, qui a émergé avec les sciences humaines et sociales durant les années 1960, est lue et ses auteurs célébrés dans les milieux universitaires s'intéressant aux questions de la francophonie minoritaire canadienne, ils demeurent inaccessibles voire totalement ignorés des jeunes générations. De plus, si nous disposons d'anthologies consacrées à la littérature acadienne – et à ce jour aucune aux sciences humaines et sociales –, les inventaires des sources documentaires existantes ne leur accordent en général qu'une place très restreinte, l'historiographie, la littérature, le folklore, la généalogie occupant encore la place de choix[8]. C'est donc à ces considérations que cette anthologie puise sa justification. Si elle est prétexte à une interrogation sur les formes de la connaissance en milieu minoritaire, il s'agissait moins d'offrir un inventaire exhaustif des travaux des sciences humaines et sociales de 1960 à nos jours que de problématiser les conditions de leur émergence et de nous interroger sur leur spécificité. Par ailleurs, à la faveur de la conjoncture actuelle qui en est une de réévaluation profonde de nos savoirs, nous verrons tout l'intérêt qu'il y a à questionner les biais par lesquels on les a pensés de façon à retrouver leur spécificité qui, jusque là, leur a été niée, voire refusée. Mais avant de revenir sur les textes, nous dresserons l'inventaire de certains préjugés qui ont jusqu'à présent pesé sur les formes de connaissance dans un tel contexte, histoire de bien mettre en évidence les confusions entretenues quant à leur statut, aux formes de leurs implications, à leurs ancrages institutionnels successifs et aux espaces de référence paradigmatiques auxquels on les a souvent réduits. Dans un deuxième temps, nous examinerons quelques-uns des facteurs significatifs qui permettent de réévaluer leur statut et leur contribution autrement que cela n'a été fait jusqu'à présent, ce qui justifie la périodisation que nous avons privilégiée[9].

---

8. Nous faisons référence ici aux ouvrages conventionnels et non aux bases de données informatiques plus récentes qui, elles, ne souffrent pas d'un tel défaut. Voir par exemple la bibliographie disponible sur le site Internet de l'Institut international des études acadiennes. Voir le site internet http://www2.umoncton.ca/cfdocs/aiea/index.cfm

9. Bien que conscients de l'intérêt des leçons qu'il y aurait à tirer d'une analyse comparative de ces questions dans d'autres contextes, nous nous sommes cependant limités à celui de l'Acadie du Nouveau-Brunswick.

3. Sur les sciences humaines et sociales en Acadie : de quelques préjugés tenaces quant à leur statut

Il s'agit moins ici de dresser une « carte » des préjugés qui pèsent sur le statut des savoirs minoritaires[10] en fonction de facteurs scientifiques et sociétaux que d'en faire ressortir l'esprit quant aux évaluations qui en ont été faites. En d'autres termes, reconstituer et questionner les évaluations et les préjugés qui s'y rattachent nous permettent de comprendre le rôle qu'ils ont joué et la place qu'on leur a assignée dans la communauté.

Donnons-nous tout d'abord un repère analytique important pour la lecture de ces évaluations. Toutes les analyses significatives des savoirs minoritaires puisent à deux types de critères : le premier qu'on pourrait qualifier de *critères d'efficience sociétale* dans la mesure où ils permettent de jauger et de juger de la nature des savoirs en fonction justement de leur efficacité dans la communauté, de leurs apports quant aux résultats que cette dernière en escompte – selon les circonstances, les champs particuliers où ils se trouvent mobilisés, les buts qu'ils se fixent et les effets qu'ils produisent – et les seconds, des *critères épistémologiques et politiques* qui leur permettent d'en apprécier la capacité à se constituer comme des savoirs « normaux » et donc à se conformer à des modèles scientifiques considérés comme universels.

Voyons très rapidement ce qu'il en est des *critères d'efficience sociétale* à travers quelques exemples significatifs qui s'étendent sur plus de trente ans de distance, et ce depuis 1967[11]. Aussi loin que nous remontions – nous voulons parler ici de la période d'émergence de la sociologie qui fut, à bien des égards, l'épicentre de la confrontation des savoirs modernes et des savoirs traditionnels –, le sociologue Jean-Paul Hautecœur soulignait déjà,

---

10. On aura constaté que nous utilisons indifféremment « sciences humaines et sociales » ou « savoirs minoritaires ». Ce n'est pas un laxisme terminologique puisque la perspective dans laquelle nous concevons ces sciences, tout comme les valeurs que nous y attachons, autorise une telle liberté.

11. Rappelons que la décennie des années 1960 est marquée des transformations sociétales de très grande ampleur. Ouverte par l'arrivée au pouvoir du libéral Louis J. Robichaud, elle sera celle de la mise en œuvre du programme Chances égales combiné avec des interventions massives du gouvernement fédéral. Celles-ci et celui-là révolutionnent véritablement tous les secteurs de la vie politique, linguistique, sociale, économique, fiscale, éducative des Néo-Brunswickois et se traduisent par des effets très importants sur la communauté acadienne. Cette décennie hissant enfin les Acadiens et les francophones du Nouveau-Brunswick au rang de citoyens à part entière, et ce en dépit de multiples résistances, on peut dire qu'elle a été indéniablement le creuset de toutes les transformations sociétales à venir.

à titre d'observateur engagé[12] et avec une lucidité sans égale, les tendances générales qu'ont prises les sciences humaines et sociales aujourd'hui. Les passages que nous citons sont trop lourds de sens pour ne pas les reproduire intégralement. Évoquant tout d'abord sa propre expérience de professeur à l'Université de Moncton, il écrit :

> Je me souviens par exemple de ces étudiants, professeurs et administrateurs de l'Université de Moncton qui tenaient pour un jeu de dilettante ces cogitations sur la culture, le langage symbolique et la rituelle sociétale. Nous étions de ces « littérateurs » en voyage de divertissement dans les « Sciences sociales », laboratoire du modèle et du chiffre, sanctuaire de la « pratique », lieu de la rencontre fructueuse du « positif » et du positiviste. Au plus clair, il nous était bien signifié qu'une sociologie de l'Acadie devait avant tout s'attacher au « réel » – l'économique, la pratique linguistique, la scolarisation, etc. – que l'urgent était le « décollage » acadien dans les secteurs tenus pour les plus importants, et que par conséquent une sociologie des profondeurs, du possible et de l'impossible, du verbe et du silence était un luxe ou un investissement à perte[13].

Caractérisant le type de « science » et, comme on le verra, la place qu'on lui assigne dans ce partage entre action et connaissance, il qualifie ainsi les conceptions qui prévalaient alors :

> À la science était alors dévolu le rôle de connaissance des « choses » ; des « sciences sociales », on attendait un complément de l'action nationale, l'aide désormais indispensable de l'« expert en la matière ». La sociologie devait faire des enquêtes, « compiler des statistiques », passer par la machine, donner en un langage « spécial », et avec maintes précisions chiffrées d'une connaissance dont on avait déjà l'intuition ou la confuse expérience. La statistique, dans ce dénuement de connaissances positives, apparaissait comme la grande maîtresse des sciences sociales et, par suite, de l'action nationale concertée[14].

Quelque trente ans plus tard, dressant un bilan de la recherche en sciences humaines et sociales dans les milieux minoritaires francophones, et non sans puiser ses exemples dans le cas de l'Acadie, Joseph Yvon Thériault déplore quant à lui ce qu'il nomme « la difficulté pratique » ; entendant par

---

12. Soulignons ici que Jean-Paul Hautecœur, alors coopérant français au Canada, fut professeur de sociologie à l'Université de Moncton de 1967 à 1969. Il fut licencié en 1969 après la fermeture du département de sociologie que les autorités de l'époque avaient associé à la révolte étudiante. Comme le lecteur pourra s'en rendre compte, nous puiserons amplement à son maître ouvrage L'Acadie du discours. Pour une sociologie de l'Acadie.

13. Jean-Paul Hautecœur, L'Acadie du discours. Pour une sociologie de la culture acadienne, Québec, Presses de l'Université Laval, 1975, p. 32-33.

14. Ibid., p. 34.

là le fait que « la recherche sur le milieu francophone est trop étroitement liée à la pratique identitaire, rendant ainsi difficile le déploiement d'un espace autonome de recherche[15] ». Et de souligner plus loin que « la recherche n'a pas, dans ce milieu, de légitimité, à moins qu'elle soit pratique, directement "opérationnalisable"[16] ».

Parmi de nombreux autres, et à trente ans de distance, ces exemples attestent d'une constante : la symbiose ou à tout le moins le souci permanent en milieu minoritaire de lier l'action et la connaissance – pour ne pas dire de *subordonner celle-ci à celle-là*. On mesure ce qu'une telle situation peut signifier de limites (im)posées à l'autonomie de la recherche[17]. Qu'en est-il de l'application et, à la même période, des critères de nature épistémologique quant à l'appréciation des savoirs minoritaires ?

Émergeant au tournant des années 1960 comme des « nouveaux savoirs » dans le contexte de l'Acadie du Nouveau-Brunswick qui ne disposait alors que d'une seule institution universitaire et dont les moyens financiers étaient de surcroît considérablement limités, la nouveauté de ces savoirs pèsera lourdement quant à l'appréciation qui en sera faite tant au moment de leur émergence que par la suite. En effet, à la lecture des textes de la première période, on aura constaté que les auteurs avaient généralement recours à des échelles de comparaison historique, conceptuelle, culturelle, institutionnelle, politique, échelles parfois démesurées en regard de l'espace minoritaire et constituées comme l'unique horizon de référence à partir duquel est mesuré le degré de scientificité des savoirs minoritaires. Cette question pose des problèmes considérables, non seulement pour la reconnaissance et la légitimité de ces derniers, mais surtout quant à la saisie de leur spécificité et, à ce titre, elle appelle des observations que nous développerons ensuite. Pour l'instant, contentons-nous de souligner un diagnostic-limite qui à lui seul résume l'application de ce critère à la fois épistémologique et politique quant à la « consistance » et à l'existence attribuées aux savoirs minoritaires. Et si après tout ces derniers *n'existaient pas* ? Et s'ils étaient tout simplement « impossibles » ? Diagnostic auquel Joseph Yvon Thériault a donné sa pleine mesure et avec une constance désolante. Dans une conférence qui avait pour objet « Les sciences sociales à l'aube du 3ᵉ millénaire »

---

15. Joseph Yvon Thériault, « Une recherche qui se cherche », dans Yolande Grisé (dir.), *États généraux de la recherche sur la francophonie à l'extérieur du Québec*, Ottawa, Presses de l'Université d'Ottawa, 1995, p. 104.

16. *Ibid*, p. 104.

17. Tous les bilans récents qui ont été faits des savoirs minoritaires soulèvent sans exception cette question. Voir *infra*, note 44.

et s'arrêtant tout particulièrement à la situation des sciences sociales en Acadie, il déclare :

> D'une certaine façon l'histoire des sciences sociales et de l'Acadie fut un rendez-vous manqué. En raison premièrement du retard avec lequel la société acadienne a effectué la modernisation de ses structures universitaires. Ainsi les grandes réformes sociales et politiques des années 60 qui allaient marquer profondément la société acadienne se réalisèrent *avant que naisse ici un groupe d'intellectuels acadiens capables, à partir d'une connaissance intime de leur milieu, d'en orienter le sens. Les spécialistes indigènes des sciences sociales arrivèrent après*, contraints de se limiter à en faire un bilan critique. Ils furent effacés et remplacés, comme intellectuels organiques de la société civile, par les nouveaux entrepreneurs et les juristes. Absents aussi de l'édification de l'État provincial, les spécialistes des sciences sociales commencèrent à intégrer sa structure au moment où l'on annonça la réduction de l'État. D'une certaine façon *les sciences sociales sont nées en Acadie au moment même où un peu partout elles entraient en crise*[18].

Cet extrait est lourd de sens et il exigerait de longs commentaires. Nous nous limiterons cependant à mettre en évidence plusieurs aspects qui semblent les plus problématiques quant à ce diagnostic qui est donné de l'émergence des sciences humaines et sociales. Il y a tout d'abord le fait que cette lecture fait fi du caractère récent de l'institution universitaire. Plus important encore, son ignorance à l'égard de l'histoire contemporaine de l'Acadie ne permet en aucune façon de dire que ce n'est qu'*après les réformes des années 60* qu'un « groupe d'intellectuels acadiens » se forme. Bien au contraire, ce dernier se forme *au moment même où ces réformes sont initiées* et les travaux que mène alors un sociologue comme Camille-Antoine Richard – à l'emploi de l'Université de Moncton depuis 1964 – en est un parfait exemple. Ajoutons qu'à la même période l'engagement intellectuel et politique du philosophe Roger Savoie – alors l'un des principaux théoriciens de la révolte étudiante – n'est pas moins significatif de ce point de vue. Par ailleurs, si la nature de l'engagement de ces universitaires interdit de leur accoler le titre de spécialistes (qu'ils auraient d'ailleurs refusé), et s'ils mêlèrent, souvent avec talent, le savant et le politique, ils n'en ont pas moins produit des travaux qui, au moment même où les réformes ont été entreprises, étaient aussi audacieux

---

18. Joseph Yvon Thériault, « Les sciences sociales à l'aube du 3ᵉ millénaire », communication présentée à la Faculté des sciences sociales de l'Université de Moncton, janvier 1995, p. 12-13. C'est nous qui soulignons. Du même auteur, on trouvera une démonstration plus argumentée de « l'impossible sociologie minoritaire » dans « Entre la nation et l'ethnie ; sociologie, société et communautés minoritaires francophones », *Sociologie et sociétés*, vol. XXVI, n° 1, printemps 1994, p. 15-32.

que remarquables[19]. Nous réalisons aussi aujourd'hui que cette notion d'*indigénisation* doit être utilisée avec beaucoup de précautions et de nuances dans la mesure où la charge essentialisante dont elle est porteuse ne peut que brouiller dangereusement les frontières entre appartenance et savoirs et jeter un voile sur le travail que ces derniers effectuent[20]. Voilà quelques-unes des raisons qui indiquent les limites de ce diagnostic à apprécier véritablement le sens et la portée de l'émergence des « nouveaux savoirs ».

Du critère de l'efficience sociétale des savoirs minoritaires à celui de leur improbable existence, il nous faut à présent aller en amont de ces préjugés afin de pouvoir en élucider les raisons, en expliquer les limites et jeter ainsi sur les premiers comme les seconds quelque éclairage susceptible de reconnaître aux savoirs minoritaires la spécificité qui leur est refusée:

Division du travail culturelle et symbolique et hiérarchie des savoirs minoritaires

Plutôt que d'expliquer la trop grande proximité entre l'action et la connaissance – celle-ci y perdant parfois son autonomie – par la « petitesse[21] » du milieu, nous considérons qu'elle trouve au contraire son origine dans la division du travail culturelle et symbolique des savoirs minoritaires – division qui sera d'ailleurs fortement perturbée par la confrontation des savoirs traditionnels avec les savoirs modernes qui s'amorce au tournant des années 1960. Que recouvre exactement cette division du travail? À l'examiner de

---

19. On doit signaler ici que si les « grandes études scientifiques » dont les extraits sont donnés pour la première période paraissent en général après la confrontation des savoirs modernes avec les savoirs traditionnels, on ne doit pas oublier que leurs auteurs ont dans la majorité des cas publié au cours des années 1960 dans *La Revue économique* et dans ce qui deviendra ensuite *La Revue de l'Université de Moncton*. En effet, ces auteurs publient une série d'articles dans lesquels sont exposés les résultats préliminaires de leurs recherches alors en cours ou ceux de recherches plus ponctuelles, sans parler des textes d'intervention et à caractère plus politique qu'ils publient dans les journaux étudiants. Nous ne donnerons pas ici les références à tous ces textes, mais qu'il nous suffise de rappeler que les noms de Camille-Antoine Richard, Roger Savoie, Alain Even, Jean-Paul Hautecœur, Jean-Claude Vernex – pour ne prendre que ces exemples – y sont très présents.

20. Un exemple suffira à illustrer cette remarque. Il n'est pas indifférent que dans son Manifeste, le Parti acadien néo-nationaliste ait reconnu sa dette à l'égard des travaux d'Alain Even, sociologue français. Voir l'appréciation qui est faite de ces travaux dans *Le Parti acadien*, Montréal, Éditions Parti Pris, 1972, p. 49.

21. Nous verrons *infra* que nous n'attribuons aucune valeur péjorative à cette notion de « petitesse » dans la mesure où nous la rattachons à la notion d'exiguïté telle qu'elle a été proposée par François Paré dans *Les Littératures de l'exiguïté, op. cit.*

près, nous y trouverons à la fois la clé du principe de proximité de la connaissance à l'action et celle de l'effacement des sciences humaines et sociales que nous soulignions en introduction. Pour ce faire, il est nécessaire d'effectuer un retour sur l'histoire – dimension dont on sait à quel point elle est constitutive du travail des sciences humaines et sociales, et qu'à ce titre elle est une voie d'accès privilégiée à l'intelligence des rapports connaissance et société. En d'autres termes, ce retour sur l'émergence des nouveaux savoirs est seul susceptible d'élucider ce que nous avons appelé, à la suite de Pierre Bourdieu, « l'amnésie de la genèse ». Paraphrasant Émile Durkheim, il écrit : « L'inconscient, c'est l'oubli de l'histoire. Je pense que l'inconscient d'une discipline c'est son histoire[22]. » Appliquée à l'ensemble des sciences humaines et sociales qui ont émergé en Acadie, cette idée permet de repenser les conditions dans lesquelles elles ont émergé et donne les moyens de reconnaître ce que ces sciences ont inauguré des discours qui permettaient d'analyser autrement que ne l'avaient fait l'historiographie, la généalogie et le folklore ; savoirs traditionnels par excellence et seuls dépositaires jusque-là de la mémoire collective et seuls garants des connaissances légitimes de la communauté. Par ailleurs, effectuer un tel retour sur les conditions d'émergence des savoirs modernes permettra également de comprendre, par ricochet, comment, dans le jeu des différences parfois radicales qui les distinguent des pratiques de connaissance qui prévalaient alors, les transformations, les questionnements, la nature des champs et des objets qu'ils explorent depuis, de sorte qu'on puisse savoir ce qu'ils font *réellement* aujourd'hui. Ce qu'illustre à sa façon cette idée que Giovanni Busino applique à la sociologie mais que nous n'hésitons pas à étendre aussi à l'ensemble des sciences humaines et sociales. « Les sociologies et les sociologues du passé, écrit-il, ont beaucoup à nous apprendre sur les sociétés qu'ils ont représentées conceptuellement, et plus encore sur les non-dits, les lieux vides, sur le temps suspendu, sur le jeu des différences, sur l'ambiguïté et les ombres impalpables du présent[23]. » Une telle remarque s'applique définitivement à l'ensemble des sciences humaines et sociales et nous en expliciterons ensuite toutes les implications quant à l'état des savoirs minoritaires et dont cette anthologie veut rendre compte. Comprendre la scène sur laquelle s'effectua la confrontation des savoirs traditionnels avec

---

22. Pierre Bourdieu, « Les conditions sociales de la production sociologique : sociologie coloniale et décolonisation de la sociologie », dans *Le mal de voir*. Cahiers Jussieu 7, Paris, Union générale d'Éditions, 1976, p. 419.

23. Giovanni Busino, « Pavane pour l'histoire de la sociologie », *Revue européenne des sciences sociales*, vol. XXXI, n° 95, 1993, p. 123.

les savoirs modernes exige de préciser préalablement les conditions de l'institutionnalisation de l'enseignement universitaire ainsi que les formes qui présidèrent quant à la division du travail culturelle et symbolique des savoirs et à leur hiérarchie.

Rappelons tout d'abord les conditions particulièrement difficiles qui caractérisaient le système d'éducation dont avait bénéficié jusque-là la population acadienne. Après la fondation en 1864 par la Congrégation de Sainte-Croix du Collège Saint-Joseph[24] – première institution postsecondaire à être créée en Acadie –, on assistera dans les décennies suivantes à la création d'un réseau d'institutions qui seront toutes placées sous l'autorité de congrégations religieuses dont les implications favoriseront des conceptions inspirées de la doctrine sociale de l'église qui prélavèrent jusqu'aux années 1960 et qui instaureront en contrepoint du *Récit national* acadien une rigoureuse hiérarchie des savoirs. Comprendre la portée de cette hiérarchie des savoirs implique que nous ne nous enfermions pas dans la seule description de leur institutionnalisation mais que nous tâchions d'en identifier et d'en caractériser les logiques scientifiques sociétales qui prévalaient alors. Nous voulons parler de ce que nous pourrions appeler la division culturelle et symbolique des savoirs qui va, des décennies durant, régir leurs rapports et qui assignera à chacun d'eux une place particulière dans une hiérarchie soigneusement réglée. Une hiérarchie des savoirs qui par ailleurs puisera sa raison d'être à même l'expérience historique de la communauté acadienne et qui placera à son sommet ceux d'entre eux qui se situent au plus près du *Récit national* acadien. Voyons de plus près ce qu'il fut.

---

24. Le Collège Saint-Joseph qui devient en 1899 l'Université du Collège Saint-Joseph et, en 1928, l'Université Saint-Joseph, sera plus tard transférée à Moncton et acquérra définitivement le plein statut d'université avec la création de l'Université de Moncton en 1963. Quant aux Pères Eudistes, ils fondent à leur tour le Collège Saint-Anne en 1890 et le Collège Sacré-Cœur en 1899, puis viendront la fondation du Collège l'Assomption en 1943 et du Collège Saint-Louis en 1946. Pour un aperçu historique général des difficultés liées à tout le système d'éducation, on se reportera notamment aux contributions de Léon Thériault, « L'Acadie de 1763 à 1990, synthèse historique », dans Jean Daigle (dir.), *L'Acadie des Maritimes. Études thématiques des débuts à nos jours*, Moncton, Université de Moncton, Chaire d'études acadiennes, 1993, et de Gilberte Couturier LeBlanc, Alcide Godin, Aldéo Renaud, « L'enseignement français dans les Maritimes, 1604-1992 », respectivement p. 45-91 et p. 543-585. Pour un aperçu historique sur les institutions d'enseignement postsecondaire au Nouveau-Brunswick, voir le *Rapport de la Commission de planification académique de l'Université de Moncton*, Moncton, Université de Moncton, 1971, 624 p. Pour un historique de l'Université de Moncton, voir père Clément Cormier, *L'Université de Moncton. Historique*, Moncton, Université de Moncton, Centre d'études acadiennes, 1975, 403 p. Enfin, pour une plongée à la fois réaliste et critique du rôle joué par l'institution religieuse dans le domaine de l'éducation, voir Michel Roy, *L'Acadie perdue*, Montréal, Québec-Amérique, 1978, 203 p.

L'Acadie devra attendre quelque 125 ans pour assister à ce qu'on a appelé sa « Renaissance » qui amorça les conditions à l'émancipation de la communauté acadienne en favorisant l'émergence d'élites professionnelles, la construction d'institutions qui lui étaient propres – le tout sur fond de luttes pour la défense de la langue française et de la foi catholique. À cet égard, on sait la contribution du poème *Évangeline* de Longfellow à la naissance du mythe fondateur de la communauté acadienne puisqu'il lui offrit l'argument sur lequel tout le *Récit national* acadien s'articulera. Un Récit qui faisait à la fois écho à un déracinement – le Grand Dérangement de 1755 – et à un *réenracinement* douloureux, mais salvateur. Il reviendra à l'écriture historiographique traditionnelle – dont la pertinence devait alors plus à l'idéologie qu'à la science – d'y puiser cette fiction fondatrice qui installera pour toujours la communauté acadienne dans un rapport à la fois fier et inquiet à ses origines ; un rapport tout entier soumis au récit d'une naissance douloureuse et toujours contrariée, mais finalement transfigurée en un épisode glorieux. La mémoire que mobilisent de tels événements peut difficilement prendre ses sources dans la rationalité scientifique et technique. C'est ce que souligne C. A. Richard en 1960 dans ce qui fut l'une des premières analyses sociologiques consacrées à l'idéologie de la première Convention nationale :

> Pour l'Acadien, le passé seul justifie le présent. C'est pourquoi il valorise le passé en le rationalisant, en le bloquant en quelque sorte par rapport à l'histoire « scientifique », car l'histoire devient une certitude acquise une fois pour toutes, fermée à la critique et au relativisme. Tout se passe comme si, pour l'Acadien, le passé seul lui semble original ou typiquement acadien[25].

Trente-cinq ans plus tard, Jean-William Lapierre, sociologue français et observateur de la communauté acadienne, faisait ainsi écho à ce point de vue :

> Je le constate chez mes amis Acadiens, si attachés à la connaissance de leur généalogie depuis l'ancêtre venu de France. Mais ce passé n'est pas celui de *la science historienne* ; c'est celui que se représente *la mémoire collective*. C'est une histoire mythique ou du moins légendaire dans laquelle certains souvenirs (comme celui du « Grand Dérangement » pour les Acadiens : la Déportation de 1755) deviennent des symboles de ces significations sociales imaginaires[26] [...]

---

25. Camille-Antoine Richard, *L'idéologie de la première convention nationale acadienne*, Thèse de maîtrise en sociologie, Université Laval, 1960, p. 17.
26. *Ibid.*, p. 13-14. C'est nous qui soulignons.

On sait par ailleurs que ce passé mobilise une mémoire qui, dans l'État-nation, conçu sur le modèle jacobin, peut « fonctionner » à l'*oubli*, mais qui, dans le contexte minoritaire, est systématiquement convoquée pour attester d'une existence qui prend ses sources dans des épreuves historiques irréductibles et que le *Récit national* aura à charge de réitérer inlassablement[27], et ce en dépit des « conflits et des manipulations de mémoire » auxquels donneront lieu les diverses interprétations de l'histoire de l'Acadie[28]. Tout cela étant dit, l'emprise qu'exerce le clergé sur le système d'éducation et la prééminence accordée au *Récit national* sur tout autre discours ne pouvait que signifier le maintien strict de la hiérarchie des savoirs ainsi que la place centrale qu'occupe alors l'historiographie traditionnelle, et ce malgré les efforts déployés dès le milieu des années 1950 afin de « moderniser le discours national[29] ».

C'est donc sur cette *scène-là* que s'effectue la confrontation des discours modernes avec les discours traditionnels et dont deux événements en sont les moments les plus significatifs dans la décennie des années 1960 : la tenue au Collège Saint-Joseph de Memramcook du 1er au 3 avril 1966 du Ralliement de la jeunesse acadienne – ralliement qui fut lui-même initié par la Société nationale des Acadiens – et trois ans plus tard, la fermeture du Département de sociologie[30]. Jean-Paul Hautecœur résume parfaitement ce que furent ces deux événements de la manière suivante :

---

27. C'est à Jean-Paul Hautecœur qu'il est revenu d'avoir magistralement analysé « les variations et l'invariance » du discours national acadien et ses intrications avec les écritures historiographiques successives – des plus traditionnelles aux plus modernes. Jean-Paul Hautecœur, *L'Acadie du discours. Pour une sociologie de la culture acadienne*, Québec, Presses de l'Université Laval, 1975.

28. Tendance que soulignait déjà Marc-Adélard Tremblay en 1962. Voir Marc-Adélard Tremblay, « L'état des recherches sur la culture acadienne », *Recherches sociographiques*, vol. III, janvier-avril 1962, nos 1-2, p. 147. Ce texte important figure dans l'anthologie. Plus près de nous, les débats suscités par les travaux de Michel Roy, Paul Surette ou encore Clarence LeBreton traduisent bien ces « conflits de mémoire » quant à l'interprétation du passé historique de la communauté. Voir Paul Surette, *Mésagouèche, l'évasion d'un peuple*, Memramcook, Société historique de Memramcook, 1992. *L'Acadie nouvelle* a fait écho à cet ouvrage par un article : « Paul Surette émet des doutes quant à la véracité de l'histoire de l'Acadie », *L'Acadie nouvelle*, Lundi 21 décembre 1992, p. 2 ; Michel Roy, *L'Acadie perdue*, Montréal, Éditions Québec-Amérique, 1978, 203 p. ; *L'Acadie des origines à nos jours. Essai de synthèse historique*, op. cit. ; et Clarence LeBreton, *L'Affaire Louis Mailloux*, Caraquet, Les Éditions Franc jeu, 1992, 238 p.

29. Sur l'adaptation des discours traditionnels à la modernité, nous renvoyons à l'analyse de Jean-Paul Hautecœur, *L'Acadie du discours*, op. cit., p. 91.

30. Nous suivrons ici de près l'analyse exhaustive qu'en a faite Jean-Paul Hautecœur. Voir « Le Ralliement de la jeunesse acadienne » dans *L'Acadie du discours*, op. cit., p. 195-245. Sauf indication contraire, toutes les citations renvoient à cet ouvrage.

> [l'Acadie] vit dans sa tradition, dans son interprétation ancestrale, dans ses rites, dans son savoir coutumier, en un mot dans son mythe. Bienheureuse? C'est aux poètes de la dire ou de la chanter, d'en décider. Mais de connaissance réflexive, de retour critique, de traitement contrôlé de son savoir, point. La tradition fait office de science humaine. La tradition exclut la sociologie quand celle-ci pénètre sur son propre terrain et lui livre une concurrence seigneuriale. Le Ralliement en 1966, puis la « purge » à l'Université de Moncton en 1969 en sont deux exemples remarquables. Jusqu'à tout récemment, la tradition avait entièrement investi l'historiographie, et les historiens actuels les plus connus sont aussi des idéologues et des chefs les plus écoutés de la société. Les « spécialistes » de la société acadienne sont aussi les chefs de la nation. Tout converge vers le même centre, le lieu du pouvoir démiurgique[31].

Du Ralliement de la jeunesse acadienne, on peut dire qu'il résulte de l'action de jeunes intellectuels acadiens de permettre, ainsi que le déclara Camille-Antoine Richard, principal animateur du Ralliement, « la prise de conscience collective dans la libre expression de la part de la jeunesse[32] ». Prise de conscience qui exigeait forcément une émancipation des représentations traditionnelles qui avaient hypothéqué jusque-là le discours nationaliste acadien. Cette émancipation passait forcément par l'élaboration de ce que Jean-Paul Hautecœur a appelé une « contre-idéologie » et un « contre-projet » sociétal, lesquels avaient pour but la « substitution d'une analyse "scientifique" (psychologique et sociologique) de la société à l'idéologie traditionnelle », et la quête d'une « nouvelle praxis possible pour la société acadienne[33] ». Sans entrer ici dans la reconstitution de ce que fut ce Ralliement, avec ses enjeux, ses acteurs, son « idéologie », ses avancées, ses reculs, il est intéressant de s'arrêter à ses « ambiguïtés ». Qu'est-ce à dire? Le Ralliement impliquera la redéfinition des catégories de la pensée et de l'action en plaçant au cœur de son projet la critique des « significations fétichisées et vécues comme opprimantes du langage national », lui opposant des thèmes jusque-là inédits. De jeunes intellectuels acadiens ont tour à tour analysé la crise de la communauté acadienne, découvert l'importance des classes sociales, promu des valeurs démocratiques, remis en question les pouvoirs traditionnels, pris acte de l'*internationalisation* de l'espace acadien et de la nécessité d'élaborer de nouveaux langages et de nouvelles valeurs. Cela dit, si la science – et en particulier la sociologie – constitua pour ce projet le principal vecteur de la dissidence de ces intellectuels aca-

---

31. Jean-Paul Hautecœur, *L'Acadie du discours*, op. cit., p. 4.
32. Camille-Antoine Richard, cité par Jean-Paul Hautecœur, *ibid.*, p. 203.
33. *Ibid.*, p. 204.

diens à l'égard du discours traditionnel, leur action en éprouva rapidement les limites quant à ses capacités de pourvoir totalement au sens et aux finalités de leur action intellectuelle et politique. Comme l'a montré Jean-Paul Hautecœur, bien qu'il inaugurât une «tradition critique» dont les effets seront significatifs pour la génération suivante, le Ralliement effectua tout de même un retour subreptice à un nouveau nationalisme se traduisant par la nécessité de *penser autrement* «l'homme minoritaire acadien» par-delà la science. C'est d'ailleurs ce qu'illustre à sa façon Camille-Antoine Richard :

> Le nationalisme devrait être un outil de progrès constant à la disposition de notre groupe ethnique pour l'aider à se dépasser et à s'intégrer à fond dans les nouvelles structures de la civilisation technologique[34].

Voyons maintenant ce qu'il en fut du sort que connut le Département de sociologie ; événement très important qui eut lieu en avril 1969 et qui jette une lumière des plus crues sur la question de la division du travail qui régit les savoirs minoritaires, mais qui nous questionne également quant à la radicalité des savoirs modernes dont on n'a pas suffisamment tiré toutes les leçons. Sa fermeture qui impliqua le licenciement de ses professeurs et la suspension de ses programmes, eut lieu trois ans après la tenue du Ralliement et dans la foulée des révoltes étudiantes qui, sur fond de la naissance du néo-nationalisme acadien, secouèrent l'Acadie en 1968 et 1969[35]. Événement diversement interprété depuis, mais à chaud, pourrait-on dire, le sociologue Hubert Guindon, chargé de rédiger un rapport sur la situation de la sociologie dans le cadre de la Commission de planification académique de l'Université de Moncton paru en 1971, en souligna ainsi la portée :

> Les controverses publiques, la suppression de la maîtrise, le congédiement de la majorité des professeurs, le renvoi des étudiants en maîtrise : cet ensemble de mesures constitue une sorte de chirurgie radicale qui n'a pas été sans marquer non seulement ceux qui ont été l'objet, mais aussi ceux qui les ont prises et, plus largement encore, la communauté académique[36].

---

34. Ibid., p. 234.

35. Voir le récit que fait de cette révolte le film de Michel Brault et Pierre Perrault, *L'Acadie l'Acadie ?! ?*, Office national du film du Canada, 1971.

36. Hubert Guindon, «Rapport du comité de sociologie», dans *Rapport de la Commission de la planification académique de l'Université de Moncton*, Moncton, Université de Moncton, 1971, tome 2, p. 453. Voir également Jean-Philippe Warren, Julien Massicote, «La fermeture du Département de sociologie de l'Université de Moncton : histoire d'une crise politico-épistémologique», *The Canadian Historical Review*, vol. 87, n°3, p. 463-496 ; Mourad Ali-Khodja, «Connaissance et politique : quelques réflexions sur le développement de la sociologie en Acadie», *Égalité*, n°s 13-14, 1984-1985, p. 217-237.

Les analyses consacrées à cet événement en ont généralement retenu la dimension répressive – notamment la suspension des programmes et le licenciement des professeurs – sans prendre en considération la nature de la sociologie comme nouveau savoir ni l'impact qu'elle avait eu sur la hiérarchie des savoirs. Cet événement ne faisait que restaurer la prééminence du *Récit national* porté par l'historiographie, la généalogie et le folklore sur toute autre forme de savoir – la sociologie ayant été, dans cette conjoncture-là, considérée comme la science la plus perturbatrice – non seulement parce que les autorités lui avaient prêté le projet de porter atteinte à l'ordre social, mais surtout celui de mettre en crise l'ordre culturel et symbolique. Au-delà de cette discipline, une telle normalisation des savoirs signifiait, d'une part, qu'on ne reconnaissait pas aux sciences sociales le droit de se constituer, comme l'historiographie ou la littérature – pour reprendre les mots de François Paré – comme expression de l'« historicisation du discours collectif », et, d'autre part, qu'on décidait de confirmer la place purement instrumentale à laquelle on les assignera dorénavant. En d'autres termes, ce geste revenait à engager, sur un mode prétendument moderne, une remise en ordre et une normalisation des discours de connaissance allant jusqu'à instaurer des modes de contrôle de tout discours public. Tout cela confirmait avec éclat l'observation de Jean-Paul Hautecœur quant au fait que les sciences sociales ne se devaient d'être que des « compléments de l'action nationale[37] ».

Si la fermeture du Département de sociologie a représenté le point de non-retour de la confrontation des savoirs traditionnels avec les savoirs modernes et la restauration de la hiérarchie des savoirs, comment prendre à présent l'exacte mesure de la spécificité et de la radicalité des savoirs modernes qui se déploient tout au long de la décennie des années 1960, et ce, au-delà de la mesure répressive qui frappera particulièrement la sociologie ? Sans nous arrêter à la nature proprement dite des recherches qui furent menées durant cette décennie, inaugurées en 1960 par la thèse que consacra Camille-Antoine Richard à l'analyse de « l'idéologie de la première convention nationale acadienne » de 1881, nous voudrions plutôt nous interroger sur le statut même de ces savoirs.

De quels éléments disposons-nous afin de cerner la spécificité de ces savoirs modernes ? Revenons un instant à Jean-Paul Hautecœur. Dans son

---

37. Il faut souligner un fait éditorial tout à fait significatif quant aux conséquences que dut subir la sociologie. Dans la première édition de l'ouvrage qui date de 1980 *Les Acadiens des Maritimes*, aucun chapitre n'était consacré à la sociologie de l'Acadie. Pour ce faire, il faudra attendre la seconde édition qui paraît en 1993.

analyse du Ralliement de la jeunesse acadienne, rappelons qu'il souligne que le projet de ces jeunes intellectuels acadiens avait été d'en appeler à la science (sociale) contre le « nationalisme acadien » et que, de ce fait, ce projet était porteur d'une « contre-idéologie » ; il était en quelque sorte un « contre-projet » sociétal. Cela dit, la pertinence et la justesse de cette analyse s'arrêtent là où le plus important devait être fait : hier comme aujourd'hui, rien n'est dit, ou si peu, sur la nature intrinsèque de ces savoirs au-delà de la conjoncture dans laquelle ils s'inscrivaient. C'est donc un point aveugle qui demande à être élucidé, au-delà d'ailleurs de la conjoncture de l'époque dont le caractère exceptionnel pouvait définitivement porter à confusion en raison de l'ampleur des transformations sociétales alors en cours. Ajoutons que le contexte institutionnel universitaire était également susceptible de faire écran à tout questionnement sur la nature et la spécificité de ces savoirs modernes étant donné que l'Acadie ne dispose que d'une seule université et d'un réseau d'institutions collégiales alors contrôlées par le clergé dont les enseignements demeuraient traditionnels.

En dépit de ces conditions, nous croyons qu'il est nécessaire de penser la spécificité et la portée de ces savoirs modernes au-delà de cette conjoncture où tout semble surgir brutalement et à s'arrêter principalement à deux dimensions essentielles qui, elles, ouvrent des possibilités d'élucidation quant à la nature de ces savoirs. La première est relative aux *cadres de référence sociétaux* dans lesquels on les situe et la seconde a trait aux *traditions scientifiques et intellectuelles* auxquelles on les rattache ou auxquelles les auteurs eux-mêmes se rattachent avec tout ce que cela implique de conformité de leurs travaux avec les cadres épistémologiques, théoriques ou méthodologiques dits universels. Voilà qui nous mène au cœur de notre questionnement. Afin de traiter de ces deux dimensions, nous nous appuierons respectivement sur les analyses de Jean-Paul Hautecœur, et sur d'autres qui sont plus récentes. L'intérêt qu'il y a à s'arrêter aux premières tient au fait que, dans la confrontation des savoirs traditionnels et des savoirs modernes, le sociologue a été un observateur de premier plan, et il a par ailleurs systématiquement pensé les discours de l'Acadie dans la perspective d'une épistémologie politique tout en s'arrêtant à leurs conditions de possibilités analytiques et en les rapportant aux pouvoirs qu'ils critiquaient et/ou à ceux dont ils étaient eux-mêmes potentiellement les vecteurs. Quant aux analyses plus récentes, elles confirment le diagnostic qu'établissait Jean-Paul

Hautecœur. Mais commençons par la plus ancienne.

Nous sommes au seuil de *L'Acadie du discours* et son auteur s'interroge[38] sur la l'existence sociétale – la « consistance » – de l'Acadie tout comme sur l'absence de ses traditions scientifiques. Les questions comme les réponses ont de quoi dérouter le lecteur :

> Qu'est-ce que l'Acadie ? Où est-elle ? Comment s'en approcher ? » [...] L'Acadie serait-elle « sauvage », « nature » par opposition à « culture » ? Oui, si l'on se réfère aux traditions et aux connaissances scientifiques des pays ou des peuples qui l'entourent[39].

Nous savons qu'au terme de son analyse, la réponse ultime qu'il apportera à cette question centrale : l'Acadie n'est que discours, elle n'existe que dans le mythe qui l'enveloppe et la porte, l'Acadie n'existe donc pas comme « société globale ». À ce vide sociétal, il oppose, pourrait-on dire, le plein de la société québécoise – cette dernière, érigée comme espace de référence incontournable et réserve potentielle de tous les possibles. Comment situe-t-il la sociologie en Acadie ?

> *La sociologie de l'Acadie n'est pas au point zéro.* Bien avant la création hésitante d'une section de sociologie à l'Université de Moncton, il y eut un Edmond de Nevers, un Léon Gérin pour publier les premiers essais sociologiques sur le Canada français. À défaut d'un héritage scientifique acadien, *il faut partir de l'héritage québécois*[40].

La sociologie en Acadie n'est donc potentiellement possible qu'en autant qu'elle soit mise en perspective avec des traditions dont elle-même n'a jamais été le lieu[41]. Que l'auteur constate que la sociologie en soit à ses premiers pas,

---

38. Rappelons ici que l'ouvrage en question est une version remaniée de la thèse, dirigée par Fernand Dumont, et qu'il a défendue en 1972 à l'Université Laval et portant le titre *L'Acadie : idéologies et sociétés*. Elle paraît aux Presses de l'Université Laval en 1975, soit exactement six ans après la fermeture du Département de sociologie – notre auteur faisant partie des professeurs licenciés.

39. Jean-Paul Hautecœur, *L'Acadie du discours*, *op. cit.*, p. 4.

40. Jean-Paul Hautecœur, *ibid.*, p. 10. C'est nous qui soulignons.

41. On ne peut pas ne pas penser ici à ce qu'écrivait le jeune Marcel Rioux en 1957, alors ethnographe pour le compte de ce qui était alors le *National Museum of Canada*. Après une première observation dans l'Acadie du Nouveau-Brunswick, il note dans son bref rapport l'intérêt que représente l'étude de cette minorité ethnique, ce « groupe si homogène », mais il met en même temps en garde contre toute tentation qu'il y aurait à prendre la société québécoise pour modèle de référence. Il écrit justement : « [...] on pouvait choisir de traiter cette population comme un simple prolongement culturel du Québec », il précise plus loin : « Dès nos premiers contacts avec la réalité acadienne, cette présupposition fut mise en doute et il devint de plus en plus évident, à mesure que l'enquête se poursuivait, qu'on ne pouvait pas

on en convient, mais il omet cependant de souligner les travaux à caractère sociologique menés dans une perspective plutôt conservatrice et très peu scientifique certes, mais dont on ne peut ignorer l'existence. Nous pensons ici, entre autres, aux travaux du frère Léopold Taillon[42]. L'ambiguïté du regard que pose Hautecœur sur l'inexistence de la sociologie en Acadie atteint au paradoxe lorsqu'il cite Fernand Dumont. S'interrogeant sur les rapports que les sociologues québécois pouvaient bien avoir avec les Grandes Traditions sociologiques, si Dumont admet la pertinence des auteurs – modernes ou contemporains – qui les ont façonnées, il ajoute toutefois :

> L'écoute de ces voix qui nous viennent des autres sociétés ne doit pas nous dispenser de préciser notre voix, sans quoi notre accueil ne trouvera pas son propre lieu, sa faculté d'entendre à partir des questions qui viendraient de nous[43].

À l'évidence, le regard que pose Hautecœur fait fi du point de vue de Dumont, car le cadre de référence auquel il rapporte l'Acadie est hautement problématique, comme l'est le fait de rabattre unilatéralement et exclusivement ses savoirs à d'autres Traditions scientifiques – de là d'ailleurs son constat d'une *Acadie-Mythe* et de cette primordialité de l'idéologie dans laquelle il l'enferme inexorablement. De là également la nécessité de ne pas conclure trop rapidement au *retard*, au *sous-développement* de cet espace sociétal qu'est l'Acadie et de ses savoirs, où, subitement, *tout devient possible* : des langages naissent au gré des épreuves d'une modernité agressive, et, dans l'urgence ; des savoirs qui doivent certes à la conjoncture dans laquelle ils s'ancrent mais qui amorcent cependant le parcours difficile de leur construction, de leur affirmation et de leur reconnaissance possibles.

À quarante ans de distance, on ne manque pas d'être étonnés devant la persistance du déni de reconnaissance des savoirs minoritaires. En effet, à

---

se servir du modèle de la société québécoise pour l'étude de cette population [....] », « Rapport préliminaire de l'étude de la culture acadienne du Nouveau-Brunswick », *National Museum of Canada*, Bulletin n°47, 1957, p. 62.

42. Membre de la Congrégation Sainte-Croix, le frère Léopold Taillon (1895-1969), aussi rudimentaires que ses observations aient été, peut être considéré comme un protosociologue de l'Acadie. D'origine québécoise, professeur un temps au Collège Saint-Joseph, il revient en Acadie en 1937 et s'engage dans le domaine de l'éducation et de l'enseignement des langues. Surnommé le « Parrain de l'Université de Moncton », il a publié plusieurs ouvrages dont : *Au service de la culture française en Acadie. 1938-1952. Quinze ans de cours d'été. Étude objective du problème scolaire acadien sous son aspect culturel*, Montréal/Paris, Fides, 1952, 159 p. ; *Au service de l'École acadienne*, Moncton/Saint-Joseph, Université Saint-Joseph, 1957, 144 p.

43. Fernand Dumont, *La société québécoise*. Schéma établi par Pierre Saint-Arnaud, Université Laval, Québec, 1970, cité par Jean-Paul Hautecœur, *L'Acadie du discours*, op. cit., p. 10.

lire les nombreux bilans qui ont été faits récemment de leur état[44], on ne peut que déplorer l'indifférence qu'ils manifestent à l'égard de l'historicité de ces savoirs. Sans examiner ici en détail l'argumentaire commun aux auteurs de ces analyses, qu'il nous suffise de préciser que, dans l'ignorance des dimensions historiques de constitution des savoirs, les bilans sur leur état n'ont de cesse d'en constater leurs limites, leurs carences, leurs difficultés, et d'en arriver parfois jusqu'à avancer l'idée de leur «impossible» existence. En effet, certains, soulignant l'incapacité de l'Acadie à se constituer sur le modèle des Grandes Nations, ne neutralisent-ils pas ainsi la spécificité de son expérience historique[45]? Lorsqu'on sait les difficultés qu'ont eues les «savoirs de l'exiguïté» à se constituer, on voit pourquoi il était nécessaire de revenir sur les dimensions historiques qui en ont ordonné la construction.

«L'insurrection des savoirs assujettis»: un autre regard sur les sciences humaines et sociales en Acadie

Il est pourtant possible de cerner tout autrement et en ayant recours à l'analyse qu'a faite Foucault des «savoirs assujettis[46]», la spécificité et la radicalité des savoirs modernes qui naissent alors en Acadie. Contemporaine de l'expérience acadienne et de la publication de L'Acadie du discours, elle jette sur ces derniers un éclairage autrement plus lumineux.

---

44. Parmi les ouvrages on retiendra entre autres: Benoît Cazabon (dir.), Pour un espace de recherche au Canada français. Discours, objets et méthodes, Ottawa, Presses de l'Université d'Ottawa, 1996; Yolande Grisé (dir.), États généraux de la recherche sur la francophonie à l'extérieur du Québec, Ottawa, Presses de l'Université d'Ottawa, 1995; Sociologie et Sociétés (numéro réalisé par Françoise Boudreau et Greg Nielsen), «Les francophonies nord-américaines», vol. XXV, n° 2, automne 1993; Linda Cardinal, Jean Lapointe, J.-Yvon Thériault, Individu, société et politique. La sensibilité des années quatre-vingt au sein de la recherche relative aux communautés francophones hors Québec, Ottawa, Vision d'avenir/Université d'Ottawa, 1990, Jacques Lapointe, André Leclerc (dir.), Les Acadiens. État de la recherche, Québec, Conseil de la vie française, 1987; Fédération des Francophones hors-Québec, État de la recherche sur les communautés francophones hors Québec, 1984. On doit souligner ici l'analyse proposée par Benoît Cazabon qui constitue encore aujourd'hui une insigne exception quant à l'effort d'arracher l'étude de l'objet minoritaire aux discours épistémologique, théorique et méthodologique conventionnels. Voir «Comment à trop distinguer, les sujets en arrivent à vider l'objet minoritaire de toute consistance», dans Benoît Cazabon, (dir.), Pour un espace de recherche au Canada français. Discours, objets et méthodes, op. cit., p. 13-34.

45. Voir Joseph Yvon Thériault, «Entre la nation et l'ethnie; sociologie, société et communautés minoritaires francophones», Sociologie et sociétés, vol. XXVI, n° 1, printemps 1994, p. 15-32.

46. Michel Foucault, «Il faut défendre la société». Cours au Collège de France, 1976, Paris, Hautes Études, Gallimard, Seuil, 1997, p. 3-20.

Cette analyse permet en effet de saisir à la fois ce que l'on pourrait appeler la mondialité des savoirs modernes en Acadie – des savoirs privés de traditions, rappelons-le –, mais surtout de donner un sens à ce qui, dans leur surgissement incertain expliquait leur spécificité *à venir*, tout comme le projet difficile vers lequel ils tendaient et dans les conditions politico-institutionnelles que l'on sait. Si Foucault en situe l'irruption dans les années 1960, qu'ont donc en commun ce qu'il appelle les « savoirs assujettis » avec les savoirs modernes de l'Acadie ? Ces savoirs, « savoirs des gens » émanant principalement d'espaces soumis jusque-là à l'arbitraire de tous les pouvoirs, et auxquels s'opposaient, dans le rejet de tout totalitarisme de la pensée, « un savoir particulier, un savoir local, régional, un savoir différentiel[47] » ; véritable généalogie dont la visée était de dire tout à la fois les « mémoires locales » et de s'engager aussi dans la réappropriation des « connaissances érudites ». À défaut d'une plus ample démonstration, on se contentera ici de souligner qu'à l'ombre d'une histoire construite sur le souvenir de la domination et dans la formidable effervescence de cette décennie des années 1960, ces savoirs modernes de l'Acadie furent à n'en pas douter et à leur façon, expression de ces « savoirs assujettis » et de leur « insurrection[48] ». Rappelons rapidement, et sans avoir dans les limites de ce texte la possibilité d'en démontrer toute la portée, que ces notions permettent de ne plus ignorer la radicalité et la spécificité des nouveaux savoirs qui ont émergé en Acadie. Si les analyses ont pu, ici et là, faire allusion à l'espace international dans lequel ils sont inscrits, tout comme d'ailleurs

---

47. Michel Foucault, *« Il faut défendre la société »*. *Cours au Collège de France*, op. cit, p. 9.

48. Cette notion de « savoirs assujettis » fait indirectement écho à celle de « contre-littératures ». Interprétant cette notion librement, il est possible d'avancer l'idée qu'aussi fragiles qu'elles aient pu être et aussi coupées des Grandes Traditions qu'elles aient été, les « nouvelles écritures » qui émergent en Acadie entre 1960 et 1979 ont constitué des « contre-savoirs » au sens que donne Bernard Mouralis à la notion de « contre-littératures », c'est-à-dire des écritures dont rien ne les rattache « à la permanence ou à la pesanteur d'une tradition », mais qui ont tout de même impliqué « des modalités multiples de la subversion » des savoirs traditionnels. Eu égard à cette définition, on peut dire des sciences humaines et sociales qui émergent en Acadie, qu'elles furent à leur façon des « contre-savoirs » qui ont impliqué une transformation des champs de connaissance. Pour ne prendre qu'un exemple, dans le champ de l'historiographie, les travaux de Michel Roy, représentent, *sur un mode individuel*, l'exemple par excellence de « contre-savoir ». De *L'Acadie perdue*, essai paru en 1978, à *L'Acadie des origines à nos jours. Essai de synthèse historique* paru en 1981, l'historien y procède justement à la déconstruction de l'Histoire officielle de l'Acadie et à une critique virulente de ce qu'il appelle le « nationalisme étriqué ». L'étrange réception dont ses ouvrages firent l'objet en est l'illustration. Sur la notion de « contre-littératures » voir Bernard Mouralis, *Les Contre-littératures*, Paris, Presses universitaires de France, 1975.

aux liens qu'a pu avoir le mouvement social qui en sera l'expression avec la longue chaîne de revendications qui émerge ici là et à la même époque – tant dans les pays du tiers-monde qu'en Occident, on n'a jamais pris la mesure de ces savoirs qui, pour paraphraser Michel Foucault, sont «particuliers, locaux, régionaux et différentiels» et totalement en porte-à-faux avec les systèmes de domination dont la Science officielle était garante». Enfin, il faut bien admettre que les lectures qui ont été faites de ces savoirs les ont généralement fortement considérés comme étant de simples «reflets» des mouvements sociaux et les ont réduits aux seules informations empiriques qu'ils ont livrées de leurs objets au gré des conjonctures, et à leurs effets sociaux immédiats, sans qu'on puisse de quelque façon que ce soit en penser la pertinence.

Conclusion

Arrivés au terme de ces réflexions sur l'émergence et la reconnaissance des savoirs modernes en Acadie, nous espérons avoir démontré toute l'importance qu'il y a à faire échec à «l'amnésie de la genèse» en revenant sur quelques-uns de leurs «moments» les plus problématiques. Des moments dont le choix ne tenaient ni à une nostalgie du temps passé ni au souci de réduire l'émergence des savoirs modernes à la seule sociologie, mais bien parce que ces «moments» et cette science constituent des analyseurs éminemment intéressants des conditions d'émergence de ces savoirs et dont nous avons pu voir combien des préjugés solidement ancrés permettaient et permettent toujours d'en perpétuer l'illégitimité et la précarité. Cela dit, nous terminerons ces réflexions en tentant de répondre à une question qui mériterait d'être examinée plus amplement. En effet, à la question de la reconnaissance du statut des savoirs minoritaires s'ajoute celle que pose cette *hiérarchie des savoirs* sur laquelle nous avons tant insisté. Comment s'est-elle exercée sur les travaux des périodes subséquentes et avec quelles conséquences, quant au statut des savoirs minoritaires? Les remarques que nous risquerons permettront d'esquisser quelques-unes des promesses que dessine aujourd'hui le paysage intellectuel et scientifique en Acadie.

Durant la deuxième période privilégiée (1979-1994), la hiérarchie des savoirs est demeurée inchangée, en dépit des transformations qu'ont connues alors les sciences humaines et sociales. Rappelons que si elle fut marquée à la fois par la multiplication de recherches originales, les conditions épistémologiques et institutionnelles qui y présidaient ne bousculaient en rien la *hiérarchie des savoirs* puisque ces derniers allaient rester confinés dans leurs territoires disciplinaires respectifs et, en général, toujours assignés à une *fonction pratique* – surtout les sciences sociales – qui excluait toute possibilité pour eux de prétendre à être « historicisation du discours collectif » au même titre que l'historiographie, la littérature ou la généalogie. Cependant, dans les années 1990, des transformations importantes adviennent. En effet, à la faveur de l'introduction de nouveaux programmes doctoraux et de nouveaux pôles de recherche[49] qui se traduisent par une remise en question des frontières disciplinaires et aux transformations de la communication scientifique dues aux effets de la *canadianisation* et de l'*internationalisation* des savoirs, un nouveau paysage scientifique et intellectuel prend forme peu à peu et commence à modifier considérablement cette *hiérarchie des savoirs* en Acadie[50].

En effet, ne requiert-il pas désormais que les disciplines se libèrent de leurs territoires aujourd'hui étriqués et n'exige-t-il pas des scientifiques et des intellectuels qu'ils s'engagent dans des problématiques et des questionnements nouveaux afin qu'ils s'émancipent définitivement des schèmes de pensée désuets et stériles ? Voilà autant de promesses qu'il nous faudra tenir afin que les savoirs minoritaires puissent casser *de l'intérieur* cette hiérarchie d'antan et trouver enfin – *ici et ailleurs* – à la fois les chemins d'une pensée sans entraves et ceux de la reconnaissance.

---

49. On peut compter dans ces changements institutionnels locaux les initiatives suivantes : la création d'un doctorat en études française en 1991, un doctorat en sciences du langage en 2005 et l'implantation d'instituts de recherche pancanadiens.

50. La modification la plus notable est celle de la place centrale qu'occupent aujourd'hui la littérature et la sociolinguistique dans les savoirs locaux. Par les objets traités, les questionnements qu'elles portent, les problématiques qu'elles privilégient, ces disciplines ont remplacé celles qui jouaient jusqu'à présent un rôle central.

Outils bibliographiques[1]

Ouvrages

ARSENEAULT, Samuel P., Jean DAIGLE, Jacques SCHROEDER, et Jean-Claude VERNEX (1976), *Atlas de l'Acadie : petit atlas des francophones des Maritimes*, Moncton, Éditions d'Acadie.

BASQUE, Maurice, Isabelle MCKEE-ALLAIN, Linda CARDINAL, Phyllis E. LEBLANC et Janis L. PALLISTER (dir.) (2000), *L'Acadie au féminin. Un regard multidisciplinaire sur les Acadiennes et les Cadiennes*, Moncton, Chaire d'études acadiennes, Université de Moncton.

BEAULIEU, Gérard (dir.) (1997), *L'Évangéline 1887-1982. Entre l'élite et le peuple*, Moncton, Chaire d'études acadiennes, Université de Moncton.

BRUN, Régis (1982), *De Grand-Pré à Kouchibouguac : l'histoire d'un peuple exploité*, Moncton, Éditions d'Acadie.

COGSWELL, Fred, et Jo-Ann ELDER (1990), *Rêves inachevés : anthologie de poésie acadienne contemporaine*, Moncton, Éditions d'Acadie.

CONGRÈS MONDIAL ACADIEN (LE) (1996). *L'Acadie en 2004 : actes des conférences et des tables rondes*, Moncton, Éditions d'Acadie.

CORMIER, Clément (1975), *L'Université de Moncton : historique*, Moncton, Centre d'études acadiennes, Université de Moncton.

DAIGLE, Jean (dir.) (1993), *L'Acadie des Maritimes. Études thématiques des débuts à nos jours*, Moncton, Chaire d'études acadiennes, Université de Moncton.

---

1. Si cette bibliographie n'a pas la prétention d'être exhaustive, nous nous sommes cependant assuré qu'elle inclue les travaux les plus significatifs pour l'ensemble des sciences humaines et sociales. Par ailleurs, limitée à l'Acadie du Nouveau-Brunswick, elle ne comprend pas de références antérieures à 1960. Signalons cependant que nous avons reproduit dans son intégralité la bibliographie du texte de Marc-Adélard Tremblay sur l'état des recherches sur la culture acadienne. Le lecteur pourra donc y trouver des références plus anciennes dans plusieurs domaines de connaissance. Par ailleurs, ce sont en général les auteurs qui ont fourni quatre des titres de leurs travaux qu'ils considèrent comme importants à leur contribution de la connaissance de l'Acadie.

DAVIS SEALY, Nanciellen (1985), *Ethnicity and Ethnic Group Persistence in an Acadian Village in Maritime Canada*, New York, AMS Press.

DÉLÉAS, Josette (1998), *Léonard Forest ou le regard pionnier*, Moncton, Centre d'études acadiennes, Université de Moncton.

DOUCET, Clive (1999), *Notes from Exile: On Being Acadians*, Toronto, McLelland & Stewart.

DOUCET, Michel (1995), *Le discours confisqué*, Moncton, Éditions d'Acadie.

DUPONT, Jean-Claude (1979), *Histoire populaire de l'Acadie*, Montréal, Leméac.

GALLANT, Melvin (1986), *Langues et littérature au Nouveau-Brunswick : survol historique*, Moncton, Éditions d'Acadie.

HARVEY, Fernand (2000), *Les relations culturelles Québec-Acadie : analyse d'une mutation*, Tübingen, Max Niemeyer Verlag.

HARVEY, Fernand, et Gérard BEAULIEU (dir.) (2000), *Les relations entre le Québec et l'Acadie, 1880-2000 : de la tradition à la modernité*, Québec et Moncton, Éditions de l'IQRC et Éditions d'Acadie.

LABELLE, Ronald (1985), *Au Village-du-Bois : mémoires d'une communauté acadienne*, Moncton, Centre d'études acadiennes, Université de Moncton.

LANDRY, Nicolas, et Nicole LANG (2001), *Histoire de l'Acadie*, Sillery, Québec, Éditions du Septentrion.

LANDRY, Rodrigue, et Serge ROUSSELLE (2003), *Éducation et droits collectifs : au-delà de l'article 23 de la Charte*, Moncton, Éditions de la Francophonie.

LAPOINTE, Jacques, et André LECLERC (dir.) (1987), *Les Acadiens : état de la recherche*, Québec, Conseil de la vie française en Amérique.

LeBLANC, Barbara (2003), *Postcards from Acadie : Grand-Pré, Evangeline and the Acadian Identity*, Kentville, Gaspereau Press.

LECLERC, André (1984), *L'économie des régions acadiennes et des régions du nord et de l'est du Nouveau-Brunswick : le produit intérieur brut régional et le revenu personnel régional*, Petit-Rocher, La Conférence permanente des institutions acadiennes.

LÉGER, Lauraine (1978), *Les sanctions populaires en Acadie. Région du comté de Kent*, Montréal, Leméac.

MAGORD, André (dir.) (2003), *L'Acadie plurielle : dynamiques identitaires collectives et développement au sein des réalités acadiennes*, Moncton et Poitiers, Centre d'études acadiennes, Université de Moncton et Institut d'études acadiennes et québé-coises, Université de Poitiers.

MAILLET, Marguerite, Gérard LEBLANC et Bernard EMONT (1979), *Anthologie de textes littéraires acadiens : 1606-1975*, Moncton, Éditions d'Acadie.

MASSIGNON, Geneviève (1962), *Les parlers français d'Acadie : enquête linguistique*, Paris, Klincksieck.

MCKEE, Brian (1984), *Ethnic Maintenance in the Periphery : The Case of Acadia*, Ottawa, Department of Sociology and Anthropology, Center for Research on Ethnic Minorities, Carleton University.

ROBICHAUD, Jean-Bernard (1985-1987), *Objectif 2000 : vivre en santé en français au Nouveau-Brunswick* (3 vol.), Moncton, Éditions d'Acadie.

RUNTE, Hans (1997), *Writing Acadia : The Emergence of Acadian Literature, 1970-1990*, Amsterdam et Atlanta, Rodopi.

SAVOIE, Alexandre, J. (1978), *Un siècle de revendications scolaires au Nouveau-Brunswick, 1871-1971*, vol. 1, *Du français au compte-gouttes, 1871-1936*, et vol. 2, *Les Commandeurs de l'Ordre à l'œuvre (1934-1939)*, Edmundston, (s.é.).

SAVOIE, Donald J. et Maurice BEAUDIN (1988), *La lutte pour le développement : le cas du Nord-Est*, Québec, Presses de l'Université du Québec et Moncton, Institut canadien de recherche sur le développement régional.

SNOW, Gérard (1981), *Les droits linguistiques des Acadiens du Nouveau-Brunswick*, Québec, Éditeur officiel du Québec, Documentation officielle du Conseil de la langue française.

STANLEY, Della Margaret Maud (1984), *Louis Robichaud. A Decade of Power*, Halifax, Nimbus Publications.

VIAU, Robert (1998), *Les visages d'Évangéline : du poème au mythe*, Beauport, MNH.

Thèses

ARSENEAULT, Samuel Patrice (1988), « "On est venu, c'est pour rester" : Caraquet, the Development of an Acadian Identity », Thèse de doctorat (histoire), Kingston, Queen's University, 318 p.

BEAUDIN, Maurice (1997), « L'adaptation économique des régions maritimes de pêche : le cas des communautés du Golfe du Saint-Laurent », Thèse de doctorat (économie), Nantes, Université de Nantes, 649 p.

BEAULIEU, Louise (1995), « The Social Function of Linguistic Variation. A Sociolinguistic Study in Four Rural Communities of the Northeastern Coast of New-Brunswick », Thèse de doctorat (linguistique), Columbia, University of South Carolina, 712 p.

BOURQUE, Denis (1994), « Le carnavalesque dans l'œuvre d'Antonine Maillet (1968-1986) », Thèse de doctorat (études françaises), Montréal, Université de Montréal, 362 p.

CHOUINARD, Omer (1992), « Les transformations structurelles de l'industrie de la pêche et le rôle des organisations de pêcheurs dans la Péninsule acadienne de 1946 à 1990 », Thèse de doctorat (sociologie), Montréal, Université du Québec à Montréal, 397 p.

CIMINO, Louis Francisco (1977), « Ethnic Nationalism Among the Acadians of New Brunswick : An Analysis of Ethnic Political Development », Thèse de doctorat, Durham, Duke University, 283 p.

HODY, Maud Hazel (1964), « The Development of the Bilingual Schools of New Brunswick », Thèse de doctorat (éducation), Toronto, University of Toronto, 471 p.

JOLICŒUR, Catherine (1963), « Le Vaisseau fantôme : légende étiologique », Thèse de doctorat, Québec, Université Laval, 502 p.

LABELLE, Ronald (2001), « "J'avais le pouvoir d'en-haut" : la représentation de l'identité dans le témoignage autobiographique d'Allain Kelly », Thèse de doctorat, Québec, Université Laval, 323 p.

LACERTE, Roger (1984), « Le théâtre acadien : étude des principaux dramaturges et de leurs œuvres (1957-1977) », Thèse de doctorat, Boston, Boston College, 226 p.

LAMONTAGNE, Denise (2001), « Pour une ethno-histoire du culte à Sainte-Anne, le cas acadien », Thèse de doctorat, Trois-Rivières, Université du Québec à Trois-Rivières, 430 p.

LAPARRA, Manon (2003), « La mer dans la littérature acadienne contemporaine. 1960-1990 : rôles et représentations », Thèse de doctorat (littérature comparée), Paris, Université de Paris X - Nanterre, 311 p.

LORD, Marie-Linda (2001), « Marginalité et identité dans l'œuvre romanesque d'Antonine Maillet et de David Adams Richard », Thèse de doctorat (études françaises), Moncton, Université de Moncton, 345 p.

MAILLET, Antonine (1969), « Rabelais et les traditions populaires en Acadie », Thèse de doctorat (littérature), Québec, Université Laval, 396 p.

MASSIGNON, Geneviève (1962), « La chanson populaire française en Acadie », Thèse de doctorat (lettres), Paris, Université Paris-Sorbonne, 367 p.

PERRON, Judith Carol (1995), « Théâtres, fêtes et célébrations en Acadie (1880- 1980) », Thèse de doctorat (français), Moncton, Université de Moncton, 267 p.

PERROT, Marie-Ève (1995), « Aspects fondamentaux du métissage français/anglais dans le chiac de Moncton (Nouveau-Brunswick) », Thèse de doctorat, Paris, Université de la Sorbonne Nouvelle-Paris III, 324 p.

PILOTE, Annie (2004), « La construction de l'identité politique des jeunes en milieu francophone minoritaire : le cas des élèves au Centre scolaire communautaire Sainte-Anne à Fredericton au Nouveau-Brunswick », Thèse de doctorat (éducation), Québec, Université Laval, 340 p.

RAYMOND, Maurice (2003), « Pour un exposé pragmatique du refoulement textuel : l'impossible et ses représentations chez l'écrivain acadien Ronald Després », Thèse de doctorat (littérature), Moncton, Université de Moncton, 574 p.

ROSS, Rita (1993), « Evangeline : An Acadian Heroine in Elite, Popular and Folk Culture », Thèse de doctorat (anthropologie), Berkeley, University of California, 205 p.

WATINE, Thierry (1993), « Pratiques journalistiques en milieu minoritaire : la sélection et la mise en valeur des nouvelles en Acadie », Thèse de doctorat, Lille, Université de Lille-III, 573 p.

Revues

Acadiensis (1971-), Fredericton, Department of History, University of New Brunswick.

Bulletin de l'ACLA/Bulletin of the CAAL (1980-1991), Montréal, Association canadienne de linguistique appliquée/Canadian Association of Applied Linguistics.

Égalité. Revue acadienne d'analyse politique (1980-), Moncton, Société acadienne d'analyse politique.

Francophonies d'Amérique (1991-), Ottawa, Presses de l'Université d'Ottawa.

Les Cahiers/Société historique acadienne (1961-), Moncton, Société historique acadienne.

Linguistica Atlantica (1992-), St. John's, Atlantic Provinces Linguistic Association.

Port Acadie : revue interdisciplinaire en études acadiennes/Port Acadie : An Interdisciplinary Review in Acadian Studies (2001-), Pointe-de-l'Église, Université Sainte-Anne.

Revue économique (1963-1967), Moncton, École de commerce, Université de Moncton.

Revue de l'Association de linguistique des Provinces atlantiques/Journal of the Atlantic Provinces Linguistic Association (1978-1991), [s.l.], Association de linguistique des Provinces atlantiques/Atlantic Provinces Linguistic Association.

Revue de la Société historique du Madawaska (1979-), Edmundston, Société historique du Madawaska.

Revue de l'Université de Moncton (1968-), Moncton, Université de Moncton.

Revue d'histoire de la Société historique Nicolas-Denys (1970-), Caraquet, Société historique Nicolas-Denys.

Si que (1974-1984, suspendu de 1976-1977), Moncton, Département d'études françaises, Université de Moncton.

Sites Internet

Association internationale des études acadiennes, Université de Moncton
http://www2.umoncton.ca/cfdocs/aiea/index.cfm

Centre d'études acadiennes, Université de Moncton
http://www.umoncton.ca/etudeacadiennes/centre/cea.html

Chaire de recherche McCain en ethnologie acadienne, Université de Moncton
http://www.umoncton.ca/CRMEA/

Références bibliographiques des auteurs

Mourad ALI-KHODJA

ALI-KHODJA, Mourad (2004), « Réflexions sur la crise de l'institution universitaire et ses conséquences en milieu minoritaire : le cas de l'Université de Moncton », *Égalité*, n° 50, p. 51-72.

ALI-KHODJA, Mourad (2003), « Pour une science sociale de l'exiguïté : bilans et enjeux de la connaissance en milieu minoritaire », *Francophonies d'Amérique*, n° 15, p. 7-23.

ALI-KHODJA, Mourad (1994), « Modernité, stratégies identitaires et formes de connaissance dans l'Acadie du Nouveau-Brunswick », *Revue de l'Université de Moncton*, vol. 27, n° 2, p. 31-53.

ALI-KHODJA, Mourad (1990), « Espace identitaire et connaissance sociologique : lectures de l'identité acadienne », *Sociétés*, n° 30, p. 25-37.

Greg ALLAIN

ALLAIN, Greg (2005), « La "nouvelle capitale acadienne" ? Les entrepreneurs acadiens et la croissance récente du Grand Moncton », *Francophonies d'Amérique*, printemps, n° 19, p. 19-43.

ALLAIN, Greg (2005), « Les sociologues et l'Acadie : l'évolution des regards sociologiques sur la société acadienne », dans Marie-Linda LORD (dir.), *L'émergence et la reconnaissance des études acadiennes : à la rencontre de Soi et de l'Autre*, Moncton, Association internationale des études acadiennes, p. 113-136.

ALLAIN, Greg (2004), « Fragmentation ou vitalité ? Regard sociologique sur l'Acadie actuelle et ses réseaux associatifs », dans Simon LANGLOIS et Jocelyn LÉTOURNEAU (dir.), *Aspects de la nouvelle francophonie canadienne*, Québec, Les Presses de l'Université Laval, (Coll. « Culture française d'Amérique »), p. 231-254.

ALLAIN, Greg, et BASQUE, Maurice (2003), *Une présence qui s'affirme : la communauté acadienne et francophone de Fredericton, Nouveau-Brunswick*, Moncton, Les Éditions de la Francophonie.

Michel BASTARACHE

BASTARACHE, Michel (1988), « Dualité et multiculturalisme : deux notions en conflit ? », *Revue de l'Association canadienne d'éducation de langue française*, vol. XVI, n° 2, p. 36-40.

BASTARACHE, Michel (1983-1984), « Les droits scolaires dans le contexte des systèmes d'enseignement homogènes au Nouveau-Brunswick », *Si que*, n° 6, p. 110-124.

BASTARACHE, Michel (1981), « La valeur juridique du projet de loi reconnaissant l'égalité des deux communautés linguistiques officielles du Nouveau-Brunswick », *Revue de l'Université de Moncton*, vol. 14, n° 2, p. 15-37.

BASTARACHE, Michel (1980), « Mort, survie et développement de l'Acadie », *Critère*, n° 27, p. 233-245.

Maurice BEAUDIN

BEAUDIN, Maurice (2001), « Entre traditionalisme et modernisme : l'industrie du homard du golfe du Saint-Laurent à l'heure des choix », *Cahiers Nantais*, Institut de Géographie et d'Aménagement régional, Université de Nantes, p. 39-50.

BEAUDIN, Maurice (2001), « L'État moteur : Louis J. Robichaud et le combat pour l'industrialisation au Nouveau-Brunswick », dans *L'ère Louis J. Robichaud, 1960-1970*, Actes du Colloque, Institut canadien de recherche sur le développement régional, Moncton, p. 91-114.

BEAUDIN, Maurice (1999), « Les Acadiens des Maritimes et l'économie » dans *Francophonies minoritaires au Canada*, sous la direction de Joseph Yvon Thériault, Presses de l'Université d'Ottawa/Éditions d'Acadie, p. 239-264.

BEAUDIN, Maurice et Donald J. Savoie (1992), *Les défis de l'industrie des pêches au Nouveau-Brunswick*, Moncton, Éditions d'Acadie.

Annette BOUDREAU

BOUDREAU, Annette (2005), « Le français en Acadie : maintien et revitalisation du français dans les Provinces maritimes », dans Albert VALDMAN, Julie AUGER et Deborah PISTON-HATLEN (dir.), *Le français en Amérique du Nord. État présent*, Québec, Les Presses de l'Université Laval, p. 439-454.

BOUDREAU, Annette, et Marie-Ève PERROT (2005), « Quel français enseigner en milieu minoritaire ? Minorités et contact de langues : le cas de l'Acadie », dans Sophie BABAULT et Fabienne LECONTE (dir.), *Construction de compétences plurielles en situation de contacts de langues et de cultures*, Glottopol, Revue de sociolinguistique en ligne, n° 6, p. 7-21.

BOUDREAU, Annette (2003), « Construction identitaire et espace urbain : le cas des Acadiens de Moncton », dans Thierry BULOT et Leila MESSAOUDI (dir.), *Sociolinguistique urbaine : frontières et territoires*, Bruxelles, Éditions modulaires européennes, p. 169-202.

BOUDREAU, Annette (2001). «Le français de référence entre le même et l'autre : l'exemple des petites communautés», dans Michel FRANDARD *et al.* (dir.), *Le français de référence. Constructions et appropriations d'un concept*, Louvain-La-Neuve, Cahiers de l'Institut de linguistique de Louvain, Tome 11, p. 111-122.

Raoul BOUDREAU

BOUDREAU, Raoul (2004), «Le rapport à la langue dans les romans de France Daigle : du refoulement à l'ironie», *Voix et images*, nᵒ 87, p. 31-45.

BOUDREAU, Raoul (2002), «Choc des idiomes et déconstruction textuelle chez quelques auteurs acadiens», dans Robert DION, Hans-Jurgen LÜSEBRINK et János RIESZ (dir.), *Écrire en langue étrangère : interférences de langues et de cultures dans le monde francophone*, Québec, Éditions Nota bene, Iko-Verlag, p. 287-303.

BOUDREAU, Raoul (1999), «L'hyperbole, la litote, la folie : trois rapports à la langue dans le roman acadien», dans Lise GAUVIN (dir.), *Les langues du roman. Du plurilinguisme comme stratégie textuelle*, Montréal, Les Presses de l'Université de Montréal, p. 73-86.

BOUDREAU, Raoul (1997), «De la glorification à la critique : grandeurs et misères de la marge», dans Carol J. HARVEY et Alan MACDONNELL (dir.), *La francophonie sur les marges*, Actes du 16ᵉ colloque du Centre d'études franco-canadiennes de l'Ouest, Winnipeg, Presses universitaires de Saint-Boniface, p. 151-162.

Patrick D. CLARKE

CLARKE, Patrick D., (2004), «L'Acadie du silence. Pour une anthropologie de l'identité acadienne», dans Simon LANGLOIS et Jocelyn LÉTOURNEAU (dir.), *Aspects de la nouvelle francophonie canadienne*, Québec, Les Presses de l'Université Laval (Coll.«Culture française d'Amérique»), p. 19-57.

CLARKE, Patrick D. (2004-2005), «Pour une histoire de la langue en Acadie : prolégomènes, précis et projet», *Port Acadie*, nᵒ 6-7, p. 47-143.

CLARKE, Patrick D. (2000), «Régions et régionalismes en Acadie. Culture, espace, appartenance», *Recherches sociographiques*, vol, XLI, nᵒ 2, p. 299-365.

CLARKE, Patrick D. (1994), « "Sur l'empremier", ou récit et mémoire en Acadie», dans Jocelyn LÉTOURNEAU (dir.) avec la collaboration de Roger Bernard, *La question identitaire au Canada francophone. Récits, parcours, enjeux, hors-lieux*, Sainte-Foy, Les Presses de l'Université Laval (Coll. «Culture française d'Amérique»), p. 3-44.

Huguette CLAVETTE

CLAVETTE, Huguette, et Donald POIRIER (1990), *Familles, droit et société*, Éditions d'Acadie.

ST-AMAND, Nérée, et Huguette CLAVETTE (1991), *Entraide et débrouillardise sociale : au-delà de la psychiatrie*, Ottawa, Conseil canadien de développement social.

POIRIER, Donald, et Huguette CLAVETTE (1985), « Les services juridiques communautaires de Moncton : la formation et l'intervention socio-juridique », *Canadian Community Law Journal*, vol. 8, p. 93-108.

MCKEE-ALLAIN, Isabelle, et Huguette CLAVETTE (1983), *Portrait socio-économique des femmes du Nouveau-Brunswick*, Moncton, Institut d'études et d'apprentissage féminin.

Serge CÔTÉ

CÔTÉ, Serge (1980), « Les obstacles structurels au développement en Acadie », *Revue de l'Université de Moncton*, vol. 13, n° 1-2, p. 61-73.

CÔTÉ, Serge (1992), « Naissance de l'industrie papetière et mainmise sur la forêt : le cas de Bathurst », dans Anders SANDBERG (dir.), *Trouble in the Woods : Forest Policy and Social Conflict in Nova Scotia and New Brunswick*, Fredericton, Acadiensis Press, p. 43-64.

CÔTÉ, Serge (1996), « Portrait socio-économique des communautés acadiennes de l'est du Québec », dans *Le Congrès mondial acadien. L'Acadie en 2004*, Moncton, Éditions d'Acadie, p. 320-333.

CÔTÉ, Serge (1999), « Une Acadie inquiète », *Acadiensis*, vol. 29, n° 1, p. 157-194.

Jacques Paul COUTURIER

COUTURIER, Jacques Paul (2005), « La République du Madawaska et l'Acadie : la construction identitaire d'une région néo-brunswickoise au xxe siècle », dans Maurice BASQUE et Jacques Paul COUTURIER (dir.), *Les territoires de l'identité – Perspectives acadiennes et françaises, XVIIe-XXe siècles*, Moncton, Chaire d'études acadiennes, Université de Moncton, p. 25-54.

COUTURIER, Jacques Paul, et Wendy JOHNSTON (2002), « L'État, les familles et les collectivités locales dans le champ éducatif au Nouveau-Brunswick au 20e siècle », *Histoire sociale – Social History*, vol. XXXV, n° 69, p. 1-34.

COUTURIER, Jacques Paul (1999), *Construire un savoir : l'enseignement supérieur au Madawaska, 1946-1974*, Moncton, Éditions d'Acadie.

COUTURIER, Jacques Paul (2000), « L'Acadie, c'est un détail : les représentations de l'Acadie dans le récit national canadien », *Acadiensis*, vol. XXIX, n° 2, p. 102-119.

Lise DUBOIS

DUBOIS, Lise (2003), « Le bilinguisme officiel à Moncton : lieu de divergence », dans Thierry BULOT et Leila MESSAOUDI (dir.), *Sociolinguistique urbaine : frontières et territoires*, Belgique, Éditions Modulaires Européennes, p. 137-170.

BOUDREAU, Annette, et Lise DUBOIS (2003), « Le cas de trois radios communautaires en Acadie », dans Monica HELLER et Normand LABRIE (dir.), *Discours et identités. La francité canadienne entre modernité et mondialisation*, Belgique, Éditions Modulaires Européennes, p. 89-114.

BOUDREAU, Annette, et Lise DUBOIS (2001), «Langues minoritaires et espaces publics : le cas de l'Acadie», *Estudios de sociolinguística*, vol. 2, n° 1, p. 37-60.

DUBOIS, Lise (1999), «Le choc des variétés : le cas de l'Acadie du Nouveau-Brunswick», *Revue québécoise de linguistique*, vol. 26, n° 1, p. 55-67.

Alain EVEN

EVEN, Alain (1970), *Le Territoire Pilote du Nouveau-Brunswick ou les blocages culturels au développement économique*, Rennes, Thèse de doctorat (économie), Université de Rennes, 475 p.

EVEN, Alain (1969), «Une université sous-développée dans une région défavorisée», *Revue de l'Université de Moncton*, 2ᵉ année, (mai), p. 60-62.

EVEN, Alain (1967), *Les blocages sociologiques au développement économique et social dans le nord-est du Nouveau-Brunswick*, Rapport d'études, Ottawa, Compagnie des Jeunes Canadiens.

EVEN, Alain, Pierre DION et Jean-Paul HAUTECŒUR (1969), *Le bilinguisme à la Commission d'énergie du Nouveau-Brunswick*, rapport d'études, 2 tomes, Moncton, Institut de Recherche en Sciences Sociales.

Monique GAUVIN

GAUVIN, Monique (1991), «Le harcèlement sexuel et sexiste comme pratique d'appropriation des femmes : la situation dans les universités canadiennes», *Égalité, Revue acadienne d'analyse politique*, Moncton, n° 29 (printemps), p. 189-233.

CARON, Michèle, Monique GAUVIN et al. (1990), «Les Acadiennes et le projet de loi C-43», *Égalité, Revue acadienne d'analyse politique*, n° 27 (printemps), p. 145-163.

GAUVIN, Monique, et Michèle CARON (1983), «Les femmes et le syndicalisme au Nouveau-Brunswick», *Égalité, Revue acadienne d'analyse politique*, Moncton, n° 10, p. 95-108.

GAUVIN, Monique (1976), *Le mouvement coopératif acadien. Fondements idéologiques, histoire et composition actuelle*, Thèse de maîtrise (sociologie), Université de Montréal, 175 p.

Naomi GRIFFITHS

GRIFFITHS, Naomi E. S. (2005), *From Migrant to Acadian : A North American Border People, 1604-1755*, Montréal, McGill-Queen's University Press.

GRIFFITHS, Naomi E. S. (1997), *L'Acadie de 1686 à 1784 : contexte d'une histoire*, Moncton (traduction de l'anglais par Kathryn HAMER), Moncton, Éditions d'Acadie.

GRIFFITHS, Naomi E. S. (1973), *The Acadians : Creation of a People*, Toronto, Montréal, McGraw-Hill Ryerson Limited.

GRIFFITHS, Naomi E. S. (1969), *The Acadian Deportation : Deliberate Perfidy or Cruel Necessity ?* Toronto, The Copp Clark Publishing Company.

Jean-Paul HAUTECŒUR

HAUTECŒUR, Jean-Paul (1977), « Les métamorphoses de l'Acadie-nature », *Revue de l'Université de Moncton*, vol. 10, n° 1, p. 11-26.

HAUTECŒUR, Jean-Paul (1976), « Nationalisme et développement en Acadie », *Recherches sociographiques*, vol. XVII, n° 2 (mai-août), p. 167-188.

HAUTECŒUR, Jean-Paul (1975), *L'Acadie du discours. Pour une sociologie de la culture acadienne*, Sainte-Foy, Les Presses de l'Université Laval.

HAUTECŒUR, Jean-Paul (1971), « Variations et invariance de l'"Acadie" dans le discours néo-nationaliste acadien », *Recherches sociographiques*, vol. XIII, n° 3, p. 259-270.

Marc L. JOHNSON

JOHNSON, Marc L. (2004), « Politique et conflits linguistiques autour de l'éducation au Canada », dans Ana KRASTEVA et Anthony TODOROV (dir.), *Conflit, confiance et démocratie*, Sofia, Nouvelle Université Bulgare.

JOHNSON, Marc L. (2003), « Agir sur la langue et être par la langue : les enjeux de la politique linguistique canadienne », dans Annette BOUDREAU *et al.* (dir.), *Colloque international sur l'écologie des langues*, Paris, L'Harmattan, p. 183-201.

JOHNSON, Marc L. (1997), « L'Évangéline contestée, 1966-1982 », dans Gérard BEAULIEU (dir.), *L'Évangéline 1887-1982. Entre l'élite et le peuple*, Moncton, Éditions d'Acadie/Chaire d'études acadiennes, Université de Moncton, p. 347-372.

JOHNSON, Marc L. (1994), « Le bruit du tintamarre : l'ambiguïté de la figure de l'Autre dans le discours nationaliste acadien contemporain », *Égalité, Revue acadienne d'analyse politique*, n° 35, p. 13-34.

Rodrigue LANDRY

LANDRY, Rodrigue, et Réal ALLARD (2000), « Langue de la scolarisation et développement bilingue : le cas des Acadiens de la Nouvelle-Écosse, Canada », *DiverCité Langues*, en ligne : vol. V disponible à http ://www.teluq.uquebec.ca/divercite/entree.html

LANDRY, Rodrigue, et Réal ALLARD (1994), « Profil sociolangagier des Acadiens et francophones du Nouveau-Brunswick », *Études canadiennes/Canadian Studies*, n° 37, p. 211-236.

LANDRY, Rodrigue, et Réal ALLARD (1994), « The Acadians of New Brunswick : Demolinguistic realities and the vitality of the French language », dans Richard Y. BOURHIS (dir.), *French-English Language Issues in Canada*, édition spéciale de l'*International Journal of the Sociology of Language*, nᵒ 105-106, p. 181-215.

Jean-William LAPIERRE

LAPIERRE, William, et Muriel ROY (1983), *Les Acadiens*, Paris, Presses Universitaires de France (Coll. « Que sais-je ? »).

LAPIERRE, Jean-William (1989), « *In memoriam*, un leader du mouvement acadien : le père Clément Cormier, c.s.c. », dans *Mélanges Paul Gonnet*, Nice, Laboratoire d'analyse spatiale Raoul-Blanchard, Université de Nice, p. 55-61.

Raymond MAILHOT

MAILHOT, Raymond (1969), « La "Renaissance acadienne" : l'interprétation traditionnelle et *Le Moniteur Acadien* », Thèse de diplôme d'études supérieures (histoire), Montréal, Université de Montréal, 177 p.

Alain MASSON

MASSON, Alain (2006), « Le statut du mot dans la poésie acadienne », dans Madeleine FRÉDÉRIC et Serge JAUMIN (dir.) *Regards croisés sur l'histoire et la littérature acadienne*, Bruxelles, P.I.E.-Peter Lang, Études canadiennes, nᵒ 8, p. 101-120.

MASSON, Alain (1997), « Une idée de la littérature acadienne », *Revue de l'Université de Moncton*, vol. 30, nᵒ 1, p. 125-132.

MASSON, Alain (1996), « Une littérature interdite », dans Raoul BOUDREAU, Anne Marie ROBICHAUD, Zénon CHIASSON et Pierre GÉRIN (dir.), *Mélanges Marguerite Maillet*, Moncton, Chaire d'études acadiennes, Université de Moncton et Éditions d'Acadie, p. 259-270.

MASSON, Alain (1994), *Lectures acadiennes*, Moncton, Les Éditions Perce-Neige, L'Orange Bleue Éditeur.

Isabelle MCKEE-ALLAIN

ALLAIN, Greg, et Isabelle MCKEE-ALLAIN (2003), « La société acadienne en l'an 2000 : identité, pluralité et réseaux », dans André MAGORD (dir.) avec la collaboration de Maurice BASQUE et Amélie GIROUX, *L'Acadie plurielle : dynamiques identitaires collectives et développement au sein des réalités acadiennes*, Centre d'études acadiennes, Université de Moncton / Institut d'Études acadiennes et québécoises de l'Université de Poitiers, p. 525-534.

CARDINAL, Linda, et Isabelle MCKEE-ALLAIN (1999), « Enjeux et défis de la recherche féministe en milieu francophone minoritaire au Canada », dans Huguette DAGENAIS (dir.), *La recherche féministe dans la francophonie : pluralité et convergences*, Montréal, Les Éditions du Remue-Ménage, p. 449-465.

MCKEE-ALLAIN, Isabelle (1997), « Une minorité et la construction de ses frontières identitaires : un bilan socio-historique du système d'éducation en

Acadie du Nouveau-Brunswick », *Revue des sciences de l'éducation*, vol. XXIII, n° 3, p. 527-544.

MCKEE-ALLAIN, Isabelle (1995), *Rapports ethniques et rapports de sexes en Acadie : les communautés religieuses de femmes et leurs collèges classiques*, Thèse de doctorat (sociologie), Montréal, Université de Montréal, 453 p.

Roger OUELLETTE

BELKHODJA, Chedly, et Roger OUELLETTE (2003), « La reconnaissance de l'Acadie sur la scène internationale : de la diplomatie quasi étatique à la logique des réseaux », dans André MAGORD (dir.) avec la collaboration de Maurice BASQUE et Amélie GIROUX, *L'Acadie plurielle : dynamiques identitaires collectives et développement au sein des réalités acadiennes*, Moncton, Centre d'études acadiennes, Université de Moncton/Institut d'Études acadiennes et québécoises de l'Université de Poitiers, p. 567-592.

BELKHODJA, Chedly, et Roger OUELLETTE (2000), « La coopération Québec-Acadie : 1960-1999 », dans Fernand HARVEY et Gérard BEAULIEU (dir.), *Les relations entre le Québec et l'Acadie, 1880-2000 : de la tradition à la modernité*, Québec et Moncton, Éditions de l'IQRC/Éditions d'Acadie, p. 157-190.

DOUCET, Philippe, Roger OUELLETTE et Marie-Thérèse SÉGUIN (1999), « L'espace politique et la vie politique en Acadie », dans Joseph Yvon THÉRIAULT (dir.), *Francophonies minoritaires du Canada : l'état des lieux*, Moncton, Éditions d'Acadie, p. 343-360.

Louise PÉRONNET

PÉRONNET, Louise (2004), « Les particularités du français acadien », *Lettres et cultures de langue française : Nouveau-Brunswick, exemple de bilinguisme*, n° 27, p. 59-66.

PÉRONNET, Louise, Rose-Mary BABITCH, Wladyslaw CICHOKI et Patrice BRASSEUR (1998), *Atlas linguistique du vocabulaire maritime acadien*, Québec, Les Presses de l'Université Laval.

PÉRONNET, Louise (1997), « Proposition d'un modèle pour une grammaire de la variation », *Revue des sciences de l'éducation*, vol. XXIII, n° 3, p. 545-560.

PÉRONNET, Louise (1994), « Le changement linguistique en Acadie : étude lexicale », *Francophonies d'Amérique*, n° 4, p. 45-55.

Pierre POULIN

POULIN, Pierre (1989), « Le pouvoir communautaire des Acadiens », *Langue et Société*, p. 35-37.

POULIN, Pierre (1980), « Vers un développement régional planifié et décentralisé », *Égalité, Revue acadienne d'analyse politique*, n° 1, p. 81-92.

POULIN, Pierre (1972), « L'Acadien à la recherche d'une Acadie », *Relations*, n° 371, p. 135-138.

POULIN, Pierre (1972), «« Fin de l'à-plat-ventrisme », *L'Acayen*, vol. 1, n° 1, p. 3-7.

Camille-Antoine RICHARD

RICHARD, Camille-Antoine (1969), « L'Acadie, une société à la recherche de son identité », *Revue de l'Université de Moncton*, 2ᵉ année, n° 2, (mai), p. 52-59.

RICHARD, Camille-Antoine, (1966), « L'idéologie nationale face à la nouvelle société acadienne », *Rapport annuel 1966 de la Société nationale des Acadiens*, Annexe C, p. 9 (A)-9(D).

RICHARD, Camille-Antoine (1966), « Nationalisme et néo-nationalisme. De la prise de conscience à la crise de croissance », *Communication présentée au ralliement de la jeunesse acadienne*, Memramcook, (inédit).

RICHARD, Camille-Antoine (1964), « Connaissons mieux notre milieu : un plaidoyer en faveur de la recherche en sciences sociales », *Revue économique*, École de Commerce, Université de Moncton, 2ᵉ année, n° 2, p. 15-17.

Michel ROY

ROY, Michel (1983), « La charte des droits et libertés : quelques inférences politiques sur les droits linguistiques des minorités francophones hors Québec », *Vie Française*, vol. 37, nᵒˢ 4-5-6 (avril-mai-juin), p. 10-22.

ROY, Michel (1981), *L'Acadie des origines à nos jours. Essai de synthèse historique*, Québec Amérique.

Donald J. SAVOIE

SAVOIE, Donald J (2001), *Pulling Against Gravity : Economic Development in New Brunswick during the McKenna Years*, Montréal, Institute for Research on Public Policy.

SAVOIE, Donald J. (2000), *Le développement économique communautaire au Canada atlantique : illusion ou panacée ?*, Moncton, Institut canadien de recherche sur le développement régional.

SAVOIE, Donald J (1997), *Rethinking Canada's Regional Development Policy : An Atlantic Perspective*, Moncton, Institute for Research on Regional Development.

SAVOIE, Donald J., Maurice BEAUDIN (1992), *Les défis de l'industrie des pêches au Nouveau-Brunswick*, Moncton, Éditions d'Acadie.

Roger SAVOIE

SAVOIE, Roger (1969), « La répression en Acadie », *Liberté*, vol. XI, n° 65 (août-octobre), p. 54-57.

SAVOIE, Roger (1967), « Un nouveau recteur à l'Université de Moncton », *Revue économique*, École de commerce, Université de Moncton, 5ᵉ année, n° 1 (février), p. 1-3.

Michel SAINT-LOUIS

SAINT-LOUIS, Michel, et Roger OUELLETTE (1989), « L'Acadie et le Nouveau-Brunswick sur la scène internationale : de l'improvisation à la planification », *Égalité, Revue acadienne d'analyse politique*, n° 26 (automne), p. 53-71.

SAINT-LOUIS, Michel, et Michel BASTARACHE (1982), « De l'égalité formelle à l'égalité réelle entre les deux communautés linguistiques du Nouveau-Brunswick », *Égalité, Revue acadienne d'analyse politique*, n° 7 (automne), p. 15-50.

SAINT-LOUIS, Michel (1980), « Nation, peuple et culture », *Égalité, Revue acadienne d'analyse politique*, n° 1 (automne), p. 135-140.

Joseph Yvon THÉRIAULT

THÉRIAULT, Joseph Yvon (2007), *Faire société. Société civile et espaces francophones*, Sudbury, Prise de parole.

THÉRIAULT, Joseph Yvon (2002), *Critique de l'américanité. Mémoire et démocratie au Québec*, Montréal, Québec-Amérique.

THÉRIAULT, Joseph Yvon (1995), *L'identité à l'épreuve de la modernité, écrits politiques sur l'Acadie et les francophonies minoritaires*, Moncton, Éditions d'Acadie.

THÉRIAULT, Joseph Yvon, et al. (1990) *Individu, société et politique. La sensibilité des années quatre-vingt au sein de la recherche relative aux communautés francophones hors Québec*, Ottawa, Vision d'avenir/Université d'Ottawa.

Léon THÉRIAULT

THÉRIAULT, Léon (2000), « L'Acadie du Nouveau-Brunswick et le Québec (1880-1960), froideur ou méfiance ? » dans Fernand HARVEY et Gérard BEAULIEU (dir.), *Les relations entre le Québec et l'Acadie, 1880-2000 : de la tradition à la modernité*, Québec et Moncton, Éditions de l'IQRC/Éditions d'Acadie, p. 49-71.

THÉRIAULT, Léon (1993), « L'acadianisation des structures ecclésiastiques aux Maritimes, 1758-1953 », dans Jean DAIGLE (dir.), *L'Acadie des Maritimes. Études thématiques des débuts à nos jours*, Chaires d'études acadiennes, Université de Moncton, p. 431-466.

THÉRIAULT, Léon (1981), *La question du pouvoir en Acadie. Essai*, Moncton, Éditions d'Acadie.

THÉRIAULT, Léon (1976), « Les missionnaires et leurs paroissiens dans le nord-est du Nouveau-Brunswick, 1766-1830 », dans *Revue de l'Université de Moncton*, vol. 9, p. 31-51.

Marc-Adélard TREMBLAY

TREMBLAY, Marc-Adélard, et Marc LAPLANTE (1971), « Famille et parenté en Acadie : évolution des structures familiales et parentales à l'Anse-des-Lavallée », Ottawa, Musées nationaux du Canada.

TREMBLAY, Marc-Adélard (1965), « L'institution familiale à l'Anse-des-Lavallée », *Recherches Sociographiques*, vol. I, n° 3, p. 237-263.

TREMBLAY, Marc-Adélard (1961), « Niveaux et dynamismes d'acculturation des Acadiens de Portsmouth », *Anthropologica*, vol. III, n° 2, p. 202-251.

TREMBLAY, Marc-Adélard (1962), « Les Acadiens de la baie Française : l'histoire d'une survivance », *Revue de l'Histoire de l'Amérique française*, vol. XV, n° 4, p. 526-555.

Jean-Claude VERNEX

VERNEX, Jean-Claude (1986), « La francophonie canadienne hors du Québec : quelques jalons pour une géographie ethnolinguistique du Canada », dans Pierre GEORGE (dir.), *La géographie du Canada*, Bordeaux, Presses Universitaires de Bordeaux, p. 215-229.

VERNEX, Jean-Claude (1986), « Minorité, marginalité et idéologie, l'exemple des Acadiens du Nouveau-Brunswick », dans André VANT (dir.), *Marginalité sociale, marginalité spatiale*, Paris, Éditions du CNRS, p. 100-107.

VERNEX, Jean-Claude (1979), *Les Acadiens*, Paris, Éditions Entente.

VERNEX, Jean-Claude (1979), « Les frontières de l'Acadie : quelques données sur l'espace vécu des francophones au Nouveau-Brunswick », *Actes du cent troisième congrès national des sociétés savantes*, Paris, Bibliothèque nationale, p. 277-291.

Sources des textes

Mourad ALI-KHODJA, « Connaissance et politique : quelques réflexions sur le développement de la sociologie en Acadie », *Égalité*, nᵒˢ 13-14 (automne-hiver), 1984-1985, p. 217-237.

Greg ALLAIN et Serge CÔTÉ, « Le développement régional, l'État et la participation de la population : la vie courte et mouvement des conseils régionaux d'aménagement du Nouveau-Brunswick (1964-1980) », *Égalité*, nᵒˢ 13-14 (automne-hiver), 1984-1985, p. 187-216.

Michel BASTARACHE, « Dualisme et égalité dans la constitution nouvelle », *Revue de l'Université de Moncton*, vol. 13, nᵒ 3 (septembre), 1980, p. 9-28.

Maurice BEAUDIN, Donald J. SAVOIE, « Les tentatives de développement dans le nord-est du Nouveau- Brunswick » dans Benjamin Higgins et Donald J. Savoie (Textes réunis par), *Les Canadiens et le développement régional au pays et dans le tiers monde*, Moncton, Institut canadien de recherche sur le développement régional, 1988, p. 117-136.

Annette BOUDREAU et Lise DUBOIS, « L'insécurité linguistique comme entrave à l'apprentissage du français », *Bulletin de l'Association canadienne de linguistique appliquée*, vol. 13, nᵒ 2 (automne), 1991, p. 37-50.

Raoul BOUDREAU, « Une poésie qui est un acte », dans *Rêves inachevés. Anthologie de poésie acadienne contemporaine*, Moncton, Éditions d'Acadie, 1990, p. 7-20.

Patrick D. CLARKE, « L'Acadie, ou le culte de l'histoire », *Revue de la Bibliothèque Nationale*, nᵒ 33, 1989, p. 6-16.

Jacques Paul COUTURIER, « "Faire de l'histoire" : la perspective de jeunes historiens », communication au colloque *Les peuples au Canada : leurs contributions culturelles*, Edmundston (N.-B.), 1984, 15 p.

Louise DESPRÉS-PÉRONNET, « Le parler acadien », *Mémoires de la société royale du Canada*, 4ᵉ série, tome XV, 1977, p. 215-228.

Alain EVEN, « La domination culturelle des Acadiens », (section de « Domination et développement au Nouveau-Brunswick »), *Recherches sociographiques*, vol. 12, nᵒ 3, 1971, p. 299-318.

Monique GAUVIN, « Le rapport Laforest-Roy : la négation d'un déracinement », *Égalité*, nᵒ 8 (hiver), 1983, p. 73-90.

Naomi GRIFFITHS, « L'*Evangeline* de Longfellow : Naissance et acceptation d'une légende », (trad. de « Longfellow's *Evangeline*: The Birth and Acceptance of a Legend »), *Acadiensis. Revue de l'histoire de la région Atlantique*, vol. 11, n° 2 (printemps), 1982, p. 28-41.

Jean-Paul HAUTECŒUR, « Du totémisme nationalitaire au fétichisme nationaliste au meurtre sacrificiel : Une interprétation du nationalisme acadien », communication au *Colloque international sur l'Acadie*, Université de Moncton, Moncton (N.-B.), mai 1978, 28 p.

Marc L. JOHNSON, *Regard sur l'antibilinguisme*, Moncton, [s.é.], février 1985, p. 1-23, 35-39.

Rodrigue LANDRY, « Les Acadiens sont-ils des "semi-lingues" : Réflexions sur quelques théories concernant le bilinguisme », *Revue de l'Université de Moncton*, vol. 14, n° 1 (janvier-mars), 1981, p. 9-42

Jean-William LAPIERRE, « Conflit ethnique et lutte de classes dans la question acadienne », *Cahiers de la Société historique acadienne*, vol. 10, n° 3, 1979, p. 141-146.

Raymond MAILHOT, « Prise de conscience collective acadienne et comportement de la majorité anglophone au Nouveau-Brunswick (1860-1891) », dans *Prise de conscience collective acadienne au Nouveau-Brunswick, 1860-1891*, Thèse de doctorat, Montréal, Université de Montréal, 1973, p. 19-42 de la conclusion.

Alain MASSON, « Sur la production poétique au Nouveau-Brunswick », *Revue de l'Université de Moncton*, vol. 5, n° 1 (janvier), 1972, p. 68-82.

Isabelle MCKEE-ALLAIN et Huguette CLAVETTE, « Les femmes acadiennes du Nouveau-Brunswick : féminité, sous-développement et ethnicité », *Égalité*, n° 10 (automne), 1983, p. 19-35.

Roger OUELLETTE, « L'émergence et le nationalisme », *Le Parti acadien : de la fondation à la disparition, 1972-1982*, Moncton, Chaire d'études acadiennes (coll. « Mouvange »), 1992, p. 21-32, 75-83.

Pierre POULIN, « La situation du francophone en 1968 : progrès ou recul ? », dans *Les francophones de la cité de Bathurst, N.-B. et le situation linguistique et culturelle*, Bathurst, Collège de Bathurst, 1969, p. 69-88.

Camille-Antoine RICHARD, « La récupération d'un passé ambigu », *Liberté*, vol. 11, n° 65 (octobre), 1969, p. 27-48.

Michel ROY, « L'Acadie perdue », dans *L'Acadie perdue*, Montréal, Québec/Amérique, 1978, p. 153-182.

Michel SAINT-LOUIS, « Les "collectivités sans État" et les relations internationales : l'exemple du peuple acadien des Maritimes », *Revue de l'Université de Moncton*, vol. 27, n° 2, 1994, p. 55-75.

Roger SAVOIE, « Acadie-anarchie », communication au *Colloque sur le sous-développement en Acadie*, Université de Moncton, Moncton (N.-B.), mars 1979, 14 p.

Joseph Yvon THÉRIAULT, «Domination et protestation : le sens de l'acadianité», *Anthropologica*, vol. 23, n° 1, 1981, p. 39-70.

Léon THÉRIAULT, «Pour une nouvelle orientation de l'histoire acadienne», *Revue de l'Université de Moncton*, vol. 6, n° 2 (mai), 1973, p. 115-124.

Marc-Adélard TREMBLAY, «L'état des recherches sur la culture acadienne» avec une bibliographie, suivi du «Commentaire» de Clément Cormier, *Recherches sociographiques*, vol. 3, n°s 1-2- (janvier-avril), 1962, p. 145-170.

Jean-Claude VERNEX, «Espace et appartenance : l'exemple des Acadiens au Nouveau-Brunswick», *Cahiers de géographie du Québec*, vol. 23, n° 58 (avril), 1979, p. 125-142.

Notices biographiques

Mourad Ali-Khodja

Mourad Ali-Khodja est professeur titulaire au Département de sociologie de l'Université de Moncton et membre du Groupe de recherche interdisciplinaire sur les cultures en contact. Outre ses travaux sur les modes de connaissance en Acadie, il s'intéresse également à l'histoire de la pensée et aux rapports entre les identités et la construction sociale des savoirs.

Greg Allain

Greg Allain est professeur titulaire au Département de sociologie de l'Université de Moncton, où il enseigne depuis décembre 1973. Détenteur d'un Ph. D. en sociologie de la University of California de Santa Barbara, ses travaux portent entre autres sur la société acadienne, les réseaux associatifs, le développement régional et le syndicalisme. Il est coauteur de trois livres sur des communautés acadiennes minoritaires en milieu urbain et auteur d'une quarantaine d'articles scientifiques et de chapitres de livres.

Michel Bastarache

Michel Bastarache a été professeur et doyen de la Faculté de droit de l'Université de Moncton de 1978 à 1983. Ses recherches ont porté sur le droit public, surtout en matière de droits linguistiques. Il a été juge à la Cour d'appel du Nouveau-Brunswick puis juge à la Cour suprême du Canada pendant 11 ans. Il été l'éditeur et l'auteur de trois ouvrages : *Les droits linguistiques au Canada* (Yvon Blais, 1986 et 2004 [2ᵉ édition]), *Précis de droit des biens réels* (Yvon Blais, 1993 et 2001 [2ᵉ édition]) et *The Law of Bilingual Interpretation* (Butterworths, 2008). Il a reçu de nombreux prix et distinctions honorifiques.

Maurice Beaudin

Maurice Beaudin est depuis 2003 professeur-chercheur en économie et en géographie à l'Université de Moncton, campus de Shippagan. Il a auparavant été directeur-adjoint à l'Institut canadien de recherche sur le développement régional à Moncton. Ses travaux portent sur les économies régionales, les flux migratoires, la vitalité des régions et groupes linguistiques minoritaires, ainsi que sur l'industrie des pêches.

Annette Boudreau

Annette Boudreau, sociolinguiste, est professeure titulaire au Département d'études françaises de l'Université de Moncton. Elle a été codirectrice du Centre de recherche en linguistique appliquée de l'Université de Moncton avec sa collègue Lise Dubois de 1996 à 2001 et directrice jusqu'en 2003. Ses recherches portent sur la construction sociale de la langue et sur ses rapports à la culture et aux identités.

Raoul Boudreau

Raoul Boudreau est professeur titulaire de littérature française et acadienne au Département d'études françaises de l'Université de Moncton, dont il est le directeur depuis 2003. Spécialiste de la littérature acadienne contemporaine, il a étudié le rapport à la langue dans cette littérature et les rapports institutionnels entre littérature acadienne, québécoise et française. Ses recherches actuelles portent sur les manifestations des rapports centre/périphérie dans le discours critique sur la littérature acadienne.

Patrick D. Clarke

P. D. Clarke est un historien qui a un intérêt marqué pour l'interdisciplinarité. Ses travaux portent principalement sur la genèse, l'évolution et les caractéristiques de l'acadianité. Il est l'auteur de nombreuses publications et de communications scientifiques. Il est présentement consultant.

Huguette Clavette

Huguette Clavette était sociologue et enseignait au Département de sociologie de l'Université de Moncton au moment d'écrire ce texte. Elle a effectué des recherches en collaboration sur les aspects sociaux de la psychiatrie, sur les phénomènes familiaux et le droit, sur l'État providence et les modèles de gestion de la retraite. À son décès en 1998, elle était professeure de travail social à l'Université de Moncton.

Serge Côté

Serge Côté détient un doctorat en sociologie de l'Université de Montréal. Il a enseigné à l'Université de Moncton de 1974 à 1978. En 1984, lors de la parution de l'article cosigné avec Greg Allain, il était professeur à l'Université du Québec à Rimouski. Les recherches qu'il continue d'y mener portent principalement sur la socio-économie de la forêt, les politiques régionales, la gouvernance, l'innovation dans les systèmes productifs régionaux, la migration des jeunes.

Jacques Paul Couturier

Jacques Paul Couturier est historien. Il occupe depuis 2003 le poste de doyen des Études au campus d'Edmunston de l'Université de Moncton. Titulaire d'un doctorat en histoire de l'Université de Montréal, il a aussi fréquenté l'Université de Poitiers et la University of New Brunswick où il a effectué un stage postdoctoral. Parallèlement à ses recherches sur l'histoire sociale de l'Acadie et sur l'historiographie acadienne, il est l'auteur de deux ouvrages de synthèse sur l'histoire canadienne. Au moment d'écrire le texte, il était étudiant en histoire.

Lise Dubois

Lise Dubois est professeure de traduction et de langues à l'Université de Moncton depuis 1983. Elle détient un doctorat en linguistique de l'Université Laval ; sa thèse a porté sur l'insertion sociale de la traduction dans un régime de bilinguisme officiel. Ses recherches portent sur les dimensions sociales des pratiques langagières. Au cours des dernières années, elle a étudié les radios communautaires, les centres d'appels et les entreprises de traduction.

Alain Even

Alain Even est socio-économiste. Il a été professeur à l'Université de Moncton de 1966 à 1969 et par la suite professeur en sciences sociales à l'Université de Rennes 2 jusqu'à sa retraite en 2006. Il s'est spécialisé en socio-économie régionale et locale et a accompli des missions d'expertise à l'ONU en Développement humain durable en Afrique. Il a été doyen honoraire de la Faculté des sciences sociales de l'Université Rennes 2 et président du Conseil économique et social de Bretagne.

Monique Gauvin

Sociologue de formation et intellectuelle engagée, Monique Gauvin a œuvré dans l'enseignement universitaire et au développement de politiques sociales en Acadie, au Québec et en Ontario. Ses recherches ont porté sur le mouvement des femmes et les enjeux reliés à la transmission de la langue et de la culture en milieu minoritaire. Elle est présentement directrice de la recherche et du développement de politiques au bureau de suivis des États généraux des arts et de la culture dans la société acadienne au Nouveau-Brunswick.

Naomi Griffiths

Naomi Griffiths est historienne. Au moment d'écrire le texte choisi, elle était professeure d'histoire et doyenne de la Faculté des arts à l'Université de Carleton. Elle a publié six livres importants dont le plus récent en 2005 est intitulé *From Migrant to Acadian : A North American Border People, 1604-1755*, publié chez McGill Queens. Elle a également publié de nombreux articles. Elle est maintenant « Distinguished Research Professor » au département d'histoire de l'Université de Carleton.

Jean-Paul Hautecœur

Jean-Paul Hautecœur a été professeur de sociologie à l'Université de Moncton de 1966 à 1969. Il a ensuite été consultant indépendant et, de 1992 à 2000, directeur de la collection ALPHA à l'Institut de l'UNESCO pour l'éducation. Outre ses travaux sur l'Acadie, il est l'auteur de plusieurs ouvrages.

Marc L. Johnson

Marc L. Johnson est sociologue. Il a écrit le texte de l'anthologie à la demande de militants acadiens pendant ses études à Bordeaux. Après avoir travaillé comme journaliste, enseigné la sociologie et œuvré dans de nombreuses organisations communautaires et institutions au Canada et à l'étranger, il est aujourd'hui consultant en recherche et évaluation et chercheur à l'Institut canadien de recherche sur les minorités linguistiques. Il s'intéresse aux questions d'éducation, de développement et de gouvernance.

Rodrigue Landry

Rodrigue Landry (Ph. D., University of Wisconsin) est depuis 2002 le directeur général de l'Institut canadien de recherche sur les minorités linguistiques. Il a été, de 1975 à 2002, professeur à la Faculté des sciences de l'éducation à l'Université de Moncton et doyen de cette faculté de 1992 à 2002. Ses recherches, ses modèles théoriques et ses publications portent sur la vitalité ethnolinguistique, l'éducation en milieu minoritaire, la construction identitaire, le bilinguisme et l'apprentissage scolaire.

Jean-William Lapierre

Jean-William Lapierre (1921-2007) était sociologue et professeur à l'Université de Nice Sofia-Antipolis (France) jusqu'en 1984 et, périodiquement, au Département de sociologie de l'Université de Moncton de 1973 à 1984. Il a mené plusieurs recherches sur l'Acadie. Il est par ailleurs l'auteur de nombreux ouvrages et articles. Il a également reçu plusieurs prix et distinctions honorifiques.

Raymond Mailhot

Historien, il a consacré des travaux très imporants à l'histoire de l'Acadie du Nouveau-Brunswick. Il a ensuite été fonctionnaire du Gouvernement du Québec y menant plusieurs recherches.

Alain Masson

Alain Masson fut professeur de littérature et de linguistique générale à l'Université de Moncton de 1968 à 1971. Depuis son retour en France, il a été professeur de lettres classiques au lycée Janson-de-Sailly de 1971 à 2004. Ses travaux portent sur les littératures acadienne et française et sur le cinéma. Il est membre du Comité de rédaction de la revue Positif.

Isabelle McKee-Allain

Isabelle McKee-Allain est professeure titulaire en sociologie et doyenne de la Faculté des arts et des sciences sociales de l'Université de Moncton, où elle entreprit sa carrière en 1982. Elle est détentrice d'un doctorat (Ph. D.) en sociologie de l'Université de Montréal, et est l'auteure de plus d'une quarantaine de publications et d'une trentaine de communications scientifiques portant sur les études acadiennes, les groupes minoritaires, les études féministes, la famille, l'éducation et les jeunes.

Roger Ouellette

Roger Ouellette est professeur titulaire au Département de science politique à l'Université de Moncton. Ses recherches portent sur l'Acadie et à ses rapports au Québec, à la francophonie canadienne et à la scène internationale.

Louise Péronnet

Louise Péronnet est linguiste, spécialisée en dialectologie, option géolinguistique; elle a été professeure titulaire au Département d'études françaises de l'Université de Moncton jusqu'à sa retraite. Ses travaux portent sur la description du français acadien, son origine, son évolution, son rapport avec la norme ainsi que sur l'enseignement du français en milieu minoritaire. Aujourd'hui professeure émérite, elle est professeure associée au département d'études françaises de l'Université de Moncton.

Pierre Poulin

Pierre Poulin est sociologue. Il a écrit le texte sélectionné alors qu'il était professeur de sociologie au Collège de Bathurst au Nouveau-Brunswick. Ses principaux travaux portent sur le développement économique et social et sur les groupes minoritaires. Il réalise également des évaluations de programmes et des études de marché. Il est maintenant à la retraite.

Camille-Antoine Richard

Camille-Antoine Richard a été le premier sociologue à l'emploi de l'Université de Moncton en 1964. Il y enseigna jusqu'en 1967. Ses travaux ont porté sur les idéologies et la culture acadiennes. Après avoir quitté l'Université de Moncton, il devint enseignant et responsable de la formation à la Fonction publique du Canada. Il est à la retraite depuis 2006.

Michel Roy

Michel Roy est historien, essayiste et auteur de plusieurs ouvrages. Au moment d'écrire le texte, il était professeur d'histoire au Collège universitaire de Bathurst (Nouveau-Brunswick). Il pratique présentement le droit au Québec.

Donald J. Savoie

Spécialiste en administration et en politiques publiques, Donald J. Savoie est titulaire de la Chaire de recherche du Canada en administration publique et en gouvernance à l'Université de Moncton. Auteur de nombreux livres et d'articles sur les politiques publiques, l'administration et le fédéralisme, il a reçu plusieurs prix et distinctions nationaux et internationaux.

Roger Savoie

Roger Savoie est philosophe. Après son départ de Moncton, il a enseigné la philosophie au cégep Saint-Laurent à Montréal. Il est l'auteur de plusieurs ouvrages.

Michel Saint-Louis

Michel Saint-Louis est juriste, politologue et spécialiste de droit international public. Il a enseigné la science politique à l'Université de Moncton de 1971 jusqu'à sa retraite. En plus des travaux consacrés à la question haïtienne et à la coopération canado-haïtienne, il a publié plusieurs articles sur différentes dimensions de la vie politique et constitutionnelle acadienne.

Joseph Yvon Thériault

Joseph Yvon Thériault est titulaire de la Chaire de recherche du Canada Mondialisation, citoyenneté et démocratie (Chaire MCD) au Département de sociologie de l'Université du Québec à Montréal. Il a été professeur de sociologie à l'Université d'Ottawa de 1978 à 2008, où il a été notamment titulaire de la Chaire de recherche Identité et francophonie et directeur fondateur du Centre interdisciplinaire de recherche sur la citoyenneté et les minorités (CIRCEM). Ses travaux portent principalement sur le rapport entre démocratie et identité, à la fois dans une perspective d'histoire de la pensée et dans le contexte de l'Acadie, du Québec et de la francophonie minoritaire canadienne.

Léon Thériault

Léon Thériault est historien. Au moment d'écrire le texte, il était professeur d'histoire du Canada et de l'Acadie (XIXᵉ - XXᵉ siècles) au Département d'histoire et de géographie de l'Université de Moncton depuis quatre ans. Il a été professeur d'histoire à ce même département de 1969 à 2007. Ses recherches portent principalement sur l'identité acadienne, les relations Acadie-Québec, la question du pouvoir en Acadie et, enfin, l'histoire religieuse. Il est à la retraite depuis janvier 2008.

Marc-Adélard Tremblay

Marc-Adélard Tremblay est un anthropologue d'envergure internationale, fondateur et professeur émérite au Département d'anthropologie de l'Université Laval. Ses recherches ont porté principalement sur les transformations des sociétés acadiennes et québécoise et l'impact des civilisations sur l'identité culturelle des peuples autochtones. Auteur de nombreux ouvrages et articles, il a reçu de nombreux prix et distinctions.

Jean-Claude Vernex

Jean-Claude Vernex est géographe et a enseigné à l'Université de Moncton de 1967 à 1975. À partir de 1975, il a enseigné à l'Université de Genève comme professeur-assistant puis en tant que professeur ordinaire. Dès 1990, ses travaux se sont orientés sur les pratiques de loisirs et sportives en milieux naturels et sur une approche culturelle de la relation hommes-nature (en particulier hommes-lacs). Il est actuellement professeur honoraire de l'Université de Genève et il continue ses recherches sur l'imaginaire lacustre.

Table des matières

PREMIÈRE PÉRIODE
1960-1978

DEUXIÈME PÉRIODE
1979-1994

L'intérieur de ce livre a été imprimé au Québec en janvier 2009
sur du papier entièrement recyclé
sur les presses de Transcontinental impression.